中国公司治理与发展报告2014

China's Corporate Governance and Development Report 2014

主　编　李维安

图书在版编目(CIP)数据

中国公司治理与发展报告.2014/李维安主编.—北京:北京大学出版社,2016.3
(教育部哲学社会科学系列发展报告)
ISBN 978-7-301-26956-5

Ⅰ.①中… Ⅱ.①李… Ⅲ.①上市公司—企业管理—研究报告—中国—2014
Ⅳ.①F279.246

中国版本图书馆CIP数据核字(2016)第040272号

书　　名	中国公司治理与发展报告2014 Zhongguo Gongsi Zhili yu Fazhan Baogao 2014
著作责任者	李维安　主编
责任编辑	赵学秀
标准书号	ISBN 978-7-301-26956-5
出版发行	北京大学出版社
地　　址	北京市海淀区成府路205号　100871
网　　址	http://www.pup.cn
电子信箱	em@pup.cn　QQ:552063295
新浪微博	@北京大学出版社　@北京大学出版社经管图书
电　　话	邮购部62752015　发行部62750672　编辑部62752926
印 刷 者	北京宏伟双华印刷有限公司
经 销 者	新华书店
	730毫米×980毫米　16开本　36.25印张　669千字 2016年3月第1版　2016年3月第1次印刷
定　　价	98.00元

基 金 支 持

教育部哲学社会科学发展报告项目　项目号:11JBG007

国家自然科学基金重点项目　项目号:71533002

长江学者和创新团队发展计划资助项目　项目号:IRT0926

总　序

哲学社会科学的发展水平，体现着一个国家和民族的思维能力、精神状态和文明素质，反映了一个国家的综合国力和国际竞争力。在社会发展历史进程中，哲学社会科学往往是社会变革、制度创新的理论先导，特别是在社会发展的关键时期，哲学社会科学的地位和作用就更加突出。在我国从大国走向强国的过程中，繁荣发展哲学社会科学，不仅关系到我国经济、政治、文化、社会建设以及生态文明建设的全面协调发展，而且关系到社会主义核心价值体系的构建，关系到全民族的思想道德素质和科学文化素质的提高，关系到国家文化软实力的增强。

党的十六大以来，以胡锦涛同志为总书记的党中央高度重视哲学社会科学，从中国特色社会主义发展全局的战略高度，把繁荣发展哲学社会科学作为重大而紧迫的任务进行谋划部署。2004 年，中共中央下发《关于进一步繁荣发展哲学社会科学的意见》，明确了新世纪繁荣发展哲学社会科学的指导方针、总体目标和主要任务。党的十七大报告明确指出："繁荣发展哲学社会科学，推进学科体系、学术观点、科研方法创新，鼓励哲学社会科学界为党和人民事业发挥思想库作用，推动我国哲学社会科学优秀成果和优秀人才走向世界。"2011 年，党的十七届六中全会审议通过的《中共中央关于深化文化体制改革、推动社会主义文化大发展大繁荣若干重大问题的决定》，把繁荣发展哲学社会科学作为推动社会主义文化大发展大繁荣、建设社会主义文化强国的一项重要内容，深刻阐述了繁荣发展哲学社会科学一系列带有方向性、根本性、战略性的问题。这些重要思想和论断，集中体现了我们党对哲学社会科学工作的高度重视，为哲学社会科学繁荣发展指明了方向，提供了根本保证和强大动力。

为学习贯彻党的十七届六中全会精神，教育部于 2011 年 11 月 17 日在北京召开全国高等学校哲学社会科学工作会议。中共中央办公厅、国务院办公厅转发《教育部关于深入推进高等学校哲学社会科学繁荣发展的意见》，明确提出到 2020 年基本建成高校哲学社会科学创新体系的奋斗目标。教育部、财政部联合印发《高等学校哲学社会科学繁荣计划(2011—2020 年)》，教育部下发《关于进一步改进高等学校哲学社会科学研究评价的意见》《高等学校哲学社会科学"走出去"计划》《高等学校人文社会科学重点研究基地建设计划》等系列文件，启动了新一轮"高校哲学社会科学繁荣计划"。未来十年，高校哲学社会科学将着力构建九大体系，即学科和教材体系、创新平台体系、科研项目体系、社会服务体系、条件支撑体系、人才队伍体系、现代科研管理体系和学风建设工作体系等，同时，大力实施高校哲学社会科学"走出去"计划，提升国际学术影响力和话语权。

当今世界正处在大发展大变革大调整时期，我国已进入全面建设小康社会的关键时期和深化改革开放、加快转变经济发展方式的攻坚时期。站在新的历史起点上，高校哲学社会科学面临着难得的发展机遇和有利的发展条件。高等学校作为我国哲学社会科学事业的主力军，必须充分发挥人才密集、力量雄厚、学科齐全等优势，坚持马克思主义立场观点方法，以重大理论和实际问题为主攻方向，立足中国特色社会主义伟大实践进行新的理论创造，形成中国方案和中国建议，为国家发展提供战略性、前瞻性、全局性的政策咨询、理论依据和精神动力。

自 2010 年始，教育部启动哲学社会科学研究发展报告资助项目。发展报告项目以服务国家战略、满足社会需求为导向，以数据库建设为支撑，以推进协同创新为手段，通过组建跨学科研究团队，与各级政府部门、企事业单位、校内外科研机构等建立学术战略联盟，围绕改革开放和社会主义现代化建设的重点领域和重大问题开展长期跟踪研究，努力推出一批具有重要咨询作用的对策性、前瞻性研究成果。发展报告必须扎根社会实践、立足实际问题，对所研究对象的发展状况、发展趋势等进行持续研究，强化数据采集分析，重视定量研究，力求有总结、有分析、有预测。发展报告按照"统一标识、统一封面、统一版式、统一标准"纳入"教育部哲学社会科学发展报告文库"集中出版。计划经过五年左右，最终稳定支持百余种发展报告，有力支撑"高校哲学社会科学社会服务体系"建设。

展望未来，夺取全面建设小康社会新胜利、谱写人民美好生活新篇章的宏伟目标和崇高使命，呼唤着每一位高校哲学社会科学工作者的热情和智慧。我们要不断增强使命感和责任感，立足新实践，适应新要求，以建设具有中国特色、中国风格、中国气派的哲学社会科学为根本任务，大力推进学科体系、学术观点、科研方法创新，加快建设高校哲学社会科学创新体系，更好地发挥哲学社会科学认识世界、传承文明、创新理论、咨政育人、服务社会的重要功能，为全面建设小康社会、推进社会主义现代化、实现中华民族伟大复兴作出新的更大的贡献。

教育部社会科学司

序

公司治理改革是中国企业改革的核心和先行者，是贯穿改革历程的主线。中国公司治理经历由行政型治理向经济型治理转型的变革过程，构建起以规则、合规和问责等为核心制度要素的公司治理体系，并沿着理念导入、结构构建、机制建立、有效性提高的路径，在不断应对各种新形势以及环境带来的挑战和机遇中，逐步提升治理能力，为国家治理体系和治理能力现代化提供改革基础和经验借鉴。

在我国国有企业治理实践过程中，治理结构和治理机制虽已建立，但公司治理行为的行政化问题依旧严重，突出表现为“内部治理的外部化、外部治理的内部化”，即本应属于内部治理的决策职能，如高管任免、薪酬、股权激励等，仍由外部治理主体决定；外部治理的很多职能，如企业办社会，却由内部治理承担。这种本末倒置现象严重地影响了国企治理的有效性，阻碍着国企的改革进程。而长期存在的行政型依赖则是由我国转轨经济的大背景所决定的。国企治理有着自身的逻辑和规律，不能套用国家治理、政府治理、政党治理或是社会治理的方式来治理国有企业。破解国企治理改革所遇瓶颈已成为社会各界关注的焦点，而混合所有制有望成为深化国企改革的突破口。积极发展国有资本、集体资本、非公有资本等交叉持股、相互融合的混合所有制经济，已经成为我国基本经济制度的重要实现形式。但发展混合所有制，进一步深化国企治理改革，跨过改革的“深水区”，还需经历一个较长的过程。

在各项治理改革持续深入之际，互联网时代也悄然到来，技术网络、组织网络和社会网络的“三网融合”，正在重新塑造公司治理的内外部环境，对传统治理造成冲击的同时，也为公司治理提供新的手段和方式。比如，2014 年阿里巴巴的曲折上市之路，便折射出现代网络企业控制权的制度创新——“合伙人制”与外部治理环境的冲突和匹配问题，反映出网络时代治理模式由传统垂直化向扁平化转变的趋势。此外，新兴的网络投票制度、社交媒体平台也为中小股东维护自身权益提供了新的途径;对企业来说,移动互联带来的"大数据"可以使之进行"精准治理",更好地服务于投资者和顾客,同时也增加其治理的风险点,增大其治理难度。因此我们认为,移动互联时代的技术创新已经领先于管理创新,更领先于治理创新,需要引起各方更多的关注。

在发展混合所有制和移动互联的大背景下,需要更快更准确地反映企业改革的进程,总结改革中的问题,为深化改革提供更多更新的依据。中国上市公司是中国企业建立现代企业制度的引领者和标杆,对其治理与发展状况进行评价有着重要的理论和实践意义。2003 年我们研制的中国上市公司治理指数并连续发布的治理评价报告,已成为中国上市公司的"晴雨表"。因此,2012 年我们受教育部委托,立足于多年公司治理研究,每年定期发布《中国公司治理与发展报告》,从环境、成长、治理、内部控制、投资者关系管理、创新、社会责任七个方面,构建综合评价体系,对中国上市公司治理与发展状况进行评价,把握其发展现状和趋势。本报告在 2013 年报告的研究基础上作了相关拓展和创新,增加对上市公司出现的新现象和新问题的分析和论述,以求更好地反映 2014 年上市公司的状况。

通过对上市公司治理与发展现状和趋势的把握,我们认为中国公司治理改革需要不断应对新形势和新环境带来的挑战和机遇,而企业要抓住治理改革的契机,不断完善自身制度建设,全面提升自身治理能力。中国的公司治理嵌入在我国特殊的制度背景中,依托于经济形势、政策空间及社会环境逐步产生并发展。故而我们提出,深化公司治理改革,提升公司治理发展水平,应注意以下几点:

第一,吸收民营资本灵活的市场机制优势,发展混合所有制,全面提升公司治理能力,获取治理改革红利。我们认为发展混合所有制,可以探索"双轨制",比如,授予混合所有制企业董事会以高管任免、薪酬、股权激励等权限,对通过市场化招聘和非国有股东提名高管,放开"限薪"和考核评价制度等;同时建立"负面清单"制度,逐步向一般国有企业全面推进混合所有制改革。

第二,发挥最新网络技术在公司治理中的作用。比如,发展网络移动投票,能降低治理成本,提高投资者参与治理的积极性,进而提升治理的有效性;而网络技术带来的"大数据",可以方便快捷地表达投资者和顾客的诉求,也可以方便企业就其诉求作出快速精准反应,形成良好的治理互动。

第三,完善投资者关系管理制度,健全外部监管规章制度。在内部治理方面,上市公司要建立专业投资者关系管理团队,设立投资者关系管理部门;在外部治理方面,要规范投资者关系管理中介,明确中介机构从业资格及其所应提供的服务，推动上市公司投资者关系管理进入良性发展轨道。

第四，加强内部控制规范的约束力，同时发挥监管机构及非营利组织在内控评价中的主导作用。在监管上，要加强企业内部控制信息披露制度建设，提高其违规成本；在评价上，要规范市场中介机构执业行为，提高审计师内部控制审计质量。

第五，不同所有制和行业的企业在承担社会责任的程度上差异较大，也需要进行“分类治理”。国有控股企业仍肩负一定“政府”和“社会”职能，在社会期望压力下，承担着更多的社会责任；而伦理机制的缺失，使得更以营利为目的的民营企业对社会责任承担不足。对此，我们认为，对于国有控股企业要进一步进行“去单位化”，减少“企业办社会”；而对于民营企业，则要提高其对社会责任的关注力度，加大监督约束力度，以营造企业关注社会责任的市场环境。

随着全面深化改革进程的不断推进和移动互联等新技术的快速发展，我国的公司治理建设也将面临越来越多的新问题，这对我们提出了新的要求。本报告基于我们多年来的公司治理评价实践与经验，旨在探索前沿理论，分析和讨论实务问题，以为政府监管部门、市场主体和高校研究机构的学者和实务界人士提供参考和帮助。

最后，感谢教育部社科司、中国上市公司协会提供的大力支持。感谢北京大学出版社为本报告的出版付出的辛勤努力。尽管我们试图做得更好，但仍会有不足之处，敬请读者提供宝贵意见，以帮助我们进行提高和完善。

李维安

2015 年 10 月

目　　录

第一篇
环境篇

1　中国公司治理的现状与变迁

中国经济的高速发展，与众多企业的成功崛起密不可分。破解中国经济发展之谜，首先要诠释中国企业成功的“神话”，探寻支撑中国企业成功的制度因素。公司治理作为企业的基础性制度安排，良好的公司治理结构和机制是企业成功的基石。对中国治理改革进程中公司治理体系演进和转型的探究，有益于从企业制度层面为创建中国式企业管理科学提供经验依据和理论基础。而且，根据从公司治理、非营利组织治理到国家治理的改革进程，公司治理作为我国治理改革的先行者，能够为国家治理体系的构建和治理能力的提升提供改革基础和经验借鉴。

本章重点阐述了2014年中国公司治理的发展现状及其当前面临的重点治理问题，从中国上市公司总体特征以及公司治理指数两个方面分析了中国公司治理现状，进而结合当前的治理改革背景，探讨现代治理理念、互联网治理以及混合所有制公司治理等问题。

1.1　中国公司治理现状

1.1.1　中国上市公司总体特征

根据中国证监会统计，截至2013年年底，中国境内上市公司共有2489家，比2012年降低0.20%，其中B股106家，比2012年降低0.93%。境外上市公司（H股）2013年共有185家，较2012年增加了3.35%。A、B、H股市场发行股票总股本为40569.08亿股，较2012年的38395.00亿股增加了5.66%。股票总市值为230977.19亿元，较2012年的230977.19亿元增加了0.27%。2013年停发新股导致上市公司总数有所下降，但股票总市值仍稳定增长。具体如表1-1所示。

表1-1　中国上市公司基本情况

	2012年	2013年	比2012年（%）
境内上市公司数（A、B股）（家）	2494	2489	-0.20
境内上市外资股（B股）（家）	107	106	-0.93
境外上市公司数（H股）（家）	179	185	3.35
股票总发行股本（亿股）	38395.00	40569.08	5.66
其中：流通股本（亿股）	31339.60	36744.16	17.25

（续表）

	2012 年	2013 年	比 2012 年(%)
股票市价总值(亿元)	230 357.62	230 977.19	0.27
其中:股票流通市值(亿元)	181 658.26	199 579.54	9.87

资料来源:中国证监会数据统计。

根据南开大学中国公司治理研究院发布的 2014 年中国公司治理指数（$CCGI^{NK}$）,有效样本为 2 467 家,其中主板 1 411 家,含金融机构 39 家;主板非金融机构 1 372 家;中小企业板 701 家,含金融机构 3 家;创业板 355 家。① 样本公司的行业、控股股东性质及省份构成如表 1-2、表 1-3 与表 1-4 所示。

1. 样本公司行业分布情况

从样本行业分布情况来看,最近几年评价各行业中样本所占比例保持了较稳定的趋势,而且制造业样本的比例最高,占 60.19%,相比较 2013 年的 61.00% 略有下降;其他各行业样本公司数量相比 2013 年也各有升降,但样本公司总数为 2 467 家,较 2013 年减少了 3 家。

表 1-2　样本公司的行业构成

行业	公司数	比例(%)
农、林、牧、渔业	46	1.86
采掘业	66	2.68
制造业(合计)	1 485	60.19
其中:食品、饮料	95	3.85
纺织、服装、皮毛	77	3.12
木材、家具	12	0.49
造纸、印刷	45	1.82
石油、化学、塑胶	254	10.30
电子	153	6.20
金属、非金属	198	8.03
机械、设备、仪表	479	19.42
医药、生物制品	146	5.92
其他制造业	26	1.05
电力、煤气及水的生产和供应业	76	3.08

① 截止到 2014 年 4 月 30 日公布的公开信息(公司网站、巨潮资讯网、中国证监会、沪深证券交易所网站等)以及色诺芬 CCER 数据库、国泰安 CSMAR 数据库,依据信息齐全以及不含异常数据两项样本筛选的基本原则,最终确定样本。

（续表）

行业	公司数	比例（%）
建筑业	53	2.15
交通运输仓储业	76	3.08
信息技术业	200	8.11
批发和零售贸易业	132	5.35
金融、保险业	42	1.70
房地产业	125	5.07
社会服务业	79	3.20
传播与文化产业	37	1.50
综合类	50	2.03
合计	2 467	100.00

资料来源：南开大学公司治理数据库。

2. 样本公司地区分布情况

近年来上市公司的地区分布比例没有太大变化，从不同地区占样本数量、比例看，经济发达地区的广东（366 家，占样本公司的 14.82%）、浙江（241 家，占样本公司的 9.76%）、江苏（232 家，占样本公司的 9.39%）、北京（218 家，占样本公司的 8.83%）、上海（198 家，占样本公司的 8.02%）、山东（151 家，占样本公司的 6.11%）占有数量最多，而西部欠发达地区的贵州、内蒙古、宁夏、青海和西藏占样本量少，其中青海省最少，为 10 家，反映出经济发展水平与上市公司数量存在一定的关系。

表 1-3　样本公司的省份构成

省份	公司数	比例（%）	省份	公司数	比例（%）
北京	218	8.83	湖北	83	3.36
天津	38	1.54	湖南	73	2.96
河北	47	1.90	广东	366	14.82
山西	33	1.34	广西	30	1.21
内蒙古	23	0.93	海南	26	1.05
辽宁	66	2.67	重庆	38	1.54
吉林	38	1.54	四川	90	3.64
黑龙江	32	1.30	贵州	21	0.85
上海	198	8.02	云南	28	1.13
江苏	232	9.39	西藏	10	0.40

（续表）

省份	公司数	比例(%)	省份	公司数	比例(%)
浙江	241	9.76	陕西	38	1.54
安徽	78	3.16	甘肃	25	1.01
福建	86	3.48	青海	10	0.40
江西	33	1.34	宁夏	12	0.49
山东	151	6.11	新疆	40	1.62
河南	66	2.67	合计	2470	100.00

资料来源：南开大学公司治理数据库。

3. 样本公司市场板块分布情况

2004 年 6 月，我国中小企业板揭幕，中小企业板是深圳证券交易所为了鼓励自主创新而专门设置的中小型公司聚集板块。2009 年 10 月，我国创业板正式启动，创业板是主板之外的专为暂时无法在主板上市的中小企业和新兴公司提供融资途径和成长空间的证券交易市场，是对主板市场的有效补给，在资本市场中占据着重要的位置。2013 年的评价中对样本公司按照市场板块类型进行详细划分，其中 57.25% 的样本公司来自主板，共 1414 家；中小企业板 701 家，占 28.38%；创业板 355 家，占 14.37%。另有 41 家金融、保险业公司，占 1.66%。

表 1-4　样本公司的市场板块构成

市场板块类型	公司数	比例(%)
主板	1414	57.25
中小企业板	701	28.38
创业板	355	14.37
金融、保险业	41	1.66

资料来源：南开大学公司治理数据库。

1.1.2　公司治理总体现状

根据南开大学中国公司治理研究院发布的 2014 年中国公司治理指数报告，我们可以看出，2014 年度公司治理指数平均值为 61.41。2008 年、2009 年、2010 年、2011 年、2012 年和 2013 年治理指数平均值分别为 57.69、57.62、59.09、60.28、60.60 和 60.76。对比连续几年来的中国上市公司的总体治理状况，总体治理水平呈现逐年提高的趋势，但 2009 年出现了拐点，指数平均值低于 2008 年但高于以前各年度，从 2010 年起，公司治理指数平均值超过了 2008 年的 57.69，呈现逐年上升的趋势。各年公司治理评价各级指数的比较如表 1-5 所示。

表 1-5 中国公司治理评价指数

治理指数	2008	2009	2010	2011	2012	2013	2014
公司治理指数	57.69	57.62	59.09	60.28	60.60	60.76	61.41
股东治理指数	58.06	59.23	59.81	64.56	61.20	62.89	64.28
董事会治理指数	57.43	57.88	60.33	60.81	61.21	61.74	63.38
监事会治理指数	54.84	55.97	56.17	57.17	57.35	57.38	57.99
经理层治理指数	57.40	55.53	57.21	57.81	57.27	57.21	56.90
信息披露指数	62.36	61.85	63.43	63.02	63.14	63.18	63.29
利益相关者治理指数	53.43	52.94	54.83	56.47	63.22	61.46	61.84

资料来源:南开大学公司治理数据库。

在几个分指数当中,股东治理指数相对于 2013 年的 62.89,上升为 64.28;董事会治理指数呈现显著的逐年上升趋势,作为公司治理核心的董事会建设得到加强,继 2010 年首次突破了 60 之后,2011 年、2012 年和 2013 年继续增长达 60.81、61.21 和 61.74,2014 年指数均值达到 63.28;新公司法加强了监事会的职权,监事会治理状况明显提高,平均值从 2008 年的 54.84 提高到 2014 年的 57.99;经理层治理状况从 2008 年开始,连续两年呈现下跌趋势,2011 年相较于 2010 年有所提高后,连续三年下跌,2014 年降到 56.90;信息披露状况呈现出较稳定的趋势,从 2008 年到 2014 年的信息披露指数平均值依次为 62.36、61.85、63.43、63.02、63.14、63.18 和 63.29;利益相关者问题逐步引起上市公司的关注,一直保持着稳步提高的趋势,尤其是从 2010 年起指数均值提高明显,其中 2012 年的指数达 63.22,但 2013 年又下降到 61.46,2014 年有所回升。

1.1.3 股东治理

股东治理指数的平均值为 64.28,股东治理评价的三个二级指标——独立性、中小股东权益保护和关联交易的平均值分别为 63.38、58.21 和 70.81,如表 1-6 所示。

表 1-6 股东治理指数

项目	平均值
股东治理指数	64.28
独立性	63.38
中小股东权益保护	58.21
关联交易	70.81

资料来源:南开大学公司治理数据库。

样本公司按控股股东性质分组样本中,国有控股和民营控股公司占绝大多数,两者相加占到了上市公司总数的97.04%。如表1-7所示,民营控股上市公司股东治理指数要高于国有控股上市公司,二级指标中的独立性指标和关联交易指标都远高于国有控股上市公司,分别高6.62和11.26,中小股东保护指标则是国有控股上市公司高于民营控股上市公司。2010—2014年民营控股上市公司的股东治理则优于国有控股上市公司。主要的原因是,由于没有历史包袱,中小企业板和创业板民营上市公司的公司治理水平起点更高,股东治理指数明显高于主板民营控股上市公司,并抬高了民营控股上市公司的股东治理指数的平均值。

表1-7　国有控股上市公司与民营上市公司股东治理比较

控股股东性质	公司数	比例(%)	股东治理指数	独立性指数	中小股东保护指数	关联交易指数
国有	1 027	41.63	60.52	57.17	58.28	64.44
民营	1 367	55.41	67.14	68.02	58.14	75.70

资料来源:南开大学公司治理数据库。

再看中国上市公司的股权结构,2005年股权分置改革以来,我国上市公司股权结构已经显著改变,我国上市股权结构呈现分散的趋势,上市公司第一大股东持股比例、前五大股东持股比例均呈现下降的趋势。与此同时,第一大股东的控制能力也有所下降,表现为Z指数(第一大股东持股比例/第二大股东持股比例)下滑,Herfindahl_5指数也呈现下滑趋势,中小股东制衡大股东的能力有所增强,如表1-8所示。

表1-8　中国上市公司股权结构变化

年度	第一大股东持股比例	CR_5	Z指数	Herfindahl_5
2007	0.3601	0.5198	16.7972	0.1705
2008	0.3634	0.5179	17.8627	0.1729
2009	0.3662	0.5220	16.3262	0.1757
2010	0.3650	0.5355	14.7090	0.1776
2011	0.3628	0.5442	13.4373	0.1765
2012	0.3686	0.5600	13.5035	0.1837
2013	0.3614	0.5419	13.3314	0.1774

注:样本上市公司剔除了金融类上市公司以及相关数据缺失的观测值。
资料来源:CCER数据库。

2013年年底,沪深两市A股上市公司中,第一大股东持股比例超过50%的有530家,持股比例在40%—50%的有432家,持股比例在30%—40%的有521家,持股比例在20%—30%的有645家,持股比例低于20%的有387家。在第一大股东持股比例超过80%的17家上市公司中，有民营企业7家、外资企业3家、国有企业7家。第一大股股东的平均持股比例虽然逐年下降，平均值仍达到40%左右。在中央控股上市公司中，第一大股东持股比例超过40%的公司占总数的55.65%；地方国有控股上市公司中，第一大股东持股比例超过40%的公司占总数的47.07%；民营控股上市公司中，第一大股东比例超过40%的公司占总数的31.65%，低于国有控股上市公司。

可见，我国上市公司的股权结构仍然较为集中，大股东与中小股东之间的利益冲突依然是当前上市公司面临的主要问题。除此之外，当前我国上市公司股东治理还存在其他一些需要注意的问题，例如机构投资者比重偏小等。目前我国机构投资者主要包括证券投资基金、证券公司、QFII、保险公司、社保基金、信托公司等。2013年年底，基金持有的股票占全部股票的2.30%，证券公司占0.06%，QFII占0.19%，保险公司占1.2%，社保基金占0.29%，信托公司占0.15%。这些机构投资者持有的股票占全部流通股的4.23%，远低于美国等发达证券市场中机构投资者40%—60%的持股比重。[①] 与国际水平相比，我国机构投资者持股比重过低，导致我国股票市场中流通股过于分散。为了完善上市公司股东治理，我国要积极培育机构投资者，建立多元投资主体，提高机构投资者的持股比例，并发挥机构投资者的治理作用。

1.1.4 董事会治理

董事会治理指数的平均值为63.38。从董事会治理的五个主要因素来看，董事会组织结构指数得分最高，平均值为69.03；董事权利与义务指数的平均值次之，为67.17；独立董事制度指数和董事会运作效率位于中间，其平均值分别为63.05和60.74；董事薪酬指数的平均值最低，为59.56，但相对于2013年略有上升，如表1-9所示。

表1-9　董事会治理指数

项目	平均值
董事会治理指数	63.38
董事权利与义务	67.17
董事会运作效率	60.74
董事会组织结构	69.03
董事薪酬	59.56
独立董事制度	63.05

资料来源：南开大学公司治理数据库。

① "纵览国内上市公司股权结构"，http://www.csteelnews.com/xwzx/djbd/201407/t20140728_250851.html。

国有控股上市公司与民营控股上市公司的董事会治理指数相差不大,分别为63.32和63.46。国有控股上市公司在董事权利与义务、董事会组织结构方面的得分超过民营控股上市公司,而民营控股上市公司在董事会运作效率、董事薪酬和独立董事制度方面的得分超过国有控股上市公司,如表1-10所示。

表1-10 国有控股上市公司与民营上市公司董事会治理比较

控股股东性质	董事会治理指数	董事权利与义务	董事会运作效率	董事会组织结构	董事薪酬	独立董事制度
国有	63.32	67.87	60.64	69.16	59.56	62.51
民营	63.46	66.73	60.79	68.99	59.66	63.43

资料来源:南开大学公司治理数据库。

从董事会的结构来看,近年来董事会规模较为稳定,董事的平均人数约为9人。中国证监会2001年发布的《关于在上市公司建立独立董事制度的指导意见》和2002年颁布的《上市公司治理准则》均指出上市公司应该建立独立董事制度。该指导意见还指出,在2003年6月30日前,上市公司董事会成员中应当至少包括三分之一的独立董事。从表1-11中可以看出,独立董事的平均人数为3—4人,所占比例大于三分之一,并且呈上升趋势。从董事长和总经理的设置状况看,我国上市公司董事长和总经理一般分设,这种两职分离有助于充分发挥总经理的积极性和董事会的决策职能,强化董事会对总经理的监督。但2007—2012年连续六年上市公司董事长与总经理两职合一比例上升,2013年的两职合一公司的比例趋于稳定。在激励方面,从表1-11中可以看出,中国上市公司越来越重视对董事的激励,表现为领取的报酬有所增加,董事持股增加。董事会前三名董事薪酬平均值为1 673 654元。

表1-11 董事会特征

年度	董事长总经理两职合一(%)	董事人数	独立董事人数	独立董事所占比例(%)	董事持股数量	董事前三薪酬(元)
2007	15.56	9.40	3.34	35.53	5 184 724	1 017 671
2008	15.73	9.27	3.33	35.92	9 274 973	1 019 405
2009	18.26	9.15	3.31	36.12	10 904 432	1 106 441
2010	21.74	11.40	3.95	34.65	16 125 760	2 208 610
2011	24.66	8.99	3.28	36.52	27 016 182	1 443 767
2012	24.80	8.96	3.28	37.02	32 431 765	1 522 539
2013	24.65	8.86	3.27	36.91	39 939 250	1 673 654

资料来源:国泰安数据库。

《上市公司治理准则》第五十二条指出,上市公司董事会可以按照股东大会的有关决议,设立战略、审计、提名、薪酬与考核等专门委员会。专门委员会成员全部由董事会组成,其中,审计委员会、提名委员会、薪酬与考核委员会中独立董事应占多数并担任召集人,审计委员会中至少应有一名独立董事是专业会计人士。此后国资委针对董事会建设共出台了16个指导文件,按照该准则的要求,我国上市公司董事会专业委员会设置比重开始增加,2013年我国绝大多数上市公司设置了四个专业委员会。董事会专业委员会设置比重的增加有助于充分发挥董事会的决策、监督等职责。近几年来,董事会会议次数较为稳定。

1.1.5 监事会治理

监事会治理指数的平均值为57.99。从监事会指数的三个主要因素来看,样本公司监事会运行状况指数平均值为68.45,监事会规模结构指数平均值为50.52,监事会胜任能力指数平均值为56.48,如表1-12所示。

表1-12 监事会治理指数

项目	平均值
监事会治理指数	57.99
运行状况	68.45
规模结构	50.52
胜任能力	56.48

资料来源:南开大学公司治理数据库。

国有控股上市公司的监事会治理要好于民营上市公司,从分指数看,国有控股的上市公司两项分指数要高于民营上市公司,分别是规模结构指数和胜任能力指数,说明国有控股的中国上市公司监事会治理的各方面都比较完善,可能原因是国有控股上市公司的最终控制人国资委,更倾向于利用监事会作为治理公司的一种手段。但民营控股上市公司的运行状况要好于国有控股上市公司,如表1-13所示。

表1-13 国有控股上市公司与民营上市公司监事会治理比较

控股股东性质	数量	比例(%)	监事会治理指数	运行状况	规模结构	胜任能力
国有	1 027	41.63	59.95	64.77	56.49	59.27
民营	1 367	55.41	56.57	71.26	46.14	54.41

资料来源:南开大学公司治理数据库。

在中国企业改革初期,由于经济转型背景下经济型治理体系的缺失,为了防范企业改革陷入“一放就乱”的局面，在公司治理改革中特别注重监督机制（如改革中先派监事会）的建设，并借鉴其他国家在监督机制建设方面的经验做法。具体而言，就是在公司治理改革的进程中，既借鉴了德国和日本的监事会制度，也引进了英美的独立董事制度。中国双重监督制度设计的初衷，是试图发挥独立董事和监事会的多重监督及协作效应。这种制度安排对于转型期我国企业改革的顺利推进发挥了重要作用。但在关系型治理发挥重要作用的转型实践中，正式制度设计功效的发挥很大程度上取决于关系型治理机制的重塑。由于与双重监督体系相配套的关系型治理机制的滞后，加上二者职能界定模糊交叉、履职保障和可操作性不强等因素，双重监督机制的作用受限甚至相互掣肘，协同效应更难以发挥。中国公司治理指数表明，在职能界定模糊且交叉的情况下，独立董事和监事会本身运行效率不高，甚至存在职能不协调而相互抵消并潜伏治理风险等问题。此外，在全球化背景下，一批中国企业纷纷赴海外上市，部分企业同时实现多地上市。其中，单纯在境外上市（如 H 股、N 股等）的公司按照当地规则不必设监事会，而境内外同时上市（如 A + H 等）的公司，则既有单层制下的独立董事制度，又有双层制下的监事会制度。治理评价显示，相对而言，同时上市比仅在内地上市公司治理质量高。这可能与境外监管规则对董事会监管严格、董事会职能明确，内地上市公司董事会部分监督职能外移到监事会但二者职能边界模糊有关。这表明，只要职能边界清晰，独立董事和监事会的监督职能是可以相互替代的。

在公司治理进入提升有效性的新阶段，治理监督模式改革的关键，就在于切实协调好独立董事和监事会的关系，重塑与双重监督模式相协调的关系型治理机制。第一，对于改革中为强化监督而设立双重监督机制的公司，如已实施独立董事制度且运作良好的上市公司，是否保留监事会可由企业自主决定，公司监督机制建设的重点落在独立董事制度上；第二，对于一些仍有必要维持双重监督机制的公司，改革的关键在于进一步厘清二者的职责边界并增强履职的可操作性，在实现各自独立高效运作的同时发挥协同效应，提升公司治理的有效性；第三，对于未实施独立董事制度的非上市公司，则必须设立监事会，并不断提升其监督有效性。当然，不管采用何种方式，都要进一步完善外部治理环境，培育相应的关系型治理机制，强化监督机构（独立董事或监事会）的履职保障和问责机制，避免多重监督机制间的掣肘，最终提升公司治理的有效性。

1.1.6 经理层治理

中国上市公司的经理层治理指数平均值为 56.90。从经理层评价的三个主因素层来看，样本公司经理层任免制度指数平均值为 61.14；执行保障指数的平均值为 62.80；激励与约束机制指数平均值为 47.93。相比较上一年度，上市公司样本减少 3 家，经理层治理指数平均值下降了 0.31，其中任免制度指数、执行保障指数和激励约束指数平均值较上年分别下降了 0.30、0.53 和 0.14，下降幅度不大。样本公司经理层总体治理状况呈现平稳趋势（见表 1-14）。

表 1-14 经理层治理指数

项目	平均值
经理层治理指数	56.90
任免制度	61.14
执行保障	62.80
激励约束	47.93

资料来源：南开大学公司治理数据库。

国有控股上市公司和民营上市公司的经理层治理指数分别为 55.94 和 57.66，民营上市公司在经理层治理方面总体状况要好于国有控股上市公司。从分指数看，民营上市公司的激励约束指标和任免制度分别为 51.43 和 61.30，超过国有控股上市公司的 43.43 和 60.94。执行保障指标，国有控股上市公司得分较高，为 65.16（见表 1-15）。

表 1-15 国有控股上市公司与民营上市公司经理层治理比较

控股股东性质	经理层治理指数	任免制度	执行保障	激励约束
国有	55.94	60.94	65.16	43.43
民营	57.66	61.30	61.00	51.43

资料来源：南开大学公司治理数据库。

在任免制度方面，中国上市公司经理层任免体现为“双轨制”。在国有企业，特别是具有较高监管级别的国有企业，如央企中，经理层任免更多地体现行政型特征，许多高管的任免由组织部决定，存在高管行政晋升通道，高管具有和政府公务员类似的晋升激励。而在民营上市公司，经理层的任免则体现经济型治理特征，按照市场化规则，根据经理层业绩和股东或董事会意见来任免。因此，上市公司经理层治理反映在激励和约束方面，也呈现出“双轨”特征：部分高管具有晋升激励，试图通过“晋升锦标赛”来获取更高的地位，薪酬对他们而言并非是最强的激励因素，而来自上级行政部门的约束是更强有力的约束。对于另一部分高管而言，公司业绩是重要的约束条件，市场化的薪酬和期权激励也是有效的激励手段。一些最新的研究表明：在高管薪酬制定方面，我国的高管薪酬不仅取决于所处的企业的业绩以及行业状况，而且具有明显的参照点效应。

2013 年，A 股上市公司高管最高薪酬均值 81.05 万元，相比 2012 年的 76.87

万元增长5.4%,保持持续增长态势;金融保险业、房地产业、批发和零售贸易业继续领先其他行业;采掘业受行业业绩影响,高管最高薪酬均值大幅下降18.6%。行业间的高管薪酬差异较大,2013年金融保险业高管最高薪酬均值为农林牧渔业的6.75倍,但相比2012年的6.57倍保持稳定性;而除金融保险业,该系数范围由2011年的1.12—2.38倍、2012年的1.20—2.70倍逐步扩大至2013年的1.19—2.93倍。行业内的薪酬差异水平则在逐渐减少,各行业均值为1.51—2.28倍,连续三年呈现下降趋势,体现内部差异缩小;批发和零售贸易行业内部高管薪酬差异最大,农林牧渔和金融保险业高管薪酬内部差异较2012年大幅缩小。

不同性质控股企业的经理层薪酬也差异较大,控股性质分析发现:外资参股上市公司高管薪酬继续保持领先优势但降幅最大,央企控股上市公司高管薪酬均小幅下降,民营控股上市公司增速显著,与地方国有控股上市公司差距进一步缩小。

在激励机制上,除薪酬激励以外,股权激励也在逐步被采纳。截至2013年年底,A股上市公司规范股权激励实践的8年里,累计公告数量突破600家,其中最近三年(2011—2013年)集中公告了近400家,其中2013年一年之内共有156家上市公司公告了股权激励方案。①

1.2 中国公司发展和治理面临的问题

1.2.1 治理改革深化与现代治理理念

十八届三中全会提出全面深化改革的总目标是“完善和发展中国特色社会主义制度,推进国家治理体系和治理能力现代化”,这是我们党首次提出“国家治理体系”和“治理能力”的概念。从公司治理、非营利组织治理的改革,再到国家治理,治理理念逐渐上升到国家高度,治理成为“新常态”。公司治理作为治理改革的先行者,正经历着由行政型治理向经济型治理转型的变革过程,构建了以规则、合规和问责等为核心制度要素的公司治理体系,并沿着从治理结构到治理机制再到治理有效性的路径逐步提升公司治理能力,为国家治理体系建设和治理能力现代化提供了改革基础和经验借鉴。而要实现好治理的现代化,首要的是树立现代治理理念。

所谓“治理”,即用规则和制度来约束和重塑利益相关者之间的关系,以达到决策科学化的目的。它是由治理主体、治理内容、治理结构以及治理机制等构成的,以规则、合规和问责为核心要素的一整套制度安排。其与管理的主要区别为:

① “2013—2014年中国A股上市公司高管薪酬调研报告”,http://www.aiweibang.com/yuedu/15971553.html。

就目的而言,治理的目的在于实现多元利益主体的利益均衡,而管理强调的是保证既定目标的实现;就职能而言,治理注重监督、明确责任体系和决策指导,而管理主要关注决策落实的计划、组织、指挥、控制和协调;就实施基础和依据而言,治理主要依靠契约以及法律规范,而管理主要依靠内部的管理层级关系;就地位和作用而言,治理的作用在于规范权利和责任,而管理侧重于规定具体的发展路径和方法。

现代治理有着自身的理念和思维。一是治理是一种多元化的系统思维,要求识别治理系统中各主体的关联性,强调治理的民主性以及处理好多元利益主体的利益关系。二是治理的内容是通过多元利益主体的参与,建立规范的治理结构、相互协调的治理机制,并实现治理机制之间的良性互动。三是治理的关键是顶层设计,涉及制度层面和决策职能。四是治理的手段是“疏”“统”并举、软权力和硬权力并用,以疏导和软权力的运用为主。五是治理还是一种过程化思维,是围绕“合规、规则和问责”不断演进的建设过程。

在治理改革逐步深化之际,从“管理”到“治理”的跨越是全面深化改革的“破题”之举,是重大的思想解放和理论创新,也是解放和发展生产力、解放和增强社会活力的利器。过去的改革中我们将更多的精力放在了行政管理、社会管理等内容上,而此次全会提出的国家治理体系,囊括了政府治理、社会治理、中介组织治理以及公司治理等内容,强调通过全面深化改革,完善经济、政治、文化、社会、生态文明和党的建设等各领域制度和规则的建立、执行以及监督和问责,使制度和体制机制更加完善,决策更加科学,实现党和国家各项事务制度化、规范化、程序化,“把各方面制度优势转化为管理经济社会事务的效能”。

然而,当前要实现现代治理从传统管理理念中真正突围,当务之急是要避免陷入认知误区。

第一,识别“用治理取代管理”的误区。十八届三中全会总目标被描述为从管理到治理的转变,体现了治理的重要作用。随后的很多解说通过对比治理和管理的优劣来说明这种转变的必要性,这就陷入了误区。因为治理和管理并不是一种替代关系,而是互补关系。治理涉及制度和决策职能,且组织层级越高,治理的职能越明显;组织层级越低,管理的执行职能越突出。虽然随着组织层级的提高,治理和管理所占的比重会有所变化,但对于一个组织的正常运作,治理与管理缺一不可。组织上层以治理职能为主,负责制定组织的游戏规则,监督保障组织制度执行的合规性与有效性,同时也需要运用适当的管理职能保证自身组织运作的效率。在组织上层确定制度建设的整体架构之后,组织下层则主要通过管理职能完成上述制度规划的具体执行任务。

第二,识别“管理更多强调过程,治理更多强调状态和结果”的误区。三中全会决定提出要从社会管理向社会治理转变,但这一转变并非是将社会治理的重心由“秩序与过程”变为“状态和结果”。管理具有任务导向性,强调保证既定目标的实现。治理的内容则是通过多元利益相关者的参与,建立规范的治理结构及相互协调的治理机制,并实现治理机制之间的良性互动。治理是围绕“规则、合规和问责”不断演进的系统建设和完善过程,只有确保以治理结构、治理机制等规则和合规的建设过程为基础和前提,才能最终实现治理结果的有效性。因此,治理是过程和结果的有机统一体,单纯认为“治理强调状态和结果”的认识有失偏颇。

第三,识别“管理具有强制性约束力,治理具有规训弹性”的误区。此种认识误区主要来自对治理与管理在实施基础与依据方面的区别认识不清。在实施基础和依据方面,治理主要依靠契约以及法律等制度规范,而管理主要依靠内部的层级关系。从这个意义上来讲,治理更侧重制度性层面,作为治理的制度基础与实施依据的法律规范具有权威性和终极性,因而治理在问责等方面更具强制性。当然,法律规范作为治理的制度性契约,其最初的缔结应该是多元利益相关者集体协商的结果。利益相关者可以选择是否参与治理以及参与治理的程度,但前提是必须保证自己的行为合规,即符合治理制度性规范的基本要求。

第四,识别“治理目标多样、变动”的误区。该种提法主要是因为在治理“民主性”特征的认识上存在偏误。治理的基础具有多元性,由不同的组织和个人构成,一元化不需要也无法进行治理。虽然多元的利益相关者拥有不同的利益诉求,但治理的“民主性”要求组织秉承“多元化治理”的秩序观,通过构建治理权分享机制,让多元利益相关者真正参与到组织治理中来,使其得到利益表达与利益获取的通道,获得追求利益的正当权利和足够空间,进而使组织在治理层面成为一个事实上的利益相关者合作体。因此,治理最终的目标具有单一性和一致性,即保证治理结构和治理机制的有效性,并实现利益相关者之间的利益均衡。

从“管理”向“治理”理念的重要转变,是治理改革深化的重要标志,是治理理论和治理实践的重大创新。这种创新揭示了我国改革的路径就是建立现代企业制度、现代政府制度、现代社会制度、现代国家制度,为此首先就要导入相应的、适合各层次的现代治理结构和治理机制。因此,以现代治理理念统领全面深化改革的进程,改革将会释放出巨大的制度红利。

第一,树立“多元”治理理念,实现“治理民主”是最大的制度红利。从国家管理到国家治理虽然只有一字之变,却是从“统治”思维到治理“多元”思维的巨大突破。“统治”思维意在通过一元强制力量对组织进行控制,而治理“多元”思维要求从整体角度综合考虑各方的利益诉求来实现治理目标。国家治理通过治理权的分享机制,把社会组织、公民个体等在内的各利益相关者都纳入国家治理体系,从整体角度考虑治理系统中各主体的相关性及其利益诉求,增强他们参与国家事务的积极性。这样,就将统治的硬性、强制的运作模式无形中转化为治理的软性、自主的运作模式,构建适宜的治理结构和机制,从而实现国家层面的民主与和谐。

第二,政府强化"顶层设计",发挥市场在资源配置中的决定性作用,红利不可估量。市场在资源配置中的作用由"基础性"变为"决定性",是对政府与市场关系的重要调整,即要强化政府的"无为之手",弱化政府的"扶持之手",消除政府的"掠夺之手"。作为有效政府治理和转变政府职能的重要举措,上述变化突出了治理的顶层设计理念,是政府职能"抓大放小"实践的有益尝试。例如,推进股票发行注册制改革就是要重新界定政府与市场的关系,将政府面面俱到的管理职能彻底转变为顶层设计决策与监管的治理职能,而把股票的选择权真正交由市场判断。由此,政府治理以彻底转变政府职能为目标,弱化"管理",强化"治理",触动了改革的灵魂,制度红利不可估量。

第三,社会组织"去行政化",通过引入治理机制激发活力,红利也在其中。在中国,真正发挥作用的社会组织并不多见,像红十字会等社会组织还多被诟病。这主要是因为中国的社会组织行政化色彩严重,常被称为"二政府"。所以,社会组织与行政机关"真正脱钩"、成立时"依法申请登记",就是要对社会组织合理分类,该归市场的归市场,该归社会的归社会。在此基础上,将治理机制引入社会组织中,理顺理事会、监事会、组织成员等的关系,通过治理机制的有效运作实现组织成员的共同利益。可以预见,治理机制的引入能够推进社会组织"明确权责、依法自治、发挥作用",从而实现社会自治能力的提升,红利也在其中。

总之,国家治理体系的构建,旨在运用治理理念理顺并正确处理政府、市场和社会三者之间的关系。通过国家层面的治理创新实现党和国家事务的制度化、规范化和程序化,让"一切劳动、知识、技术、管理、资本的活力竞相迸发",释放"发展成果更多更公平惠及全体人民"的制度红利;通过政府层面的治理创新,实现"有效的政府治理"和"转变政府职能",释放"市场在资源配置中起决定作用"的制度红利;通过社会层面的治理创新增强社会发展活力,提高社会治理水平,释放"人民安居乐业、社会安定有序"的制度红利。然而,治理是围绕"规则、合规和问责"不断演进的建设过程,所以,国家治理、政府治理和社会治理的改革深化进程中,除了要建立相应的制度规则外,还需要一个配套的合规与问责过程。只有在改革深化过程中强化制度规则的执行力,并加强对制度规则执行的问责,制度红利才能水到渠成、经久不衰。

1.2.2 互联网与公司治理

在治理改革持续深入之际,互联网时代的到来恰逢其时,技术网络、组织网络和社会网络深度融合,重塑着公司治理的外部环境,对传统治理造成冲击的同时,也为公司治理提供了新的手段,同时启发了对新兴商业模式有效治理的思考。移动互联网时代的公司治理变革，主要表现在以下几个方面：

第一，公司治理成本降低，致使新的小股东、社群等积极治理主体应运而生。移动互联时代“任何时间、任何地点、任何对象、任何信息、任何方式”的信息交流观念推动了原来没有能力、缺乏积极性的小股东通过网络投票甚至手机投票等方式参与治理，新的股东主体开始焕发活力；移动互联网使得由基于搜索来查找信息的方式变为精准信息推送，“影响型”朋友成为社交网络传播信息的重要节点，拉动移动互联网络群体及社会化媒体成为公司外部治理的重要主体。

第二，公司治理进入“大数据”时代，新的治理手段开始出现。社群等外部治理主体的广泛化倒逼，使得产品供给由卖方市场转向买方市场，他们的信息交流间接或直接影响着公司市值变化，而以往被冠以弱势之名的中小股东，在股东大会投票的关键环节往往成为“压死骆驼的最后一根稻草”。博客、微博、微信形成企业信息传播的“大数据”，相应地，潜在的顾客“声讨”与投资者意见也成为公司治理的“大数据”。收集这些数据，对潜在外部治理主体和投资者进行分析，有助于倡导“精准治理”，从而更好地适应顾客和投资者这两个“上帝”。

第三，公司治理权力重组，新的治理模式得到创新。移动互联网使得顾客群体、资金众筹变得大众化，进而使高科技网络组织的技术持有者拥有更多的话语权。而控制权对技术持有者至关重要，是技术能够自由流动、使用和发挥应有效果的保障。沿用“垂直化”治理模式，无法保证对技术持有者的有效激励，难以保持企业发展所需的持续动力。所以，对于网络组织来说，“垂直化”治理模式已经不再适用于移动互联网时代，需要调整以技术核心为主的管理层在治理链条中的位置，探索向“扁平化”治理模式发展创新。

第四，信息自披露和非官方披露得到强化，公司治理链的信息不对称得到弱化。移动终端的便捷性促进了信息的易得性与互动性，信息传播渠道增加成为上市公司信息披露的必要补充。这一方面有利于资本市场中的投资者更加快捷地掌握公司的信息，更加及时准确地投资；另一方面也有利于公司内部治理主体了解、共享公司信息，从而降低代理成本。于是，层层推进的信息披露方式得到改革，利益相关者之间的信息不对称得以弱化。

移动互联时代的技术创新已经领先于管理创新，更领先于治理创新。为适应这一技术创新带来的治理变革，不仅要坚守治理思维，还要不断推动治理创新。因此，现代公司治理才会生机勃勃，向新的台阶迈越。与此相应，必须进行治理流程的再造，才能推进治理改革的深化，提升治理的有效性。

首先，治理流程要适应网络组织“扁平化”的治理趋势，追赶技术创新的步伐。根据摩尔定律、吉尔德定律、迈特卡尔定律等“网络三定律”，可以推论出“信息经济时代，管理落后于技术，而治理又落后于管理”这一结论。以阿里巴巴上市为例，其上市难题的核心就是治理问题，即作为网络高科技企业围绕控制权的治理创新——“合伙人制”与外部治理环境的冲突和再匹配。“合伙人制”以扁平化为主要特征，由合伙人提名董事会中的大多数董事人选，从而调整了以技术核心为主的管理层在治理链条中的位置。而沿用“垂直化”治理模式，则无法保证对技术持有者的有效激励，难以保持企业发展所需的持续动力。因此，在技术创新的驱动下，由“垂直化”向“扁平化”的治理流程再造也显得必不可少。当然，证券监管部门也应该积极顺应技术创新的潮流，对“扁平化”的治理流程再造加以包容，为网络型企业的上市与发展创造更多的机会和空间。

其次，变“自上而下”的治理流程为“自下而上”，实现我国公司治理特别是国企治理的优化升级。市场信息、竞争环境变化引发的治理模式创新必须建立在理顺治理流程的基础上，特别是在行政型治理向经济型治理的转型过程中，只有治理流程合理，才能约束和重塑利益相关者之间的关系，明确决策权力与责任的配置，网络治理也才能真正发挥作用。

目前，国有企业的治理结构、治理机制已经逐步建立，但其有效性并未真正发挥。其中一个原因在于治理流程混乱而导致的治理结构虚化。科学的公司治理流程应该是“自下而上”，例如，提名高管应依次经由董事会提名委员会、董事会再到股东大会的顺序提名、批准。而国有企业的主要高管先是由上级部门商定，再由提名委员会、董事会通过。类似此种“自上而下”的治理流程常常容易使董事会、提名委员会等公司治理结构、机制成为陪衬。因此，国企深化改革并不是一个深不见底的谜题，而理顺治理流程是突破谜题的迫在眉睫之举。

最后，国企改革的流程应该是由外而内的先去行政化的治理改革。以国企高管薪酬改革为例，开始改革的顺序就错了，在保留国企高管行政级别和待遇的同时，逐步搞起了市场化激励，被称为不公的“吃两头”。而现今又在没有取消国企高管行政级别的前提下实施“限薪”，实际上仍强化了国企高管作为政府官员的地位，是政企分离治理改革的倒退。这个问题的症结不在于具体薪酬的多寡，而在于治理改革的顺序颠倒。公司治理改革的路径应该是从行政型治理到经济型治理，因此国企薪酬改革的程序也应该是先去行政化，取消国企高管的行政级别，然后再过渡到市场化的激励方式。如此由外而内理顺治理流程，国企薪酬改革才能水到渠成。

移动互联网对于企业影响是颠覆性的，同样对于组织和个体之间的极限也是突破性的。移动互联网不仅大大地缩短了消费者与生产者之间的物理距离，促使工业时代大规模、标准化生产方式向按需定制、个性化的生产方式转变，还推动了组织形式由传统的科层制组织向“原子化”的自组织转变，每个个体甚至可以自成一个组织。“我的地盘我做主”，预示着自组织时代的真正到来。

在工业时代,组织是机械化大生产的中心,个人被禁锢在组织之中,消费、需求整齐划一。而进入自组织时代,个体从社会组织中解放出来。一方面,个体完全可以决定自己的个性化需求,每个掌握终端的个体与互联网相连就可以成为一个组织,无需外部指令,只通过表达自身的个性化需求就可以推动系统的有序化。另一方面,移动互联网使得信息传递更为便捷,信息成本和交易成本得以大幅度缩减,推动了社会群体之间的交往向纵深发展。一切信息皆可连接微信、微博等网络自媒体平台,而无需借助报纸杂志等传统媒体,从而打破了传统组织的科层壁垒。因此,移动互联时代,消费者的精准需求以及对产品或服务的体验可以直达生产者,而随着网络广度和深度的加大,层级越来越少,社会自组织逐渐成为"自由人的联合体"。

自组织时代,组织越来越小,以往由社会组织来完成的业务,现在个人也可以轻松完成,这种扁平化的结构推动着治理理念的转变。首先,治理多元化成为应然和必然的要求。对于企业而言,多元利益相关者通过自媒体平台等参与治理是一把"双刃剑",自组织引致的利益相关者多元化要求识别各治理主体的关联性,处理好多元利益主体的利益关系。其次,治理模式呈现扁平化趋势。自组织在从无序到有序的演进过程中,制衡关系发生变化,新的治理模式得以形成。大生产时代,垂直化的治理模式建构在自上而下的权力层级之上;进入自组织时代,信息、情感等交互方式变得更加重要,权力层级逐渐淡化,扁平化治理模式甚或"一人治理模式"应运而生。最后,网络技术成为重要的治理手段与治理工具。自组织时代背后的推手是网络技术的发展与大数据时代的变迁,信息技术革命使得即使一个人构成的个体组织也有可能成为"压死骆驼的最后一根稻草",这就要求并强化传统治理向网络治理发展。

伴随着自组织时代的真正到来,一些新的治理命题,例如"草根群体如何在社区治理中发挥关键作用""什么样的治理模式才能匹配一人治理观"等,需要我们给出合理的答案。因而,丰富和拓展自组织时代的治理理论,就成为摆在我们面前的紧迫任务。

1.2.3 混合所有制公司治理与分类治理

积极发展国有资本、集体资本、非公有资本等交叉持股、相互融合的混合所有制经济是党的十八届三中全会在国资改革领域的一大亮点。混合所有制不是新话题,甚至是个模糊概念。自十五大报告首次提出"混合所有制"的概念,时隔十六年,混合所有制再次引起热议,是因为国企改革已经进入"四分离"改革的深水区,而混合所有制有望成为深化国企改革的突破口。

首先,国企改革的"内部治理外部化、外部治理内部化"困境,需要引入混合所有制。我国的公司治理已历经三个阶段:第一阶段是建立法人治理结构,第二阶段是完善治理机制，第三阶段是提升治理的有效性。目前国有企业很多治理结构、治理机制虽然已经建立起来，但公司治理行为的行政化问题严重，突出表现为“内部治理的外部化、外部治理的内部化”，即本来应该由内部治理的决策职能，比如高管任免、薪酬、股权激励等，现在仍由外部治理主体决定；而外部治理的很多职能，比如企业办社会的职能，却由内部治理承担。上述问题严重影响了国企治理的有效性，阻碍着国企的改革进程。而国企改革中引入混合所有制，实现国有资本与民营资本等非国有资本交叉持股、相互融合，可以将国有资本的资本优势与民营资本的灵活市场机制优势合二为一，从而产生“1 + 1 > 2”的治理效果。这将有利于扭转国有企业目前两权不分、政企不分、社企不分、党企不分的“四不分离”困境，进而盘活国有资本。

其次，现代企业制度只要不存在所有权歧视，天然就是混合所有制，因此关键要看混合所有制里边“装什么药”，如允许民营控股到什么程度。最近从国务院国资委到地方国资委都在探索国企按功能进行分类。为什么这项活动如此如火如荼？就是因为不同功能的国企目标不同，行政型治理程度与允许民营控股的程度也就存在差异。国企分类治理改革的设想已初见端倪，政策类国企、平台类国企以及竞争类国企的分类也已“拨云见日”，渐渐提上改革议程。竞争类国企应该首先探索推进混合所有制。在混合所有制企业的股权配置方面，竞争类国企可以参股或相对控股，政策类和平台类国企就要绝对控股。另外，如果集团公司的下属公司积极推进混合所有制，而集团公司却“新瓶装旧酒”，国企改革也难以取得显著成效。所以，国有企业集团探索混合所有制，要“母子并进”“母子协同”。

最后，深化国企改革需要一个过程，为此可以首先探索“双轨制”。国企治理改革的路径是从行政型治理向经济型治理转换，而经济型治理的基础是市场。国企治理长期存在的行政型依赖，与中国计划经济向市场经济转轨的大背景不无联系。国企治理有自身的逻辑和规律，不能用国家治理的方式来治理，也不能用政府治理的方式、政党治理的方式、社会治理的方式来治理国有企业。但跨越国企治理的深水区，也并非一朝一夕之功。为此，深化国企改革可以首先探索双轨制，从探索实行混合所有制的国有企业做起。国资委应该放开并授予此类国企一般企业所应有的权利。最初可实行“双轨制”，即先放权给集团的子公司，如赋予董事会高管任免、薪酬、股权激励等权限；对通过市场招聘和民营等非国有股东提名的高管，可放开管理权限和行政部门规定的薪酬限制等。通过“双轨制”，再慢慢向一般国有企业全面放开，以混合所有制改革为基础，进而深化并完善国企的治理改革。

十八届三中全会开启了新一轮国企改革的序幕，国企进入全面深化改革的新阶段。与以往的改革方式不同，各地相继出台的国企改革方案，大都强调了分类改革的路径。然而,国企深化改革成功的关键还要靠分类治理。

对于国有企业治理而言,不同层次、不同功能的国有企业的特殊性,决定了深化国企改革过程中必须贯彻分类治理的思维。从顶层设计角度看,分类治理首先要求国有企业治理不能直接照搬国家治理、政府治理等治理方式,而应明确国企的功能定位和分类,并针对不同类型的国企设计相应的治理机制,不能搞"一刀切"。从企业层面看,对于公益性质的国有企业,治理的首要目标是确保实现特定的功能,其薪酬政策、高管选聘等可以采用准市场方式;对于一般竞争领域的国有企业,其治理应采用经济型治理模式,遵循现代公司治理的自身逻辑与规律,强调以市场调节为基础的自主治理,例如股权方面引入多元化资本发展混合所有制,建立规范的治理结构和治理机制,高管选聘、薪酬考核等严格按照市场化方式运作等,以使企业获得充分的治理权和足够的治理空间。

国有企业分类治理有助于理清政府与市场的关系,对于搞活国有企业特别是竞争领域的国有企业、提高其竞争力具有重要意义。当然,推动国有企业分类治理还依赖于外部治理环境的改善,而全面深化改革的持续推进为其提供了契机。当前,为了更好地处理政府与市场的关系,充分发挥市场在资源配置中的决定性作用,政府部门纷纷"简政放权",这种"抓大放小"的顶层设计治理观弱化了政府对企业的行政干预。但是,我们也要看到实践中也出现了一些治理错位的倾向,例如用国家治理和政府治理的办法治理企业,通过混合所有制改革进入国企的部分民营企业家按照党政干部的要求退出持股等。治理错位引发的企业治理权收缩,极易引发"行政型治理"的回潮,使得国企改革重蹈"一放就乱,一乱就收"的死循环泥潭。因此,一方面要持续完善政府治理,切实转变政府职能,充分发挥市场作为资源配置主体的决定性作用,为国企改革提供良好的外部治理条件;另一方面要秉持分类治理思维,对不同类型组织搭建的治理结构、构建的治理机制以及采取的治理手段等理应有所差异。唯有在深化国企改革过程中扎实推进分类治理,国企改革才能走上有效治理的正途。

自改革开放以来,国企改革已历经多轮,目前已进入"深水区"。尽管如此,从我国治理改革的大背景看,公司治理依然处在全社会治理改革的最前沿。因此,分类治理将不仅助力国企改革跨越深水区,还有力地推进整个社会全面深化改革的进程。

2 宏观经济与社会环境

公司治理的外部治理机制，包括资本市场、司法裁判、非正式监督等，都是社会体系中的一部分，是许多"制度"有机组合而成的大环境中的一部分。公司的内部治理机制也是在特定的社会系统中生存发展并深受公司外部环境的制约。内外部治理机制的相互作用与相互关系，不但受社会环境的制约，也体现着社会环境的基本特征。

因此，中国的公司治理机制，是依托于中国的经济形势、政策空间以及社会环境而产生和发展的。宏观经济形势决定了中国企业所面对的市场环境，市场化进程和规制体制的改革决定了中国公司治理转型发展的制度基础，社会环境改变着中国公司治理的目标方向并推动其持续改进。

2.1 国内外经济环境

2013 年，世界经济复苏艰难，国内经济下行压力加大。中央政府的经济工作重点是坚持稳中求进工作总基调，统筹稳增长、调结构、促改革。

2.1.1 国内经济形势

1. 经济增长和财政状况

2013 年，国内生产总值为 568 845 亿元，比上年增长 7.7%。其中，第一产业增加值为 56 957 亿元，增长 4.0%；第二产业增加值为 249 684 亿元，增长 7.8%；第三产业增加值为 262 204 亿元，增长 8.3%。第一产业增加值占国内生产总值的比重为 10.0%，第二产业增加值比重为 43.9%，第三产业增加值比重为 46.1%，第三产业增加值占比首次超过第二产业。全国公共财政收入为 129 143 亿元，比上年增加 11 889 亿元，增长 10.1%。其中，中央财政收入为 60 174 亿元（占全国财政收入的 46.6%），比上年增加 3 999 亿元，增长 7.1%；地方财政收入（本级）为 68 969 亿元，比上年增加 7 891 亿元，增长 12.9%。财政收入中的税收收入为 110 497 亿元，比上年增长 9.8%。全国公共财政支出为 139 744 亿元，比上年增加 13 791 亿元，增长 10.9%。其中，中央本级支出为 20 472 亿元，比上年增加 1 707 亿元，增长 9.1%；地方财政支出为 119 272 亿元，比上年增加 12 084 亿元，增长 11.3%。教育支出为 21 877 亿元，增长 3%，主要是上年基数较高；科学技术支出为 5 063 亿元，增长 13.7%；文化体育与传媒支出为 2 520 亿元，增长 11.1%；医疗卫生支出为8 209亿元,增长13.3%;社会保障和就业支出为14 417亿元,增长14.6%;住房保障支出为4 433亿元,下降1%,主要是按计划保障性安居工程建设工作量比上年有所减少;农林水事务支出为13 228亿元,增长9.7%;城乡社区事务支出为11 067亿元,增长21.9%;节能环保支出为3 383亿元,增长14.2%;交通运输支出为9 272亿元,增长13.1%。

在这一过程中,上市公司对经济增长和财税收入的贡献日益显著,截至2013年12月31日,A股总市值收盘为23.76万亿元,较2012年年末增长3.98%,市值增加9 106亿元。相对于规模的小幅增长,市值结构变化格外引人注目:传统产业市值表现不敌新兴产业、国有企业市值表现落败于民营企业、大公司市值表现落后于中小公司、沪深主板市值增长落后于创业板与中小板。2013年,虽然上证综指全年回落6.75%,但有接近70%的上市公司市值出现增长,有72%的行业上市公司市值实现增长,呈现出明显的结构性牛市特征。

第一,从产业结构看,新兴产业表现好于传统产业。采掘业、建筑业、房地产业、金融保险业和金属非金属行业位居行业市值跌幅榜前五位,其中58家采掘业上市公司的市值总量从3.41万亿元跌至2.65万亿元,较2012年大跌22.07%,建筑业、房地产业和金融保险业的市值跌幅也都在两位数;就市值缩水数量而言,采掘业是22个行业中的头号缩水大户,缩水规模达7 521亿元,金融保险业紧随其后,缩水5 931亿元。2013年采掘业的市值规模创下了最近七年来的新低,比国际金融危机冲击下的2008年还小20.9%。与此形成鲜明对照的是,新兴行业市值异军突起。过去的一年里,在根据中国证监会标准划分的22个行业中,有16个行业的市值出现不同程度的增长,其中,以传播与文化产业、信息技术业和电子行业为代表的新兴产业的市值规模创出了五年新高,它们的市值增幅占据了2013年行业市值增幅排名榜的前三名,其中传播与文化产业的市值增幅高达94.74%,显示出资本市场对新兴产业在经济转型升级中的良好预期。

第二,从市场结构看,创业板中小板表现好于主板。2013年,创业板市值首次突破万亿元大关,由8 732亿元增至1.5万亿元;市值增量达6 352.88亿元,市值增幅为72.75%,均为历史最高。而沪市主板市值收盘为15.06万亿元,缩水7 427.13亿元,缩水幅度达-4.7%;而深圳主板市值虽微升1 828亿元,但其5.54%的市值增幅远小于中小板和创业板。2013年创业板在A股总市值中所占的比重实现了连续四个年头的提高,从3.83%提升到6.35%,增加了2.5个百分点,增速之快创下创业板开设以来的历年纪录。2009—2011年,创业板的市值占比分别是0.67%、2.81%和3.49%。与此同时,中小板在A股总市值中的占比也明显提升,2013年首次超过深市主板,达到15.63%的历年最好成绩,比上年的12.6%提高了3个百分点。

第三,从数量结构看,股市呈现综指走熊个股牛市现象。从市值增长的上市公司数量来看,2013 年呈现出明显的结构性牛市特点。2013 年,上证综合指数下跌 6.75%,再次雄冠全球前三。然而,从个股来看,市值出现增长的上市公司家数却多达 1 707 家,占比为 69.22%。

第四,从所有制结构看,民营企业表现好于国有企业。三中全会提出,“必须毫不动摇地鼓励、支持、引导非公有制经济发展,激发非公有制经济活力和创造力。要完善产权保护制度,积极发展混合所有制经济,推动国有企业完善现代企业制度,支持非公有制经济健康发展”。公告对非公经济的市场定位有了明显提升,也必然驱动其在资本市场掀起翻天覆地的变化。2013 年,民营企业的市值增幅为 33.81%。与之相对的是,国有企业中地方控股企业与央企的年市值增幅均为负值,且央企市值跌幅高达 8.98%,这与全市场近七成公司市值增长形成鲜明对比。此外,市值增量比较中,民营企业创造出 1.91 万亿元市值增量,为近三年来的最好成绩;而国有企业市值则较 2012 年缩水 1.02 万亿元。两个万亿一升一降,折射出民营企业与国有控股企业的市值实力在进一步拉近。市值占比发生局部逆转。2013 年民营企业市值总量提升至 7.56 万亿元,这一数据较五年前增长了 101.94%,从而令民营企业在 A 股市值中的占比迅速提升至 31.82%。这也是民营企业在 A 股市场创设以来取得的最好成绩。与此同时,国企市值占比逐年下降,2013 年更是回落至 65.55% 的水平,为历年来最低。从占比结构来看,民营企业市值首次超出了地方国有控股企业,与央企市值差距在急剧缩小。目前民营企业市值与央企、地方国企形成了三分天下的局面。大市值公司的结构变化也显示出民营企业的崛起。百亿级市值公司中民营企业较上年增加了 73 家,占新增百亿公司的 62.93%。与之相对的是,2012 年 240 家市值超百亿的国有企业中有 24 家在 2013 年退出百亿级,占退出公司的 64.86%。此外,民营企业在 TOP 100 大市值公司中的家数由 2009 年的 5 家增至 2013 年的 19 家,增加了 3 倍;而央企及地方国企进入的公司家数则呈逐年下降趋势。

第五,从股本结构看,大盘股不敌小盘股。2013 年,5 亿元以下股本小公司的平均市盈率达到了 63.44 倍,较 2012 年提升了 70%;5 亿—10 亿元中小股本公司的平均市盈率水平也达到 46.2 倍的较高水平,较 2012 年提升了 50%。而被誉为“极具投资价值”,并反复被大股东持续增持的 50 亿—100 亿元和 100 亿元以上两个级别的大股本公司,其市盈率水平均出现明显下降,其中百亿元股本之上公司的市盈率水平甚至创出历史新低。

第六,从地区结构看,拥有较多新兴产业上市公司的沿海省份的市值增幅明显胜过资源大省,其中浙江以 34.76% 的年市值增幅夺得冠军,此外,天津、广东、江苏、上海等沿海强省均有超越市场平均成绩的不俗表现,而央企资源高度集中的北京和煤炭资源高度集中的山西等省份在2013年的市值表现不尽如人意,列倒数前两名。

2. 货币供给与投资

在货币供给方面,广义货币(M2)余额为110.65万亿元,同比增长13.6%,分别比11月末和上年年末低0.6个和0.2个百分点;狭义货币(M1)余额为33.73万亿元,同比增长9.3%,比11月末低0.1个百分点,比上年年末高2.8个百分点;流通中货币(M0)余额为5.86万亿元,同比增长7.1%。全年净投放现金为3 899亿元。全年人民币贷款增加8.89万亿元,存款增加12.56万亿元。2013年,为稳定短期流动性,央行通过市场短期流动性调节工具、常备借贷便利操作与其他货币政策工具相互配合和补充,进一步增强流动性管理的灵活性和主动性,丰富和完善货币政策操作框架。其"以短换长"操作,反映了在需要兼顾货币稳定、金融稳定和经济稳定的情况下,管理层力求精确调控流动性的政策思路,提升政策的灵活性和针对性。

在投资方面,全年全社会固定资产投资为447 074亿元,比上年增长19.3%,扣除价格因素,实际增长18.9%。其中,固定资产投资(不含农户)为436 528亿元,增长19.6%;农户投资为10 547亿元,增长7.2%。东部地区投资为179 092亿元,比上年增长17.9%;中部地区投资为105 894亿元,增长22.2%;西部地区投资为109 228亿元,增长22.8%;东北地区投资为47 367亿元,增长18.4%。在固定资产投资(不含农户)中,第一产业投资为9 241亿元,比上年增长32.5%;第二产业投资为184 804亿元,增长17.4%;第三产业投资为242 482亿元,增长21.0%。全年房地产开发投资为86 013亿元,比上年增长19.8%。其中,住宅投资为58 951亿元,增长19.4%;办公楼投资为4 652亿元,增长38.2%;商业营业用房投资为11 945亿元,增长28.3%。

3. 消费与进出口

2013年社会消费品零售总额为237 810亿元,比上年增长13.1%,扣除价格因素,实际增长11.5%。按经营地统计,城镇消费品零售额为205 858亿元,增长12.9%;乡村消费品零售额为31 952亿元,增长14.6%。按消费形态统计,商品零售额为212 241亿元,增长13.6%;餐饮收入额为25 569亿元,增长9.0%。

在进出口贸易方面,2013年中国进出口总值为25.83万亿元(折合4.16万亿美元),扣除汇率因素同比增长7.6%,比2012年提高1.4个百分点。其中,出口为13.72万亿元(折合2.21万亿美元),增长7.9%;进口为12.11万亿元(折合1.95万亿美元),增长7.3%;贸易顺差为1.61万亿元(折合2 597.5亿美元),扩大12.8%。2013年,中国货物贸易进出口规模逐季环比增加,进出口同比增速在第二季度探底,下半年呈现反弹态势。从中可以看出,我国贸易贸易复苏迹象明显,进一步逆转了2010年以来进口增幅大于出口增幅的趋势,贸易顺差再次扩大,一方面提高了人民币升值压力,另一方面也给出口拉动的经济增长带来了复苏的希望。

4. 通货膨胀

反映物价趋势的有三个重要指标,分别是居民消费价格指数(CPI)、生产者物价指数(PPI)以及采购经理指数(PMI)。2013年物价涨幅比较稳定,与经济增长相对乏力匹配。2013年CPI上涨2.6%,与2012年持平,低于3.5%的调控目标。2013年12月CPI同比上涨2.5%,比上月回落0.5个百分点。2013年PPI下降1.9%,降幅比2012年扩大0.2个百分点。2013年12月PPI同比下降1.4%,降幅与上月持平。

5. 宏观经济主要特征及其对治理的影响

根据以上数据,可以总结出2013年国内宏观经济形势的主要特征。首先,经济增长速度进一步放缓,工业增速继续下探,但服务业发展动能逐渐增强。2013年,工业增加值同比增长9.7%,比上年同期下跌了0.3个百分点,但是以服务业为主的第三产业增加值同比增长8.3%,比上年同期提高了0.2个百分点,这表明我国宏观经济在维持较高速度增长的同时,经济结构调整取得了一定进展。其次,在拉动经济的"三驾马车"中,投资仍然占据主导地位,但增速进一步滑落。2013年制造业投资同比增速只有18.5%,比上年同期大幅下降3.5个百分点,制造业投资陷入全面深度调整状态。尽管社会消费零售总额同比增速也比上年降低了1.2个百分点,但自2月以来,增速逐月稳步回升,居民消费能力有所上扬。在进出口贸易方面,2013年,中国一般贸易进出口总额增速由上年的4.2%提高到9.3%,但加工贸易进出口总额增速却由上年的8.1%下滑到5.7%,这表明我国贸易结构正面临从资源、劳动密集型到技术密集型的重大调整。再次,通货膨胀比较温和,货币政策稳中放宽。最后,财政收入增速下降、国企利润下降,财富分配更多地向国民倾斜。

宏观经济环境是影响中国公司治理的特征及其发展的深层次因素之一。面临经济增长趋缓的新常态,以及在十八届三中全会进一步深化经济体制改革的背景下,企业尤其是国有企业借助传统的垄断、低成本因素而快速发展的通道逐渐关闭,而通过治理改革等制度创新带来的制度红利将进一步凸显。经济发展趋缓下过去潜藏的公司治理问题会浮上水面,但同时也会倒逼企业的治理机制建设和改进。

2.1.2 国际经济形势

1. 国外主要经济体的经济增长

2013年,全球工业生产和贸易疲弱,价格水平回落,国际金融市场持续波动,世界经济增速继续小幅回落。其中,发达国家增长动力略有增强,发展中国家困难增多。据国际货币基金组织 2014 年 1 月估计,按照购买力平价法 GDP 汇总,2013 年全球经济增长 3.0%,比上年放缓 0.1 个百分点;据世界银行 2014 年 1 月估计,按汇率法 GDP 汇总,2013 年全球经济增长 2.4%,比上年放缓 0.1 个百分点。2013 年,美国经济增长 1.9%,比上年放缓 0.9 个百分点。日本经济增长 1.6%,比上年加快 0.2 个百分点。英国共识公司 2014 年 1 月预计,2013 年欧元区经济下降 0.4%,降幅比上年扩大 0.2 个百分点;俄罗斯、印度和南非经济增长 1.6%、4.7%和 1.9%,增速分别比上年放缓 1.9、0.3 和 0.6 个百分点;巴西经济增长 2.4%,比上年加快 1.4 个百分点。

2. 国外主要经济体的投资、消费、财政与就业

第一,世界贸易持续低迷。据国际货币基金组织最新估计,包括货物和服务在内,2013 年世界贸易量增长 2.7%,增速与上年持平。其中发达国家进口量增长 1.4%,比上年加快 0.4 个百分点;发展中国家进口量增长 5.3%,放缓 0.4 个百分点。波罗的海干散货运指数回升。2013 年,波罗的海干散货运指数波动中明显回升。1 月 4 日为 706 点;9 月 24 日回升至 2 021 点,这也是 2011 年 11 月以来该指数首次突破海运业盈亏临界点(2 000 点);12 月 12 日升至年中高点 2 337 点;年末略降至 2 277 点。

第二,三大经济体中美国、欧元区居民消费略有起色。2013 年,美国零售额增长 4.4%,连续四年实现增长。欧元区零售量下降 0.9%,降幅比上年收窄 0.8 个百分点。日本零售额增长 1.0%,增速比上年回落 0.8 个百分点。

第三,全球价格水平走低,但发展中国家通胀压力加大。2013 年,世界消费价格(CPI)上涨 3.2%,涨幅比上年回落 0.1 个百分点;发达国家 CPI 上涨 1.6%,涨幅回落 0.4 个百分点;发展中国家 CPI 上涨 5.8%,涨幅扩大 0.5 个百分点。印度、印度尼西亚、巴西和俄罗斯 CPI 分别上涨 10.1%、7.0%、6.2%和 6.8%,涨幅比上年扩大 0.3、2.7、0.4 和 1.7 个百分点。

第四,三大经济体中美日就业市场持续改善。2013 年,美国失业率为 7.4%,比上年降低 0.7 个百分点;欧元区失业率为 12.1%,比上年升高 0.7 个百分点,处于有统计数据以来最高点;日本失业率为 4.0%,比上年降低 0.3 个百分点。

第五,国际金融市场继续波动。发达国家股市回升,而发展中国家股市停滞甚至下跌。2013 年,摩根士丹利(MSCI)发达国家指数累计上涨 24%,而新兴市场指数下跌近 5%。美国道·琼斯平均工业指数 2013 年 50 次创新高,全年累计涨幅为 26.5%;德国股市涨幅为 24.6%,日本股市上涨 54.0%。汇市明显波动。与年初相比,2013 年年底美元对欧元贬值 4.2%,对英镑贬值 2.3%,对日元升值 22.1%。2013 年 5 月下旬至年底,印度、印度尼西亚、巴西、南非及土耳其等“脆弱

五国”(Fragile Five,简称 BIITS)货币对美元分别贬值了 13.6%、25.5%、15.4%、10.7%和 15.1%。

第六,景气指标总体向好。据 OECD 统计,12 月,以长期趋势为 100,OECD 成员国整体先行指数达 100.9,连续 12 个月上升,其中,美国、欧元区和日本分别达 101.0、101.1 和 101.4,均呈上升趋势,表明今后半年左右时间内发达国家经济前景看好。第四季度,全球及主要经济体制造业 PMI 及其新订单指数和出口新订单指数均有所回升,新兴市场制造业这三个指标均重回景气区间;全球服务业 PMI 受美国服务业 PMI 大幅下降的拖累比第三季度有所回落,但仍处于景气区间且显著高于上半年。12 月,全球制造业 PMI 升至 53.3 的近 32 个月最高水平,已连续 13 个月高于 50 的临界点。其中,新订单指数为 54.7,仅比 11 月的近 33 个月新高略低 0.1 个点。

3. 国际经济形势对中国公司治理的影响

国际经济形势深刻地影响着中国公司治理。第一,世界经济增长乏力会导致以出口为主要业务的中国上市公司经营业绩和财务状况恶化。特别是在经济增长放缓背景下,贸易保护主义有所抬头,企业面临的贸易壁垒增加。2013 年,不仅诸如保障、双反、进口关税等传统贸易保护措施以及政府采购、自动配额等新型贸易保护措施有增无减,主要经济体还竞相组织排他性区域自由贸易协定并力争主导权,成为贸易保护的新手段。例如,从 2008 年以来,美国已经初步形成了以 TPP(Trans-Pacific Partnership Agreement,跨太平洋伙伴关系协定)谈判为代表的“东线”,以 TTIP(Trans-Atlantic Trade and Investment Partnership,跨大西洋贸易与投资伙伴协定)谈判为代表的“西线”和以 TISA(Trade in Services Agreement,服务贸易协定)谈判为代表的“中枢”。贸易保护主义导致的频繁的贸易战争使得企业经营环境面临的不确定性增加,而这将考验公司治理制度的稳健性。第二,世界经济格局的变化使得企业的经营网络面临更多可选空间,亟须治理机制的创新。2013 年按购买力平价法计算的发展中国家经济总量首超发达国家。经济格局的转变也使得我国企业在与发达国家企业的竞争和合作中可能拥有更大的话语权,同时“走出去”赴海外投资或上市的企业也会增加。这要求企业尤其要注意治理风险的掌控,避免因他国法律、民俗环境的不熟悉导致并购失败、所有权丧失等治理问题。

2.2 规制与市场化

公司治理机制本身是中国规制改革和市场化进程的一个部分,它是在国企监管运营机制变革和资本市场监管体制改进过程中逐步完善建立起来的。目前,作为中国上市公司的主体,国有或国有控股上市公司正处在行政型治理向经济型治理的转型过程中，而影响这一进程的根本决定因素是中国的行政体制改革。

2013 年 11 月召开的十八届三中全会通过了《中共中央关于全面深化改革若干重大问题的决定》，明确了全面深化改革的经济、政治、社会、文化和生态文明五大体制改革的特别要点。这将对公司治理特别是国有企业的治理改革产生深远影响。

2.2.1 政治与法律环境

1. 政府机构和职能改革

行政、司法和财税体制改革的进程是从 1982 年开始的，其主要内容可以概括为机构改革、政府职能转型、法制化建设、税制改革以及地方政府激励体制改革等（周天勇，2008）。十八届三中全会提出了转变政府职能，深化行政体制改革，创新行政管理方式，增强政府公信力和执行力，建设法治政府和服务型政府的目标。

在政府职能转型方面，中国不断推进政府职能转变，从管理型的政府转向服务型的政府，施政理念从管理转向了公共服务。政府职能改革 2013 年确立的重点和原则是进一步简政放权，深化行政审批制度改革，最大限度地减少中央政府对微观事务的管理。主要措施包括：健全宏观调控体系，推进宏观调控目标制定和政策手段运用机制化，提高相机抉择水平；深化投资体制改革，确立企业投资主体地位；完善发展成果考核评价体系，纠正单纯以经济增长速度评定政绩的倾向；等等。

政府机构调整和职能理念转变的结果是提高了行政效率、减少了行政过程带来的交易成本。这方面突出的表现是大力改革行政审批制度，大幅减少行政审批。2013 年年初，国务院发布《关于取消和下放一批行政审批项目等事项的决定》。在该决定中，国务院取消和下放了一批行政审批项目等事项，共计 117 项。其中，取消行政审批项目 71 项，下放管理层级行政审批项目 20 项，取消评比达标表彰项目 10 项，取消行政事业性收费项目 3 项，取消或下放管理层级的机关内部事项和涉密事项 13 项（按规定另行通知）。另有 16 项拟取消或下放的行政审批项目是依据有关法律设立的，国务院将依照法定程序提请全国人民代表大会常务委员会修订相关法律规定。

2. 财税体制改革

财税体制改革伴随着中国的改革开放历程，并对目前的政府行政体制和宏观经济体制造成了深远的影响。经过 20 世纪 80—90 年代的一系列改革，基本形成了一定意义上的财政联邦主义（奥茨、刘承礼，2011），提高了地方建设积极性，有力地促进了中国的经济增长。1994 年的分税制改革奠定了今天的财税分配格局，之后至今的税收改革聚焦于具体税种和税率的调整，方向是减轻企业和个人税收负担，使得税收负担和征集过程更合理化。目前，最主要的工作是营业税改增值税。国家发改委在 2013 年的深化经济体制改革工作会议上指出,“营改增”是当前财税体制改革的重头戏,要按照国务院的要求,进一步扩大试点范围,精心组织实施。各地要着眼于提高财政资金使用效率,积极推进预算制度改革,重点是优化支出结构,更多向民生倾斜,完善预算公开机制,让社会和老百姓更有效地监督财政收支。稳步推进消费税、房产税、资源税相关改革。

党的十八大报告在部署全面深化经济体制改革时提出,加快改革财税体制,健全中央和地方财力与事权相匹配的体制,完善促进基本公共服务均等化和主体功能区建设的公共财政体系,构建地方税体系,形成有利于结构优化、社会公平的税收制度。建立公共资源出让收益合理共享机制。2013 年 4 月,国务院常务会议决定进一步扩大营业税改征增值税试点。自 8 月 1 日起,将交通运输业和部分现代服务业“营改增”试点在全国范围内推开。同时扩大行业试点,择机将铁路运输和邮电通信等行业纳入“营改增”试点;5 月,国务院常务会议研究部署 2013 年深化经济体制改革重点工作,要求在财税等重点领域和关键环节加大改革力度。其中明确提出,下力气推动建立公开、透明、规范、完整的预算体制,形成深化预算制度改革总体方案,完善地方政府债务风险控制措施;7 月,国务院总理李克强主持召开国务院常务会议,决定进一步公平税负,暂免征收部分小微企业增值税和营业税。

财税改革和政府激励体制改革的结果是,在我国形成了一个“共利性政府”(周黎安,2008)。一方面,政府有较强的行政能力,实施宏观调控,提供公共服务;另一方面,政府也注意规范自身行为,限制侵权、渎职等“掠夺之手”(施莱佛、维什尼,2004)。政府与市场、政府与社会的这些默契,在近两年来也仍然得到了一定的维持,但新的趋势和有待重视及解决的现象也在出现,一个突出的问题是地方债务风险。据审计署公布的数据,截至 2013 年 6 月底,全国各级政府负有偿还责任的债务 20.70 万亿元。考虑或有债务后,全国各级政府债务约 30.28 万亿元,其中地方政府债务余额 17.9 万亿元。如加上政府负有担保责任的债务,有 31 个地区债务率比 2010 年下降。有 10 个地区 2012 年政府负有偿还责任的债务率超过 100%;如加上政府负有担保责任的债务,有 16 个地区债务率超过 100%。地方政府债务与地方政府的土地财政共同构成地方政府的重要财源,而这二者累积的金融风险和通货膨胀风险,已经构成了中国整体宏观经济的重要风险。

3. 法制与法治建设

法律渊源和法系特征,是公司治理体系及其绩效差异的重要根源(López,1998;Glaeser,Shleifer,2002)。我国属于类似大陆法系的国家,法制建设是我国改革开放以来的一项重大变革,法制建设和法治的发展,改变了过去纯粹依靠行政命令和领导意志的行政方式,实现了依法执政。在立法方面,2011 年 3 月 10 日,吴邦国在十一届全国人大四次会议上所作的全国人大常委会工作报告中宣布,到2010年年底,“中国特色社会主义法律体系已经形成”。在2012—2013年,中国新制定了若干部法律,并对一些法律作出了重要修正,包括在民事诉讼法中增加公益诉讼、修改刑事诉讼法增加保障人权的条款,目前还在对8部法律进行审议。中国逐渐形成了各方面都有法可依的局面。司法改革方面,从2004年开始,中国启动了统一规划部署和组织实施的大规模司法改革,从民众反映强烈的突出问题和影响司法公正的关键环节入手,按照公正司法和严格执法的要求,完善司法机关的机构设置、职权划分和管理制度,健全司法体制。中国司法改革走向整体统筹、有序推进的阶段。从2008年开始,中国启动了新一轮司法改革,司法改革进入重点深化、系统推进的新阶段。在执法方面,不断加强执法力度,改革执法体制和执法理念,取得了较好的进展。2013年,最高人民法院受理案件11016件,审结9716件,比2012年分别上升3.2%和1.6%;地方各级人民法院受理案件1421.7万件,审结、执结1294.7万件,同比分别上升7.4%和4.4%。特别是加大了对贪污腐败案件的查处力度。中纪委通过“双规”制度,有效参与到对党政干部的监督管理中,形成了对职务犯罪的强大威慑。

中国法制建设的成就和法治水平的提升,加强了公共安全,为防范资本市场、金融体制上的犯罪,提供了有效的机制。2012年以来,公司治理方面的立法工作主要是在已经基本完成的法律体系框架内进行修正和解释,法律更多让位于更灵活、更专业的规制,而规制政策的出台为公司的内部治理、资本市场的治理机制等奠定了更完整的框架。法制建设的完善,提供了最强有力的、最基本的外部正式治理机制,使得股东和投资者的权益能在一定程度上得到更好的维护,迫使公司内部治理机制走向形式合规。但是,法律执行方面的问题,已然成为未来资本市场和公司治理机制发展更迫切的问题。目前,司法与行政工作更加重视资本市场、公司治理等方面的现实问题,如2012—2013年,最高人民法院多次发布关于资本市场内幕交易等犯罪的司法解释,并对破产法、公司法等的具体执行多次作出司法解释和批示。

2.2.2 经济体制改革的进程与现状

我国经济体制的改革,可以从四个方面予以把握。首先,我国城市经济体制改革肇源于所有制改革。国企改革是中国现代企业制度建设和资本市场建设的基石,也是中国现代公司治理制度的重要基础。非公经济的发展是市场经济多元主体的基本保障。其次,价格机制改革是建立市场经济的核心内容。市场化的价格形成机制是我国市场化改革的重要标志。再次,资本市场和金融体制改革是公司治理机制建设赖以生存的直接基础,资本市场监管体制变革是外部正式治理制度的主体。最后,对外开放带来了国外投资者先进的投资和治理理念,自然资源规制改革也影响了许多关键基础部门的国有企业的治理。

十八届三中全会明确了经济体制改革的两大内容：一是坚持和完善公有制为主体、多种所有制经济共同发展的基本经济制度，特别强调完善产权保护制度、积极发展混合所有制经济、推动国有企业完善现代企业制度和支持非公有制经济健康发展；二是建设统一开放、竞争有序的市场体系，使市场在资源配置中起决定性作用，强调了建立公平开放透明的市场规则、完善主要由市场决定价格的机制、建立城乡统一的建设用地市场、完善金融市场体系以及深化科技体制改革等措施。

1. 国企与民企的改革与发展

在所有制改革方面，形成了公有制为主体、多种所有制并存的格局。公有制方面主要是推动国企改革。自 20 世纪末调整国有企业战略布局以来，我国采取改组、联合、兼并、租赁、承包经营和股份合作制、出售等形式放开搞活国有中小企业，并组建大型企业集团。国企改革使得大型国有企业集中于能源、资源、电信、金融等关乎国计民生的核心行业，掌控了国民经济命脉，形成了行业内寡头竞争格局，实现了政企分离，部分企业建立了现代公司治理特别是集团治理结构。可以说，国企改革是中国国企公司治理机制构建和完善的历程，是完善公司治理的重要动因，而国有企业的治理完善，又成为整个社会企业治理机制完善的标杆。但是，国有企业建立治理机制，形式上更为合规，而实际运用上更具独特的、深层次的治理规则。

国企改革使得国企拥有空前强大的技术、资金实力和营业总收入。2013 年，中国 79 家国企进入《财富》世界 500 强榜单。这个数字正好是 2012 年中国上榜企业的总数。全国国有及国有控股企业（简称“国有企业”）主要经济效益指标同比保持增长，但实现利润增幅继续回落。国有企业累计实现营业总收入 464 749.2 亿元，同比增长 10.1%；累计实现利润总额 24 050.5 亿元，同比增长 5.9%。其中中央企业 16 652.8 亿元，同比增长 7.4%；而地方国有企业 7 397.7 亿元，同比增长 2.7%。实现利润同比增幅较大的行业为交通行业、电子行业、汽车行业、施工房地产行业等。实现利润同比降幅较大的行业为有色行业、煤炭行业、化工行业、机械行业等。

在完善国企股份制改造、集团化改组等企业制度建设的同时，国家也在完善国有企业监管体制，于 2003 年建立了国资委。目前国有企业管理体制是由国资委集中负责、其他若干部委职能交叉的管理体制。117 家央企由国资委直接管理，国有资产运营公司从资本纽带关系上对国企进行运营，国资委对 500 多家大中型国有企业也有巡视监管的权力，地方各级国资委对地方直属国企承担管理权责。国资委成为推动国有企业公司治理，特别是内部治理、集团治理的重要力量。2012—2013 年，国企改革的举措集中于国有企业重组、改组以及国有资产监管体制改革方面,2013 年 3 月,铁道部政企分开,中国铁路总公司成立。

除国资委外,中组部仍然对部分国企特别是央企的董事长、总经理等拥有任免权,央企高管均有相应的副部级以上行政级别。在资本市场上,央行、财政部、中国银监会、中国证监会、中国保监会等对国有企业特别是国有上市公司有一定的监管权,对其在证券市场上的交易行为可以予以规制。在产品和服务市场上,国有企业要受到国家发改委、中国电监会等机构的规制,其定价、重组、并购、投资等业务需要国家批准。同时,反腐风暴开始转向国企高管,截至 2013 年 12 月 31 日,至少有 20 名高管已被调查或免职。

我国民营企业已经成长为国民经济的重要力量,涌现出一大批技术和资金实力强大的企业集团,在资本市场中也成为重要的构成部分。2013 年,我国民营经济贡献的 GDP 总量超过 60%。据统计,全国至少有 19 个省份的贡献超过 50%,其中广东省超过了 80%。我国民营规模以上工业企业增加值累计增速为 12.4%,连续第四年有所下降,但仍高于国有工业企业的 6.9%,深沪两市中约有超过 400 家民营上市公司。但是,民营企业的发展受制于自身基础条件和政策环境,大部分民营企业资本规模小,技术较为落后,经营模式以代工、加工为主,缺乏竞争力。它们的融资成本较高、机会较少,受到市场准入限制和大型国企、外企竞争的挤压,盈利能力和治理规范性都亟待提高。

2. 价格体制与资本市场

价格体制变革是中国市场经济建设的核心内容之一。经过 1988 年的价格闯关和 1992 年的价格并轨,中国逐渐从计划定价、双轨制过渡到了市场定价。1993 年,占零售商品总额 95% 以上的商品的价格已经放开,生产资料和农副产品销售额的 85% 以上商品价格放开。截至 2012 年,除天然气、燃油、部分重要药品、军品装备、部分化肥、爆炸器材等 13 类商品实行政府定价以外,其余商品均实现了完全市场化定价或在政府指导价下的市场定价。

资本市场和金融体系改革是中国市场经济建设中的又一重要内容。目前,我国已经形成了由股票、债券、金融衍生品等市场组成的资本市场体系,金融监管制度和运作机制也日益完善。市场的倒逼机制推动了投资者和社会各界对公司治理合规的关注,也使得越来越多的企业为适应资本市场规则,逐步建立完善的董事会结构、内控体制、信息披露制度和投资者权益保护机制。资本市场的发展也推动了机构投资者积极参与公司治理。

目前,中国资本市场和金融系统的监管机构包括中国人民银行、中国银监会、中国证监会、中国保监会等,国家发改委、财政部、商务部等也具有监管、制定法规等职能。总体上看,资本市场和金融系统监管的目标是保护投资者权益、活跃资本市场、扩大资本市场规模、提高资本市场制度的效率与交易主体的治理水平。

2013 年,中国资本市场发生重大变革,9 月阔别市场 18 年的国债期货在中国金融期货交易所重新上市;11 月中国证监会发布《关于进一步推进新股发行体制改革的意见》,推进股票发行注册制改革;国务院发布了《关于开展优先股试点的指导意见》,开展优先股试点; 12 月,国务院发布《关于全国中小企业股份转让系统有关问题的决定》,明确了全国股份转让系统的性质、功能和定位,"新三板"扩容至全国,以及余额宝引发基金"触网"热潮等。这表明资本市场的监管转型逐步展开,"主营业务"转向监管执法,"运营核心"向事中事后监管转移。

2.2.3 市场化水平和经济体制整体特征

从规制改革的进程与现状可以看出,中国目前的整体经济体制是在国家强有力行政调控下的市场经济体制。一方面,中国拥有强有力的行政机构,政府拥有较强的行政权力,对市场运行的规制制定握有相当的主动权,对相关政策的制定与调整拥有较大的权责,甚至可以直接动用行政手段对企业并购、经理人任免等经营管理行为作出调整。本质上,政府将全国视为一盘棋,根据政府施政方针,动用行政权力和手段对经济事务进行调控。另一方面,中国市场经济框架基本建成,产品、服务、资本、人才等市场基本完备,资本市场交易品种日益增多,交易制度不断完善。产品和服务的销售、要素资源的配置等基本实现市场化定价。企业的产品和服务销售、经营管理、投融资基本都借助市场来完成。因此,政府调控基本借助于市场,有时作为市场参与者,有时作为监管者和服务者,政府既可以利用在企业中的股权,通过股东行为来决定企业内的管理和经营方针、建立和改变治理机制,进而推动企业完成政府规划的社会目标,也可以通过行政手段影响市场主要参数,或制定市场运行规则,甚至直接推动国有企业或国家控制下的资源的配置与流动,来间接地完成政府目标。

中国现行经济体制的核心关系是政府与市场、与企业的关系。政府既是市场的参与者,也是市场的干预者、调控者和裁决者。政府是国企的股东,也是代表全国人民行使国企管理权的机构。总体上,政府在面对市场和企业时,有着无可辩驳的强势地位。政府出于其目标,动用凌驾于市场之上的行政手段,或改变资源配置、规则机制等来影响市场的做法,屡见不鲜,在达到一定的公共目标的同时,也造成了不良影响。这一趋势在近两年来并没有改变,反而随着刺激经济任务的迫切而有所强化。政府的理念与举措是中国公司治理机制与行为特征的重要决定因素,它既是中国公司治理优化的推动者,又是内幕交易、大股东侵占、资本市场定价和交易机制缺陷、高管任免与薪酬决定等诸多问题的一个影响因素。

我们可以用市场化指数来综合评价中国的市场化水平。1997 年,全国各省份市场化指数的算术平均为 4.01,而在 2007 年,该值增长到 7.5。在各省份中,上海、浙江和广东市场化程度最高。十多年来,中国市场化在非国有经济发展、市场中介组织发育以及产品市场发育三方面进展较大,分别都有4.78、4.00和3.85分的提高,而在要素市场发育和政府与市场关系方面进展滞后,只提升了2.95和2.39分,市场化指数与GDP增长率正相关(王小鲁等,2011)。2011年发布的最新数据更新至2009年,市场化进程高居榜首的是浙江,达到11.16,超过10的省份依次是浙江、江苏、上海和广东。在分项得分中,2009年的政府与市场关系得分和非国有经济发展得分与2008年相比,不是上升了,而是下降了,特别是政府干预等得分有明显的降低。仅在农民减负、政府规模缩减方面得分有所提高。这些数据说明,中国市场化改革整体取得了较大进展,在农民减负、政府机构调整方面有切实进步,但在政府职能实质性转变方面还存在滞后,而最大的市场化滞后问题还是在于政府和市场的关系,问题聚焦在政府强力干预的意愿与手段方面。

市场化进程的变化深刻地影响了中国的公司治理的发展。中国国有企业公司治理目前的基本发展趋势是由行政型治理向经济型治理转变。经济型治理机制的建设是一个系统工程,它不仅是监管体制和治理机制的变革,更是资本市场运行机制、产品市场价格和竞争机制、金融管理体制以及行政管理体制等多个体制耦合下的变革。正是在市场化不断推进的浪潮中,中国公司治理不断去行政化,在产品市场和资本市场发展的倒逼之下,依托发达的资本市场和配套的经理人、法务等市场,逐渐建立完善经济型治理结构。

2.3 社会环境

2.3.1 学界与媒体

从某种意义上说,中国公司治理的发展是学界首先倡导的。早在改革开放之初,许多学者参与到股份制改革和建立现代企业制度的争论中来(朱光华、李维安,1987),中央级的智囊专家为国有企业的股份制改造和建立现代企业制度贡献了重要的观点,直接影响了政策的制定。现代公司治理理念很大程度上是由学术界导入实务界的,而学术界对治理理念的持续更新也不断地推动实务中的治理规则的制定。以南开大学中国公司治理研究院为代表的学界,率先开始制定中国公司治理的准则,开发中国上市公司治理水平的评价指数。2013年,连续发布了公司治理评价指数,并推出了中国公司治理与发展报告,系统总结了2013年之前的公司治理理论与实务发展。南开大学中国公司治理研究院等机构的研究与推广活动形成了良好的示范作用,北京大学、清华大学、北京师范大学、中国社科院、南京大学、厦门大学、中山大学等院校相继成立公司治理研究机构,推出了国企治理指数、投资者保护指数、财务治理指数等分项指数。在学界和监管机构、业界的共同努力下,公司治理的相关指引和规范得到了权威部门的制定,上市公司的公司治理被强制合规,多项规范公司治理的规定得到实施,公司治理机制的加强甚至进入最高决策层的视野,成为资本市场发展的改革方向。在进一步的治理机制完善和治理培训过程中,学界发挥了重要作用。

在我国,媒体正发挥着与日俱增的监督作用,成为外部治理中除规制机构和司法机构以外的最有效率的监督机制之一。早在 2001 年,由《财经》杂志率先发文质疑的银广夏事件,通过媒体不断地跟进和质疑,最终引发中国证监会介入,从而暴露了新中国股市历史上罕见的财务造假丑闻。此后,在蓝田股份、ST 科苑、三九医药、杭萧钢构等重大的违规和造假事件中,也都出现了媒体积极报道的现象。

2012—2013 年,学界、媒体和资本市场力量联合在公司治理和中国资本市场发展方面的最具有影响力的实际行动,是央视财经 50 指数的推出,央视财经 50 指数是由深圳证券信息有限公司和中央电视台财经频道公布的指数,于 2012 年 6 月 6 日发布,指数代码为“399550”,简称“央视 50”, 这一指数被称为中国的道 · 琼斯指数和日经指数。指数基日为 2010 年 6 月 30 日,基点为 2 563. 07 点。央视财经 50 指数从成长、创新、回报、公司治理、社会责任 5 个维度对上市公司进行评价,每个维度选出 10 家、合计 50 家 A 股公司构成样本股。在指数中,5 个维度具有相同的初始权重,均为 20% 。在维度内,单只样本股的权重不超过 30% 。南开大学中国公司治理研究院、中央财经大学、复旦大学等研究机构共同努力,为该指数的多个维度评价和股票筛选提供学理支持,其中公司治理维度选用南开治理指数进行评价,充分体现了学术研究的实用价值和市场价值。目前,该指数运行良好,得到了媒体和投资者的普遍关注,被认为具有颠覆性意义。

2.3.2 社会责任

企业社会责任环境是社会对公司行为合法性的认知与期待的集中反映。公司是一个与外界环境进行资源和信息的交流并据此生存和发展的组织,社会各方面的利益相关者对公司行为的合法性直接影响到利益相关者对企业的支持与排斥,也影响到企业的盈利乃至生存。大体上,社会对企业的责任期待包括企业对社会责任的认知管理,企业对客户和投资者的责任,企业对政府、员工和社区的责任以及企业对环境保护所负有的责任四个方面。中国社科院经济学部企业社会责任研究中心制定中国企业社会责任发展指数时,也是将中国企业的社会责任划分为责任管理、市场责任、社会责任和环境责任四个方面进行考察。责任管理包括企业对社会责任的认识、对企业社会责任的组织保障以及对利益相关者的沟通、守法合规等内容,包括责任治理、责任推进、责任沟通和守法合规四个二级指标。而在市场责任中主要考虑对客户、伙伴和股东的责任,社会责任中考虑对政府、员工和社区的影响,环境责任考虑全面的环保管理、节约资源能源以及减少排污(钟宏武,2009)。这些内容中,与治理息息相关的是责任的管理、市场责任以及对政府、员工和环境的责任。

随着中国社会的发展，人们越来越重视产品质量安全、生态环境和生物多样性保护、员工利益以及社区利益等。这些社会要求推动企业从治理层面重视社会责任，其主要机制包括媒体监督、学界呼吁以及监管机构推动等几个方面。近年来媒体大量曝光企业生产中的产品责任问题以及环境责任问题，如三鹿奶粉事件、紫金矿业污染事件等，给上市公司带来了压力，使得上市公司有必要从治理层面入手，完善产品和环境责任的内部控制。为了督促企业切实履行社会责任，交易所制定了鼓励和引导上市公司社会责任信息披露的相关规定，从而使上市公司的社会责任披露不仅仅是受社会和媒体关注的对象，而且也是一个被监管机构建议和倡导的治理措施。目前，上市公司社会责任报告的发布分为强制性和自愿性两类。基于沪深两交易所要求，对深市"深证100"成分股公司、沪市"公司治理板块"、金融类公司以及境内外同时上市的公司要求强制发布社会责任报告。其余上市公司实行自愿性的社会责任信息披露。上交所规定社会责任信息披露需以单独报告形式发布。

根据2013年9月《证券时报》公布的《中国A股上市公司社会责任信息披露报告研究2013(摘要)》，截至2013年4月30日，我国A股上市公司发布独立社会责任报告共计658份，其中《社会责任报告》627份、《可持续发展报告》12份、《企业公民报告》1份、《环境报告》18份。较2012年的592份报告增长了11.15%，发布数量逐年上升。2013年，四成沪市主板上市公司发布责任报告386份，占全部报告的58.66%，高居各板块榜首；约有四分之一的深市主板上市公司发布责任报告119份，占比18.09%，较上年的123份稍有下降；中小板发布报告数量124份，较上年同期增长26.5%，增速明显；此外，创业板公司发布责任报告数量最少，占比4.41%，共计29份。除沪深两市"深证100"、沪市"公司治理板块"、金融类公司及"A+H"股强制披露要求的上市公司外，有247家公司自愿发布社会责任报告，其中沪市主板、深市主板、中小板以及创业板自愿发布公司数量分别为81家、46家、93家和27家。

按照上市公司行业划分，制造业公司发布报告344份，占总量半数以上，较上年增加13.91%；传播与文化产业、建筑业以及房地产业增幅排名前三，分别增长50%、25%和17.65%；交通运输、仓储业公司报告数量较上年减少。地域差异导致社会责任报告的发布有所不同。除西北地区外，各地区报告数量均有上升，华东地区268份，较上年增加35份，东北地区发布报告28份，较上年的26份略有增加；华北地区发布报告的上市公司占本地区公司总数的比例最高，达到34.35%，华南地区为最低；中国大陆31个省级行政单位均有报告发布；发布报告数量最多的三个省份分别是北京市85份、广东省77份和福建省61份，排名居后的省份分别是内蒙古自治区、宁夏回族自治区、甘肃省和海南省。

2.3.3 投资者信念与行为

投资者的理念与行为模式,决定了投资者整体上在资本市场的策略,这些策略直接影响了上市公司的市场价值与融资成本,从而构成了对上市公司的重大约束,一定程度上塑造了上市公司的治理理念和价值观。某种意义上可以说,有什么样的投资者,就有什么样的公司治理。一批专注价值投资、勇于进行股东诉讼的投资者,必然有助于督促上市公司建立完善的治理机制。

中国的投资者主要包括个人投资者和机构投资者两部分。其中,个人投资者占据了资本总数的82%。中国拥有世界最大规模的投资者群体。从人口统计特征而言,炒股行为与学历、年龄及性别显著相关。首先,学历越高者,越不愿意炒股,上证所数据显示,截至2013年年末,中专以下学历者投资证券的有2 381.75万人,占比27.51%;中专学历者2 258.29万人,占比26.09%;大专2 256.15万人,占比26.06%;大学本科1 441.11万人,占比16.65%;而硕士及以上高学历者仅有319.34万人,占比3.69%。其次,从年龄分布看,中青年成为股民主力,30岁以下证券投资人数3 218.83万人,占比36.12%;30—40岁占比31.93%;40—50岁占比19.24%;50—60岁占比7.98%;60岁以上占比4.74%。而从性别来看,男性股民人数远超女性股民人数。上证所数据显示,截至2013年年末,有4 908.28万男性证券投资者,占比55.08%;4 002.58万女性证券投资者,占比44.92%。

然而,2013年中国股民数量显著下降,且超过65%的投资者出现亏损:其中26.3%的人亏损20%—50%,7.5%的人亏损80%以上,11.2%的人盈亏基本持平,22.6%的人成功实现盈利,但盈利幅度不高,有10.7%的人盈利20%以下。中国股市的投资者仍处于散户为主的状态,27.9%的人资金为1万—10万元,21.8%的人资金为20万—50万元,资金量为100万元以上的只占13.5%。大部人并没有把财产全部投入到股市里来,31.9%的人只把30%以下的财产投入股市,22.8%的人投入30%—60%的财产,但也有29.5%的人把80%以上的财产投进股市,处于豪赌状态。另外值得注意的是,截至2013年年底,有63.39%的股票账户在过去一年中不曾参与交易。从这一数据可以看出,中国的投资者特别是个人投资者,明显是以赚取股票差价的短期利益为主的投资者,且单个投资者资金实力普遍很小,活跃度并不高。

高度分散而注重短线利益的个人投资者,面临着集体行动的难题。他们无法发起有效的集体行动,不能团结成统一的力量来维护中小股东权益,极少出现股东诉讼;他们试图搭大股东的便车,甚至往往通过揣测“庄家”的持仓策略来预判股价波动。这就导致了中国个人投资者从众心理和从众行为明显,在大幅涨跌中往往紧跟趋势,造成了股价更大幅度的波动。在股价上涨时,中国个人投资者呈现风险偏好特征,表现出较高的过度自信(Sgervais,Todean,2001),而在股价下跌时,中国个人投资者往往厌恶风险,过度"自卑",表现出较为明显的损失厌恶倾向。中国个人投资者的信息搜集能力和处理分析能力普遍不强,在注重技术分析的同时,较容易受到内幕消息的影响。中国个人投资者的行为模式中,赌徒谬误与热手效应并存,个人投资者既可能根据过去股票的走势和目前的优异表现而盲目建仓,也可能自认为股价被低估而吃进,最终都遭遇损失。

中国的机构投资者主要包括公募和私募基金、社保基金、证券投行、财务公司、信托投资公司、QFII 等,目前机构投资者发展迅速。2012 年,我国约有 69 家基金公司,管理基金 914 只,管理的资产 2.19 万亿元,私募基金约有 1 万亿元的资产规模。而截至 2013 年 5 月底,我国境内共有基金管理公司 81 家,其中合资公司 45 家,内资公司 36 家;管理资产合计 39 757.58 亿元,其中管理的公募基金规模为 30 037.20 亿元,非公开募集资产规模 9 720.38 亿元。同时,我国机构投资者行为在证券市场中的行为仍然表现出高度的从众行为。有研究表明,中国证券投资基金的从众行为指数约为 8.94,远高于美国同期水平。宋军和吴冲锋(2003)的研究表明,证券分析师和股评家也具有明显的从众倾向。由于基金经理人对声誉、投资者信任的重视以及专业分析能力的局限,基金基本采用和其他基金类似的策略,力保业绩不低于同行平均水平,不追求差异化投资的高额利润。基金虽然总体比例和规模不高,业绩也较为惨淡,但仍有较强的市场操控力,通过若干基金的联合,可以对股价形成坐庄式的干预。这导致基金普遍持有类似的仓位,同时制造行情,跑赢大盘。

中国机构投资者参与公司治理的作用仍然存在争议。中国机构投资者中的一部分通过进入董事会参与战略决策、更换管理层等,开始在公司治理中发挥作用,并对信息披露、盈余操纵等行为进行干预;而更多的另一部分机构投资者仍倾向于短期投资,没有兴趣和能力参与公司治理,在重大事项上集体失声,甚至许多机构投资者与控股股东合谋,分享控制权私人收益,损害中小股东利益。不作为甚至不当作为的机构投资者,加上无力亦没有意愿参加公司治理的个人投资者,给上市公司的治理造成了相对宽松的局面。

2.4 政策建议

在宏观经济领域,目前面临着维持较高经济增长速度和经济发展模式亟待转型的双重压力,由于长期形成的结构性特征,我国经济仍然处在一放松就过热,一过热就紧缩,一紧缩就衰退,一衰退就放松的循环之中。因此,在审慎采取财政和货币政策的同时,还需要强化政策的灵活程度。在货币政策方面,坚持稳健的适度宽松的货币政策,加强流动性管理,把适度增长的信贷额度转向支持农村、中小企业、节能减排等方面,推动利率形成的市场化改革。在市场准入方面,依据十八届三中全会的安排,真正实现市场在资源配置中的决定性作用。当前,我国民营企业目前进入的产业范围仍然比较狭窄,主要局限于技术含量比较低的劳动密集型的传统产业。在市场准入的国民待遇方面,民营经济仍然有很多发展障碍和制度约束,不但不能与国企相提并论,在有些地方还不如外资企业,一些行业即便在政策上敞开了准入大门,但中间还隔着一层"玻璃门",使得民营经济在市场竞争中处于劣势地位(顾龙生,2004;厉以宁,2006,2007)。

事实上,国家"十五"计划纲要早就规定要取消一切限制企业和社会投资的不合理规定,对不同所有制企业实行同等待遇。十八届三中全会报告也明确指出,要保证各种所有制经济依法平等使用生产要素,公开公平公正参与市场竞争,同等受到法律保护,依法监管各种所有制经济。坚持权利平等、机会平等、规则平等,废除对非公有制经济各种形式的不合理规定,消除各种隐性壁垒,从而为国有及民营资本的进一步深化调整指明了方向。

在国企改革方面,依据国企的职能定位进行分类治理应当成为共识。对于承担特定政治负担和社会公共物品供给职能的企业,有必要保持国有股的控股地位;而对于其他国有企业,应该让其成为脱离行政型治理的自主经济主体,让国企董事会和监事会真正发挥作用,避免其决策出现资源配置行政化、人事任免行政化和经营目标行政化。特别地,我们认为当前对国企高管的限薪政策只能是权宜之计,本质上仍是将国企高管与行政官员等同处理,是一种本末倒置。应该首先解除国企高管的行政职位和政治联系,然后依据市场考核方式定岗定薪,给予其市场化的薪酬。

在政治体制改革方面,目前政府仍然身兼股东、规制者等多重身份,仍然拥有重要的行政资源、强力的行政权力,握有资本、土地等多种重要资源的配置权,行政手段仍是完成政府目标的最直接、最低成本且有效的手段。这导致政府仍可能根据自身目标与意志进行规制改革,这种改革经常能响应治理发展的趋势,而有时却形成了市场化、经济型治理机制中的例外。政府动用行政规制手段的股东行为,形成了中国公司治理的一大特色。从委托代理角度看,担任政府职位的官员是存在机会主义行为的,他追求的是自身利益或局部利益最大化,这是政府特别是地方政府干预国有企业经营的主要动机。因此,按照十八届三中全会的部署,政府应该进一步简政放权,深化行政审批制度改革,最大限度地减少政府对微观事务的管理,真正实现把"权力关入制度的笼子里",使其在阳光下运行。在司法执法方面继续修订相关法律,特别是针对金融衍生品等资本市场发展的新事物制定法律法规。政治体制的完善与改革是解决中国公司治理问题的关键环节,只有在政府职能转型、政府治理思维与模式转变、政府结构完善的基础上,中国企业特别是国有企业的行政型治理问题才能得到根本解决。政府切实进行服务型政府建设,放弃不必要的干预和权力,推动市场按其自身规律和平等、公正要求运行,才能真正使所有经济主体自主演化和完善治理机制,从形式合规走向实质合规,建立适合中国情境、符合现代企业运作特征、具有高度有效性的治理机制。

3 资本市场发展与现状

资本市场不仅为企业发展提供了资金来源,还是企业构建良好的公司治理秩序所需的重要外部环境。我国资本市场从无到有,经历了高速的发展过程,目前已经成为全球主要的资本市场之一。

3.1 我国资本市场现状

3.1.1 货币市场

2014 年 5 月,习近平在河南视察时提出我国经济增长进入“新常态”时期,主要特点是从高速增长转变为中高速增长,经济结构不断优化升级,经济增长的动力从要素驱动、投资驱动向创新驱动转变。我国资本市场在监管机构和各行业企业的协同努力下,为适应经济“新常态”发生了积极的转变。

具体而言,在货币供给方面,截至 2014 年 9 月末,我国广义货币余额(M2)为 120.2 万亿元,与上年同期相比增长 12.9%,低于 6 月末 1.8 个百分点。狭义货币余量(M1)为 32.7 万亿元,同比增长 4.8%,增速有所降低,比 6 月末低 4.1 个百分点,与我国 2014 年经济增长速度放缓的态势吻合。2014 年 9 月末我国所有金融机构本外币各项存款余额为 116.4 万亿元,同比增长 10.0%,增速与 6 月末相比低 3.1 个百分点,其中人民币各项存款余额为 112.7 万亿元,同比增长 9.3%,增速低于 6 月末 3.3 个百分点;外币存款余额为 6 053 亿美元,同比增长 34.9%,增速高于 2013 年,与 2012 年持平。2014 年前三个季度社会融资规模为 12.84 万亿元,低于 2013 年同期,为历史次高水平。

在汇率方面,在美联储收紧货币政策预期不断加强、美元汇率走强以及中国经济承受下行压力的背景下,人民币汇率在 2014 年波动性显著,对美元汇率持续下降。人民币汇率告别以往单边升值的走势,在 2014 年 11 月出现 7 个月来首度月度贬值之后,12 月人民币即期汇率再度贬值 0.95%,截至 2014 年最后一个交易日,人民币中间价累计下跌 0.36%,人民币即期汇率下跌 2.42%,这也是自 2005 年 7 月 21 日人民币汇率改革以来首次出现的年度贬值。但是人民币对除美国以外的我国主要贸易伙伴货币的汇率总体走强,这是因为我国经济增长速度虽然放缓,仍处于世界较高水平。2014 年,根据国际清算银行编制的人民币名义和实际有效汇率指数均创历史新高,全年分别升值了 6.4% 和 6.2%,自 2005 年汇率改革以来分别累计升值了40.5%和51%。

存款准备金率方面,为适应我国经济增长"新常态",自2014年11月22日起央行宣布下调金融机构人民币贷款和存款基准利率。金融机构一年期贷款基准利率下调0.4个百分点至5.6%;一年期存款基准利率下调0.25个百分点至2.75%,同时结合推进利率市场化改革,将金融机构存款利率浮动区间的上限由存款基准利率的1.1倍调整为1.2倍;其他各档次贷款和存款基准利率相应调整,并对基准利率期限档次作适当简并。此外,2014年9—10月,央行为引导商业银行降低贷款利率,于7月、9月和10月三次下调14天期正回购操作利率共40个基点,并推出新举措,在已创设常备借贷便利(SLF)并开展试点的基础上,创设并开展中期借贷便利(MLF),向国有商业银行、股份制商业银行、部分规模较大的城商行和农商银行等投放基础货币,在提供流动性的同时发挥中期政策利率的作用。这些举措有效地降低了社会融资成本,2014年9月末银行间市场3年期、7年期AA级企业债的到期收益率分别为5.78%和6.62%,较上年年末分别下降了1.57和0.84个百分点,非金融企业及其他部门贷款加权平均利率也有所下降,为实体经济增长提供了有力的支持。

3.1.2 证券市场

我国目前已经形成了由股票市场、债务市场、金融衍生品市场等组成的资本市场体系,形成了包括中国人民银行、政策性银行、商业银行、保险公司、券商投行、贷款公司和投资公司等在内的多元化主题的金融体系,市场运行机制和监管机制得到进一步的完善。截至2013年年底,我国拥有两个证券交易所(上海证券交易所和深圳证券交易所)、四家期货交易所(郑州期货交易所、大连商品交易所、郑州商品交易所和中国金融期货交易所)。建立了包括主板、创业板、证券公司代办股份交易系统在内的多层次的证券市场体系,提供股票(A股、B股、H股)、债券、股指和商品期货、权证、基金、金融衍生品等多种产品的交易业务。

2015年伊始,我国股票市场呈持续上涨走势,吸引了越来越多的投资者参与到证券市场中来。此次新扩投资者队伍的年轻化是一个引人注目的特征,据中国结算统计,2015年第一季度,新增股票账户同比增长433%,达到795多万户,其中,80后成为主力军,占62%,55岁以上人群也有一定比例,达5.2%;从持股看,90%以上账户持股市值50万元以下。投资者交易活跃,两市交易金额41.18万亿元,同比增长238.4%,其中自然人投资者的交易金额占八成以上,换手率达100.7%,同比增长67.2%。

由于债务新品种发行量大增以及部分企业的间接融资渠道受阻,2014年以来我国债务市场增长迅速,债务市场发行总额为12.1万亿元,同比增加33.9%,信用债发行规模首次突破7万亿元,占债券市场总发行额的58.7%,达历史新高,实体经济的债券融资占社会融资总规模从2002年年末的1.8%扩张到2014年年末的14.7%，信用债余额与国内生产总值之比从2002年年末的0.7%上升到2014年年末的24.4%。银行间市场上的机构投资者类型更为多元化，2014年年末银行间市场各类参与者共计6462家，较2013年年末增加607家，同比增加10.4%，商业银行和非银行金融机构持债较2013年年末均有所下降，非法人机构投资者和其他类型投资者持债占比上升，2014年年末在中央结算公司开立托管账户的境外机构达176家，较2013年年末增加65家，持有债券共计0.54万亿元，较上年年末增长74.19%。此外，由于银行体系间接融资渠道难以满足大量企业在建工程后续融资需求以及新基础设施建设项目的启动，企业债增长迅速，2014年公司信用类债券共发行5.2万亿元，同比增加38.9%，增速较上年扩大34.9个百分点，债券收益率和发债企业的信用状况则呈较为明显的下降趋势，2014年年末固定利率债券加权平均发行利率为5.52%，较上年下降148个基点，年末5年期AAA、AA+企业债收益率较2013年分别下降148和141个基点；评级机构在2013年和2014年连续两年主体级别调低数量大幅增长，2014年共有116家企业主体级别调低，主要分布在金属、非金融与采矿业、石油、天然气与供消费用燃料业、化工、机械、电气设备和房地产这些与固定资产投资有关的上游企业。当前我国债务市场面临的主要问题是随着公司信用类债务发行量的增长，如何控制发债企业信用风险上升给整个债务市场带来的负面影响的同时服务经济增长"新常态"的转型。目前我国债务市场受到地方政府和国有承销机构的隐性担保，所以发债企业信用降低导致系统性、区域性金融风险的可能不是很大，其主要的负面影响在于大量产能过剩企业由于政府的隐性担保继续获得高评级，占用了大量的信用资源，而符合"新常态"经济结构调整的产业政策导向，急需资金发展的企业，特别是部分优质民营企业难以从债券市场获得资金支持，扭曲了金融和非金融两个市场的资源配置效率，对我国经济实现自我更新和升级换代的目标造成了障碍。

金融衍生品市场从空间和时间两个维度将风险分散到金融市场中那些愿意承担的人手中，从而起到管理风险的作用。新常态下经济转向中高速增长，利率市场化、人民币国际化及资本市场对外开放等重大金融改革逐步深化；去杠杆、房地产泡沫、地方政府性巨额债务、影子银行等金融风险隐患增加；要素价格波动、内外市场联动等诸多不确定因素集聚共振，风险管理需求十分迫切，防风险将成为"新常态"经济增长时期资本市场发展的重要内容。2015年3月5日，"发展金融衍生品市场"的提法首次出现在了本届政府的工作报告中，引发了市场的极大关注。目前我国金融衍生品市场发展迅速，截至2015年4月全国期货市场共有36个交易品种，覆盖了农产品、金属、化工等国民经济主要领域，分布在4家期货交易所里进行交易，分别是大连商品交易所、上海期货交易所、郑州商品交易所和中国金融期货交易所。但是与国际金融衍生品市场相比,我国金融期货市场品种少,金融衍生品市场国际竞争力不足,主要体现在以下三个方面:一是品种数量少,保险范围小。截至2014年8月,美国金融期货品种已超过100个,巴西、南非、印度、俄罗斯等金砖国家分别达到70、62、49和45个,中国香港、中国台湾和韩国的产品数量也分别为26、20和18个,既有期货还有期权,完整覆盖了股权类、利率类、外汇类等主要资产系列。与之相比,我国目前仅有两个金融期货品种,覆盖面十分狭窄。二是市场规模小,现货覆盖低,功能发挥空间很大。2013年,我国股票市值占全球的6.15%,金融期货交易量仅占全球金融期货期权交易量的1.6%,股指期货持仓规模仅占全球交易所权益衍生品持仓额的2%,我国股指期货持仓规模仅占我国股票总市值的3.5%。我国金融期货市场的发展,未来还有很大空间。三是本土金融衍生品市场面竞争力有待提高。金融衍生品市场全球化趋势日益显著。目前,新加坡交易所几年前已上市以中国股票为标的的新华富时A50股指期货,芝加哥商业交易所等几个境外交易所也早已推出了人民币期货和期权,给我国在岸市场带来了竞争压力。

3.1.3 银行体系

目前我国银行体系已经完成了中央银行的独立化改革,推进四家国有大型商业银行的治理完善和整体上市,提升了国有大型银行的资本充足率,逐渐建立了国有银行和股份制银行并存,资本负债表状况较为良好的银行体系,建立了央行、银监会等共同协作的银行业监管体系,扩大了对中小企业、小微企业的信贷支持。

根据中国银监会发布的《2014年度中国银行业报告》显示,截至2014年年底,我国金融机构境内外合计本外币资产总额为172.3万亿元,同比增长13.87%。商业银行保持了较高的盈利能力,但是盈利增速开始下降,截至2014年年底,商业银行全年累计实现净利润1.55万亿元,比2013年增加1 369亿元,同比增长9.7%,增速较2013年下降4.8个百分点,各类商业银行中增长最快的是农村商业银行,其次是城市商业银行和股份制商业银行。商业银行加权平均一级资本充足率为10.76%,资本充足率高于2013年同期,从资本结构看,一级资本净额与资本净额的比例为81.6%,显示出资本质量较高。在流动性方面,年末商业银行流动性比例为46.44%,较第三季度下降2.08个百分点,但是高于2013年同期2.41个百分点,流动性水平充裕。不良贷款余额为8 426亿元,不良贷款率为1.25%,比2013年上升0.25个百分点,消费金融公司不良资产为3.54亿元,不良率升至1.56%,到目前为止,不良贷款率仍在可控范围内,但是中国内地商业银行不良贷款增长呈明显的加速状态。

在国际方面,亚洲基础设施投资银行(Asian Infrastructure Investment Bank,简称亚投行,AIIB)的创立是本年度世界银行业界的一件大事,作为由中国提出创建的区域性金融机构,亚投行主要业务是援助亚太地区国家的基础设施建设。在全面投入运营后,亚投行将运用一系列支持方式为亚洲各国的基础设施项目提供融资支持(包括贷款、股权投资以及提供担保等),以振兴包括交通、能源、电信、农业和城市发展在内的各个行业投资。截至2015年4月13日,法国、德国、意大利、韩国、俄罗斯、澳大利亚、瑞典等国先后同意加入亚投行,目前亚投行扩增至57个成员,涵盖了除美日之外的主要西方国家,其中47个国家已成为正式的意向创始成员。

2014年,人民币对美元汇率首次出现年度贬值,结束了长达9年的人民币对美元的单边升幅。人民币汇率由固定汇率机制转为以市场供求为基础参考一篮子货币调节的浮动汇率机制,自2005年起至今已是第10个年头。十年间,我国的外汇市场管制逐步放开,汇率浮动的市场化改革有序推进,得到了世界市场的认同,近年来我国跨境人民币业务发展较快,根据国家外汇管理局统计数据,2014年1—12月,银行累计结汇116 422亿元(等值18 958亿美元),累计售汇108 737亿元(等值17 700亿美元),累计结售汇顺差7 686亿元(等值1 258亿美元)。2014年1—12月,银行代客累计涉外收入203 855亿元(等值33 190亿美元),累计对外付款201 376亿元(等值32 785亿美元),累计涉外收付款顺差2 479亿元(等值405亿美元)。

在国内方面,民营资本获准进入银行业是我国银行业的一件大事。2014年3月,经中国银监会批准,首批5家民营银行试点运营。首批获准筹建的5家民营银行分别由阿里巴巴、腾讯、百业源等民营资本参与发起并自担风险。纯民资发起设立银行业金融机构,是国家鼓励和引导民营资本进入金融服务领域的重要举措,同时也标志着金融领域对民营资本开放迈出实质性步伐。与现有银行不同,首批民营银行初步设定了4种经营模式:"小存小贷"(限定存款上限,设定财富下限)模式、"大存小贷"(存款限定下限,贷款限定上限)模式、"公存公贷"(只对法人不对个人)模式、特定区域(限定业务和区域范围)模式,目标服务当前银行较少涉及的小微企业。这5家试点民营银行在填补现有金融体系对小微企业支持不足的同时,也将会在同行业中带来竞争,发挥"鲶鱼效应",进一步促进银行业的健康发展。在这5家民营银行营运之后,更多的民间资本参与进来,7月25日和9月29日,深圳前海微众银行、温州民商银行、天津金城银行、浙江网商银行、上海华瑞银行分别正式获准筹建。12月12日,深圳前海微众银行获准开业等。

3.1.4 2014年以来我国资本市场的改革发展

2014年至今,我国资本市场改革全面推进,发展稳步进行,产品创新日益增多,市场制度逐步完善。金融市场对于降低社会融资成本、促进实体经济发展的作用得到了进一步的发挥。

2014年5月9日,国务院印发的《关于进一步促进资本市场健康发展的若干意见》,称"新国九条",是我国资本市场新时期发展的指导性文件,该文件从指导思想、基本原则和主要任务三个方面提出了资本市场进一步体制改革的总体要求。具体包括发展多层次股票市场、规范发展债券市场、培育私募市场、推进期货市场建设、提高证券期货服务业竞争力、扩大资本市场开放、防范和化解金融风险以及营造资本市场良好发展环境。提出要加快建设多渠道、广覆盖、严监管、高效率的股权市场,规范发展债券市场,拓展期货市场,着力优化市场体系结构、运行机制、基础设施和外部环境,实现发行交易方式多样、投融资工具丰富、风险管理功能完备、场内场外和公募私募协调发展。到2020年,基本形成结构合理、功能完善、规范透明、稳定高效、开放包容的多层次资本市场体系。

为保护金融市场中小投资者,增进金融消费者的选择权和话语权,银监会和国家发改委连续发布新规。2月14日发布的《商业银行服务价格管理办法》将银行服务价格分为政府指导价、政府定价和市场调节价三类,实施分类管理。对于银行客户普遍使用、与国民经济发展和人民生活关系重大的银行基础服务,纳入政府指导价或政府定价管理范畴,由主管部门根据商业银行服务成本、服务价格对个人或单位的影响程度、市场竞争状况等制定和调整。此外,发改委和银监会还同时公布了《关于印发商业银行服务政府指导价政府定价目录的通知》,商业银行为银行客户提供的基础金融服务实行政府指导价、政府定价管理,包括部分转账汇款、现金汇款、取现和票据等服务项目,具体收费项目和标准按《商业银行服务政府指导价政府定价目录》执行。《商业银行服务价格管理办法》还细化了对银行服务价格违法违规行为的处罚规定,对突破政府指导价、政府定价规定,未按规定程序制定和调整市场调节价,银行分支机构擅自定价,未按规定进行服务价格信息披露,内部管理不合规等行为,都明确了相关处理的法规依据。

为了更好地服务企业融资需求,降低社会融资成本,国务院办公厅首次提出了"存款偏离度"这一考核指标,加强对商业银行的有效监督。根据9月12日中国银监会、财政部、中国人民银行联合下发的《关于加强商业银行存款偏离度管理有关事项的通知》,银行月末存款偏离度不得超过3%。对于月末存款偏离度超出监管规定的银行,中国银监会将采取暂停其部分业务或降低其年度监管评级等处罚措施。存款偏离度考核指标的设立,不仅有利于规范银行经营行为,做好银行流动性管理,更重要的是为货币政策创造良好的外部环境。"冲时点"行为已经对货币政策的外部环境形成干扰,影响宏观决策判断。对存款偏离度进行监管,有助于熨平季末的流动性波动,降低银行负债成本,从而降低企业的融资成本。但是,由于这一举措在实质上加大了银行存款的成本,这一指标的有效性尚需时间检验。

2014 年 4 月 30 日,中国证监会重启 IPO 发审会。IPO 制度是股票市场的基本制度之一,我国 IPO 制度经历了多次变革,准入制度已经由审批制变为核准制,定价制度也从行政定价改为询价制。IPO 发行可谓一波三折,2012 年 11 月中国证监会叫停 IPO 是我国资本市场历史上第八次 IPO 暂停,制度改革困难重重。

我国资本市场的对外开放进一步扩大。2014 年 11 月 17 日经国务院批准,沪港通交易试点正式启动。沪股通的股票范围是上海证券交易所上证 180 指数、上证 380 指数的成分股以及上海证券交易所上市的 A + H 股公司股票。港股通的股票范围是香港联合交易所恒生综合大型股指数、恒生综合中型股指数的成分股和同时在香港联合交易所、上海证券交易所上市的 A + H 股公司股票。沪股通批准额度为 3 000 亿元,每日额度上限 130 亿元。港股通批准额度为 2 500 亿元,每日额度上限 105 亿元。参与港股通个人投资者资金账户余额应不低于人民币 50 万元。据港交所统计,11 月 17 日至 12 月 12 日,即沪港通开通后的 20 个交易日,沪股通平均每日成交 58.4 亿元,平均额度用量为 32.9 亿元,占每日额度上限 130 亿元的 25.3%。港股通平均每日成交为 7.57 亿元,平均每日额度用量为 4.77 亿元,占每日额度 105 亿元上限的 4.5%。其间沪股通最高单日总成交额为 11 月 17 日的 121 亿元,港股通为 12 月 5 日的 20.3 亿元。沪股通的平均每日成交约为港股通的 7 倍有余。交易所数据显示,在沪港通推出的前四周内,沪股通及港股通的全日买入成交额均超过卖出成交额,使用额不断提高。沪股通每日的买盘均高于卖盘,每日卖出成交额为 3.01 亿元,几乎不到买入额度的 1/10,境外机构对 A 股惜售明显。

2015 年 2 月 17 日,国务院发布国务院令第 660 号,公布了《存款保险条例》。存款保险制度是一种金融保障制度,它是由多个存款性金融机构共同出资建立一个保险机构,存款机构作为投保人按一定存款比例向其缴纳保险费,建立存款保险准备金,当成员机构发生经营危机或面临破产倒闭时,存款保险机构向其提供财务救助或直接向存款人支付部分或全部存款,从而保护存款人利益。存款保险制度在历史上首创于 19 世纪的美国,为维护银行体系稳定,控制金融风险起到了很大作用,货币主义的领袖人物弗里德曼曾认为"对银行存款建立联邦存款保险制度是 1933 年以来美国货币领域最重要的一件大事"。

3.2 资本市场监管现状

3.2.1 监管机构与体制

我国资本市场的监管体系分为三个层次,第一层次是以《宪法》《公司法》《证券法》《会计法》《注册会计师法》等法律为代表的法律监管体系,第二层次是中国证监会及其分支机构为主组成的行政监管体系,第三层次是证券业协会、注册会计师协会以及各证券经营机构的行业自律和自我监管体系。这个系统对于提升我国公司治理的水平起到了重要的作用。正如相关研究指出的,法律对于专业性较强而需要大量日常事前监管的行业,其影响力是有限的,即法律存在不完备性,因此规制是更有力、更专业和更能做到日常事前或事中监督,然而一个规模庞大的资本市场所需要的监管工作量,仅仅依靠规制是远远不能完成的。行业自律从影响行业准入和声誉的角度影响公司治理的外部机制,对资本市场的监管工作起到了良好的补充作用。这三个层次的监管体系相互补充和监督,为我国资本市场的良性发展起到了保驾护航的作用。

截至2014年年底,资本市场现行法律规章等共计600多件,形成了以《公司法》《证券法》《证券投资基金法》等法律为核心,以行政法规、司法解释为支撑,以部门规章、规范性文件为配套,以交易所、登记公司、行业协会自律规则为补充的资本市场法律制度体系。2014年,中国证监会对资本市场法律体系建设作总体性的规划设计,编制了详细的路线图,并根据规制内容与法律关系的不同性质,全面整合现有规章及规范性文件,形成八大子体系,分别是融资与并购、市场交易、产品业务、市场与机构主体、对外开放、审慎监管、投资者保护和监管执法。

目前,我国资本市场的行政监管机构包括中国人民银行、中国银监会、中国证监会、中国保监会等,国家发改委、财政部、商务部等也具有部分监管、制定法规等职能。中国证监会在规范资本市场运行、构建新兴市场和交易规则、提升治理水平、打击非法交易、保护投资者权益等方面有主要的权责,负责对股票、债券、权证、基金、衍生品等交易的监管和对证券、基金公司等机构的规制。其下设非上市公众公司监管部、期货监管(一、二)部、创业板监管部、市场监管部、机构监管部、基金监管部、上市公司监管部、稽查总队、稽查局等部门。中国银监会主要规制银行为主的各类其他金融机构的日常运营、治理、投融资、安全和风险控制等行为,并审核金融机构的并购、业务拓展等行为。中国保监会负责对保险业企业的规制。中国人民银行、外汇管理局等机构负责执行利率调整、公开市场业务等关键货币政策,并就国内金融和国际金融的基本制度、价格参数、经营行为、风险控制与治理等进行指导和建设。

3.2.2 监管的主要措施与特征

近年来,我国资本市场融券业务发展缓慢。为促进融资融券业务的发展,中国证券业协会、中国证券投资基金业协会、上交所、深交所与2015年4月17日联合发布《关于促进融券业务发展有关事项的通知》,支持专业机构投资者参与融券交易,扩大融券券源,近期将扩大融券交易和转融券交易标的证券至1 100只。上述四部门将采取五项措施:一是支持专业机构投资者参与融券交易,扩大融券券源;二是推出市场化的转融券约定申报方式,便利证券公司根据客户需求开展融券业务；三是优化融券卖出交易机制，提高交易效率；四是充分发挥融券业务的市场调节作用，适时扩大融券标的证券范围；五是加强融券业务风险控制，切实防范业务风险。

2015年1月15日，中国证监会公布并执行《公司债券发行与交易管理办法》，该办法取消了公司债发行的保荐制和发审制度，简化了审核流程；将公司债发型范围扩大至所有公司制法人；明确了公司债发行和持续信息披露过程中出具专业意见的服务机构如会计师事务所、评估机构等应具备的资格；增加了债券发行的交易场所，将公司债的交易场所延伸至新三板和柜台；为更有力地保护债券持有人的权益，强化了信息披露、评级、募集资金使用等方面的监管要求。

行政审批制度进一步改革，简政放权的改革意图得到了进一步的体现。2015年2月14日，国务院发布《国务院关于取消和调整一批行政审批项目等事项的决定》，该决定取消和下放了90项行政审批项目，取消了67项职业资格许可和认定事项，将21项工商登记前置审批事项改为后置审批，取消和下放18项依据有关法律设立的行政审批和职业资格许可认定事项，将5项依据有关法律设立的工商登记前置审批事项改为后置审批。

近年来随着我国资本市场的发展，市场上的违法手段越来越复杂隐蔽，而监管方面则面临人员匮乏、执法手段不足的问题。随着金融产品创新步伐加快和互联网金融的兴起，混合型、交叉型的金融产品越来越多。借助互联网，违法者可以轻易实施跨市场、跨边境作案，针对这种跨市场、跨边境作案的监管工作存在许多难题。同时当事人反调查的意识越来越强，内幕交易开始向隐名化、集群化、跨界化、多层传递演化，市场操纵出现短线化、多点化、合谋化和跨市场化的趋势。部分案件的社会关系复杂，不仅涉及上市公司、中介机构高管人员，还涉及部分金融机构、党政机关干部。据统计，目前我国资本市场案件查实率只有60%—70%。尽管近年来执法队伍不断加强，人员不足、投入不足、缺乏激励的问题还长期存在。受编制、经费等各种限制，中国证监会系统目前专司执法的人员不到600人，不及职工总数的20%。相比之下，美国证监会经过2011年部门重组，执法部门人员达到1 236人，占总数的32%。此外，在利用先进科技装备搜索调查违法行为方面，我国远远落后于发达国家的市场监管。行政执法普遍存在案件发现难、取证难、处罚难、执行难的问题。

3.3　政策建议

随着全球经济一体化的发展，金融资源在全球范围内的自由流动已经成为一种趋势，与此同时，我国进入经济中高速增长的“新常态”时期。一方面，面对全球金融自由化的浪潮，我国资本市场要提高自身竞争力；另一方面，为了促进“新常态”时期的经济结构转型，资本市场要发挥积极的作用，为此我们提出以下政策建议。

第一，促进证券交易机构从会员制向公司制治理结构的转变。为适应金融自由化的浪潮，提高自身竞争力，各个发达国家的证券交易所纷纷完成了从会员制到公司制的治理结构转变。然而目前我国的证券交易所仍以会员制为主并且保留了极强的行政色彩。在我国资本市场中，只有中国金融期货交易所和新三板是公司制，并且公司制的股东局限在上交所、深交所等内部机构。随着我国金融体制改革的深入，国内证券交易所将面临越来越大的竞争压力，因此推进证券交易所治理结构转变势在必行。

第二，进一步完善上市公司退市制度，促进上市公司结构更加合理。目前我国上市公司结构不合理，主要体现在两方面：一是上市公司行业分布不合理，目前我国共有上市公司接近 2 600 家，其中来自制造业的上市公司超过 1 600 家，来自高新技术领域的企业非常少，许多具有高增长潜力的公司选择在海外上市。二是实体经济利润过少，金融类上市公司利润过高，16 家国有商业银行贡献整个上市公司利润的四成多。退市制度对上市公司起到了“优胜劣汰”的作用，是资本市场的基础职能之一。退市制度的完善将使得上市公司更具代表性，结构更加合理。

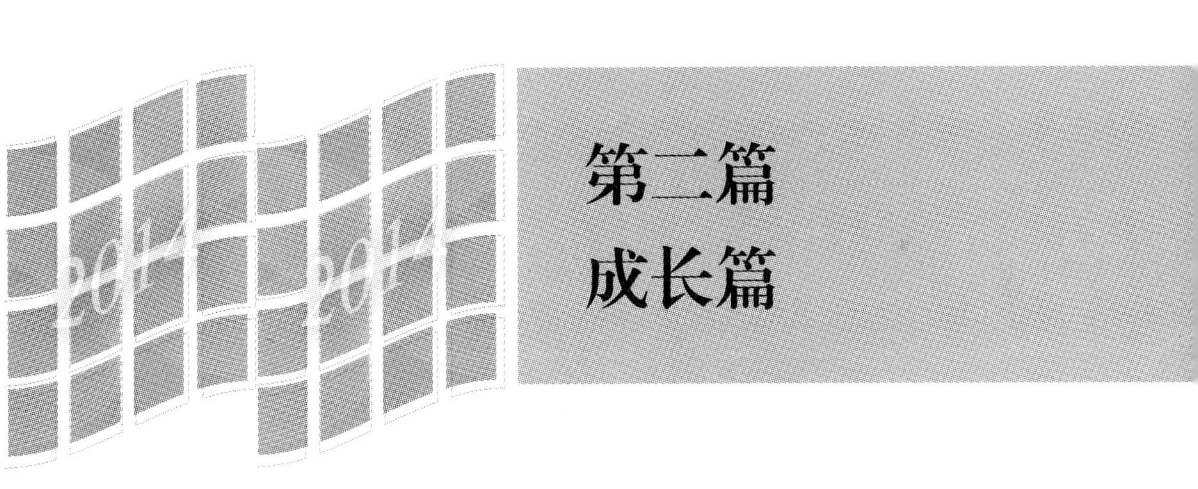

第二篇
成长篇

1 中国上市公司成长总体状况

2013年是我国“十二五”规划的第三年,无论是外部环境还是内部环境,中国经济的发展都面临着一系列不确定性。在经历了2009年以来一轮大的投资与增长之后,中国上市公司实现了平稳增长。2013年宏观经济走势将大致呈现四个特点:经济增速小幅回升;边际上增长回升的动力主要来自投资,尤其是基础设施投资和存货投资;物价温和上升,工业生产价格从负增长转正;名义GDP增速显著回升,有助于企业盈利改善。具体来看,中国上市公司2013年营业收入平均增长了20.36%,略低于2012年可比公司24.76%的水平,营业利润平均下降了15.66%,远低于2012年7.18%的水平,净利润也比上年下降49.53%。从公司成长的风险来看,总体上处于比较可控水平,2 504家上市公司平均的资产负债率为44.06%,略低于标准值50%,但比2012年下降了46.05个百分点,企业的总体流动性较好,流动比率达到2.59,高于公认的最优值2,上市公司的付息能力较差,利息保障倍数为-2.85。从营运能力来看,2013年中国上市公司处于较低水平,营业周期中位数达到172.59天,比2012年有所上升,期间费用率平均达到19.67%,处于较高水平。从盈利能力来看,出现了公司与股东获利能力的分化,企业盈利能力较强,而股东盈利能力较弱,销售净利率和净资产收益率分别达到了8.13%和5.94%,普通股获利率却为0.46%。从现金流量来看,企业自由现金流量充足(平均每家公司达到3.16亿元,中位数为0.31亿元),而股权自由现金流量匮乏(平均每家公司为-16.44亿元,中位数为-2.50亿元)。投资是实现公司成长的内在动力之一,2013年每家公司新增的金融性投资为3.11亿元,新增的固定资产投资为2.83亿元,无形资产投资为0.58亿元。

本篇从中国上市公司发展能力、风险状况、营运能力、获利能力、投资水平与现金流量六个方面来分析中国上市公司2013年的成长状况。在本篇的第二、三、四、五、六、七章中,还将从行业层面、地区层面、股东层面与控制人层面深入分析中国上市公司不同群组的成长状况。

本篇样本包括A股主板公司、中小板公司和创业板公司。所使用的所有数据均来自截至2013年年末中国上市公司公开公布的年报,并借助国泰安数据库取得了一些相关指标。

1.1 总体发展能力

我们采用营业总收入增长率来测度公司的发展速度,用营业利润增长率、净利润增长率、基本每股收益增长率和净资产收益率增长率来测度公司的发展质量,用可持续增长率测度公司预期下年的最优增长程度,用固定资产增长率和资本积累率测度公司的增长动力,用每股经营活动产生的现金流量净额增长率和经营活动产生的现金流量净额增长率测度公司发展中的现金获取能力,各指标的计算如下:

营业总收入增长率 =(本期营业总收入 - 上期营业总收入)/上期营业总收入

营业利润增长率 =(本期营业利润 - 上期营业利润)/上期营业利润

净利润增长率 =(本期净利润 - 上期净利润)/上期净利润

基本每股收益增长率 =(本期基本每股收益 - 上期基本每股收益)/上期基本每股收益

净资产收益率增长率 =(本期净资产收益率 - 上期净资产收益率)/上期净资产收益率

可持续增长率 = 销售净利率 × 总资产周转率 × 留存收益率 × 期初权益期末总资产乘数

固定资产增长率 =(期末固定资产 - 上期固定资产)/上期期末固定资产

资本积累率 =(期末股东权益 - 上期期末股东权益)/上期期末股东权益

每股经营活动产生的现金流量净额增长率 =(本期每股经营活动产生的现金流量净额 - 上期经营活动产生的现金流量净额)/期初每股经营活动产生的现金流量净额

经营活动产生的现金流量净额增长率 =(本期经营活动产生的现金流量净额 - 上期经营活动产生的现金流量净额)/上期经营活动产生的现金流量净额。

从总体上看,2013 年中国上市公司成长维持了 2009 年投资带动效应下的较高成长,但已显现疲态,公司获取利润的能力下降,现金流量也呈下降态势,预计 2013 年中国上市公司较优的收入增长率平均在 20% 左右。

具体来看,2013 年营业收入平均增长了 20.36%,营业利润平均下降了 15.66%,而净利润跟上年相比有较大幅度的下降,下降幅度超过 50%。盈利能力出现了大幅下降,每股收益与净资产收益率都比 2012 年有较大下降,分别下降 68.23% 和 93.26%,公司每股及总体经营活动产生的现金流量净额分别比上年下降 47.18% 和 43.72%。受益于国家宏观投资政策的鼓励和公司收益增长的带动,2013 年中国上市公司固定资产保持较高的增长势头,比 2012 年增长 44.00%,资本积累率也达到 13.02% 的水平。

根据中国上市公司目前的发展能力、资源状况与融资约束，在保持公司健康成长的前提下，2013 年预计营业收入的可持续增长率为 4.57%，比 2012 年略有下降（见表 2-1）。

表 2-1 中国上市公司发展能力

	平均数	中位数	标准差	最小数	最大数	观测数
营业总收入增长率	0.2036	0.1031	0.9560	-0.8107	33.3695	2 505
营业利润增长率	-0.1566	0.0117	6.1821	-137.3412	84.6431	2 505
净利润增长率	-0.5182	0.0237	5.6235	-91.6835	53.9648	2 505
基本每股收益增长率	-0.6823	-0.0902	4.6046	-68.5000	19.8054	2 505
净资产收益率增长率	-0.9326	-0.0526	6.6932	-103.7324	33.8804	2 505
可持续增长率	0.0457	0.0494	0.1432	-1.7908	0.8485	2 505
固定资产增长率	0.4400	0.0619	2.4843	-0.8982	68.3620	2 505
资本积累率	0.1302	0.0547	0.6615	-9.5631	10.6704	2 505
每股经营活动产生的现金流量净额增长率	-0.4718	-0.3007	5.7727	-86.8187	75.7786	2 505
经营活动产生的现金流量净额增长率	-0.4372	-0.1961	7.2163	-1.7908	75.7786	2 505

1.2 风险状况

公司的成长伴随风险的同在，充分分析公司成长与发展中面临的风险并采取相应的措施，才能实现公司成长的安全性与持续性。

对于上市公司的风险水平分析，我们主要采用了 11 个指标，分别是流动比率、速动比率、现金余额、现金比率、资产负债率、利息保障倍数、长期资产适合率、流动负债比率、财务杠杆系数、经营杠杆系数和综合杠杆系数。其中，用流动比率、速动比率和现金比率三个指标来衡量的是企业的短期偿债能力，比率越高，偿债能力越强，企业的风险水平也相对越低；用现金余额表示的是企业的资产流动性，现金余额越大，说明企业的流动性越强，风险也越小；用利息保障倍数、长期资产适合率以及资产负债率来衡量企业的长期偿债能力，利息保障倍数越大，说明企业支付利息费用的能力越强，企业风险越小；用长期资产适合率反映企业的偿债能力（从企业资源配置结构方面），指标数值较高比较好（较好为 100%），但过高也会带来融资成本增加的问题；用资产负债率反映企业举债经营的能力，同时也反映债权人向企业提供信贷资金的风险程度，对于债权人来说越低越好，如果此指标过高，债权人可能遭受损失；用流动负债比率反映企业依赖短期债权人的程度，该比率越高，说明公司对短期资金的依赖性越强；用财务杠杆、经营杠杆和

综合杠杆分别代表财务风险、经营风险与总风险,杠杆系数越大,风险越高。各指标计算公式为:

流动比率 = 流动资产/流动负债

速动比率 = (流动资产 - 存货)/流动负债

现金比率 = 现金及现金等价物期末余额/流动负债

利息保障倍数 = (净利润 + 所得税 + 财务费用)/财务费用

长期资产适合率 = (权益 + 长期负债)/(固定资产 + 长期投资)

资产负债率 = 负债总额/资产总额

流动负债比率 = 流动负债合计/负债合计

财务杠杆系数 = (利润总额 + 财务费用)/利润总额

经营杠杆系数 = (营业收入 - 营业成本)/(利润总额 + 财务费用)

综合杠杆系数 = (营业收入 - 营业成本)/利润总额

总体来看,中国上市公司的短期偿债风险比2012年有所下降,2013年中国上市公司的平均现金余额为14.90亿元,相比上年(17.96亿元)下降了17.04%,代表公司短期偿债风险核心指标的流动比率为2.5925,相对2012年(81.67%)下降了45.39个百分点。但是由于盈利能力下降,公司的利息偿付风险上升明显,高于最优值2,但低于2012年平均3.15的水平。

从长期偿债风险来看,2013年中国上市公司处于较低水平,资产负债率2013年利息保障倍数为 -2.8456,比2012年的25.66下降了将近111.11%。长期资产适合率也有所下降,2013年为6.2058,2012年为12.39。

值得注意的是,中国上市公司1年以内的短期性负债占总负债的比率连续处于较高水平,2012年占81.67%,2013年占81.22%。代表公司财务风险、经营风险和总风险的三大杠杆系数(财务杠杆系数、经营杠杆系数、综合杠杆系数)有所变化,2012年分别为1.17、1.63、3.86,2013年分别为1.46、1.38、2.51。其中,2013年的财务杠杆系数有所上升,而经营杠杆系数和综合杠杆系数则有所下降(见表2-2)。

表2-2 中国上市公司风险状况

	平均值	标准差	最小值	最大值	观测数
流动比率	2.5925	3.3245	0.1304	48.1690	2468
速动比率	2.0251	2.9665	0.0758	36.0382	2467
现金余额	14.8999	44.8182	0.0211	814.2353	2490
现金比率	1.0060	2.0366	0.0022	31.8453	2467
资产负债率	0.4460	0.2257	0.0244	1.0361	2504
利息保障倍数	-2.8456	91.9587	-1591.4164	824.1425	2504

（续表）

	平均值	标准差	最小值	最大值	观测数
长期资产适合率	6.2058	16.9353	-0.0043	273.4148	2 504
流动负债比率	0.8122	0.1827	0.1555	0.9999	2 319
财务杠杆系数	1.4646	1.8276	-8.5916	25.5884	2 504
经营杠杆系数	1.3867	1.7843	-39.8333	20.4037	2 504
综合杠杆系数	2.5051	4.6220	-22.9404	56.7688	2 504

1.3　营运能力分析

公司要想获得良好的成长，需要有出色的资产管理能力与营运水平，进行中国上市公司营运能力分析可以理解公司在资产管理与成本费用管理方面的优劣，进而可以深入分析公司成长的动力与短板。

我们选择应收账款周转率、应收账款周转天数、存货周转率、存货周转天数、营业周期、流动资产周转率、长期资产周转率、总资产周转率、营运成本率、成本费用利润率、期间费用率、销售费用率和管理费用率共 13 个指标来分析上市公司总体的营运能力。各指标计算如下：

应收账款周转率 = 营业收入/本年应收账款平均余额

存货周转率 = 营业成本/本年存货平均余额

营业周期 = 存货周转天数 + 应收账款周转天数

流动资产周转率 = 营业收入/本年流动资产的平均余额

长期资产周转率 = 营业收入/本年长期资产的平均余额

总资产周转率 = 营业收入/本年总资产的平均余额

营业成本率 = 营业成本/营业收入

成本费用利润率 = 成本、费用总额/利润总额

期间费用率 =（管理费用 + 销售费用 + 财务费用）/营业收入

销售费用率 = 销售费用/营业收入

管理费用率 = 管理费用/营业收入

从应收账款的回收期来看，2013 年平均为 74.5 天，比 2012 年的 72 天延长了 2 天，说明中国上市公司平均收款期在增加，应收账款的回收速度变缓，企业现出收款困难的状况。

从存货周转情况来看，2013 年形势也不容乐观，平均存货周转期达到 245 天，相比 2012 年的 239 天增加了 6 天，说明中国上市公司 2013 年存货积压情况比较严重。

与应收账款回收期及存货占压期相对应的是公司营业周期的拉长,由2012年的292天增长到2013年的318天,可见中国上市公司的流动资产的管理能力在下降,这既与2013年生产景气程度下降、物价上升较快有关,也与内需不振、出口困难有一定联系。

从成本费用管理水平来看,2013年相对2012年略有提升,代表上市公司成本管理水平与产品盈利能力的营业成本率略有下降,2012年为72.71%,2013年为72.67%,变动幅度不大。

期间费用率变化不大,由2012年的18.79%上升到2013年的19.67%,期间费用中管理费用率略有上升,由2012年的10.08%上升到2013年的10.90%。这主要是由于物价水平上涨及员工成本上升所致,考虑2013年的物价涨幅,中国上市公司费用管理处于较优状态(见表2-3)。

表2-3　中国上市公司营运能力

	平均值	中位数	标准差	最大值	最小值	观测数
应收账款周转天数	74.4870	51.5899	77.7989	706.0863	0.0072	2 453
应收账款周转率	106.9773	7.0727	1 041.6392	32 908.2539	0.5026	2 453
存货周转天数	244.9062	95.1813	630.7210	11 885.7664	0.0526	2 437
存货周转率	19.0269	3.7085	164.3618	4 622.1050	0.0265	2 437
流动资产周转率	1.3786	1.0670	1.1345	10.1212	0.0373	2 465
管理费用率	0.1090	0.0823	0.1200	1.8498	0.0027	2 465
营业周期	318.0517	172.5870	630.7835	11 944.2123	1.8528	2 463
成本费用利润率	0.1379	0.0808	0.2600	3.3078	-1.2840	2 464
长期资产周转率	2.6102	1.5747	4.6449	93.5189	0.0258	2 464
销售费用率	0.0701	0.0435	0.0806	0.5652	0.0005	2 376
营业成本率	0.7267	0.7611	0.1775	1.1576	0.0304	2 466
总资产周转率	0.6985	0.5663	0.5316	5.7604	0.0162	2 465
期间费用率	0.1967	0.1548	0.1707	2.2663	0.0060	2 465

1.4　盈利能力

公司成长的表现是营业收入与市场份额的上升,而成长的结果是企业盈利水平与盈利能力的提升。没有盈利能力提升的成长是粗放式、外延式成长,而伴随盈利能力提升的成长才是高质量、内涵式的成长,是一种真正的发展。

对于上市公司来说,其盈利能力有两种含义,一是公司本身的盈利能力,二是公司股东的获利能力,这二者缺一不可。

根据 2013 年我国上市公司的实际情况,我们从以下 13 个指标对各行业进行盈利能力分析:营业毛利率、营业利润率、销售净利率、资产报酬率、总资产净利润率(ROA)、净资产收益率(ROE)、投入资本回报率、长期资本收益率、市盈率、市净率、股利分派率、普通股获利率、托宾 Q 值。

营业毛利率 = 营业毛利额/营业净收入

营业利润率 = 营业利润/营业收入

销售净利率 = 净利润/销售收入

资产报酬率 = 息税前利润/资产平均总额

总资产净利润率(ROA) = 净利润/资产平均总额

净资产收益率(ROE) = 净利润/期末股东权益余额

投入资本回报率 = (净利润 + 财务费用)/(资产总额 − 流动负债 + 应付票据 + 短期借款 + 一年内到期的长期负债)

长期资本收益率 = (利润总额 + 利息费用)/(长期负债平均值 + 所有者权益平均值)

市盈率 = 期末股价/年度每股盈余(EPS)

市净率 = 期末每股股价/每股净资产

股利分派率 = 普通股每股现金股利/每股收益

普通股获利率 = (每股股息 + 期末股票市价 − 期初股票市价)/期末每股市价

托宾 Q 值 = 期末市场价值/期末总资产

其中,公司的期末市场价值等于股权市价加上净债务市值,非流通股用流通股市价代替。

从 2013 年来看,中国上市公司的盈余能力有所下降。具体来看,除普通股获利率上升 0.91 个百分点外,公司的营业毛利率、销售净利率、资产报酬率、总资产净利润率及净资产收益率都有所下降,分别由 2012 年的 27.29%、8.43%、6.34%、4.52%和 6.12%下降为 2013 年的 26.77%、8.13%、5.22%、4.41%和 5.94%。

2013 年股东收益经历了一个较大幅度的下降,同时资本利得也在降低,所有上市公司平均的普通股获利率为 0.46%(2012 年为 −4.39%),较上年略有增长。

经历了 2011 年股票市场的熊市之后,中国上市公司 2013 年股票的估值水平也趋于合理,平均市场市盈率由 2012 年的 79.9 倍下降到 2013 年的 65 倍,代表上市公司成长机会及股东对上市公司成长预期的托宾 Q 值也由 2012 年的 1.88 下降到 2013 年的 1.84,下降幅度不大,说明股东对未来的估值及成长预期较为稳定(见表 2-4)。

表 2-4 中国上市公司盈利能力

	平均值	中位数	标准差	极差	最小值	最大值	观测数
营业毛利率	0.2677	0.2344	0.1792	1.0672	-0.1053	0.9619	2515
营业利润率	0.0753	0.0589	0.1786	3.0310	-1.4961	1.5349	2515
销售净利率	0.0813	0.0601	0.2350	6.2785	-2.5451	3.7335	2515
资产报酬率	0.0522	0.0441	0.0676	0.9389	-0.3124	0.6265	2515
总资产净利润率	0.0441	0.0345	0.0702	0.9871	-0.3738	0.6133	2515
净资产收益率	0.0594	0.0678	0.2255	6.0131	-5.2864	0.7268	2515
投入资本回报率	0.0593	0.0531	0.0966	2.5126	-0.6289	1.8837	2515
长期资本收益率	0.0936	0.0877	0.1632	3.4872	-2.4895	0.9976	2515
市盈率	65.1176	31.8076	167.9591	2954.0282	-735.1805	2218.8477	2515
市净率	3.5672	2.3308	8.6359	182.6935	-7.0672	175.6263	2515
股利分派率	0.2558	0.2129	0.3054	4.6217	-1.0337	3.5880	2515
普通股获利率	0.0046	0.0000	0.0854	1.5832	-0.4980	1.0852	2515
托宾Q值	1.8420	1.4909	1.3290	17.8737	0.0000	17.8737	2515

1.5 现金流量能力

现金流量是公司成长的另一个表现,现金之于企业如同血液之于人体,是公司成长的源泉与成长的营养。我们使用企业自由现金流、股权自由现金流、每股经营活动的现金净流量和每股现金净流量四个指标来测度中国上市公司的现金流量能力。

企业自由现金流 = 净利润 + 利息费用 + 非现金支出 - 营运资本追加 - 资本性支出

股权自由现金流 = 净利润 + 非现金支出 - 营运资本追加 - 资本性支出 - 债务本金偿还 + 新发行债务

每股经营活动的现金净流量 = 经营活动的现金净流量/总股数

每股现金净流量 = 现金及现金等价物的净增加额/总股数

企业自由现金流代表企业所获得的总现金流量中,除营运资本与资本性支出约束外,企业可以自由使用的现金流量,其值越大,表示企业获得现金流量的能力越强,企业现金流量可自由支配程度越高,企业现金使用的自由裁量权越大。股权自由现金流代表企业所获得的总现金流量中,除营运资本、资本性支出及债务约束外,企业能够自由使用的现金流量,这部分现金流量代表股东可以自由要求与支配的部分,其值越大,表示企业可用于股利分配或其他自由支出的能力越强。每股经营活动的现金净流量及每股现金净流量分别表示每股获取经营性现金的能力及获取总现金的能力。

2013 年企业自由现金流量有所下降,由 2012 年平均的 4.6129 亿元下降到 2013 年的 3.1581 亿元,股权自由现金流量下降明显,由 2012 年的 -9.46257 亿元下降到 2013 年的 -16.4413 亿元。2013 年企业获取现金流量的能力有所下降,每股经营活动的现金流量由 2012 年的 0.40 元下降到 2013 年的 0.35 元,每股现金净流量由 2012 年的 0.09 元下降到 2013 年的 -0.07 元(见表 2-5)。造成上述状况的主要原因:一是企业盈利能力下降,净利润降低;二是企业应收账款与存货占压资金增加;三是企业投资扩张,带来自由现金流量的下降。

表 2-5　中国上市公司现金流量状况

	平均值	中位数	标准差	极差	最小值	最大值	观测数
企业自由现金流(亿元)	3.1581	0.3106	29.9977	622.0704	-94.3949	527.6755	2515
股权自由现金流(亿元)	-16.4413	-2.5034	69.3814	1493.9846	-921.2646	572.7200	2515
每股经营活动现金净流量(元)	0.3488	0.2556	0.9661	17.4253	-5.2357	12.1896	2515
每股现金净流量(元)	-0.0737	-0.0433	0.7311	7.9111	-4.1002	3.8109	2515

1.6　投资状况

投资是公司成长的基础,是构成公司未来成长的重要支撑要素。分析中国上市公司的投资状况可以从另一个侧面反映公司的成长潜力与成长动力。

在分析我国上市公司投资状况时,我们使用新增金融性投资、新增固定资产投资、新增无形资产投资、现金再投资比率和现金满足投资比率五个指标。其中,

新增金融性投资 = 新增交易性金融资产 + 新增可供出售金融资产 + 新增持有至到期投资 + 新增长期股权投资

现金再投资比率 = (经营活动现金净流量 - 现金股利 - 利息支出)/(固定资产原值 + 对外投资 + 营运资金)

现金满足投资比率 = 近 5 年经营现金流量净额之和/近 5 年资本支出、存货增加、现金股利之和

现金再投资比率越高,表明企业可用于再投资在各项资产的现金越多,企业再投资能力越强;反之,则表示企业再投资能力越弱。一般而言,凡现金再投资比率达到 8% 和 10% 的,即被认为是一项理想的比率。

现金满足投资比率是指经营活动现金流量与资本支出、存货购置及发放现金

股利的比率,它反映经营活动现金满足主要现金需求的程度,用于衡量企业维持或扩大生产经营规模的能力。该比率越大,说明企业资金自给率越高,企业发展能力越强。如果现金满足投资比率大于或等于1,表明企业经营活动所形成的现金流量足以应付各项资本性支出、存货增加和现金股利的需要,不需要对外筹资;若该比率小于1,说明企业来自经营活动的现金不足以供应目前营运规模和支付现金股利的需要,不足的部分需要靠外部筹资补充。

投资状况一方面是公司的投资现状,一方面是公司的投资能力。从这两个方面来看,2013年的中国上市公司的各项目投资有增有减。2013年2 505家上市公司新增金融性投资7 786.87亿元,平均每家公司对外投资3.11亿元;2012年可比公司新增金融性投资20 901.78亿元,平均每家公司对外投资11.40亿元。从这个数据可以看出,2013年中国上市公司的资本市场交易量大幅下跌,投资量不足上年的40%。从固定资产投资来看,则出现逆转趋势,2012年上市公司固定资产投资共计减少3 347.05亿元,2013年则增加7 093.26亿元,平均每家公司的固定资产投资额从2012年的-1.36亿元上升到到2013年的2.83亿元。公司进行无形资产投资的意愿和行动也有所降低,2012年为1 904.67亿元,2013年为1 456.08亿元,平均单一公司的固定资产投资也由0.79亿元下降为0.58亿元。

从上市公司的投资能力来看,有所提升。2012年上市公司现金再投资比率为2.66%,2013年上升为2.76%;现金满足投资比率也从2012年的41.57%上升到2013年的50.34%(见表2-6)。

表2-6 中国上市公司投资状况

	平均值	合计	中位数	标准差	最小值	最大值	观测数
新增金融性投资(亿元)	3.1085	7786.8711	0.0000	34.1360	-20.0686	1 020.8700	2 505
新增固定资产投资(亿元)	2.8316	7093.2636	0.2459	12.6295	-33.1653	209.8122	2 505
新增无形资产投资(亿元)	0.5813	1456.0806	0.0019	3.3016	-5.3000	65.3500	2 505
现金再投资比率	0.0276		0.0791	0.7405	-13.7909	3.3563	2 505
现金满足投资比率	0.5034		0.3819	1.6895	-11.9407	22.6300	2 505

2 中国上市公司发展能力分析

本部分将分行业、分地区、分第一大股东持股比例与最终控制人性质分析中国上市公司的发展水平与发展能力。

2.1 中国上市公司分行业的发展能力分析

我们根据中国证监会行业分类，分 13 个大的行业对中国上市公司分行业的发展能力与水平进行分析，其中制造业按二级代码又分为 10 个子行业进行分析。表 2-7 列示了中国上市公司分行业的发展指标。图 2-1 至图 2-6 列示了上市公司核心发展指标中增长最快与最慢的三个产业。从图 2-1 中可以看出，综合类、房地产业和批发与零售贸易的营业总收入增长率较高，分别达到 43.32%、41.1% 和 35.58%。综合类行业集研发、技术、生产、销售、运输为一体，有利于企业生产适销对路的商品，因而企业市场前景好，营业总收入的增长率最高。房地产业在经历了 2012 年“史上最严厉调控年”之后，2013 年开始回暖，年底更是轮番上演土地、房屋交易高潮。随着人民生活水平的不断提高和观念的改变以及电商的强力发展，批发零售贸易的营业收入总增长率也较上年有所提升。

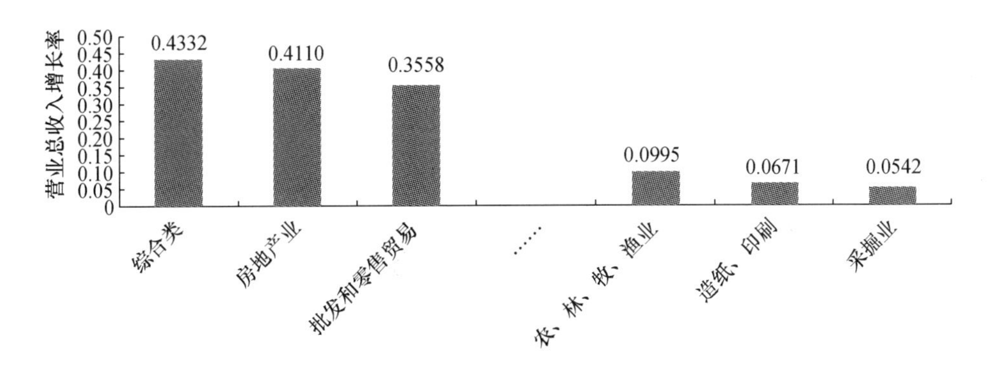

图 2-1 公司平均营业总收入增长率最高与最低的行业

表 2-7 中国上市公司分行业发展水平的均值

	资本积累率	固定资产增长率	基本每股收益增长率	净资产收益率增长率	经营活动产生的净流量增长率	可持续增长率	每股经营活动产生的净流量增长率	营业总收入增长率	净利润增长率	营业利润增长率
农、林、牧、渔业	0.0465	0.1839	-2.0439	-4.3496	0.9611	0.0221	0.8051	0.0995	-2.1800	-1.7101
采掘业	0.0981	0.2793	-0.4821	-0.4066	-0.8886	0.0648	-0.9819	0.0542	-0.1663	-0.1273
制造业	0.1297	0.3653	-0.8806	-1.1571	-0.5276	0.0346	-0.4804	0.1881	-0.7630	-0.2753
其中:食品、饮料业	0.1606	0.1562	-0.4677	-1.1071	-0.2425	0.0587	-0.3887	0.1001	-1.3788	0.0326
纺织、服装、皮毛	0.0699	0.1694	-1.8993	-2.9840	-0.4096	0.0183	-0.4839	0.1586	-1.9224	-0.4969
木材、家具	0.0563	0.2540	1.1367	1.2437	-0.2742	0.0414	-0.3705	0.1635	1.3496	-0.5245
造纸、印刷	0.1049	0.3220	-2.5929	-3.5894	-0.0771	0.0313	-0.2151	0.0671	-2.1152	0.4592
石油、化学、塑胶、塑料	0.0557	0.4492	-1.3147	-1.2252	-1.5813	0.0006	-0.8388	0.1957	-1.4720	-0.4364
电子	0.2402	0.4030	-0.6659	-0.6030	0.0382	0.0384	-0.1283	0.2385	-0.5351	-0.1786
金属、非金属	0.1194	0.3797	-1.6213	-2.2215	-0.6383	0.0116	-0.5531	0.2111	-0.9584	-1.0566
机械、设备、仪表	0.1436	0.3538	-0.3995	-0.6026	-0.7260	0.0478	-0.7969	0.1673	-0.3366	-0.1241
医药、生物制品	0.1416	0.4664	-0.0978	-0.5968	0.8556	0.0671	0.6616	0.2703	0.2480	0.1426
其他制造业	0.0946	0.3219	-2.2866	-1.1459	1.1369	0.0546	0.2854	0.2067	-0.3791	-0.1533
电力、煤气及水的生产和供应业	0.2057	0.1464	0.1719	0.2005	1.2652	0.0677	0.9320	0.1377	0.8712	1.8104
建筑业	0.1328	0.2351	-0.3778	-1.0189	-0.1046	0.0806	-0.1898	0.1855	-0.7367	-0.0560

（续表）

	资本积累率	固定资产增长率	基本每股收益增长率	净资产收益率增长率	经营活动产生的净流量增长率	可持续增长率	每股经营活动产生的净流量增长率	营业总收入增长率	净利润增长率	营业利润增长率
交通运输仓储业	0.2517	0.2406	-0.9685	-1.5255	-0.0892	0.0220	-0.2140	0.1291	-0.5103	-0.1185
信息技术业	0.0927	0.5467	-0.5370	-0.4991	-1.1554	0.0533	-1.2993	0.1621	-0.5958	-1.0915
批发和零售贸易	0.1224	0.3393	0.1320	0.1247	-0.2573	0.0759	-0.5797	0.3558	-0.0424	-0.2635
金融业	0.1451	0.0744	0.3279	0.2740	0.3626	0.0994	0.3227	0.2340	0.4305	0.4998
房地产业	0.0360	1.6763	-0.2328	-0.1739	-1.6555	0.0806	-1.3375	0.4110	0.5818	0.3567
社会服务业	0.1877	0.4072	0.0390	-0.1701	0.2310	0.0766	-0.0298	0.1529	0.3921	0.3591
传播与文化产业	0.2428	1.4285	-0.0015	-0.0883	1.1252	0.0509	0.2258	0.3106	0.2262	0.3498
综合类	0.1722	0.3177	-1.3215	-1.8899	0.8116	0.0452	0.5234	0.4332	-0.5725	2.6629

同时,我们看到,采掘业的营业收入增长率最低,说明我国采掘业的发展进入稳定期,不久将面临衰退期,需要着手开发新产品。同时,由于整个行业的不景气引致行业内部竞争加剧,收入空间受到压制,从而使该行业的营业收入增长率处于全部行业的底层。

与营业收入增长相对应,综合类与电力、煤气及水的生产和供应业的营业利润率也得到较快增长,分别为 266.29% 和 181.04%,居于其他各行业之首(见图 2-2)。综合类行业产销一体,这在一定程度上可以节约很多的经营成本,因而其营业利润增长率也较为可观。电力、煤气及水的生产和供应业,因为其独特的垄断性和不可或缺性,营业利润的增长率也较为靠前。

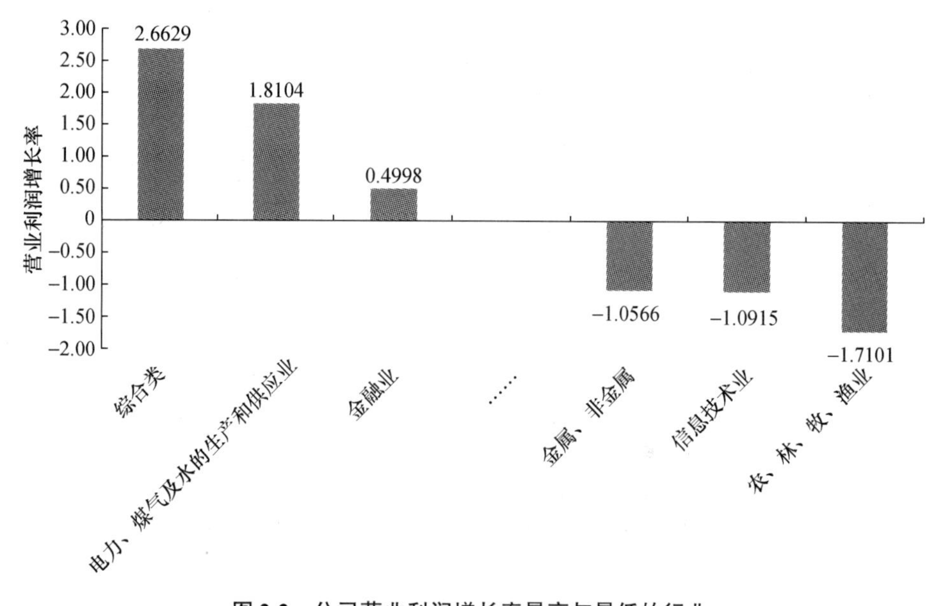

图 2-2 公司营业利润增长率最高与最低的行业

除房地产业外,木材家具业、电力煤气及水的生产和供应业的净利润增长较快,分别比上年增长 134.96% 和 87.12%。而造纸、印刷业和农、林、牧、渔业的净利润增长率较为靠后,均为负增长(见图 2-3)。而且农、林、牧、渔业的营业总收入增长率快于净利润的增长率,说明这类行业公司的盈利能力在下降,这可能与我国产业结构的调整以及新兴行业的大力发展有关。

可持续增长率表明公司在受到资金约束条件下第二年可以增长的最高比率,从图 2-4 中可以看到,2013 年金融业、房地产业和建筑业受到资金约束较少,可以在 2012 年的基础上保持较快增长。金融业受到资金、技术、市场、人力资源等的约束较小,因而预期具有较高的可持续增长能力。而石油、化学、塑胶、塑料业因为具有较大的污染性和对环境的破坏性等特点具有最低的成长预期,其可持续增长率最低。

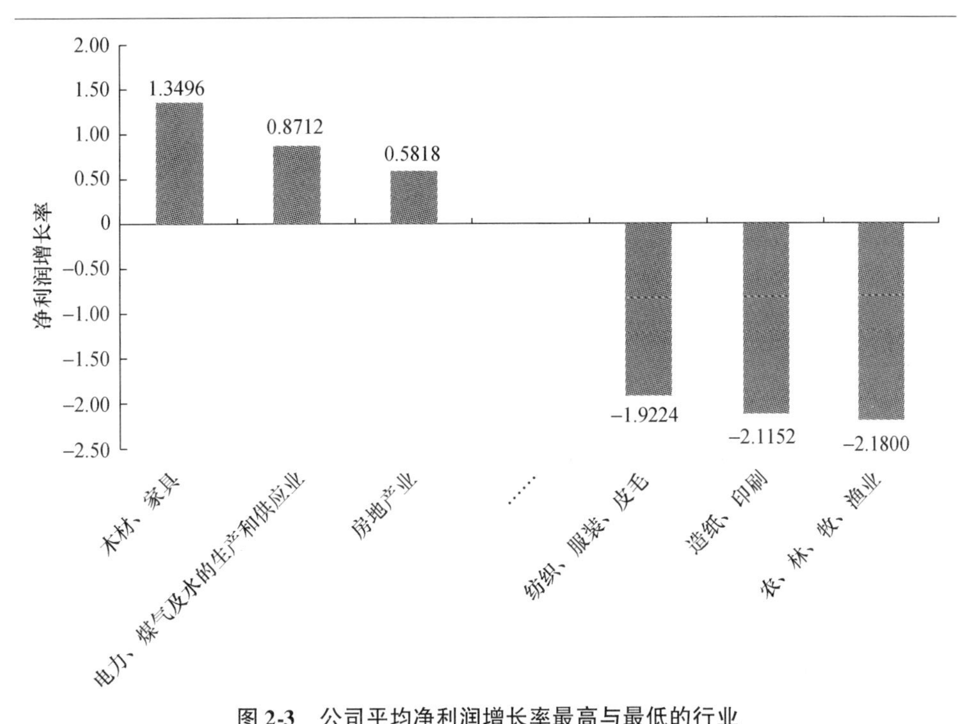

图 2-3　公司平均净利润增长率最高与最低的行业

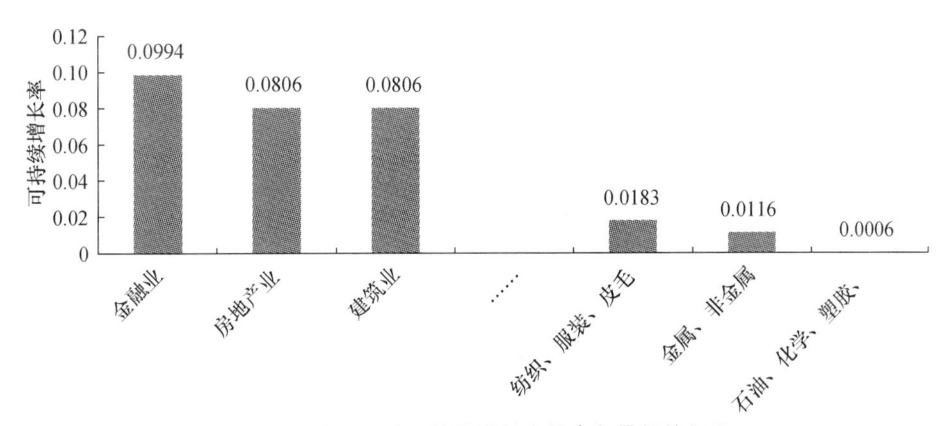

图 2-4　公司平均可持续增长率最高与最低的行业

由图 2-5 我们可看出,交通运输仓储业和传播与文化产业的资本积累率较高,分别达到 25.17% 和 24.28%。随着电商的不断发展,交通运输仓储业获得较大发展,使得人们比较看好这类行业的投资。传播与文化产业因其广阔的市场发展潜力也获得投资者们的青睐。

从经营现金流的增长情况来看,电力、煤气及水的生产和供应业增长最快,而房地产业业出现了较大的负增长(见图 2-6)。

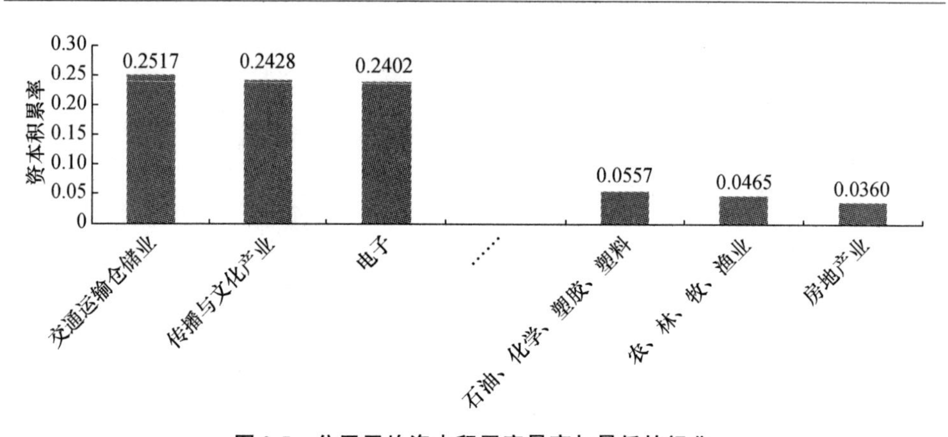

图 2-5　公司平均资本积累率最高与最低的行业

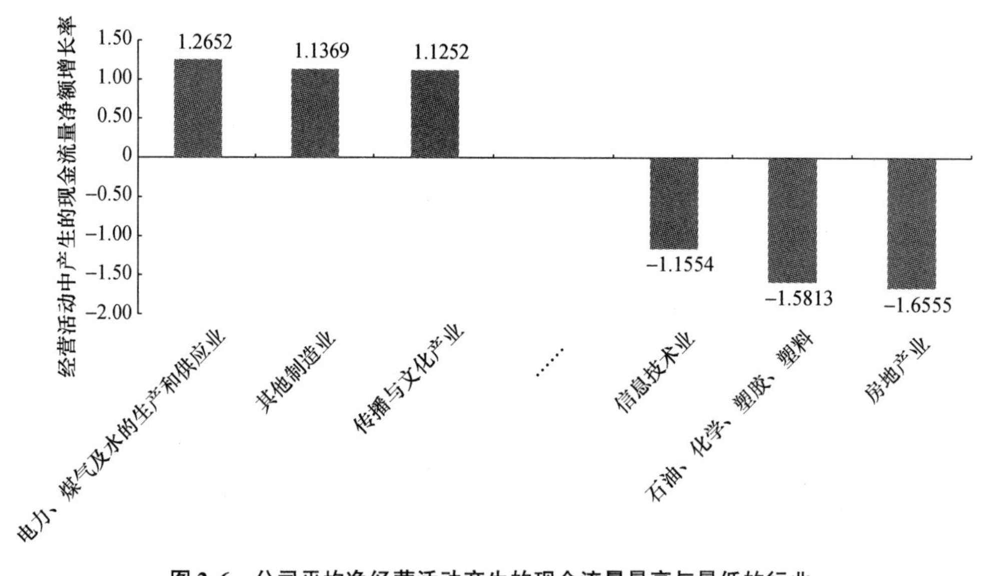

图 2-6　公司平均净经营活动产生的现金流量最高与最低的行业

2.2　中国上市公司分地区的发展能力分析

由于地区市场、金融、经济等发展的差异，中国上市公司发展能力存在地域上的差异。我们按省（直辖市、自治区，以下统一简称“省份”）划分，分为 31 省份（港、澳、台除外）进行分析。

表2-8 列示了中国上市公司分省份的发展水平及发展差异。从市场开拓能力来看，甘肃、云南和福建这些省份的营业收入增长率最高，分别为 1.5547、0.6435、0.3198，主要原因是这些省份的营业收入基点较低，加之有丰富的资源储备与较

表 2-8 中国上市公司分地区发展水平

	资本积累率	基本每股收益增长率	可持续增长率	每股经营活动产生的净流量增长率	经营活动产生的净流量增长率	营业总收入增长率	净资产收益率增长率	净利润增长率	营业利润增长率	固定资产增长率
安徽	0.1996	-0.5766	0.0576	-1.3201	-1.3134	0.1539	-0.5707	-0.6117	-0.1002	0.3134
北京	0.1643	-0.3646	0.0661	-0.5386	-0.4795	0.1806	-0.4757	-0.3518	-0.1860	0.6588
福建	0.0859	-0.7045	0.0430	-1.3925	-1.5939	0.3198	-2.2241	-0.5910	0.1422	0.2522
甘肃	0.5099	0.0016	0.0488	-0.0508	1.6448	1.5447	-0.0172	-0.1300	-0.0991	1.1925
广东	0.1165	-0.5175	0.0604	0.1928	0.1710	0.2461	-0.4214	-0.2923	-0.1081	0.5243
广西	0.3500	-0.7658	-0.0094	-1.3386	-1.1459	0.3079	-3.2994	-0.4070	0.3378	0.3652
贵州	0.0782	-1.2776	0.0501	-0.2902	-0.2418	0.1156	-2.9968	-1.6504	0.1694	0.2021
海南	0.0017	-3.3208	0.0294	2.2262	3.5065	0.2553	-4.4077	-3.9132	1.4331	0.9106
河北	0.2915	-0.5643	0.0123	-0.1766	-0.5013	0.2836	-0.3471	-0.3302	0.1232	0.5166
河南	0.2478	-1.7765	0.0189	-0.0909	0.0277	0.0699	-2.7778	-1.3594	-0.4915	0.2435
黑龙江	0.1581	-0.9372	0.0287	0.0466	0.2785	0.1291	-0.7651	-0.2389	-0.4608	0.9823
湖北	0.2824	-1.1585	0.0218	-0.5844	-0.4290	0.3183	-1.9311	-1.8358	0.4420	0.4612
湖南	0.2561	0.2311	0.0411	-1.3694	-1.4722	0.1593	-0.0877	0.9155	-1.9719	0.4152
吉林	0.1750	-1.5789	0.0253	-0.3821	0.5122	0.3045	-0.2029	-0.4572	0.4344	0.3341
江苏	0.0451	-0.2893	0.0433	-1.1058	-1.0699	0.1831	-0.5974	-0.2358	-0.4718	0.2789
江西	0.0997	-0.2099	0.0159	0.3453	0.3351	0.1272	-0.3077	0.1085	-0.4607	0.1150
辽宁	0.0295	-0.7681	0.0049	-1.6280	-3.8442	0.0889	-0.6476	-0.6643	0.5032	0.1712
内蒙古	0.1753	-0.7672	0.0692	-0.4973	-0.4222	0.2885	-0.9172	-0.5711	-0.2420	0.2036
宁夏	-0.0358	-4.8498	-0.0821	1.0232	1.0205	0.2276	-7.4429	-2.7258	1.2628	0.3909

（续表）

	资本积累率	基本每股收益增长率	可持续增长率	每股经营活动产生的净流量增长率	经营活动产生的净流量增长率	营业总收入增长率	净资产收益率增长率	净利润增长率	营业利润增长率	固定资产增长率
青海	-0.0388	0.3344	0.0278	-0.4133	-0.4133	0.1050	1.8990	-0.0879	-0.7839	-0.0237
山东	0.0598	-0.5298	0.0551	-0.1748	0.1485	0.1465	-0.4074	-0.4436	-0.2670	0.3319
山西	0.1657	-3.6967	0.0247	-1.2222	-1.2132	-0.0193	-4.6748	-2.3742	0.0689	0.2271
陕西	0.0948	-0.7406	0.0216	-0.2288	-0.2267	0.0878	-1.1859	-0.8408	-0.4802	0.4860
上海	0.1033	-0.4434	0.0539	-0.6178	-0.9668	0.1581	-0.5363	-0.2245	0.2403	0.8572
四川	-0.0119	-1.4775	0.0293	-0.6103	-0.1333	0.1111	-2.1045	-0.2921	0.3782	0.3099
天津	0.0811	-0.7469	0.0243	0.3876	0.4444	0.1515	-0.9811	-0.4059	0.9523	0.1841
西藏	0.1907	0.0173	0.1267	0.8124	0.8991	0.1060	-0.0638	-0.3911	0.2074	0.1378
新疆	0.2569	-0.0053	0.0574	0.5295	0.8686	0.3140	-1.1671	-2.0888	0.2387	0.4309
云南	0.2924	-3.6861	0.0370	-1.2533	-1.2391	0.6435	-4.3736	-2.2893	-6.2077	0.6271
浙江	0.1137	-0.1400	0.0595	-0.2961	-0.2292	0.1484	-0.1598	-0.0441	-0.1385	0.2360
重庆	0.1263	-1.4225	0.0466	-1.5519	0.0849	0.1001	-1.4859	-1.7871	-0.2358	0.6448

低的人力资源成本,2013 年实现了较快增长。营业收入增长相对较低的是陕西、河南和山西三个省。

从净利润来看,在 31 个省份中,其中增长较快的是湖南、江西两省,分别为 0.9155 和 0.1085。这两省自然资源较为丰富,投资机会相对较多,有较低的运输成本、人力资源成本与土地成本,故其净利润的增长率相对较高。而山西、宁夏和海南三个省份上市公司的净利润下降程度较大,尤其是海南,达到最低。

由于 2013 年中国上市公司整体盈利能力下降,导致全国 31 个省份中,有 30 个省份上市公司的净资产收益率出现负增长,其中下降最快的是山西和宁夏,仅有青海净资产的收益能力实现了正增长。

2013 年,除青海外所有省份上市公司的固定资产投资都比上年提高,甘肃、黑龙江与海南的固定资产投资增长最快,比上年增长 80% 以上,青海、江西和青藏三个省份的固定资产投资增长较缓慢,青海出现了负增长。

从现金的充足性与现金获取能力来看,海南、甘肃和宁夏最高,其所属上市公司每股所获取经营现金流量分别比上年增长 3.5065、1.6448 和 1.0225,较低的是辽宁、福建和湖南三省,都出现了 100% 以上的负增长。

从 2013 年来看,除山西以外所有省份收入的增长潜力都在 5% 以上,其中甘肃、云南、福建的持续增长能力最强,都能达到 30% 以上,相反,山西、河南、陕西三省较低,其引起公司资源枯竭的最优增长率分别为 6.21%、7.51% 和 7.77%。

2.3 中国上市公司第一大股东持股比例的发展能力分析

按照第一大股东持股比例,我们把上市公司划分为四类,分别为持股比例小于 20%、持股比例大小 20% 且小于等于 40%、持股比例大小 40% 且小于等于 60% 和持股比例大于 60%。表 2-9 列示了不同控股类型的上市公司的发展水平。

从表 2-9 中可以看出,不同大股东持股比例的上市公司,其发展战略与发展能力出现有规律的变化,持股水平越高,越倾向于内涵式增长,越追求增长的结果;而持股水平越低,越倾向于外延式增长,越追求增长的规模。平均来看,当持股比例大于 60% 时,这些公司平均的净利润增长率达到 44.29%,而当持股比例小于 20% 时,公司平均的净利润呈现负增长。持股比例最小的公司其营业收入的增长率反而最高,达到 24.01%。

与净利润增长率相对应的是公司资本积累率的变化,不同控股类型上市公司资本积累率也呈现与净利润增长率相同的变化趋势,即持股比例越高的上市公司,其资本积累率也越高。

从未来的增长能力来看,最高持股比例组上市公司的可持续增长能力最强,平均达到 22.70%,而最低持股比例组的可持续增长能力最弱,仅为 1.94%。

表 2-9 中国上市公司按第一大股东持股比例分类的发展水平

	持股比例 <20%	20% ≤ 持股比例 <40%	40% ≤ 持股比例 <60%	持股比例 ≥60%
资本积累率	0.0961	0.1376	0.1334	0.2111
固定资产增长率	0.2107	0.5499	0.4155	0.4374
净资产收益率增长率	-1.6677	-0.7414	-1.0799	0.2504
基本每股收益增长率	-1.1198	-0.6401	-0.6679	0.2864
营业利润增长率	0.0627	-0.2784	-0.1135	0.1852
净利润增长率	-1.3126	-0.5341	-0.2033	0.4429
营业总收入增长率	0.2401	0.1975	0.1840	0.3027
每股经营活动产生的净流量增长率	-0.4957	-0.2865	-0.8179	-0.4025
经营活动产生的净流量增长率	-0.2897	-0.3594	-0.7662	-0.1207
可持续增长率	0.0194	0.0393	0.0574	0.2270

2.4 中国上市公司按最终控制人的发展能力分析

不同控制人类型会对公司的发展能力与发展水平产生影响,我们按国有控股、民营控制、外资控股和集体控股对中国上市公司发展状况进行分析,由于社团控股、职工持股会控股与无控制人公司数量较少,我们把这些公司合为一类,统称为其他。

从表 2-10 可以看出,外资控股公司的增长能力与增长质量最高,相对于 2012 年,外资公司营业收入平均增长 13.54%,营业利润平均增长 48.85%,营业利润与营业收入实现了同步增长,这些公司追求的是规模与效益的平衡增长。集体控股公司的增长能力较弱,而增长质量也比较低下,表现在营业收入和营业利润都出现了负增长,即这些公司在规模扩张的同时,没有实现利润的同步增长。

国有公司和民营公司占上市公司大多数,总体来看,这些公司虽具有较强的市场开拓能力与业务扩张能力,但成长质量较低。国有与民营公司的资本积累率相差不大,说明这些公司还有较大的发展潜力。虽然这两类公司的净利润都比上年有所降低,但国有公司的净利润下降幅度更大(为 -0.9078),基本每股收益都比上年降低了 50% 以上。国有与民营都具有较强的投资冲动,2013 年固定资产比上年分别增加 30% 以上,尤其是民营企业固定资产投资增加超过 50% 的水平,结合其收益能力来看,这是一种典型的外延式增长,需要警惕投资过剩的风险。

表 2-10　中国上市公司按最终控制人分类的发展水平

	国营控股	民营控股	外资控股	集体控股	其他
资本积累率	0.1489	0.1254	0.0586	0.1118	0.0831
固定资产增长率	0.3429	0.5319	0.6298	0.1373	0.1337
每股经营活动产生的净流量增长率	-0.6256	-0.3311	-1.1320	-0.0930	-0.4415
净资产收益率增长率	-1.3796	-0.6394	0.1600	-0.8063	-1.4169
基本每股收益增长率	-0.9940	-0.4708	-0.0131	-0.5481	-1.0460
净利润增长率	-0.9078	-0.2402	-0.1042	-0.1583	-0.8892
营业总收入增长率	0.1453	0.2589	0.1354	0.1106	0.1377
营业利润增长率	-0.2922	-0.1267	0.4885	-1.1140	0.5538
经营活动产生的净流量增长率	-0.6829	-0.2123	-1.1005	0.4654	-0.8074
可持续增长率	0.0367	0.0518	0.0417	0.0414	0.0573

从增长预期来看，民营和其他都处于较高水平，分别达到接近 5% 的水平，国有企业最低，不足 4%。

3　中国上市公司发展风险分析

我们仍然分行业、分地区、分第一大股东持股比例和分最终控制人类型具体分析不同类型群体上市公司的风险状况。由于金融业风险的特殊性,本部分在分析时予以剔除。

3.1　中国上市公司分行业的发展风险分析

图 2-7 至图 2-11 列示了风险最高与最低的三个行业,表 2-11 综合列示了不同行业的流动性风险、长期偿债风险、财务风险、经营风险和综合风险状况。

我们首先分析不同行业的流动性风险。现金(包括现金等价物,下同)多少是公司流动性强弱的重要标志,平均现金持有量最大的是金融业类公司,平均每个公司拥有 149.52 亿元的现金余额。居于第二位的是建筑业,为 51.43 亿元。农、林、牧、渔业现金最为匮乏,期末平均每家公司仅持有 4.76 亿元,以石油、化学、塑胶、塑料主的其他制造业现金也不充足,每家公司仅持有 5.04 亿元(见图 2-7)。造成这种状况一方面是因为不同行业公司的规模不同,另一方面也与行业盈利能力、产品市场的地位、产品价格趋势有关。金融业是主要从事经营金融商品的特殊行业,由于其有大量现金的交易,因此该行业需要储备大量现金,加之金融业的投资持续上涨,使这些公司具有较强的市场议价能力与现金回收能力,而且这些

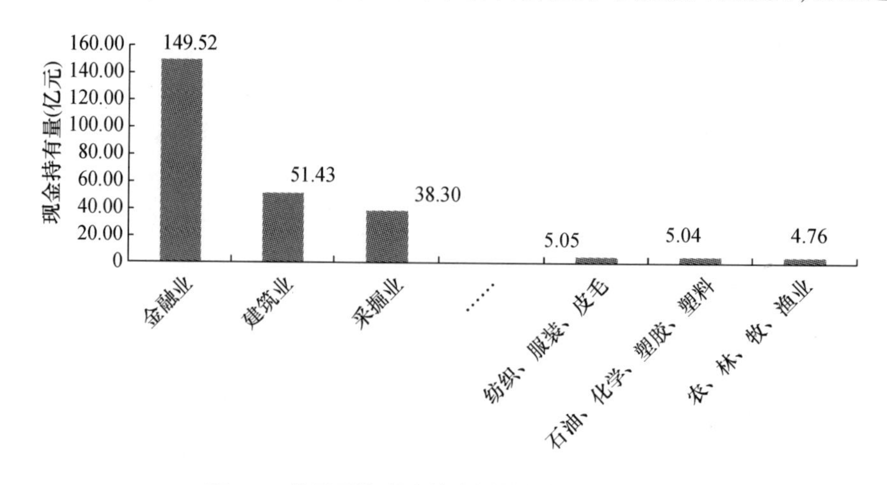

图 2-7　公司平均现金持有量最多与最少的行业

表 2-11　中国上市公司分行业的发展风险风险

	流动比率	速动比率	现金余额	现金比率	资产负债率	利息保障倍数	长期资产适合率	流动负债比率	财务杠杆系数	经营杠杆系数	综合杠杆
农、林、牧、渔业	2.5733	1.5304	4.7569	0.9076	0.4425	13.1781	3.2784	0.8091	1.3060	1.0268	1.9447
采掘业	2.1252	1.8858	38.3000	0.6556	0.4453	5.0827	2.7420	0.6936	1.8797	1.5686	2.8530
制造业	2.7054	2.1075	10.1782	0.9844	0.4169	-4.6088	3.9178	0.8364	1.5542	1.4054	2.8789
其中:食品、饮料业	2.6809	1.9238	14.0462	1.1591	0.3678	-4.5952	3.5264	0.8823	1.4154	1.4658	2.3526
纺织、服装、皮毛	2.3370	1.6327	5.0513	0.6416	0.4102	-3.5536	4.4984	0.8324	1.5501	1.2429	2.4390
木材、家具	2.2825	1.5931	5.2459	0.7758	0.3612	-2.9664	3.3196	0.8669	2.6355	1.6257	5.2064
造纸、印刷	2.5986	1.9655	5.2681	0.9868	0.4446	-1.4745	3.0815	0.7647	2.0523	1.7132	4.2337
石油、化学、塑胶、塑料	2.2663	1.6216	5.0417	0.7232	0.4474	-4.1443	2.6333	0.8237	1.7222	1.5750	3.3081
电子	3.5468	2.9378	8.7396	1.3997	0.3481	3.1905	6.3456	0.8350	1.2460	1.6386	2.4138
金属、非金属	1.7734	1.3367	13.3042	0.4582	0.5015	5.0065	2.6625	0.8145	2.3567	1.4478	4.7044
机械、设备、仪表	2.8368	2.2712	13.4190	1.0515	0.4131	-8.9644	4.4092	0.8616	1.2492	1.1916	2.2665
医药、生物制品	3.8061	3.1762	8.2560	1.6646	0.3570	-4.9831	3.7531	0.7956	1.2652	1.4602	1.9945
其他制造业	2.2350	1.4507	6.3168	0.5609	0.4558	-51.5068	5.2533	0.8505	2.1526	1.3781	3.8458
电力、煤气及水的生产和供应业	0.8876	0.7692	15.6456	0.3739	0.5816	7.6127	1.4089	0.5486	2.0817	1.6001	3.7771
建筑业	1.4105	0.9311	51.4347	0.3103	0.6941	-15.6355	8.3967	0.8292	1.4341	1.2293	1.8697
交通运输仓储业	1.9662	1.7599	25.1408	0.7106	0.4518	4.8839	2.7223	0.6193	1.5280	1.5896	2.4593
信息技术业	4.4015	3.9405	8.7226	2.4150	0.3171	-4.0536	13.0034	0.8932	0.9632	1.3795	1.3577
批发和零售贸易	1.4396	1.0438	17.5420	0.5538	0.5552	6.2371	4.7490	0.8788	1.3692	1.3695	2.0104
金融业	2.0553	2.0553	149.5154	1.4556	0.7379	0.3859	11.4893	0.9138	1.0017	1.0939	1.0958
房地产业	2.0032	0.6488	26.3190	0.3407	0.6435	-10.0232	24.9842	0.7156	1.2724	1.0568	1.4199
社会服务业	2.1266	1.8346	10.2770	1.0866	0.3999	-9.2046	7.1806	0.7801	1.2361	1.5051	1.9492
传播与文化产业	3.2320	2.8219	13.2495	1.5579	0.3459	-4.0534	14.2736	0.8344	1.0164	1.5149	1.5824
综合类	1.8715	1.4107	15.9928	0.7287	0.5114	19.9837	8.1444	0.7373	1.3544	1.3015	1.8900

行业具有高度的现金依赖性，以及准备周期的长跨度性，客观上也要求其保持较高的现金余额来降低其开发活动的风险，保持经营活动的正常进行。建筑业同样也是由于其对资金的依赖性比较强，而且开发活动周期比较长，经营风险较大，需要保持较高的现金余额降低风险。而农、林、牧、渔行业是国民经济的基础性行业，利润率低，往往具有增产不增收的特点，市场调议价能力较弱，现金回收期长，回款率低，当然这个行业一般规模较小，而且很多产品都有即产即销的特点，所以其需要的现金余额较少。从事石油、化学、塑胶、塑料的其他制造业同样以小规模企业居多，投资少，营业周期短，现金储备较少。

从企业流动资产对流动负债的保障能力来看，信息技术业最好，其持有现金是流动负债的 2.41 倍，发展风险最低，这个行业具有高科技 IT 业的特点，负债率低，产品附加值高，资金占用少，主要依赖自我积累式的内涵式发展，因此流动性风险极低；医药、生物制品业及传播与文化产业的流动性风险也较低，医药、生物制品业也属于高附加值、低负债率的产业，其成长特征与 IT 业类似，而传播与文化业的资产构成中以流动性资产为主，投资也以智力性资本为主，短期负债依赖较少，因而表现出较强流动性风险抵御能力。

流动资产对流动负债保障能力最低的行业是建筑业，由于这个行业持有的资产中大部分为长期性资产，流动资产又以应收账款为主，现金缺乏，因而流动性风险较高。房地产业的流动性风险较大，无论是现金比率、流动比率还是速动比率都处于较低水平，其风险较高的原因主要是其发展过度依赖短期借款；具有城市基础设施特征的电力、煤气及水的生产和供应业流动资产对流动负债保障能力也较低，这个行业的特点是政府依赖性强、现金流稳定且可预期、资产以长期资产为主、负债较少，因而其不需要持有太多的现金类及流动性资产，虽然这个行业流动性比率较低，但由于有政府的隐性担保和稳定的现金流，因而风险较小(见图 2-8)。

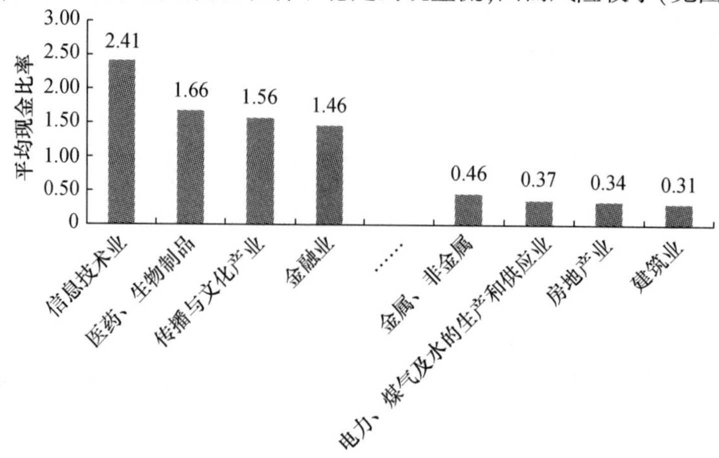

图 2-8　公司平均现金比率最大与最小的行业

资产负债率是表示公司长期偿债风险的最常用指标,这个指标既具有鲜明的行业特点(如房地产业负债率普遍较高),同时又能展示公司资金来源结构的稳定性,资产负债率越高,表示长期偿债与破产风险越大,一般认为 50% 的负债比率是较优的。图 2-9 显示了负债率最高与最低的三个行业。

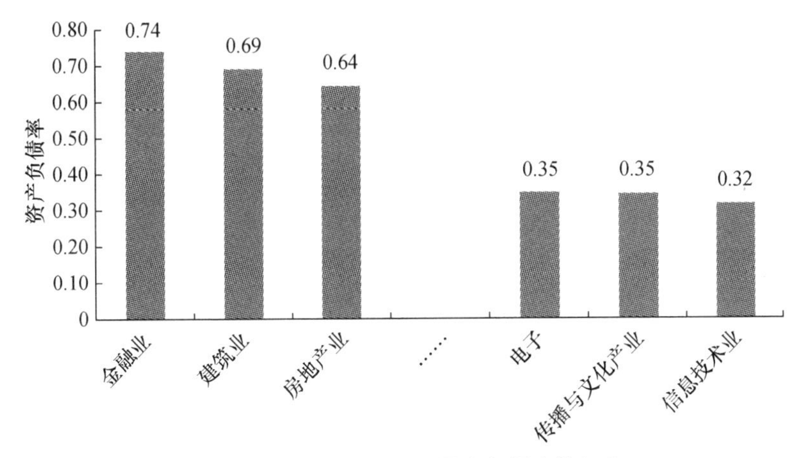

图 2-9　公司资产负债率最大与最小的行业

金融业与建筑业的负债率较高,与其行业特点和发展模式有关,城市基础设施产业负债率较高与其政府背景有关,一方面是需要大量的投资,另一方面在政府价格管理下,企业盈利能力受限,因而不得不依靠外部贷款维持增长。

农、林、牧、渔业利润对利息的保障程度较高,达到 13 倍,仅次于综合类产业(19 倍),而综合类产业利息保障程度较高不是由于其高利润,而是负债及贷款较少所致。建筑业由于其高负债低收益率的特征,利息负担较重,利息保障倍数为 -15.6。主要从事小商品生产的其他制造业和房地产业利息负担也较重,利息偿付风险较高。

长期资产适合率表明公司长期资产的占用资金中,有多少是由长期资金来源(包括长期负债与股东权益)来支撑。这个指标越高,则表明其长期偿债风险越小,增长越稳健。

从图 2-10 可以看出,增长最稳健的是房地产业、传播与文化产业及信息技术业,房地产业资产合适率较高的原因是公司资金主要来自银行长期借款,其资产中大部分为存货类资产(开发的房屋产品),而长期资产较少;传播与文化产业及信息技术业资金主要来自自有资金,且这些长期性资金数量较大。担负城市基础设施功能的电力、煤气及水的生产与供应业,石油、化学、塑胶、塑料以及金属、非金属(如钢铁业)的资产结构中大部分为长期性资产,因而适合率较低。结合流动负债比率分析可以更好地理解这些行业的特征,电力、煤气及水的生产与供应业以及金属、非金属业虽然负债率较高且长期资产适合率较低,但负债结构比较稳定,负债中大多为长期性负债。

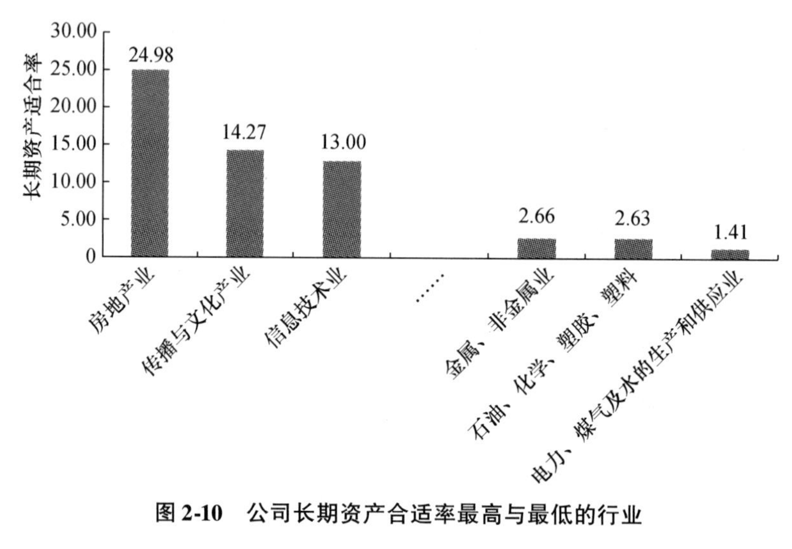

图 2-10 公司长期资产合适率最高与最低的行业

杠杆程度代表公司增长的风险及利润增长对营业收入增长的敏感性,高杠杆意味着公司在市场较好、营业收入增加的情况下,利润增长有更大的幅度,相反在市场萎缩期,公司利润可能面临较大的下降风险。利润受市场影响更大,也更具有波动性(见图 2-11)。

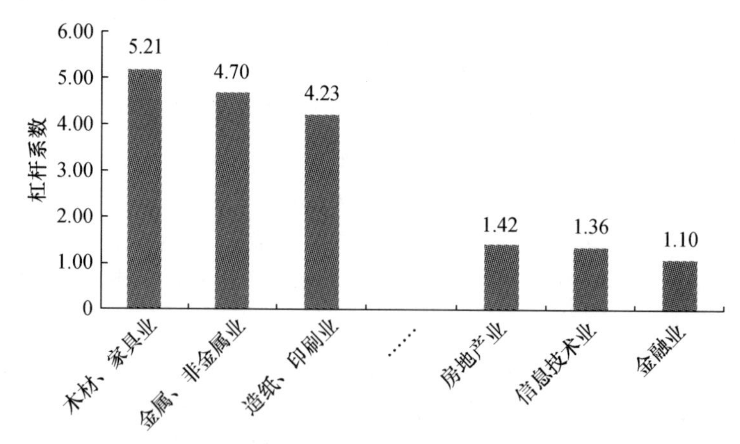

图 2-11 公司综合杠杆系数最大与最小的行业

从图 2-11 中可见,木材、家具业,金属、非金属业以及造纸、印刷业受市场的影响最大,利润波动性风险也最大,而房地产业、信息技术业及金融业利润增长会比较稳定,受市场的影响较小,综合风险较低。

3.2　中国上市公司分地区的发展风险分析

由于不同地域经济发展水平、市场完善程度、投资机会、金融市场发育程度及其他条件不同，不同地区上市公司所面临的发展风险也存在一定的差异。

图 2-12 至图 2-16 列示了发展风险最高与最低的四个省份，表 2-12 列示了不同省份的流动性风险、长期偿债风险、财务风险、经营风险和综合风险状况指标。

我们首先分析不同地区的流动性风险。

从现金余额来看，北京、天津、上海与江西公司的现金余额较大，而广西、浙江、西藏与宁夏公司的现金持有余额较少（见图 2-12）。

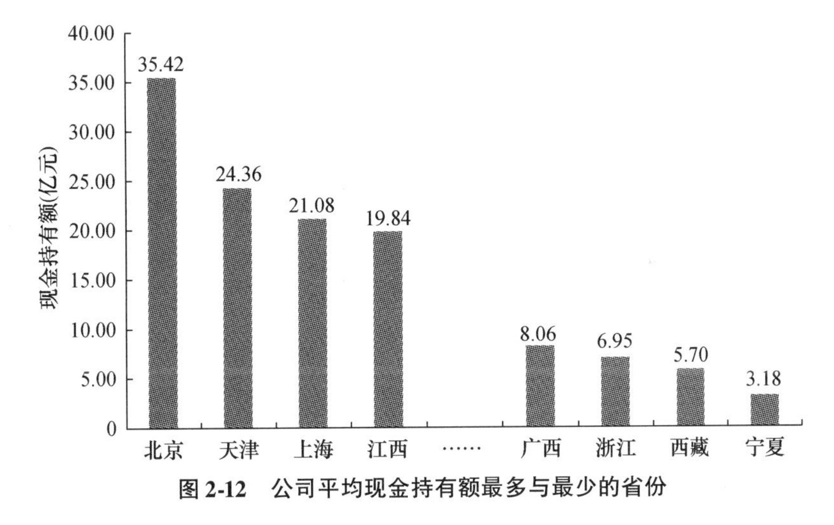

图 2-12　公司平均现金持有额最多与最少的省份

从现金对流动负债的保障程度来看，西藏、贵州等省份的短期负债偿付风险较低，而宁夏、黑龙江等省份的短期负债偿付风险较高。值得一提的是，山西省上市公司的平均现金持有余额虽然较大，但其流动负债也较多，现金比率在全部 31 个省份中排名倒数第三，值得警惕（见图 2-13）。

从流动比率与速动比率分析，海南、西藏、广东和北京短期偿债风险极低，青海、宁夏、云南和广西四省份排名垫底，其流动比率不足 2，面临较大的短期债务偿付风险。图 2-14 显示了负债率最高与最低的 4 个省份。

与现金持有比率指标结果类似，广东、江苏、浙江、北京等经济发达地区的上市公司普遍具有比较稳定的资本结构，负债结构比较合理，主要是由于这些地区金融市场发达，融资渠道多样，公司对负债的依赖较小，因而公司长期偿债风险较低。而宁夏、山西、内蒙古等欠发达省份上市公司在发展中由于外部金融市场发展迟缓，公司可利用的外部融资来源较少，过度依赖负债，尤其是银行借款，造成

表 2-12　中国上市公司分地区的发展风险

	流动比率	速动比率	现金余额	现金比率	资产负债率	利息保障倍数	长期资产适合率	流动负债比率	财务杠杆系数	经营杠杆系数	综合杠杆
安徽	1.9813	1.5364	11.3101	0.7411	0.4605	-5.4078	3.6014	0.8333	1.3566	1.3436	2.2237
北京	3.0980	2.5724	35.4210	1.3203	0.4417	-9.4844	10.1447	0.8079	1.1329	1.3508	1.5962
福建	2.5335	1.8512	8.5914	0.7550	0.4563	2.9919	9.3060	0.8196	1.3324	1.4049	2.0397
甘肃	1.9225	1.4214	11.5214	0.6905	0.4643	2.8030	3.0251	0.7596	1.2891	0.5206	2.1797
广东	3.1598	2.5981	17.5392	1.4102	0.4056	-9.4382	7.5709	0.8070	1.2880	1.4791	2.2045
广西	1.6295	1.1926	8.0588	0.4849	0.5435	-9.1406	3.2174	0.7279	2.4286	1.6299	3.0499
贵州	1.7518	1.2689	19.3306	2.0298	0.4541	-11.0645	5.0977	0.7957	1.7427	1.4249	3.6213
海南	4.8145	4.0433	13.8941	1.7069	0.4036	-9.1152	4.5039	0.7432	1.6044	1.8252	2.3291
河北	2.5457	1.9316	18.7650	0.8345	0.4897	4.3732	5.0122	0.7757	1.9984	1.4171	3.6801
河南	2.1154	1.6154	9.5534	0.6762	0.4648	6.8135	3.0298	0.7865	1.8684	1.3468	3.4470
黑龙江	1.8519	1.3625	16.9557	0.3672	0.4868	4.0130	4.1059	0.7873	1.9213	1.5196	3.8916
湖北	1.9819	1.4243	9.8095	0.6745	0.4967	-3.3602	11.4242	0.8063	1.3013	1.5581	2.0812
湖南	2.3757	1.8390	10.9818	0.8713	0.4104	14.5149	4.2869	0.8289	2.2038	1.3803	3.8723
吉林	2.2764	1.7127	9.6157	0.6292	0.4833	18.0440	10.7113	0.7862	2.2333	1.5419	3.9501
江苏	2.8596	2.2909	9.4230	1.0479	0.4195	-4.3512	4.3329	0.8788	1.3592	1.2903	2.4219
江西	2.3403	1.7912	19.8426	0.9735	0.4659	2.4611	3.6197	0.8239	1.7018	1.4536	2.6684
辽宁	2.4002	1.8558	9.0208	0.9732	0.5046	14.7760	4.1463	0.7551	1.7521	1.5175	3.0552

（续表）

	流动比率	速动比率	现金余额	现金比率	资产负债率	利息保障倍数	长期资产适合率	流动负债比率	财务杠杆系数	经营杠杆系数	综合杠杆
内蒙古	1.7982	1.4029	12.4798	0.6321	0.4673	-12.4175	3.5082	0.7509	1.8141	1.6906	3.2676
宁夏	1.2575	0.8619	3.1806	0.3435	0.5583	-7.1093	9.1815	0.7953	2.0310	1.5853	4.0346
青海	1.4381	1.0959	13.6511	0.6175	0.6291	-0.5431	2.7787	0.7005	2.7591	1.5032	4.3279
山东	2.2299	1.7329	10.3692	0.8526	0.4468	-12.3658	4.1783	0.8376	1.7034	1.5005	2.6145
山西	1.6799	1.2791	18.5690	0.4198	0.5419	-5.3133	11.3387	0.7647	1.4782	1.3151	3.9582
陕西	1.9879	1.5951	12.3859	0.7742	0.4378	9.0162	3.6495	0.8130	1.3944	0.4645	2.3658
上海	2.8220	2.0215	21.0830	1.0247	0.4336	5.4869	7.5318	0.8125	1.1415	1.1912	1.8328
四川	1.8773	1.4466	13.1112	0.7215	0.4727	-5.1657	4.7830	0.8040	1.3322	1.3857	2.5391
天津	2.2042	1.5924	24.3609	0.7987	0.4999	-25.1464	5.8800	0.8142	1.3763	1.2415	2.0078
西藏	4.7391	4.0365	5.7017	2.1032	0.4570	3.6266	4.2202	0.7606	1.1817	1.7524	1.9530
新疆	2.1713	1.4822	11.8298	0.7811	0.5140	23.5462	2.5851	0.7422	1.9917	1.4750	3.7701
云南	1.7616	1.2108	11.2634	0.6046	0.5502	15.3561	3.7865	0.7272	1.8208	1.4328	5.4610
浙江	2.7070	2.0837	6.9515	1.0004	0.4042	-8.6618	5.3988	0.8432	1.3619	1.4397	2.2835
重庆	2.8990	2.3752	13.8410	1.5167	0.4870	6.2455	3.8825	0.7589	1.6214	1.4505	2.9031

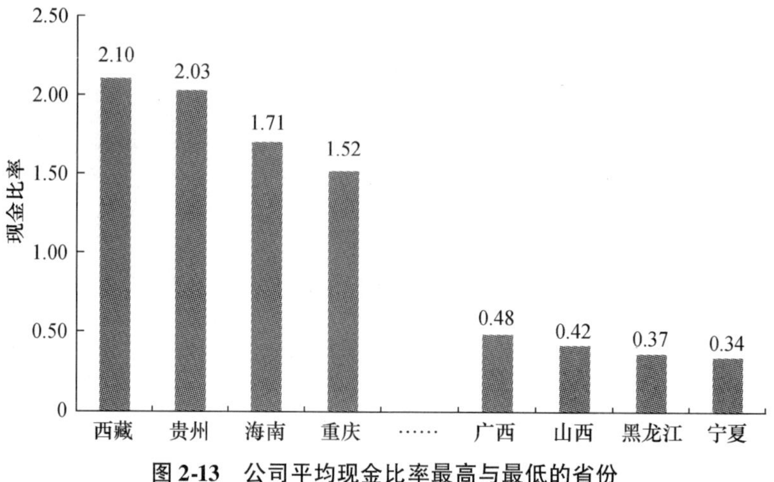

图 2-13　公司平均现金比率最高与最低的省份

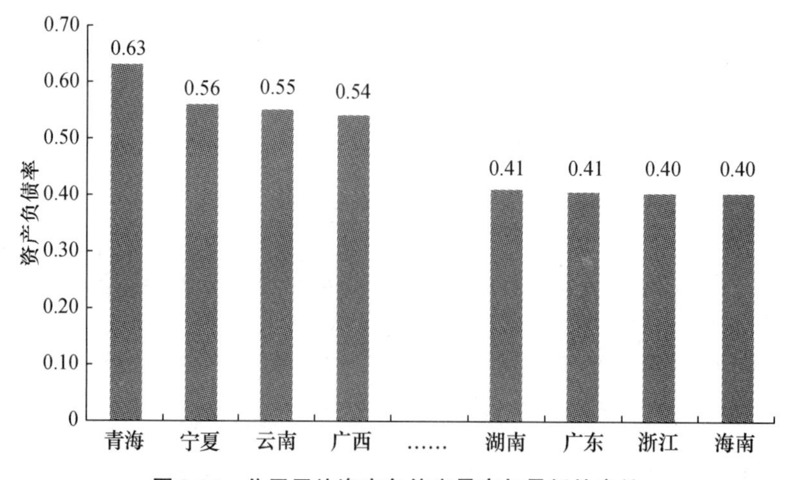

图 2-14　公司平均资产负债率最高与最低的省份

资产负债率较高,长期负债偿付风险较高,甚至具有破产风险。

另外,公司利息负担较高的四个省份是贵州、山东、天津与内蒙古,其利息保障倍数都在 -10 倍以下,这些地区的上市公司的负债率偏高,且大部分为有息的银行借款,而这些省份的上市公司盈利能力有限,因而利息负担较重。

长期资产适合率表明公司长期资产的占用资金中,有多少是由长期资金来源(包括长期负债与股东权益)来支撑。这个指标越高,则表明其长期偿债风险越小,增长越稳健。图 2-15 列示了增长最稳健与风险最高的 8 个省份。

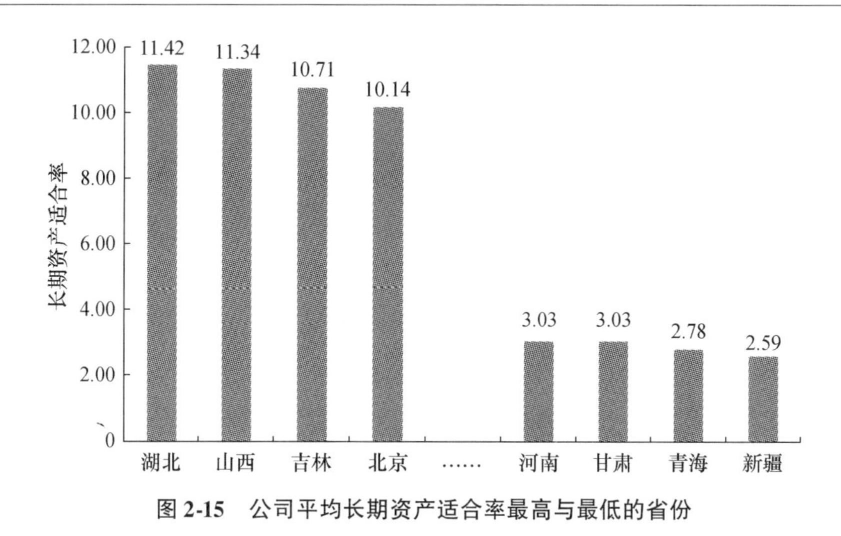

图 2-15　公司平均长期资产适合率最高与最低的省份

杠杆程度代表公司增长的风险及利润增长对营业收入增长的敏感性,高杠杆意味着公司在市场较好、营业收入增加的情况下,利润增长有更大的幅度,相反在市场萎缩期,公司利润可能面临较大的下降风险。利润受市场影响更大,也更具有波动性(见图 2-16)。

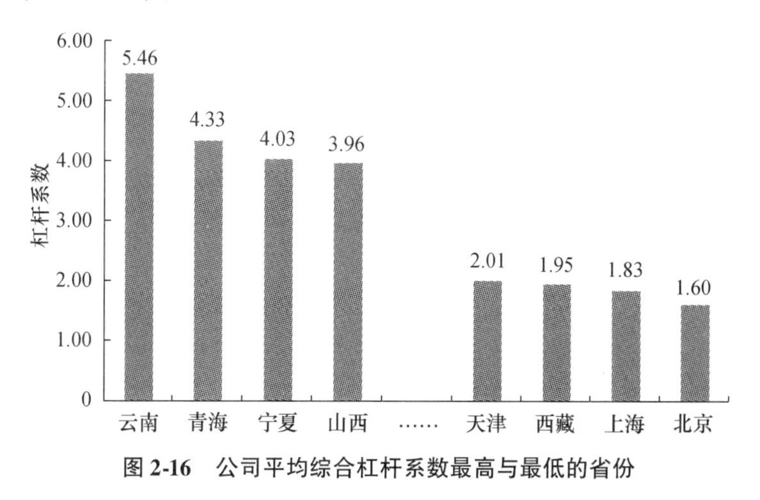

图 2-16　公司平均综合杠杆系数最高与最低的省份

从图 2-16 中可见,云南、青海、宁夏及山西上市公司受市场的影响最大,利润波动性风险也最大,而天津、西藏、上海及北京四地区增长中利润会比较稳定,受市场的影响较小,综合风险较低。

3.3 中国上市公司分第一大股东持股比例的发展风险分析

首先分析不同股东类型的上市公司的短期偿债风险(见表2-13)。从现金持有量来看,持股比例最高组上市公司的现金持有余额较大,达到32.50亿元,当持股比例较低时,现金余额也较低(见图2-17)。

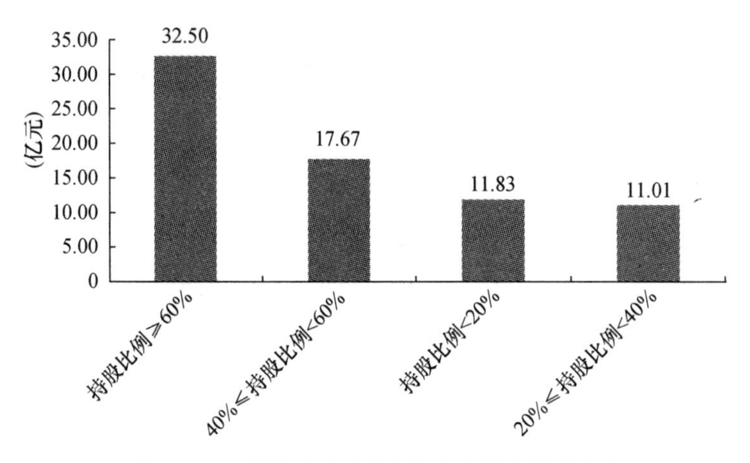

图2-17 不同股东类型的上市公司现金持有情况

持有比例最高组的现金余额较小,但现金余额相对于短期负债来看为0.47倍,持股比例为20%—40%的上市公司,其短期偿债风险较大,所持有的现金是短期负债的0.43倍,所持有的流动资产和速动资产分别为流动负债的2.83倍和2.24倍。而持股比例最低组的现金保障能力最弱(见图2-18)。

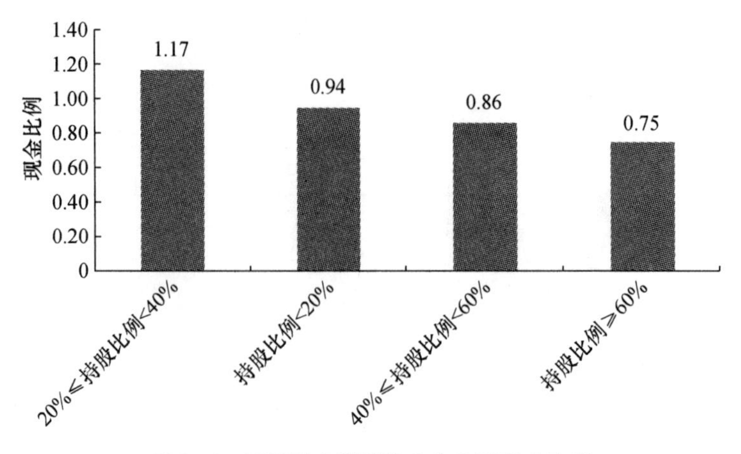

图2-18 不同股东类型的上市公司现金比率

表 2-13　中国上市公司分第一大股东持股比例的发展风险

	流动比率	速动比率	现金余额	现金比率	资产负债率	利息保障倍数	长期资产适合率	流动负债比率	财务杠杆系数	经营杠杆系数	综合杠杆
持股比例＜20%	2.4900	1.9873	11.8300	0.9444	0.4529	-7.5042	6.9448	0.8147	1.4438	1.3386	2.3779
20%≤持股比例＜40%	2.8347	2.2359	11.0126	1.1693	0.4275	-1.3865	6.4743	0.8206	1.4581	1.3679	2.4933
40%≤持股比例＜60%	2.3646	1.8016	17.6665	0.8573	0.4639	-3.6621	5.0366	0.8013	1.5183	1.4669	2.5986
持股比例≥60%	2.2622	1.7368	32.5005	0.7494	0.4714	0.5275	7.5400	0.8001	1.3489	1.2945	2.4725

在长期偿债风险方面出现了有趣的现象,第一大股东持股比例在60%以上的上市公司,其负债率较高,达到47%,但这一群体上市公司的利息保障倍数也较高,为0.53倍,说明这些上市公司虽然负债率较高,但偿债能力较强,偿债风险居于低水平。而持有比例小于20%的上市公司的利息负担较重,为-7.50倍,虽然其负债比较低,但相对于其盈利能力来看,利息支付的比重依然较高(见图2-19、图2-20)。

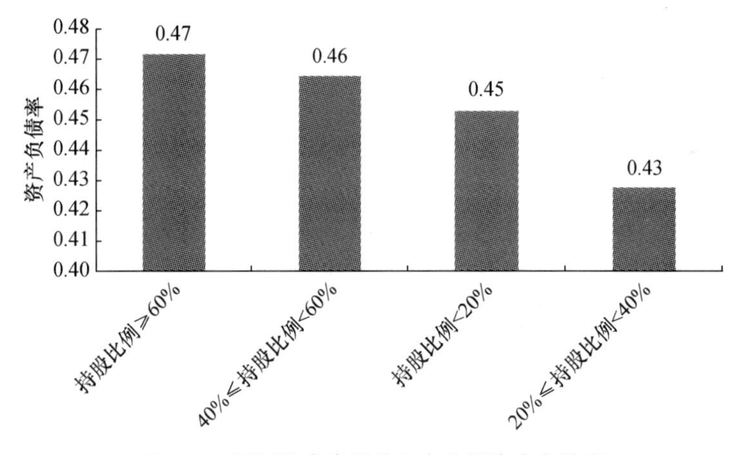

图2-19 不同股东类型的上市公司资产负债率

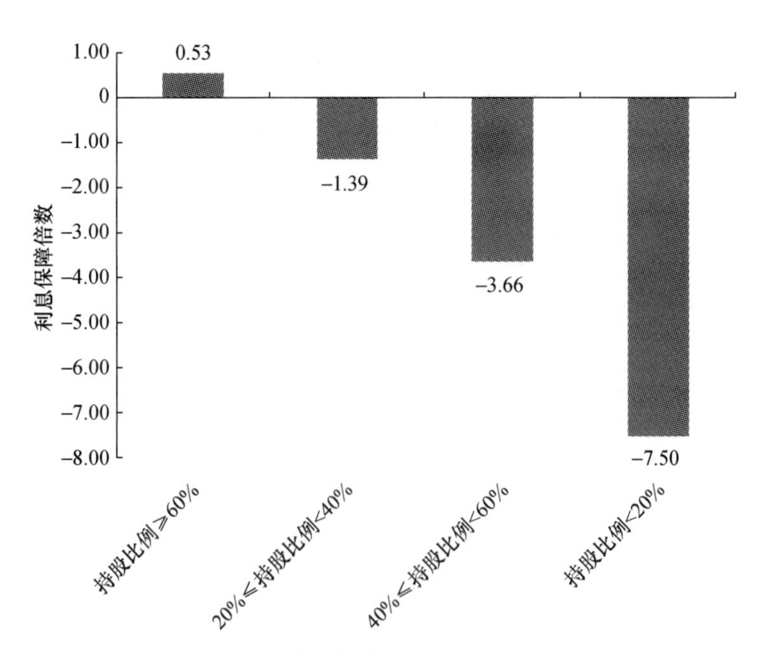

图2-20 不同股东类型的上市公司利息保障倍数

从图 2-21 中可以看到,第一大股东持股比例在 60% 以上的上市公司资金来源与资金使用的匹配程度高,而持股比例在 40%—60% 的公司的资金使用最为激进,存在一定的风险。

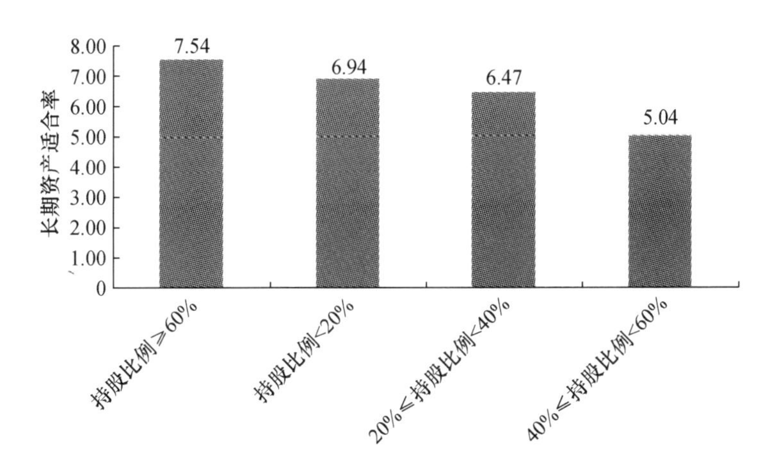

图 2-21　不同股东类型的上市公司的长期资产适合率

从综合杠杆来看,第一大股东持股比例小于 20% 的公司利润波动风险最小,综合杠杆系数在 2. 38 左右,而持股比例在 40%—60% 的上市公司其利润波动风险较大,综合杠杆系数为 2. 60(见图 2-22)。

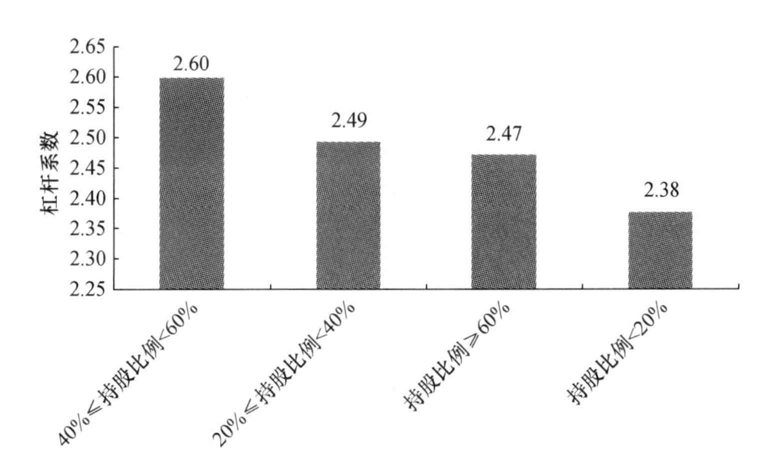

图 2-22　不同股东类型的上市公司的综合杠杆系数

3.4 中国上市公司不同最终控制人的发展风险分析

由于最终控制人具有不同的融资能力、不同的发展战略,其类型会对公司的发展风险产生较大的影响。我们从三个方面分析最终控制人的发展风险,一是流动性风险,二是长期偿债与利息支付风险,三是利润波动风险(见表2-14)。

流动性风险我们重点分析现金余额与现金比率(见图2-23、图2-24)。

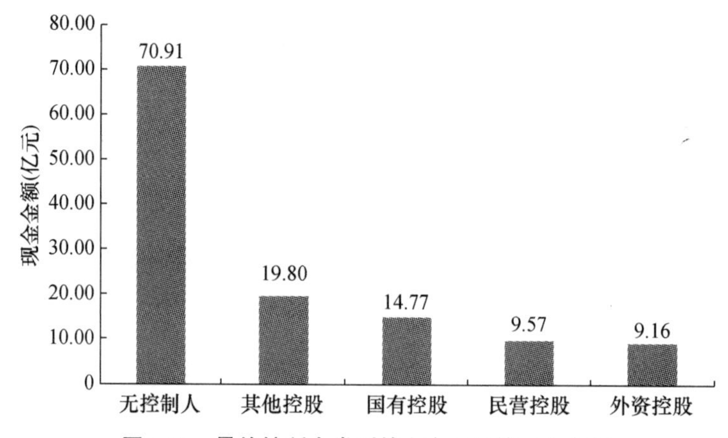

图2-23 最终控制人类型的上市公司的现金余额

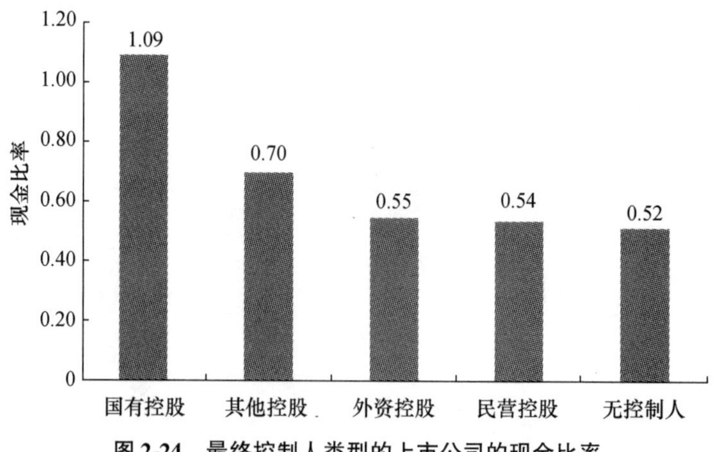

图2-24 最终控制人类型的上市公司的现金比率

从现金的持有量来看,其他类型与国有控股公司的现金最为充沛,单一公司的平均现金余额达到0.60亿元以上;民营与无控制人公司的现金余额较小。从现金比率来看,国有控股公司的流动负债保障能力最强,现金余额是流动负债的1.0倍;其他控股公司也较高,达0.70倍;民营与无控制人公司保障程度较低,民

表 2-14 中国上市公司不同最终控制人的发展风险

	流动比率	速动比率	现金余额	现金比率	资产负债率	利息保障倍数	长期资产适合率	流动负债比率	财务杠杆系数	经营杠杆系数	综合杠杆
其他控股	1.9277	1.4677	19.7991	0.6972	0.4345	-3.6251	5.1506	0.7798	1.5920	1.7601	2.9942
民营控股	1.8791	1.3726	9.5663	0.5392	0.4960	-0.5080	4.8959	0.8217	1.5900	1.1936	2.5543
国有控股	2.7207	2.1443	14.7670	1.0875	0.4340	-3.6120	6.2451	0.8122	1.4523	1.4191	2.5178
无控制人	1.4899	1.1023	70.9079	0.5156	0.6708	11.0053	12.6210	0.7821	1.4834	1.2589	2.2273
外资控股	2.0950	1.3829	9.1558	0.5465	0.4814	7.4484	7.2045	0.7730	1.0566	0.9557	1.3491

营类公司为0.54倍,无控制人类型公司仅为0.52倍。

长期偿债风险与利息支付风险我们以资产负债率和利息保障倍数来表示(见图2-25、图2-26)。

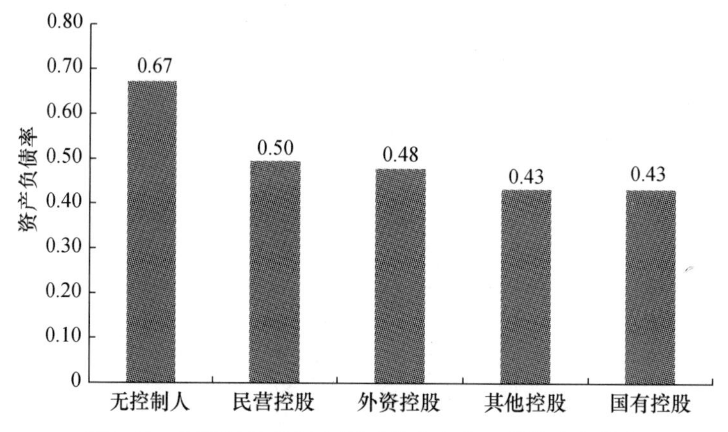

图2-25　不同最终控制人类型的上市公司的资产负债率

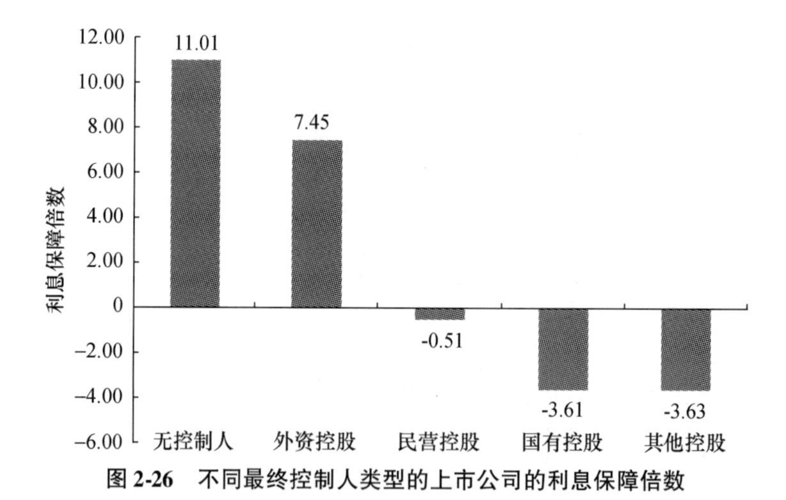

图2-26　不同最终控制人类型的上市公司的利息保障倍数

资本结构比较稳定和保守的上市公司类别是国有控股类和其他控股类上市公司,无控制人公司的资本结构趋于激进,而民营控股类上市公司负债率最高。这种负债结构的形成与公司的利息偿付能力有关,可能是公司根据偿债能力与偿债风险进行综合平衡的结果。无控制人类公司具有11倍的利息保障倍数,具有较高的负债能力,因而采用了相对激进的资本结构,其他控股类上市公司的利息保障能力最弱为-3.63倍,因其负债利用水平最低,采取了低风险的负债策略。

从上市公司的杠杆风险来看,其他类上市公司的利润波动风险较高,其市场敏感性更强,受营业额的影响更大,民营控股公司则有较低的利润波动风险(见图 2-27)。

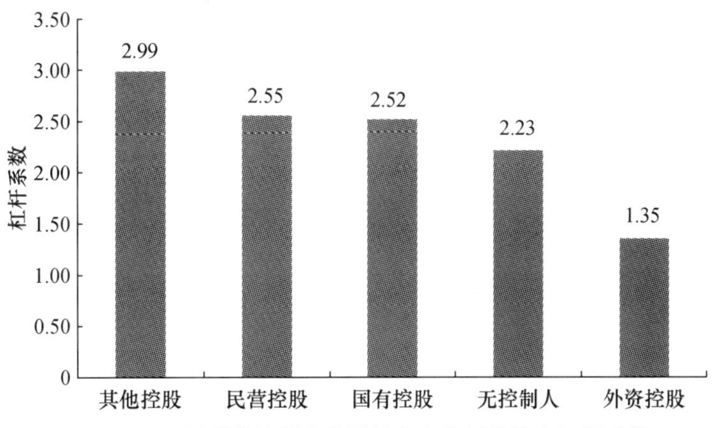

图 2-27 不同最终控制人类型的上市公司的综合杠杆系数

4 中国上市公司营运能力分析

公司良好的成长,除了要进行风险防范外,还要有出色的资产管理能力与营运水平。我们将从行业、地域、股东与控制人四个层面,从资产周转速度、成本管理能力与费用控制能力三个角度分析中国上市公司的营运能力。

4.1 中国上市公司分行业的营运能力分析

中国上市公司分行业的营运能力状况如表2-15。首先分析不同行业的资产周转速度。

批发和零售贸易与农、林、牧、渔业的应收账款周转速度较快,主要是由于这些行业大多倾向于现款交易,应收资金占比少。房地产业应收账款周转天数大幅降低说明公司执行较紧的信用政策,付款信用条件过于苛刻。信息技术业的应收账款周转期也在129天以上,表明这个行业虽然盈利能力较强,但账款回收速度慢,存在一定的收款风险。信息技术业、建筑业、制造业的平均应收账款周转天数较长,这是由这几个行业的销售特点决定的,这些行业在产品购销、货款交付等环节较为复杂,其周转率必定稍低,而商业贸易行业的环节相对简单,其周转速度也必然加快(见图2-28)。

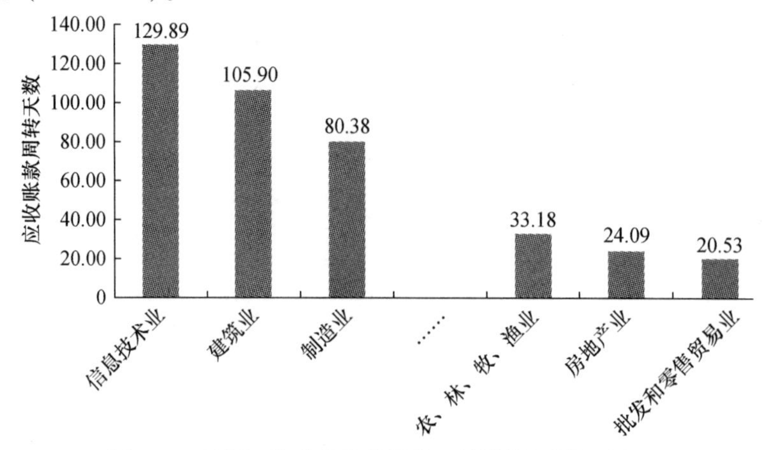

图2-28　公司平均应收账款周转天数最长与最短的行业

存货周转天数最长的行业依然是房地产业,房地产业的存货从生产到交付周期达4年多,开发周期较长。综合类及农、林、牧、渔业的存货周期也比较长,农、林、牧、渔业存货周期长是与农产品的生产特点有关,其存货的生产与成熟期较长。采掘业存货周期最短是因为采掘业产品具有卖方市场的特征,产销两旺,存货周期短;电力、煤气及水的生产和供应业存货周转较短是由于这些行业的产品特点决定的(见图 2-29)。

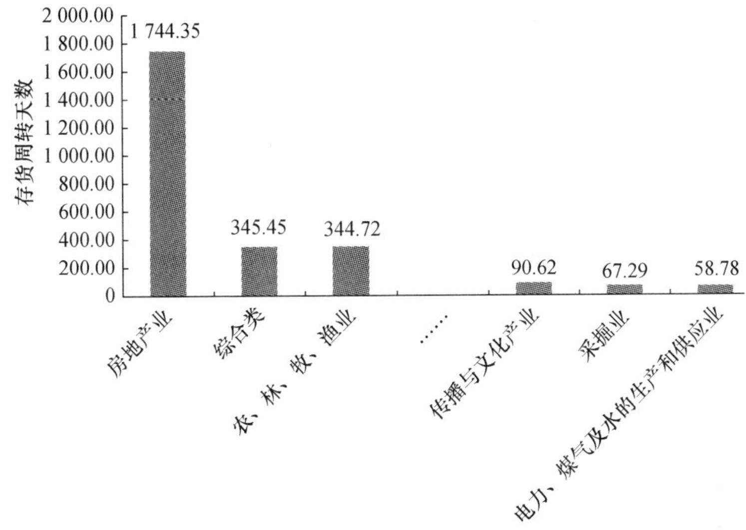

图 2-29　公司平均存货周转天数最长与最短的行业

综合来看,房地产业、综合类以及农、林、牧、渔业的经营周期最长,而批发和零售贸易、采掘业以及电力、煤气及水的生产和供应业经营周期最短(见图 2-30)。

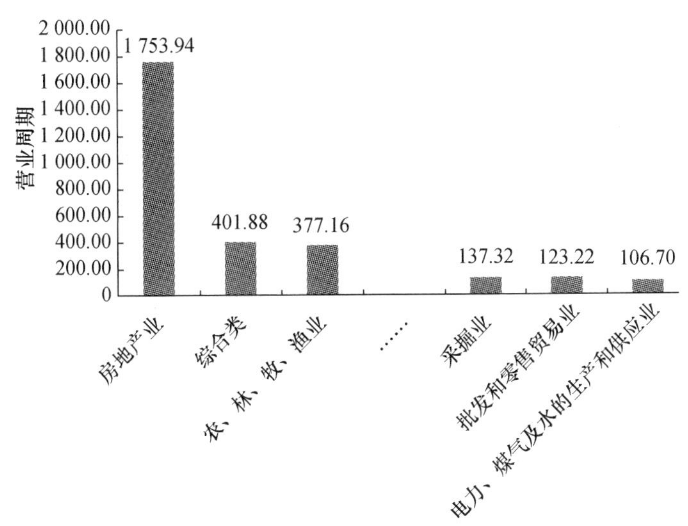

图 2-30　公司平均营业周期最长与最短的行业

表 2-15　中国上市公司分行业的营运能力状况

	应收账款周转率	存货周转率	营业周期	流动资产周转率	长期资产周转率	总资产周转率	管理费用率	营业成本率	销售费用率	成本费用利润率	应收账款周转天数	存货周转天数	期间费用率
农、林、牧、渔业	33.5854	3.0164	377.1647	1.0833	1.4120	0.5395	0.1351	0.7832	0.0598	0.0640	33.1774	344.7245	0.2269
采掘业	581.2367	62.3781	137.3197	1.9623	1.2670	0.6891	0.1098	0.7126	0.0283	0.2137	71.1371	67.2942	0.1508
制造业	45.7197	5.5423	238.7397	1.3758	2.2753	0.7270	0.1018	0.7449	0.0744	0.1080	80.3797	156.9449	0.1913
其中：食品、饮料业	262.4678	4.9886	306.0395	1.9098	2.2954	0.9607	0.0872	0.6718	0.1282	0.1232	25.3597	280.9386	0.2304
纺织、服装、皮毛	13.8858	6.4463	226.9211	1.3018	2.0355	0.7115	0.0771	0.7599	0.0854	0.0892	49.7843	177.1368	0.1812
木材、家具	20.8220	3.4292	185.8461	1.1714	1.6319	0.6217	0.0688	0.7767	0.0738	0.1013	42.8551	142.9910	0.1710
造纸、印刷	10.5099	3.6545	241.8966	1.2013	1.3020	0.5896	0.1012	0.7885	0.0570	0.0961	58.2389	183.6577	0.1940
石油、化学、塑胶、塑料	81.4260	7.7547	169.7425	1.8062	1.8218	0.7926	0.0885	0.8175	0.0412	0.0737	49.4973	120.4356	0.1512
电子	5.4930	4.5005	241.0316	1.0598	2.1030	0.6132	0.1416	0.7515	0.0480	0.1235	101.6004	133.1554	0.1897
金属、非金属	57.4303	5.7533	166.3647	1.7718	2.1487	0.8221	0.0765	0.8295	0.0367	0.0703	65.3129	101.8878	0.1391
机械、设备、仪表	7.9236	4.1428	286.1536	1.0535	2.3133	0.6608	0.1096	0.7372	0.0710	0.1070	120.8845	162.7320	0.1890
医药、生物制品	18.5169	7.7932	266.1163	1.1672	2.4798	0.6485	0.1207	0.5401	0.1935	0.2140	61.4442	202.8729	0.3291
其他制造业	59.8983	5.4647	217.1089	1.7763	9.2006	1.1430	0.0820	0.7785	0.0577	0.0868	68.3111	148.7977	0.1600
电力、煤气及水的生产和供应业	23.5133	59.2459	106.6966	2.2201	0.5634	0.4089	0.0777	0.7301	0.0233	0.2152	47.1373	58.7833	0.1719

（续表）

	应收账款周转率	存货周转率	营业周期	流动资产周转率	长期资产周转率	总资产周转率	管理费用率	营业成本率	销售费用率	成本费用利润率	应收账款周转天数	存货周转天数	期间费用率
建筑业	6.2938	12.1657	300.4059	1.0207	5.2673	0.7762	0.0562	0.8366	0.0150	0.0825	105.8963	194.5096	0.0855
交通运输仓储业	46.9002	206.9968	217.3773	1.8059	1.1359	0.4532	0.0816	0.6938	0.0222	0.3221	34.4675	187.6841	0.1539
信息技术业	6.2878	16.2274	311.4454	0.9377	3.7829	0.6559	0.1886	0.6274	0.1035	0.1550	129.8927	191.5883	0.2907
批发和零售贸易	597.3897	13.0982	123.2173	2.4485	6.2220	1.3709	0.0564	0.8027	0.0741	0.0612	20.5259	103.4999	0.1440
房地产业	534.9534	1.3060	1753.9423	0.3597	3.7532	0.2686	0.1078	0.6477	0.0393	0.2379	24.0937	1744.3518	0.1896
社会服务业	42.5925	75.1461	308.8409	1.4988	2.2552	0.6560	0.1505	0.6168	0.0763	0.2494	64.7833	263.0845	0.2667
传播与文化产业	35.7887	35.7314	158.9331	1.3969	3.2635	0.7037	0.1135	0.6522	0.0946	0.2463	70.6353	90.6214	0.2058
综合类	24.9765	14.5443	401.8842	0.9714	1.2244	0.4173	0.1740	0.7398	0.0439	0.2488	57.6644	345.4453	0.2497

其次我们分析各行业的成本管理能力。

营业成本率可以反映公司的成本管理水平，同时也反映公司的产品的竞争力与产品盈利能力。批发和零售贸易与农、林、牧、渔业的营业成本率较高是由这些行业市场竞争严重、产业结构雷同、产品同质性较高引起的，而这些行业也基本上属于经济体系中的夕阳行业。信息技术业营业成本率较低更大程度上是由这个行业以资源和技术为依托、人工成本相对较低带来的。社会服务业（如宾馆、旅游）的营业成本率较低是由其资源投入特征决定的，这个行业的资源投入大多为间接性费用，因而其营业成本率低但期间费用率较高；房地产业营业成本率较低并非其成本控制有效，也不是产品的高附加值，而完全是房地产的市场特征带来的，是房屋价格不断上涨的结果（见图 2-31）。

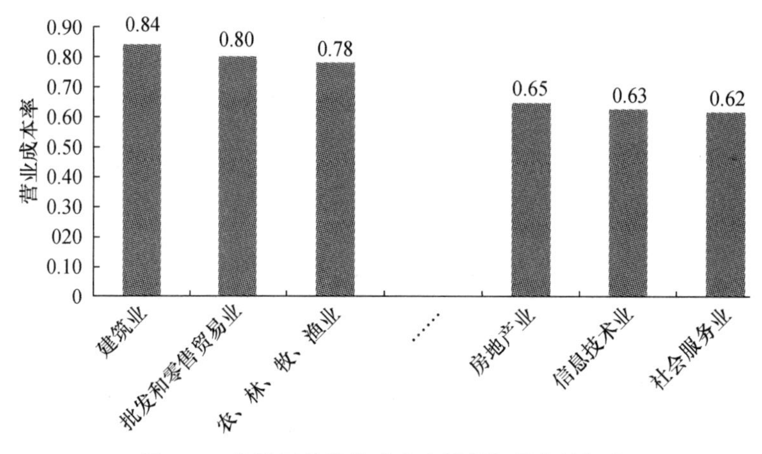

图 2-31　公司平均营业成本率最低与最高的行业

接下来我们分析各行业的费用控制水平。

从期间费用率来看，社会服务业与信息技术业的费用水平较高，并与这些行业较低的营业成本率形成鲜明的对照，信息技术业较高的期间费用水平与这些行业高额的研发投入、市场开拓费用、人力成本等明显增加有关。研发费用摊销会加大期间费用，而人力资本成本较高也是这一行业的特点，人力资源费用大部分计入了公司的期间费用。社会服务期间费用较高主要是由于这些行业主要以间接性投入为主，而这些行业的管理费用率也处于较高的水平。

期间费用率和管理费用率都处于最低行列的行业是建筑业，主要原因是管理性支出都较少所致。采掘业、批发零售业的期间费用较低，而电力、煤气及水的生产和供应业以及批发零售业的管理费用率较低（见图 2-32、图 2-33）。

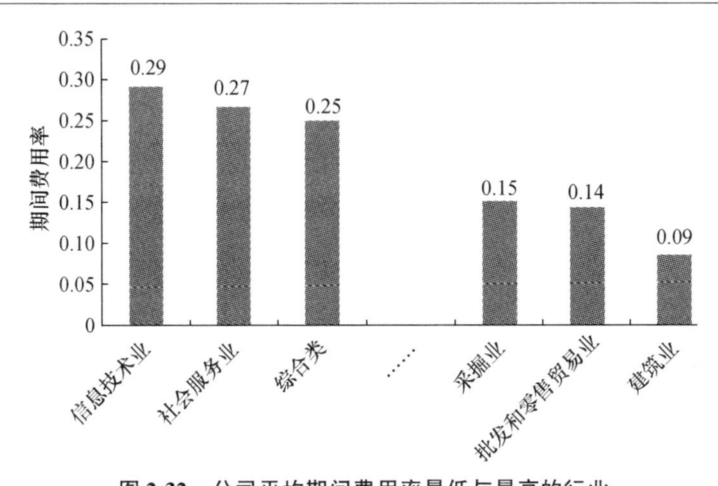

图 2-32 公司平均期间费用率最低与最高的行业

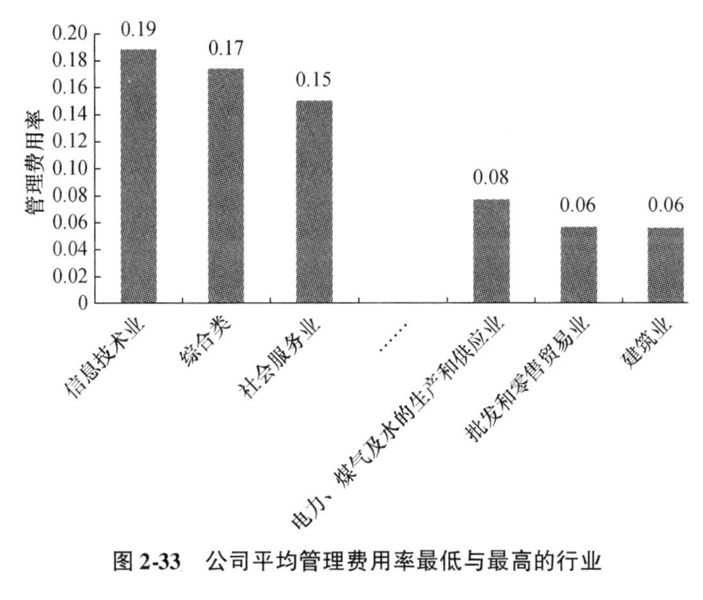

图 2-33 公司平均管理费用率最低与最高的行业

4.2 中国上市公司分地区的营运能力分析

我们从资产周转速度、成本管理能力和费用控制水平方面分析不同地区上市公司的营运能力与管理水平(见表 2-16)。

首先分析不同地区上市公司的资产周转速度。

西藏、海南与广西上市公司的应收账款回收期较短,均在 45 天以内,而陕西、宁夏、北京上市公司的回收期较长,都超过了 100 天(见图 2-34)。

表 2-16　中国上市公司分地区的营运能力

	应收账款周转率	存货周转率	营业周期	流动资产周转率	长期资产周转率	总资产周转率	管理费用率	营业成本率	销售费用率	成本费用利润率	应收账款周转天数	存货周转天数	期间费用率
安徽	93.8192	9.7532	228.3018	1.6243	2.7676	0.8243	0.0742	0.7662	0.0625	0.1085	59.8605	166.2732	0.1518
北京	76.3011	46.8814	348.7954	1.2744	3.1289	0.6806	0.1305	0.6644	0.0776	0.2086	103.0799	251.4609	0.2181
福建	53.3896	32.2136	357.5144	1.3631	3.3675	0.7768	0.1123	0.7303	0.0663	0.1406	75.0853	278.6615	0.1927
甘肃	2397.7753	18.2933	329.8186	1.4086	1.3384	0.5806	0.0954	0.6804	0.0758	0.1047	67.6223	262.1963	0.2024
广东	57.8432	35.3111	297.1454	1.2762	2.7371	0.7215	0.1132	0.7004	0.0788	0.1591	78.3671	223.3002	0.1997
广西	63.5490	11.6726	161.7133	1.5529	4.0239	0.6441	0.0987	0.7537	0.0965	0.1138	43.3635	117.1389	0.2188
贵州	165.0720	71.1201	364.2546	1.1955	2.1463	0.6137	0.1276	0.6376	0.1091	0.1104	69.0975	309.9149	0.2752
海南	29.6063	26.7123	591.3764	0.9971	0.9500	0.4166	0.1903	0.6985	0.0759	0.1339	36.8347	556.4030	0.2859
河北	147.1507	4.9973	311.5074	1.4310	2.0078	0.6903	0.1204	0.7551	0.0729	0.1598	66.9567	244.5507	0.2145
河南	26.3787	6.3675	223.5839	1.4942	1.6736	0.6768	0.0896	0.7590	0.0580	0.1047	83.3961	141.4325	0.1740
黑龙江	43.5905	8.1602	312.5988	1.4109	4.5884	0.6621	0.1160	0.7236	0.0874	0.1144	85.1079	206.8080	0.2424
湖北	89.4433	8.7428	295.4476	1.3398	2.7667	0.6169	0.1166	0.7610	0.0653	0.1105	76.0989	222.0567	0.2050
湖南	104.6211	7.7762	257.8985	1.5797	2.4785	0.8077	0.1140	0.7072	0.0847	0.1138	70.6723	187.2261	0.2139
吉林	282.5828	38.9079	536.5311	1.2536	1.5543	0.5182	0.1191	0.6824	0.1037	0.1317	62.5276	461.2016	0.2690
江苏	23.3186	11.8980	244.6669	1.2685	2.4673	0.7123	0.0951	0.7576	0.0559	0.1150	82.9710	162.3840	0.1634
江西	46.2587	10.5668	188.8428	1.8397	3.9339	0.9247	0.0681	0.7881	0.0449	0.0980	50.3007	138.5421	0.1295
辽宁	257.4403	6.8951	313.7327	1.3801	1.7329	0.5805	0.0992	0.7637	0.0452	0.1374	89.5558	224.1768	0.1626

（续表）

	应收账款周转率	存货周转率	营业周期	流动资产周转率	长期资产周转率	总资产周转率	管理费用率	营业成本率	销售费用率	成本费用利润率	应收账款周转天数	存货周转，天数	期间费用率
内蒙古	34.3358	6.4875	447.9152	1.4559	1.4361	0.5788	0.1121	0.7143	0.0589	0.1631	61.3202	386.5950	0.2158
宁夏	25.3669	3.4595	493.7048	1.2616	1.3294	0.5239	0.1792	0.8031	0.0548	0.0406	103.2918	390.4130	0.2578
青海	137.8992	4.7835	200.4338	1.2781	1.5170	0.5573	0.1105	0.6536	0.1153	0.1040	49.8237	150.6100	0.2618
山东	119.0608	7.7522	345.9988	1.4471	2.4298	0.7051	0.0776	0.7583	0.0570	0.1338	64.7636	279.8029	0.1712
山西	44.0230	8.3956	166.1486	1.6161	1.7473	0.6661	0.1658	0.7410	0.0793	0.0901	62.9525	106.4209	0.2263
陕西	17.2494	13.3482	230.5354	1.3391	1.5047	0.5325	0.1424	0.7307	0.0867	0.0751	106.7195	127.1623	0.2501
上海	57.9641	15.1398	439.9946	1.5303	3.3385	0.7395	0.1285	0.7252	0.0771	0.1548	60.4835	379.2248	0.2212
四川	47.4137	15.5354	261.2406	1.4889	2.4918	0.6842	0.1096	0.7376	0.0589	0.1153	72.6724	189.3819	0.2056
天津	217.7901	9.7098	459.4441	1.2174	2.7708	0.6553	0.0961	0.7395	0.0803	0.1022	70.3162	389.1279	0.1872
西藏	1019.0333	5.7915	751.2479	1.5809	2.1687	0.7744	0.0957	0.6617	0.0846	0.2473	31.0457	720.2021	0.1902
新疆	82.5480	5.2277	244.5823	1.4108	1.3072	0.5892	0.0842	0.7561	0.0685	0.0981	56.3368	193.1980	0.1891
云南	36.3431	24.8160	352.4078	1.7785	2.0545	0.7226	0.0990	0.7772	0.0537	0.0769	52.9489	299.4590	0.1862
浙江	37.9114	9.2045	309.1072	1.3136	2.7454	0.7340	0.1010	0.7258	0.0674	0.1398	74.8251	238.0915	0.1779
重庆	518.4884	10.4746	423.6374	1.2882	1.9117	0.7010	0.0910	0.7113	0.0703	0.1698	44.5651	379.0723	0.1845

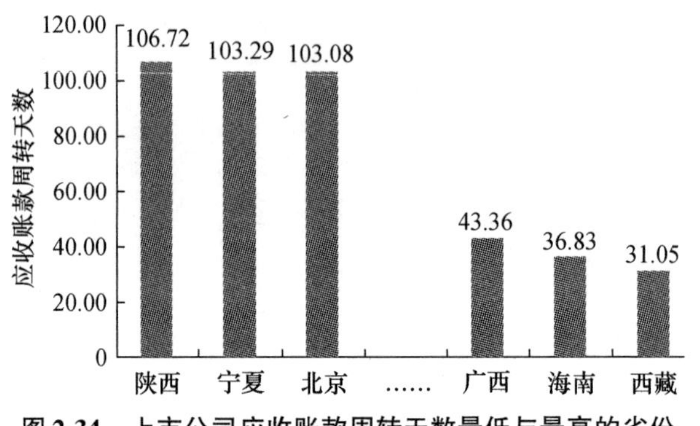

图 2-34 上市公司应收账款周转天数最低与最高的省份

从存货周转速度来看，山西、广西与陕西的存货周转较快，在 130 天以内，而吉林、海南与西藏的存货积压比较严重，其周转期都在 450 天以上，均超过了 1 年（见图 2-35）。

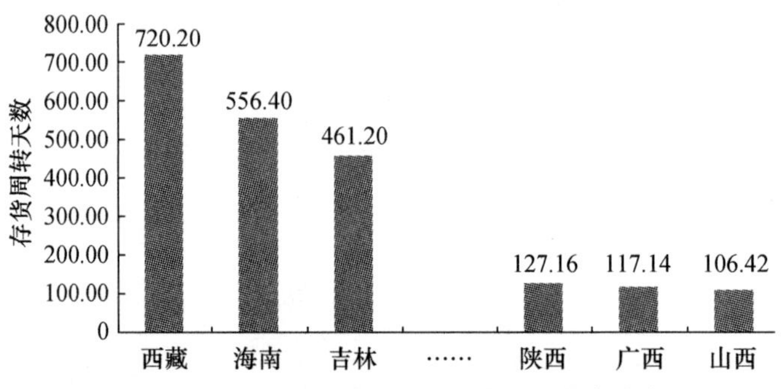

图 2-35 上市公司存货周转天数最低与最高的省份

从综合营业周期来看，江西、山西与广西的上市公司经营运转良好，均低于 200 天，而吉林、海南与西藏的上市公司营业周期较长，西藏上市公司甚至达到 750 天（见图 2-36）。

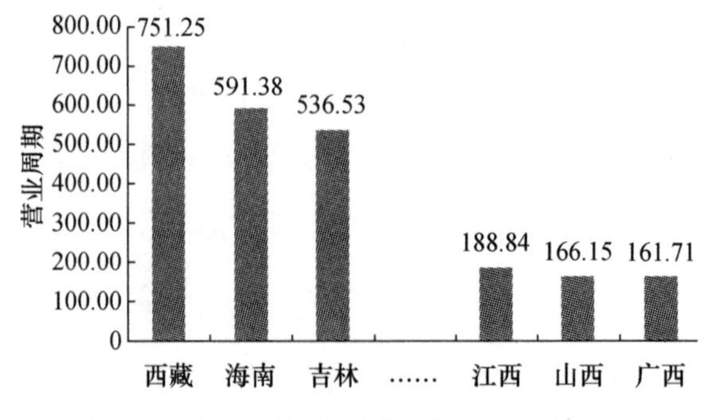

图 2-36 上市公司营业周期最长与最短的省份

其次我们分析不同省份上市公司成本管理能力。

营业成本率较高的是云南、江西、宁夏等省份,而青海、西藏与贵州较低,成本管理能力较强(见图 2-37)。

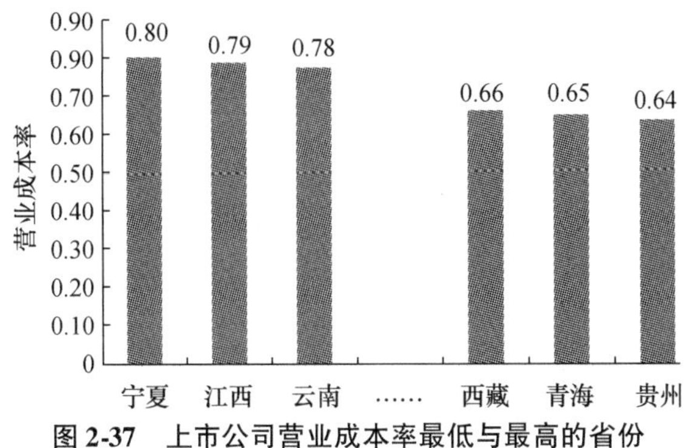

图 2-37 上市公司营业成本率最低与最高的省份

从费用控制能力来看,江西、安徽上市公司无论是期间费用还是管理费用,占收入的比重都比较低,而海南上市公司管理控制水平较低,期间费用率与管理费用率都比较高(见图 2-38、图 2-39)。

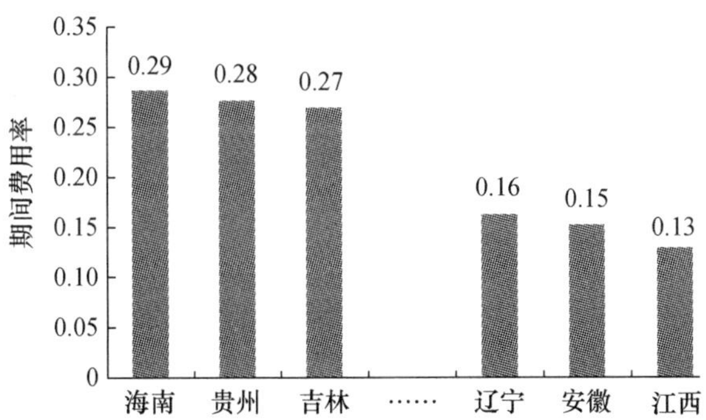

图 2-38 上市公司期间费用率最低与最高的省份

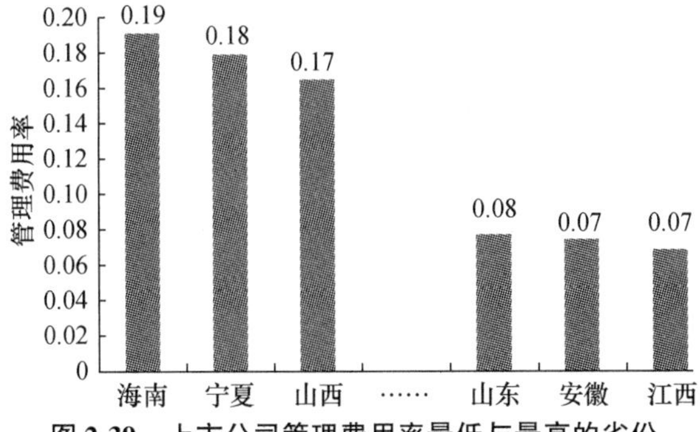

图 2-39 上市公司管理费用率最低与最高的省份

4.3 中国上市公司不同第一大股东持股比例的营运能力分析

下面我们分析在第一大股东持股比例存在差异的情况下中国上市公司营运能力情况,我们把第一大股东的持股比例分成四个区间,即持股比例小于20%、持股比例大于等于20%小于40%、持股比例大于等于40%小于60%和持股比例大于等于60%。从表2-17中我们能够看到,应收账款周转率在持股比例为第一区间时达到最高,在第二区间时达到最低,第一大股东的持股比例低,可能管理层持股比例增加,有助于优化公司的激励制度,增强管理层的责任心,对公司治理和公司绩效有重要的作用。而第四区间应收账款的周转天数最短,第一区间应收账款的周转天数最长。

存货周转率在第四区间达到最大,在第一区间达到最小,存货周转天数在第四区间达到最长,在第二区间达到最短。这可能是因为大股东持股比例大时对管理层的监督作用更加明显,使得企业经营绩效提升。营业周期是在第一区间达到最长,在第三区间达到最短。流动资产周转率在第四区间达到最大,在第一区间达到最小。长期资产周转率也是在第四区间达到最大,第一区间最小。同样总资产周转率是在第四区间达到最大,第一区间最小。营业成本率是在第三区间达到最大,第二区间最小。成本费用利润率是第一区间最小,第四区间最大。期间费用率是第一区间最大,第二区间最小。销售费用率是第一区间最大,第四区间最小。管理费用率是第三区间最大,第二区间最小。销售费用率和管理费用率的上升直接导致了期间费用率的升高。

从上面的分析来看,第一股东持股比例与企业的营业能力正相关,可能的原因是股权的集中会减少管理者的机会主义倾向,有助于减少委托代理冲突,并最终提高了企业的效率。

4.4 中国上市公司不同最终控制人的营运能力分析

下面我们分析当企业的终极控制人不同时,企业营运能力的情况。我们把中国上市公司的终极控制人分为国有、民营、外资、其他和无控制人五种类型。由于社会团体、职工或集体公司数量较少,我们合并为其他类型进行分析。

从表2-18中可以发现,国有公司无论是资产管理能力、成本控制能力还是费用控制能力都要明显好于民营企业,但这两类公司的资产管理能力与成本控制能力却弱于外资控制企业。

表 2-17　中国上市公司不同第一大股东持股比例的营运能力

	应收账款周转率	存货周转率	营业周期	流动资产周转率	长期资产周转率	总资产周转率	管理费用率	营业成本率	销售费用率	成本费用利润率	应收账款周转天数	存货周转天数	期间费用率
持股比例<20%	154.2147	13.4753	382.2038	1.2128	2.4408	0.6104	0.7323	0.0745	0.1384	0.1145	0.2391	81.9087	299.3573
20%≤持股比例<40%	68.6478	14.2225	311.1926	1.2988	2.4963	0.6692	0.7199	0.0731	0.1180	0.1354	0.2085	82.1079	229.9634
40%≤持股比例<60%	144.0058	15.0534	299.2672	1.4407	2.7622	0.7307	0.7349	0.0661	0.0885	0.1386	0.1703	64.8940	237.4200
持股比例≥60%	98.2982	69.4433	307.3498	1.8986	3.0059	0.9054	0.7238	0.0596	0.0783	0.1919	0.1494	53.3066	254.8195

表 2-18　中国上市公司不同终极控制人性质的营运能力

	国有控股	民营控股	其他控制	外资控制	无控制人
应收账款周转率	126.0235	98.8244	27.1095	77.4809	92.4967
存货周转率	30.7410	12.3808	6.4043	4.8063	9.4915
营业周期	294.4290	314.9051	423.2036	406.3974	506.0643
流动资产周转率	1.6835	1.1771	1.1802	1.2496	1.3347
长期资产周转率	2.5193	2.7010	1.8323	2.2598	3.0504
总资产周转率	0.7384	0.6767	0.5888	0.6519	0.6971
营业成本率	0.7720	0.6983	0.7208	0.6992	0.6831
销售费用率	0.0536	0.0806	0.0733	0.0782	0.0770
期间费用率	0.1637	0.2149	0.2503	0.2169	0.2390
管理费用率	0.0847	0.1222	0.1437	0.1165	0.1513
成本费用利润率	0.1211	0.1453	0.1490	0.1659	0.1819
应收账款周转天数	53.4591	89.4252	65.7581	65.2054	93.8914
存货周转天数	241.9658	227.2564	373.3309	341.3074	401.1514

5　中国上市公司盈利能力分析

上市公司的资产管理能力与营运水平是公司成长的过程表现,而其盈利能力是公司成长的结果表现。我们仍然从行业、地域、股东与控制人四个层面,从营业利润率、资产利润率、股东盈利能力及企业未来盈利预期四个角度分析中国上市公司的盈利能力。对于金融业,除了营业毛利率外,我们对该行业的其他指标也进行了分析。

5.1　中国上市公司分行业的盈利能力分析

首先分析不同行业的盈利能力。

从销售获利能力来看,在不考虑金融业的情况下,社会服务业由于成本费用间接性较多、直接成本较少,因而具有最高的毛利率,信息技术业毛利率由于这些行业产品的高附加值特征,也有较高的毛利率,而房地产业由于土地的垄断及房地产价格上涨因素的影响,也具有很高的毛利率,达到近40%。竞争激烈,产品附加值较低的建筑业、金融业以及批发和零售贸易业的毛利率较低(见图2-40)。

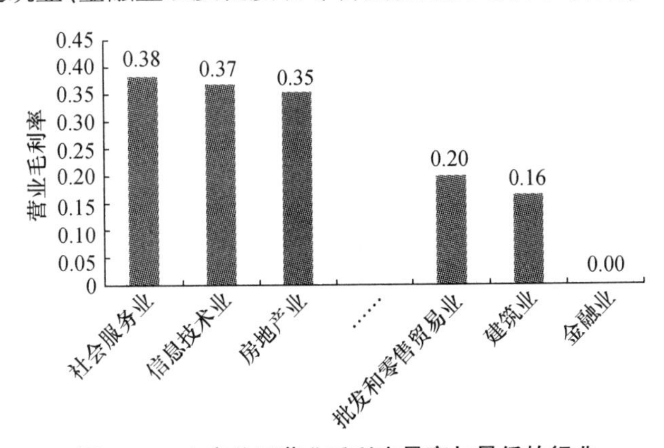

图2-40　上市公司营业毛利率最高与最低的行业

从营业净利润率来看,传播与文化、交通运输与电力煤气及水较高,传播与文化、交通运输获利能力的逐渐增强与我国较快的经济增长和不断增大的出行需求有关,电力煤气及水获利能力较强则是由于居民的刚性需求(见图2-41)。

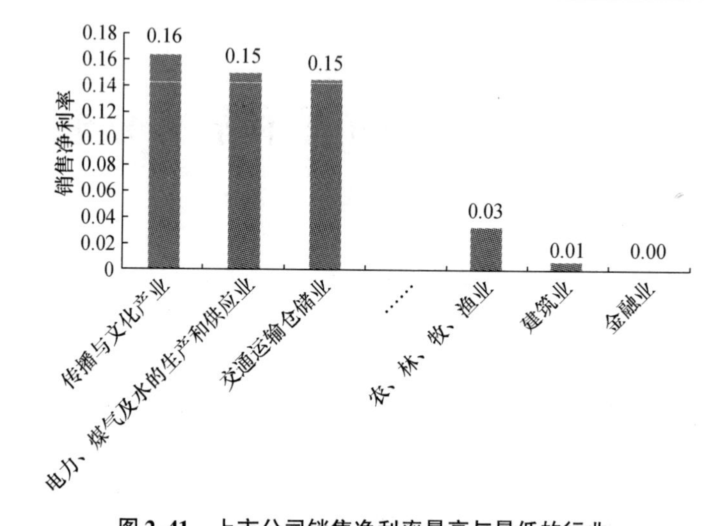

图 2-41 上市公司销售净利率最高与最低的行业

从资产获利能力来看,电煤水、文化和交通运输产业较强。而金融业虽然利润较高,但与庞大的资产规模相比,其资产盈利能力反而居于所有行业的最底层。当然,金融业由于较高的资产负债率,净资产比例较低,其净资产收益率处于较高的水平(见图 2-42、图 2-43)。

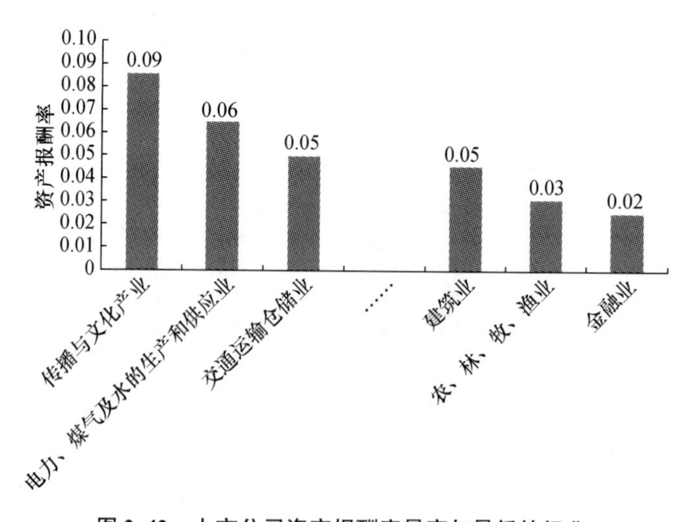

图 2-42 上市公司资产报酬率最高与最低的行业

从股利分配来看,比较慷慨的是电力、煤气及水行业,股利分配高达净利润的30%左右,金融业也较高,而恰恰这些行业属于国民经济的支柱行业。综合类、建筑业和房地产业由于较低的获利能力,其股利分派率也很低(见图 2-44)。

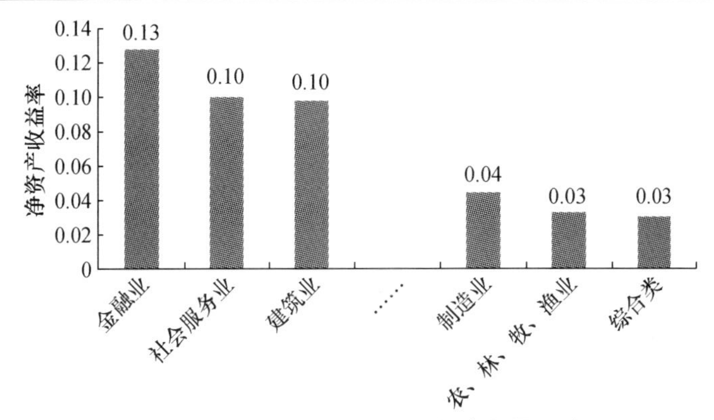

图 2-43　上市公司净资产收益率最高与最低的行业

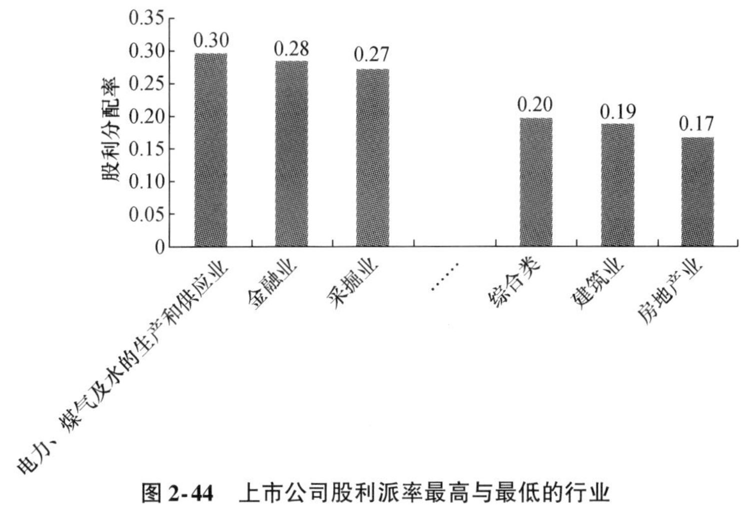

图 2-44　上市公司股利派率最高与最低的行业

2013 年普通股股东获利率大都小于零，相对来看传播与文化产业较好，而金融业最差（见图 2-45）。

市盈率及托宾 Q 值既反映投资者对上市公司的估值的高低，同时又能指示投资者对公司未来成长的预期。从市盈率来看，采掘业、信息技术业和制造业的估值水平最高，分别为 91 倍、87 倍和 73 倍，而交通运输仓储业、金融业和建筑业的估值水平偏低，都不足 30 倍。其中建筑业的估值最低，为 25 倍。托宾 Q 值最高的三个行业是传播与文化产业、综合类和社会服务业，这三个行业都非高成长性行业，也非利润增长最快的企业，但估值水平最高，反映的不仅仅是公司未来的成长预期，更多的可能是市场其他因素，如重组预期、市场炒作等。托宾 Q 值最低的是建筑业、电力煤气及水的生产和供应业和金融业，这些行业中的公司大多是蓝筹股，收益稳定，发展平衡，估值水平也比较合理（见图 2-46、图 2-47）。

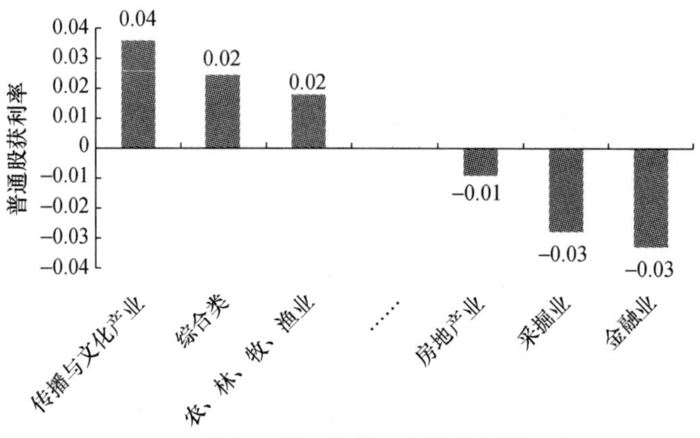

图 2-45　上市公司普通股获利率最高与最低的行业

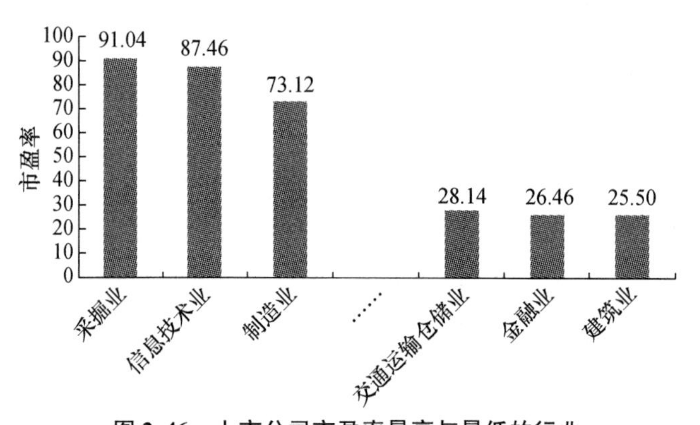

图 2-46　上市公司市盈率最高与最低的行业

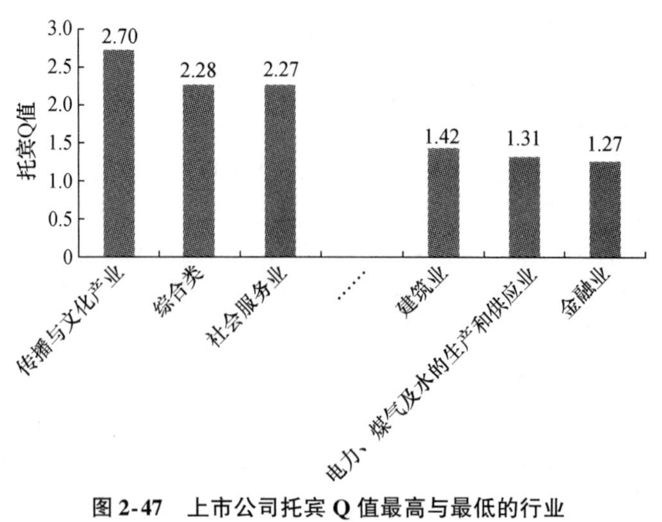

图 2-47　上市公司托宾 Q 值最高与最低的行业

5.2 中国上市公司分地区的盈利能力分析

不同地区上市公司由于规模、市场、金融、管理、资源等因素的影响,具有不同的盈利能力。

从销售获利能力来看,贵州和青海这两个省份上市公司盈利能力较强,贵州省上市公司的营业毛利率达到36%,处于全国前列。青海的上市公司毛利稍低(35%),但却有最高的销售净利率(23%)(见图2-48、图2-49)。

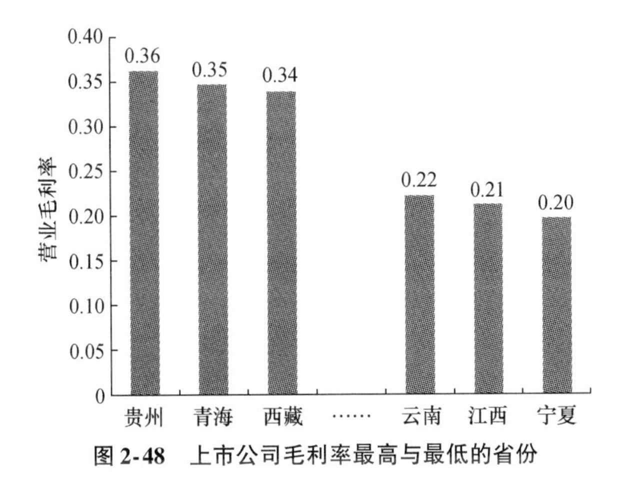

图 2-48 上市公司毛利率最高与最低的省份

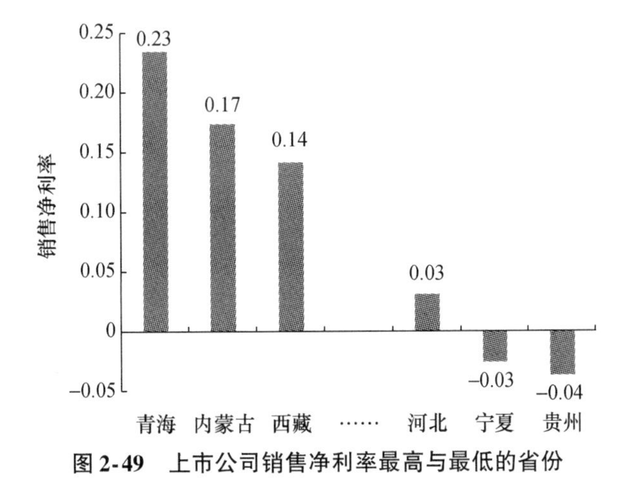

图 2-49 上市公司销售净利率最高与最低的省份

从总资产报酬率来看,河北、西藏和贵州这三个省份的上市公司领先,都在6%以上。而海南、黑龙江和宁夏三个省份总资产报酬率偏低,都不足4%,说明这些省份在资产的运用效率上存在一定的问题。西藏、北京和浙江三个省份上市公司的净资产收益率较高,西藏和北京上市公司的净资产收益率都超过了10%,广西、辽宁和宁夏的净资产收益率较低,都为负值。值得注意的是,同为中西部欠发达省份,宁夏上市公司的发展能力与盈利能力出现截然不同的态势,这可能与其自然资源现状有关(见图2-50、图2-51)。

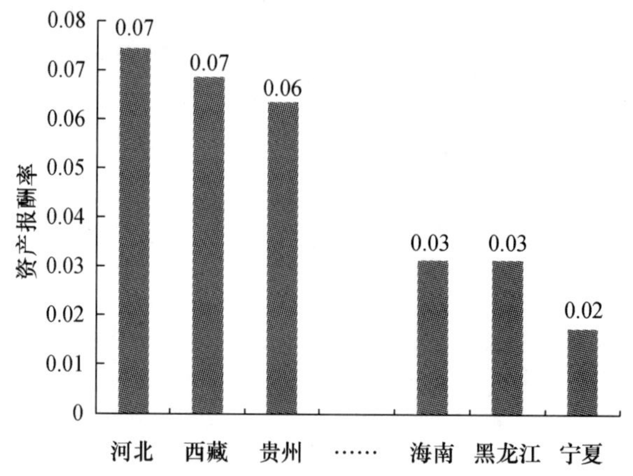

图2-50 上市公司总资产报酬率最高与最低的省份

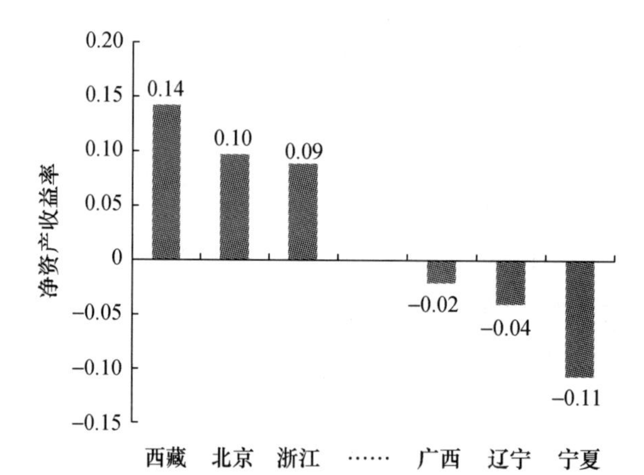

图2-51 上市公司净产收益率最高与最低的省份

从上市公司给予股东的回报来看,宁夏、浙江和贵州公司较高,而甘肃、青海和天津上市公司的股利分配率却很低。2013年各省份的普通股获利率都不高,这主要是由中国股市的同涨同跌效应引起的(见图2-52、图2-53)。

海南上市公司有着较高的市盈率与托宾Q值,其中海南省上市公司的市盈率超过100倍,这与我国海南岛开发政策有关,使投资者对这个省份上市公司有较高的成长预期,而天津、江西和青海上市公司的市盈率较低(见图2-54、图2-55)。

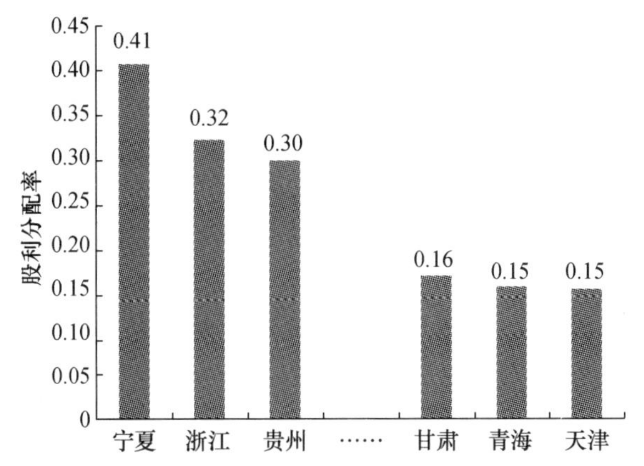

图 2-52　上市公司股利分配率最高与最低的省份

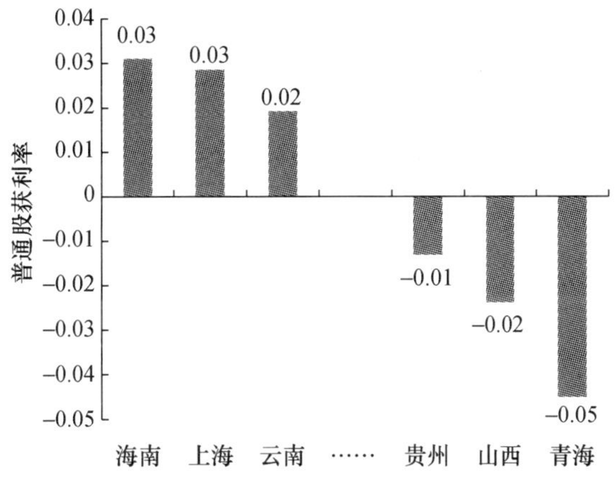

图 2-53　上市公司普通股获利率最高与最低的省份

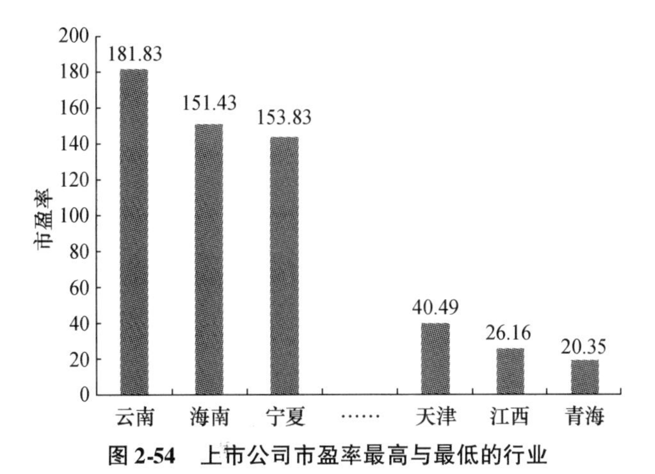

图 2-54　上市公司市盈率最高与最低的行业

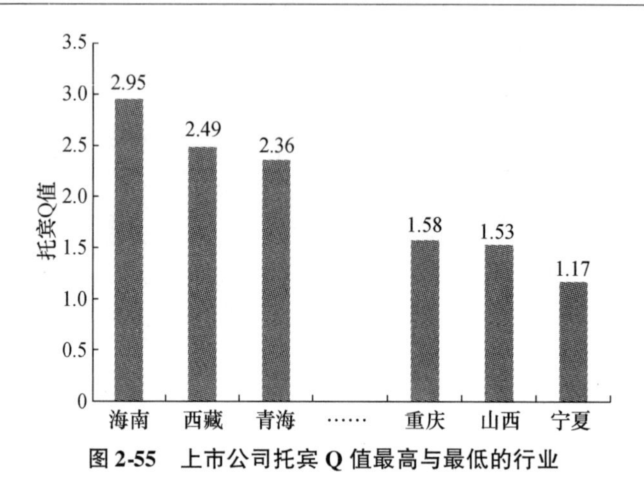

图 2-55　上市公司托宾 Q 值最高与最低的行业

5.3　中国上市公司第一大股东持股比例的盈利能力分析

从资产收益率来看,第一大股东持股比例为 40%—60% 的上市公司,其资产报酬率和净资产收益率都最高,持股比例高于 60% 的公司,其资产获利能力有所下降。第一大股东持股比例小于 40% 的公司,其资产收益率较低。总体来看,第一大股东持股比例越高,其资产收益率越高。这说明,在我国缺乏外部有效治理约束的情况下,大股东可以发挥较好的治理作用,当然,第一大股东持股比例过高时,由于大股东掏空、剥削等因素的存在,也不利于上市公司收益能力的提升(见图 2-56)。

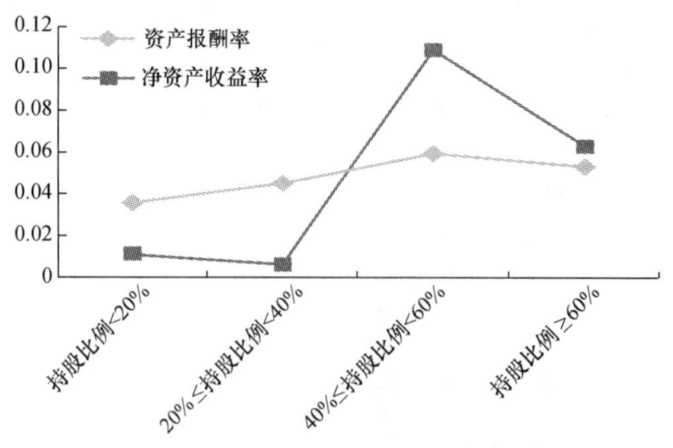

图 2-56　上市公司不同持股比例下资产收益率的变化

股利分配率代表股东实际的现金获利能力,较高股利分配率能够减少股票的投机性,提升股票的长期投资价值,同时高股利分配也预示着公司具有较低的代理成本,其公司治理水平相对较高。从图 2-57 来看,第一大股东持股比例越高的上市公司,其股利分配率越高,且呈单调上升态势。因此,其监管意义在于,第一大持股比例越低的公司,越需要引起关注,应引起监管层的注意,投资者也应当关注此指标。

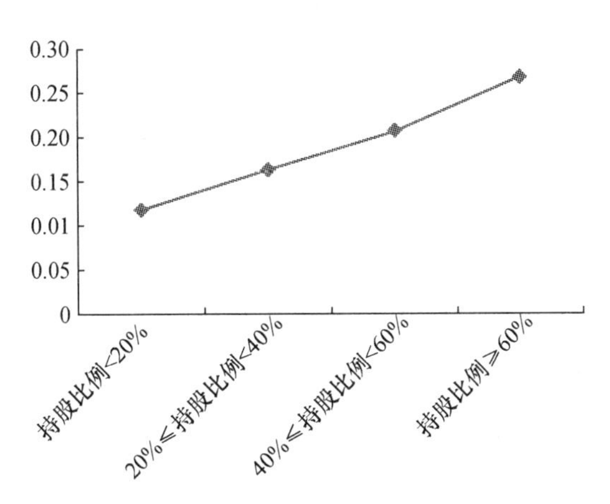

2-57 上市公司不同持股比例下股利分配率的变化

股东的市盈率即代表公司的投资价值,也代表投资者对公司成长的一种预期。高市盈率表示公司具有未来成长性。当然,从另一个方面来说,高市盈率公司也表示公司股票的投资风险较高,其投资回收本金所需求的时间更长。从图 2-58 来看,在第一大股东持股比例小于 60% 时,持股比例越高,公司的市盈率越低,并在第一大股东持股比例超过 60% 后,出现 V 形反转。

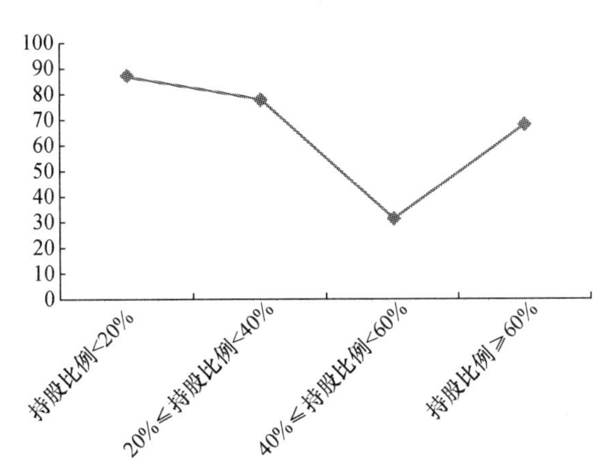

图 2-58 上市公司不同持股比例下股市盈率的变化

表 2-18 综合列示了不同持股比例下,上市公司各个盈利能力指标的数值。

表 2-18 中国上市公司不同第一大股东持股比例的盈利能力

	营业利润率	投入资本回报率	长期资本收益率	资产报酬率	营业毛利率	营业净利率	普通股获利率	总资产净利润率（ROA）	托宾Q值	股利分配率	市盈率	市净率	净资产收益率
持股比例 <20%	0.0528	0.0482	0.0128	0.0353	0.2555	0.0604	-0.0010	0.0251	2.3297	0.1180	87.4541	6.2803	0.0114
20% ≤持股比 <40%	0.0458	0.0892	0.0945	0.0451	0.2660	0.0676	-0.0029	0.0334	2.1707	0.1626	78.4628	5.0284	0.0060
40% ≤持股比 <60%	0.1128	0.0730	0.1309	0.0595	0.2695	0.0922	-0.0095	0.0517	1.5649	0.2072	31.0383	2.6278	0.1085
持股比例≥60%	0.0786	0.0574	0.0950	0.0532	0.2743	0.0843	0.0056	0.0452	1.8239	0.2670	68.2636	3.6228	0.0630
总计	0.0770	0.0595	0.0940	0.0525	0.2732	0.0830	0.0046	0.0443	1.8493	0.2558	68.3233	3.7429	0.0596

5.4 中国上市公司分最终控制人的盈利能力分析

在这里,我们主要比较分析国有控股与民营控股公司的盈利能力。从营业利润率、资产收益率、市盈率和托宾Q值来看,民营控股组都要略高于国有控股组。这说明,民营企业经过多年的市场磨炼,已经逐渐成熟,其经营效率与盈利能力都超过了国有企业。这也从另一个方面说明,我国国企改革所推行的混合所有制改革的方向是正确的,通过混合所有制改革,有利于提升国有资产的盈利能力(见图2-59)。

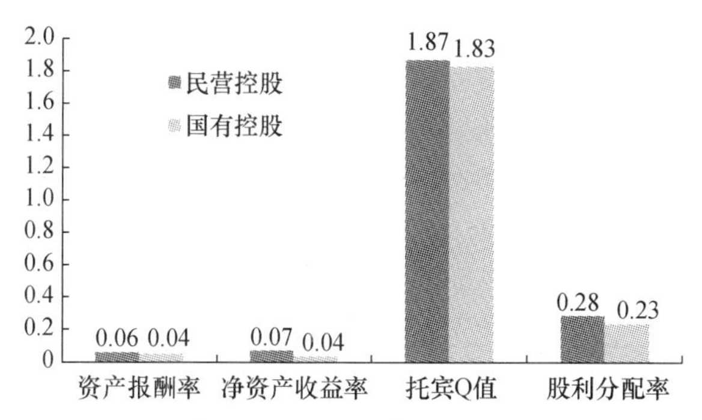

图2-59 上市公司国有与民营公司的收益能力比例

从市盈率来看,民营控股公司的平均市盈率要远高于国有控股,这说明投资者更看好民营控股公司的成长性,当然民营上市公司的风险也不容忽视,民营上市公司往往由于流通股较少,更易成为投机和炒作的对象。对于民营上市公司,一方面要鼓励其发展,另一方面要加强其内部治理建设,提升这些公司的投资者保护水平,控制其投资风险(见图2-60)。

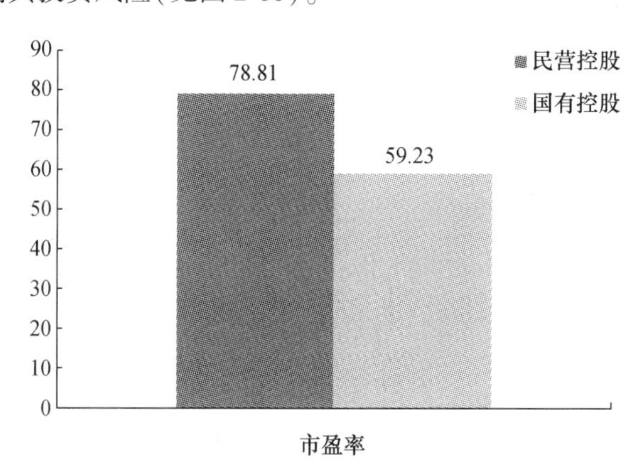

图2-60 上市公司国有与民营公司的收益能力比例

表2-19综合列示了不同最终控制人的获得能力状况。

表2-19　中国上市公司最终控制人的盈利能力

	国有控股	集体控股	民营控股	其他	外资控股
长期资本收益率	0.0845	0.0876	0.0981	0.1118	0.1179
总资产净利润率(ROA)	0.0333	0.0351	0.0521	0.0474	0.0462
投入资本回报率	0.0568	0.0489	0.0618	0.0584	0.0599
股利分配率	0.2350	0.1776	0.2783	0.2409	0.1960
营业毛利率	0.2452	0.2207	0.2931	0.2811	0.2956
营业利润率	0.0635	0.0678	0.0853	0.0707	0.1106
营业净利率	0.0726	0.0616	0.0905	0.1022	0.0678
市盈率	59.2314	63.5083	78.8103	41.7311	48.9166
净资产收益率	0.0392	0.0624	0.0716	0.0778	0.0807
市净率	3.8390	2.7812	3.8047	2.8044	3.3115
普通股获利率	0.0100	0.0114	0.0016	-0.0022	-0.0052
托宾Q值	1.8299	1.6636	1.8741	1.7806	1.8557

6 中国上市公司现金流量能力分析

我们从企业自由现金流、股权自由现金流以及每股经营活动现金流和每股净现金流四个方面分析中国上市公司的现金流量能力。

6.1 中国上市公司分行业的现金流量能力分析

从企业可自由支配的现金来看,金融业、采掘业较多,其中金融业上市公司平均每家公司拥有 111.42 亿元的可支配自由现金流,具有明显优势,是位居第二的采掘业的 5 倍,比最低的房地产业高出 22 倍。批发和零售贸易业、传播与文化产业、社会服务业以及房地产业的自由现金流都出现了负值,可支配现金匮乏(见图 2-61)。

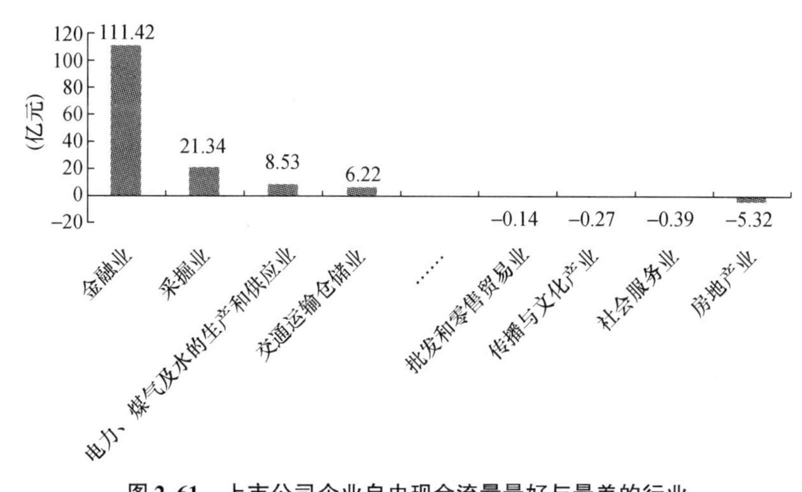

图 2-61 上市公司企业自由现金流量最好与最差的行业

从股东可自由享有的现金来看,金融业最高,也是唯一为正值的公司,分配给企业股东的剩余现金流量最多,其他公司的股东可自由支配现金都为负值,最低的是建筑业,平均每家企业达到 -67.69 亿元,房地产业以及电力、煤气及水的生产和供应业排名也比较靠后(见图 2-62)。

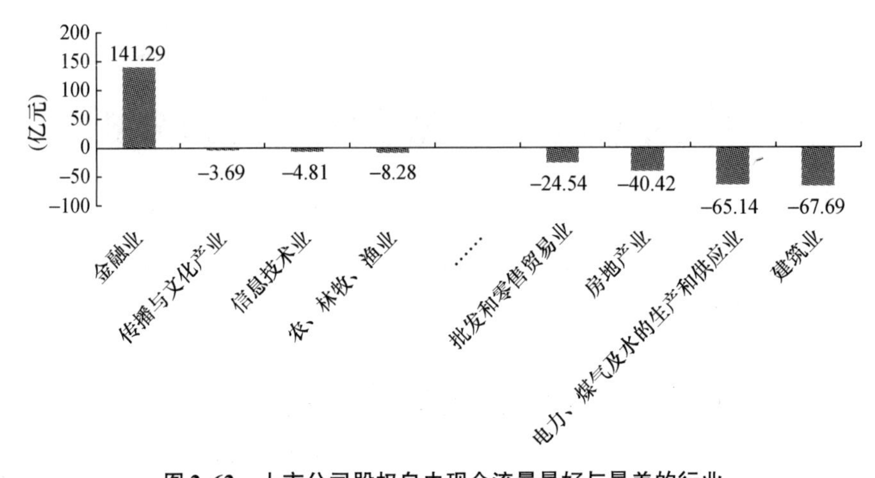

图 2-62　上市公司股权自由现金流量最好与最差的行业

从经营活动的现金获取能力来看,电力、煤气及水的生产和供应业居前,平均每家公司每股可以获得 1 元以上的现金流量。而建筑业、综合类、房地产业每股获得的现金比较少,最少的房地产业为负值,仅为 -0.27 元,这是因为房地产行业已发展到瓶颈期,很难通过经营活动获取大量现金流(见图 2-63)。

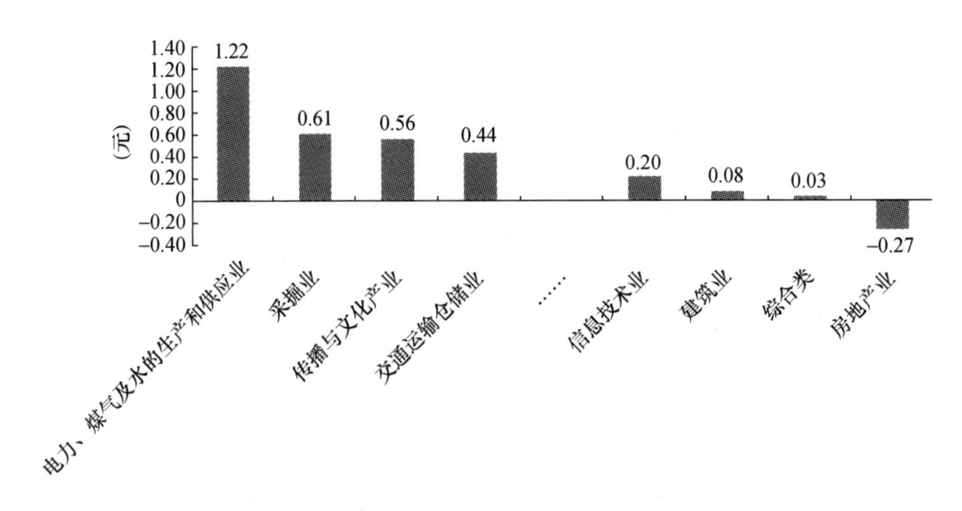

图 2-63　上市公司每股经营活动现金净流量最好与最差的行业

从净现金的获取能力来看,建筑业、房地产业、传播与文化产业以及电力、煤气及水的生产和供应业的每股现金净流量都达到正值,其中建筑业最高,为 0.24 元,制造业、采掘业以及农、林、牧、渔业均出现了负值,其中金融业最低,为 -0.59 元(见图 2-64)。

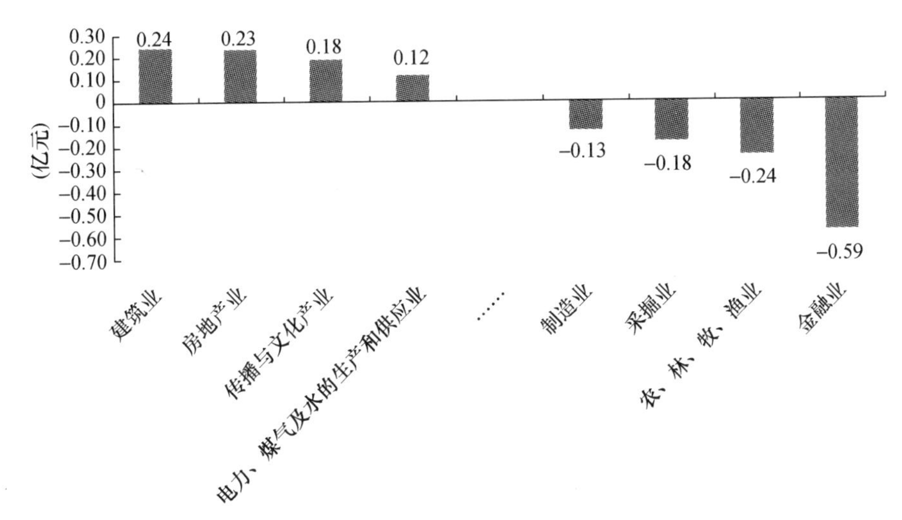

图 2-64 上市公司每股现金净流量最好与最差的行业

表 2-20 综合列示了不同行业的现金流量状况。

表 2-20 中国上市公司分行业现金流量状况

	企业自由现金流（亿元）	股权自由现金流（亿元）	每股经营活动产生的现金流量净额（元）	每股现金净流量（元）
农、林、牧、渔业	0.68	-8.28	0.2168	-0.2415
采掘业	21.34	-15.45	0.6088	-0.1812
制造业	1.17	-15.32	0.3653	-0.1337
其中：食品、饮料业	1.16	-9.39	0.6611	-0.1931
纺织、服装、皮毛	0.96	-10.75	0.3404	-0.1669
木材、家具	2.16	-6.65	0.5851	-0.3518
造纸、印刷	1.22	-15.42	0.2560	-0.0730
石油、化学、塑胶、塑料	0.56	-15.89	0.3108	-0.1735
电子	-0.87	-10.10	0.3289	-0.0824
金属、非金属	3.67	-46.08	0.4341	-0.1523
机械、设备、仪表	1.18	-9.60	0.2969	-0.1225
医药、生物制品	1.08	-4.64	0.4258	-0.0889
其他制造业	0.39	-12.17	0.5867	-0.0455
电力、煤气及水的生产和供应业	8.53	-65.14	1.2203	0.1171
建筑业	0.62	-67.69	0.0798	0.2400
交通运输仓储业	6.22	-23.39	0.4444	-0.0244
信息技术业	0.09	-4.81	0.2034	-0.0487

（续表）

	企业自由现金流（亿元）	股权自由现金流（亿元）	每股经营活动产生的现金流量净额（元）	每股现金净流量（元）
批发和零售贸易业	-0.14	-24.54	0.4384	0.0376
金融业	111.42	141.29	0.4439	-0.5856
房地产业	-5.32	-40.42	-0.2658	0.2323
社会服务业	-0.39	-11.58	0.4282	0.0642
传播与文化产业	-0.27	-3.69	0.5559	0.1823
综合类	3.29	-17.88	0.0268	0.1061

6.2 中国上市公司分地区的现金流量能力分析

从企业可自由支配的现金来看，山西、北京、上海公司较多，其中山西上市公司平均每家公司拥有12.06亿元的可支配自由现金流，西藏、湖南、河北、甘肃都较低且为负值。主要原因是区域优势，排名靠前的上市公司依托区域的资源、交通等优势能获取大量现金流（见图2-65）。

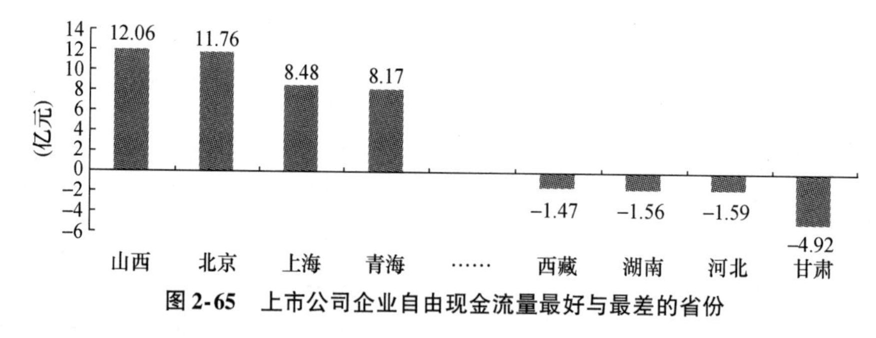

图2-65　上市公司企业自由现金流量最好与最差的省份

从股东可自由支配的现金来看，所有省份上市公司都为负值，最少的是北京、辽宁、甘肃、云南，均在-30亿元以下（见图2-66）。

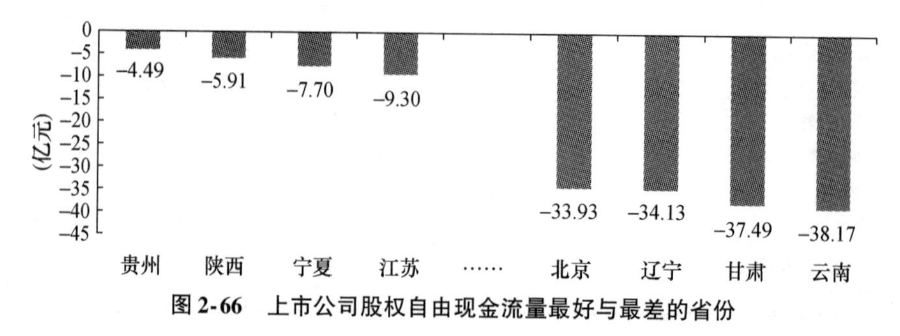

图2-66　上市公司股权自由现金流量最好与最差的省份

贵州、内蒙古、江西与新疆上市公司每股经营活动现金流量较高，而陕西、海南、山西、天津的上市公司较低，最低的天津仅为 0.09 元，与最高的贵州（0.92 元）相差近 9 倍（见图 2-67）。

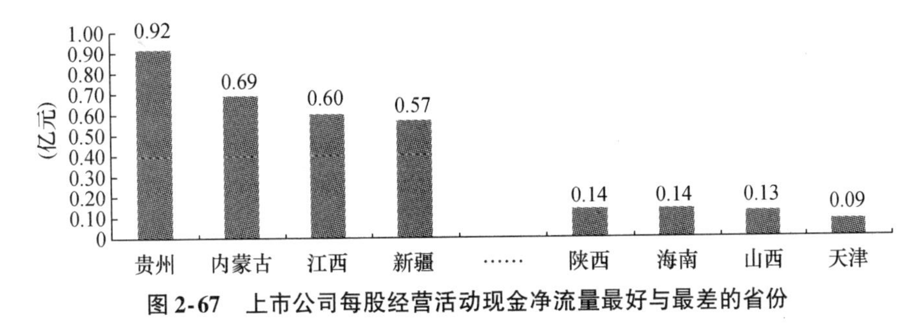

图 2-67　上市公司每股经营活动现金净流量最好与最差的省份

从每股现金净流量来看，内蒙古、安徽、河北、西藏的上市公司较高，而宁夏、福建、江苏及山西的上市公司较低，且都为负值，最低的山西省为 -0.34 元（见图 2-68）。

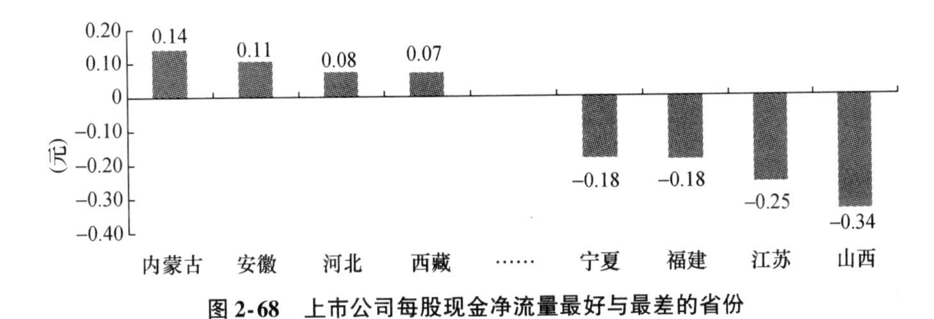

图 2-68　上市公司每股现金净流量最好与最差的省份

表 2-21 综合列示了中国上市公司分地区的现金流量状况。

表 2-21　中国上市公司分地区的现金流量

	企业自由现金流（亿元）	股权自由现金流（亿元）	每股经营活动产生的现金流量净额（元）	每股现金净流量（元）
安徽	2.25	-15.93	0.33	0.11
北京	11.76	-33.93	0.41	-0.05
福建	3.07	-15.04	0.34	-0.18
甘肃	-4.92	-37.49	0.28	0.06
广东	3.75	-10.06	0.32	-0.05
广西	0.49	-16.12	0.32	-0.01
贵州	4.39	-4.49	0.92	0.04

（续表）

	企业自由现金流（亿元）	股权自由现金流（亿元）	每股经营活动产生的现金流量净额（元）	每股现金净流量（元）
海南	1.92	-15.39	0.14	-0.02
河北	-1.59	-33.28	0.40	0.08
河南	0.43	-12.92	0.29	-0.06
黑龙江	2.19	-16.23	0.44	-0.04
湖北	0.71	-17.44	0.40	-0.04
湖南	-1.56	-17.19	0.37	-0.08
吉林	0.86	-13.45	0.31	-0.02
江苏	0.53	-9.30	0.29	-0.25
江西	2.21	-20.03	0.60	0.03
辽宁	3.36	-34.13	0.36	-0.01
内蒙古	5.72	-19.00	0.69	0.14
宁夏	1.52	-7.70	0.27	-0.18
青海	8.17	-25.24	0.18	0.03
山东	2.46	-16.39	0.38	-0.06
山西	12.06	-14.77	0.13	-0.34
陕西	0.09	-5.91	0.14	-0.03
上海	8.48	-18.40	0.40	-0.03
四川	0.93	-11.79	0.28	-0.15
天津	2.43	-17.14	0.09	0.05
西藏	-1.47	-17.92	0.40	0.07
新疆	0.49	-16.68	0.57	0.01
云南	3.20	-38.17	0.29	-0.01
浙江	0.09	-9.64	0.36	-0.14
重庆	0.94	-11.34	0.17	-0.14

6.3 中国上市公司分第一大股东和控制人的现金流量能力分析

从第一大股东不同的持股比例来看，持股比例在60%以上的上市公司，其每股现金流量的获取能力最强，企业自由现金流也比较充足，但其股权自由现金流为负值且较低，说明这些公司债务负担较重。持股比例在20%以下的上市公司的股权自由现金流、每股经营活动现金净流量都是最低的，尤其是获取股权自由现金流的能力，仅为-36.8457亿元。

表 2-22　中国上市公司分第一大股东持股比例的现金流量状况

	企业自由现金流（亿元）	股权自由现金流（亿元）	每股经营活动产生的现金流量净额（元）	每股现金净流量（元）
持股比例 < 20%	-0.7574	-36.8457	0.1338	0.0802
20% ≤ 持股比例 < 40%	-1.6351	-19.4761	0.3347	0.1829
40% ≤ 持股比例 < 60%	2.9988	-23.0706	0.7439	0.1355
持股比例 ≥ 60%	3.5861	-15.4951	0.3438	-0.1008

从最终控制人来看，外资控制公司企业自由现金流和股权自由现金流都最高，无控制人公司每股经营活动产生的现金流量净额和每股现金净流量都最高，所有类型公司的股权自由现金流量都为负值。国有控股公司的企业自由现金流比民营控股公司高近 15 倍，每股经营活动产生的现金流量净额和每股现金净流量也均高于民营控股公司。但是，国有控股公司的股权自由现金流比民营控股公司低了 5 倍，表明国有公司产生的现金流的剩余要求权较低（见图 2-69）。

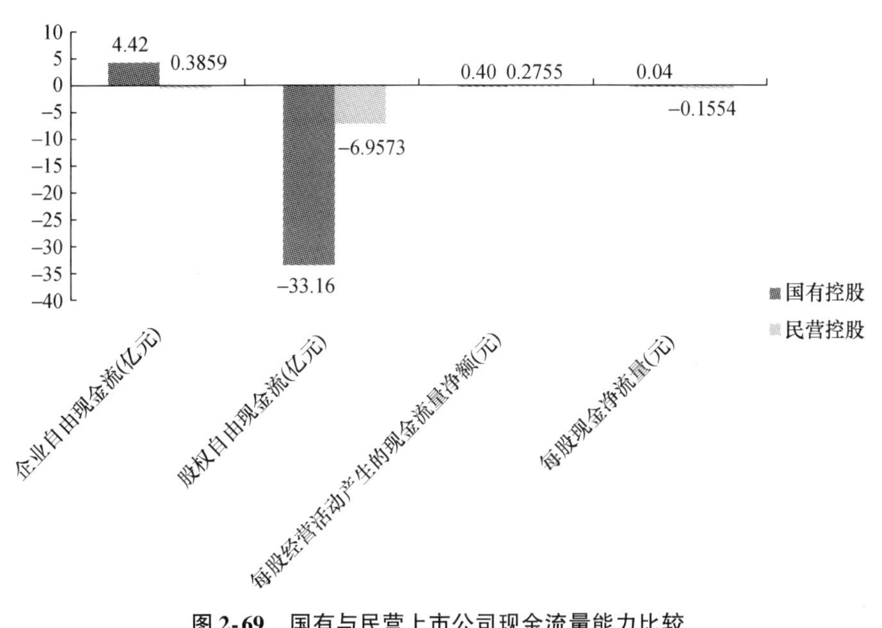

图 2-69　国有与民营上市公司现金流量能力比较

表 2-23 综合列示了不同最终控制人类型上市公司的现金流量状况。

表 2-23　中国上市公司分最终控制人的现金流量状况

	企业自由现金流(亿元)	股权自由现金流(亿元)	每股经营活动产生的现金流量净额(元)	每股现金净流量(元)
国有控股	2.1815	-16.9369	0.3432	-0.0859
民营控股	6.7536	-12.2118	0.3358	-0.0298
外资控股	18.6364	-8.2361	0.4921	-0.0906
无控制人	17.3097	-27.6157	0.6201	0.0498
其他	-1.2359	-13.7577	0.2955	0.3139

7 投资状况

2013年,我国上市公司新增金融性投资、新增固定资产投资、新增无形资产投资、现金再投资率和现金满足投资比率的均值分别为3.1085、2.8316、0.5813、0.0276和0.5034亿元。其中新增金融性投资均值最高,目前世界经济正从2008年的金融危机中走出来,我国经济也逐渐复苏,同时我国大力扶植金融产业的发展,促使我国企业增加对金融资产的投资。值得关注的是,现金再投资比率和现金满足投资比率都偏低,远远没有达到要求,意味着中国上市公司可用现金再投资状况不容乐观、来自经营活动的现金不足。

7.1 中国上市公司分行业投资状况分析

我们按照中国证监会行业分类标准将中国上市公司按照行业分组,并分行业对上市公司样本总体进行描述性统计,结果如图2-70至图2-74及表2-24所示。

对新增金融资产投资的分析时,我们发现金融业的新增金融资产投资最多,这是其行业特性决定的,金融业的大部分投资都投向金融资产。新增金融资产投资较高的行业还有采掘业以及电力、煤气及水的生产和供应业,这些行业利润率较高,较高的利润为其金融资产投资提供了支持。电子、农林牧渔业新增金融资产投资稍大于0,造纸、印刷的新增金融资产投资为负,其金融资产投资出现萎缩情况,这些行业为传统行业,其行业运营大都与金融无关。

新增固定资产投资排在前三位的是金融业,电力、煤气及水的生产和供应业,交通运输仓储业。2013年债券市场扩容为金融业投资固定资产提供了资金支持,且我国金融业处于高速发展时期,固定资产投资水涨船高;电力、煤气及水的生产和供应业与交通运输仓储业由于其行业特性,需要大量的固定资产作为生产经营基础,因此其新增固定资产投资也较高。新增固定资产投资排在后三位的是信息技术业和电子、木材家具业,木材家具业新增固定资产投资较低的原因是整个行业不景气,行业投资减少;电子和信息技术业新开工项目的减少在一定程度上造成了新增固定资产投资的减少,另外电子行业投资资金到位慢,且自筹比重远高于全国平均水平(见图2-71)。

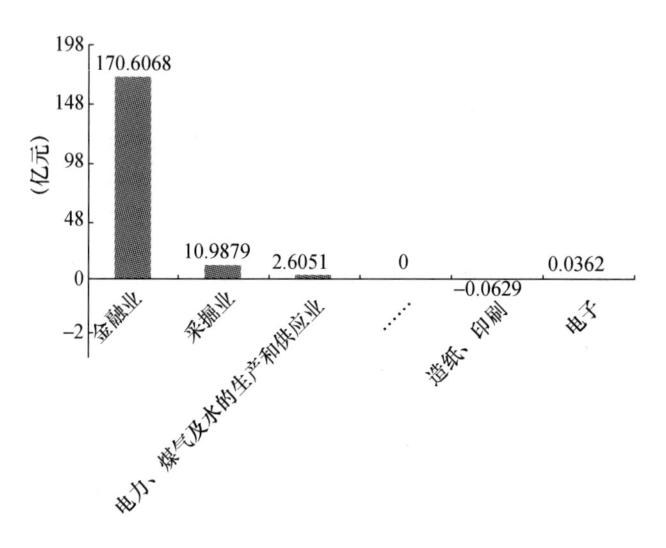

图 2-70　上市公司新增金融性投资最多与最少的行业

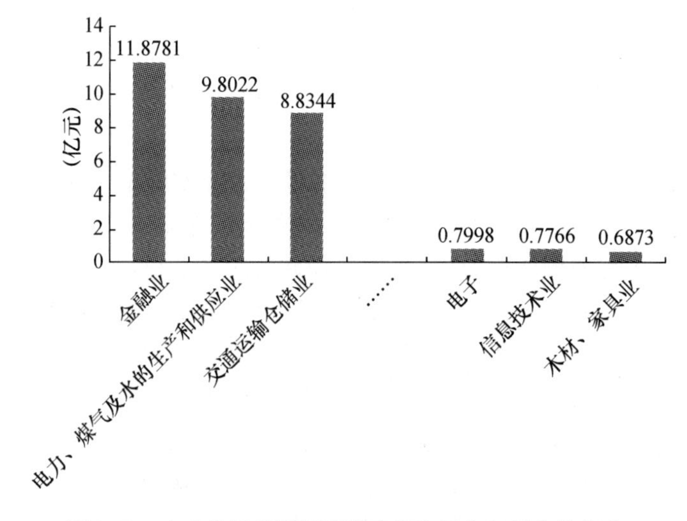

图 2-71　上市公司新增固定资产投资最多与最少的行业

新增无形资产投资排在前三位的是金融业、采掘业以及交通运输仓储业。采掘业、交通运输仓储业的信息化管理、流程再造和技术改革使得其在无形资产上的投资高于其他行业；金融业创新投资方式以及金融企业面对的利率市场化等国家政策的引导，使其愈发积极地投入无形资产的开发中。排在后三位的是纺织服装皮毛业、农林牧渔业和造纸印刷业（见图 2-72）。这些行业均属于劳动密集型产

业,对技术要求不高,因此行业对无形资产的投资也不多。

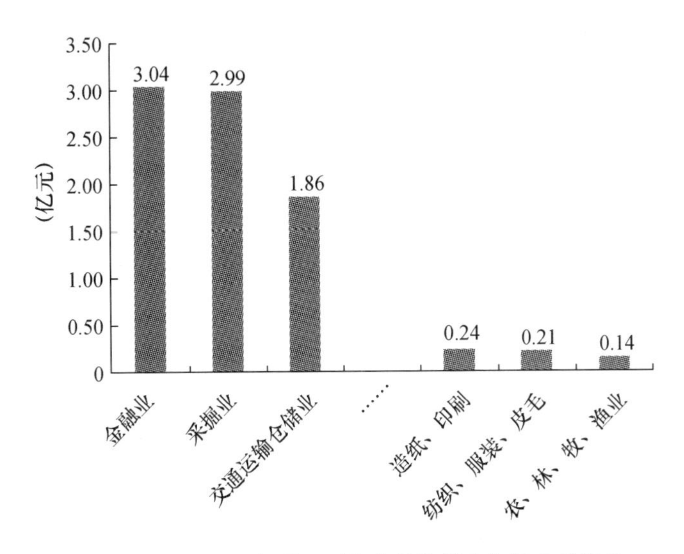

图 2-72　上市公司新增无形资产投资最多与最少的行业

现金再投资比率排在前三位的是木材和家具、批发和零售贸易以及电力、煤气及水的生产和供应,从 2013 年年报中可以看出电力、煤气及水的生产和供应利润率高,净现金流量多,高额的现金流入为其直接用现金进行投资提供保障,因此其现金再投资比率高。另外木材和家具、批发和零售贸易需要再投资的项目较少,行业基本稳定,故现金再投资比率较高。排在后三位的是金融业、房地产业和其他制造业,房地产业受到国家宏观调控影响,行业发展受到一定程度冲击,债务融资能力下降,现金流量降低是其现金再投资比率下降的主要原因;金融业对外投资金额大,且按国家要求需要维持较多的营运资金,因此其现金再投资比率较低(见图 2-73)。

现金满足投资比率排在前三位的是金融业、批发和零售贸易以及电力、煤气及水的生产和供应,这些行业利润率高,净现金流量多,高额的现金流入能够满足其投资需求。而现金满足投资比率排在最后三位的是机械设备仪表、农林牧渔业和建筑业,建筑业属于典型的资金密集型产业,其投资需要大量银行贷款,自有资金远不能满足其高额的投资需求,农林牧渔业利润较低,产生现金能力较差,故其现金满足投资比率较低(见图 2-74)。

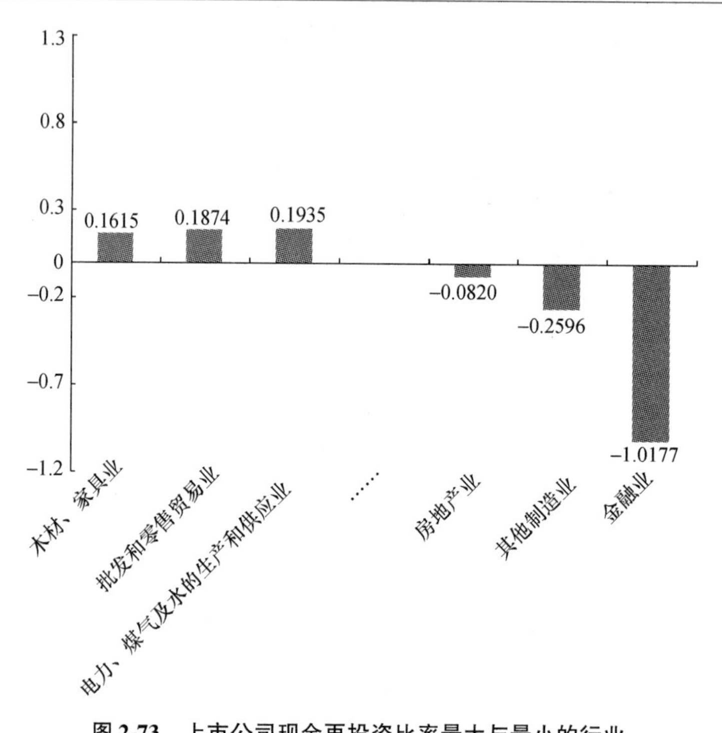

图 2-73　上市公司现金再投资比率最大与最小的行业

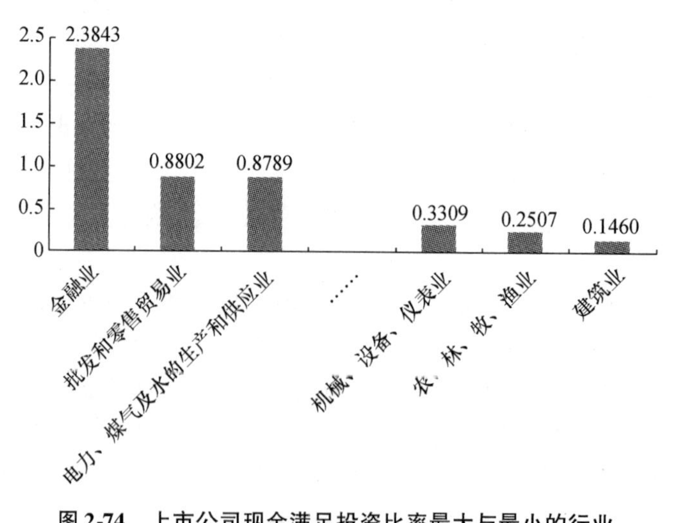

图 2-74　上市公司现金满足投资比率最大与最小的行业

表 2-24 列示了不同行业上市公司的投资状况。

表 2-24　中国上市公司分行业投资状况

	新增金融性投资（亿元）	新增固定资产投资（亿元）	新增无形资产投资（亿元）	现金再投资比率	现金满足投资比率
农、林、牧、渔业	0.0756	1.0307	0.1444	0.0677	0.2507
采掘业	10.9879	8.5677	2.9897	0.1111	0.6681
制造业	0.3993	2.4261	0.3684	0.0438	0.4104
其中：食品、饮料业	0.3506	2.0157	0.3967	0.0981	0.4915
纺织、服装、皮毛	0.2167	0.8689	0.2134	0.0348	0.4868
木材、家具	0.1414	0.6873	0.5598	0.1615	0.6343
造纸、印刷	-0.0629	2.1984	0.2385	-0.0106	0.3316
石油、化学、塑胶、塑料	0.1870	2.8368	0.3404	0.0327	0.4407
电子	0.0362	0.7998	0.2534	0.0831	0.4689
金属、非金属	0.6628	6.6469	0.7036	0.0589	0.3575
机械、设备、仪表	0.5908	1.6287	0.3122	0.0324	0.3309
医药、生物制品	0.2929	1.7574	0.3078	0.0724	0.5395
其他制造业	1.1974	1.8428	0.6295	-0.2596	0.4657
电力、煤气及水的生产和供应业	2.6051	9.8022	0.8835	0.1935	0.8789
建筑业	1.3343	2.2766	1.5741	0.0392	0.1460
交通运输仓储业	1.8594	8.8344	1.8575	-0.0588	0.6152
信息技术业	0.1324	0.7766	0.3523	-0.0003	0.4224
批发和零售贸易	1.1436	1.0573	0.2664	0.1874	0.8802
金融业	170.6068	11.8781	3.0405	-1.0177	2.3843
房地产业	1.0007	1.1892	0.2958	-0.0820	0.3401
社会服务业	0.0899	3.1033	0.4951	0.0694	0.8691
传播与文化产业	1.4141	0.9123	0.5703	0.1562	0.5492
综合类	0.9949	1.6671	1.5905	-0.0484	0.6885

7.2　中国上市公司分地区投资状况分析

我们按照上市公司注册所在省、自治区或直辖市对中国上市公司样本总体进行分组统计，结果如图 2-75 至图 2-79 及表 2-25 所示。

数据显示,注册地在北京、上海和重庆的公司新增金融资产投资列前三名,后三名为注册在广西、湖北、宁夏的公司(见图2-75)。注册地在新疆、内蒙古、河北的公司新增固定资产投资最多,浙江、福建和江苏的公司新增固定资产投资较低(见图2-76)。注册地在云南、山西、贵州的公司新增无形资产投资平均值分别为3.71亿元、1.77亿元和1.48亿元,是新增无形资产投资的前三名,后三名为辽宁、西藏和青海,其新增无形资产投资平均值分别为0.02亿元、-0.03亿元和-0.54亿元(见图2-77)。

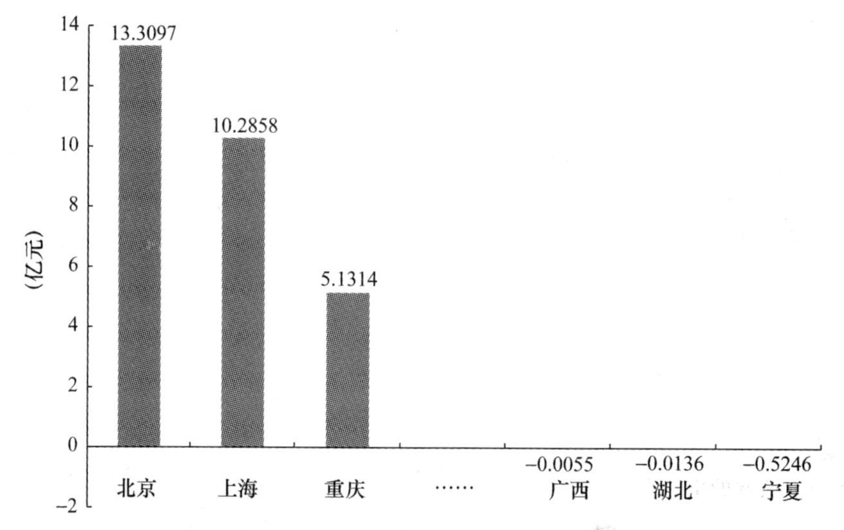

图2-75 上市公司平均新增金融资产投资最多与最少的省份

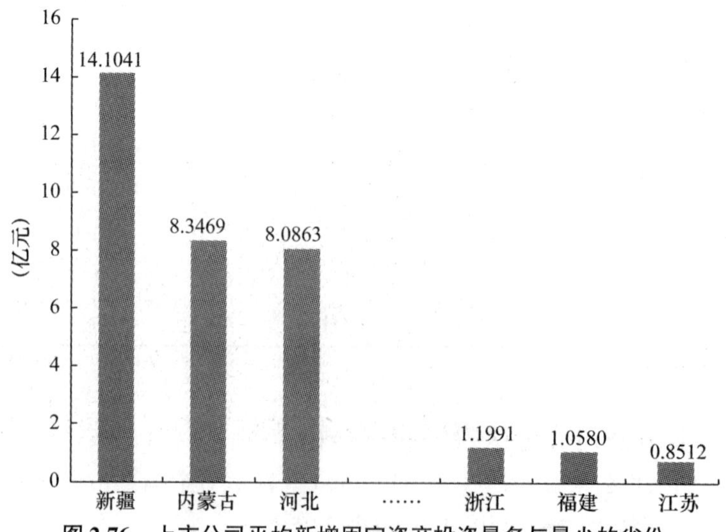

图2-76 上市公司平均新增固定资产投资最多与最少的省份

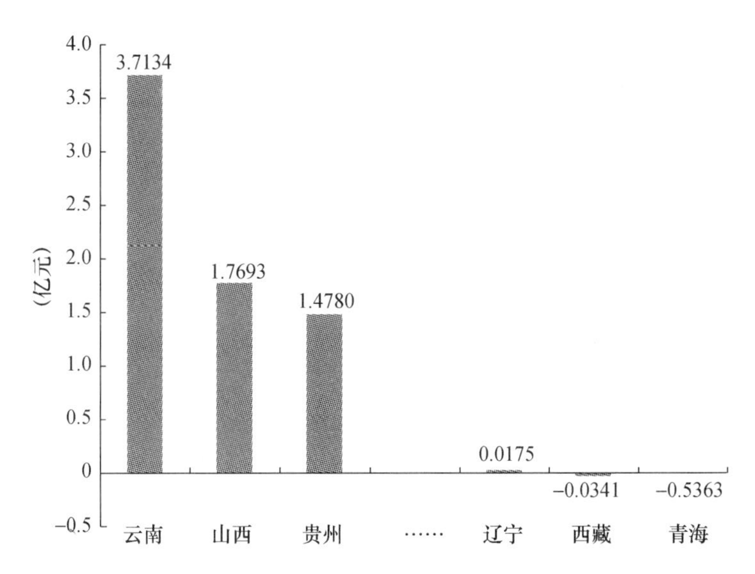

图 2-77　上市公司平均新增无形资产投资最多与最少的省份

另外,现金再投资比率平均值最高的三个省份是西藏、黑龙江和北京,这三个省份可用于再投资现金多,企业再投资能力强;而注册在吉林、宁夏、青海的公司现金再投资比率低,现金再投资能力差(见图 2-78)。

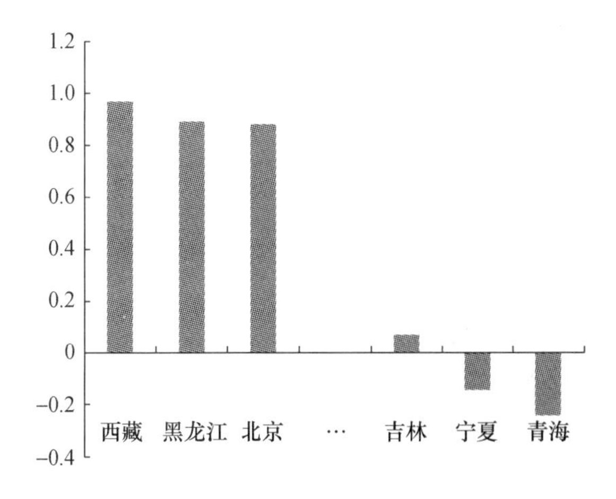

图 2-78　上市公司现金再投资比率最大与最小的省份

表2-25 列示了分地区(省份)的投资状况。

表2-25　中国上市公司分地区投资状况

	新增金融性投资(亿元)	新增固定资产投资(亿元)	新增无形资产投资(亿元)	现金再投资比率	现金满足投资比率
安徽	0.4947	2.5962	0.4748	-0.1108	0.4304
北京	13.3097	5.5562	1.2158	0.0939	0.8779
福建	0.4930	1.0580	0.3341	-0.0339	0.3201
甘肃	0.4957	4.3846	0.4340	0.0711	0.5178
广东	2.9354	1.9413	0.5532	0.0099	0.5394
广西	-0.0055	2.9060	0.4918	-0.1361	0.0695
贵州	0.1061	1.4913	1.4780	0.0610	0.5660
海南	2.0106	4.3002	0.3864	0.0342	0.3568
河北	0.8749	8.0863	0.5100	-0.2105	0.3357
河南	0.4193	2.4455	0.5491	0.0643	0.3719
黑龙江	1.0709	1.2912	1.1372	0.0710	0.8962
湖北	-0.0136	2.6117	0.7004	0.0640	0.3639
湖南	0.5181	1.2008	0.1697	0.1046	0.5221
吉林	0.7630	3.3066	0.4242	0.0188	0.0674
江苏	1.7629	0.8512	0.1649	0.0607	0.3853
江西	0.5376	1.5059	0.1680	0.1192	0.6474
辽宁	0.4930	4.8117	0.0175	0.0366	0.2929
内蒙古	1.3028	8.3469	1.2371	-0.4288	0.3588
宁夏	-0.5246	2.2959	0.1532	-0.3125	-0.1477
青海	2.6074	1.7469	-0.5363	-0.0068	-0.2471
山东	0.3704	1.8605	0.8504	0.0285	0.5058
山西	0.7788	6.6475	1.7693	-0.3725	0.0970
陕西	0.7236	1.3091	0.1035	-0.0844	0.3886
上海	10.2858	2.1240	0.4759	0.0656	0.6419
四川	0.6265	2.2668	0.9001	0.0740	0.4013
天津	0.1890	4.2283	0.3248	-0.1676	0.8521
西藏	0.1004	5.0911	-0.0341	0.2470	0.9732

（续表）

	新增金融性投资（亿元）	新增固定资产投资（亿元）	新增无形资产投资（亿元）	现金再投资比率	现金满足投资比率
新疆	0.2869	14.1041	0.6018	0.0575	0.2397
云南	0.1692	5.7384	3.7134	0.0896	0.1681
浙江	1.8585	1.1991	0.2146	0.1094	0.6428
重庆	5.1314	6.3964	0.7739	0.0626	0.3255
总计	3.1085	2.8316	0.5813	0.0276	0.5034

7.3　中国上市公司不同第一大股东和最终控制人投资状况分析

我们按照上市公司第一大股东持股比例对样本总体进行分组统计，具体做法是，把第一大股东持股比例分为 4 组：20% 以下、20%—40%、40%—60% 和 60% 以上，统计结果如表 2-26 和表 2-27 所示。

数据显示，第一大股东持股比率低于 20% 的上市公司新增无形资产投资、现金再投资比率、现金满足投资比率均值分别为 0.0809 亿元、-0.4867 和 0.4415，均排在最后，这表明其投资状况较差；第一大股东持股比率超过 60% 的上市公司新增金融性资产投资、新增无形资产投资、现金满足比率分别为 3.3128 亿元、0.6143 亿元和 0.4807，均排名第一，新增固定资产投资为 2.8155 亿元，排名第三，表明其投资状况最好（见表 2-26）。

表 2-26　中国上市公司不同第一大股东持股比例投资状况均值分析

	新增金融资产投资（亿元）	新增固定资产投资（亿元）	新增无形资产投资（亿元）	现金再投资比率	现金满足投资比率
持股比例 < 20%	2.1148	3.3117	0.0809	-0.4867	0.4415
20% ≤ 持股比例 < 40%	1.0233	2.1981	0.4413	0.0522	0.7533
40% ≤ 持股比例 < 60%	2.0885	4.3521	0.2351	0.1067	0.7731
持股比例 ≥ 60%	3.3128	2.8155	0.6143	0.0374	0.4807

最后，我们按照上市公司最终控制人性质对上市公司样本总体进行分组，并分别进行了描述性统计，需要指出的是：我们将 CSMAR 数据库中社会团体控股、职工持股会控股和其他无控制人的情况归属于其他情况，最终分为 5 类：国有控股、民营控股、外资控股、集体控股和其他，具体结果如表 2-27 所示。

表 2-27　中国上市公司不同最终控制人投资状况

	新增金融资产投资（亿元）	新增固定资产投资（亿元）	新增无形资产投资（亿元）	现金再投资比率	现金满足投资比率
国有控股	2.6998	2.7045	0.4741	0.0296	0.4753
民营控股	2.8147	2.4335	1.0816	0.0128	0.6049
外资控股	32.9960	6.5445	0.6124	0.1484	1.4371
无控制人	4.8503	8.9250	2.4444	−0.1066	0.6183
其他	0.2627	2.5467	0.5428	0.1207	0.2247

统计中，国有控股上市公司和民营控股上市公司数量最多，共同占据了上市公司总数的96.17%，比上年略有下降，表现最好的是外资控股公司，其新增金融资产投资为32.9960亿元、现金再投资比率为0.1484，现金满足比率1.4371在各类型控股数据中排名第一，进步明显。而国有控股和民营控股较之上年排名情况略有下降，几乎各项指标都垫底。投资状况堪忧。

第三篇
治理篇

1 公司治理改革、公司治理评价与治理指数

1.1 中国公司治理改革发展沿革

三十多年来,全球公司治理研究的关注主体已由英、美、日、德等主要发达国家,扩展到转轨和新兴市场国家。在中国企业改革的足迹里,现代企业制度、公司化、法人治理结构、公司治理机制等词汇已经成为人们耳熟能详的改革标识。中国企业改革,走过了以公司治理为主线的三十多年,可以说公司治理是企业变革的核心。企业改革的大前提往往是经济体制首先发生变化,1978 年之前中国实行的是计划经济体制,之后陆续进行了一系列改革,最后市场经济体制建立。伴随中国经济体制转型,公司治理也正在从行政型治理向经济型治理转型,这是中国公司治理改革的主线;治理转型过程中,中国公司治理也在经历着从"形似"到"神似"的升华过程。回顾这三十余年的中国经济和企业的发展,我们可以将这一时期的公司治理实践分为观念导入、结构构建、机制建立和日臻完善四个阶段。

第一阶段:公司治理的观念导入阶段(1978—1992 年)。1978 年十一届三中全会以后,中国经济体制开始由计划经济向有计划的商品经济转变,国家逐步下放和扩大国有企业的自主权,在国有企业的经营管理上,由单一的政府直接管理转变为政府直接管理和企业适度自主经营相结合的"双轨制管理"。企业的称谓开始由"国营"逐步转变为"国有"(赵国英,2009)。企业在完成指令性计划的同时,可以自主开发市场,经批准可以投资开办企业。1984 年开始,国有企业内部管理体制由党委领导下的厂长(经理)负责制逐步转变为厂长(经理)负责制,并于 1987 年进入全面实施阶段。1988 年正式颁布《中华人民共和国全民所有制工业企业法》,确定了全民所有制企业的法人地位,结束了全民所有制企业法律地位不明确的状况。始于 1978 年的中国国有企业改革,在经过扩大企业经营自主权、利改税、承包经营责任制和转换企业经营机制改革后,到 20 世纪 90 年代初中期,企业经营管理人员尤其是经理人员获取了过大的不受约束与控制的权力。在消除行政型治理,但尚未建立经济型治理的过程中出现了内部人控制(Insider Control)问题,许多学者认为这是中国当时的法人治理结构不完善,企业内部缺乏对经营管理人员有效的制衡机制造成的。基于这样的背景,从解决内部人控制入手展开法人治理结构的搭建与完善,属于探索性的治理实践,从观念上开始导入公司治

理,但这一阶段对公司治理的认识还局限于法人治理结构层面,搞法人治理结构更多是实现制衡的目的,即制衡“一把手”。

第二阶段:公司治理结构构建阶段(1993—1998年)。1993年十四届三中全会《关于建立社会主义市场经济体制若干问题的决定》指出,国有企业改革的方向是建立产权明晰、权责明确、政企分开、管理科学的现代企业制度,但文件中还没有直接讲公司治理问题。随着两个交易所的先后设立,1993年4月,国务院发布了《股票发行与交易管理暂行条例》;同年6月,中国证监会制定了《公开发行股票公司信息披露实施细则》,信息披露是公司治理的重要内容之一。1994年7月,《公司法》正式实施,从法律上对规范股份有限公司的设立和运作,以及股票的发行和上市做出了明确规定,特别是明确了三会治理结构;《公司法》出台前,股份公司的设立及其股票的发行和上市,主要是依据原国家经济体制改革委员会1992年5月制定和实施的《股份有限公司规范意见》以及国务院1993年4月发布和执行的《股票发行与交易管理暂行条例》。1998年4月,两个交易所推出特别处理(Special Treatment,ST)制度,2007年东北高速(600003)成为首家因公司治理问题被ST的公司。1998年通过的《证券法》中关于投资者权益、持续信息披露和对经营者约束等规定均为公司治理的内容。通过上述内容分析,我们不难看出,这一阶段的公司治理已经实现了由观念导入到结构构建的转变,特别是《公司法》的正式推出,使公司治理实践有了现实的主体和法律基础,因为按照《中华人民共和国全民所有制工业企业法》注册的企业,不存在董事会、监事会等治理问题。尽管这一阶段有了《公司法》这一根本制度,但在治理实践上,各公司多数只是满足《公司法》的基本要求而已,搭建了公司治理基本架构,治理机制没有很好地发挥作用,最明显的证据就是各公司章程与工商部门提供的范例相似性极高,董事会和监事会也多数局限于开开会,从“形”上符合治理的要求,更多强调的是治理的合规性。这一阶段过程中,如何处理好新三会与老三会的关系还没有找到合适的解决办法(卢昌崇,1994)。

第三阶段:公司治理机制建立阶段(1999—2012年)。以1999年十五届四中全会《中共中央关于国有企业改革和发展若干重大问题的决定》为标志,中国公司治理实践进入一个新的阶段,即相对深入阶段,开始注重治理机制的建立。该决定指出公司制是现代企业制度的一种有效组织形式,而法人治理结构是公司制的核心,这是中国第一次在文件中正式提到法人治理结构概念。为了保证董事会的独立性和更好地保护中小股东权益,2001年8月中国证监会推出《关于在上市公司建立独立董事制度的指导意见》,正式导入英美公司治理模式中的独立董事制度,实现了监事会和独立董事的双重监督。2002年1月中国证监会和国家经贸委联合发布了《中国上市公司治理准则》,使上市公司的治理有章可循。股权结构是公司治理的基础,2002 年出台的《合格境外机构投资者境内证券投资管理暂行办法》(Qualified Foreign Institutional Investors,QFII),以及随后出台的《外国投资者对上市公司战略投资管理办法》《关于外国投资者并购境内企业的规定》《关于上市公司股权分置改革试点有关问题的通知》等规定,都从完善公司股权层面来进行探索。2003 年十六届三中全会通过的《中共中央关于完善社会主义市场经济体制若干问题的决定》,明确提出不但要建设公司治理,而且要完善公司治理。同年,国务院国资委成立,之后各地方国资委相继成立,结束了中国国有企业"多龙治水"的局面,使国有企业出资人这一主体得到明确。为全面深入贯彻落实《国务院关于推进资本市场改革开放和稳定发展的若干意见》,中国证监会 2005 年推出《关于提高上市公司质量意见》的"二十六条",其中第三条对上市公司治理进行了明确规定。随着公司治理实践的深入,实践当中出现的一些治理问题需要以法的形式对其进行总结,2005 年进行了《公司法》的修改,2006 年实施的新《公司法》在完善公司治理基本制度方面有颇多建树。2007 年 3 月,中国证监会发文《关于开展加强上市公司治理专项活动有关事项的通知》,拉开了公司治理专项活动的序幕,使中国上市公司治理状况得到进一步改善。纵观中国企业发展的历史,可以看出中国企业改革的"宝"押在了股份制上,始于 2004 年的我国央企董事会试点改革已初具规模,截至 2012 年年初,117 家大型国有独资公司中已有 40 家引入董事会制度,使国有企业治理水平得到显著提高。与上一阶段公司治理实践相比,这一阶段的重要性不言而喻,该治理阶段主要是围绕如何建立治理机制,除了完善《公司法》《证券法》等法律,还有《上市公司治理准则》《国务院关于推进资本市场改革开放和稳定发展的若干意见》《关于提高上市公司质量意见的通知》《公开发行股票公司信息披露实施细则》《上市公司章程指引》等具体的规章制度。

第四阶段:公司治理日臻完善阶段(2013 年至今)。2013 年十八届三中全会《中共中央关于全面深化改革若干重大问题的决定》指出要推动国有企业完善现代企业制度。具体内容有健全协调运转、有效制衡的公司法人治理结构;建立职业经理人制度,更好地发挥企业家作用;深化企业内部管理人员能上能下、员工能进能出、收入能增能减的制度改革;建立长效激励约束机制,强化国有企业经营投资责任追究;探索推进国有企业财务预算等重大信息公开;国有企业要合理增加市场化选聘比例,合理确定并严格规范国有企业管理人员薪酬水平、职务待遇、职务消费、业务消费等。这一阶段在实现公司治理形似的基础上,探索如何发挥公司治理机制的有效作用,改革的目标是不但要实现治理的"形"似,还要"神"似。公司治理是国家治理体系的重要组成部分,是治理能力现代化的基础,提高公司治理有效性是未来一段时间内我国公司治理改革的风向标。

1.2 公司治理评价与治理指数

1.2.1 公司治理评价的意义

股市的健康发展需要四个条件:一是宏观经济的基本面要好;二是上市公司质量要高;三是投资者的成熟度和理性度要高;四是监管要适度、有效(成思危,2009)。公司治理评价源于人们对公司价值的关注。除了公司绩效评价,越来越多的投资者开始关注公司治理状况,因为公司治理是公司质量最重要的方面。完善的公司治理机制对于保证市场秩序具有十分重要的作用,公司治理改革已经成为全球性的焦点问题。近二十年来,全球公司治理研究的关注主体由以美国为主逐步扩展到英、美、日、德等主要发达国家,而最近几年已扩展到转轨和新兴市场国家。研究内容也随之从治理结构与机制的理论研究,扩展到治理模式与原则的实务研究;目前治理质量与治理环境备受关注,研究重心转移到公司治理评价和治理指数。公司治理经过三十多年的探索与积累,已取得一些成效:相关法律、法规、政策体系的形成,治理有所依;多层次治理监管体系的搭建,治理有所约;上市公司治理水准逐渐提高,治理有所得。尽管中国上市公司治理起步晚于国外,但已经走过建立治理结构,俗称“搭架子”以及搞好治理机制的两步;而目前,中国上市公司治理进入到了以质量为核心的改革发展重要阶段,仅仅建立治理结构和机制是不够的,更重要的是实现治理的有效性,例如已经设立的提名委员会,是否能真正提名,这是我们治理要走的第三步。其中,公司治理评价又是非常重要的环节,通过评价及时发现治理存在问题,进而提高治理有效性。

公司治理研究的重要任务之一就是探讨如何建立一套科学完善的公司治理评价系统。通过系统的运行,一方面为投资者提供投资信息,另一方面可以掌握公司治理的现状,观察与分析公司在对利益相关者权益保护、公司治理结构与治理机制建设等方面的现状与问题,促进提高公司治理质量及公司价值。公司治理理论界以及实务界迫切需要了解以下问题:中国公司治理的质量如何,如何规范股东大会以及怎样才能确保公司的独立性,董事会如何运作才能形成完善的决策与监督机制,采用何种激励与约束机制才能有效降低代理成本并促使代理人为公司长期发展而努力,决定公司治理质量的主要因素有哪些,公司治理存在的风险有哪些、其程度如何,公司治理对投资者及其他利益相关者的利益有何影响,公司治理机制的建立与完善会如何影响公司绩效。解决上述问题的核心是建立一套适应中国公司治理环境的公司治理评价系统和评价指数,用以掌握中国公司的治理结构与治理机制完善状况,公司治理风险的来源、程度与控制,并进一步观察与分析中国公司在控股股东行为、董事会运作、经营层激励约束、监事会监督以及信息披露等方面的现状、存在的风险和治理绩效等。进行公司治理评价具有十分重

要的意义,具体包括以下五个方面:

第一,有利于政府监管,促进资本市场的完善与发展。公司治理指数反映了公司治理水平,详细编制并定期公布公司治理指数,能够使监管部门及时掌握被监管对象的公司治理结构与治理机制的运行状况,从而在信息反馈方面确保其监管有的放矢。同时,有利于政府监管部门及时掌握中国公司治理状况以及相关的准则、制度等的执行情况。利用该系统,政府监管部门可以及时了解被监管对象在控股股东行为,董事会、监事会、高管人员的任选与激励约束机制以及信息披露与内部控制等方面的建立与完善程度以及可能存在的公司治理风险等,有利于有效发挥监管部门对于公司的监管作用。

第二,有利于形成公司强有力的声誉制约并促进证券市场质量的提高。基于融资以及公司持续发展的考虑,公司应当注重其在证券市场以及投资者中的形象。公司治理评价系统的建立,可以对公司治理的状况进行全面、系统、及时的跟踪,从而形成强有力的声誉制约。定期将评价的结果公布,弥补了中国企业外部治理环境约束较弱的缺陷。由于公司治理评价状况的及时公布而产生的声誉约束,可以促使公司不断改善公司治理状况,最大限度地降低公司治理风险,因而有利于上市公司质量的提高,强化公司信用。公司信用是建立在良好的公司治理结构与治理机制的基础之上的,治理状况良好的公司一般具有良好的企业信用。上市公司质量的提升和公司信用的增强,会促进证券市场的质量的提升,有利于证券市场的健康发展。

第三,有利于公司科学决策与监控机制的完善和诊断控制。公司治理指数使公司(被评价对象)能够及时掌握本公司治理的总体运行状况以及公司在控股股东行为。董事会、监事会、经理层等方面的治理状况以及信息披露与内部控制状况,及时对可能出现的问题进行诊断,有针对性地采取措施,从而确保公司治理结构与治理机制处于良好的状态中,进而提高公司决策水平和公司竞争力。定期的公司治理评价信息,将使管理当局及时地掌握公司治理潜在的风险,并采取积极的措施降低与规避监控风险;公司管理层利用公司治理评价所提供的公司治理质量、公司治理风险的全面信息,可以了解其本身的治理状况,为科学决策提供信息资源。例如,可以开发基于公司监控和诊断的公司治理计分卡,并用于指导公司科学决策。

第四,为投资者投资提供鉴别工具并指导投资。及时量化的公司治理指数,能够使投资者对不同公司的治理水平与风险进行比较,掌握拟投资对象在公司治理方面的现状与可能存在的风险。同时根据公司治理指数、风险预警与公司治理成本以及公司治理绩效的动态数列,可以判断投资对象公司治理状况与风险的走势及其潜在投资价值,从而提高决策水平。传统上投资者主要分析投资对象的财务指标,但财务指标具有局限性。建立并定期公布公司治理指数,将促进信息的公开,降低信息不对称性,提高决策科学性。例如,成立于1992年的LENS投资管理公司的投资选择原则是从财务评价和公司治理评价两个角度找出价值被低估和可以通过公司治理提高价值的公司。美国机构投资者服务公司与英国富时还建立起了公司治理股价指数,为其会员提供公司治理咨询服务。韩国也建立了公司治理股价指数。

第五,有利于建立公司治理研究平台,提高公司治理研究水平。中国公司治理指数使公司治理的研究由理论层面的研究具体到量化研究和实务研究,有利于解决公司治理质量、公司治理风险、公司治理成本与公司治理绩效度量这些科学问题。公司治理评价过程中的一系列调查研究的成果是顺利开展对公司治理实证研究的重要数据资源。这一平台的建立将使公司治理理论研究与公司治理实践得以有机结合,进一步提高公司治理理论研究对公司治理实践的指导作用。

1.2.2 国内外主要的公司治理评价系统

国内外对公司治理评价与指数的研究经历了公司治理的基础理论研究、公司治理原则与应用研究、公司治理评价系统与治理指数研究的过程,并由商业机构的公司治理评价发展到非商业性机构的公司治理评价。社会对公司治理评价的关注是基于满足公司治理实务发展的需要,尤其是机构投资者投资的需要。

公司治理评价萌芽于1950年杰克逊·马丁德尔(Jackson Martindell)提出的董事会绩效分析,随后一些商业性的组织也推出了公司治理状况的评价系统。最早的规范性公司治理评价研究是由美国机构投资者协会在1952年设计的正式评价董事会的程序,随后出现了公司治理诊断与评价的系列研究成果,如Salmon(1993)提出诊断董事会的22个问题;1998年标准普尔公司(Standard & Poor's)创立公司治理服务系统,该评价系统于2004年进行了修订;1999年欧洲戴米诺(Deminor)推出戴米诺公司治理评价系统;2000年亚洲里昂证券(Credit Lyonnais Securities Asia, CLSA)推出里昂公司治理评价系统;2003年南开大学李维安教授率领的南开大学中国公司治理研究院评价课题组推出中国第一个全面系统的公司治理评价系统,即中国上市公司治理评价系统,并于2004年公布《中国公司治理评价报告》,同时发布中国上市公司治理指数(China Corporate Governance Index of Nankai University, $CCGI^{NK}$)。

美国机构投资者服务公司(Institutional Shareholder Services)还建立了全球性的公司治理状况数据库,为其会员提供公司治理服务;另外还有布朗斯威克(Brunswick Warburg)、ICLCG(Institute of Corporate Law and Corporate Governance)、ICRA(Information and Credit Rating Agency)、世界银行公司评价系统、泰国公司治理评价系统、韩国公司治理评价系统、日本公司治理评价系统(CGS、JCGIndex)以及台湾公司治理与评等系统等。详细情况如表3-1所示。

表3-1 国内外主要公司治理评价系统

公司治理评价机构或个人	评价内容
杰克逊·马丁德尔(Jackson Martindell)	社会贡献、对股东的服务、董事会绩效分析、公司财务政策
标准普尔(S&P)	所有权结构、利益相关者的权利和相互关系、财务透明度和信息披露、董事会结构和程序
戴米诺(Deminor)	股东权利与义务、接管防御的范围、信息披露透明度、董事会结构
里昂证券(CLSA)	管理层的约束、透明度、小股东保护、独立性、公平性、问责性、股东现金回报以及公司社会责任
美国机构投资者服务组织(ISS)	董事会及其主要委员会的结构、组成、公司章程和制度、公司所属州的法律、管理层和董事会成员的薪酬、相关财务业绩、"超前的"治理实践、高管人员持股比例、董事的受教育状况
戴维斯和海德里克(DVFA)	股东权利、治理委员会、透明度、公司管理以及审计
布朗斯威克(Brunswick Warburg)	透明度、股权分散程度、转移资产/价格、兼并/重组、破产、所有权与投标限制、对外部人员的管理态度、注册性质
公司法与公司治理机构(ICLCG)	信息披露、所有权结构、董事会和管理层结构、股东权利、侵吞(Expropriation)风险、公司的治理历史
信息和信用评级代理机构(ICRA)	所有权结构、管理层结构(含各董事委员会的结构)、财务报告和其他披露的质量、股东利益的满足程度
宫岛英昭、原村健二、稻垣健一等日本公司治理评价体系(CGS)	股东权利、董事会、信息披露及其透明性三方面,考察内部治理结构改革对企业绩效的影响
日本公司治理研究所公司治理评价指标体系(JCGIndex)	以股东主权为核心,从绩效目标和经营者责任体制、董事会的机能和构成、最高经营者的经营执行体制以及股东间的交流和透明性四方面评价
泰国公司治理评价系统	股东权利、董事品质、公司内部控制的有效性
韩国公司治理评价系统	股东权利、董事会和委员会结构、董事会和委员会程序、向投资者披露和所有权的平等性
香港城市大学公司治理评价系统	董事会结构、独立性或责任,对小股东的公平性,透明度及披露,利益相关者角色、权利及关系,股东权利
台湾辅仁大学公司治理与评等系统	董(监)事会组成、股权结构、参与管理与次大股东、超额关系人交易、大股东介入股市的程度
GMI(Governance Metrics International)治理评价系统	透明度与披露(含内部监控)、董事会问责性、社会责任、股权结构与集中度、股东权利、管理人员薪酬、企业行为

（续表）

公司治理评价机构或个人	评价内容
世界银行治理评价系统	公司治理的承诺、董事会的结果和职能、控制环境和程序、信息披露与透明度、小股东的待遇
中国社会科学院世界经济与政治研究所公司治理研究中心	股东权利、对股东的平等待遇、公司治理中利益相关者的作用、信息披露和透明度、董事会职责、监事会指责
南开大学中国上市公司治理指数（$CCGI^{NK}$）	控股股东、董事会、监事会、经理层、信息披露、利益相关者

资料来源：南开大学中国公司治理研究院2014年中国公司治理评价报告。

一般而言，公司治理评价系统具有四个共同特征：一是评价系统均是由一系列详细指标组成，且各个评价系统均包括了股东权利、董事会结构及信息披露三个因素。二是在所有的评价系统中，评分特点是相同的。总体而言，较低的得分意味着较差的治理水平，反之意味着较好的治理状况。但也有两个例外，一个例外是ICRA评价系统，它使用相反的评分方法，公司治理评级CGR1意味着最好的治理状况，公司治理评级CGR6意味着最低的治理水平；另一个例外是布朗斯威克的治理风险分析，它是以惩罚得分的形式来计算，得分越高的公司治理风险越大。三是绝大多数评价系统都使用了权重评级方法，根据治理各要素重要程度的不同赋予不同的权重，从而计算出公司治理评价值。四是获取评价所需信息的方法是一致的，主要来自公开可获得信息，其他信息通过与公司关键员工的访谈而获得。不同评价系统的主要区别在于两个方面：第一，一些评价系统是用来评价某一个别国家公司的治理状况，例如DVFA、布朗斯威克等，另一些评价系统则涉及多个国家的公司治理评价，如标准普尔、戴米诺和里昂证券评价系统包含了国家层次的分析，这些评价中使用的标准都很相似。第二，各评价系统在采用指标、评价指标构成以及关注重点方面都存在显著差异。如标准普尔以OECD公司治理准则、美国加州基金（CalPERS）等提出的公司治理原则以及国际上公认的对公司治理要求较高的指引、规则等制定评价指标体系。公司层面的评价包括所有权结构及其影响、利益相关者关系、财务透明与信息披露、董事会的结构与运作四个维度，而里昂证券的评价涉及管理层的约束、透明度、小股东保护、独立性、公平性、问责性、股东现金回报以及公司社会责任八个维度。

公司治理评价的研究与应用对公司治理实践具有指导意义。正如上述对不同评价系统的对比所看到的，不同的评价系统有不同的适用条件，中国公司的治理环境、治理结构和机制与国外有很大的差别，因而直接将国外评价系统移植到国内必将产生水土不服的现象。只有借鉴国际经验，结合中国公司所处的法律环境、政治制度、市场条件以及公司本身的发展状况,设置具有中国特色的公司评价指标体系,并采用科学的方法对公司治理状况做出评价,才能正确地反映中国公司治理状况。在实地调研和多次讨论的基础上,南开大学中国公司治理研究院评价课题组在2003年4月推出由80多个指标组成的中国上市公司治理评价指标体系,并在2004年2月正式发布有中国上市公司治理状况"晴雨表"之称的中国上市公司治理指数(CCGI^{NK}),之后每年发布一次。中国上市公司治理指数充分考虑了中国公司治理环境的特殊性。本篇正是基于中国上市公司治理指数来对我国上市公司最新治理状况以及最近11年我国公司治理动态趋势做出分析和判断,以期更好地提升中国上市公司治理水平。

2 中国上市公司治理指数研发与构成

2.1 中国上市公司治理指数研发历程

中国上市公司治理指数的研究发展呈现为渐进式的动态优化过程。具体来说,中国上市公司治理指数的形成经历了四个阶段。

第一阶段:研究并组织制定《中国公司治理原则》阶段。在中国经济体制改革研究会的支持下,南开大学中国公司治理研究院课题组于 2001 年推出的《中国公司治理原则》,被中国证监会《中国上市公司治理准则》以及太平洋经济合作理事会(Pacific Economic Cooperation Council,PECC)组织制定的《东亚地区治理原则》所吸收借鉴,为建立公司治理评价指标体系提供了参考性标准。

第二阶段:构建"中国上市公司治理评价指标体系"阶段。历时两年调研,2001 年 11 月,第一届公司治理国际研讨会推出《在华三资企业公司治理研究报告》。2003 年 4 月,经反复修正,提出"中国上市公司治理评价指标体系",围绕公司治理评价指标体系,2003 年 11 月,第二届公司治理国际研讨会征求国内外专家意见,根据前期的研究结果和公司治理专家的建议,最终将公司治理指标体系确定为六个维度,具体包括股东治理指数、董事会治理指数、监事会治理指数、经理层治理指数、信息披露指数和利益相关者治理指数,合计 80 多个评价指标。

第三阶段:正式推出中国上市公司治理指数和《中国公司治理评价报告》阶段。基于评价指标体系与评价标准,构筑中国上市公司治理指数,2004 年首次发布《中国公司治理评价报告》,报告应用中国上市公司治理指数第一次对中国上市公司进行大样本全面量化评价分析,之后每年度发布一次《中国公司治理评价报告》,持续至今。

第四阶段:中国上市公司治理评价系统应用阶段。在学术上,公司治理评价系统为课题、著作、文章等系列成果的研究提供了平台,课题组获得国家自然科学基金重点项目和国家社科重大招标项目支持,《中国公司治理评价报告》在商务印书馆、高等教育出版社以及国际出版社等出版。此外,还为监管部门、媒体等机构的治理工作提供支持,为企业提升治理水平提供指导。中国上市公司治理指数连续多年应用于"CCTV 中国最具价值上市公司年度评选"。央视财经 50 指数(399550)于 2012 年 6 月 6 日在深圳证券交易所上市,央视财经 50 指数以创新、成长、回报、治理、社会责任五个维度为考察标准，树立了价值投资新标杆，其中的公司治理维度应用该评价系统。2008 年接受国务院国资委委托，对央企控股公司治理状况进行评价，2007 年接受中国保监会委托，基于该评价系统设计我国保险公司治理评价标准体系。该评价系统也应用于联合国贸易和发展会议对中国企业的公司治理状况抽样评价和世界银行招标项目，2007 年 10 月 30 日至 11 月 1 日，应联合国贸易和发展会议邀请，李维安教授参加了在瑞士日内瓦召开的 ISAR 专家组第 24 届会议，并就《中国公司治理信息披露项目》做大会报告；应用于国务院国资委国有独资央企董事会建设与评价和国家发改委委托项目推出的"中国中小企业经济发展指数"等研究。基于该系统，课题组构建了中国公司治理指数数据库，研发了中国公司治理股价指数，设计了中国公司治理计分卡。

2.2 中国上市公司治理指数构成

基于中国上市公司面临的治理环境特点，南开大学中国公司治理研究院评价课题组在总结了公司治理理论研究、公司治理原则、各类公司治理评价系统以及大量实证研究、案例研究成果的基础上，在 2003 年设计出中国上市公司治理评价系统，2004 年发布《中国公司治理评价报告》，同时发布中国上市公司治理指数。随后，于 2004 年、2005 年加以优化，广泛征求各方面的意见，对六个维度评价指标进行适度调整。通过对上市公司治理评价的实证研究，对部分不显著性指标进行调整；通过对公司实施公司治理评价，不断检验系统的有效性并进行优化；引入新的公司治理研究思想，例如利益相关者；听取各方面的意见，广泛研讨；紧密关注治理环境变化，并及时反映到评价系统中。最终形成的治理评价指标体系如表 3-2 所示。指标体系是公司治理指数的根本，不同环境需要不同的公司治理评价指标体系，中国上市公司治理指数反映了中国市场的诸多重要特征。此评价指标体系基于中国上市公司面临的治理环境特点，侧重于公司内部治理机制，强调公司治理的信息披露、中小股东的利益保护、上市公司独立性、董事会的独立性以及监事会参与治理等，从股东治理、董事会治理、监事会治理、经理层治理、信息披露和利益相关者治理六个维度，设置 19 个二级指标，具体有 80 多个评价指标，对中国上市公司治理的状况做出全面、系统的评价。

表 3-2　中国上市公司治理指数评价指标体系

指数(目标层)	六个维度(准则层)	公司治理评价各要素(要素层)
中国上市公司治理指数($CCGI^{NK}$)	股东治理($CCGI^{NK}SH$)	独立性
		中小股东权益保护
		上市公司关联交易
	董事会治理($CCGI^{NK}BOD$)	董事权利与义务
		董事会运作效率
		董事会组织结构
		董事薪酬
		独立董事制度
	监事会治理($CCGI^{NK}BOS$)	运行状况
		规模结构
		胜任能力
	经理层治理($CCGI^{NK}TOP$)	任免制度
		执行保障
		激励约束
	信息披露($CCGI^{NK}ID$)	可靠性
		相关性
		及时性
	利益相关者治理($CCGI^{NK}STH$)	参与程度
		协调程度

资料来源:南开大学中国公司治理研究院“中国上市公司治理评价系统”。

2.3　中国上市公司治理分维度评价指标体系

2.3.1　中国上市公司股东治理评价指标体系

中国转轨时期经济的复杂性决定了上市公司控股股东行为的复杂性,对于中国上市公司控股股东行为外部性的分析,控制权的范围要从上市子公司拓展到包括上市子公司、控股股东及其他关联公司甚至整个集团,体现为控股股东对集团资源的控制程度。上市公司与其控股股东之间存在着种种关联,控股股东对上市公司的行为往往超越了上市公司的法人边界。从保护中小股东利益的视角来看,我们可以从四个层次来反映控股股东行为与股东治理状况。首先,股东的平等待遇。遵循“资本多数”的原则,控股股东往往能够对股东大会加以控制。控股股东通过制定股东大会程序、股东参与条件来提高中小股东参加股东大会的成本,限制了中小股东的参与程度,难以保障所有股东得到足够和及时的信息。通过衡量股东大会投票制度、股东的参与度,可以对控股股东是否存在影响股东大会的行为加以判断。其次,引发控股股东行为负外部性的体制性诱因。在中国国有企业股份制改造过程中,上市公司与其控股股东之间往往存在着“资产混同”,模糊了上市公司的法人财产边界,为控股股东滥用上市公司资源、损害中小股东等其他利益相关者的利益创造了条件。上市公司相对于控股股东独立与否,可以反映出引发控股股东侵害小股东行为的体制性诱因程度。再次,控股股东行为负外部性的制约机制。各国对中小股东权益的保护,主要是通过在股东大会上强化中小股东对股东大会召集、提议等的影响力,来限制控股股东的权利。2002 年中国证监会和国家经贸委联合颁布的《中国上市公司治理准则》在保护股东权益、平等对待所有股东方面,做出了一些原则性的规定,成为《公司法》的有益补充。保护中小股东的制度是否健全、是否得到有效的实施,可以衡量在上市公司中是否形成制约控股股东行为、降低负外部性的有效机制。最后,控股股东行为负外部性的现实表现。上市公司的控股股东通过调动各子公司、关联公司的资源,可以实现集团整体利益的最大化,各公司间的有机协调、资源的互补,也可以发挥整个集团的“联合经济效应”,增强集团整体的竞争能力。但是,目前中国上市公司的控股股东存在着集团资源滥用的行为,体现在运营层面上时具有较强的负外部性,损害了中小股东的利益。

基于对股东行为特征的分析,我们构建了包括三个主因素层,合计 11 个指标的中国上市公司控股股东行为评价指标体系,如表 3-3 所示。

第一,独立性。由于法律法规的推出、监管的强化,以及上市公司自主治理水平的提高,上市公司在人员、业务、财务、资产、机构等方面的独立性得到了加强,但这种独立性大都停留在表面层次,上市公司相对股东单位的独立性仍需加强。我们在以下四个方面进行评价:首先,通过上市公司董事是否在控股股东处兼职来反映人员独立性情况。其次,通过主营业务是否重叠交叉来度量同业竞争,判断业务独立性情况。再次,通过计算从最终控制人到上市公司的控制链条层级的长度来判断现金流权与控制权分离程度;控制层级越长,最终控制人就越有可能通过金字塔式持股结构侵害中小股东利益。最后,通过观察控股股东是否将主业资产装入上市公司实现整体上市来进一步判断上市公司在人员、财务、经营上实现了独立。

第二,中小股东权益保护。该部分重点判断上市公司对中小股东保护相关法律、法规及原则的实施情况,是否根据法律法规建立了相应的实施细则;是否通过实际行动有效维护中小股东的权益。通过上市公司是否建立了累积投票权制度,制定了相关实施细则,是否在股东大会中实行了网络投票,来衡量中小股东的意志能否在公司决策中得到体现;通过股东大会参与性衡量股东参与股东大会的积极性;通过募集资金是否变更、变更程序是否经股东大会批准、是否说明原因来度量上市公司是否滥用募集资金;通过现金股利派发规模和连续性来度量上市公司对股东的回报。

第三,关联交易。该部分通过控股股东是否无偿占用上市公司资金、上市公司是否为控股股东及其他关联方提供贷款担保、控股股东与上市公司间关联交易的规模等三个指标反映控股股东滥用关联交易的情况。

表 3-3　中国上市公司股东治理评价指标体系

主因素层	子因素层	说明
独立性	人员独立性	考察董事在股东单位兼职比例,分析上市公司决策层和管理层相对于控股股东的独立性,其在处理股东利益冲突时能否保持平衡
	同业竞争	考察上市公司与控股股东公司在主营业务上是否存在重叠交叉
	控制层级	考察从最终控制人到上市公司的控制链条层级的长度,控制层级越长,导致现金流权与控制权分离,最终控制人就越有可能通过金字塔式持股结构侵害中小股东利益
	整体上市	考察上市公司控股股东是否实行了整体上市,整体上市可以起到避免同业竞争、理顺上市公司上下游产业关系、大量减少关联交易的积极效应
中小股东权益保护	股东大会投票制度	考察上市公司是否建立了累积投票权制度,制定了实施细则,是否在股东大会中实行了网络投票,衡量中小股东的意志能否在公司决策中得到体现
	股东大会参与性	考察股东参与股东大会的积极性,上市公司是否让尽可能多的股东参加大会
	募集资金使用情况	考察募集资金是否变更,变更程序是否经股东大会批准,是否说明原因
	现金股利分配	考察上市公司通过现金股利对投资者回报的规模及长期连续性
关联交易	关联方资金占用	考察关联方是否通过占用上市公司货币资金、欠付上市公司应收货款等手段损害中小股东利益
	关联担保	考察上市公司是否为大股东或其附属企业解决债务融资问题,以上市公司的名义为其贷款提供担保
	经营类和资产类关联交易	考察上市公司及控股股东是否通过日常经营类、股权类和资产类关联交易进行利润操作,获取控制权收益

资料来源:南开大学中国公司治理研究院"中国公司治理评价系统"。

2.3.2　中国上市公司董事会治理评价指标体系

董事会是公司治理的核心。作为股东和经理之间的连接纽带,董事会既是股东的代理人,又是经理人员的委托人和监督者,在公司的战略发展、重大决策方面发挥着至关重要的作用,是完善治理结构、优化治理机制的关键环节。董事会治理水平直接决定着公司潜在的治理风险以及长远发展。国内外相继爆发的安然、世通、德隆、创维等公司治理丑闻也验证了这一点。因此,董事会一方面要积极领导公司为投资者创造更多的财富,在资本市场上争取到充足的资本,服务好投资者这个“上帝”;另一方面还要关注消费者的利益和需求,在产品市场上获取消费者的支持和信任,服务好消费者这个“上帝”,从而实现公司的持续发展。通过对上市公司的董事会治理进行评价,无疑会推动中国上市公司董事会治理的改善与优化,从而为董事会建设提供系统性的制度保障。

董事会治理评价的开展可以从董事会履职基础层面,延伸至董事会结构完善及机制优化层面,最终体现在董事会在公司行为以及治理风险防范中发挥的重要作用。在现代公司的双重委托代理问题下,董事会是否能够抑制管理层对股东利益偏离的机会主义行为,是否能够克制控股股东的利益攫取行为而实现全部股东的财富最大化,在一定程度上取决于董事会职能边界及权利配属等基本理论问题是否能够明晰化。在实践层面,董事会的薪酬制定权利、提名权利、针对董事会议案的异议权利等在很多情况下也被“剥夺”,导致董事职能的虚化问题。董事会结构建设是董事会治理提升的基础,但仅具有完善的董事会治理结构还远不能实现董事会的高效运作,结构建设向机制优化的转型是提升现阶段中国上市公司董事会治理质量的关键环节。从关注董事会规模、董事会会议次数、董事会专业委员会设立情况、董事的专业背景等角度转向董事会议案决议、独立董事意见内容、董事会会议质量、董事团队氛围、董事会专业委员会履职状况等方面是现有研究面临的较大挑战。科学决策是董事会治理的重要目标,董事会在对公司行为的影响中扮演了重要的角色。完善的董事会治理结构、高效的董事会治理机制推动了公司科学的投融资决策、生产经营决策,并保证了公司财务质量的高水平。董事会作为公司治理的核心,其关键职责在于防范各种可能的治理风险。董事会应以治理风险防范为导向,建立适当的风险控制结构和机制,有效识别和控制公司运营中面临的各种治理风险,防止治理风险的累积和爆发。探讨治理风险导向的董事会治理机制和风险防控机制,搭建嵌入治理风险的董事会治理分析框架对于董事会治理研究具有重要的意义。

在已有评价指标体系和有关评价研究成果的基础上,结合中国上市公司董事会治理现状,以董事诚信、勤勉义务为核心,董事会治理评价指标体系从董事权利与义务、董事会运作效率、董事会组织结构、董事薪酬、独立董事制度五个维度,构筑了一套包括 24 个指标的中国上市公司董事会治理评价指标体系,并以此为标准对上市公司董事会治理状况进行评价分析,如表 3-4 所示。

第一,董事权利与义务。董事在公司的权利结构中具有特定的法律地位,同时还需承担特定的法律责任和义务。董事的来源、履职状况等会对董事权利与义务的履行状况产生重要的影响，从而在一定程度上决定了董事会治理的质量。对董事权利与义务状况进行的评价有助于提升董事会治理的质量。董事权利与义务主要考察董事来源、培训、履职的诚信勤勉情况等。董事权利与义务的评价指标主要包括董事权利与义务状态、董事赔偿责任制度、股东董事比例、董事年龄构成、董事专业背景和董事在外单位的任职情况。

第二，董事会运作效率。董事会作为公司的核心决策机构，承担着制定公司战略并对经理层实施有效监督的责任。董事会的运作效率直接决定着董事会职责的履行状况以及公司目标的实现程度。高效率的董事会运作有助于董事会更好地履行职责，制定更科学的公司发展规划，更有效率地监督管理人员，从而提升公司的持续价值创造能力。董事会运作效率主要考察董事会运作状况，以反映董事会功能与作用的实现状态。董事会运作效率的评价指标主要包括董事会规模、董事长与总经理的两权分离状态、董事与高管的职位重合情况、董事会成员的性别构成和董事会会议情况。

第三，董事会组织结构。董事会组织结构界定了董事会内部分工与协作的方式、途径等。董事会专业委员会的设立情况、董事的兼任情况等都会影响到董事会的运作。只有董事会内部权责分明、组织健全，才能保证董事会职责的履行。合理的董事会组织结构是董事会高效运转的前提。董事会组织结构主要考察董事会领导结构和专业委员会运行状况。董事会组织结构的评价指标主要包括董事会战略委员会的设置、审计委员会的设置、薪酬与考核委员会的设置、提名委员会的设置和其他专业委员会的设置。

第四，董事薪酬。公司的董事承担着制定公司战略决策和监督管理人员的责任，并且要履行勤勉义务和诚信义务。在赋予董事责任和义务的同时，给予董事合适的薪酬至关重要。具有激励效果的薪酬组合能够促进董事提高自身的努力程度，提高董事履职的积极性，促使董事与股东利益的趋同，并最终提升公司的核心竞争力。董事薪酬主要考察董事激励约束状况，包括短期激励和长期激励。董事薪酬的评价指标主要包括董事薪酬水平、董事薪酬形式和董事绩效评价标准的建立情况。

第五，独立董事制度。独立董事制度为上市公司的董事会引入了具有客观立场的独立董事。这些独立董事独立于上市公司，与上市公司之间没有利益关联，在一定程度上能够客观地发表见解，从而保护公司投资者的利益。在中国“一股独大”的股权结构下，需要建立独立董事制度来保证董事会的独立性以及决策的科学性。独立董事制度主要考察公司董事会的独立性及独立董事的职能发挥状况。独立董事制度的评价指标主要包括独立董事的专业背景、独立董事兼任情况、独立董事比例、独立董事激励和独立董事履职情况。

表 3-4　中国上市公司董事会治理评价指标体系

主因素层	子因素层	说明
董事权利与义务	董事的权利与义务状态	考察董事权利与义务清晰界定的程度
	董事赔偿责任制度	考察董事的责任履行
	股东董事比例	考察具有股东背景董事的比例
	董事年龄构成	考察董事年龄情况,尤其是大龄董事
	董事专业背景	考察董事的专业背景
	董事在外单位的任职情况	考察董事义务履行的时间保障
董事会运作效率	董事会规模	考察董事会人数情况
	董事长与总经理的两权分离状态	考察董事长与总经理的兼任情况
	董事与高管的职位重合情况	考察董事与高管的兼任情况
	董事会性别构成	考察董事会中女性董事的比例情况
	董事会会议情况	考察董事会的工作效率
董事会组织结构	战略委员会的设置	考察战略委员会的设置
	审计委员会的设置	考察审计委员会的设置
	薪酬与考核委员会的设置	考察薪酬与考核委员会的设置
	提名委员会的设置	考察提名委员会的设置
	其他专业委员会的设置	考察其他专业委员会的设置
董事薪酬	董事薪酬水平	考察董事报酬水平的激励约束状况
	董事薪酬形式	考察董事报酬结构的激励约束状况
	董事绩效评价标准的建立情况	考察董事绩效标准的建立
独立董事制度	独立董事专业背景	考察独立董事的专业背景
	独立董事兼任情况	考察独立董事在外单位的任职情况
	独立董事比例	考察董事会独立性
	独立董事激励	考察独立董事激励约束状况
	独立董事履职情况	考察独立董事参加会议情况

资料来源:南开大学中国公司治理研究院"中国公司治理评价系统"。

2.3.3　中国上市公司监事会治理评价指标体系

监事会是上市公司的专设监督机关,完善监事会的监督机制是提高公司治理质量、降低治理风险的关键。从各国公司立法看,尽管对监事会这一履行监督职责的机构称谓不同,有的称为监察人,也有的称为监察役等,但在本质和功能上并无大的差别。中国《公司法》规定,监事会是由股东会选举产生的,履行监督公司业务执行状况以及检查公司财务状况的权力机关。监事会主要职权包括:监督权,监事会有权检查公司业务执行状况以及公司财务状况;弹劾权,监事会有权对违反法律、行政法规、公司章程或者股东大会决议的董事、高级管理人员提出罢免的建议;股东大会的召集权与主持权,监事会有权提议召开临时股东大会会议,在董事会不履行公司法规定的召集和主持股东大会会议职责时召集和主持股东大会会议；提案权，监事会有权向股东大会会议提出提案；起诉权，监事会有权对违反诚信义务的董事、高级管理人员提起诉讼。监事会作为公司内部专门行使监督权的常设监督机构，是公司内部治理结构与机制的一个重要组成部分。监事会监督权的合理安排及有效行使，是防止董事和高管独断专行、保护股东投资权益和公司债权人权益的重要措施。但目前中国上市公司现状是监事会功能不彰，效力不显，监事不独立，未能发挥应有的监督作用，致使监事会在现实中成为花瓶一只。因此，有必要对上市公司的监事会治理状况进行评价，使中国的监事会逐步趋于健全与完善。基于此，我们从监事会运行状况、监事会结构与规模和监事胜任能力三个方面对中国上市公司监事会参与治理的状况进行了评价。

对于监事会治理评价问题的研究，目前国内外基本上处于空白阶段，造成这种现状的原因是多方面的：首先，英美为代表的公司治理模式中没有监事会。处于国际主流地位的以英、美为代表的"一元模式"的公司治理结构中，没有设置监事会，但这并不意味着没有监督机制，其监控主要是通过董事会中下设相关委员会和其中的外部独立董事以及外部市场来实现的。这是与英美国家公众持股公司的股东人数众多、股权高度分散的现状相适应的，由于不可能由各个股东分别或共同监督，大量股东使得代理成本成为一个严重的问题，而且由于"搭便车"问题的存在，单个股东进行监督的动力不足。因此借助"外脑"力量，即引入外部独立董事对于克服内部利益掣肘不失为明智选择。同时，英美两个国家的经理人市场也比较发达，能够对经营者实施较强的外部监督。因此，尽管国际上一些知名公司治理评价公司，如标准普尔、戴米诺、里昂证券等都已推出了自身的公司治理评价体系，但其中均未单独涉及监事会评价问题。其次，中国上市公司治理模式的现实状况。从公司治理结构的角度看，中国公司治理模式更接近于大陆法系的"二元模式"，即在股东大会之下设立与董事会相独立的监事会。在国际上以"二元模式"为典型代表的德、日等国的监事会与两国证券市场不是很发达、管理层在企业中居于支配性地位为基本特征的公司治理状况相适应。德国实行董事会和监事会分设的双层制，其中监事会具有较强的监督职能。德国《股份法》规定，公司必须有双层制的董事会结构，即管理委员会和监事会，前者负责公司的日常事务，由担任公司实际职务的经理人员组成；后者是公司的控制主体，负责任命管理委员会的成员并且审批公司的重大决策，并监督其行为，但不履行具体的管理职能。日本的监事会制度既不同于美、英的单层制，也与德国的双层制有些许不同。在日本，董事会与监事会是并列的机构，二者均由股东大会选举产生，后者对前者进行监督。这些与中国的监事会在性质和职权上有着诸多差异，使得来自"二元模式"国家的监事会评价的参考价值也极为有限。最后，监事会治理评价没有得到足够重视。国内一些证券机构（如海通证券、大鹏证券）在进行中国上市公司治理评价体系研究过程中，主要集中在股东大会治理评价研究(反映在股权结构、股权集中度和股东大会召开情况等方面)、董事会治理评价研究(反映在董事会规模、董事会运作和董事的激励约束等方面)以及信息披露状况方面的评价研究(反映在信息披露的完整性、准确性和有效性等方面)，对监事会的评价几乎没有涉及。

对于监事会运行状况评价研究的欠缺，使我们难以判断作为上市公司三会之一的监事会在公司治理中是否发挥了应有的作用，其治理状况的改进与完善对于提高上市公司治理水平是否发挥着重要的作用，是否如有些专家认为的那样，在嫁接了国外的独立董事制度后，监事会已不再重要甚至是多余的。源于此，考虑监事会在中国公司治理结构中的特殊地位，充分借鉴国际上不同公司治理模式中内部监督经验，结合中国上市公司自身环境条件及改革进程，设计出一套能够客观评价上市公司监事会治理状况的指标体系就具有重要的理论与现实意义。在中国上市公司中，监事会作为公司内部的专职监督机构，以出资人代表的身份行使监督权力，对股东大会负责。公司监事会的性质决定了它不得进行公司业务活动，对外也不代表公司开展业务。例如，德国《股份法》规定：监事会成员不得“同时隶属于董事会和监事会”。中国《公司法》规定董事、经理和财务负责人不得兼任监事，也是为了实现公司权责明确、管理科学、激励和约束相结合的内部管理体制。这种规定是为了保证监事会行使监督权的专一目标。监事会的基本职能是以董事会和总经理为主要监督对象，监督公司的一切经营活动以及财务状况，在监督过程中，随时要求董事会和经理人员纠正违反公司章程的越权行为。对监事会治理的评价我们以“有效监督”为目标，遵循科学性、可行性和全面性的原则，从运行状况、结构规模和胜任能力三个方面，设计了包括11个指标的中国上市公司监事会治理评价指标体系，如表3-5所示。

第一，运行状况。监事会是否真正发挥作用以及发挥作用的程度是我们关注的焦点，即监事会是否召开过监事会会议，召开过多少次，其次数多于、等于还是少于中国《公司法》所规定的召开次数。据此，我们设计了监事会会议次数来衡量监事会运行状况。

第二，结构规模。良好的监事会结构与规模是监事会有效运行的前提条件，为了保证监事会行使监督权的有效性，首先监事会在规模上应该是有效的，其次是监事会成员在构成上也应该有效。为此，我们设计了监事会人数和职工监事设置情况来反映监事会结构与规模状况。

第三，胜任能力。有了结构与机制后，没有具体的要素，整个监事会系统也无法正常运转。监事胜任能力包括监事会主席胜任能力和其他监事胜任能力两个方面。由于上市公司是一个占有庞大经济资源的复杂的利益集团，要求监事应具有法律、财务、会计等方面的专业知识或工作经验，具有与股东、职工和其他利益相关者进行广泛交流的能力。监事的学历和年龄等对其开展相应工作的胜任能力也具有重要的影响。监事持股有利于调动其履职的积极性。依据上述思路,我们设置了监事会主席职业背景、监事会主席学历、监事会主席年龄、监事会主席持股状况来评价监事会主席胜任能力;设置了其他监事职业背景、其他监事学历、其他监事年龄以及其他监事持股状况指标来评价其他监事胜任能力。

表 3-5　中国上市公司监事会治理评价指标体系

主因素层	子因素层	说明
运行状况	监事会会议次数	考察监事会履行工作职能的基本状况
结构规模	监事会人数	考察监事会履行监督职能的人员基础
	职工监事设置情况	考察监事会代表职工行使监督权力的情况
胜任能力	监事会主席职业背景	考察监事会主席职业背景对其胜任能力的影响
	监事会主席学历	考察监事会主席学历对其胜任能力的影响
	监事会主席年龄	考察监事会主席年龄对其胜任能力的影响
	监事会主席持股状况	考察监事会主席持股状况对其胜任能力的影响
	其他监事职业背景	考察监事职业背景对其胜任能力的影响
	其他监事学历	考察监事学历对其胜任能力的影响
	其他监事年龄	考察监事年龄对其胜任能力的影响
	其他监事持股状况	考察监事持股状况对其胜任能力的影响

资料来源:南开大学中国公司治理研究院“中国公司治理评价系统”。

2.3.4　中国上市公司经理层治理评价指标体系

经理层治理评价是从客体视角对上市公司经理层治理状况进行的评价。标准普尔公司治理服务系统、戴米诺公司治理评价系统、里昂证券公司治理评估系统等国际上大多数公司治理评价系统中都将经理层治理作为其重要的维度。ISS (Institutional Shareholder Services)、ICLG(Institute of Corporate Law and Corporate Governance)、ICRA(Information and Credit RatingAgency)、GMI(Governance Metrics International)在对公司治理状况进行考察时,也将经理层治理作为其核心因素。

南开大学中国公司治理研究院在设置上市公司治理评价指标系统的一开始,就将经理层评价作为一个重要维度,主要从任免制度、执行保障和激励机制三个维度评价中国上市公司经理层治理状况。经理层治理指数由包括 9 个评价指标的三个主因素构成,如表 3-6 所示。

第一,任免制度。在经理层治理评价系统中,我们选择高管层行政度、两职设置及高管稳定性作为评价公司经理层任免制度的指标。随着上市公司高管人员选聘制度化程度的提高以及高管变更频度的加大,我们强化了高管稳定性的指标评价。

第二,执行保障。经理层的执行保障评价包括高管构成、双重任职和 CEO 设置三个具体评价指标。

第三,激励约束。从薪酬水平、薪酬结构和持股比例三方面来评测经理层激励与约束程度。

表 3-6　中国上市公司经理层治理评价指标体系

主因素层	子因素层	说明
任免制度	高管层行政度	考察经理层任免行政程度
	两职设置	考察总经理与董事长的兼职状况
	高管稳定性	考察经理层的变更状况
执行保障	高管构成	考察经理层资格学历状况
	双重任职	考察经理层成员的兼职状况
	CEO 设置	考察经理层中 CEO 设置状况
激励约束	薪酬水平	考察经理层薪酬激励水平
	薪酬结构	考察经理层激励的动态性
	持股比例	考察经理层长期激励状况

资料来源:南开大学中国公司治理研究院“中国公司治理评价系统”。

2.3.5　中国上市公司信息披露评价指标体系

“阳光是最有效的消毒剂,电灯是最有效的警察。”一个资本市场的信息透明度越高,资本市场的有效性就越强,投资者就越容易做出有效的投资决策。如果信息是透明的,投资者就可以在事前进行合理的判断,事后可以进行更好的监督,投资者可以选择到合适的投资或者融资项目,而管理人员也可以得到他们所需的资金。但是投资者和经理人之间的信息不对称会使投资者的闲置资金与投资机会之间的配置无法实现,使资本市场的资源配置功能失效。由于信息的不完备,投资者往往根据市场的平均水平估计公司投资项目的投资收益,对于优质项目来说,融资成本过高,这将造成公司的融资约束。Myers 和 Majluf(1984)认为当投资者低估企业的融资证券价值,而管理者无法将一个好的投资机会正确地传递给外部投资者时,投资项目将会被搁置。在更为极端的情况下,债券市场上还会出现“信贷配给”,即借款人愿意以市场平均利率支付利息,但仍然无法筹集到所需要的全部资金(Stiglitz 和 Weiss,1981;Gale 和 Hellwig,1985)。通过信息披露缓解了信息不对称,投资者能够更加准确地估计证券价值和项目的风险,对于有良好的投资机会的公司,投资者在购买证券时会要求一个较低的风险溢价,从而降低公司的融资成本;而对于项目风险较高的公司来说,投资者在购买证券时会要求一个较高的风险溢价来弥补其可能遭受的损失,从而提高公司的融资成本。信息的披露还有利于投资者在投资后对管理层进行监督。投资者所处的信息劣势使得一般投资者难以掌握企业内部充分而真实的信息或者无力支付了解这些信息所需的成本而难以实现对代理问题的有效监督。于是,当投资者不能对自己的投资做到完全的监督,而他们又意识到经理层所存在的代理问题时,他们将对投资保持谨慎的态度。这也会导致资本市场的运行低效。

南开大学公司治理评价系统中的信息披露评价体系针对信息披露可靠性、相关性、及时性进行评价,在借鉴相关研究成果的基础上,以科学性、系统性和信息披露评价的可行性等原则为指导,以国际公认的公司治理原则、准则为基础,借鉴、综合考虑中国《公司法》《证券法》《上市公司治理指引》,比照《公开发行证券的公司信息披露内容与格式准则第 2 号(2011 年修订)》《企业会计准则》《公开发行股票公司信息披露实施细则》等有关上市公司的法律法规设计了包括三个主因素层,合计 17 个指标的中国上市公司信息披露评价指标体系,如表 3-7 所示。

表 3-7　中国上市公司信息披露评价指标体系

主因素层	子因素层	说明
可靠性	是否被出具非标准无保留意见	考察公司财务报告的合法性和公允性
	违规行为	考察公司在近三年是否有违规行为
	无负面报道	考察是否有媒体对公司进行负面报道
及时性	年度报告是否及时披露	考察信息是否失去影响决策的功能之前提供给决策者
相关性	公司战略	考察是否充分披露了有关战略的信息
	公司治理结构	考察是否充分披露了有关治理结构的信息
	公司竞争环境分析	考察是否充分披露了有关竞争环境的信息
	产品和服务市场特征	考察是否充分披露了有关产品和服务市场特征的信息
	盈利预测的信息	考察是否充分披露了盈利预测的信息
	公司风险	考察是否充分披露了有关的经营和财务风险的信息
	公司社会责任	考察是否充分披露了有关社会责任的信息
	员工培训计划和费用	考察是否充分披露了有关员工培训计划和费用的信息
	对外投资项目	考察是否充分披露了有关对外投资项目的信息
	业务分布信息	考察是否充分披露了有关业务分布信息的信息
	控股及参股公司经营情况	考察是否充分披露了有关控股及参股经营情况信息
	关联交易	考察是否充分披露了有关关联交易的信息
	资产负债表日后事项	考察是否充分披露了有关资产负债表日后事项的信息

资料来源:南开大学中国公司治理研究院“中国公司治理评价系统”。

第一,可靠性。可靠性指一项计量或叙述与其所要表达的现象或状况的一致性。可靠性是信息的生命,要求公司所公开的信息能够准确地反映客观事实或经济活动的发展趋势,而且能够按照一定标准予以检验。但信息的可靠性具有相对性和动态性,相对可靠性体现了历史性,而且相对可靠性向绝对可靠性接近。一般情况下,作为外部人仅通过公开信息是无法完全判断上市公司资料可靠性的,但是可以借助上市公司及其相关人员违规历史记录等评价信息的披露判断可靠性。从信息传递角度讲,监管机构和中介组织搜集、分析信息,并验证信息可靠性,这种检验结果用于评价信息披露可靠性是可行的、合理的。信息披露可靠性的评价指标主要包括年度财务报告是否被出具非标准无保留意见、近三年公司是否有违规行为、公司是否有负面报道。

第二,及时性。信息披露的及时性是指信息要在失去影响决策的功能之前提供给决策者。信息除了具备真实完整特征之外,还要有时效性。由于投资者、监管机构和社会公众与公司内部管理人员在掌握信息的时间上存在差异,为解决获取信息的时间不对称性可能产生的弊端,信息披露制度要求公司管理当局在规定的时期内依法披露信息,减少有关人员利用内幕信息进行内幕交易的可能性,增强公司透明度,降低监管难度,有利于规范公司管理层经营行为,保护投资者利益;从公众投资者来看,及时披露的信息可以使投资者做出理性的价值判断和投资决策;从上市公司本身来看,及时披露信息可以使公司股价得以及时调整,保证交易的连续和有效,减少市场盲动。信息披露及时性采用年度报告是否及时披露这一唯一评价指标。

第三,相关性。信息披露相关性则要求上市公司必须公开所有法定项目的信息,不得忽略、隐瞒重要信息,使信息使用者了解公司治理结构、财务状况、经营成果、现金流量、经营风险及风险程度等,从而了解公司全貌、事项的实质和结果。信息披露的相关性包括形式上的完整和内容上的齐全。信息披露相关性的评价指标主要包括公司战略、公司治理结构、竞争环境、产品和服务市场特征、盈利预测的信息、经营风险和财务风险、公司社会责任、员工培训计划和费用、对外投资项目、业务分布信息、控股及参股公司经营情况、关联交易、资产负债表日后事项。

2.3.6 中国上市公司利益相关者治理评价指标体系

20 世纪 80 年代之前,企业的经营宗旨多被认为是股东利益最大化,公司治理研究的问题主要是围绕如何建立合理的激励和约束机制,将代理人的道德风险问题降至最低限度,最终达到公司价值最大化。1963 年,斯坦福大学一个研究小组(Stanford Research Institute,SRI)提出了“Stakeholders”(利益相关者),指那些没有其支持,组织就无法生存的群体(Freeman 和 Reed,1983)。但在当时管理学界并未引起足够的重视。20 世纪 80 年代以后,随着企业经营环境的变化,股东、债权人、员工、消费者、供应商、政府、社区居民等利益相关者的权益受到企业经营者的关注,公司在经营管理中对利益相关者的关注日益提高,消费者维权运动、环境保护主义及其他社会活动具有了很大的影响力,公司对员工、社区及公共事业关注力度大大提高,公司治理也由传统的股东至上的“单边治理”模式演化为利益相关者“共同治理”模式。Blair(1995)认为,公司应是一个社会责任的组织,公司的存在是为社会创造财富。公司治理改革的要点在于:不应把更多的权利和控制权交给股东,“公司管理层应从股东的压力中分离出来,将更多的权利交给其他的利益相关者”。李维安(2005)指出,所谓公司治理是指,通过一套包括正式或非正式的、内部或外部的制度或机制来协调公司与所有利益相关者之间的利益关系,以保证公司决策的科学化,从而最终维护公司各方面的利益的一种制度安排。公司治理的主体不仅局限于股东,而是包括股东、债权人、雇员、顾客、供应商、政府、社区等在内的广大公司利益相关者。目前,在公司治理中充分考虑利益相关者的权益,鼓励利益相关者适当参与公司治理已经成为广为接受的观点。

虽然目前利益相关者问题在公司治理研究中居于重要地位,但国内外涉及并强调利益相关者的公司治理评价体系并不多。标准普尔公司治理评价指标体系中涉及了“金融相关者”,但仅仅指股东,并未涉及其他利益相关者。里昂证券公司的治理评价体系主要关注公司透明度、对管理层的约束、董事会的独立性和问责性、对中小股东的保护等方面,涉及债务规模的合理控制以及公司的社会责任,一定程度上注意到了利益相关者问题。而戴米诺公司和国内海通证券的公司治理评价体系则没有具体涉及利益相关者问题。南开大学中国公司治理原则研究课题组于2001年发表的《〈中国公司治理原则(草案)〉及其解说》一文中指出,中国公司必须构筑以股东、经营者、职工、债权人、供应商、客户、社区等利益相关者为主体的共同治理机制,保证各利益相关者作为平等的权利主体享受平等待遇,并在构建中国公司治理评价体系中,将利益相关者治理纳入进来。南开大学中国公司治理研究院根据利益相关者在公司治理中的地位与作用,并且考虑到评价指标的科学性、可行性、完整性,设计了包括利益相关者参与性指标和协调性指标两大部分的中国上市公司利益相关者评价指标体系。其中利益相关者参与性指标有:公司员工参与程度、中小股东参与和权益保护程度、公司投资者关系管理。利益相关者协调性指标包括公司社会责任履行、公司和监督管理部门的关系、公司诉讼与仲裁事项,如表3-8所示。

第一,参与程度。利益相关者参与性指标主要评价利益相关者参与公司治理的程度和能力,较高的利益相关者参与程度和能力意味着公司对利益相关者权益保护程度和决策科学化程度的提高。(1) 公司员工参与程度:员工是公司极其重要的利益相关者,在如今人力资本日益受到关注的情况下,为员工提供有效途径参与公司的重大决策和日常经营管理，有利于增强员工的归属感，提高员工忠诚度并激励员工不断实现更高的个人目标和企业目标。我们用职工持股比例这个指标来考察职工的持股情况，这是公司员工参与公司治理的货币资本和产权基础，员工持股计划也是对员工进行产权激励的重要举措。我们通过这个指标来考察公司员工参与公司治理的程度。(2) 中小股东参与和权益保护程度：在少数控股股东在公司中占有绝对的支配地位时，中小股东作为弱势群体，往往由于种种原因，如参与公司治理的成本高等，无法参与公司决策的公司治理实践，并且自身权益常常受到侵害。为考察公司对中小股东参与和权益保护的程度，我们设立三个指标：累积投票制度的采用；网上投票制度的采用；代理投票制度的采用，即是否采用征集投票权办法。(3) 公司投资者关系管理：投资者关系管理是指公司通过及时的信息披露，加强与投资者之间的沟通与交流，从而形成公司与投资者之间良好的关系，实现公司价值最大化。在中国，上市公司投资者关系管理体系还处于发展阶段。我们设置如下指标考察上市公司的投资者关系管理状况：公司网站的建立与更新，考察公司投资者关系管理信息的披露与交流渠道的建立与通畅状况；公司投资者关系管理制度及其执行，考察公司投资者关系管理制度建设以及是否由专人或专门的部门负责投资者关系管理。设有专门的投资者关系管理制度和投资者关系管理部门有利于促进投资者关系管理工作的持续有效开展。

第二，协调程度。利益相关者协调性指标考察公司与由各利益相关者构成的企业生存和成长环境的关系状况和协调程度，它主要包括三个分指标：(1) 公司社会责任履行状况，重视企业社会责任，关注自然环境的保护和正确处理与社区、社会的关系，是企业追求长远发展的必备条件。在此，主要通过两个指标考察公司社会责任的履行状况：公司公益性捐赠支出，可以考察上市公司对社会及所处社区的贡献；公司环境保护措施，反映上市公司对所处自然环境的关注与保护。(2) 公司和监督管理部门的关系，企业从事合法经营，必须履行相应的法律责任，因此协调并正确处理公司和其监管部门的关系至关重要。我们通过对罚款支出和收入的量化处理，考察上市公司和其所处的监督管理环境及其中各主体要素的和谐程度。(3) 公司诉讼与仲裁事项，通过考察公司诉讼、仲裁事项的数目及其性质，可以考察上市公司和股东、供应商、客户、消费者、债权人、员工、社区、政府等利益相关者的和谐程度。

表 3-8　中国上市公司利益相关者治理评价指标体系

主因素层	子因素层	说明
参与程度	公司员工参与程度	考察职工的持股情况
	公司中小股东参与和权益保护程度	考察上市公司中小股东参与程度和权益保护程度
	公司投资者关系管理	考察公司网站的建立与更新状况和公司投资者关系管理制度建设情况
协调程度	公司社会责任履行	考察上市公司社会责任的履行和披露情况、上市公司对所处自然环境的关注与保护
	和公司监督管理部门的关系	考察上市公司和其所处的监督管理环境的和谐程度，涉及上市公司和一部分利益相关者的关系状况
	公司诉讼与仲裁事项	考察上市公司和股东、供应商、客户、消费者、债权人、员工、社区、政府等利益相关者的和谐程度

资料来源：南开大学中国公司治理研究院“中国公司治理评价系统”。

3 中国上市公司治理评价

3.1 中国上市公司治理评价样本基本情况

3.1.1 历年来评价样本基本概况

自2004年发布中国上市公司治理指数以来，南开大学中国公司治理研究院公司治理评价课题组先后进行了15 564个样本的公司治理评价，2004年的评价样本量为1 149家，2004—2009年评价样本数量比较稳定，从2010年开始，随着上市公司数量的增加，评价样本数量逐年显著增加，总样本数量从2009年的1 261家增加到2013年的2 470家，2014年总样本数量有所下降，为2 467家。需要说明的是，监管部门相关政策要求上市公司每年4月底前公布上一年的年报，因此2004年发布的中国上市公司治理指数数据实际上反映的是2003年上市公司的实际状况，以此类推，如图3-1所示。

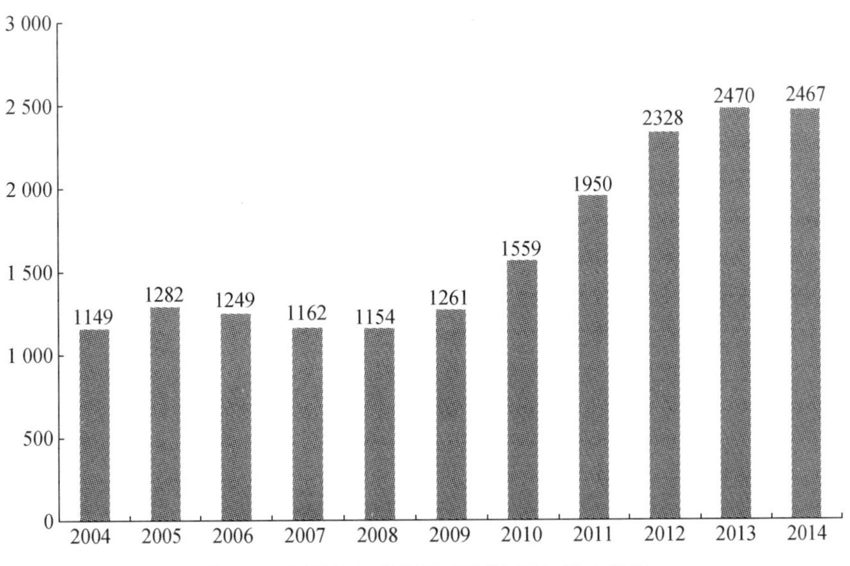

图3-1 中国上市公司治理评价历年样本数量

资料来源：南开大学公司治理数据库。

表3-9为中国上市公司治理评价历年样本的行业分布状况，总体上来看，制造

业行业上市公司占样本总体的比例最高，而且最近几年的增长速度也较快；其他行业样本比例相对较低，但是其中的信息技术业、房地产业、批发和零售贸易业样本数量快速增长。

表 3-9　中国上市公司治理评价历年样本行业分布

行业	2004	2005	2006	2007	2008	2009	2010	2011	2012	2013	2014
农、林、牧、渔业	27	34	31	27	26	28	37	42	42	45	46
采掘业	20	21	21	19	18	23	34	44	59	62	66
制造业(合计)	668	733	714	665	649	694	910	1 159	1 396	1 489	1 485
其中：食品、饮料	48	52	53	53	54	52	61	81	92	95	95
纺织、服装、皮毛	52	56	52	47	49	48	68	66	71	75	77
木材、家具	2	2	2	2	2	2	6	8	11	12	12
造纸、印刷	23	26	25	22	21	22	33	38	41	45	45
石油、化学、塑胶、塑料	131	142	139	125	116	132	169	203	251	262	254
电子	37	42	40	40	37	42	71	115	135	152	153
金属、非金属	114	118	113	111	104	112	140	160	190	198	198
机械、设备、仪表	180	197	195	181	173	185	240	346	437	477	479
医药、生物制品	68	83	81	72	79	84	96	122	143	148	146
其他制造业	13	15	14	12	14	15	26	20	25	25	26
电力、煤气及水的生产和供应业	48	56	57	51	55	59	64	68	74	75	76
建筑业	22	25	25	23	27	26	34	39	48	52	53
交通运输仓储业	49	55	54	55	49	55	64	74	75	78	76
信息技术业	70	81	81	70	68	78	96	146	181	201	200
批发和零售贸易业	80	89	89	78	82	87	91	102	123	127	132
金融、保险业	9	10	1	8	27	27	27	35	41	42	42
房地产业	40	51	52	51	55	69	75	115	129	129	125

（续表）

行业	2004	2005	2006	2007	2008	2009	2010	2011	2012	2013	2014
社会服务业	36	37	37	35	33	37	48	56	75	81	79
传播与文化产业	8	10	9	9	7	10	10	17	34	38	37
综合类	72	80	78	71	58	68	69	53	51	51	50
合计	1 149	1 282	1 249	1 162	1 154	1 261	1 559	1 950	2 328	2 470	2 467

资料来源：南开大学公司治理数据库。

表 3-10 为中国上市公司治理评价历年样本的控股股东性质分布状况，按照控股股东性质可以将上市公司分为国有控股、集体控股、民营控股、社会团体控股、外资控股、职工持股会控股和其他类型，从结构上来看国有控股和民营控股上市公司构成中国上市公司的主体，占绝大多数，2011 年民营控股上市公司数量首次超过了国有控股上市公司。

表 3-10 中国上市公司治理评价历年样本控股股东性质分布

控股股东性质	2004	2005	2006	2007	2008	2009	2010	2011	2012	2013	2014
国有控股	850	914	901	787	779	852	950	900	1 019	1 038	1 027
集体控股	25	22	13	10	20	4	12	32	25	25	21
民营控股	238	304	313	337	320	368	568	983	1 246	1 367	1 367
社会团体控股	5	20	4	4	4	3	3	3	1	1	5
外资控股	7	9	6	7	13	24	16	26	24	25	31
职工持股会控股	9	11	12	14	13	4	10	6	7	7	8
其他类型	15	2	0	3	5	6	0	0	6	7	8
合计	1 149	1 282	1 249	1 162	1 154	1 261	1 559	1 950	2 328	2 470	2 467

资料来源：南开大学公司治理数据库。

表 3-11 为中国上市公司治理评价历年样本的地区分布状况，可以看出上市公司主要分布在经济发达省份，例如广东、浙江、江苏、北京和上海等。而在青海、西藏、宁夏等经济欠发达地区，上市公司数量相对较少，截至目前这些地区上市公司总量均不超过 20 家。

表 3-11 中国上市公司治理评价历年样本地区分布

省份	2004	2005	2006	2007	2008	2009	2010	2011	2012	2013	2014
北京	77	80	78	77	83	90	112	158	187	208	218
天津	22	23	22	21	22	24	27	34	35	36	38
河北	27	32	32	30	26	29	32	40	48	49	47
山西	23	22	22	22	22	26	26	30	31	31	35
内蒙古	15	19	19	20	16	16	19	18	24	26	24
辽宁	45	51	47	47	42	45	49	54	66	71	66
吉林	30	33	32	30	29	31	33	32	40	41	38
黑龙江	25	33	30	25	23	24	24	27	33	34	31
上海	117	137	130	117	134	135	147	161	184	192	195
江苏	74	80	83	75	74	79	115	161	216	234	232
浙江	65	71	70	62	71	74	125	183	216	234	246
安徽	35	41	42	36	40	43	54	65	75	76	77
福建	37	41	38	34	33	37	53	70	87	93	87
江西	16	22	22	18	20	21	26	29	32	34	32
山东	62	72	71	63	66	68	92	116	142	149	150
河南	29	28	28	30	26	28	37	51	63	66	66
湖北	50	59	57	50	52	57	58	69	80	82	83
湖南	35	41	41	35	36	41	46	55	69	73	72
广东	126	135	130	137	115	139	193	281	336	365	364
广西	20	20	20	21	18	22	25	24	29	30	30
海南	18	20	20	18	17	20	21	20	27	28	26
重庆	26	26	26	25	21	25	27	30	35	37	36
四川	56	62	62	59	52	57	68	78	94	97	90
贵州	12	14	14	12	13	14	17	19	20	21	21
云南	18	21	20	19	21	20	27	28	29	29	28
西藏	7	8	7	7	6	8	8	9	10	10	10
陕西	26	26	23	20	20	25	28	34	36	38	39
甘肃	16	19	18	16	15	17	18	20	25	25	25
青海	7	9	9	7	6	9	10	8	10	10	10
宁夏	11	11	11	11	10	11	10	10	12	12	12
新疆	22	26	25	18	25	26	32	36	37	39	39
合计	1 149	1 282	1 249	1 162	1 154	1 261	1 559	1 950	2 328	2 470	2 467

资料来源:南开大学公司治理数据库。

表 3-12 为中国上市公司治理评价历年样本的市场和行业板块分布状况，从市场板块来看，主板上市公司是评价样本的主体，特别是在 2010 年之前，2010 年我们开始关注中小企业板上市公司治理状况，并导入大样本的中小企业板上市公司作为评价对象，同时进行了中小企业板上市公司治理状况的专门分析，2011 年开始导入创业板上市公司作为评价对象，因此主板、中小企业板和创业板上市公司构成了公司治理评价样本的市场板块。考虑到金融机构治理的特殊性，我们将金融、保险业上市公司单独作为一个板块来进行分析，金融保险业上市公司主要分布在主板市场，从 2008 年开始有很少的公司分布在中小企业板。

表 3-12　中国上市公司治理评价历年样本板块分布

行业	2004	2005	2006	2007	2008	2009	2010	2011	2012	2013	2014
主板	1 149	1 282	1 249	1 150	1 153	1 260	1 287	1 275	1 391	1 414	1 372
中小企业板	—	—	—	12	1	1	272	523	651	701	698
创业板	—	—	—	—	—	—	—	152	286	355	355
金融、保险业	9	10	1	8	27	27	27	35	41	42	42
其中：主板	9	10	1	8	26	26	26	33	39	39	39
中小企业板	—	—	—	—	1	1	1	2	2	3	3
合计	1 149	1 282	1 249	1 162	1 154	1 261	1 559	1 950	2 328	2 470	2 467

资料来源：南开大学公司治理数据库。

3.1.2　2014 年样本来源及选取

2014 年编制中国上市公司治理指数的样本来自截止到 2014 年 4 月 30 日公布的公开信息（公司网站、巨潮资讯网、中国证监会、沪深证券交易所网站等）以及色诺芬 CCER 数据库、国泰安 CSMAR 数据库，根据信息齐全以及不含异常数据两项样本筛选的基本原则，我们最终确定有效样本为 2 467 家，其中主板 1 411 家，含金融机构 39 家，主板非金融机构 1 372 家；中小企业板 701 家，含金融机构 3 家；创业板 355 家。样本公司的行业、控股股东性质及省份构成见表 3-13、表 3-14 和表 3-15。需要说明的是，考虑到金融机构、中小企业板和创业板公司治理的特殊性，我们进行了单独分析，主板和中小企业板中的金融机构单独组成一个板块，这样总体评价样本为 2 467 家，主板 1 372 家，中小企业板 698 家，创业板 355 家，金融、保险行业板块 42 家（见表 3-16），各板块详细分析见后面有关章节。2004—2014 年评价样本选取原则同上，所以后面对历年来的样本选择不再加以说明。

3.1.3　2014 年样本行业分布情况

从样本行业分布情况来看，最近几年评价中各行业中样本所占比例保持了较稳定的趋势，而且制造业样本的比例最高。2014 年，制造业样本占 60. 19%，相比较2013年的60.30%略有下降;其他各行业样本公司数量也有一定数量的变化,如表3-13所示。

表3-13　2014年样本公司的行业构成

行业	公司数	比例(%)
农、林、牧、渔业	46	1.86
采掘业	66	2.68
制造业(合计)	1 485	60.19
其中:食品、饮料	95	3.85
纺织、服装、皮毛	77	3.12
木材、家具	12	0.49
造纸、印刷	45	1.82
石油、化学、塑胶、塑料	254	10.30
电子	153	6.20
金属、非金属	198	8.03
机械、设备、仪表	479	19.42
医药、生物制品	146	5.92
其他制造业	26	1.05
电力、煤气及水的生产和供应业	76	3.08
建筑业	53	2.15
交通运输仓储业	76	3.08
信息技术业	200	8.11
批发和零售贸易业	132	5.35
金融、保险业	42	1.70
房地产业	125	5.07
社会服务业	79	3.20
传播与文化产业	37	1.50
综合类	50	2.03
合计	2 467	100.00

资料来源:南开大学公司治理数据库。

3.1.4　2014年样本控股股东分布情况

按控股股东性质分组样本中,国有控股和民营控股公司仍然占据较大的比例,合计占比97.04%,相较于2013年的97.36%降低0.32%,变化不大,如表3-14所示。

表 3-14 2014 年样本公司的控股股东构成

控股股东性质	公司数	比例(%)
国有控股	1 027	41.63
集体控股	21	0.85
民营控股	1 367	55.41
社会团体控股	5	0.20
外资控股	31	1.26
职工持股会控股	8	0.32
其他类型	8	0.32
合计	2 467	100.00

资料来源:南开大学公司治理数据库。

就国有控股和民营控股公司所占比例的变化趋势来看,2014 年度国有控股公司比例相较于 2013 年略有下降,而民营控股公司比例延续持续上升的态势。在 2014 年评价中,国有控股有 1 027 家,比例 41.63%;2013 年评价中有 1 038 家,比例为 42.02%;2012 年评价中有 1 019 家,比例为 43.77%;2011 年评价中有 900 家,比例为 46.15%;2010 年评价中有 950 家,比例为 60.94%;2009 年评价中有 852 家,比例为 67.57%;2008 评价中有 779 家,比例为 67.50%;2007 评价中有 787 家,比例为 67.73%;2006 评价中有 901 家,比例为 72.14%;2005 评价中为 914 家,比例为 71.29%;2004 评价中有 850 家,比例为 73.98%。较之前几年的样本数量,2014 年、2013 年、2012 年和 2011 年国有控股公司的比例均不足 50%。民营控股公司在 2014 年评价中有 1 367 家,比例为 55.41%;在 2013 年评价中有 1 367 家,比例为 55.34%;在 2012 年评价中有 1 246 家,比例为 53.52%;2011 年评价中有 983 家,比例为 50.41%;2010 年评价中有 568 家,比例为 36.43%;2009 年评价中有 368 家,比例为 29.18%;2008 年评价中有 320 家,比例为 27.73%;2007 年评价中有 337 家,比例为 29.00%;2006 年评价中有 313 家,比例为 25.06%; 2005 年评价中有 304 家,比例为 23.71%;2004 年评价中有 238 家,比例为 20.71%。继 2011 年、2012 年、2013 年后,民营控股公司的比例再次超过国有控股公司。外资控股、集体控股、职工持股、社会团体控股公司样本所占比例较小。

3.1.5 2014 年样本地区分布情况

近年来上市公司的地区分布比例没有太大变化,从不同地区占样本数量、比例看,经济发达地区的广东(364 家,占样本公司的 14.75%)、浙江(246 家,占样本公司的 9.97%)、江苏(232 家,占样本公司的 9.40%)、北京(218 家,占样本公司的 8.84%)、上海(195 家,占样本公司的 7.90%)、山东(150 家,占样本公司的

6.08%)占有数量最多,而西部欠发达地区的甘肃、贵州、宁夏、青海和西藏占样本量少,其中青海和西藏最少,仅为10家,反映出经济发展水平与上市公司数量存在一定的关系,如表3-15所示。

表3-15 2014年样本公司的省份构成

省份	公司数	比例(%)	省份	公司数	比例(%)
北京	218	8.84	湖北	83	3.36
天津	38	1.54	湖南	72	2.92
河北	47	1.91	广东	364	14.75
山西	35	1.42	广西	30	1.22
内蒙古	24	0.97	海南	26	1.05
辽宁	66	2.68	重庆	36	1.46
吉林	38	1.54	四川	90	3.65
黑龙江	31	1.26	贵州	21	0.85
上海	195	7.90	云南	28	1.13
江苏	232	9.40	西藏	10	0.41
浙江	246	9.97	陕西	39	1.58
安徽	77	3.12	甘肃	25	1.01
福建	87	3.53	青海	10	0.41
江西	32	1.30	宁夏	12	0.49
山东	150	6.08	新疆	39	1.58
河南	66	2.68	合计	2467	100.00

资料来源:南开大学公司治理数据库。

3.1.6 2014年样本板块分布情况

在中国,资本市场的板块按照上市对象不同大体可以分为主板市场、中小企业板市场和创业板市场。其中,主板市场自1990年上海和深圳证券交易所营业以来便一直存在。2004年6月中国中小企业板揭幕,中小企业板是深圳证券交易所为了鼓励自主创新而专门设置的中小型公司聚集板块。2009年10月中国创业板正式启动,创业板是主板之外的专为暂时无法上市的中小企业和新兴公司提供融资途径和成长空间的证券交易市场,是对主板市场的有效补给,在资本市场中占据着重要的位置。同时考虑到金融、保险业公司治理的特殊性,这一行业的公司也被单独列为一个板块。这样,2014年的评价中对样本公司按照市场和行业板块类型进行详细划分,其中55.61%的样本公司来自主板,共1372家;中小企业板698家,占28.29%;创业板355家,占14.39%;另有42家金融、保险业公司,占1.70%,如表3-16所示。

表 3-16　2014 年样本公司的板块构成

板块类型	公司数	比例(%)
主板	1 372	55.61
中小企业板	698	28.29
创业板	355	14.39
金融、保险业	42	1.70
合计	2 467	100.00

资料来源:南开大学公司治理数据库。

3.2　中国上市公司治理评价

3.2.1　中国上市公司治理总体分析

在 2014 年评价样本中,中国上市公司治理指数平均值为 61.46,较 2013 年的 60.76 提高 0.70。如表 3-17 所示,2014 年公司治理指数最大值为 72.09,较 2013 年的 70.35 有所提高;最小值为 48.20,高于 2013 年的 48.07、2012 年的 48.09、2011 年的 46.57 和 2010 年的 45.40;样本的标准差为 3.87,相较于 2013 年的 3.67 有所上升。指数分布如图 3-2 所示。

表 3-17　2014 年中国上市公司治理指数描述性统计

统计指标	公司治理指数
平均值	61.46
中位数	61.56
标准差	3.87
方差	14.94
偏度	-0.20
峰度	-0.16
极差	23.89
最小值	48.20
最大值	72.09

资料来源:南开大学公司治理数据库。

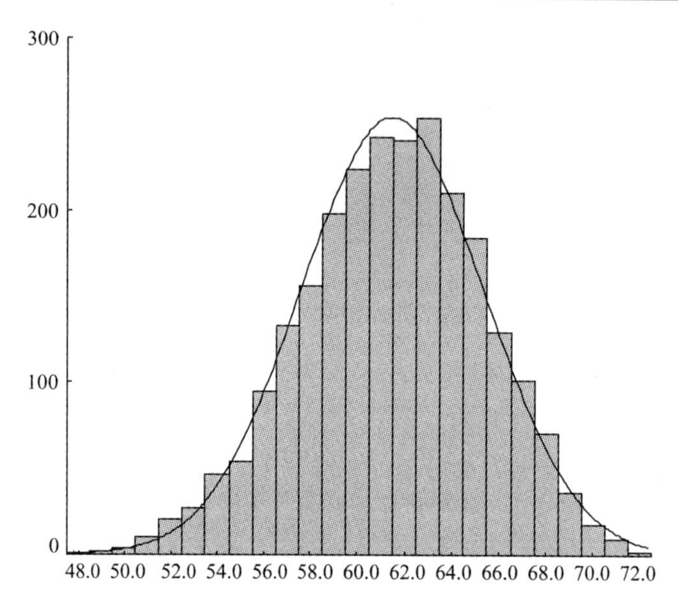

图 3-2　2014 年中国上市公司治理指数分布图

资料来源:南开大学公司治理数据库。

在 2 467 家样本公司中,没有 1 家达到 $CCGI^{NK}$ Ⅰ和 $CCGI^{NK}$ Ⅱ,有 17 家达到了 $CCGI^{NK}$ Ⅲ水平(2013 年只有 2 家公司达到了 $CCGI^{NK}$ Ⅲ水平);达到 $CCGI^{NK}$ Ⅳ的有 1 596 家,占全样本的 64.69%,较 2013 年的 59.72% 有显著的提高;处于 $CCGI^{NK}$ Ⅴ的公司有 851 家,占样本的 34.50%,与 2012 年的 40.04% 相比有显著下降的趋势;有 3 家上市公司的治理指数在 50 以下,占全部样本的 0.12%,较 2013 年的 0.16% 有所下降(2012 年为 0.21%,2011 年为 0.67%,2010 年为 3.33%),如表 3-18 所示。

表 3-18　2014 年中国上市公司治理指数等级分布

公司治理指数等级与指数区间		公司治理指数等级分布	
		公司数	比例(%)
$CCGI^{NK}$ Ⅰ	90—100	—	—
$CCGI^{NK}$ Ⅱ	80—90	—	—
$CCGI^{NK}$ Ⅲ	70—80	17	0.69
$CCGI^{NK}$ Ⅳ	60—70	1 596	64.69
$CCGI^{NK}$ Ⅴ	50—60	851	34.50
$CCGI^{NK}$ Ⅵ	50 以下	3	0.12
合计		2 467	100.00

资料来源:南开大学公司治理数据库。

3.2.2 中国上市公司治理各维度分析

第一,中国上市公司股东治理评价。

2014 年度 2 467 家中国上市公司股东治理指数的平均值为 64.28,中位数为 64.53,最小值为 32.77,最大值为 86.24,标准差为 9.03。股东治理指数基本服从正态分布。股东治理评价的三个二级指标——独立性、中小股东权益保护和关联交易的平均值分别为 63.38、58.21 和 70.81。公司之间的差距较大,独立性、中小股东权益保护和关联交易的极差分别达到了 94、66.85 和 63。股东治理指数及其三项二级指标的描述性统计情况如表 3-19 所示。

表 3-19　2014 年中国上市公司股东治理总体状况描述性统计

项目	平均值	中位数	标准差	极差	最小值	最大值
股东治理指数	64.28	64.53	9.03	53.47	32.77	86.24
独立性	63.38	66.95	17.82	94.00	2.00	96.00
中小股东权益保护	58.21	59.13	11.83	66.85	20.00	86.85
关联交易	70.81	72.00	12.70	63.00	24.00	87.00

资料来源:南开大学公司治理数据库。

从 2004—2014 年连续 11 年上市公司股东治理指数的发展趋势看,股东治理指数呈现出总体上升趋势,从 2004 年的 56.47 上升到 2014 年的 64.28,提高了 7.81。股东治理指数从 2005 年的 56.10 逐年上升到 2011 年的 64.56,并达到最近十年来的最大值,2012 年有了大幅下降,2013 年又上升到了 62.89,比 2012 年提高了 1.69,2014 年又上升到了 64.28,但仍低于 2011 年的 64.56。

2004—2008 年,独立性较好,其中 2007 年平均值最高,为 89.24;中小股东权益保护从 2004 年的 37.50 上升到 2008 年的 48.43;关联交易波动较大。从 2009 年开始,独立性、中小股东权益保护和关联交易三个二级指标开始变得稳定。独立性指标在 2009 年有较大幅度的下降后,2010 年和 2011 年小幅回升,2012 年又有一定程度的下降,2013 年则略有上升,2014 年又略有下降。中小股东权益保护指标的波动性相对较小,在经历了 2009 年的下降后,2010 年和 2011 年逐步回升,2012 年有了一定幅度的下降,2013 年和 2014 年又有较大幅度的上升。关联交易指标在 2009 年有较大的上升以后,2010 年小幅回落,2011 年有较大幅度的提升,但 2012 年降低了 4.31,2013 年又有所降低,2014 年有一定程度的上升。可以看出,2014 年股东治理指数的上升主要是由中小股东权益保护大幅上升造成的,而该指标上升的主要原因是现金股利的表现相比 2013 年有较大的提高,如表 3-20 所示。

表 3-20　中国上市公司股东治理指数描述性统计年度比较

年份	股东治理指数	独立性	中小股东权益保护	关联交易
2004	56.47	89.24	37.50	59.04
2005	56.10	66.26	50.37	56.75
2006	56.57	65.33	51.78	56.98
2007	57.32	89.24	50.39	48.28
2008	58.06	87.24	48.43	53.10
2009	59.23	61.53	46.85	70.45
2010	59.81	63.81	50.55	67.06
2011	64.56	66.27	53.55	74.70
2012	61.20	63.37	50.93	70.39
2013	62.89	63.43	56.05	69.47
2014	64.28	63.38	58.21	70.81

资料来源:南开大学公司治理数据库。

第二,中国上市公司董事会治理评价。

2014 年中国上市公司样本量为 2 467 家,董事会治理指数的平均值为 63.38,中位数为 63.52,标准差为 2.47。从董事会治理的五个主要因素来看,董事会组织结构指数最高,平均值为 69.03;董事权利与义务指数的平均值次之,为 67.17;独立董事制度指数和董事会运作效率指数位于中间,其平均值分别为 63.05 和 60.74;董事薪酬指数的平均值最低,为 59.56。

从董事会分指数的公司间差异情况来看,上市公司在董事薪酬、董事会组织结构、独立董事制度指数方面的差异程度较大,其标准差分别为 6.07、5.87 和 4.46;而在董事权利与义务、董事会运作效率方面,上市公司之间的差异程度较小,其标准差分别为 3.71 和 3.19,如表 3-21 所示。

表 3-21　2014 年中国上市公司董事会治理总体状况描述性统计

项目	平均值	中位数	标准差	极差	最小值	最大值
董事会治理指数	63.38	63.52	2.47	17.79	54.38	72.16
董事权利与义务	67.17	67.75	3.71	21.50	53.25	74.75
董事会运作效率	60.74	60.95	3.19	23.29	46.00	69.29
董事会组织结构	69.03	70.00	5.87	40.00	51.00	91.00
董事薪酬	59.56	58.50	6.07	26.50	50.00	76.50
独立董事制度	63.05	62.00	4.46	21.25	51.25	72.50

资料来源:南开大学公司治理数据库。

董事会治理指数的平均水平在2004—2014年期间呈现出不断上升的趋势，主要体现在董事权利与义务、董事会组织结构、董事薪酬、独立董事制度指数等方面，其平均水平在11年间均呈现出了不断提升的态势。具体而言，董事权利与义务指数的平均水平在2004—2011年间不断提升，但是在2012年度出现回落，2013年仍略有下降，但2014年大幅度提高到67.17，为过去11年最大值；董事会运作效率指数的均值在11年间波动性较大，2009年达到最大值63.16，而后连续三年呈现出下降趋势，2013年和2014年略有回升；董事薪酬指数的均值在11年间先下降，再上升，2009年出现较大幅度下降，而后连续五年呈现出上升的趋势，如表3-22所示。

表3-22　中国上市公司董事会治理指数描述性统计年度比较

年份	董事会治理指数	董事权利与义务	董事会运作效率	董事会组织结构	董事薪酬	独立董事制度
2004	52.60	44.38	62.42	47.81	48.49	59.37
2005	53.15	46.04	59.17	46.29	45.86	56.59
2006	55.35	53.26	59.41	55.83	44.79	57.03
2007	55.67	53.62	59.74	55.80	45.76	57.17
2008	57.43	60.06	58.24	56.05	56.60	57.33
2009	57.88	61.63	63.16	60.36	47.55	57.38
2010	60.33	65.09	57.66	67.94	55.56	58.82
2011	60.81	66.43	57.40	68.38	57.14	58.88
2012	61.21	65.17	57.19	68.52	58.50	59.97
2013	61.74	63.71	58.44	68.70	59.30	60.63
2014	63.38	67.17	60.74	69.03	59.56	63.05

资料来源：南开大学公司治理数据库。

第三，中国上市公司监事会治理评价。

2014年中国上市公司样本量为2 467家，监事会治理指数的平均值为57.99，标准差为7.04，监事会治理指数基本服从正态分布。从监事会指数的三个主要因素来看，样本公司监事会运行状况指数平均值为68.45；监事会规模结构指数平均值为50.52；监事会胜任能力指数平均值为56.48，如表3-23所示。

表 3-23　2014 年中国上市公司监事会治理总体状况描述性统计

项目	平均值	中位数	标准差	极差	最小值	最大值
监事会治理指数	57.99	56.94	7.04	49.22	29.42	78.64
运行状况	68.45	70.00	15.52	80.00	0.00	80.00
规模结构	50.52	40.00	14.00	50.00	30.00	80.00
胜任能力	56.48	56.60	6.26	59.30	16.80	76.10

资料来源:南开大学公司治理数据库。

从 2004—2014 年连续 11 年监事会治理指数的发展趋势看,其平均值呈现总体上升趋势,特别是 2006 年以来更是显示出逐年上升的态势;三个分指数中,监事会运行状况指数 11 年间都呈现出总体上升趋势,从 2004 年的 58.16 提高到 2014 年的 68.45;监事会规模结构指数波动较大,在 2009 年达到峰值,2010 年有所下降,2013 年监事会规模指数低于 2012 年和 2011 年,而 2014 年有小幅度上升,为 50.52;监事会胜任能力指数自 2004 年至 2014 年有较大提高,2014 年平均值为 56.48,远远高于 2004 年的 41.32,如表 3-24 所示。

表 3-24　中国上市公司监事会治理指数描述性统计年度比较

年份	监事会治理指数	监事会运行状况	规模与结构	监事胜任能力
2004	50.48	58.16	53.06	41.32
2005	51.75	55.02	52.11	48.60
2006	50.93	50.48	43.05	59.21
2007	52.93	59.50	51.52	48.71
2008	54.84	62.44	51.85	51.33
2009	55.97	64.65	54.32	50.19
2010	56.17	64.74	52.56	52.44
2011	57.17	65.92	50.94	55.90
2012	57.35	67.80	49.86	55.88
2013	57.38	67.90	49.85	55.88
2014	57.99	68.45	50.52	56.48

资料来源:南开大学公司治理数据库。

第四,中国上市公司经理层治理评价。

2014 年上市公司的经理层治理指数最高值为 78.50,最低值为 35.29,平均值为 57.12,标准差为 5.79。从经理层评价的三个主因素层面来看,样本公司经理层任免制度指数平均值为 61.29,样本标准差为 6.60;执行保障指数的平均值为 63.76,样本标准差为 9.61,极差最大;激励与约束机制指数平均值为 47.58,样本标准差为 13.72,样本离散程度最大,如表 3-25 所示。

表 3-25 2014 年中国上市公司经理层治理总体状况描述性统计

项目	平均值	中位数	标准差	极差	最小值	最大值
经理层治理指数	57.12	56.91	5.79	43.21	35.29	78.50
任免制度	61.29	62.22	6.60	62.00	28.00	90.00
执行保障	63.76	63.33	9.61	67.33	26.00	93.33
激励约束	47.58	44.29	13.72	64.05	21.67	85.71

资料来源:南开大学公司治理数据库。

表 3-26 列示了 2004—2014 年连续 11 年中国上市公司经理层治理状况与趋势特征。经理层治理指数的发展趋势显示,中国上市公司经理层治理状况总体上有上升趋势,从 2004 年的 54.60 上升到 2014 年的 57.12。2010 年以后,经理层治理指数呈现出稳定的态势,一直在 57—58 波动。三个分指数中,任免制度和执行保障指数呈现一定的随机波动性,激励与约束指数相对于任免制度和执行保障较低,但是呈现出逐年提高的趋势,2004 年仅为 38.89,2014 年激励约束指数平均值达 47.58。

表 3-26 中国上市公司经理层治理指数描述性统计年度比较

年份	经理层治理指数	任免制度	执行保障	激励约束
2004	54.60	65.23	61.46	38.89
2005	54.80	64.18	62.72	39.35
2006	55.22	63.99	63.84	39.74
2007	57.88	67.48	65.82	42.21
2008	57.40	65.65	65.49	42.84
2009	55.53	62.63	66.27	39.77
2010	57.21	62.90	64.60	45.64
2011	57.81	65.39	64.98	44.67
2012	57.27	61.84	64.50	46.85
2013	57.21	61.44	63.33	48.07
2014	57.12	61.29	63.76	47.58

资料来源:南开大学公司治理数据库。

第五,中国上市公司信息披露评价。

2014 年中国上市公司样本量为 2 467 家,信息披露指数的平均值为 63.29,标准差为 11.43,信息披露指数基本服从正态分布。从标准差来看,信息披露总体水平较为集中,上市公司之间的信息披露差距较小,但极差为52.69,信息披露最好和最差的公司仍存在较大差距。从信息披露的三个主要因素来看,中国上市公司信息披露的可靠性、相关性和及时性的平均值依次为63.28、62.17、65.92,信息披露的及时性表现最好,各指标之间的差异不大;从标准差来看,可靠性分散程度最大,上市公司信息披露的可靠程度存在较大差异;从极差来看,信息披露最好和最差的公司在可靠性、相关性和及时性方面都存在非常大的差距,如表3-27所示。

表3-27　2014年中国上市公司信息披露总体状况描述性统计
(此表行列分布与其他表不同)

项目	平均值	中位数	标准差	极差	最小值	最大值
信息披露指数	63.29	61.09	11.43	52.69	33.11	85.80
可靠性	63.28	59.99	19.12	54.59	35.31	89.90
相关性	62.17	61.34	11.39	66.15	19.00	85.15
及时性	65.92	67.94	13.56	63.21	24.73	87.93

资料来源:南开大学公司治理数据库。

从2004—2014年连续11年信息披露指数的发展趋势看,信息披露指数呈现出总体上升的趋势,从2004年的62.20上升到2014年的63.29,信息披露的可靠性、相关性和及时性指数也呈现出总体上升的趋势,但存在一定的波动性。2014年信息披露水平较2013年有所提升,三个分指数较2013年均有所提升,如表3-28所示。

表3-28　中国上市公司信息披露指数描述性统计年度比较

年份	信息披露指数	可靠性	相关性	及时性
2004	62.20	60.50	59.64	68.16
2005	62.25	63.20	58.99	64.25
2006	62.76	63.18	60.92	64.04
2007	61.66	62.66	59.97	62.02
2008	62.36	62.80	60.53	63.74
2009	61.85	62.66	60.14	62.48
2010	63.43	63.53	61.68	65.05
2011	63.02	61.99	61.84	65.58
2012	63.14	62.09	61.84	65.84
2013	63.18	62.11	61.94	65.83
2014	63.29	63.28	62.17	65.92

资料来源:南开大学公司治理数据库。

第六，中国上市公司利益相关者治理评价。

2014 年中国上市公司样本量为 2 467 家，利益相关者治理指数的均值为 61.84，标准差为 10.46，利益相关者治理指数基本服从正态分布。从利益相关者治理指数的两个主要因素来看，样本公司利益相关者参与程度较低，平均值为 49.27；利益相关者利益相关者协调程度较高，平均值为 77.22，如表 3-29 所示。

表 3-29　2014 年中国上市公司利益相关者治理总体状况描述性统计

项目	平均值	中位数	标准差	极差	最小值	最大值
利益相关者治理指数	61.84	61.71	10.46	62.60	31.05	93.65
参与程度	49.27	50.00	16.76	78.50	16.50	95.00
协调程度	77.22	79.00	10.33	64.00	36.00	100.00

资料来源：南开大学公司治理数据库。

从 2004—2014 年连续多年的发展趋势看，利益相关者治理指数前五年平均值总体上呈现逐年上升的趋势，2009 年拐点之后，逐年上升到 2012 年的 63.22，达到历史最高水平，2013 年相比 2012 年有所下降，2014 年又有所提升，如表 3-30 所示。这表明，一方面利益相关者参与机制日益完善，但仍有反复，没有形成常态。另一方面，上市公司越来越重视履行对利益相关者的社会责任，提高利益相关者协调程度。从利益相关者治理的两个分指数来看，利益相关者参与程度 2004—2012 年呈现逐年上升的态势，但 2013 年有所降低，2014 年又有所提高，这主要是由于上市公司健全网络投票、累积投票等投票机制，加强中小股东参与公司治理程度，同时通过完善投资者关系管理制度，向机构投资者等利益相关者披露了更多的信息，提高了利益相关者参与程度。同时也反映了这些机制虽然建立，但实施过程中仍有反复，没有形成常态。利益相关者协调程度十年来均值都在 60 以上，2014 年达到 77.22。这表明中国上市公司在合规经营的基础上，能够充分重视与顾客、供应商、政府，社区居民等利益相关者之间的关系，勇于承担社会责任，加强环保，与利益相关者的和谐程度较高。

表 3-30　中国上市公司利益相关者治理指数描述性统计年度比较

年份	利益相关者治理指数	利益相关者参与程度	利益相关者协调程度
2004	51.12	37.43	67.85
2005	50.95	38.88	65.72
2006	52.61	42.69	64.72
2007	53.08	43.01	65.40
2008	53.43	43.49	65.58

（续表）

年份	利益相关者治理指数	利益相关者参与程度	利益相关者协调程度
2009	52.94	43.95	63.93
2010	54.83	45.59	66.13
2011	56.47	47.68	67.22
2012	63.22	52.01	76.93
2013	61.46	48.72	77.05
2014	61.84	49.27	77.22

资料来源:南开大学公司治理数据库。

3.2.3 中国上市公司治理分行业分析

表3-31是对中国上市公司治理分行业的描述统计分析。以平均值而言,2014年评价中金融保险业的公司治理指数位居第一,达到64.27。其次为机械、设备、仪表业,木材、家具业等。公司治理指数平均值最低的是综合类,为59.32;房地产业指数均值相对较低,为59.67。总体描述说明就公司治理总体状况而言,行业间存在一定的差异;相比较之前几年的评价,2014年评价中各行业的公司治理指数排名发生了一定的变化。表3-32为中国上市公司各个行业的年度比较分析,结果显示金融、保险业,信息技术业,传播与文化产业,农、林、牧、渔业,房地产业,建筑业,制造业和采掘业上市公司治理指数11年间提高幅度均在11.00%以上,社会服务业,综合类,电力、煤气及水的生产和供应业,交通运输仓储业上市公司治理指数提高幅度均在10.00%以下,特别是交通运输仓储业,仅为7.67%。

表3-31 按行业分组的2014年中国上市公司治理指数描述性统计

行业	公司数	比例(%)	平均值	中位数	标准差	极差	最小值	最大值
农、林、牧、渔业	46	1.86	60.52	60.88	4.29	21.45	49.03	70.49
采掘业	66	2.68	61.62	61.46	3.33	14.68	53.93	68.61
制造业(合计)	1485	60.19	61.68	61.80	3.85	23.38	48.20	71.57
其中:食品、饮料	95	3.85	61.30	61.64	4.19	18.43	51.48	69.92
纺织、服装、皮毛	77	3.12	60.54	60.09	3.75	18.56	50.06	68.62
木材、家具	12	0.49	61.97	62.67	4.30	14.72	54.09	68.81
造纸、印刷	45	1.82	61.73	61.89	4.15	19.90	51.21	71.11
石油、化学、塑胶、塑料	254	10.30	61.26	61.49	4.24	21.37	50.20	71.57
电子	153	6.20	61.96	62.14	3.41	19.55	50.93	70.48
金属、非金属	198	8.03	61.27	61.29	3.79	19.85	50.31	70.17
机械、设备、仪表	479	19.42	62.22	62.29	3.63	22.49	48.20	70.69

（续表）

行业	公司数	比例（%）	平均值	中位数	标准差	极差	最小值	最大值
医药、生物制品	146	5.92	61.77	61.57	3.81	20.85	50.54	71.39
其他制造业	26	1.05	61.42	62.11	3.76	14.62	54.35	68.97
电力、煤气及水的生产和供应业	76	3.08	60.23	60.66	3.67	17.98	51.26	69.24
建筑业	53	2.15	62.08	62.29	3.48	16.61	55.48	72.09
交通运输仓储业	76	3.08	61.51	61.60	3.57	18.65	51.24	69.89
信息技术业	200	8.11	61.91	62.06	3.76	19.78	51.63	71.41
批发和零售贸易业	132	5.35	61.00	61.16	3.91	18.33	52.75	71.08
金融、保险业	42	1.70	64.27	64.78	2.65	11.99	57.41	69.40
房地产业	125	5.07	59.67	59.40	3.83	19.46	49.21	68.67
社会服务业	79	3.20	61.04	61.45	3.97	16.85	52.15	69.00
传播与文化产业	37	1.50	60.42	60.72	3.74	13.96	52.37	66.33
综合类	50	2.03	59.32	59.77	3.94	15.46	52.04	67.50
合计	2467	100.00	61.46	61.56	3.87	23.89	48.20	72.09

资料来源：南开大学公司治理数据库。

表 3-32　中国上市公司治理指数分行业年度比较

行业	2004	2005	2006	2007	2008	2009	2010	2011	2012	2013	2014
农、林、牧、渔业	53.85	53.25	54.99	56.49	56.75	56.20	56.94	59.16	60.03	60.30	60.52
采掘业	55.32	58.04	61.06	56.91	57.95	59.17	60.58	60.20	60.10	60.32	61.62
制造业	55.10	55.28	55.95	56.99	57.67	57.55	58.97	60.54	60.85	60.92	61.68
电力、煤气及水的生产和供应业	54.83	57.20	58.56	57.99	58.49	58.49	59.95	60.01	59.65	60.21	60.23
建筑业	55.38	55.32	56.73	56.94	57.58	58.59	59.61	60.67	60.55	61.71	62.08
交通运输仓储业	57.13	56.22	57.74	58.47	59.03	59.53	60.86	59.83	60.50	60.39	61.51
信息技术业	54.66	55.25	55.13	55.49	56.93	57.02	58.98	61.37	62.24	62.02	61.91
批发和零售贸易业	55.04	55.41	56.49	56.60	57.08	56.63	58.18	58.97	59.58	59.67	61.00
金融、保险业	56.26	55.94	52.37	59.09	61.47	61.41	63.76	63.34	63.61	61.81	64.27
房地产业	53.19	54.04	54.86	56.89	57.53	57.53	58.66	58.24	57.87	59.40	59.67

（续表）

行业	2004	2005	2006	2007	2008	2009	2010	2011	2012	2013	2014
社会服务业	55.79	55.93	56.60	56.82	58.29	57.48	59.39	60.23	60.34	60.72	61.04
传播与文化产业	53.48	55.12	55.50	56.85	56.78	56.47	60.13	61.06	60.34	59.51	60.42
综合类	54.24	53.80	54.34	54.81	56.27	56.49	58.08	58.05	58.21	58.87	59.32
合计	55.02	55.28	56.08	56.85	57.68	57.62	59.09	60.28	60.60	60.76	61.46

资料来源：南开大学公司治理数据库。

3.2.4 中国上市公司治理分控股股东性质分析

表 3-33 的描述性统计显示，样本中数量较少的是“社会团体控股”“职工持股会控股”“集体控股”“外资控股”几类，分别有 5、8、21 和 31 家公司；“国有控股”和“民营控股”样本量较多，分别有 1 027 家和 1 367 家。

表 3-33 按控股股东性质分组的 2014 年中国上市公司治理指数描述性统计

最终控制人性质	公司数	比例（%）	平均值	中位数	标准差	极差	最小值	最大值
国有控股	1 027	41.63	60.76	60.85	3.69	21.33	50.06	71.39
集体控股	21	0.85	62.91	62.00	4.21	17.46	53.02	70.49
民营控股	1 367	55.41	61.97	62.22	3.88	23.89	48.20	72.09
社会团体控股	5	0.20	59.29	56.61	6.95	17.57	52.86	70.43
外资控股	31	1.26	61.76	61.73	4.07	19.82	50.66	70.48
职工持股会控股	8	0.32	58.48	58.27	4.30	13.32	52.15	65.47
其他类型	8	0.32	62.83	64.20	3.51	9.86	57.41	67.27
合计	2 467	100.00	61.46	61.56	3.87	23.89	48.20	72.09

资料来源：南开大学公司治理数据库。

就样本平均值而言，集体控股的治理指数平均值最高，为 62.91，其次为其他类型和民营控股，分别为 62.83 和 61.97。外资控股指数平均值为 61.76，国有控股指数平均值为 60.76。职工持股会控股的指数均值最低，为 58.48。民营控股上市公司治理指数平均值高于国有控股上市公司。

表 3-34 为公司治理分控股股东性质年度比较分析结果，可以看出国有和民营上市公司治理指数均呈现出总体上升的态势，但是民营控股上市公司治理指数提高幅度在 2011—2014 年间大于国有控股上市公司。国有控股上市公司治理指数 11 年间提高了 9.75%，而民营控股上市公司 11 年间提高了 15.06%。

表 3-34 中国上市公司治理指数分控股股东性质年度比较

最终控制人性质	2004	2005	2006	2007	2008	2009	2010	2011	2012	2013	2014
国有控股	55.36	55.71	56.61	57.35	58.23	57.66	59.17	59.96	59.72	60.11	60.76
集体控股	55.93	57.59	55.54	54.68	56.72	56.37	60.79	62.67	60.08	60.04	62.91
民营控股	53.86	53.98	54.62	55.81	56.45	57.61	58.90	60.49	61.36	61.29	61.97
社会团体控股	54.12	43.50	—	56.35	54.30	56.25	—	—	58.91	59.81	59.29
外资控股	56.07	55.58	58.22	57.37	55.58	58.70	55.91	58.07	64.46	61.09	61.76
职工持股会控股	53.63	54.21	53.57	55.77	60.12	56.94	60.72	60.86	60.80	60.93	58.48
其他类型	53.66	53.92	55.00	55.07	56.27	56.47	59.59	59.91	54.29	57.62	62.83
合计	55.04	55.41	56.49	56.60	57.08	56.63	58.18	58.97	59.58	59.67	61.46

资料来源:南开大学公司治理数据库。

3.2.5 中国上市公司治理分地区分析

与往年情况类似,经济发达地区的广东、浙江、江苏、北京和上海占有的样本数量最多,其中广东最多,为 364 家,浙江有 246 家,江苏达 232 家公司,北京和上海分别有 218 家和 195 家;而西部欠发达地区的青海、西藏、宁夏占样本量少,其中西藏和青海最少,仅为 10 家,反映出经济活跃水平与上市公司数量的关系。各地区公司治理指数分析结果如表 3-35 所示。

在表 3-35 中的第三列数据(上市公司数量占总体比例)与第四列数据(上市公司治理指数均值)之间存在较高的正相关性,说明经济发达地区的上市公司治理状况要好于经济欠发达地区的情况。河南、江苏、浙江、北京、福建、广东、安徽、山东、贵州、新疆、湖南、上海、陕西样本平均值依次为 62.49、62.32、62.26、62.10、62.09、62.08、61.94、61.40、61.40、61.32、61.27、61.14、61.11,均超过 61;而山西、吉林、海南、黑龙江、宁夏均值均在 60 以下,分别为 59.65、59.39、59.20、59.04、57.56。

表 3-36 为分地区的中国上市公司治理指数的年度比较分析,重庆、福建、广东、贵州、湖南、河南、四川和甘肃近 11 年来公司治理指数提升幅度均在 12.00% 以上,湖北、浙江、安徽、辽宁和青海的公司治理指数提升幅度也在 11.00% 以上,而河北、海南和广西近 11 年来的提升幅度均在 8.00% 以下,其中广西在 7% 以下。

表 3-35 按地区分组的 2014 年中国上市公司治理指数描述性统计

省份	公司数	比例(%)	平均值	中位数	标准差	极差	最小值	最大值
北京	218	8.84	62.10	62.39	3.92	19.69	51.72	71.41
天津	38	1.54	60.06	60.49	3.51	14.91	51.24	66.15
河北	47	1.91	60.61	60.77	4.19	17.89	51.08	68.97
山西	35	1.42	59.65	58.69	3.78	14.87	51.98	66.85
内蒙古	24	0.97	60.24	60.11	4.10	15.75	52.27	68.02
辽宁	66	2.68	60.10	60.34	4.16	20.43	50.06	70.49
吉林	38	1.54	59.39	59.84	4.18	18.74	50.31	69.06
黑龙江	31	1.26	59.04	59.79	4.08	18.63	49.21	67.84
上海	195	7.90	61.14	61.33	3.66	18.82	51.79	70.61
江苏	232	9.40	62.32	62.35	3.71	20.64	50.93	71.57
浙江	246	9.97	62.26	62.37	3.50	20.20	51.89	72.09
安徽	77	3.12	61.94	62.23	3.39	13.93	55.13	69.06
福建	87	3.53	62.09	62.05	3.90	17.22	52.63	69.85
江西	32	1.30	60.79	61.53	3.20	16.04	52.21	68.25
山东	150	6.08	61.40	61.11	3.91	18.79	52.32	71.11
河南	66	2.68	62.49	62.73	3.74	20.02	50.54	70.57
湖北	83	3.36	60.42	60.20	3.88	16.75	51.23	67.98
湖南	72	2.92	61.27	61.90	3.88	18.50	50.20	68.71
广东	364	14.75	62.08	62.27	3.66	19.82	50.66	70.48
广西	30	1.22	60.47	61.09	4.14	14.63	53.87	68.50
海南	26	1.05	59.20	58.62	4.06	16.47	52.04	68.51
重庆	36	1.46	60.78	60.94	4.11	18.13	51.63	69.76
四川	90	3.65	60.79	61.15	3.92	20.89	48.20	69.08
贵州	21	0.85	61.40	61.68	3.04	10.29	56.25	66.54
云南	28	1.13	60.61	61.04	4.42	20.63	49.03	69.67
西藏	10	0.41	60.83	59.71	4.89	15.15	53.31	68.47
陕西	39	1.58	61.11	61.27	3.99	14.63	53.36	67.99
甘肃	25	1.01	60.21	61.27	3.66	14.12	51.48	65.61
青海	10	0.41	60.45	61.05	3.70	11.71	53.93	65.64
宁夏	12	0.49	57.56	57.33	4.75	15.34	50.24	65.58
新疆	39	1.58	61.32	61.34	3.04	13.44	55.87	69.31
合计	2 467	100.00	61.46	61.56	3.87	23.89	48.20	72.09

资料来源:南开大学公司治理数据库。

表3-36 中国上市公司治理指数分省份年度比较

省份	2004	2005	2006	2007	2008	2009	2010	2011	2012	2013	2014
北京	56.29	56.66	58.05	57.83	58.78	58.60	59.99	61.39	61.63	61.96	62.10
天津	54.28	56.45	57.53	56.42	57.57	58.25	59.14	59.71	60.11	60.34	60.06
河北	56.13	56.83	56.67	57.13	57.55	57.22	57.65	60.72	60.06	60.07	60.61
山西	54.95	54.49	56.19	57.66	57.47	57.90	57.42	59.18	59.61	59.10	59.65
内蒙古	55.16	55.19	55.72	56.08	57.90	57.46	57.14	57.40	57.75	59.03	60.24
辽宁	54.08	54.35	55.31	56.46	57.57	57.30	58.99	58.82	59.39	59.87	60.10
吉林	53.66	53.35	54.64	55.59	56.12	57.19	58.35	57.76	58.99	58.79	59.39
黑龙江	54.19	53.87	53.24	54.86	57.06	54.99	56.45	58.02	57.82	58.34	59.04
上海	56.35	55.74	57.34	57.48	57.23	57.60	58.52	59.71	59.69	60.12	61.14
江苏	57.28	56.93	56.95	57.20	57.77	58.89	59.15	60.36	61.19	61.31	62.32
浙江	55.68	56.93	56.19	58.09	57.50	58.85	60.42	61.14	62.04	61.55	62.26
安徽	55.67	56.62	56.57	56.99	58.28	57.68	59.84	60.88	60.24	60.67	61.94
福建	53.44	54.25	56.30	57.53	58.15	58.41	59.96	60.52	61.12	61.02	62.09
江西	55.29	54.29	56.94	57.04	58.54	58.77	59.25	59.67	59.47	60.64	60.79
山东	55.39	55.35	55.98	57.00	57.80	57.69	58.96	60.21	60.89	60.68	61.40
河南	55.56	56.08	57.33	57.93	58.13	57.96	59.71	60.98	61.19	61.42	62.49
湖北	53.98	55.37	55.59	56.98	57.67	57.40	59.36	60.10	59.90	59.52	60.42
湖南	54.15	54.17	55.29	56.67	57.91	57.03	58.79	60.33	60.38	60.61	61.27
广东	53.58	55.17	55.37	56.62	58.74	58.09	60.39	61.24	61.71	61.70	62.08
广西	56.62	56.10	56.46	56.27	57.45	56.59	58.56	60.31	59.24	59.34	60.47
海南	54.84	52.08	51.88	55.09	55.33	55.53	55.74	57.72	57.61	58.06	59.20
重庆	52.14	53.64	55.57	56.43	57.65	55.53	56.96	58.63	59.19	60.19	60.78
四川	54.16	53.84	54.91	55.77	57.49	56.49	58.50	59.91	59.98	60.52	60.79
贵州	53.45	54.17	56.60	57.27	57.44	57.54	59.50	59.70	59.92	60.73	61.40
云南	55.62	57.27	59.23	56.51	58.71	58.46	60.04	61.85	60.88	60.51	60.61
西藏	55.61	53.72	55.33	56.24	54.83	54.76	56.60	56.39	58.47	58.42	60.83
陕西	56.25	55.29	55.26	55.53	56.09	55.13	57.21	59.34	59.45	59.80	61.11
甘肃	53.72	52.65	53.52	54.98	55.18	56.53	57.14	58.54	58.21	59.11	60.21
青海	54.42	54.58	53.01	55.52	58.07	55.27	57.01	58.15	58.25	58.16	60.45
宁夏	51.96	53.50	54.15	55.35	56.02	56.37	55.70	60.15	57.92	57.67	57.56
新疆	55.52	53.74	56.41	57.39	57.00	57.84	58.78	58.80	59.59	60.58	61.32
合计	55.02	55.28	56.08	56.85	57.68	57.62	59.09	60.28	60.60	60.76	61.46

资料来源:南开大学公司治理数据库。

3.2.6 中国上市公司治理分市场板块分析

在2014年评价中,按照市场板块对样本公司进行划分,其中金融、保险业治理指数位居首位,均值达64.27;中小企业板为63.05;创业板为63.03;而同2013年一样,主板公司的治理指数仍然最低,为60.15,如表3-37所示。

表3-37 按板块分组的2014年中国上市公司治理指数描述性统计

市场板块类型	公司数	比例(%)	平均值	中位数	标准差	极差	最小值	最大值
主板	1372	55.61	60.15	60.27	3.78	22.91	48.20	71.11
中小企业板	698	28.29	63.05	63.03	3.39	21.89	50.20	72.09
创业板	355	14.39	63.03	63.09	3.19	16.33	55.08	71.41
金融、保险业	42	1.70	64.27	64.78	2.65	11.99	57.41	69.40
合计	2467	100.00	61.46	61.56	3.87	23.89	48.20	72.09

资料来源:南开大学公司治理数据库。

第一,中国中小板上市公司治理分析。

2014年度公司治理样本中共有698家中小板上市公司,其治理指数描述性统计如表3-38所示。其中,公司治理指数的平均值为63.05,中位数为63.03,最小值为50.20,最大值为72.09,标准差为3.39。

表3-38 2014年中国中小企业板上市公司治理指数描述性统计

项目	平均值	中位数	标准差	极差	最小值	最大值
公司治理指数	63.05	63.03	3.39	21.89	50.20	72.09
股东治理指数	68.49	69.42	7.58	38.23	46.90	85.12
董事会治理指数	63.06	63.10	2.07	13.30	56.38	69.68
监事会治理指数	57.78	56.55	5.56	44.72	29.42	74.13
经理层治理指数	58.57	58.90	5.64	38.94	35.29	74.23
信息披露指数	64.55	61.40	11.66	50.82	34.98	85.80
利益相关者治理指数	66.30	66.62	10.39	54.51	39.14	93.65

资料来源:南开大学公司治理数据库。

从公司治理评价的六个分指数来看,中小板上市公司的股东治理指数、董事会治理指数、监事会治理指数、经理层治理指数、信息披露指数和利益相关者治理指数的平均值分别为68.49、63.06、57.78、58.57、64.55和66.30。其中,中小板上市公司股东治理指数最高,利益相关者治理指数和信息披露指数较高,而董事会治理指数和经理层治理指数较低,监事会治理水平最低。监事会治理成为中小上市公司治理水平提升的短板。信息披露治理指数在中小板上市公司中的差异较大,标准差为11.66。

与2013年评价结果相比,公司治理指数有所上升,这主要因为除了利益相关者指数有小幅度下降外,股东治理指数、董事会治理指数、监事会治理指数、经理层治理指数和信息披露指数均出现不同程度的上升。

从年度比较来看,中小企业板公司治理在2007—2012年间呈现出逐年上升趋势,2013年略有回落,2014年又有所上升,为63.05,如表3-39所示。

表3-39　中国中小企业板上市公司治理指数年度比较

年份	公司治理指数	股东治理指数	董事会治理指数	监事会治理指数	经理层治理指数	信息披露指数	利益相关者治理指数
2007	61.06	59.88	58.93	50.45	59.70	71.13	63.52
2010	61.39	65.19	60.56	54.66	59.79	66.49	59.48
2011	62.13	69.45	60.90	55.91	59.60	65.44	60.23
2012	63.09	66.38	61.48	55.84	57.65	66.33	72.77
2013	62.22	66.61	62.00	56.04	58.18	63.86	67.44
2014	63.05	68.49	63.06	57.78	58.57	64.55	66.30

资料来源:南开大学公司治理数据库。

第二,中国创业板上市公司治理分析。

自2011年起,中国公司治理研究院持续关注创业板上市公司治理状况,2014年继续对创业板上市公司治理评价进行专门研究。本年度共有355家创业板上市公司样本,公司治理指数的平均值为63.03,中位数为63.09,最小值为55.08,最大值为71.41,标准差为3.19,如表3-40所示。

表3-40　2014年中国创业板上市公司治理指数描述性统计

项目	平均值	中位数	标准差	极差	最小值	最大值
公司治理指数	63.03	63.09	3.19	16.33	55.08	71.41
股东治理指数	71.32	72.35	6.65	39.18	47.06	86.24
董事会治理指数	63.31	63.63	2.51	12.87	55.57	68.44
监事会治理指数	57.09	56.45	4.32	30.28	42.04	72.32
经理层治理指数	58.66	58.66	5.53	30.13	40.93	71.06
信息披露指数	63.70	64.99	11.30	41.81	41.60	83.41
利益相关者治理指数	64.15	64.45	10.00	46.78	40.04	86.82

资料来源:南开大学公司治理数据库。

从创业板上市公司治理的六个分指数分别来看,股东治理指数、董事会治理指数、监事会治理指数、经理层治理指数、信息披露指数和利益相关者治理指数的平均值分别为71.32、63.31、57.09、58.66、63.70和64.15。其中股东治理指数最高,超过70;而监事会治理指数和经理层治理指数偏低,尚不足60,成为创业板上市公司治理水平提升的短板。

从年度比较来看,创业板公司治理指数自创业板推出以来,一直处于较高水平,而且比较稳定,2012 年的平均值为 63.63,比 2011 年提高了 0.34,2013 年平均值比 2012 年降低了 0.70,2014 年平均值比 2013 年提高了 0.10,如表 3-41 所示。

表 3-41 中国创业板上市公司治理指数年度比较

年份	公司治理指数	股东治理指数	董事会治理指数	监事会治理指数	经理层治理指数	信息披露指数	利益相关者治理指数
2011	63.29	71.63	60.90	53.93	60.29	68.73	62.84
2012	63.63	70.94	61.69	55.47	59.32	66.97	67.86
2013	62.93	69.71	61.50	56.63	61.62	62.29	67.09
2014	63.03	71.32	63.31	57.09	58.66	63.70	64.15

资料来源:南开大学公司治理数据库。

第三,中国上市金融机构治理分析。

金融机构在经营目标、代理关系、监管压力等方面与一般公司具有较大的差别。这些差别导致了金融机构公司治理中存在着许多不同于一般公司的特征。因此,将金融机构与一般公司分开,单独讨论其公司治理特性是有必要的。

2014 年,在国内金融类上市公司共有 42 家,与 2013 年数量相同。除宁波银行(002142)、山西证券(002500)和西部证券(002673)三家在中小板上市的金融类公司外,其他金融类上市公司均在主板上市。42 家样本中超过一半集中在北京、上海、广东三个省份,其中北京 11 家、上海 7 家、广东 6 家。控股股东性质方面,42 家金融机构样本中,有 33 家为国有控股,3 家为民营控股,集体控股和外资控股各 2 家,还有 2 家为其他类型。此外,42 家样本中,银行类上市公司占 16 家,证券类占 19 家,保险类 4 家,其他类 3 家。

表 3-42 给出了中国上市金融机构治理指数及各分指数的描述性统计指标,可以看出,2014 年度金融行业的公司治理指数平均值为 64.27,中位数为 64.78,标准差为 2.65,最小值为 57.41,最大值为 69.40。

表 3-42 2014 年中国上市金融机构治理指数总体描述性统计

项目	平均值	中位数	标准差	极差	最小值	最大值
公司治理指数	64.27	64.78	2.65	11.99	57.41	69.40
股东治理指数	67.48	67.94	6.95	35.99	44.70	80.68
董事会治理指数	66.29	66.63	2.46	11.58	59.68	71.26
监事会治理指数	65.55	66.78	8.25	33.15	45.49	78.64
经理层治理指数	58.96	58.95	4.68	22.44	47.41	69.85
信息披露指数	65.22	65.43	7.00	25.38	51.64	77.02
利益相关者治理指数	61.46	61.38	8.84	40.20	40.27	80.47

资料来源:南开大学公司治理数据库。

表 3-43 给出了金融业和非金融业公司治理指数和各分指数的描述性统计对比,从对比中可以看出,从均值意义上讲,无论是总指数,还是各项分指数,金融机构的公司治理状况总体优于非金融行业的上市公司。尤其是在股东治理方面、董事会治理方面和监事会治理方面,金融机构的治理状况都大幅度优于非金融行业上市公司,从而导致公司治理指数的平均值也高于非金融机构上市公司。但利益相关者方面,金融机构的指数偏低。

表 3-43 中国金融业与非金融行业上市公司治理指数描述性统计比较

项目	分组	样本	平均值	中位数	标准差	极差	最小值	最大值
公司治理指数	非金融	2 425	61.41	61.52	3.87	23.89	48.20	72.09
	金融业	42	64.27	64.78	2.65	11.99	57.41	69.40
股东治理指数	非金融	2 425	64.23	64.49	9.05	53.47	32.77	86.24
	金融业	42	67.48	67.94	6.95	35.99	44.70	80.68
董事会治理指数	非金融	2 425	63.33	63.49	2.44	17.79	54.38	72.16
	金融业	42	66.29	66.63	2.46	11.58	59.68	71.26
监事会治理指数	非金融	2 425	57.86	56.87	6.95	46.58	29.42	76.00
	金融业	42	65.55	66.78	8.25	33.15	45.49	78.64
经理层治理指数	非金融	2 425	57.08	56.84	5.81	43.21	35.29	78.50
	金融业	42	58.96	58.95	4.68	22.44	47.41	69.85
信息披露指数	非金融	2 425	63.25	61.05	11.49	52.69	33.11	85.80
	金融业	42	65.22	65.43	7.00	25.38	51.64	77.02
利益相关者治理指数	非金融	2 425	61.85	61.71	10.49	62.60	31.05	93.65
	金融业	42	61.46	61.38	8.84	40.20	40.27	80.47

资料来源:南开大学公司治理数据库。

从整体趋势上讲,上市金融机构的公司治理水平在后危机时期得到了显著提高,2010 年指数平均值达到了 63.76,远高于 2009 年的 61.41。2010 年、2011 年和 2012 年上市金融机构整体样本的公司治理指数平均值则为 63.76、63.34 和 63.44,处在一个稳定的水平,在 2013 年又下降到了 61.81,2014 年又大幅度提高至 64.27,达到了历史最高值,如表 3-44 所示。

表 3-44　中国金融机构上市公司治理指数年度比较

年份	公司治理指数	股东治理指数	董事会治理指数	监事会治理指数	经理层治理指数	信息披露指数	利益相关者治理指数
2008	61.47	66.87	65.10	62.89	61.03	58.11	52.82
2009	61.41	72.58	58.96	61.62	59.05	62.99	51.94
2010	63.76	69.00	66.28	63.44	60.34	64.80	56.33
2011	63.34	69.42	63.34	65.13	58.91	65.24	56.90
2012	63.44	69.47	63.00	63.76	58.93	65.37	59.53
2013	61.81	67.29	64.11	65.84	57.54	57.20	60.26
2014	64.27	67.48	66.29	65.55	58.96	65.22	61.46

资料来源:南开大学公司治理数据库。

3.2.7　中国上市公司治理年度比较分析

各年公司治理总分指数的比较如表 3-45 所示。2014 年度公司治理指数平均值为 61.46。对比连续几年来的中国上市公司的总体治理状况,总体治理水平呈现逐年提高的趋势,但 2009 年出现了拐点,指数平均值低于 2008 年但高于以前各年度,从 2010 年起,公司治理指数平均值超过了 2008 年的 57.68,呈现逐年上升的趋势(见图 3-3)。在几个分指数当中,股东治理指数 2014 年的数值为 64.28,相对于 2013 年的 62.89 提高了 1.39;由于董事会建设得到了强化,董事会治理指数呈现逐年稳步上升态势,继 2010 年首次突破了 60 之后,2013 年继续增长达 63.38;新公司法加强了监事会的职权,监事会治理状况明显提高,平均值从 2008 年的 54.84 提高到 2009 年的 55.97,从 2010 年的 56.17 到 2011 年的 57.17,再到 2012 年的 57.35 和 2013 年的 57.38,2014 年监事会指数均值进一步提高到 57.99;经理层治理状况呈现比较稳定的趋势,2008—2014 年的信息披露指数平均值依次为 57.40、55.53、57.21、57.81、57.27、57.21 和 57.12;信息披露状况经历 2010 年的拐点后,呈现增长趋势,2014 年平均值达到 63.29;利益相关者问题逐步引起上市公司的关注,一直保持着稳步提高的趋势,尤其是从 2010 年起指数均值提高明显,但 2013 年的指数均值较 2012 年略有下降,2014 年比 2013 年有所上升,但仍然低于 2012 年的指数。

表 3-45 中国上市公司治理指数历年比较

年份	公司治理指数	股东治理指数	董事会治理指数	监事会治理指数	经理层治理指数	信息披露指数	利益相关者治理指数
2004	55.02	56.47	52.60	50.48	54.60	62.20	51.12
2005	55.28	56.10	53.15	51.75	54.80	62.25	50.95
2006	56.08	56.57	55.35	50.93	55.22	62.76	52.61

(续表)

年份	公司治理指数	股东治理指数	董事会治理指数	监事会治理指数	经理层治理指数	信息披露指数	利益相关者治理指数
2007	56.85	57.32	55.67	52.93	57.88	61.66	53.08
2008	57.68	58.06	57.43	54.84	57.40	62.36	53.43
2009	57.62	59.23	57.88	55.97	55.53	61.85	52.94
2010	59.09	59.81	60.33	56.17	57.21	63.43	54.83
2011	60.28	64.56	60.81	57.17	57.81	63.02	56.47
2012	60.60	61.20	61.21	57.35	57.27	63.14	63.22
2013	60.76	62.89	61.74	57.38	57.21	63.18	61.46
2014	61.46	64.28	63.38	57.99	57.12	63.29	61.84

资料来源:南开大学公司治理数据库。

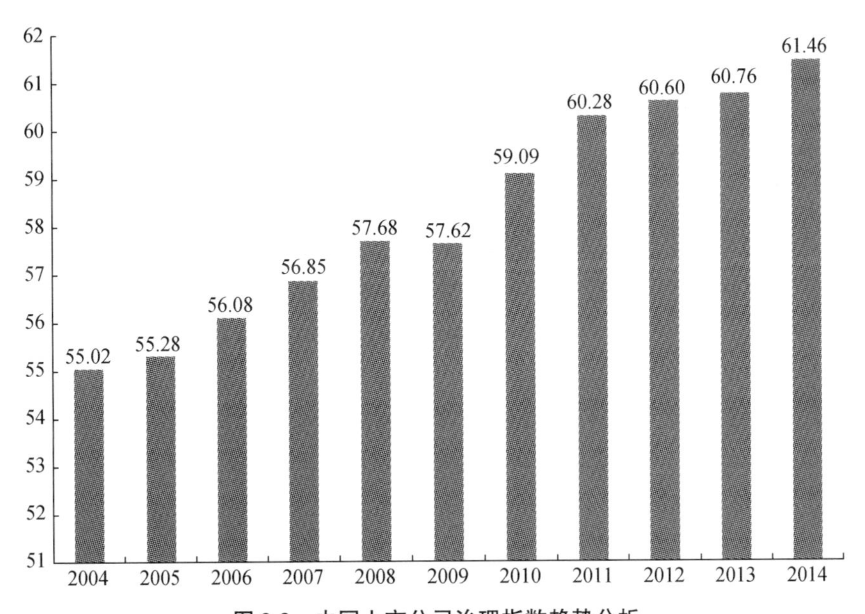

图 3-3　中国上市公司治理指数趋势分析

资料来源:南开大学公司治理数据库。

3.2.8　中国上市公司治理 100 佳分析

本部分将 2014 年评价样本中公司治理指数排名前 100 位的公司(100 佳)与其他样本进行比较,分析 100 佳的行业、地区和第一大控股类型分布,以及 100 佳公司的相对绩效表现。如表 3-46 的描述性统计显示,100 佳上市公司治理指数为 69.08,较 2013 年的 68.09 有所上升,100 佳上市公司中最高治理指数为 72.09,最低为 67.89,极差为 4.20。与表 3-45 的对比显示,我们不难发现,100 佳上市公司的各级治理指数的平均值都明显高于总样本。此外,公司治理100佳行业分布表明,从绝对数量看,制造业所占数量最多,达70家;其次是信息技术业,有6家;批发和零售贸易业,有6家;社会服务业,有4家;金融、保险业,有3家;房地产业,有3家;农、林、牧、渔业,电力、煤气及水的生产和供应业以及建筑业,各有2家;采掘业和交通运输仓储业,各有1家公司进入100佳;传播与文化产业和综合类没有公司进入100佳。从100佳占行业样本数量比例来看,金融保险业比例最高,为7.14%;其次为社会服务业,为5.06%;而交通运输仓储业的100佳所占比例最低,仅为1.32%。从绝对数量看,公司治理100佳集中分布在民营控股上市公司中。100佳上市公司中,最终控制人性质为民营控股的占69家;其次为国有控股上市公司,有27家;集体控股为2家;外资控股、社会团体控股各有1家;而职工持股会控股和其他类型的公司2014年没有1家进入100佳。从相对比例来看,社会团体控股样本中的100佳比例最高,其次是集体控股,民营控股100佳的比例高于国有控股的样本。在100佳的上市公司中,广东有19家,北京有16家,江苏有13家。其中,广东在2013年和2012年评选中入选100佳的公司数目也是最多的地区。天津、山西、黑龙江、贵州、甘肃、青海、宁夏均没有入选100佳的上市公司。这些地区当中,青海和宁夏等在以往的评价过程中,入选100佳的上市公司数量也较少。从相对数来看,西藏比例最高,为10.00%,河南为9.09%,北京为7.34%,云南为7.14%,福建为6.90%,广西为6.67%;而重庆、吉林、安徽、湖北、河北、辽宁、湖南和上海均在3%以下。限于篇幅,此部分相关表格未报告。

表3-46　2014年中国上市公司治理100佳治理指数描述性统计

统计指标	公司治理指数	股东治理指数	董事会治理指数	监事会治理指数	经理层治理指数	信息披露指数	利益相关者治理指数
平均值	69.08	73.28	64.10	61.97	62.85	78.63	73.86
中位数	68.82	74.25	64.12	62.23	62.69	80.01	73.90
标准差	0.97	6.02	2.27	6.23	4.58	4.29	7.91
极差	4.20	26.45	11.40	24.62	26.30	21.58	34.94
最小值	67.89	58.24	57.19	51.38	49.33	64.22	55.34
最大值	72.09	84.69	68.59	76.00	75.62	85.80	90.28

资料来源:南开大学公司治理数据库。

4　各板块上市公司治理评价

4.1　主板上市公司治理评价

4.1.1　主板上市公司治理评价样本来源及选取

2014年评价中按照市场板块划分样本公司，其中根据信息齐全以及不含异常数据两项样本筛选的基本原则，我们最终确定主板上市公司有效样本为1 372家。样本公司的行业、控股股东性质及省份构成如表3-47、表3-48和表3-49所示。本部分主要进行1 372家主板非金融机构样本的分析。从样本行业分布情况来看，最近几年评价中各行业样本所占比例保持了较稳定的趋势，2014年仍然是制造业样本的比例最高，占52.48%，较2013年的52.65%下降了0.17%，如表3-47所示。

表3-47　2014年主板上市公司治理评价样本行业构成

行业	公司数	比例(%)
农、林、牧、渔业	27	1.97
采掘业	53	3.86
制造业	720	52.48
其中：食品、饮料	60	4.37
纺织、服装、皮毛	46	3.35
木材、家具	5	0.36
造纸、印刷	20	1.46
石油、化学、塑胶、塑料	124	9.04
电子	50	3.64
金属、非金属	112	8.16
机械、设备、仪表	210	15.31
医药、生物制品	85	6.20
其他制造业	8	0.58
电力、煤气及水的生产和供应业	72	5.25
建筑业	30	2.19

（续表）

行业	公司数	比例(%)
交通运输仓储业	66	4.81
信息技术业	63	4.59
批发和零售贸易业	106	7.73
房地产业	118	8.60
社会服务业	44	3.21
传播与文化产业	24	1.75
综合类	49	3.57
合计	1 372	100.00

资料来源:南开大学公司治理数据库。

按控股股东性质分组的样本中,国有控股和民营控股公司仍然占据较大的比例,合计比例为97.01%。国有控股公司在2014年评价样本中有870家,比例为63.41%,相对于2013年略有下降;民营控股公司在2014年评价样本中有461家,比例为33.60%,相对于2013年上升了0.51%。外资控股、集体控股、职工持股会控股和社会团体控股公司样本所占比例较小,如表3-48所示。

表3-48　2014年主板上市公司治理评价样本控股股东构成

控股股东性质	公司数	比例(%)
国有控股	870	63.41
集体控股	13	0.95
民营控股	461	33.60
社会团体控股	4	0.29
外资控股	16	1.17
职工持股会控股	8	0.58
合计	1 372	100.00

资料来源:南开大学公司治理数据库。

近年来上市公司的地区分布比例没有太大变化,从不同地区占样本数量、比例看,经济发达地区的广东(137家,占样本公司的9.99%)、上海(133家,占样本公司的9.69%)、北京(116家,占样本公司的8.45%)、江苏(95家,占样本公司的6.92%)、浙江(91家,占样本公司的6.63%)、山东(75家,占样本公司的5.47%)占有数量较多,而西部欠发达地区的甘肃、贵州、宁夏、青海和西藏占样本量最少(其中西藏和青海省均没有突破双数,分别为8家和9家),反映出经济发展水平与上市公司数量存在一定的关系,如表3-49所示。

表 3-49　2014 年主板上市公司治理评价样本省份构成

省份	公司数	比例(%)	省份	公司数	比例(%)
北京	116	8.45	湖北	61	4.45
天津	27	1.97	湖南	41	2.99
河北	32	2.33	广东	137	9.99
山西	30	2.19	广西	23	1.68
内蒙古	19	1.38	海南	21	1.53
辽宁	46	3.35	重庆	28	2.04
吉林	30	2.19	四川	59	4.30
黑龙江	28	2.04	贵州	15	1.09
上海	133	9.69	云南	19	1.38
江苏	95	6.92	西藏	8	0.58
浙江	91	6.63	陕西	28	2.04
安徽	44	3.21	甘肃	19	1.38
福建	43	3.13	青海	9	0.66
江西	22	1.60	宁夏	11	0.80
山东	75	5.47	新疆	26	1.90
河南	36	2.62	合计	1 372	100.00

资料来源:南开大学公司治理数据库。

4.1.2　主板上市公司治理总体分析

在 2014 年评价样本中,主板上市公司治理指数平均值为 60.15,较 2013 年的 59.43 上升了 0.72。2014 公司治理指数最大值为 71.11,最小值为 48.20,如表 3-50 和图 3-4 所示。

表 3-50　2014 年主板上市公司治理指数描述性统计

统计指标	公司治理指数
平均值	60.15
中位数	60.27
标准差	3.78
方差	14.32
偏度	-0.12
峰度	-0.25
极差	22.91
最小值	48.20
最大值	71.11

资料来源:南开大学公司治理数据库。

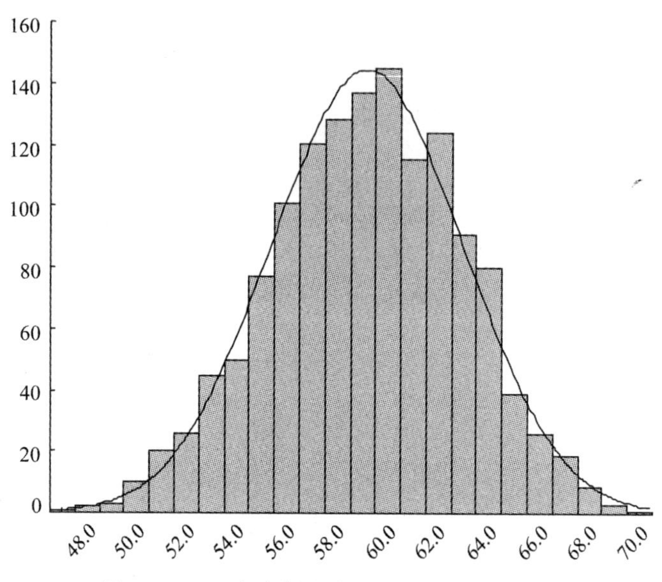

图 3-4　2014 年主板上市公司治理指数分布图

在 1 375 家样本公司中，没有 1 家达到 $CCGI^{NK}$ Ⅰ、$CCGI^{NK}$ Ⅱ，达到 $CCGI^{NK}$ Ⅲ的有 1 家，占全部样本的 0.07%；达到 $CCGI^{NK}$ Ⅳ的有 718 家，占全部样本的 52.33%，较 2013 年的 45.16% 有显著的提高；处于 $CCGI^{NK}$ Ⅴ的公司有 650 家，占样本的 47.38%，与 2013 年的 54.47% 相比，有显著的下降；有 3 家上市公司的治理指数在 50 以下，占全部样本的 0.22%，小于 2013 年的 0.29%，如表 3-51 所示。

表 3-51　2014 年主板上市公司治理指数等级分布

公司治理指数等级		公司治理指数等级分布	
		公司数	比例(%)
$CCGI^{NK}$ Ⅰ	90—100	—	—
$CCGI^{NK}$ Ⅱ	80—90	—	—
$CCGI^{NK}$ Ⅲ	70—80	1	0.07
$CCGI^{NK}$ Ⅳ	60—70	718	52.33
$CCGI^{NK}$ Ⅴ	50—60	650	47.38
$CCGI^{NK}$ Ⅵ	50 以下	3	0.22
合计		1 372	100.00

资料来源：南开大学公司治理数据库。

4.1.3　主板上市公司治理年度比较

2014 年度主板上市公司治理指数平均值为 60.15。2009 年、2010 年、2011 年、2012 年和 2013 年主板上市公司治理指数平均值分别为 57.53、58.50、59.05、58.68 和 59.43。对比连续几年来的主板上市公司的总体治理状况，治理水平总体上呈现出提高的趋势，其中 2012 年出现了拐点，2012 年指数低于 2011 年但高于以前其他各年度，2014 年继续保持增长趋势，相对于 2013 年提高 0.72。

在几个分指数当中，股东治理指数为 60.23，相比较 2013 年的 59.11 略有提高；董事会治理指数也呈显著的逐年上升趋势，2014 年比 2013 年提高 1.89，继续保持在 60 以上，作为公司治理核心的董事会建设得到加强；新公司法加强了监事会的职权，监事会治理状况明显提高，平均值从 2009 年的 55.85 提高到 2014 年的 58.09；经理层治理状况 2011 年达到 56.73 后，2014 年下降到 55.92；信息披露状况呈现出一定的波动性，2009—2014 年的信息披露指数平均值依次为 61.82、62.75、61.25、60.73、63.24 和 62.48；利益相关者治理指数有显著提高，利益相关者问题逐步引起上市公司的关注，2014 年相对于 2013 年的 57.02 上升了 1.97。各年公司治理评价各级指数的比较如表 3-52 所示。

表 3-52　主板上市公司治理指数历年比较

治理指数	2008	2009	2010	2011	2012	2013	2014
公司治理指数	57.59	57.53	58.50	59.05	58.68	59.43	60.15
股东治理指数	57.85	58.93	58.46	61.51	56.41	59.11	60.23
董事会治理指数	57.24	57.86	60.15	60.69	60.92	61.59	63.48
监事会治理指数	54.65	55.85	56.34	57.87	58.28	57.99	58.09
经理层治理指数	57.31	55.45	56.59	56.73	56.59	55.57	55.92
信息披露指数	62.46	61.82	62.75	61.25	60.73	63.24	62.48
利益相关者治理指数	53.44	52.96	53.79	54.10	57.76	57.02	58.99

资料来源：南开大学公司治理数据库。

4.1.4　主板上市公司股东治理分析

2014 年度 1 372 家主板上市公司股东治理指数的平均值为 60.23，中位数为 60.70，最小值为 32.77，最大值为 83.32，标准差为 8.12。股东治理指数基本服从正态分布。股东治理评价的三个二级指标——独立性、中小股东权益保护和关联交易的平均值分别为 57.35、55.11 和 66.78，中小股东权益保护最低。独立性、中小股东权益保护和关联交易的极差分别达到了 90.00、66.85 和 63.00，表明二级指标公司间的差距较大。股东治理指数及其三项二级指标的描述性统计如表 3-53 所示。

表 3-53　2014 年主板上市公司股东治理指数描述性统计

项目	平均值	中位数	标准差	极差	最小值	最大值
股东治理指数	60.23	60.70	8.12	50.55	32.77	83.32
独立性	57.35	60.92	17.59	90.00	2.00	92.00
中小股东权益保护	55.11	55.50	12.16	66.85	20.00	86.85
关联交易	66.78	66.00	12.82	63.00	24.00	87.00

资料来源:南开大学公司治理数据库。

4.1.5　主板上市公司董事会治理分析

2014 年中国上市公司主板市场非金融类公司样本量为 1 372 家,董事会治理指数的平均值为 63.48,中位数为 63.60,最大值为 72.16,最小值为 54.38。2014 年度主板上市公司董事会治理的平均水平较 2013 年度提升了 1.89。从董事会治理的五个主要因素来看,董事会组织结构指数最高,平均值为 68.84;董事权利与义务指数的平均值次之,为 68.41;独立董事制度指数位居第三,其平均值为 62.97;董事会运作效率和董事薪酬指数的平均值相对较低,分别为 60.72 和 59.74。从公司董事会治理质量的差异情况来看,2014 年度中国主板上市公司董事会治理指数的标准差为 2.58。公司间董事会治理质量的差异主要表现在董事会组织结构、董事薪酬、独立董事制度方面,其标准差分别为 6.10、6.45 和 4.37;而公司在董事权利与义务和董事会运作效率方面的差异相对较小,其标准差分别为 3.36 和 3.17,如表 3-54 所示。

表 3-54　2014 年主板上市公司董事会治理指数描述性统计

项目	平均值	中位数	标准差	极差	最小值	最大值
董事会治理指数	63.48	63.60	2.58	17.79	54.38	72.16
董事权利与义务	68.41	68.00	3.36	19.00	55.75	74.75
董事会运作效率	60.72	60.95	3.17	23.29	46.00	69.29
董事会组织结构	68.84	70.00	6.10	40.00	51.00	91.00
董事薪酬	59.74	60.00	6.45	26.50	50.00	76.50
独立董事制度	62.97	62.00	4.37	21.25	51.25	72.50

资料来源:南开大学公司治理数据库。

4.1.6　主板上市公司监事会治理分析

2014 年中国上市公司主板市场非金融类公司样本量为 1 372 家。监事会治理指数的平均值为 58.09,标准差为 8.04,监事会治理指数基本服从正态分布(见表 3-55)。从监事会指数的三个主要因素来看,样本公司监事会运行状况指数平均值为 63.43;监事会规模结构指数平均值为 53.66;监事会胜任能力指数平均值为 57.95。

表3-55 2014年主板上市公司监事会治理指数描述性统计

项目	平均值	中位数	标准差	极差	最小值	最大值
监事会治理指数	58.09	57.22	8.04	46.49	29.51	76.00
运行状况	63.43	70.00	17.83	80.00	0.00	80.00
规模结构	53.66	40.00	14.84	50.00	30.00	80.00
胜任能力	57.95	58.30	6.06	55.97	18.33	74.30

资料来源:南开大学公司治理数据库。

4.1.7 主板上市公司经理层治理分析

2014年样本主板上市公司的经理层治理指数最高值为78.50,最低值为40.67,平均值为55.92,标准差为5.70。从经理层评价的三个主因素层来看,样本公司经理层任免制度指数平均值为60.29,样本标准差为6.85;执行保障指数的平均值为66.25,样本标准差为9.56;激励与约束机制指数平均值为43.05,样本标准差为12.17,样本离散程度和离差最大。相比较上一年度,主板经理层治理指数提高了0.35,其中经理层任免制度指数平均值比上年降低了1.33,而执行保障制度制度较上年提高了1.45,激励约束指数较上年增加了0.96。主板样本公司经理层总体治理状况呈现平稳趋势,其中执行保障和激励约束机制得到改善。

表3-56 2014年主板上市公司经理层治理指数描述性统计

项目	平均值	中位数	标准差	极差	最小值	最大值
经理层治理指数	55.92	55.23	5.70	37.83	40.67	78.50
任免制度	60.29	61.25	6.85	54.22	28.00	82.22
执行保障	66.25	66.67	9.56	67.33	26.00	93.33
激励约束	43.05	38.57	12.17	64.05	21.67	85.71

资料来源:南开大学公司治理数据库。

4.1.8 主板上市公司信息披露分析

2014年中国上市公司主板市场非金融类公司样本量为1 372家,信息披露指数的平均值为62.48,标准差为11.39,信息披露指数基本服从正态分布。从标准差来看信息披露总体水平较为集中,上市公司之间的信息披露差距较小,但极差为51.93,信息披露最好和最差的公司仍存在较大差距。从信息披露的三个主要因素来看,主板上市公司信息披露的可靠性、相关性和及时性的平均值依次为62.84、61.47和63.65,信息披露的及时性表现最好,各指标之间的差异不大;从标准差来看,可靠性分散程度最大,上市公司信息披露的可靠程度存在较大差异;从极差来看,信息披露最好和最差的公司在可靠性、相关性和及时性方面都存在非常大的差距。

表 3-57 2014 年主板上市公司信息披露指数描述性统计

项目	平均值	中位数	标准差	极差	最小值	最大值
信息披露指数	62.48	60.63	11.39	51.93	33.11	85.04
可靠性	62.84	59.99	19.23	54.59	35.31	89.90
相关性	61.47	60.72	11.08	66.15	19.00	85.15
及时性	63.65	66.46	14.66	63.21	24.73	87.93

资料来源:南开大学公司治理数据库。

4.1.9 主板上市公司利益相关者治理分析

2014 年中国上市公司主板市场非金融类公司样本量为 1 372 家,利益相关者治理指数的均值为 58.99,标准差为 9.71,利益相关者治理指数基本服从正态分布。从利益相关者治理指数的两个主要因素来看,样本公司利益相关者参与程度较低,平均值为 44.50;利益相关者协调程度较高,平均值为 76.71,如表 3-58 所示。

表 3-58 2014 年主板上市公司利益相关者治理指数描述性统计

项目	平均值	中位数	标准差	极差	最小值	最大值
利益相关者治理指数	58.99	58.79	9.71	56.05	31.05	87.10
参与程度	44.50	41.00	15.07	78.50	16.50	95.00
协调程度	76.71	79.00	11.07	61.50	36.00	97.50

资料来源:南开大学公司治理数据库。

4.2 中小企业板上市公司治理评价

4.2.1 中小板公司治理总体分析

2014 年度公司治理样本中共有 698 家中小企业板上市公司,其治理评价指数描述性统计如表 3-59 所示。其中,公司治理指数的平均值为 63.05,中位数为 63.03,最小值为 50.20,最大值为 72.09,标准差为 3.39。从公司治理评价的六个分指数来看,中小企业板上市公司的股东治理指数、董事会治理指数、监事会治理指数、经理层治理指数、信息披露指数和利益相关者治理指数的平均值分别为 68.49、63.06、57.78、58.57、64.55 和 66.30。其中,中小企业板上市公司股东治理指数最高,利益相关者治理指数和信息披露指数较高,而董事会治理指数和经理层治理指数较低,监事会治理水平最低。监事会治理成为中小上市公司治理水平提升的短板。信息披露指数在中小企业板上市公司中的差异较大,标准差为 11.66。与 2013 年评价结果相比,公司治理总指数有所提高,这主要是因为除了利益相关者指数有一定幅度下降外,股东治理指数、董事会治理指数、监事会治理指数、经理层治理指数和信息披露指数均出现不同程度的上升。

表 3-59 2014 年中小企业板上市公司治理指数描述性统计

项目	平均值	中位数	标准差	极差	最小值	最大值
公司治理总指数	63.05	63.03	3.39	21.89	50.20	72.09
股东治理指数	68.49	69.42	7.58	38.23	46.90	85.12
董事会治理指数	63.06	63.10	2.07	13.30	56.38	69.68
监事会治理指数	57.78	56.55	5.56	44.72	29.42	74.13
经理层治理指数	58.57	58.90	5.64	38.94	35.29	74.23
信息披露指数	64.55	61.40	11.66	50.82	34.98	85.80
利益相关者治理指数	66.30	66.62	10.39	54.51	39.14	93.65

资料来源:南开大学公司治理数据库。

4.2.2 中小企业板上市公司股东治理分析

从股东治理评价的三个主要因素来看,样本公司独立性、中小股东权益保护和关联交易的平均值分别为 68.67、62.20 和 74.70,其中,中小股东权益保护、关联交易比上一年度有所提升,独立性比上一年度有所下降。股东治理指数主要得益于独立性和关联交易指数较高。样本公司中小股东权益保护方面指数最低,独立性指数公司间差异最大,极差为 75.29,标准差为 15.93。如何切实强化中小股东权益保护机制是中小上市公司提升股东治理水平的关键。股东治理指数三项分指标的描述性统计情况如表 3-60 所示。

表 3-60 2014 年中小企业板上市公司股东治理指数描述性统计

项目	平均值	中位数	标准差	极差	最小值	最大值
股东治理指数	68.49	69.42	7.58	38.23	46.90	85.12
独立性	68.67	72.86	15.93	75.29	20.71	96.00
中小股东权益保护	62.20	62.50	10.18	56.34	29.70	86.04
关联交易	74.70	75.00	10.72	51.00	36.00	87.00

资料来源:南开大学公司治理数据库。

4.2.3 中小企业板上市公司董事会治理分析

从董事会治理的五个主要因素来看,样本公司董事会组织结构指数的平均值为 69.31,在董事会分指数中表现最好,说明我国大多数中小上市公司已经建立了相对比较完善的专业委员会,并发挥了一定作用。公司董事权利与义务指数平均值为 65.09,在中小企业板上市公司的董事会治理中表现相对较好。独立董事制度指数为 62.95,董事会运作效率指数均值为 60.66。董事薪酬指数最低,平均值为 58.93。与 2013 年相比,董事会治理指数的改善主要得益于董事权利与义务、董事会运作效率、董事会组织结构和独立董事制度指数的提高,说明我国中小企业板上市公司在运作效率、结构安排和独立性方面得到改善。今后如何进一步强化激励约束机制并使董事尽职尽责,是董事会治理提高的关键,如表3-61所示。

表3-61 2014年中小企业板上市公司董事会治理指数描述性统计

项目	平均值	中位数	标准差	极差	最小值	最大值
董事会治理指数	63.06	63.10	2.07	13.30	56.38	69.68
董事权利与义务	65.09	65.75	3.61	20.50	53.25	73.75
董事会运作效率	60.66	60.95	3.18	22.14	47.15	69.29
董事会组织结构	69.31	70.00	4.23	37.00	51.00	88.00
董事薪酬	58.93	57.00	5.38	24.00	50.00	74.00
独立董事制度	62.95	62.00	4.48	21.25	51.25	72.50

资料来源:南开大学公司治理数据库。

4.2.4 中小企业板上市公司监事会治理分析

2014年中小企业板上市公司监事会治理指数的三个分项情况如表3-62所示。从监事会指数的三个主要因素来看,样本公司的监事会运行指数表现最好,平均值为74.20;监事会的胜任能力指数水平表现较好,平均值为54.33;而监事会结构指数水平最低,平均值只有47.15。监事会的机构及履职能力仍是今后建设的重点。

表3-62 2014年中小企业板上市公司监事会治理指数描述性统计

项目	平均值	中位数	标准差	极差	最小值	最大值
监事会治理指数	57.78	56.55	5.56	44.72	29.42	74.13
规模结构	47.15	40.00	12.07	50.00	30.00	80.00
运行状况	74.20	80.00	9.17	50.00	30.00	80.00
胜任能力	54.33	54.00	5.68	53.70	16.80	70.50

资料来源:南开大学公司治理数据库。

4.2.5 中小企业板上市公司经理层治理分析

2014年中小企业板上市公司经理层治理指数的三个分项情况如表3-63所示。从经理层的三个主要评价维度来看,经理层任免制度指数平均值为62.90,是经理层治理中表现最好的一个因素。中小企业板上市公司的经理层激励约束指数表现最差,平均值只有51.69,且各机构间差距较大,标准差为13.69。此外,执行保障指数均值为61.93。经理层治理整体上均有待提高。

表 3-63 2014 年中小企业板上市公司经理层治理指数描述性统计

项目	平均值	中位数	标准差	极差	最小值	最大值
经理层治理指数	58.57	58.90	5.64	38.94	35.29	74.23
任免制度	62.90	63.33	4.72	53.33	36.67	90.00
执行保障	61.93	61.67	8.30	48.33	38.33	86.67
激励约束	51.69	52.86	13.69	58.57	24.29	82.86

资料来源:南开大学公司治理数据库。

4.2.6 中小企业板上市公司信息披露分析

从信息披露的三个主要因素来看,中小企业板上市公司信息披露的可靠性、相关性和及时性的平均值依次为 63.96、62.85 和 70.44,其中信息披露及时性表现最好,而信息披露的相关性表现最差。从极差来看,信息披露最好和最差的公司在可靠性和相关性方面都存在非常大的差距,如表 3-64 所示。

表 3-64 2014 年中小企业板上市公司信息披露指数描述性统计

项目	平均值	中位数	标准差	极差	最小值	最大值
信息披露指数	64.55	61.40	11.66	50.82	34.98	85.80
可靠性	63.96	59.99	19.15	54.59	35.31	89.90
相关性	62.85	61.82	11.87	54.06	31.09	85.15
及时性	70.44	71.27	11.12	63.21	24.73	87.93

资料来源:南开大学公司治理数据库。

4.2.7 中小企业板上市公司利益相关者治理分析

2014 年中小企业板上市公司利益相关者治理指数比 2013 年有一定幅度的下降,从 67.44 下降到 66.30。从利益相关者治理指数的两个主要因素来看,中小企业板上市公司的利益相关者参与程度有一定幅度的下降,均值为 55.56,利益相关者协调程度也有一定程度的下降,均值为 79.44;从极差来看,利益相关者参与程度的离散情况明显高于利益相关者的协调程度。利益相关者治理指数两个方面的描述性统计情况如表 3-65 所示。

表 3-65 2014 年中小企业板上市公司利益相关者治理指数描述性统计

项目	平均值	中位数	标准差	极差	最小值	最大值
利益相关者治理指数	66.30	66.62	10.39	54.51	39.14	93.65
参与程度	55.56	55.00	17.04	78.50	16.50	95.00
协调程度	79.44	81.00	9.29	62.00	38.00	100.00

资料来源:南开大学公司治理数据库。

4.2.8 中小企业板上市公司控股股东性质与公司治理

对于698家中小企业板上市公司样本，从其控股股东看，国有控股为108家，其治理指数平均值为62.66；集体控股公司6家，其治理指数平均值为64.71；民营控股570家，治理指数平均值为63.09；外资控股12家，治理指数平均值为62.73；社会团体控股和其他类型各1家。民营控股公司所占比重最高，其次是国有控股。从治理指数平均值来看，社会团体控股公司治理水平最高，外资控股略低于民营控股公司，而国有控股公司则最低。

表3-66 中小企业板上市公司按控股股东性质分组治理指数描述性统计

控股股东性质	数量	比例(%)	平均值	中位数	标准差	极差	最小值	最大值
国有控股	108	15.47	62.66	62.77	3.44	16.56	54.83	71.39
集体控股	6	0.86	64.71	64.20	4.60	10.54	59.95	70.49
民营控股	570	81.66	63.09	63.08	3.35	21.89	50.20	72.09
社会团体控股	1	0.14	70.43	70.43	0.00	0.00	70.43	70.43
外资控股	12	1.72	62.73	61.85	3.96	13.69	56.79	70.48
其他类型	1	0.14	67.27	67.27	0.00	0.00	67.27	67.27
合计	698	100.00	63.05	63.03	3.39	21.89	50.20	72.09

资料来源：南开大学公司治理数据库。

4.2.9 中小企业板上市公司地区与公司治理

从地区分布来看，698家中小企业板上市公司中，广东、浙江和江苏最多，分别有145、118和92家。而青海和宁夏最少，各仅有1家。从公司治理指数平均值水平来看，西藏、海南和重庆较高，分别为67.50、65.09和64.92；黑龙江、江西和青海较低，分别为60.53、60.62和61.08。

表3-67 中小企业板上市公司按地区分组治理指数描述性统计

省份	数量	公司治理指数	股东治理指数	董事会治理指数	监事会治理指数	经理层治理指数	信息披露指数	利益相关者治理指数
北京	38	63.19	69.96	62.54	59.01	61.34	60.11	68.49
天津	6	61.41	61.79	62.73	57.91	58.07	64.48	62.47
河北	10	63.86	68.56	62.78	58.89	60.55	63.41	71.23
山西	2	62.73	66.92	65.05	54.53	59.17	62.57	68.38
内蒙古	2	64.66	62.69	61.50	62.12	57.95	71.25	74.66
辽宁	12	64.00	69.90	63.18	57.46	59.46	66.17	68.57
吉林	6	61.51	71.00	61.79	55.35	57.97	57.97	67.23
黑龙江	2	60.53	70.15	61.65	58.39	54.56	56.33	64.77

（续表）

省份	数量	公司治理指数	股东治理指数	董事会治理指数	监事会治理指数	经理层治理指数	信息披露指数	利益相关者治理指数
上海	27	62.53	69.53	62.80	56.51	60.16	62.89	62.91
江苏	92	63.11	68.89	62.96	56.59	58.10	64.81	68.15
浙江	118	63.23	67.73	63.00	57.06	58.97	67.22	64.64
安徽	25	63.85	68.44	63.39	57.14	60.43	65.87	68.22
福建	31	63.72	69.34	63.61	58.42	57.39	65.27	69.73
江西	7	60.62	60.37	63.63	57.62	58.23	61.59	61.01
山东	57	63.04	68.91	62.77	57.74	58.31	65.37	65.24
河南	22	64.23	71.81	62.81	61.04	61.07	63.48	66.68
湖北	10	62.17	64.89	63.69	58.20	57.63	62.14	67.44
湖南	19	62.27	66.80	63.26	56.63	58.51	63.96	63.96
广东	145	62.75	69.18	63.31	57.42	58.11	63.18	65.87
广西	6	63.36	73.85	63.72	55.54	58.25	66.58	60.45
海南	3	65.09	66.50	62.89	64.43	54.50	72.63	71.12
重庆	3	64.92	73.77	62.62	57.92	60.42	71.06	62.02
四川	23	63.05	66.94	62.90	58.21	58.00	66.66	65.37
贵州	5	63.50	71.73	63.60	62.85	58.29	58.84	69.24
云南	7	61.45	58.97	62.99	64.64	53.42	63.82	66.35
西藏	2	67.50	75.48	64.90	58.82	58.16	80.42	63.98
陕西	3	61.75	65.57	61.77	68.43	53.39	56.28	71.01
甘肃	4	61.52	65.19	63.09	56.47	55.64	61.23	69.21
青海	1	61.08	66.44	61.77	62.99	49.89	61.36	67.14
宁夏	1	63.45	63.07	60.59	55.43	57.38	73.90	69.70
新疆	9	62.81	63.07	63.69	64.20	53.95	66.33	66.74
合计	698	100.00	63.05	63.03	3.39	21.89	50.20	72.09

资料来源：南开大学公司治理数据库。

4.3 创业板上市公司治理评价

4.3.1 创业板上市公司治理总体分析

自 2011 年起，中国公司治理研究院持续关注创业板上市公司治理状况，2014 年继续对创业板上市公司治理评价进行专门研究。本年度共有 355 家创业板上市公司样本，公司治理指数的平均值为 63.03，中位数为 63.09，最小值为 55.08，最大值为 71.41，标准差为 3.19。从创业板上市公司治理的六个分指数分别来看，股东治理指数、董事会治理指数、监事会治理指数、经理层治理指数、信息披露指数和利益相关者治理指数的平均值分别为71.32、63.31、57.09、58.66、63.70和64.15。其中股东治理指数最高,超过70;而监事会治理指数和经理层治理指数偏低,尚不足60,成为创业板上市公司治理水平提升的短板,如表3-68所示。

表3-68　2014年创业板上市公司治理指数描述性统计

项目	平均值	中位数	标准差	极差	最小值	最大值
公司治理指数	63.03	63.09	3.19	16.33	55.08	71.41
股东治理指数	71.32	72.35	6.65	39.18	47.06	86.24
董事会治理指数	63.31	63.63	2.51	12.87	55.57	68.44
监事会治理指数	57.09	56.45	4.32	30.28	42.04	72.32
经理层治理指数	58.66	58.66	5.53	30.13	40.93	71.06
信息披露指数	63.70	64.99	11.30	41.81	41.60	83.41
利益相关者治理指数	64.15	64.45	10.00	46.78	40.04	86.82

资料来源:南开大学公司治理数据库。

4.3.2　创业板上市公司股东治理分析

股东治理评价三个主要影响因素独立性、中小股东权益保护和关联交易的平均值分别为74.96、61.98和78.84。其中独立性和关联交易相对较高,而中小股东权益保护方面指数最低;因此创业板上市公司在提升股东治理水平时应当首先注重切实强化中小股东权益保护机制。其中,各样本公司之间独立性和中小股东权益保护两项分指标差距较大,样本公司独立性最大值为96.00,而最小值仅为24.29;中小股东权益保护最大值为86.11,最小值仅为30.50;两项分指标极差和标准差都很大。股东治理指数三项分指标的描述性统计情况如表3-69所示。

表3-69　2014年创业板上市公司股东治理指数描述性统计

项目	平均值	中位数	标准差	极差	最小值	最大值
股东治理指数	71.32	72.35	6.65	39.18	47.06	86.24
独立性	74.96	76.95	12.37	71.71	24.29	96.00
中小股东权益保护	61.98	62.60	10.19	55.61	30.50	86.11
关联交易	78.84	81.00	9.37	45.00	42.00	87.00

资料来源:南开大学公司治理数据库。

4.3.3　创业板上市公司董事会治理分析

创业板上市公司董事会治理的五个主要影响因素中最高的是董事会组织结构,平均值为67.87,反映出我国大多数创业板上市公司已经建立了相对比较完善的董事会组织结构,并能够发挥一定作用。同时,董事权利与义务也较高,说明创业板上市公司中董事的作用在一定程度上得以体现。最低的是董事薪酬,为59.76。具体指标的描述性统计情况如表3-70所示。

表3-70　2014年创业板上市公司董事会治理指数描述性统计

项目	平均值	中位数	标准差	极差	最小值	最大值
董事会治理指数	63.31	63.63	2.51	12.87	55.57	68.44
董事权利与义务	66.40	67.75	3.11	17.00	54.75	71.75
董事会运作效率	60.88	61.24	3.30	17.83	51.46	69.29
董事会组织结构	67.87	70.00	6.10	37.00	51.00	88.00
董事薪酬	59.76	57.50	5.66	22.00	50.00	72.00
独立董事制度	63.69	63.25	4.71	21.25	51.25	72.50

资料来源:南开大学公司治理数据库。

4.3.4　创业板上市公司监事会治理分析

监事会治理状况具体指标如表3-71所示,监事会治理分指数一直以来是各分指数中的短板,并且三项分指标的差距较大。其中监事会运行状况指数最高,达到76.11,且该指标中位数和最大值相等,可见一半以上公司监事会运行状况良好。各公司规模结构指数普遍偏低,平均值仅为43.55,说明创业板公司监事会的结构有待加强和完善。

表3-71　2014年创业板上市公司监事会治理指数描述性统计

项目	平均值	中位数	标准差	极差	最小值	最大值
监事会治理指数	57.09	56.45	4.32	30.28	42.04	72.32
规模结构	43.55	40.00	8.66	30.00	40.00	70.00
运行状况	76.11	80.00	6.65	50.00	30.00	80.00
胜任能力	54.33	54.30	5.63	45.67	22.93	68.60

资料来源:南开大学公司治理数据库。

4.3.5　创业板上市公司经理层治理分析

经理层治理的各个影响因素差别较小,其中最高的是任免制度,为61.78;最低的是执行保障,为56.90;激励约束的均值为57.31,并且激励约束指标各公司间差距较大,标准差达到12.17,可见各公司在激励约束方面还有待进一步完善,如表3-72所示。

表 3-72　2014 年创业板上市公司经理层治理指数描述性统计

项目	平均值	中位数	标准差	极差	最小值	最大值
经理层治理指数	58.66	58.66	5.53	30.13	40.93	71.06
任免制度	61.78	60.00	7.96	60.00	30.00	90.00
执行保障	56.90	56.67	7.88	46.67	35.00	81.67
激励约束	57.31	60.00	12.17	55.71	27.14	82.86

资料来源:南开大学公司治理数据库。

4.3.6　创业板上市公司信息披露分析

样本公司信息披露指数及其三个影响因素普遍较高,都在 60 以上,并且各指标差别很小,说明目前各公司都非常重视信息披露,能够及时向社会公开相关信息。但是各指标的标准差普遍偏高,可见样本公司之间的差别也很大。相比较其他指标,信息披露的可靠性最低,创业板上市公司需要注意提高披露信息的可靠性。

表 3-73　2014 年创业板上市公司信息披露指数描述性统计

项目	平均值	中位数	标准差	极差	最小值	最大值
信息披露指数	63.70	64.99	11.30	41.81	41.60	83.41
可靠性	62.97	59.99	19.62	54.59	35.31	89.90
相关性	63.89	63.77	10.84	47.49	35.12	82.61
及时性	65.66	67.36	10.94	56.18	31.76	87.93

资料来源:南开大学公司治理数据库。

4.3.7　创业板上市公司利益相关者治理分析

从利益相关者治理的两个主要因素来看,创业板上市公司的利益相关者参与程度和协调程度平均值分别为 55.77 和 74.39。其中,利益相关者参与程度的标准差较大,说明创业板上市公司利益相关者的参与水平差别较大,有些公司在该指标方面有待进一步提升。

表 3-74　2014 年创业板上市公司利益相关者治理指数描述性统计

项目	平均值	中位数	标准差	极差	最小值	最大值
利益相关者治理指数	64.15	64.45	10.00	46.78	40.04	86.82
参与程度	55.77	55.00	16.55	78.50	16.50	95.00
协调程度	74.39	75.00	8.13	51.50	46.00	97.50

资料来源:南开大学公司治理数据库。

4.3.8 创业板上市公司控股股东性质与公司治理

本年度355家创业板上市公司样本中,民营控股比重最大,共333家,占比93.80%,其公司治理总指数均值为63.08;国有控股公司有16家,占比4.51%,公司治理总指数均值为62.06;外资控股公司5家,占比1.41%,公司治理总指数均值为62.63;其他类型控股1家,占0.28%,公司治理总指数均值为63.86。民营控股公司数量最大,并且公司治理指数均值较高,说明其公司治理状况优于其他控股股东性质的公司;而其他控股股东性质的公司之间治理指数差异不大,具体情况如表3-75所示。

表3-75 2014年创业板上市公司按控股股东性质分组治理指数描述性统计

控股股东性质	数量	比例(%)	平均值	中位数	标准差	极差	最小值	最大值
国有控股	16	4.51	62.06	61.68	4.62	14.60	55.94	70.54
民营控股	333	93.80	63.08	63.09	3.12	16.33	55.08	71.41
外资控股	5	1.41	62.63	63.68	2.88	6.44	59.15	65.59
其他类型控股	1	0.28	63.86	63.86	0.00	0.00	63.86	63.86
合计	355	100.00	63.03	63.09	3.19	16.33	55.08	71.41

资料来源:南开大学公司治理数据库。

4.3.9 创业板上市公司地区与公司治理

从地区分布来看,本年度355家创业板上市公司样本中,广东、北京和江苏数量最多,分别为76、53和42家。广西、宁夏、青海和西藏没有一家公司进入样本。从治理指数平均值水平来看,云南最高,达到69.67,而内蒙古最低,为59.31,具体分布如表3-76所示。

表3-76 2014年创业板上市公司按地区分组治理指数描述性统计

省份	数量	公司治理指数	股东治理指数	董事会治理指数	监事会治理指数	经理层治理指数	信息披露指数	利益相关者治理指数
北京	53	63.39	70.61	63.53	59.13	59.68	62.90	65.20
天津	5	61.72	72.94	64.33	56.95	58.53	58.05	59.18
河北	5	62.98	72.93	63.62	56.88	58.32	60.61	67.18
山西	2	60.54	68.29	61.60	58.23	58.36	65.54	46.08
内蒙古	3	59.31	66.04	61.10	57.58	59.68	47.87	68.34
辽宁	8	61.53	72.22	63.38	58.52	55.14	59.05	61.76
吉林	1	59.98	77.42	64.70	52.92	57.86	52.23	53.64

（续表）

省份	数量	公司治理指数	股东治理指数	董事会治理指数	监事会治理指数	经理层治理指数	信息披露指数	利益相关者治理指数
黑龙江	1	62.16	68.34	62.76	57.18	50.59	71.52	60.40
上海	28	63.29	72.47	62.98	56.02	58.79	64.90	64.42
江苏	42	63.00	71.62	62.82	55.90	58.42	65.87	62.46
浙江	36	62.52	69.52	64.02	55.95	57.58	64.79	62.03
安徽省	7	63.79	68.12	63.03	57.52	58.32	67.18	69.35
福建省	11	62.94	72.23	64.12	55.62	58.62	63.37	63.09
江西省	3	61.85	64.83	63.96	56.31	56.83	63.20	65.95
山东省	18	63.17	69.14	63.21	56.12	58.65	66.70	64.36
河南省	8	65.67	75.61	63.96	59.12	57.09	68.17	72.15
湖北省	11	61.84	71.35	62.91	58.44	58.20	62.52	55.90
湖南省	11	62.81	71.77	63.29	57.31	58.87	61.45	65.02
广东省	76	62.99	72.67	63.44	56.76	59.57	61.64	64.38
海南省	2	61.43	69.12	59.58	60.55	56.96	57.62	69.02
重庆市	4	66.49	76.25	63.72	59.07	60.20	69.44	71.91
四川省	7	63.00	68.85	61.00	58.61	53.47	65.56	74.11
贵州省	1	59.64	64.77	64.09	55.27	61.20	55.05	55.64
云南省	1	69.67	76.59	64.78	63.48	67.51	81.68	59.35
陕西省	6	64.39	70.23	62.39	59.79	57.51	70.06	66.49
甘肃省	2	64.24	73.73	62.48	54.61	60.47	68.95	63.95
新疆	3	63.31	66.92	64.34	52.78	61.57	66.81	65.66
合计	355	63.03	63.09	3.19	16.33	55.08	71.41	63.03

资料来源：南开大学公司治理数据库。

4.4 上市金融机构治理评价

4.4.1 上市金融机构治理总体分析

表3-77给出了金融业公司治理指数及各分指数的描述性统计指标，可以看出，2014年度金融行业的公司治理指数平均值为64.27，中位数为64.78，标准差为2.65，最小值为57.41，最大值为69.40。

表3-77 2014年上市金融机构治理指数描述性统计

指数	平均值	中位数	标准差	极差	最小值	最大值
公司治理指数	64.27	64.78	2.65	11.99	57.41	69.40
股东治理指数	67.48	67.94	6.95	35.99	44.70	80.68
董事会治理指数	66.29	66.63	2.46	11.58	59.68	71.26
监事会治理指数	65.55	66.78	8.25	33.15	45.49	78.64
经理层治理指数	58.96	58.95	4.68	22.44	47.41	69.85
信息披露指数	65.22	65.43	7.00	25.38	51.64	77.02
利益相关者治理指数	61.46	61.38	8.84	40.20	40.27	80.47

资料来源:南开大学公司治理数据库。

表3-78给出了金融业和非金融业公司治理指数和各分指数的描述性统计对比,从对比中可以看出,从均值意义上讲,金融机构的公司治理状况总体优于非金融行业的上市公司。在各项分指数中,除了利益相关者指数之外,金融机构均高于非金融机构。尤其是在股东治理方面、董事会治理方面和监事会治理方面,金融机构的治理状况都大幅度优于非金融行业上市公司,从而导致公司治理指数的平均值也高于非金融机构上市公司。

表3-78 2014年金融与非金融行业治理指数描述性统计比较

项目	分组	样本	平均值	中位数	标准差	极差	最小值	最大值
公司治理指数	非金融	2425	61.41	61.52	3.87	23.89	48.20	72.09
	金融业	42	64.27	64.78	2.65	11.99	57.41	69.40
股东治理指数	非金融	2425	64.23	64.49	9.05	53.47	32.77	86.24
	金融业	42	67.48	67.94	6.95	35.99	44.70	80.68
董事会治理指数	非金融	2425	63.33	63.49	2.44	17.79	54.38	72.16
	金融业	42	66.29	66.63	2.46	11.58	59.68	71.26
监事会治理指数	非金融	2425	57.86	56.87	6.95	46.58	29.42	76.00
	金融业	42	65.55	66.78	8.25	33.15	45.49	78.64
经理层治理指数	非金融	2425	57.08	56.84	5.81	43.21	35.29	78.50
	金融业	42	58.96	58.95	4.68	22.44	47.41	69.85
信息披露指数	非金融	2425	63.25	61.05	11.49	52.69	33.11	85.80
	金融业	42	65.22	65.43	7.00	25.38	51.64	77.02
利益相关者治理指数	非金融	2425	61.85	61.71	10.49	62.60	31.05	93.65
	金融业	42	61.46	61.38	8.84	40.20	40.27	80.47

资料来源:南开大学公司治理数据库。

4.4.2 上市金融机构股东治理分析

表3-79给出了2014年金融行业42家样本股东治理评价方面的各指标的描述性统计,从表中可以看出,股东治理评价方面,独立性指数平均值最高,为75.03,中小股东权益保护指数平均值最低,为61.32,关联交易指数介于两者之间,平均值为69.86。股东治理指数的平均值为67.48,标准差为6.95。

表3-79 2014年上市金融机构股东治理指数描述性统计

项目	平均值	中位数	标准差	极差	最小值	最大值
股东治理指数	67.48	67.94	6.95	35.99	44.70	80.68
独立性	75.03	76.32	11.38	45.40	44.48	89.88
中小股东权益保护	61.32	63.32	9.42	42.75	36.00	78.75
关联交易	69.86	69.00	11.39	51.00	36.00	87.00

资料来源:南开大学公司治理数据库。

4.4.3 上市金融机构董事会治理分析

表3-80给出了2014年金融业42家样本董事会治理方面的描述性统计,从表中可以看出,平均值意义上讲,董事会的组织结构最高,平均值达到了80.35,董事会运作效率最低,平均值只有61.45。董事会治理总指数的平均值为66.29,标准差为2.46,表明金融机构在董事会评价方面的差异比较小。

表3-80 2014年上市金融机构董事会治理指数描述性统计

项目	平均值	中位数	标准差	极差	最小值	最大值
董事会治理指数	66.29	66.63	2.46	11.58	59.68	71.26
董事权利与义务	67.89	67.75	3.92	20.43	53.33	73.75
董事会运作效率	61.45	61.24	2.97	14.09	55.20	69.29
董事会组织结构	80.35	79.00	7.71	26.50	61.50	88.00
董事薪酬	62.71	61.50	6.13	26.50	50.00	76.50
独立董事制度	62.11	61.50	4.46	16.75	55.75	72.50

资料来源:南开大学公司治理数据库。

4.4.4 上市金融机构监事会治理分析

表3-81给出了2014年42家样本监事会治理方面的描述性统计,从表中可以看出,监事会的运行状况指数最高,平均值为71.90。监事会的规模结构和胜任能力相近,分别为63.33和62.33。同时,不同金融类公司的监事会规模结构差异较大,样本的标准差为13.95。监事会治理指数的平均值为65.55,标准差为8.25。

表 3-81 2014 年上市金融机构监事会治理指数描述性统计

项目	平均值	中位数	标准差	极差	最小值	最大值
监事会治理指数	65.55	66.78	8.25	33.15	45.49	78.64
规模结构	63.33	65.00	13.95	40.00	40.00	80.00
运行状况	71.90	70.00	11.31	50.00	30.00	80.00
胜任能力	62.33	63.91	9.25	51.14	24.96	76.10

资料来源:南开大学公司治理数据库。

4.4.5 上市金融机构经理层治理分析

表 3-82 给出了 2014 年 42 家样本经理层治理方面的描述性统计,从表中可以看出,平均值意义上讲,经理层三个维度差异巨大,最高的执行保障平均值达到了 70.83,而最低的激励约束维度,平均值只有 44.93。经理层治理指数也偏低,平均值为 58.96,标准差较小,只有 4.68,表明金融类上市公司在经理层治理评价方面差异较小。

表 3-82 2014 年上市金融机构经理层治理指数描述性统计

项目	平均值	中位数	标准差	极差	最小值	最大值
经理层治理指数	58.96	58.95	4.68	22.44	47.41	69.85
任免制度	63.17	63.33	6.58	40.00	50.00	90.00
执行保障	70.83	71.67	8.19	33.33	56.67	90.00
激励约束	44.93	41.43	10.17	52.86	27.14	80.00

资料来源:南开大学公司治理数据库。

4.4.6 上市金融机构信息披露分析

表 3-83 给出了 2014 年 42 家样本信息披露方面的描述性统计,从表中可以看出,平均值意义上讲,信息披露的可靠性和及时性两个维度比较接近,平均值分别为 68.67 和 66.95,标准差相差也不大。相关性水平比较低,均值为 59.54,同时方差也比较大。信息披露指数的平均值达到了 65.22,标准差为 7.00。

表 3-83 2014 年上市金融机构信息披露指数描述性统计

项目	平均值	中位数	标准差	极差	最小值	最大值
信息披露指数	65.22	65.43	7.00	25.38	51.64	77.02
可靠性	68.67	70.68	4.53	14.10	58.14	72.25
相关性	59.54	60.72	15.04	60.20	24.95	85.15
及时性	66.95	70.44	14.39	52.90	27.15	80.05

资料来源:南开大学公司治理数据库。

4.4.7 上市金融机构利益相关者治理分析

表 3-84 给出了 2014 年 42 家样本公司利益相关者治理方面的描述性统计,从表中可以看出,平均值意义上讲,利益相关者治理两个维度之间差异较大,平均值之差超过了 35.00,利益相关者的协调程度明显优于参与程度。利益相关者治理指数的平均值达到了 61.46,标准差为 8.84。

表 3-84 2014 年上市金融机构利益相关者治理指数描述性统计

项目	平均值	中位数	标准差	极差	最小值	最大值
利益相关者治理指数	61.46	61.38	8.84	40.20	40.27	80.47
参与程度	45.52	41.00	13.77	44.00	27.00	71.00
协调程度	80.95	82.00	10.56	44.00	50.50	94.50

资料来源:南开大学公司治理数据库。

4.4.8 上市金融机构控股股东性质与公司治理

按照控股性质分组,上市金融机构的控股性质可以分为国有、民营、外资、集体控股和其他类型五种。表 3-85 给出了按最终控制人性质分组的金融机构治理指数统计指标对比,从表中可以看出,在平均值意义上讲,外资控股金融机构公司治理指数最高,集体控股和国有控股次之,民营控股和其他类型的公司治理水平相对较低。

表 3-85 2014 年上市金融机构分控股股东性质公司治理比较

控股股东性质	样本数	平均值	中位数	标准差	极差	最小值	最大值
国有控股	33	64.37	64.79	2.36	9.15	60.25	69.40
集体控股	2	64.70	64.70	3.94	5.57	61.91	67.48
民营控股	3	62.94	63.24	3.32	6.62	59.48	66.10
外资控股	2	67.28	67.28	0.76	1.08	66.74	67.82
其他类型	2	61.09	61.09	5.20	7.36	57.41	64.77
合计	42	64.37	64.79	2.36	9.15	60.25	69.40

资料来源:南开大学公司治理数据库。

4.4.9 上市金融机构地区与公司治理

按照金融机构所属地区分组,大部分的上市金融机构集中于北京、上海、广东等经济发达地区,所以我们仅比较这三个地区金融机构的治理状况,如表 3-86 所示。从表中可以看出,在平均值意义上讲,北京金融机构公司治理指数最高,广东次之,而上海金融机构公司治理水平相对较弱。

表 3-86　2014 年上市金融机构分地区公司治理比较

省份	样本数	平均值	中位数	标准差	极差	最小值	最大值
北京	11	65.56	65.19	2.63	8.47	60.93	69.40
上海	7	61.68	62.07	3.02	9.43	57.41	66.85
广东	6	65.26	65.09	2.01	5.91	61.91	67.82

资料来源:南开大学公司治理数据库。

4.4.10　上市金融机构业务性质与公司治理

按照金融机构不同业务性质分组,金融机构可以分为证券公司、银行、保险公司以及包括信托和投资公司在内的其他金融机构。表 3-87 给出了这四类金融机构公司治理指数的描述性统计,可以看出,平均值意义上讲,银行类金融机构的公司治理水平较高,其平均值达到了 65.84;证券类和保险类金融机构次之,均值分别为 64.04 和 63.46;其他金融机构的最低,均值仅为 61.37。

表 3-87　2014 年上市金融机构分银行与非银行公司治理比较

行业	样本数	平均值	中位数	标准差	极差	最小值	最大值
银行	16	65.84	66.16	2.05	7.34	62.07	69.40
证券	4	64.04	63.70	2.98	6.89	60.93	67.82
保险	19	63.46	63.24	1.93	7.23	60.25	67.48
其他	3	61.37	59.48	5.17	9.81	57.41	67.22

资料来源:南开大学公司治理数据库。

4.4.11　上市金融机构治理年度比较

从整体趋势上讲,上市金融机构的公司治理水平在 2014 年有较大幅度的提升。2009 年上市金融机构整体样本的公司治理指数平均值为 61.41,2010 年、2011 年和 2012 年上市金融机构整体样本的公司治理指数平均值则为 63.76、63.34 和 63.44,处在一个稳定的水平,在 2013 年又下降到了 61.81,而在 2014 年提升至 64.27。

表 3-88　2014 年上市金融机构治理指数年度比较

年份	样本数	平均值	中位数	标准差	极差	最小值	最大值
2009	27	61.41	61.80	3.08	13.82	52.41	66.23
2010	27	63.76	64.83	3.77	14.29	53.86	68.15
2011	35	63.34	63.32	3.30	16.08	54.37	70.44
2012	41	63.44	63.27	2.43	13.10	56.53	69.63
2013	42	61.81	62.20	3.46	17.76	50.95	68.71
2014	42	64.27	64.78	2.65	11.99	57.41	69.40

资料来源:南开大学公司治理数据库。

5 基于公司治理指数的实证研究

5.1 国内基于公司治理指数开展的相关研究

5.1.1 基于公司治理总指数的相关研究

南开大学中国公司治理研究院公司治理评价课题组(2003)的研究从公司治理实务需求的角度出发,追溯公司治理实务与理论研究发展历程,在此基础上对国际著名公司治理评价系统进行了比较,并提出了适合中国公司治理环境的公司治理评价指标体系——中国上市公司治理指数 $CCGI^{NK}$。$CCGI^{NK}$以指数的形式,通过对公司治理影响因素的科学量化,全面、系统、连续地反映上市公司治理状况。在借鉴了国外一流公司治理评价指标体系、充分考虑中国公司治理特殊环境的基础上,中国上市公司治理指数从股东权益、董事会、监事会、经理层、信息披露、利益相关者6个维度,构建了包括6个一级指标、20个二级指标、80个三级指标的评价体系。

在中国上市公司治理指数的基础上,学者展开了各种富有实际意义的研究。例如,南开大学中国公司治理研究院公司治理评价课题组(2004)在对模型的稳定性与可靠性检验的基础上,对中国上市公司治理状况进行了实证分析。研究结果表明:股权结构是决定公司治理质量的关键因素,国有股一股独大不利于公司治理机制的完善;良好的公司治理将使公司在未来具有较高的财务安全性、有利于公司盈利能力的提高,投资者愿意为治理状况好的公司支付溢价。李维安和唐跃军(2006)发现,上市公司治理指数对总资产收益率、每股净资产、加权每股收益、每股经营性现金流量、总资产周转率、总资产年度增长率、财务预警值均有显著的正面影响,这表明拥有良好的公司治理机制有助于提升企业的盈利能力、股本扩张能力、运营效率、成长能力,有助于增强财务弹性和财务安全性。公司治理中所涉及的控股股东治理、董事会治理、经理层治理、信息披露、利益相关者治理、监事会治理机制,在很大程度上决定了上市公司是否能够拥有一套科学的决策制定机制与决策执行机制,而这将对公司业绩和公司价值产生直接而深远的影响。

除了南开大学中国公司治理研究院的中国上市公司治理指数之外,国内的许多其他学者也在公司治理指数构建和相关研究方面做出了有益的尝试。例如,白重恩、刘俏和陆洲等(2005)综合考虑了公司内、外部治理机制,运用主元素分析法集合八个指标构建了公司治理指数(G 指数),并通过实证研究发现,治理水平高的企业其市场价值也高;投资者愿为治理良好的公司付出相当可观的溢价。郝臣(2009)聚焦于公司的股东、董事会、监事会、经理层的治理特征,运用因素分析法,构建了公司治理指数,基于指数研究结果表明,当期公司治理具有相对价值相关性和较低的增量价值相关性,而前期公司治理只具有相对价值相关性,ST 公司的治理价值相关性原理与一般上市公司存在差异。上述结论说明我国投资者在投资决策时已经开始考虑公司治理因素。

5.1.2 基于公司治理不同维度指数的相关研究

除公司治理总体指标外,国内学者对于国内公司的董事会、监事会、经理层和利益相关者的治理指标进行了专门的研究。李维安和张耀伟(2005)基于中国上市公司治理指数中董事会治理维度的相关指标进行了实证分析。结果显示,第一,控股股东性质、行业因素会对董事会治理水平产生一定的影响,民营企业具有显著的治理优势;第二,公司治理绩效与董事会治理水平之间呈现一种倒 U 形曲线关系。李维安、王世权(2005)在对现有监事会评价理论与实践回顾基础上,结合中国自身环境条件及改革进程,设计了中国上市公司监事会治理绩效评价指标体系,并且利用调研数据,对上市公司监事会治理水平进行了评价与实证研究。结果显示,监事会治理总体水平较低,不同行业、不同企业性质之间的治理水平存在着很大差别,大股东的持股比例亦对监事会治理的有效性具有显著影响。李维安、张国萍(2005)在对国内外经理层治理评价进行评述的基础上,从经理层视角构建中国上市公司经理层治理评价指数,并借此从任免制度、执行保障、激励约束机制三个基本维度以及第一大股东不同性质等多视角对 931 家中国上市公司样本进行治理状况实证研究。同时,构造上市公司综合绩效评价体系,从最优化和安全性两个视角考察公司效能,并对两个评价指数进行综合相关性研究和回归研究。评价结果显示,经理层治理状况总体偏低,各主因素得分有较大的差异,经理层治理水平的改善有利于治理绩效的提高。李维安、唐跃军(2005)设置了利益相关者治理评价指标考察中国上市公司利益相关者参与公司治理和利益相关者权益的保护状况,并构建了利益相关者治理指数。进一步的实证研究表明,利益相关者治理指数对每股收益(EPS)、净资产收益率(ROE)、股本扩张能力(NAPS)均有显著的正面影响,这表明上市公司良好的利益相关者治理机制和较高的利益相关者治理水平有助于增强公司的盈利能力,进而提升包括股本扩张能力在内的企业成长与发展潜力。同时,利益相关者治理机制所涉及的五个方面对企业业绩和企业价值也存在重要影响。因此,他们建议在公司治理中考虑利益相关者的权益,鼓励利益相关者适当而有效地参与公司治理和管理。

5.2 国外基于公司治理指数开展的相关研究

5.2.1 基于学者构建的公司治理指数的相关研究

国外最早的公司治理评价研究可追溯到20世纪50年代。1950年，杰克逊·马丁德尔(Jackson Martindell)提出了董事会绩效分析。1952年，美国机构投资者协会设计出了第一套正式评价董事会的程序。但直到90年代末，公司治理评价研究才真正引起学术界和实务界的关注。Gompers，Ishii和Metrick(2003)构建的G指数被认为在公司治理评价研究领域具有里程碑的意义。他们把美国投资者责任研究中心(Investor Responsibility Research Center，IRRC)提出的24项公司治理条款从延缓敌意收购的战术、投票权、董事/管理层保护、其他接管防御措施以及国家法律五个维度加以区分，并根据公司的实际情况对这些条款进行赋值，然后把每项条款的得分进行加总从而形成G指数。G指数越高表示股东权利越小。他们依据G指数对样本公司分组并进行了对比。实证结果表明，股东权利与公司价值呈现正相关关系。Bebchuk，Cohen和Ferrell(2004；2009)在深入分析G指数中24项公司治理条款的基础上，选出了能够充分反映股东投票权限制以及敌意收购防御的六项重要条款，并进行0或1的赋值，构建了壕沟指数(Entrenchment Index，简称“E指数”)。E指数主要涵盖交错选举董事条款(Staggered Board Provision)、股东修订公司章程的限制、毒丸计划、金色降落伞计划以及兼并和修订公司章程遵循绝对多数原则的规定等要素。他们利用IRRC的数据，证实了E指数与股票收益、公司价值(以托宾Q值来衡量)正相关。Cremers和Ferrell(2009)利用G指数和E指数，以IRRC等提供的数据检验了公司治理对公司价值以及股票收益率的影响，他们在控制公司固定效应和年度固定效应之后研究发现，G指数和E指数与公司价值之间存在显著的负相关性，也就是说良好的公司治理与股票收益率之间存在显著的正相关性。同时，随着市场对良好公司治理重要性认知的增强，股票收益率有所下降。Bebchuk，Cohen和Wang(2010)的实证研究则显示，1991—1999年G指数和E指数与异常股票收益正相关，而2001—2008年两者并没有表现出直接的显著关系，最后他们提出“学习假说”(learning hypothesis)来解释相关性消失现象。

5.2.2 基于评价机构构建的公司治理指数的相关研究

国外的许多评价机构也构建发布了各自的公司治理指数。例如，美国机构股东服务公司(ISS)依据董事会及其主要委员会的结构和组成、公司章程和制度、公司所属州的法律、管理层和董事薪酬、相关财务业绩、最佳公司治理实践、管理层持股比例、董事受教育水平等指标构建了公司治理指数。国际管理评级机构

(GMI)的公司治理指数则更加侧重于信息透明度与披露(含内部监控)、董事会问责制、企业社会责任、股权结构与股权集中度、股东权利、管理层薪酬、公司行为等因素。Aggarwal 和 Williamson(2006)、Brown 和 Caylor(2006)利用 ISS 提供的公司治理评价得分,Ashbaugh-Skaife 和 Lafond(2006)、Derwall 和 Verwijmeren(2007)利用 GMI 提供的治理评价得分检验了公司治理与公司价值、股票收益、股权资本成本、财务风险等变量之间的关系,研究结果基本证实了公司治理对公司表现的积极作用。

5.3　中国上市公司治理与财务绩效

目前国外已经有众多的学者和机构构建了公司治理指数,并开展了基于指数的相关研究,这已经成为国际理论界和实务界的共同趋势。为了考察公司治理与公司绩效之间的相关性,我们选取了反映上市公司收益能力的财务指标,分别是资产报酬率(ROA)、净资产收益率(ROE)、投入资本回报率(ROIC)、每股收益(EPS),以及反映代理成本的管理费用率和财务费用率。比较结果如表 3-89 所示,公司治理 100 佳上市公司的绩效指标均好于其他样本。

表 3-89　公司治理 100 佳公司绩效与其他样本的比较

分组	资产报酬率	净资产收益率	投入资本回报率	每股收益	管理费用率	财务费用率
100 佳	0.056	0.085	0.068	0.458	0.102	0.005
其他样本	0.040	0.050	0.053	0.341	0.110	0.022

资料来源:南开大学公司治理数据库。

5.4　中国上市公司治理与股票价格

中国公司治理股价指数 100(以下简称 CCGI100)遵循代表性、实用性等原则,借鉴国内外主要指数的编制经验,根据国际惯例编制而成。指数基期为 2004 年 12 月 31 日,基点为 1 000 点,充分考虑了市场流动性、规模等因素,从沪深 A 股市场中挑选 100 只治理较好的上市公司作为成分股编制而成。该指数的发布,不但为广大投资者研判上市公司治理状况提供直观标准,而且可为他们提供优质的投资标的物,有利于促进我国上市公司整体治理水平的提高,培养和引导广大投资者进行价值投资和理性投资。为直观展示指数的市场表现,我们对 CGSI100 与沪深 300、上证指数等大盘指数近 5 年的市场表现进行了对比(见图 3-5)。整体来看,CGSI100 的市场表现明显优于大盘指数,这一结果既是对我们公司治理评价体系科学性的肯定,也是对公司治理溢价结论的直接验证。

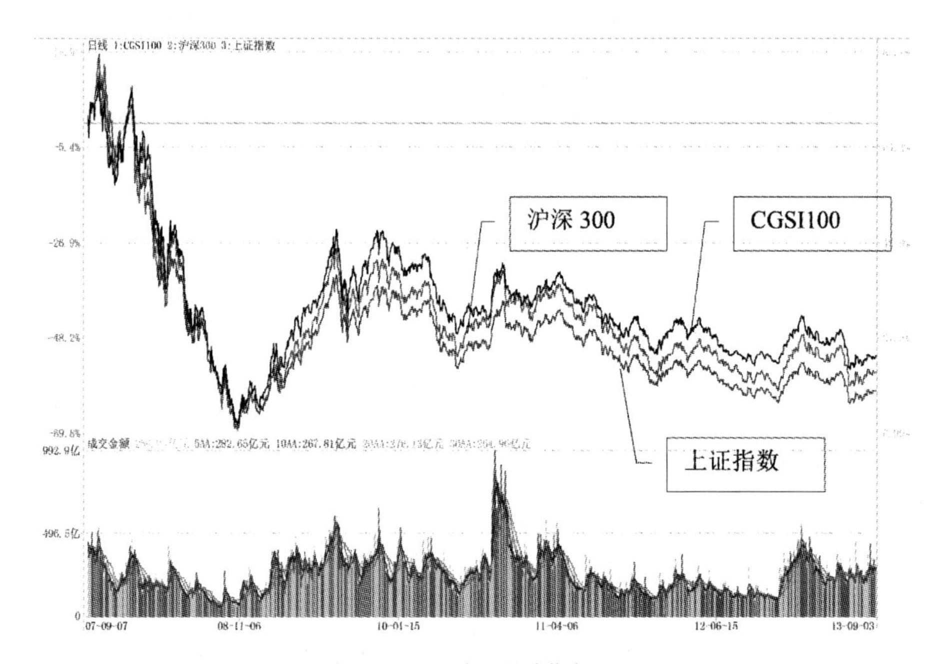

图 3-5　公司治理股价指数图

资料来源:南开大学公司治理数据库。

6 结论与建议

6.1 关于中国上市公司治理状况的主要结论

提高上市公司质量是治本之策,上市公司是股市的基石,必须提高上市公司质量,股市才能健康发展,这是一个基本的概念(成思危,2007)。对上市公司质量的评价有两个重要指标,一个是财务绩效,一个是作为财务绩效制度保障的公司治理。本篇基于被誉为中国上市公司治理状况"晴雨表"的中国上市公司治理指数($CCGI^{NK}$),对中国上市公司2004—2014年的合计15 564个样本的治理状况进行了总体上、分维度、分控股股东性质、分地区和分市场板块的评价,从总体上把握中国上市公司治理的脉搏,评价结果显示最近十年,伴随着公司治理由行政型治理向经济型治理的转型,我国公司治理环境不断完善,围绕着规则、合规和问责进行的公司治理结构与机制建设不断深化,企业公司治理模式探索和创新更加积极,我国公司治理的合规性明显改善。中国上市公司治理水平整体上有了显著提高,但部分治理机制还有待完善,公司治理之路任重道远。具体来说,通过本章分析,关于中国上市公司治理可以得出十大结论:

第一,围绕规则、合规和问责,在监管部门和上市公司的共同努力下,中国公司治理水平由2003年的48.96提升到了2014年的61.46,提高25.53个百分点,公司治理水平总体呈上升趋势。公司治理改革走在中国治理改革的最前沿,为非营利组织治理、政府治理、国家治理提供借鉴。

第二,从中国上市公司治理指数中发现,民营控股上市公司的治理指数多年来一直高于国有控股上市公司,这为十八届三中全会决议提出的发展混合所有制经济提供了制度必然性。

第三,上市公司治理六大维度十年来均呈现总体上升态势,但发展并不均衡。总体来说,股东治理、董事会治理、信息披露和利益相关者治理在六大维度中处于领先位置,而经理层治理和监事会治理相对较低。

第四,股东治理水平近年来一直保持上升的趋势。上市公司中小股东权益保护提升相对较快,但仍处于较低的水平。由于我国上市公司独立性仍相对较低,导致关联交易频繁,经营性资金占用和关联担保现象得到了遏制,但形式更加隐蔽的关联交易仍屡禁不止。

第五,董事会治理在合规性建设的基础上,更加注重有效性建设,如人员构成和薪酬体系趋于优化等,但有效性依然偏低,特别是董事薪酬体系和董事会运作效率仍有待进一步提高。

第六,上市公司利益相关者治理水平呈上升趋势。中小股东参与机制逐步完善,参与程度提高;上市公司更加注重社会责任的履行,发布社会责任报告,同时减少诉讼等负面事件,提升了利益相关者协调程度。

第七,公司治理合规性明显改善,如董事会规模结构、监事会规模结构等指标较高,为公司治理有效性建设搭建了基本框架。在治理标准、要求、监管和最佳实践规范公司治理作用下,主板公司、中小板公司和创业板公司治理相对于 2013 年均呈现出改善态势。

第八,随着我国金融机构公司治理改革的不断深化,金融机构上市公司治理质量稳步提升而且以往一直处于行业第一水平,2013 年又出现一定幅度的回调之后,2014 年达到历史最高水平。

第九,我国上市公司治理水平受控股股东性质、公司所在地区、行业等因素影响。纵观中国上市公司治理最近十几年发展历程,治理的控股股东性质、地区和行业方面显现出稳定的规律性。

第十,公司治理好的公司和公司治理差的公司在反映公司收益能力、成长性等方面的财务绩效指标存在显著差异,治理好的公司组合显著高于治理差的公司组合,同时治理好的公司组合具有更好的市场表现。

6.2 提升中国上市公司治理水平的对策建议

在中国经济改革的足印里,现代企业制度、公司化、法人治理结构、公司治理机制等已经成为人们耳熟能详的改革标识。中国企业改革,走过了以公司治理为主线的三十多年,可以说公司治理变革是企业变革的核心。伴随公司治理理念的导入,独立董事制度的建立、股权分置改革的有序实施、新《公司法》的颁布、央企董事会和监事会制度建设等公司治理大事件标志着中国公司治理正处于改革发展的重要阶段。2004—2014 年的 11 年,中国的公司治理渐入佳境,从行政型治理到经济型治理是中国公司治理改革的总体路径或者方向。在监管部门和公司的共同努力下,上市公司治理水平由 2004 年的 55.02 提升到了 2014 年的 61.46,提高了 11.70 个百分点。提高公司治理有效性是公司治理未来发展的风向标。完善的公司治理结构与机制是现代企业制度的基础,为进一步提高我国上市公司治理有效性,提出十大对策建议:

第一,应树立正确的治理理念和治理思维,这是深化我国公司治理改革的关键。在实践中,应强调公司治理的“过程”思维和“多元化”思维,注重顶层设计和

“疏”“统”并举。

第二,治理监管着眼于顶层设计,将分类监管和重点监管相结合,推动第三方治理,倡导公司治理最佳实践,实现公司治理的自主合规和有效。

第三,吸收民营上市公司治理机制的长处,发展混合所有制经济,完善上市公司治理体系,全面提高上市公司治理能力,获得治理改革红利。

第四,从提升股东治理有效性来看,应落实投资者回报,继续引导上市公司建立合理、持续的分红机制,推动中小股东和机构投资者参与公司治理。民营上市公司重点应加强建立健全股东投票机制和持续性的分红机制;国有上市公司应注重提高上市公司及高管的独立性,减少关联性交易。

第五,从提升治理监督有效性来看,进一步优化和完善上市公司监事会,整合内外部审计、审计委员会等其他监督力量,尝试构建大监督体系。

第六,建立国有控股上市公司经理层的长期行为治理机制,弱化经理层的行政激励,逐步建立市场化激励机制,打破国有企业公司治理水平提升的瓶颈。

第七,利率和汇率市场化背景下,应提升金融机构的治理能力,应对由传统存贷业务到中间业务的转型所带来的竞争压力,特别是民营控股金融机构。

第八,政府、监管部门和证券市场创造上市公司履行社会责任的制度环境,使上市公司将履行社会责任作为一种价值投资,实现和谐治理。

第九,发挥最新网络技术在公司治理中的作用,例如网上移动投票,降低治理成本,提高投资者参与公司治理的积极性,进而提高治理的有效性。

第十,通过制度创新为网络企业在国内上市提供一个良好的外部环境,来缓解如阿里巴巴等网络企业在国内不能或不愿上市的窘境,提高网络企业的治理和监管水平。

第四篇

投资者关系管理篇

1 投资者关系管理概述

1.1 国内外投资者关系相关规定

投资者关系管理(Investors Relation Management,IRM)作为典型的市场经济产物,是伴随着资本市场逐步成熟的过程而发展起来的。投资者关系管理在境外随着资本市场的逐步规范,经历了从发展阶段走向成熟阶段的过程。投资者关系管理的性质是公司持续的战略管理行为,目的是实现公司相对价值最大化,核心是通过沟通促进了解和认同。投资者关系管理沟通的对象是公司的投资者或潜在投资者,沟通的内容是影响投资者决策的相关信息,手段是金融营销。实现投资者关系管理的目的,充分的信息披露是至关重要的基础。境内外都对投资者关系管理的具体工作和实践出台了相关的法律、法规或指引,以规范和提升公司的投资者关系管理行为。目前,境内外对投资者关系管理的规范指引已经形成了成熟的体系,近几年新出台的法规或指引主要对信息披露的相关规范做出规定。

信息披露一直是上市公司与投资者沟通的有效渠道。香港证监会2012年6月颁布了《内部信息披露指引》,指引中对内部信息的范围、披露时间以及披露方式进行了规定,这对于香港地区上市公司的投资者关系活动也起到一定的规范作用。该指引指出上市公司的内部信息是那些关于公司或公司股东与高管,以及公司股票或衍生产品的信息,通常那些参与公司股票交易的人并不了解这些内部信息,而且一旦这些信息对外披露就会严重影响公司的股票价格。在信息披露的时间方面,指引中指出任何内部信息泄露之后,上市公司必须尽快真实地向公众披露这些信息;而对于信息披露的方式则规定信息披露必须平等、及时、有效地向投资者披露内部信息。该指引中还指出公司的每个负责人必须经常采取一切合理方法来确保公司具备适当的保护措施,以防违背信息披露要求。

为推进上市公司信息披露监管工作的公开化和透明化,2012年8月,上海证券交易所发布了关于清理并公开上市公司信息披露监管规范性文件的通知,对上市公司信息披露监管规范性文件按照“信息披露监管业务规则”、“信息披露监管业务指南”两个类别进行了清理,并根据实践需要制定、修改或废止了部分规范性文件。上交所声明上市公司应当深入了解和掌握上述信息披露监管规范性文件的清理情况,关注本次制定、修改或废止的部分规范性文件,切实做好信息披露工作。无论是出于制度环境、资本市场、法律法规的外部要求,还是出于公司自身发展的战略性需求,上市公司都有动力和义务做好信息披露工作,自愿积极地与投资者互动沟通。

投资者关系管理的核心是信息披露。公平对待公司所有股东和潜在投资者,避免选择性信息披露;与投资者、分析师、媒体等真诚沟通,坦诚公布各种信息;建立与投资者双向互动沟通机制是公司保持与投资者良好关系的基础。目前,我国的投资者关系管理虽然已经取得了一定的发展,但与西方成熟市场经济国家相比,还只是刚刚起步。随着中国证券市场的进一步发展及不断规范,投资者投资理念的转变,监管部门监督水平的提高,可以预计在不远的未来,IRM 将成为中国上市公司不断完善治理结构,加强与投资者及中介机构交流与沟通的有效管理工具,并将成为上市公司治理的重要组成部分。

1.2 投资者关系管理相关研究

在验证了投资者关系管理的重要价值及作用之后,近两年来投资者关系研究呈现出具体性及有效性的特点,即从投资者关系的影响效果转向了投资者关系的影响因素,以及对这些因素的具体分析。整体来看,近年来投资者关系研究主要有以下三个方面:

1.2.1 机构投资者持股与投资者关系管理

传统的投资者关系管理研究主要从公司治理因素、投资者关系与公司价值、投资者保护、公共关系等因素之间的联系着手。其中公司治理因素主要包括股权结构、信息披露、内部控制、机构投资者持股等。

高敬忠、周晓苏和王英允(2011)以 A 股 2004—2007 年公司盈余预告披露数据为例,实证检验了机构投资者对信息披露的治理作用,发现随着机构投资者持股比例的增加,管理层采取的盈余预告精确性提高(更具体的形式和更小的误差),及时性也增强。而且对机构进一步分类发现财务、银行类机构作用相对较强,而养老及保险基金等机构则相对较弱。杨海燕、韦德洪和孙健(2012)在以 2006—2009 年深圳 A 股上市公司为研究样本实证分析后发现机构投资者总体持股降低了财务报告的可靠性,但能提高信息披露的透明度。进一步分类研究发现财务类投资者不影响信息披露的可靠性,但能提高透明度;一般法人持股降低了财务报告的可靠性但不影响透明度;信托公司则既不影响报告的可靠性也不影响信息披露的透明度。宋建波、高升好和关馨姣(2012)研究结果发现,机构投资者持股与上市公司的盈余持续性显著负相关。研究结果表明在我国机构投资者会促使上市公司增加更多的暂时性盈余,从而降低上市公司的盈余持续性。从这个角度来看,机构投资者增加了上市公司的短期行为。此外,李志斌(2013)发现内部控制对投资者关系管理水平存在显著的正向影响，且在股权集中度较低的公司，内部控制对投资者关系管理水平的正向作用更强。

1.2.2 投资者行为、投资者关系与公司股价

从投资者角度进行投资者关系研究主要从投资者行为、投资者情绪、投资者互动等方面进行考察。这些研究从以上角度，结合认知心理学、信息传播机制等反过来认识上市公司投资者关系管理的操作。

马连福、沈小秀和王元芳（2014）发现国内投资者关系管理自主性不强，现场沟通渠道的运用和沟通反馈水平有待提高，且投资者关系互动水平较好的公司倾向于多付红利。李小晗、朱红军（2011）从行为金融学的角度研究发现投资者关注程度影响信息传播和解读的效率，但长远来看并不会影响信息传播效果。杨阳、万迪昉（2010）实证研究发现股票收益对投资者情绪的作用显著；且投资者情绪对预期收益波动的冲击存在非对称效应，即牛市阶段股票收益与投资者情绪正相关，而熊市阶段为负相关。张宗新、王海亮（2013）发现投资者对基本面信息的偏好往往有助于其情绪的稳定，市场收益率和波动率对投资者情绪的影响显著。关于盈余质量与投资者情绪关系的研究，Sloan 认为投资者错误地将现金流和应计利润赋予相同价值，会高估应计利润的市场；而 Bartov 和孔东民等对投资主体特征与盈余惯性的关系进行检验，发现盈余惯性与投资者成熟度之间存在负相关关系。雷光勇、王文和金鑫（2011）发现盈余质量与投资者信心有正相关关系，进而影响企业投资规模。

关于个体投资者决策与信息披露的关系，Koonce 等发现行业共识信息的辅助，能够帮助投资者区分出诚实的错误估计和有意图的错误估计，从而使得这种事后的披露能够有效地发挥作用。张继勋、张丽霞（2012）发现：个体投资者只有在行业共识信息的辅助下才能判断和归因事后披露的会计信息估计的准确性。投资者对会计估计准确性的判断和归因会影响其对管理层的判断，进而影响投资者对投资可能性的判断。

1.2.3 媒体报道、分析师报告与投资者关系

投资者关系管理的单向披露向双向互动的转换是近年来研究的热点话题。其中对媒体报道的关注尤其值得注意。李培功、沈艺峰（2010），郑志刚（2011）等研究发现媒体监督能够在一定程度上有助于投资者保护。媒体治理也备受关注，对其机制的研究结果不一。Dyck（2002）认为媒体起到了放大舆论的作用，是一种声誉机制。Dyck 和 Zingales（2002）最早开始关注媒体负面报道对于公司治理的影响，他们认为声誉机制是法律之外保护投资者利益的重要力量。而李培功、沈艺峰（2010）对中国公司的数据进行研究后发现，媒体治理机制更多的是引入了政府关注而非声誉激励。李焰、王琳（2013）通过案例研究验证了 Dyck 等的结论，认

为媒体治理作用可以用声誉机制来解释，并且创造了“事件”中利益相关的“声誉共同体”的概念。

对分析师报告的考察也是投资者关系管理中信息逆向流动的重要内容。传统观点认为机构投资者能够借助其专业性和信息优势传播并引导信息流动以影响投资者偏好，增加资本市场理性成分（Richard，2004；李腊生，2006）。也有学着认为其容易受到自身利益影响而丧失客观与公正（Brad 等，2006）。丁方飞、张宇清（2012）实证研究发现机构投资者预测有显著偏离市场平均预测的倾向，进一步诱发股票交易量从而增加机构投资者佣金收入。许年行等（2012）则发现机构投资者比例越高，分析师佣金收入要求越高，分析师乐观偏差与股价崩盘风险之间相关关系越显著。

1.3 实践中的投资者关系管理

1.3.1 阿里巴巴：海外上市中的投资者关系

2014 年 9 月 19 日，阿里巴巴在纽约证券交易所上市，募资额超过 250 亿美元，成为全球历史上最大规模的 IPO。来自中国的公司在纽交所上市吸引了全球市场的高度瞩目，甚至超过了当年 Facebook 上市盛况。阿里巴巴以 92.7 美元开盘（较 68 美元发行价上涨 36.3%），以开盘价计算，阿里巴巴的市值达到 2 383.32 亿美元，成为仅次于谷歌的第二大互联网公司。如何获得投资者的认可，获得巨额的募集资金，是阿里巴巴投资者关系管理面临的重大挑战。自从阿里巴巴 2014 年 3 月启动赴美上市后，半年内受到了美国投资者和媒体的广泛关注，这与阿里巴巴重视投资者关系管理是分不开的。阿里巴巴美国上市可为中国投资者关系管理提供以下借鉴：

（1）路演成为重要的 IRM 工具。虽然各种新媒体的使用方便了投资者搜索公司数据，但路演仍扮演着非常重要的角色。阿里巴巴创始人马云和他的管理团队于上市之前在多个城市进行了为期十天的路演，其中在纽约 Waldorf Astoria 酒店的路演吸引了一千多投资者参加。由于阿里巴巴赴美国上市受到距离、文化、语言的多重挑战，路演是投资者获得上市公司信息的主要途径。投资者通过面对面的方式了解公司的愿景、发展方向及发展战略，及时与路演团队沟通获得的对公司的信心是互联网、邮件或电话沟通无法比拟的。

（2）信任是 IRM 的重中之重。马云在上市演讲时讲道：“今天我们融到的不是钱，我们融到的是信任，是所有人对我们的信任、客户的信任、时代的信任、投资者的信任。”投资者的信任与否是公司能否在证券市场正常运行的关键，投资者对公司的信任也是影响股价的重要因素。阿里巴巴在前期通过路演等方式，将诚实的信息披露给投资者，向投资者展示公司的业务范围、未来发展潜力等，获得了投资者的充分认同和信任,这是阿里巴巴能够成功上市并在上市首日股价飙升的主要原因。

(3) 投资者关系管理本土化。2014 年 8 月 1 日,阿里巴巴集团宣布任命谷歌前发言人 Jane Penner 担任集团副总裁,负责集团投资者关系事宜。成功的投资者关系管理团队是上市公司稳健运营的保障,阿里巴巴集团雇用的投资者关系管理副总裁在 IRM 领域有丰富的在全球范围内建立投资者关系并有效达成服务的成功经验,因此,阿里巴巴的投资者关系管理部门能为投资者提供完善的服务支持,提升公司竞争力。

1.3.2 民生银行:突发事件中的投资者关系

在互联网时代背景下,投资者获取并分享信息的便捷程度和速度大大加快。这一方面方便了上市公司的信息传播,另一方面也使上市公司常面对信息传播失真与被曲解的突发状况。民生银行认识到,有策略重点地做好投资者沟通和对突发性危机应对等工作愈加重要,这也是民生银行探索投资者关系管理工作的新重点。

2012 年 9 月 5 日,民生银行 A 股遭遇空方狙击,3.70% 跌幅居 A 股上市公司之首,同时,H 股的表现也非常低迷,股价下探至 5.35 元/股。市场对国内外宏观经济环境、我国资本市场、银行盈利预期及资产质量连发质疑,信心涣散。在此情况下,民生银行的危机处理为我国投资者关系管理提供了以下借鉴:

(1) 制订科学合理的投资者沟通方案。阶段性规划投资主题:民生银行在投资者关系实践中,结合资本市场情况,分阶段规划投资主题,据此重点安排全年投资者沟通活动;为确保 IR 效果最大化,分析投资者偏好,制定差异化投资策略:注重现有和潜在投资者的分类和投资偏好分析,采取具有针对性的差异化沟通策略;多渠道开展投资者沟通工作:在投资者沟通方式上,公司配合全年投资者沟通计划,通过安排业绩发布会、新闻发布会、网上交流会、领导访谈、高管见面会、公司参观与调研活动等,协助投资者、研究机构和媒体挖掘公司的实质性亮点,进一步传递有关公司投资价值的信息。充分的沟通也为公司遭遇危机时的投资者关系管理做出铺垫。

(2) 高层重视、快速响应、披露实情。面对公司股价出现脱离公司基本面的异动,为防止市场其他投资者的跟风炒作,集中抛售公司股票,民生银行采取了如下措施:向投资者数据库中所有投资者和分析师发出邮件,明确民生银行经营正常,请投资者理性投资;向投资者和分析师发出邮件,通知召开电话会议,就市场疑虑的重点问题做出澄清;举办由行领导和主要部门负责人参加的投资者和分析师的电话会议;向投资者和分析师发出会议记录并在公司网站公布。

(3) 妥善处理,形象重塑。在公司银行遭遇股价异动危机的第二天,由于民

生银行通过临时电话会议的方式迅速与投资者和市场进行沟通,消除了市场对公司的疑虑,将事件对股价的影响减至最低。这种重视投资者的态度,各大媒体(如《上海证券报》《东方早报》等)纷纷给予正面报道,公司的危机事件迅速反应机制受到了市场的一致好评。

2　中国上市公司 $IRII^{NK}$ 总体状况评价

2.1　中国上市公司 $IRII^{NK}$ 总体分析

2.1.1　样本来源及选取

本次编制的上市公司投资者关系互动指数的样本来源截止于 2014 年 4 月 30 日公布的公开信息（公司网站、巨潮咨询、投资者关系互动平台、沪深证券交易所网站等）以及北京色诺芬 CCER 数据库、国泰安 CSMAR 数据库，根据信息齐全以及不含异常数值两项样本筛选的基本原则，我们最终确定的有效样本为 2 515 家，其中主板非金融机构 1 375 家，金融机构 42（含中小板）家，中小企业板 719 家，创业板 379 家。样本公司的行业、控股股东性质及省份构成如表 4-1、表 4-2 与表 4-3 所示。需要说明的是考虑到不同板块投资者关系管理的特殊性，我们进行了单独分析，具体情况见后面章节。

从样本行业分布情况来看，制造业样本共 1 519 家，所占比例最高，为 60.40%，如表 4-1 所示。

表 4-1　样本公司的行业构成

行业	公司数(家)	比例(%)
农、林、牧、渔业	46	1.83
采掘业	63	2.50
制造业	1 519	60.40
其中：食品、饮料	95	3.78
纺织、服装、皮毛	80	3.18
木材、家具	17	0.68
造纸、印刷	62	2.47
石油、化学、塑胶、塑料	265	10.54
电子	151	6.00
金属、非金属	199	7.91
机械、设备、仪表	479	19.05
医药、生物制品	146	5.81

（续表）

行业	公司数(家)	比例(%)
其他制造业	25	0.99
电力、煤气及水的生产和供应业	75	2.98
建筑业	54	2.15
交通运输仓储业	78	3.10
信息技术业	202	8.03
批发和零售贸易	127	5.05
金融、保险业	42	1.67
房地产业	129	5.13
社会服务业	90	3.58
传播与文化产业	39	1.55
综合类	51	2.03
合计	2 515	100.00

资料来源：南开大学中国公司治理研究院数据库。

按控股股东性质分组样本中，国有控股和民营控股公司占据较大比例，合计比例为 95.03%。国有控股公司在 2014 年评价样本中有 1 016 家，比例为 40.40%；民营控股公司有 1 374 家，比例为 54.63%；外资控股、集体控股、职工控股、其他类型、社会团体控股公司样本所占比例较小，均在 2% 以下，如表 4-2 所示。

表 4-2　样本公司的控股股东构成

控股股东性质	公司数(家)	比例(%)
国有控股	1 016	40.40
民营控股	1 374	54.63
外资控股	49	1.95
集体控股	20	0.80
社会团体控股	1	0.04
职工持股会控股	7	0.28
其他	48	1.91
合计	2 515	100.00

资料来源：南开大学中国公司治理研究院数据库。

从不同地区占样本数量来看，属于经济发达地区的广东（367 家，占样本公司的 14.86%）、浙江（241 家，占样本公司的 9.76%）、江苏（233 家，占样本公司的 9.43%）、北京（215 家，占样本公司的 8.70%）、上海（199 家，占样本公司的

8.06%)、山东(150 家,占样本公司的 6.07%)所占样本数量最多,而西部欠发达地区的甘肃、贵州、青海、西藏占样本量少,其中西藏最少,为 10 家,仅占样本总数的 0.40%,反映出经济发展水平与上市公司数量存在一定的关系,如表 4-3 所示。

表 4-3 样本公司的省份构成

省份	公司数(家)	比例(%)	省份	公司数(家)	比例(%)
安徽	77	3.06	辽宁	68	2.70
北京	224	8.91	内蒙古	23	0.91
福建	87	3.46	宁夏	12	0.48
甘肃	24	0.95	青海	10	0.40
广东	376	14.95	山东	150	5.96
广西	30	1.19	山西	34	1.35
贵州	21	0.83	陕西	41	1.63
海南	26	1.03	上海	202	8.03
河北	48	1.91	四川	92	3.66
河南	67	2.66	天津	39	1.55
黑龙江	32	1.27	西藏	10	0.40
湖北	82	3.26	新疆	40	1.59
湖南	76	3.02	云南	28	1.11
吉林	38	1.51	浙江	247	9.82
江苏	239	9.50	重庆	39	1.55
江西	33	1.31	合计	2515	100.00

资料来源:南开大学中国公司治理研究院数据库。

2014 年的评价中对样本公司按照市场板块类型进行详细划分,其中 55.67% 的样本公司来自主板,共 1 375 家;中小企业板 701 家,占 28.38%;创业板 355 家,占 14.37%;另有 42 家金融、保险业公司,其中包含了中小板中的 3 家金融类上市公司,共占 1.70%,如表 4-4 所示。

表 4-4 样本公司的市场板块构成

市场板块类型	公司数(家)	比例(%)
主板	1 375	54.67
中小企业板	719	28.59
创业板	379	15.07
金融、保险业	42	1.67
合计	2515	100.00

资料来源:南开大学中国公司治理研究院数据库。

2.1.2 上市公司 IRII^{NK}总体状况描述

在2014评价样本中,上司公司投资者关系互动指数的平均值为33.82,平均水平偏低,最大值为81.99,最小值为2.75,上市公司之间的投资者关系管理水平差异明显,如表4-5所示。

表4-5 中国上市公司 IRII^{NK}描述性统计

统计指标	IRII^{NK}
平均值	33.82
中位数	34.17
标准差	8.82
方差	77.83
偏度	0.32
峰度	1.76
极差	79.24
最小值	2.75
最大值	81.99

资料来源:南开大学中国公司治理研究院数据库。

在2515家样本公司中,仅有1家公司(中国平安)达到了IRII^{NK}Ⅰ;有19家达到了IRII^{NK}Ⅱ,达到IRII^{NK}Ⅲ的有534家,占样本的21.23%,处于IRII^{NK}Ⅳ的公司有1811家,占全部样本的72.01%;有150家上市公司的投资者关系互动指数在20以下,占全部样本的5.96%,如表4-6所示。

表4-6 中国上市公司 IRII^{NK}等级分布

IRII^{NK}等级		IRII^{NK}等级分布	
		公司数(家)	比例(%)
IRII^{NK}Ⅰ	80—100	1	0.04
IRII^{NK}Ⅱ	60—80	19	0.76
IRII^{NK}Ⅲ	40—60	534	21.23
IRII^{NK}Ⅳ	20—40	1811	72.01
IRII^{NK}Ⅴ	20以下	150	5.96
合计		2515	100

资料来源:南开大学中国公司治理研究院数据库。

从投资者关系管理的不同维度来看,2 515 家上市公司的现场沟通和沟通反馈的平均值较低,分别为 8.54 和 8.45,成为上市公司投资者关系管理工作的短板,投资者关系互动指数的其他三个维度(沟通保障、网络沟通、电话沟通)平均值相对较高,分别为 61.78、59.32 和 50.98,可以反映出上市公司与投资者开展互动沟通具备了一定的保障,而且网络沟通和电话沟通是上市公司采取的两种主要沟通方式,如表 4-7 所示。

表 4-7　中国上市公司 IRII^{NK}分维度描述性统计

统计指标	沟通保障	网络沟通	电话沟通	现场沟通	沟通反馈
平均值	63.23	60.41	50.47	8.20	8.56
中值	60.44	60.65	45.19	11.08	7.83
标准差	23.19	12.60	14.60	10.11	12.71
方差	537.72	158.88	213.09	102.31	161.49
偏度	-0.66	-0.75	-0.03	3.01	2.50
峰度	-0.15	1.82	2.89	16.16	7.10
极差	100.00	96.04	100.00	100.00	100.00
最小值	0.00	0.00	0.00	0.00	0.00
最大值	100.00	96.04	100.00	100.00	100.00

资料来源:南开大学中国公司治理研究院数据库。

2.1.3　上市公司 IRII^{NK}总体状况年度比较评价

对比三年的评价指标,可以发现上市公司评价样本 2014 年平均值为 33.82,与 2013 年相比降低了 0.24。评价样本中,上市公司投资者关系互动指数值超过 60 的公司达到了 20 家,但整体平均水平仍偏低,公司间投资者关系管理水平差异明显,如表 4-8 所示。

表 4-8　中国上市公司 IRII^{NK}年度比较

统计指标	IRII^{NK}-2012	IRII^{NK}-2013	IRII^{NK}-2014
平均值	31.78	34.06	33.82
中值	30.99	34.16	34.17
标准差	10.40	9.01	8.82
方差	108.24	81.23	77.83
偏度	0.42	0.29	0.32

（续表）

统计指标	$IRII^{NK}$-2012	$IRII^{NK}$-2013	$IRII^{NK}$-2014
峰度	0.05	0.90	1.76
极差	71.38	74.61	79.24
最小值	8.06	4.33	2.75
最大值	79.44	78.94	81.99

资料来源：南开大学中国公司治理研究院数据库。

2.1.4 上市公司分行业 $IRII^{NK}$ 状况评价

本节按照国家行业分类标准，对上市公司评价样本所处的 12 个行业门类和制造业中的 10 个大类进行分组，对样本公司的投资者关系管理状况加以分析。

1. 总体描述

就平均值而言，投资者关系互动指数最高的是金融保险业，投资者关系互动指数平均值是 48.61，其次为其他制造业、建筑业、电子业、信息技术业等。投资者关系互动指数平均值最低的行业为综合类企业，平均值为 29.75；电力、煤气及水的生产和供应业为 30.74；造纸印刷业也比较低，指数平均值为 30.94。总体描述说明就投资者关系互动指数总体状况而言，行业间存在一定的差异，如表 4-9 所示。

表 4-9 按行业分组的 $IRII^{NK}$ 描述性统计

行业	公司数	平均值	中值	最小值	最大值	极差	标准差
农、林、牧、渔业	46	32.22	32.98	15.99	45.96	29.97	7.78
采掘业	63	32.74	32.17	9.06	70.46	61.40	11.32
制造业	1 519	33.94	34.54	2.75	66.42	63.67	8.04
其中：食品、饮料	95	33.55	33.85	9.73	59.67	49.93	8.33
纺织、服装、皮毛	80	31.41	32.53	12.88	50.35	37.47	8.68
木材、家具	17	33.99	35.38	20.76	48.08	27.33	8.08
造纸、印刷	62	30.94	31.44	5.98	61.25	55.27	9.83
石油、化学、塑胶	265	33.55	34.41	12.96	55.83	42.87	7.81
电子	151	35.56	36.32	15.15	53.08	37.93	7.03
金属、非金属	199	33.14	33.46	12.96	66.42	53.46	8.29
机械、设备、仪表	479	34.88	35.05	2.75	60.14	57.39	7.89

(续表)

行业	公司数	平均值	中值	最小值	最大值	极差	标准差
医药、生物制品	146	33.37	33.31	11.59	52.55	40.96	7.63
其他制造业	25	36.96	37.98	21.20	53.82	32.62	6.80
电力、煤气及水的生产和供应业	75	30.74	30.85	4.33	64.44	60.11	9.64
建筑业	54	36.46	34.83	11.81	75.62	63.81	11.35
交通运输仓储业	78	33.05	31.27	15.79	61.12	45.34	9.90
信息技术业	202	35.51	36.12	15.79	53.53	37.74	7.01
批发和零售贸易	127	31.89	31.67	14.05	50.87	36.82	8.48
金融、保险业	42	48.61	44.78	21.37	81.99	60.62	16.77
房地产业	129	31.60	32.53	12.59	59.31	46.72	8.70
社会服务业	90	33.41	34.42	12.49	50.39	37.90	7.99
传播与文化产业	39	31.68	33.25	13.89	49.91	36.02	9.38
综合类	51	29.75	28.96	9.73	45.35	35.61	7.55
合计	2515	33.82	34.17	2.75	81.99	79.24	8.82

资料来源:南开大学中国公司治理研究院数据库。

2. 具体分析与等级描述

从行业投资者关系互动指数平均值看,除了综合类之外,其余行业指数值均在 30 以上。其中机械设备仪表业、木材家具业、食品饮料业、石油化学塑胶业、社会服务业、医药生物制品业、金属非金属业、交通运输仓储业、采掘业、农林牧渔业、批发和零售贸易业、传播与文化产业、房地产业、纺织服装皮毛业、造纸印刷业、电力煤气业等行业指标值介于 30 与 35 之间,金融保险业、其他制造业、建筑业、电子业以及信息技术业指标值达到了 35 以上。此外,结合各个行业中的投资者关系管理等级分布情况做以下说明。

在 2014 的评价样本中,金融保险业的 42 家公司中,有 1 家达到了 $IRII^{NK}$ Ⅰ,有 9 家达到了 $IRII^{NK}$ Ⅱ,18 家达到了 $IRII^{NK}$ Ⅲ;建筑业的 54 家公司中,有 2 家达到了 $IRII^{NK}$ Ⅱ,18 家处于 $IRII^{NK}$ Ⅲ,30 家处于 $IRII^{NK}$ Ⅳ;农林牧渔业的 46 家公司中,有 8 家达到了 $IRII^{NK}$ Ⅲ,35 家处于 $IRII^{NK}$ Ⅳ,$IRII^{NK}$ Ⅴ的样本数量占该行业的样本总数的比重也比较低,仅有 3 家。投资者关系互动指数平均值最低的行业——综合类企业中,51 家公司中有 5 家达到了 $IRII^{NK}$ Ⅲ,41 家处于 $IRII^{NK}$ Ⅳ,5 家处于 $IRII^{NK}$ Ⅴ,如表 4-10 所示。

表 4-10 按行业分组的 $IRII^{NK}$ 等级分布

行业	$IRII^{NK}$ Ⅰ		$IRII^{NK}$ Ⅱ		$IRII^{NK}$ Ⅲ		$IRII^{NK}$ Ⅳ		$IRII^{NK}$ Ⅴ	
	公司数	比例(%)	公司数	比例(%)	公司数	比例(%)	公司数	比例(%)	公司数	比例(%)
农、林、牧、渔业	—	—	—	—	8	0.32	35	1.39	3	0.12
采掘业	—	—	2	0.08	12	0.48	44	1.75	5	0.20
制造业	—	—	3	0.12	326	12.96	1109	44.10	81	3.22
其中:食品、饮料	—	—	—	—	22	0.87	67	2.66	6	0.24
纺织、服装、皮毛	—	—	—	—	12	0.48	59	2.35	9	0.36
木材、家具	—	—	—	—	3	0.12	14	0.56	—	—
造纸、印刷	—	—	1	0.04	11	0.44	40	1.59	10	0.40
石油、化学、塑胶	—	—	—	—	52	2.07	198	7.87	15	0.60
电子	—	—	—	—	36	1.43	111	4.41	4	0.16
金属、非金属	—	—	1	0.04	37	1.47	151	6.00	10	0.40
机械、设备、仪表	—	—	1	0.04	121	4.81	337	13.40	20	0.80
医药、生物制品	—	—	—	—	25	0.99	114	4.53	7	0.28
其他制造业	—	—	—	—	7	0.28	18	0.72	—	—
电力、煤气及水的生产和供应业	—	—	1	0.04	9	0.36	56	2.23	9	0.36
建筑业	—	—	2	0.08	18	0.72	30	1.19	4	0.16
交通运输仓储业	—	—	2	0.08	13	0.52	59	2.35	4	0.16
信息技术业	—	—	—	—	57	2.27	142	5.65	3	0.12
批发和零售贸易	—	—	—	—	24	0.95	89	3.54	14	0.56
金融、保险业	1	0.04	9	0.36	18	0.72	14	0.56	—	—
房地产业	—	—	—	—	17	0.68	101	4.02	11	0.44
社会服务业	—	—	—	—	19	0.76	66	2.62	5	0.20
传播与文化产业	—	—	—	—	8	0.32	25	0.99	6	0.24
综合类	—	—	—	—	5	0.20	41	1.63	5	0.20
合计	1	0.04	19	0.76	534 1	21.23	811	72.01	150	5.96

资料来源:南开大学中国公司治理研究院数据库。

2.1.5 上市公司分控股股东性质 $IRII^{NK}$ 评价

我们将样本上市公司按照公司第一大股东最终控制人类型性质的不同,分为国有控股、民营控股、外资控股、集体控股、社会团体控股、职工持股控股和其他七种类型,通过分析控股股东性质不同的样本上市公司投资者关系互动指数的数字特征,进一步探讨控股股东性质不同的主板上市公司投资者关系管理状况的差异。

1. 分控股股东性质的上市公司 $IRII^{NK}$ 总体分析

表4-11 的描述性统计显示,样本中数量较少的是"社会团体控股""职工持股会控股""集体控股"几类,分别有1家、7家、20家。由于样本量较少,不具有统计上的可比性,我们只对其余几个分类进行具体比较和分析。

表4-11 按控股股东性质分组的 $IRII^{NK}$ 描述性统计

控股股东性质	公司数	比例(%)	平均值	中值	最小值	最大值	极差	标准差
国有控股	1 016	40.40	32.09	31.72	2.75	78.11	75.36	9.31
民营控股	1 374	54.63	34.80	35.32	5.98	70.46	64.48	7.80
外资控股	49	1.95	34.48	35.53	15.92	54.15	38.23	8.27
集体控股	20	0.80	34.30	34.91	15.13	48.32	33.19	8.57
社会团体控股	1	0.04	21.37	21.37	21.37	21.37	0.00	—
职工持股会控股	7	0.28	26.12	25.17	16.24	39.49	23.25	9.17
其他	48	1.91	42.69	40.64	19.02	81.99	62.98	14.55
合计	2 515	100.00	33.82	34.17	2.75	81.99	79.24	8.82

资料来源:南开大学中国公司治理研究院数据库。

就样本平均值而言,其他类型的公司投资者关系沟通指数平均值最高,为40.66;其次为民营控股类型,为34.80,国有控股指数平均值为32.09,社会团体控股上市公司的投资者关系沟通指数的平均值最低。

2. 分控股股东性质的上市公司 $IRII^{NK}$ 具体分析

考虑到国有和民营公司占据了评价样本的绝大部分比例(95.03%),因此只对这两种控制权类型的样本进行分析,其他类型的有关数据如表4-11 和表4-12 所示。

如表4-11 所示,在2014 评价样本中,控股股东性质为国有控股的有1 016 家公司,占样本比例为40.40%,样本平均值为32.09,标准差为9.31。而根据表4-12 的统计结果,国有控股样本中有12 家达到 $IRII^{NK}$ Ⅱ,达到 $IRII^{NK}$ Ⅲ的有163家,处于 $IRII^{NK}$ Ⅳ的有768 家,属于 $IRII^{NK}$ Ⅴ级,即投资者关系互动指数在20 以下的有73 家上市公司。此外,在2014 评价样本中控股股东性质为民营控股的有

表 4-12　按控股股东性质分组的 $IRII^{NK}$ 等级分布

控股股东性质	$IRII^{NK}$ Ⅰ		$IRII^{NK}$ Ⅱ		$IRII^{NK}$ Ⅲ		$IRII^{NK}$ Ⅳ		$IRII^{NK}$ Ⅴ	
	公司数	比例(%)	公司数	比例(%)	公司数	比例(%)	公司数	比例(%)	公司数	比例(%)
国有控股	—	—	12	0.48	163	6.48	768	30.54	73	2.90
民营控股	—	—	3	0.12	333	13.24	970	38.57	68	2.70
外资控股	—	—	—	—	9	0.36	37	1.47	3	0.12
集体控股	—	—	—	—	6	0.24	12	0.48	2	0.08
社会团体控股	—	—	—	—	—	—	1	0.04	—	—
职工持股会控股	—	—	—	—	—	—	5	0.20	2	0.08
其他	1	0.04	4	0.16	23	0.91	18	0.72	2	0.08
合计	1	0.04	19	0.76	534	21.23	1811	72.01	150	5.96

资料来源：南开大学中国公司治理研究院数据库。

1 374 家公司,占样本总数的 54.63%,样本平均值为 34.80,标准差为 7.80。根据表 4-12 的统计结果,民营上市公司在评价样本中有 3 家达到 $IRII^{NK}$ Ⅱ,达到 $IRII^{NK}$ Ⅲ 的有 333 家,处于 $IRII^{NK}$ Ⅳ的有 970 家,属于 $IRII^{NK}$ Ⅴ级,即投资者关系互动指数在 20 以下的有 68 家上市公司。

2.1.6 上市公司分地区 $IRII^{NK}$ 评价

将 2014 年的 2 515 家评价样本,按照注册地的不同分成 31 个省(直辖市、自治区)的分组样本,分析不同地区的样本公司治理指数的分布特征,比较上市公司投资者关系管理状况的地区差异。

1. 按地区分组的上市公司 $IRII^{NK}$ 总体分析

经济发达地区广东省、上海市、北京市占的样本数量最多,其中广东省最多,为 367 家,上海市达 199 家,北京市为 215 家;而西部欠发达地区的宁夏回族自治区、青海省、西藏自治区占样本量少,其中西藏自治区最少,为 10 家,反映出经济活跃水平与上司公司数量的关系。

广东、青海、北京、浙江、四川、新疆等地的投资者关系互动指数平均值均超过 35,依次为 37.15、37.03、36.18、35.77、35.58、35.29,辽宁、黑龙江、内蒙古、西藏的 $IRII^{NK}$ 平均值均在 30 以下,分别为 29.96、29.03、28.65、25.57。各地区投资者关系互动指数分析结果如表 4-13 所示。

表 4-13 按地区分组的 $IRII^{NK}$ 描述性统计

省份	公司数	比例(%)	平均值	中值	最小值	最大值	极差	标准差
安徽	77	3.06	33.91	35.33	15.20	55.02	39.83	8.34
北京	224	8.91	35.58	34.59	13.89	78.11	64.22	11.43
福建	87	3.46	34.23	34.40	19.51	54.63	35.12	7.05
甘肃	24	0.95	31.09	31.02	19.02	44.40	25.39	7.05
广东	376	14.95	37.67	37.91	13.63	81.99	68.36	8.47
广西	30	1.19	31.68	32.64	12.96	43.94	30.98	8.85
贵州	21	0.83	32.26	32.98	2.75	46.46	43.71	9.16
海南	26	1.03	31.53	31.74	16.24	46.26	30.02	7.60
河北	48	1.91	32.61	34.38	13.89	59.31	45.42	8.77
河南	67	2.66	33.85	33.93	15.92	54.69	38.77	8.34
黑龙江	32	1.27	29.28	30.76	16.47	44.16	27.69	6.98
湖北	82	3.26	31.96	33.21	11.59	51.04	39.45	8.26
湖南	76	3.02	33.60	33.72	15.18	49.04	33.86	7.21
吉林	38	1.51	31.56	32.16	12.59	47.39	34.79	7.56
江苏	239	9.50	34.02	34.24	12.88	54.97	42.09	7.85

（续表）

省份	公司数	比例(%)	平均值	中值	最小值	最大值	极差	标准差
江西	33	1.31	30.87	32.30	9.06	46.61	37.55	8.85
辽宁	68	2.70	31.07	31.76	9.73	48.43	38.70	8.19
内蒙古	23	0.91	28.81	30.94	9.73	43.91	34.17	8.38
宁夏	12	0.48	32.20	33.35	18.28	42.90	24.62	8.56
青海	10	0.40	30.97	27.80	19.48	44.99	25.51	9.14
山东	150	5.96	33.36	34.73	4.33	59.67	55.33	8.85
山西	34	1.35	30.10	30.22	12.96	44.48	31.52	7.69
陕西	41	1.63	31.28	33.34	9.73	41.00	31.26	7.38
上海	202	8.03	31.37	30.97	14.70	72.92	58.21	9.34
四川	92	3.66	35.60	34.68	9.73	57.51	47.77	8.05
天津	39	1.55	30.81	30.79	18.00	46.20	28.20	6.72
西藏	10	0.40	23.73	20.73	14.34	40.27	25.94	8.98
新疆	40	1.59	31.05	32.42	12.53	56.47	43.94	9.69
云南	28	1.11	31.00	32.28	15.79	43.80	28.01	7.87
浙江	247	9.82	35.14	34.88	15.15	61.12	45.97	7.43
重庆	39	1.55	31.31	31.27	15.79	47.79	32.00	7.85
合计	2 515	100	33.82	34.17	2.75	81.99	79.24	8.82

资料来源：南开大学中国公司治理研究院数据库。

2. 按地区分组的上市公司 $IRII^{NK}$ 具体分析

表4-13的描述性统计显示，就平均值而论，样本上市公司按省份分组的数据显示，各省存在一定差异，投资者关系互动指数最高的省份与最低的省份相比，相差13.94（最高广东37.67，最低西藏23.73）。投资者关系互动指数最高的三个省份分别是广东、四川和北京，投资者关系互动指数的平均值都在35以上；投资者关系互动指数最低的三个省份是黑龙江、内蒙古和西藏，指数均在30以下。

广东省样本公司中，1家达到了 $IRII^{NK}$ Ⅰ，4家达到了 $IRII^{NK}$ Ⅱ，134家达到了 $IRII^{NK}$ Ⅲ，229家处于 $IRII^{NK}$ Ⅳ，8家处于 $IRII^{NK}$ Ⅴ，其投资者关系互动指数平均值37.67，为最高值。四川省的样本中，23家的指数达到了 $IRII^{NK}$ Ⅲ，68家处于 $IRII^{NK}$ Ⅳ，1家处于 $IRII^{NK}$ Ⅴ。北京市的样本公司中，有11家达到了 $IRII^{NK}$ Ⅱ，48家达到了 $IRII^{NK}$ Ⅲ，153家处于 $IRII^{NK}$ Ⅳ的水平，12家属于 $IRII^{NK}$ Ⅴ。注册地在西藏的上市公司中，仅有1家处于 $IRII^{NK}$ Ⅲ，4家处于 $IRII^{NK}$ Ⅳ，5家处于 $IRII^{NK}$ Ⅴ，如表4-14所示。

表 4-14 按地区分组的 $IRII^{NK}$ 等级分布

省份	$IRII^{NK}$ Ⅰ		$IRII^{NK}$ Ⅱ		$IRII^{NK}$ Ⅲ		$IRII^{NK}$ Ⅳ		$IRII^{NK}$ Ⅴ	
	公司数	比例(%)	公司数	比例(%)	公司数	比例(%)	公司数	比例(%)	公司数	比例(%)
安徽	—	—	—	—	18	0.72	54	2.15	5	0.20
北京	—	—	11	0.28	48	1.91	153	6.08	12	0.48
福建	—	—	—	—	18	0.72	68	2.70	1	0.04
甘肃	—	—	—	—	2	0.08	19	0.76	3	0.12
广东	1	0.04	4	0.12	134	5.33	229	9.11	8	0.32
广西	—	—	—	—	6	0.24	19	0.76	5	0.20
贵州	—	—	—	—	3	0.12	17	0.68	1	0.04
海南	—	—	—	—	3	0.12	21	0.83	2	0.08
河北	—	—	—	—	6	0.24	37	1.47	5	0.20
河南	—	—	—	—	18	0.72	46	1.83	3	0.12
黑龙江	—	—	—	—	2	0.08	24	0.95	6	0.24
湖北	—	—	—	—	12	0.48	63	2.50	7	0.28
湖南	—	—	—	—	13	0.52	60	2.39	3	0.12
吉林	—	—	—	—	3	0.12	33	1.31	2	0.08
江苏	—	—	—	—	50	1.99	178	7.08	11	0.44
江西	—	—	—	—	6	0.24	24	0.95	3	0.12
辽宁	—	—	—	—	9	0.36	53	2.11	6	0.24
内蒙古	—	—	—	—	1	0.04	19	0.76	3	0.12
宁夏	—	—	—	—	3	0.12	8	0.32	1	0.04
青海	—	—	—	—	2	0.08	7	0.28	1	0.04

（续表）

省份	$IRII^{NK}$ Ⅰ		$IRII^{NK}$ Ⅱ		$IRII^{NK}$ Ⅲ		$IRII^{NK}$ Ⅳ		$IRII^{NK}$ Ⅴ	
	公司数	比例(%)	公司数	比例(%)	公司数	比例(%)	公司数	比例(%)	公司数	比例(%)
山东	—	—	—	—	34	1.35	102	4.06	14	0.56
山西	—	—	—	—	4	0.16	27	1.07	3	0.12
陕西	—	—	—	—	3	0.12	35	1.39	3	0.12
上海	—	—	3	0.08	25	0.99	156	6.20	18	0.72
四川	—	—	—	—	23	0.91	68	2.70	1	0.04
天津	—	—	—	—	3	0.12	34	1.35	2	0.08
西藏	—	—	—	—	1	0.04	4	0.16	5	0.20
新疆	—	—	—	—	7	0.28	27	1.07	6	0.24
云南	—	—	—	—	3	0.12	22	0.87	3	0.12
浙江	—	—	1	0.15	68	2.70	172	6.84	6	0.24
重庆	—	—	—	—	6	0.24	32	1.27	1	0.04
合计	1	0.04	19	0.69	534	21.23	1811	72.01	150	5.96

资料来源：南开大学中国公司治理研究院数据库。

2.2 上市公司沟通保障评价

2.2.1 沟通保障总体状况描述

2014 年度 2 515 家上市公司评价样本沟通保障指数的平均值为 63.23,中值为 60.44,最小值为 0,最大值为 100,标准差为 23.19。从沟通保障指数的四个主要因素来看,上市公司评价样本的董秘兼职情况、有无获奖、董秘专业背景以及有无 IR 部门的平均值分别为 22.78、0.36、16.54 和 23.55,其中有无获奖指标值最低,仅为 0.36。沟通保障指数及其四项分指标的描述性统计情况如表 4-15 所示。

表 4-15 上市公司沟通保障指数描述性统计

项目	平均值	中值	最小值	最大值	极差	标准差
董秘兼职	22.78	29.89	0	29.89	29.89	12.73
获奖情况	0.36	0.00	0	11.98	11.98	2.05
董秘专业背景	16.54	27.57	0	27.57	27.57	12.65
设置 IR 部门	23.55	30.56	0	30.56	30.56	12.85
沟通保障指数	63.23	60.44	0	100.00	100.00	23.19

资料来源:南开大学中国公司治理研究院数据库。

按照南开大学投资者关系沟通指数等级划分标准,2 515 家上市公司评价样本的沟通保障等级状况如表 4-16 所示:

表 4-16 上市公司沟通保障指数的等级分布

沟通保障评级	频数	比例(%)	平均值	中值	标准差
$IRII_{CG}^{NK}$ Ⅰ(80—100)	832	33.08	88.46	88.02	2.31
$IRII_{CG}^{NK}$ Ⅱ(60—80)	692	27.51	64.61	60.44	6.23
$IRII_{CG}^{NK}$ Ⅲ(40—60)	528	20.99	55.45	57.46	5.18
$IRII_{CG}^{NK}$ Ⅳ(20—40)	376	19.45	29.77	29.89	1.35
$IRII_{CG}^{NK}$ Ⅴ(0—20)	87	3.46	2.67	0.00	5.46

资料来源:南开大学中国公司治理研究院数据库。

从表 4-16 中可以看出,共有 832 家上市公司的沟通保障指数超过 80,即 $IRII_{CG}^{NK}$ Ⅰ(80—100),占全部样本的 33.08%;有 692 家公司的沟通保障指数达到了 $IRII_{CG}^{NK}$ Ⅱ(60—80),占全部样本的 27.51%;有 528 家公司的沟通保障指数达到了 $IRII_{CG}^{NK}$ Ⅲ(40—60),占全部样本的 20.99%;有 376 家公司的沟通保障指数达到了 $IRII_{CG}^{NK}$ Ⅳ(20—40),占全部样本的 19.45%;有 87 家公司的沟通保障指数小于 20,

占全部样本的3.46%。

2.2.2 沟通保障年度比较评价

由于新上市挂牌的原因,2014年纳入样本的上市公司数量增加了28家。上市公司沟通保障指数($IRII_{CG}^{NK}$)的平均值由2012年的52.77上升到了63.23,上升了10.46,上升率为19.82%,反映出上市公司沟通保障指数改善明显。从沟通保障指数的四个主要因素对比来看,其平均值变化情况是:董秘兼职项上升最大,由2012年的20.28上升到了2014年的22.78;获奖情况项一直在极低位运行;与2013年相比,设置IR部门项略有下降,具体情况如表4-17所示。

表4-17 上市公司沟通保障指数年度比较

项目	平均值			中值			标准差		
	2012	2013	2014	2012	2013	2014	2012	2013	2014
董秘兼职	20.28	20.24	22.78	29.89	29.89	29.89	13.96	13.98	12.72
获奖情况	0.47	0.48	0.36	0.00	0.00	0.00	2.32	2.35	2.05
董秘专业背景	16.86	14.79	16.54	27.57	27.57	27.57	12.38	13.48	12.65
设置IR部门	15.15	24.59	23.54	0.00	30.56	30.56	15.28	12.11	12.85
沟通保障指数	52.77	60.10	63.23	57.46	60.44	60.44	25.52	23.93	23.19

资料来源:南开大学中国公司治理研究院数据库。

2.2.3 分行业沟通保障评价分析

表4-18列出了各行业样本公司沟通保障指数的描述性统计结果。从行业分布状况可以看出,平均值居于前三位的分别是电子业、造纸印刷业和机械设备业,平均值分别为71.65、71.58、70.75。平均值最低的行业分别是综合类、交通运输业和建筑业,平均值分别为46.51、44.23、44.05。在22个分行业中有13个行业的平均值在50到70之间,说明各行业上市公司之间的沟通保障情况的差距并不大。

表4-18 按行业分组的上市公司沟通保障指数描述性统计

行业	数目	比例(%)	平均值	中值	最小值	最大值	极差	标准差
农、林、牧、渔业	46	1.83	64.23	60.44	0	100	100	64.23
采掘业	63	2.50	69.44	70.11	27.57	88.02	60.44	69.44
制造业	1 519	60.40	69.60	74.23	0	100	100	69.60
其中:食品、饮料	95	3.78	69.46	60.44	0.00	88.02	88.02	19.42
纺织、服装、皮毛	80	3.18	70.39	74.23	0	100	100	21.02
木材、家具	17	0.68	61.77	60.44	30.56	88.02	57.46	15.59

(续表)

行业	数目	比例(%)	平均值	中值	最小值	最大值	极差	标准差
造纸、印刷	62	2.47	71.58	74.23	29.89	88.02	58.13	16.94
石油、化学、塑胶	265	10.54	67.45	60.44	27.57	100	72.43	19.27
电子	151	6.00	71.65	74.23	27.57	88.02	60.44	17.48
金属、非金属	199	7.91	67.88	60.44	0	100	100	18.58
机械、设备、仪表	479	19.05	70.75	74.23	0	100	100	18.21
医药、生物制品	146	5.81	70.12	74.23	0	100	100	18.35
其他制造业	25	0.99	67.08	60.44	27.57	88.02	60.44	18.09
电力、煤气及水的生产和供应业	75	2.98	49.33	58.13	0	100	100	49.33
建筑业	54	2.15	44.05	30.56	0	100	100	44.05
交通运输仓储业	78	3.10	44.23	37.11	0	88.02	88.02	44.23
信息技术业	202	8.03	52.91	58.13	0	100	100	52.91
批发和零售贸易业	127	5.05	53.77	57.46	0	100	100	53.77
房地产业	42	1.67	52.15	57.46	0	88.02	88.02	52.15
金融保险业	129	5.13	54.75	58.13	0	100	100	54.75
社会服务业	90	3.58	58.47	58.13	0	100	100	58.47
传播与文化产业	39	1.55	52.03	57.46	0	100	100	52.03
综合类	51	2.03	46.51	44.34	0	100	100	46.51

资料来源:南开大学中国公司治理研究院数据库。

2.2.4 分控股股东性质沟通保障评价分析

表4-19给出了按控股股东性质分类的各组样本公司沟通保障指数统计指标。从样本公司的沟通保障指数平均值来看,社会团体控股类型的样本公司沟通保障指数平均值最高,为88.02,但此类型公司仅有一家,并不具有代表性;样本数量较多的集体控股上市公司沟通保障指数为67.96;职工持股会控股的样本公司沟通保障指数平均值最低,为48.33。我国上市公司的主体仍为国有控股和民营控股公司,两者相加占到了所有上市公司的95.03%。国有控股样本公司的沟通保障指数平均值为62.03,中值为60.44,标准差为24.08。民营控股公司的平均值为64.18,中值为60.44,标准差为22.52。国有控股上市公司的沟通保障指数的平均值略低于民营控股上市公司,差距是2.15。

表 4-19　按控股股东性质分组的上市公司沟通保障指数描述性统计

大股东性质	数目	比例(%)	平均值	中值	最小值	最大值	极差	标准差
国有控股	1016	40.40	62.03	60.44	0.00	100.00	100.00	24.08
民营控股	1374	54.63	64.18	60.44	0.00	100.00	100.00	22.52
外资控股	49	1.95	65.42	60.44	27.57	88.02	60.44	20.34
集体控股	20	0.80	65.47	60.44	29.89	88.02	58.13	15.34
社会团体控股	1	0.04	88.02	88.02	88.02	88.02	0.00	—
职工持股会控股	7	0.28	48.33	43.67	27.57	88.02	60.44	22.08
其他	48	1.91	59.79	60.44	0.00	88.02	88.02	26.83

资料来源:南开大学中国公司治理研究院数据库。

2.4.5　分地区沟通保障评价分析

表 4-20 列出了各省份样本公司沟通保障指数的描述性统计。沟通保障指数平均值最高的 3 个省份分别是新疆、宁夏和内蒙古,其平均值分别为 73.09、71.09 和 69.32;沟通保障指数平均值最低的 3 个省份分别是重庆、青海和海南,其平均值分别为 58.06、53.11 和 46.08,平均值最高的省份和平均值最低的省份相差 27.01。

表 4-20　按地区分组的上市公司沟通保障指数描述性统计

省份	公司数	比例(%)	平均值	中值	最小值	最大值	极差	标准差
安徽	77	3.06	64.82	60.44	0.00	100.00	100.00	21.58
北京	224	8.91	59.29	60.44	0.00	100.00	100.00	25.28
福建	87	3.46	61.65	60.44	0.00	88.02	88.02	24.03
甘肃	24	0.95	65.11	60.44	27.57	88.02	60.44	20.95
广东	376	14.95	64.05	60.44	0.00	100.00	100.00	23.66
广西	30	1.19	66.25	60.44	0.00	88.02	88.02	22.92
贵州	21	0.83	66.22	60.44	29.89	88.02	58.13	22.69
海南	26	1.03	46.08	50.90	0.00	88.02	88.02	26.40
河北	48	1.91	59.60	60.44	0.00	88.02	88.02	22.24
河南	67	2.66	69.19	60.44	29.89	100.00	70.11	17.92
黑龙江	32	1.27	68.49	60.44	27.57	100.00	72.43	18.71
湖北	82	3.26	65.57	60.44	0.00	100.00	100.00	21.63
湖南	76	3.02	63.77	60.44	0.00	88.02	88.02	24.16
吉林	38	1.51	65.30	60.44	0.00	88.02	88.02	19.77
江苏	239	9.50	62.58	60.44	0.00	100.00	100.00	22.35

(续表)

省份	公司数	比例(%)	平均值	中值	最小值	最大值	极差	标准差
江西	33	1.31	62.35	60.44	0.00	88.02	88.02	21.75
辽宁	68	2.70	58.24	58.13	0.00	88.02	88.02	21.35
内蒙古	23	0.91	69.32	60.44	30.56	100.00	69.44	18.87
宁夏	12	0.48	71.09	74.23	0.00	100.00	100.00	26.07
青海	10	0.40	53.11	57.46	27.57	88.02	60.44	17.42
山东	150	5.96	66.28	60.44	0.00	100.00	100.00	23.48
山西	34	1.35	64.90	60.44	29.89	88.02	58.13	21.53
陕西	41	1.63	63.24	60.44	0.00	88.02	88.02	25.58
上海	202	8.03	58.33	60.44	0.00	100.00	100.00	25.12
四川	92	3.66	63.98	60.44	0.00	88.02	88.02	20.82
天津	39	1.55	66.07	60.44	29.89	100.00	70.11	19.84
西藏	10	0.40	66.95	81.12	0.00	100.00	100.00	31.83
新疆	40	1.59	73.02	74.23	30.56	88.02	57.46	16.26
云南	28	1.11	60.85	59.29	0.00	100.00	100.00	22.78
浙江	247	9.82	65.84	60.44	0.00	100.00	100.00	22.93
重庆	39	1.55	58.06	60.44	0.00	100.00	100.00	25.59

资料来源:南开大学中国公司治理研究院数据库。

2.3 上市公司网络沟通评价

2.3.1 网络沟通总体状况描述

2014 年度 2 515 家上市公司评价样本的网络沟通指数($IRII_{NC}^{NK}$)的平均值为 60.41,中值为 60.65,最小值为 0,最大值为 96.04,标准差为 12.60。网络沟通指数基本服从正态分布。

从网络沟通评价的 12 个主要因素中,做的最佳的 3 个方面分别为投资者互动平台、网站易达性以及投资者信箱,分别有 99.28%、95.39%、93.12%的公司设立或改善了这 3 种投资者沟通方式,即多数上市公司设置了投资者信箱和投资者互动平台,且公司网站可以正常打开。做的最差的 3 个方面分别为投资者订阅、投资者视频/音频信息、投资者 FAQ,分别只有约 3.3%、10.38%以及 11.17%的上市公司提供了相关沟通方式。很多公司也没有提供投资者留言、网络路演、网络投票、搜索功能等一些网络沟通方式。网络沟通指数及其分指标的描述性统计情况如表 4-21 所示。

表 4-21 上市公司网络沟通指数描述性统计

项目	平均值	中值	最小值	最大值	极差	标准差
网站易达性	17.20	18.04	0	18.04	18.04	3.78
IR 板块	8.21	9.71	0	9.71	9.71	3.51
投资者信箱	8.22	8.83	0	8.83	8.83	2.24
投资者留言	1.92	0.00	0	6.05	6.05	2.82
投资者 FAQ	0.52	0.00	0	4.67	4.67	1.47
网上路演	3.70	0.00	0	11.58	11.58	5.40
投资者订阅	0.14	0.00	0	4.36	4.36	0.78
投资者互动平台	15.24	15.35	0	15.35	15.35	1.29
搜索功能	1.46	2.68	0	2.68	2.68	1.41
相关链接	1.47	2.50	0	2.50	2.50	1.23
IR 视频/音频	0.41	0.00	0	3.96	3.96	1.21
网络投票	1.92	0.00	0	12.28	12.28	4.46
网络沟通指数	60.41	60.65	0	96.04	96.04	12.60

资料来源:南开大学中国公司治理研究院数据库。

按照南开大学投资者关系沟通指数等级划分标准,2 515 家上市公司样本的网络沟通评价等级状况如表 4-22 所示。

表 4-22 上市公司网络沟通指数的等级分布

网络沟通评级	公司数	比例(%)	平均值	中值	标准差
$IRII_{NC}^{NK}$ Ⅰ(80—100)	116	2.76	84.49	84.03	3.59
$IRII_{NC}^{NK}$ Ⅱ(60—80)	1 223	37.67	67.73	66.35	5.22
$IRII_{NC}^{NK}$ Ⅲ(40—60)	1 049	48.07	53.40	53.30	4.56
$IRII_{NC}^{NK}$ Ⅳ(20—40)	111	10.11	27.51	22.44	5.18
$IRII_{NC}^{NK}$ Ⅴ(0—20)	16	1.38	13.57	14.96	4.24

资料来源:南开大学中国公司治理研究院数据库。

从表 4-22 可以看出,共有 116 家上市公司的网络沟通评价指数超过 80,即 $IRII_{NC}^{NK}$ Ⅰ(80—100),占全部样本的 2.76%;有 1 223 家公司的网络沟通评价指数达到了 $IRII_{NC}^{NK}$ Ⅱ(60—80),占全部样本的 37.67%;有 1 049 家公司的网络沟通评价指数达到了 $IRII_{NC}^{NK}$ Ⅲ(40—60),占全部样本的 48.07%;有 111 家公司的网络沟通评价指数达到了 $IRII_{NC}^{NK}$ Ⅳ(20—40),占全部样本的 10.11%;有 16 家公司的网络沟通指数小于 20,占全部样本的 1.38%。从表中可以看出,大部分公司的沟通保障指数为 20—80。

2.3.2 网络沟通年度比较评价

表4-23是对近两年来网络沟通指数及其分指标的比较,通过分析发现,除了投资者信箱指标值有小幅下降,网络投票指标值和上一年基本持平以外,其他方面都有所提升,总体指数从上一年的58.37增加到60.41,提升了2.04%。

表 4-23 上市公司网络沟通指数年度比较

项目	平均值		中值		标准差	
	2013	2014	2013	2014	2013	2014
网站易达性	16.31	17.20	18.04	18.04	5.31	3.78
IR 板块	6.84	8.21	9.71	9.71	4.43	3.51
投资者信箱	8.07	8.22	8.83	8.83	2.49	2.24
投资者留言	1.61	1.92	0.00	0.00	2.67	2.82
投资者 FAQ	0.39	0.52	0.00	0.00	1.29	1.47
网上路演	5.47	3.70	0.00	0.00	5.78	5.40
投资者订阅	0.12	0.14	0.00	0.00	0.71	0.78
投资者互动平台	14.24	15.24	15.35	15.35	3.97	1.29
搜索功能	1.13	1.46	0.00	2.68	1.32	1.41
相关链接	1.19	1.47	0.00	2.50	1.25	1.23
IR 视频/音频	0.34	0.41	0.00	0.00	1.11	1.21
网络投票	2.73	1.92	0.00	0.00	5.11	4.46
网络沟通指数	58.37	60.41	60.48	60.65	15.53	12.60

资料来源:南开大学中国公司治理研究院数据库。

2.3.3 分行业网络沟通评价分析

表4-24列出来各行业样本公司网络沟通指数的描述性统计结果。从行业分布状况可以看出,平均值居于前三位的分别是批发和零售贸易,电力、煤气及水的生产和供应业,电子,平均值分别为71.58、62.13和62.12;食品、饮料,金属,木材、家具,交通运输仓储业,其他制造业等行业得分也较高。平均值最低的行业分别是综合类和传播与文化产业。该指数平均值最高为71.58,而网络沟通指数最低的综合类平均值为54.37,相差17.21,说明各行业上市公司之间的网络沟通情况存在一定差距。

表 4-24　按行业分组的上市公司网络沟通指数描述性统计

行业	公司数	比例(%)	平均值	中值	最小值	最大值	极差	标准差
农、林、牧、渔业	46	1.83	60.09	63.16	24.18	87.01	62.84	14.21
采掘业	63	2.50	58.19	58.39	20.42	87.01	66.60	14.31
制造业	1 519	60.40	60.76	61.07	0.00	95.64	95.64	12.35
其中:食品、饮料	95	3.78	62.04	63.51	15.35	87.01	71.67	12.95
纺织、服装、皮毛	80	3.18	57.84	60.48	24.18	90.46	66.28	14.30
木材、家具	17	0.68	61.70	63.51	47.40	84.51	37.11	9.78
造纸、印刷	62	2.47	56.35	57.54	8.83	89.18	80.34	16.61
石油、化学、塑胶	265	10.54	60.42	60.65	24.18	87.01	62.84	12.47
电子	151	6.00	62.13	60.65	24.18	95.64	71.46	10.36
金属、非金属	199	7.91	60.93	61.77	24.18	91.68	67.50	12.81
机械、设备、仪表	479	19.05	61.27	61.46	15.35	89.00	73.66	11.07
医药、生物制品	146	5.81	60.43	60.86	0.00	91.68	91.68	13.58
其他制造业	25	0.99	61.66	63.51	26.93	78.70	51.77	12.60
电力、煤气及水的生产和供应业	75	2.98	57.72	61.07	15.35	85.63	70.28	15.29
建筑业	54	2.15	62.13	63.16	24.18	87.01	62.84	12.50
交通运输仓储业	78	3.10	61.43	60.65	24.18	85.63	61.45	11.37
信息技术业	202	8.03	61.99	61.06	24.18	88.47	64.29	10.73
批发和零售贸易业	127	5.05	57.66	57.97	15.35	87.01	71.67	13.98
金融、保险业	42	1.67	71.58	73.00	45.59	96.04	50.44	11.96
房地产业	129	5.13	59.85	58.39	24.18	92.83	68.65	11.11
社会服务业	90	3.58	58.07	57.11	15.35	87.01	71.67	12.72
传播与文化产业	39	1.55	55.27	57.11	24.18	72.93	48.75	9.89
综合类	51	2.03	54.37	57.11	15.35	84.33	68.99	15.19

资料来源:南开大学中国公司治理研究院数据库。

2.3.4　分控股股东性质网络沟通评价分析

表 4-25 给出了按控股股东性质分类的各组样本公司网络沟通指数统计指标。根据表 4-25 的描述性统计结果,从样本公司的网络沟通指数平均值来看,外资控股的样本公司网络沟通指数平均值最高,为 60.27;职工持股会控股的样本公司网络沟通指数平均值最低,为 56.19。国有控股样本公司的网络沟通指数平均值为 59.74,中值为 58.98,标准差为 12.91。民营控股公司的平均值为 60.84,中值为 63.16,标准差为 12.44。国有控股上市公司与民营控股上市公司的网络沟通指数平均值低于外资持股类型的上市公司。我国上市公司的主体仍为国有控股和民

营控股公司，两者相加占到了所有上市公司的95.03%，国有控股上市公司的网络沟通指数的平均值略低于民营控股上市公司，差距只有1.10，并不显著。

表 4-25　按控股股东性质分组的上市公司网络沟通指数描述性统计

控股股东性质	数目	比例(%)	平均值	中值	最小值	最大值	极差	标准差
国有控股	1 016	40.40	59.74	58.98	0.00	95.64	95.64	12.91
民营控股	1 374	54.63	60.84	63.16	15.35	92.96	77.62	12.44
外资控股	49	1.95	60.27	63.51	41.76	89.18	47.42	10.88
集体控股	20	0.80	58.77	66.65	40.95	75.78	34.84	8.17
社会团体控股	1	0.04	57.97	57.97	57.97	57.97	0.00	—
职工持股会控股	7	0.28	56.19	51.92	44.72	64.44	19.72	6.54
其他	48	1.91	65.06	64.67	42.21	91.68	49.47	10.55

资料来源：南开大学中国公司治理研究院数据库。

2.3.5　分地区网络沟通评价分析

表4-26列出了各省份样本公司网络沟通指数的描述性统计。网络沟通指数平均值最高的3个省份分别是浙江、广东和北京，其平均值分别为63.83、62.99和62.75；网络沟通指数平均值最低的3个省份分别是青海、西藏和内蒙古，其平均值分别为54.06、51.04和50.89，平均值最高的省份和平均值最低的省份相差12.94。

表 4-26　按地区分组的公司网络沟通指数描述性统计

省份	公司数	比例(%)	平均值	中值	最小值	最大值	极差	标准差
安徽	77	3.06	60.73	61.46	24.18	91.68	67.50	13.34
北京	224	8.91	62.75	61.77	15.35	91.68	76.33	12.25
福建	87	3.46	62.21	63.16	24.18	88.30	64.12	11.07
甘肃	24	0.95	56.01	57.11	33.38	75.78	42.40	10.57
广东	376	14.95	62.99	63.16	15.35	95.64	80.30	11.45
广西	30	1.19	58.33	58.42	24.18	76.09	51.91	11.40
贵州	21	0.83	59.44	62.35	15.35	80.96	65.62	13.25
海南	26	1.03	58.07	60.07	15.35	82.25	66.90	16.51
河北	48	1.91	59.09	63.19	24.18	91.68	67.50	15.58
河南	67	2.66	60.16	61.07	15.35	80.96	65.62	14.06
黑龙江	32	1.27	55.42	58.13	15.35	86.19	70.84	15.49
湖北	82	3.26	59.47	60.48	0.00	87.01	87.01	13.58

（续表）

省份	公司数	比例(%)	平均值	中值	最小值	最大值	极差	标准差
湖南	76	3.02	58.97	58.98	24.18	81.56	57.38	10.46
吉林	38	1.51	61.97	63.51	24.18	89.00	64.82	13.77
江苏	239	9.50	61.18	61.93	15.35	87.01	71.67	11.86
江西	33	1.31	56.90	57.11	20.42	78.70	58.28	13.03
辽宁	68	2.70	55.95	56.44	24.18	87.01	62.84	13.33
内蒙古	23	0.91	50.89	57.11	24.18	84.93	60.75	16.73
宁夏	12	0.48	55.75	57.14	24.18	72.23	48.06	12.71
青海	10	0.40	54.06	54.43	24.18	72.65	48.47	13.87
山东	150	5.96	59.20	60.48	8.83	88.30	79.46	13.26
山西	34	1.35	56.41	57.11	24.18	92.96	68.78	15.14
陕西	41	1.63	57.91	57.11	24.18	87.01	62.84	13.20
上海	202	8.03	57.82	63.16	15.35	85.63	70.28	11.13
四川	92	3.66	61.44	57.97	24.18	91.68	67.50	11.41
天津	39	1.55	58.01	61.90	24.18	79.40	55.23	11.06
西藏	10	0.40	51.04	58.48	15.35	68.58	53.23	20.97
新疆	40	1.59	57.45	60.16	8.83	87.01	78.18	14.99
云南	28	1.11	56.35	64.20	15.35	80.96	65.62	16.29
浙江	247	9.82	63.83	57.11	24.18	87.01	62.84	10.28
重庆	39	1.55	58.81	61.46	24.18	96.04	71.86	14.10

资料来源：南开大学中国公司治理研究院数据库。

2.4 上市公司电话沟通评价

2.4.1 电话沟通总体状况描述

2014年中国上市公司市场非金融类公司评价样本数量为2 515家，电话沟通指数($IRII_{TC}^{NK}$)的平均值为50.47，标准差为14.60，电话沟通指数基本符合正态分布。从标准差与中值之差来看，电话沟通总体水平较为集中，上市公司之间的电话沟通水平差距较小，但极差为100，电话沟通最好和最差的公司仍存在非常大的差距，具体情况如表4-27所示。

表 4-27　上市公司电话沟通指数描述性统计

项目	平均值	中值	最小值	最大值	极差	标准差
专线电话	43.41	45.19	0.00	45.85	45.85	8.79
电话会议	6.83	0.00	0.00	29.91	29.91	4.46
电话咨询	6.38	0.00	0.00	24.90	24.90	10.87
电话沟通指数	50.47	45.19	0.00	100.00	100.00	14.60

资料来源:南开大学中国公司治理研究院数据库。

从电话沟通的三个主要因素来看,样本公司电话沟通的专线电话、电话会议和电话咨询的平均值依次是43.41、6.83、6.38,电话沟通指数的专线电话指标表现最好,电话会议与电话咨询指标表现较差;从标准差来看,电话咨询的分散程度比较大,说明上市公司电话咨询方面存在较大的差异;从极差来看,由于三项指标的最小值都为0,电话沟通最好和最差的公司在专线电话、电话会议、电话咨询方面都存在非常大的差距。

按照南开大学投资者关系沟通指数等级划分标准,2 515 家上市公司样本的电话沟通等级状况如表 4-28 所示。

表 4-28　上市公司电话沟通指数的等级分布

电话沟通评级	频数	比例(%)	平均值	中值	标准差
$IRII_{TC}^{NK}$ Ⅰ(80—100)	29	4.00	100.00	100.00	0.00
$IRII_{TC}^{NK}$ Ⅱ(60—80)	603	31.85	70.32	70.09	1.05
$IRII_{TC}^{NK}$ Ⅲ(40—60)	1 784	55.64	45.19	45.19	0.28
$IRII_{TC}^{NK}$ Ⅳ(20—40)	40	4.15	24.90	24.90	0.00
$IRII_{TC}^{NK}$ Ⅴ(0—20)	59	4.36	0.00	0.00	0.00

资料来源:南开大学中国公司治理研究院数据库。

从表 4-28 可以看出,只有 29 家上市公司的电话沟通保障指数超过 80,即 $IRII_{TC}^{NK}$ Ⅰ,占全部样本的 4.00%;有 603 家公司的沟通保障指数达到了 $IRII_{TC}^{NK}$ Ⅱ(60—80),占全部样本的 31.85%;有 1 784 家公司的沟通保障指数达到了 $IRII_{TC}^{NK}$(40—60),占全部样本的大多数(55.64%);有 40 家公司的沟通保障指数达到了 $IRII_{TC}^{NK}$ Ⅳ (20—40),占全部样本的 4.15%;有 59 家公司的沟通保障指数值小于 20,占全部样本的 4.26%。从表中可以看出大部分公司的沟通保障指数值为 40—60,分布较为集中。

2.4.2　电话沟通年度比较评价

表 4-29 给出了 2013 年与 2014 年电话沟通各指标平均值与标准差的对比。

从专线电话情况来讲,2014 年电话沟通水平略高于 2013 年,同时,2014 年的标准差低于 2013 年,说明 2014 年高水平电话沟通的上市公司增加了。与 2013 年相比,2014 电话会议水平显著优于 2013 年,并且标准差低于 2013 年指标标准差。2014 年电话咨询指标平均值有所下降。

表 4-29　上市公司电话沟通指数年度比较

项目	平均值		中值		标准差	
	2013	2014	2013	2014	2013	2014
专线电话	41.87	43.41	45.19	45.19	11.79	8.79
电话会议	0.97	6.83	0.00	0.00	5.31	4.46
电话咨询	9.20	6.38	0.00	0.00	12.02	10.87

资料来源:南开大学中国公司治理研究院数据库。

2.4.3　分行业电话沟通评价分析

从行业分布情况可以看出,各行业电话沟通指数存在差异,但不十分明显。其中平均值位于前三的分别为建筑业、采掘业及农林牧渔业;平均值最低的三个行业分别为木材家具业、其他制造业及交通运输业,具体情况如表 4-30 所示。

表 4-30　按行业分组的上市公司电话沟通指数描述性统计表

行业	数目	比例(%)	平均值	中值	最小值	最大值	极差	标准差
农、林、牧、渔业	46	1.83	49.08	45.19	0.00	70.09	70.09	12.41
采掘业	63	2.50	49.92	45.19	0.00	100.00	100.00	14.77
制造业	1 519	60.40	50.50	45.19	0.00	100.00	100.00	14.35
其中:食品、饮料	95	3.78	49.94	45.19	0.00	100.00	100.00	15.06
纺织、服装	80	3.18	52.33	45.19	0.00	100.00	100.00	16.18
木材、家具	17	0.68	51.05	45.19	45.19	70.09	24.90	10.89
造纸、印刷	62	2.47	45.46	45.19	0.00	100.00	100.00	21.19
石油、化学	265	10.54	50.27	45.19	0.00	100.00	100.00	13.05
电子	151	6.00	51.48	45.19	0.00	100.00	100.00	13.38
金属、非金属	199	7.91	50.16	45.19	0.00	75.10	75.10	13.38
机械、设备、仪表	479	19.05	51.18	45.19	0.00	100.00	100.00	14.08
医药、生物制品	146	5.81	48.71	45.19	0.00	70.09	70.09	13.96
其他制造业	25	0.99	55.52	45.19	0.00	70.09	70.09	18.08
电力、煤气及水的生产和供应业	75	2.98	49.88	45.19	0.00	100.00	100.00	15.19
建筑业	54	2.15	48.77	45.19	0.00	75.10	75.10	14.25

（续表）

行业	数目	比例(%)	平均值	中值	最小值	最大值	极差	标准差
交通运输仓储业	78	3.10	49.90	45.19	0.00	75.10	75.10	13.52
信息技术业	202	8.03	50.93	45.19	0.00	100.00	100.00	13.14
批发和零售贸易	127	5.05	49.17	45.19	0.00	100.00	100.00	13.05
金融、保险业	42	1.67	65.00	45.19	45.19	100.00	54.81	19.11
房地产业	129	5.13	52.27	45.19	0.00	100.00	100.00	17.40
社会服务业	90	3.58	48.21	45.19	0.00	70.09	70.09	13.00
传播文化产业	39	1.55	46.06	45.19	0.00	70.09	70.09	13.72
综合类	51	2.03	47.20	45.19	0.00	70.09	70.09	18.36

资料来源：南开大学中国公司治理研究院数据库。

2.4.4 分控股股东性质电话沟通评价分析

控股股东性质为国有控股的上市公司电话沟通指数为 50.22、民营控股为 50.57、外资控股为 51.99、集体控股为 52.91、社会团体控股为 45.19、职工控股为 55.86、其他控股为 49.43。国有和民营上市公司所占比例最高，占总体的 90% 以上，国有控股的上市公司电话沟通指数高于民营上市公司的电话沟通水平，具体情况如表 4-31 所示。

表 4-31 按控股股东性质分组的上市公司电话沟通指数描述性统计

控股股东性质	数目	比例(%)	平均值	中值	最小值	最大值	极差	标准差
国有控股	1016	40.40	50.22	45.19	0.00	100.00	100.00	15.72
民营控股	1374	54.63	50.57	45.19	0.00	100.00	100.00	13.88
外资控股	49	1.95	51.99	45.19	24.90	100.00	75.10	13.38
集团控股	20	0.80	52.91	45.19	45.19	75.10	29.91	12.15
社会团体控股	1	0.04	45.19	45.19	45.19	45.19	0.00	—
职工持股会控股	7	0.28	55.86	45.19	45.19	70.09	24.90	13.31
其他	48	1.91	49.43	45.19	0.00	70.09	70.09	12.53

资料来源：南开大学中国公司治理研究院数据库。

2.4.5 分地区电话沟通评价分析

上市公司电话沟通指数排在前三名的是江西、西藏、黑龙江的上市公司，平均值分别为 56.06、55.65、54.05；指数排名后三位的是河南（46.34）、海南（43.8）、贵州（43.48）的上市公司，各地区上市公司电话沟通水平分布不平衡，但差距不大，具体情况如表 4-32 所示。

表 4-32　按地区分组的上市公司电话沟通指数描述性统计

省份	公司数	比例(%)	平均值	中值	最小值	最大值	极差	标准差
安徽	77	3.06	52.35	45.19	0.00	100.00	100.00	16.41
北京	224	8.91	50.50	45.19	0.00	100.00	100.00	15.16
福建	87	3.46	48.55	45.19	0.00	100.00	100.00	13.29
甘肃	24	0.95	52.66	45.19	45.19	100.00	54.81	14.39
广东	376	14.95	51.25	45.19	0.00	100.00	100.00	16.40
广西	30	1.19	48.66	45.19	24.90	70.09	45.19	10.42
贵州	21	0.83	43.48	45.19	0.00	70.09	70.09	20.67
海南	26	1.03	43.80	45.19	0.00	70.09	70.09	15.88
河北	48	1.91	51.62	45.19	45.19	100.00	54.81	13.82
河南	67	2.66	46.34	45.19	0.00	70.09	70.09	14.61
黑龙江	32	1.27	54.05	45.19	24.90	100.00	75.10	15.14
湖北	82	3.26	48.38	45.19	0.00	75.10	75.10	15.31
湖南	76	3.02	51.67	45.19	0.00	75.10	75.10	13.39
吉林	38	1.51	47.53	45.19	0.00	100.00	100.00	14.45
江苏	239	9.50	51.29	45.19	0.00	100.00	100.00	13.31
江西	33	1.31	56.06	45.19	45.19	75.10	29.91	12.91
辽宁	68	2.70	53.23	45.19	24.90	100.00	75.10	14.70
内蒙古	23	0.91	47.55	45.19	0.00	70.09	70.09	14.13
宁夏	12	0.48	47.65	45.19	24.90	70.09	45.19	11.98
青海	10	0.40	53.16	45.19	45.19	100.00	54.81	18.22
山东	150	5.96	48.82	45.19	0.00	100.00	100.00	14.12
山西	34	1.35	51.47	45.19	0.00	75.10	75.10	17.80
陕西	41	1.63	50.38	45.19	0.00	70.09	70.09	15.16
上海	202	8.03	51.10	45.19	0.00	100.00	100.00	12.85
四川	92	3.66	50.10	45.19	0.00	75.10	75.10	14.73
天津	39	1.55	49.02	45.19	45.19	70.09	24.90	9.10
西藏	10	0.40	55.65	45.19	45.19	100.00	54.81	18.71
新疆	40	1.59	51.02	45.19	24.90	70.09	45.19	12.69
云南	28	1.11	51.76	45.19	24.90	75.10	50.20	12.82
浙江	247	9.82	49.68	45.19	0.00	100.00	100.00	13.89
重庆	39	1.55	53.22	45.19	24.90	100.00	75.10	14.50

资料来源：南开大学中国公司治理研究院数据库。

2.5 中国上市公司现场沟通评价

2.5.1 现场沟通总体状况描述

2014 年 2 515 家上市公司评价样本中,现场沟通指数的平均值为 8.20,中值为 11.09,最小值为 0,最大值为 100,标准差为 10.11,现场沟通指数总体偏低,基本服从正态分布。

从现场沟通评价的七个主要因素来看,指标值最高的 2 个项目分别为现场参观及业绩说明会,分别为 5.92、1.00,即很少有上市公司有现场参观及业绩说明会的行为。其余 5 个主要因素的指标值均很低,可见对于影响现场沟通评价的这 5 个指标,几乎没有上市公司采取相应行为。现场沟通指数及其分指标的描述性统计情况如表 4-33 所示。

表 4-33　中国上市公司现场沟通指数描述性统计

项目	平均值	中值	最小值	最大值	极差	标准差
业绩说明会	1.00	0.00	0.00	14.36	14.36	3.66
现场路演	0.46	0.00	0.00	17.51	17.51	2.80
分析师会议	0.30	0.00	0.00	14.11	14.11	2.05
媒体见面会	0.09	0.00	0.00	8.13	8.13	0.84
走访投资者	0.30	0.00	0.00	18.93	18.93	2.37
现场参观	5.92	0.00	0.00	11.07	11.607	5.53
反向路演	0.13	0.00	0.00	15.87	15.87	1.41
现场沟通指数	8.20	11.09	0.00	100.00	100.00	10.11

资料来源:南开大学中国公司治理研究院数据库。

按照南开大学投资者关系沟通指数等级划分标准,2 515 家上市公司样本的现场沟通等级状况如表 4-34 所示。

表 4-34　上市公司现场沟通指数的等级分布

沟通反馈评级	频数	比例(%)	平均值	中值	标准差
$IRII_{FC}^{NK}$ Ⅰ(80—100)	3	0.12	94.58	91.87	4.70
$IRII_{FC}^{NK}$ Ⅱ(60—80)	15	0.60	70.40	72.94	6.28
$IRII_{FC}^{NK}$ Ⅲ(40—60)	25	0.99	47.72	44.37	5.94
$IRII_{FC}^{NK}$ Ⅳ(20—40)	130	4.89	27.47	25.44	3.43
$IRII_{FC}^{NK}$ Ⅴ(0—20)	2 342	93.40	6.20	11.09	5.74

资料来源:南开大学中国公司治理研究院数据库。

从表 4-34 中可以看出,有 3 家上市公司的现场沟通指标值超过 80,即

$IRII^{NK}_{FC}$ Ⅰ(80—100),占全部样本的0.12%;有15家公司的现场沟通指标值达到了$IRII^{NK}_{FC}$ Ⅱ(60—80),占全部样本的0.60%;有25家公司的现场沟通指标值达到了$IRII^{NK}_{FC}$ Ⅲ(40—60),占全部样本的0.99%;有130家公司的现场沟通指标值达到了$IRII^{NK}_{FC}$ Ⅳ(20—40),占全部样本的4.89%;有2342家公司的沟通指标值小于20,占全部样本的93.40%,占2515家上市公司样本的绝大多数。由此可以看出大部分公司的沟通保障指标值小于20。

2.5.2 现场沟通年度比较评价

表4-35给出了2014年与2012年、2013年评价样本的现场沟通指数统计指标的比较分析。根据表中的统计结果,从样本公司的现场沟通指数平均值变动来看,2014年相对于2012年与2013年有大幅度降低;对于现场沟通评价的七个主要因素,2014年业绩说明会、现场路演、媒体见面会低于前两年,但走访投资者水平高于前两年。

表4-35 中国上市公司现场沟通指数年度比较

项目	平均值			中值			标准差		
	2012	2013	2014	2012	2013	2014	2012	2013	2014
业绩说明会	2.16	1.28	1.00	0.00	0.00	0.00	5.24	4.17	3.66
现场路演	1.66	0.59	0.46	0.00	0.00	0.00	5.19	3.20	2.80
分析师会议	0.06	0.47	0.30	0.00	0.00	0.00	2.78	2.54	2.05
媒体见面会	0.22	0.17	0.09	0.00	0.00	0.00	1.29	1.14	0.84
走访投资者	0.28	0.26	0.30	0.00	0.00	0.00	2.26	2.15	2.37
现场参观	5.09	6.48	5.92	0.00	11.66	0.00	5.79	57.96	5.53
反向路演	0.12	0.17	0.13	0.00	0.00	0.00	1.37	1.58	1.41
现场沟通指数	10.10	9.42	8.20	11.66	11.66	11.09	13.14	11.34	10.11

资料来源:南开大学中国公司治理研究院数据库。

2.5.3 分行业现场沟通评价分析

表4-36列出了各行业样本公司现场沟通评价指数的描述性统计结果。从行业分布状况可以看出,平均值居于前四位的分别是金融业、建筑业、采掘业、信息技术,分别为31.14、11.89、10.40、9.36;平均值最低的行业分别是综合类以及电力、煤气及水的生产和供应业。该指数平均值最高为31.14,而现场沟通指数最低的综合类为5.89,相差25.15,说明各行业上市公司之间的现场沟通情况的差距很大。

表 4-36　按行业分组的中国上市公司现场沟通指数描述性统计表

行业	数目	比例(%)	平均数	中值	标准差	极差	最小值	最大值
农、林、牧、渔业	46	1.83	7.06	11.09	7.46	27.06	0.00	27.06
采掘业	63	2.50	10.40	11.09	18.62	100.00	0.00	100.00
制造业	1 519	60.40	7.70	11.09	7.84	76.00	0.00	76.00
其中:食品、饮料	95	3.78	7.98	11.09	8.75	42.71	0.00	42.71
纺织、服装	80	3.18	5.46	0.00	7.58	42.71	0.00	42.71
木材、家具	17	0.68	6.52	11.09	5.62	11.09	0.00	11.09
造纸、印刷	62	2.47	6.19	0.00	7.63	29.98	0.00	29.98
石油、化学	265	10.54	6.90	11.09	6.72	39.56	0.00	39.56
电子	151	6.00	8.51	11.09	9.07	40.90	0.00	40.90
金属、非金属	199	7.91	7.37	11.09	8.74	76.00	0.00	76.00
机械、设备、仪表	479	19.05	8.57	11.09	8.20	42.95	0.00	42.95
医药、生物制品	146	5.81	7.79	11.09	8.42	44.37	0.00	44.37
其他制造业	25	0.99	8.86	11.09	8.86	42.92	0.00	42.92
电力、煤气及水的生产和供应业	75	2.98	6.30	0.00	17.77	57.07	0.00	57.07
建筑业	54	2.15	11.89	11.09	17.77	57.07	0.00	57.07
交通运输仓储业	78	3.10	8.85	0.00	16.00	74.80	0.00	74.80
信息技术业	202	8.03	9.36	11.09	7.34	52.51	0.00	52.51
批发、零售贸易业	127	5.05	6.67	11.09	7.47	33.29	0.00	33.29
金融、保险业	42	1.67	31.14	22.21	27.63	76.00	0.00	76.00
房地产业	129	5.13	6.36	0.00	8.08	33.33	0.00	33.33
社会服务业	90	3.58	7.29	11.09	6.46	30.02	0.00	30.02
传播文化产业	39	1.55	8.25	11.09	10.15	45.98	0.00	45.95
综合类	51	2.03	5.89	0.00	8.69	31.87	0.00	31.87

资料来源:南开大学中国公司治理研究院数据库。

2.5.4　分控股股东性质现场沟通评价分析

表 4-37 给出了按控股股东性质分类的各组样本公司现场沟通指数统计指标。根据表中的描述性统计结果,从样本公司的现场沟通指数平均值来看,其他控股样本公司现场沟通指数平均值最高,为 20.45;社会团体控股样本公司现场沟通指数平均值最低,为 0。除此之外,国有控股公司的平均值为 7.14,中值为 0,标准差为 11.76。民营控股样本公司的现场沟通指数平均值为 8.33,中值为 11.09,标准差为 7.61。职工控股公司的平均值为 3.17,中值为 0,标准差为 5.41。外资控股

公司的平均值为7.54,中值为11.09,标准差为7.77。我国上市公司的主体仍为国有控股和民营控股公司,两者相加占到了所有上市公司的95.03%,且国有控股上市公司的现场沟通指数的平均值低于民营控股上市公司,差距为1.19,较为显著。

表4-37　按控股股东性质分组的中国上市公司现场沟通指数描述性统计

控股股东性质	公司数	比例	平均值	中值	标准差	极差	最小值	最大值
国有控股	1016	40.40	7.14	0.00	11.76	91.87	0.00	91.87
民营控股	1374	54.63	8.33	11.09	7.61	100.00	0.00	100.00
外资控股	49	1.95	7.54	11.09	7.77	30.02	0.00	3.02
集体控股	20	0.80	6.50	5.54	7.86	30.23	0.00	30.23
社会团体控股	1	0.04	0.00	—	—	—	—	—
职工持股会控股	7	0.28	3.17	0.00	5.41	11.09	0.00	11.09
其他	48	1.91	20.45	11.09	22.64	76.00	0.00	76.00

资料来源:南开大学中国公司治理研究院数据库。

2.5.5　分地区现场沟通评价分析

表4-38列出了各省份样本公司现场沟通指数的描述性统计。现场沟通指数平均值最高的2个省份分别是北京市和广东省,其平均值分别为11.83和10.55;现场沟通指数平均值最低的3个省份分别是西藏、山西和广西,其平均值分别为2.22、4.01、4.44,平均值最高的省份和平均值最低的省份相差9.61。

表4-38　按地区分组的中国上市公司现场沟通指数描述性统计

省份	公司数	比例(%)	平均值	中值	标准差	极差	最小值	最大值
安徽	77	3.06	8.23	11.09	8.86	42.95	0.00	42.95
北京	224	8.91	11.83	11.09	16.90	91.87	0.00	91.87
福建	87	3.46	7.45	11.09	8.76	57.07	0.00	57.07
甘肃	24	0.95	5.81	0.00	7.04	25.20	0.00	25.20
广东	376	14.95	10.55	11.09	10.72	100.00	0.00	100.00
广西	30	1.19	4.44	0.00	6.13	19.22	0.00	19.22
贵州	21	0.83	8.38	11.09	8.19	28.59	0.00	28.59
海南	26	1.03	4.52	0.00	5.88	14.36	0.00	14.36
河北	48	1.91	7.33	11.09	8.08	31.87	0.00	31.87
河南	67	2.66	7.83	11.09	8.18	39.56	0.00	39.56
黑龙江	32	1.27	6.15	0.00	11.32	44.37	0.00	44.37
湖北	82	3.26	6.26	0.00	7.50	33.29	0.00	33.29

（续表）

省份	公司数	比例(%)	平均值	中值	标准差	极差	最小值	最大值
湖南	76	3.02	7.38	11.09	5.64	18.93	0.00	18.93
吉林	38	1.51	5.51	0.00	7.82	25.44	0.00	25.44
江苏	233	0.91	7.75	11.09	8.30	65.20	0.00	65.20
江西	33	1.31	7.31	11.09	8.57	31.87	0.00	31.87
辽宁	68	2.70	6.18	5.54	6.73	25.44	0.00	25.44
内蒙古	23	0.91	4.69	0.00	7.28	26.95	0.00	26.95
宁夏	12	0.48	6.74	11.09	6.02	14.36	0.00	14.36
青海	10	0.40	10.18	11.09	10.09	25.44	0.00	25.44
山东	150	5.96	7.35	11.09	7.12	39.56	0.00	39.56
山西	34	1.35	4.01	0.00	6.35	25.44	0.00	25.44
陕西	41	1.63	6.96	11.09	6.75	26.95	0.00	26.95
上海	202	8.03	6.53	0.00	11.86	76.00	0.00	76.00
四川	92	3.66	8.89	11.09	10.53	60.44	0.00	60.44
天津	39	1.55	5.37	0.00	7.21	25.44	0.00	25.44
西藏	10	0.40	2.22	0.00	4.67	11.09	0.00	11.09
新疆	40	1.59	6.54	0.00	8.36	28.59	0.00	28.59
云南	28	1.11	6.45	11.09	5.72	14.36	0.00	14.36
浙江	247	9.82	9.71	11.09	9.11	74.80	0.00	74.80
重庆	39	1.55	6.75	0.00	8.89	25.44	0.00	25.44

资料来源：南开大学中国公司治理研究院数据库。

2.6　中国上市公司沟通反馈评价

2.6.1　沟通反馈总体状况描述

2014 年评价样本中上市公司的沟通反馈指数（$IRII_{FC}^{NK}$）最高值为 100.00，最低值为 0，最高值与最低值差距很大；平均值为 8.56，标准差为 12.71，指数服从正态分布。从沟通反馈的三个主要评价维度来看，样本公司邮件反馈平均值为 2.84；电话频率的平均值为 0.95；接待次数的平均值为 4.77，都处在非常低的水平。三项指标的最小值均为 0，最大值与最小值水平差距较大，具体情况如表 2-39 所示。

表 4-39　中国上市公司沟通反馈指数描述性统计

项目	平均值	中值	最小值	最大值	极差	标准差
邮件反馈	2.84	0.00	0.00	38.35	38.35	10.04
电话频率	0.95	0.00	0.00	22.49	22.49	2.61
接待次数	4.77	7.83	0.00	39.16	39.16	6.28
沟通反馈指数	8.56	7.83	0.00	100.00	100.00	12.71

资料来源:南开大学中国公司治理研究院数据库。

按照南开大学投资者关系沟通指数等级划分标准,2 515 家上市公司样本的沟通反馈等级状况如表 4-40 所示。

表 4-40　上市公司沟通反馈指数的等级分布

沟通反馈评级	频数	比例(%)	平均值	中值	标准差
$IRII_{FC}^{NK}$ Ⅰ(80—100)	3	0.12	97.39	100.00	4.52
$IRII_{FC}^{NK}$ Ⅱ(60—80)	9	0.36	68.89	66.34	6.99
$IRII_{FC}^{NK}$ Ⅲ(40—60)	111	4.41	46.18	478.00	2.87
$IRII_{FC}^{NK}$ Ⅳ(20—40)	154	6.12	33.31	38.35	6.57
$IRII_{FC}^{NK}$ Ⅴ(0—20)	2 238	88.99	4.57	4.50	4.50

资料来源:南开大学中国公司治理研究院数据库。

从表 4-40 可以看出,有 3 家上市公司的沟通反馈指标值超过 80,即 $IRII_{FC}^{NK}$ Ⅰ,占全部样本的 0.12%;有 9 家公司的沟通反馈指标值达到了 $IRII_{FC}^{NK}$ Ⅱ(60—80),占全部样本的 0.36%;有 111 家公司的沟通反馈指标值达到了 $IRII_{FC}^{NK}$ Ⅲ(40—60),占全部样本的 4.41%;有 154 家公司的沟通反馈指标值达到了 $IRII_{FC}^{NK}$ Ⅳ(20—40),占全部样本的 6.12%;有 2 238 家公司的沟通反馈指标值小于 20,占全部样本的 88.99%,占 2 515 家上市公司样本的绝大多数。由此可以看出大部分公司的沟通反馈指标值小于 20。

2.6.2　沟通反馈年度比较评价

表 4-41 给出了 2014 年与 2013 年、2012 年评价样本上市公司沟通反馈指数的平均值、标准差和中值的对比。整体来看,2014 年邮件反馈、电话频率、接待次数水平均在 3 年中位居中间水平,但 2014 年沟通反馈指数显著低于 2013 年与 2012 年。

表 4-41 中国上市公司沟通反馈指数年度比较

项目	平均值			中值			标准差		
	2012	2013	2014	2012	2013	2014	2012	2013	2014
邮件反馈	4.70	2.83	2.84	0.00	0.00	0.00	12.23	9.76	10.04
电话频率	0.87	1.72	0.95	0.00	0.00	0.00	3.29	4.35	2.61
接待次数	4.58	5.80	4.77	0.00	0.00	7.83	7.39	7.52	6.28
沟通反馈指数	10.15	10.35	8.56	0.00	7.70	7.83	15.09	13.84	12.71

资料来源:南开大学中国公司治理研究院数据库。

2.6.3 分行业沟通反馈评价分析

表4-42 显示样本公司在沟通反馈评价的行业分布情况。样本公司的平均值为8.56,金融业、社会服务业、建筑业等均高于样本公司的平均值,平均值最低的三个行业为综合业、交通运输业与房地产业。

其中,2013 年评价样本沟通反馈评价指数平均值最高的行业大类的指数平均值为25.54,为金融保险业;而沟通反馈评价指数平均值最低的行业大类的指数平均值为4.16,为综合类,与最高值相差很大。

表 4-42 按行业分组的中国上市公司沟通反馈指数描述性统计表

行业	数目	比例(%)	平均数	中值	标准差	极差	最小值	最大值
农、林、牧、渔业	46	1.83	6.02	6.17	9.06	46.18	0.00	46.18
采掘业	63	2.50	7.91	0.00	15.52	77.51	0.00	77.51
制造业	1519	60.40	8.68	7.83	11.80	0.34	0.00	66.34
其中:食品、饮料	95	3.78	8.26	7.83	11.14	50.68	0.00	50.68
纺织、服装	80	3.18	5.57	2.25	9.49	46.18	0.00	46.18
木材、家具	17	0.68	16.68	7.83	16.11	46.18	0.00	46.18
造纸、印刷	62	2.47	7.39	6.17	10.90	42.85	0.00	42.85
石油、化学	265	10.54	8.65	7.83	11.67	50.68	0.00	50.68
电子	151	6.00	10.58	7.83	12.45	55.18	0.00	55.18
金属、非金属	199	7.91	7.95	7.83	11.59	50.68	0.00	50.68
机械、设备、仪表	479	19.05	9.58	7.83	12.61	66.34	0.00	66.34
医药、生物制品	146	5.81	5.53	4.50	7.79	46.18	0.00	46.18
其他制造业	25	0.99	13.52	7.83	15.16	50.68	0.00	50.68
电力、煤气及水的生产和供应业	75	2.98	7.66	0.00	12.87	53.82	0.00	53.82
建筑业	54	2.15	9.70	7.83	16.82	77.51	0.00	77.51

（续表）

行业	数目	比例(%)	平均数	中值	标准差	极差	最小值	最大值
交通运输仓储业	78	3.10	5.25	0.00	10.83	50.68	0.00	50.68
信息技术业	202	8.03	9.48	7.83	12.11	66.34	0.00	66.34
批发和零售贸易业	127	5.05	7.11	0.00	11.04	46.18	0.00	46.18
金融、保险业	42	1.67	25.54	12.33	29.90	100.00	0.00	100.00
房地产业	129	5.13	5.59	0.00	10.12	53.82	0.00	53.82
社会服务业	90	3.58	10.52	7.83	14.49	61.84	0.00	61.84
传播文化产业	39	1.55	7.32	0.00	12.73	46.18	0.00	46.18
综合类	51	2.03	4.16	0.00	8.86	38.35	0.00	38.35

资料来源：南开大学中国公司治理研究院数据库。

2.6.4 分控股股东性质沟通反馈评价分析

表4-43给出了按控股股东性质分类的各组样本公司沟通反馈指数统计指标。根据表中的描述性统计结果，从样本公司的现场沟通指数平均值来看，其他控股样本公司沟通反馈指数平均值最高，为18.87；社会团体控股样本公司现场沟通指数平均值最低，为0。除此之外，国有控股公司的平均值为6.66，中值为0，标准差为12.49。民营控股样本公司的现场沟通指数平均值为9.56，中值为7.83，标准差为12.03。职工控股公司的平均值为9.44，中值为7.83，标准差为13.63。外资控股公司的平均值为10.64，中值为7.83，标准差为12.56。国有控股上市公司的沟通反馈指数的平均值低于民营控股上市公司，差距为2.90，较为显著。

表4-43 按控股股东性质分组的中国上市公司沟通反馈指数描述性统计

控股股东性质	公司数	比例	平均值	中值	标准差	极差	最小值	最大值
国有控股	1016	40.40	6.66	0.00	12.49	100.00	0.00	100.00
民营控股	1374	54.63	9.56	7.83	12.03	69.67	0.00	69.67
外资控股	49	1.95	10.64	7.83	15.26	66.34	0.00	66.34
集体控股	20	0.80	5.77	6.17	7.65	31.33	0.00	31.33
社会团体控股	1	0.04	0.00		—	—	—	—
职工持股会控股	7	0.28	9.44	7.83	13.63	38.35	0.00	38.35
其他	48	1.91	18.87	7.83	23.03	100.00	0.00	100.00

资料来源：南开大学中国公司治理研究院数据库。

2.6.5 分地区沟通反馈评价分析

表4-44中沟通反馈水平排名前3位的省份分别是广东为12.99，宁夏为10.19，江苏为9.33。上述省份的沟通反馈平均值均高于平均水平。沟通反馈指

数平均值最低的 3 个省份分别是黑龙江、内蒙古和天津,其平均值分别为 2.10、2.83、4.29。平均值最高的省份和平均值最低的省份指数值相差达 10.89。

表 4-44　按地区分组的中国上市公司沟通反馈指数描述性统计

省份	公司数	比例(%)	平均值	中值	标准差	极差	最小值	最大值
安徽	77	3.06	7.05	7.83	9.43	46.18	0.00	46.18
北京	224	8.91	9.73	7.83	16.48	100.00	0.00	100.00
福建	87	3.46	7.77	7.83	10.75	46.18	0.00	46.18
甘肃	24	0.95	7.10	2.25	12.59	50.68	0.00	50.68
广东	376	14.95	12.99	7.83	15.30	100.00	0.00	100.00
广西	30	1.19	6.86	4.50	11.40	50.68	0.00	50.68
贵州	21	0.83	4.74	0.00	6.21	23.49	0.00	23.49
海南	26	1.03	8.87	4.50	14.13	50.68	0.00	50.68
河北	48	1.91	7.48	6.17	11.45	46.18	0.00	46.18
河南	67	2.66	7.87	7.83	11.15	46.18	0.00	46.18
黑龙江	32	1.27	2.10	0.00	4.36	16.83	0.00	16.83
湖北	82	3.26	6.00	0.00	10.62	50.68	0.00	50.68
湖南	76	3.02	9.10	7.83	11.10	46.18	0.00	46.18
吉林	38	1.51	7.30	0.00	12.82	50.68	0.00	50.68
江苏	233	0.91	9.33	7.83	13.01	66..34	0.00	66.34
江西	33	1.31	5.23	0.00	9.18	46.18	0.00	46.18
辽宁	68	2.70	6.19	4.50	9.27	46.18	0.00	46.18
内蒙古	23	0.91	2.83	0.00	3.73	9.00	0.00	9.00
宁夏	12	0.48	10.19	3.92	15.87	50.68	0.00	50.68
青海	10	0.40	7.87	2.25	14.18	46.18	0.00	46.18
山东	150	5.96	8.44	7.83	10.73	46.18	0.00	46.18
山西	34	1.35	6.75	0.00	12.70	55.18	0.00	55.18
陕西	41	1.63	4.84	0.00	6.99	38.35	0.00	38.35
上海	202	8.03	7.51	0.00	13.91	77.51	0.00	77.51
四川	92	3.66	6.96	7.83	6.35	59.68	0.00	59.68
天津	39	1.55	4.29	0.00	7.17	38.35	0.00	38.35
西藏	10	0.40	2.02	0.00	3.37	7.83	0.00	7.83
新疆	40	1.59	8.16	6.17	11.89	38.35	0.00	38.35
云南	28	1.11	4.84	7.83	4.54	12.33	0.00	12.33
浙江	247	9.82	9.28	7.83	12.13	50.68	0.00	50.68
重庆	39	1.55	5.98	0.00	10.16	46.18	0.00	46.18

资料来源:南开大学中国公司治理研究院数据库。

2.7 上市公司 $IRII^{NK}$ 100 佳

本节将2014年评价样本中投资者关系互动指数前100位的公司(100佳)与其他样本进行比较,分析100佳的行业、地区和第一大控股类型分布,以及100佳公司的相对绩效表现。表4-45的描述性统计显示,100佳上市公司平均投资者关系互动指数为55.03,最大值为81.99,最小值为47.69,极差为34.30,表现明显好于其他公司。与表4-44的对比显示,100佳上市公司的各级投资者关系互动指数的平均值都明显高于总样本。

表4-45 $IRII^{NK}$100佳描述性统计

项目	平均值	中值	最小值	最大值	极差	标准差
$IRII^{NK}$指数	55.03	51.51	47.69	81.99	34.30	8.15
沟通保障指数	80.70	88.02	30.56	100.00	69.44	15.88
网络沟通指数	71.58	70.06	45.77	96.04	50.33	10.88
电话沟通指数	68.02	70.09	45.19	100.00	54.81	18.47
现场沟通指数	35.28	28.59	11.09	100.00	88.91	23.48
沟通反馈指数	35.61	39.16	0.00	100.00	100.00	23.23

资料来源:南开大学中国公司治理研究院数据库。

2.7.1 分行业上市公司 $IRII^{NK}$100佳评价分析

表4-46的投资者关系互动指数100佳行业分布表明,从绝对数量看,制造业与金融、保险业100佳公司数量最多,分别为53与19。而农林牧渔业与综合类在本年度没有一家入选投资者关系互动指数100佳公司。

表4-46 按行业分组的 $IRII^{NK}$100佳描述性统计

行业	100佳个数	行业中样本个数	比例(%)
农、林、牧、渔业	—	46	—
采掘业	4	63	6.35
制造业	53	1519	3.49
其中:食品、饮料	3	95	3.16
纺织、服装	4	80	5.00
木材、家具	1	17	5.88
造纸、印刷	1	62	1.61
石油、化学	4	265	1.51

（续表）

行业	100 佳个数	行业中样本个数	比例(%)
电子	7	151	4.64
金属、非金属	4	199	2.01
机械、设备、仪表	19	479	3.97
医药、生物制品	2	146	1.37
其他制造业	1	25	4.00
电力、煤气及水的生产和供应业	3	75	4.00
建筑业	5	54	9.26
交通运输仓储业	6	78	7.69
信息技术业	2	202	0.99
批发和零售贸易业	3	127	2.36
金融、保险业	19	42	45.24
房地产业	7	129	5.43
社会服务业	2	90	2.22
传播文化产业	2	39	5.13
综合类	—	51	—

资料来源：南开大学中国公司治理研究院数据库。

从相对数量来看，金融、保险业入选比例最高，为 45.24%；其次是建筑业，为 9.26%；交通运输业为 7.69%。在入选投资者关系互动指数 100 佳的公司中，信息技术业、社会服务业和零售批发业比例都较低，分别为 0.99%、2.22% 以及 2.36%。

2.7.2 分控股股东性质主板上市公司 $IRII^{NK}$100 佳评价分析

从绝对数量来看，投资者关系互动指数 100 佳集中分布在国有控股和民营控股的上市公司中。在 100 佳上市公司中，控股股东性质为国有控股的占 45 家，其次为民营控股上市公司有 39 家，外资控股有 3 家，其他控股有 12 家，集体控股有 1 家，社团控股和职工控股的上市公司没有进入投资者关系互动指数 100 佳中。从相对比例来看，其他控股和外资控股的上市公司比例最高，分别为 25.00% 和 6.12%；国有控股上市公司和民营控股上市公司入选比例分别为 4.43% 和 2.84%，具体情况如表 2-47 所示。

表 4-47 按控股股东性质分组的 $IRII^{NK}$100 佳描述性统计

控股股东性质	100 佳个数	样本个数	比例(%)
国有控股	45	1 016	4.43
民营控股	39	1 374	2.84
外资控股	3	49	6.12
集体控股	1	20	5.00
职工持股会控股	0	1	0.00
社会团体控股	0	7	0.00
其他控股	12	48	25.00
合计	100	2 515	3.98

资料来源:南开大学中国公司治理研究院数据库。

2.7.3 分地区主板上市公司 $IRII^{NK}$ 100 佳评价分析

表4-48 的省份分布统计数据显示,在投资者关系互动指数 100 佳的上市公司中,广东有 31 家,北京有 20 家,浙江有 9 家,江苏有 8 家,上海有 7 家,为 100 佳上市公司数量最多的五个省份。广西、贵州、海南、黑龙江、吉林、江西、内蒙古、宁夏、青海、山西、陕西、天津、西藏、云南地区没有公司入选投资者关系互动指数 100 佳。

表 4-48 $IRII^{NK}$100 佳的地区分布

省份	100 佳个数	样本个数	比例(%)
安徽	2	77	2.60
北京	20	224	8.93
福建	2	87	2.30
甘肃	1	24	4.17
广东	31	376	8.24
广西	—	30	—
贵州	—	21	—
海南	—	26	—
河北	1	48	2.08
河南	3	67	4.48
黑龙江	—	32	—
湖北	2	82	2.44
湖南	2	76	2.63
吉林	—	38	—
江苏	8	233	3.43

（续表）

省份	100 佳个数	样本个数	比例(%)
江西	—	33	—
辽宁	1	68	1.47
内蒙古	—	23	—
宁夏	—	12	—
青海	—	10	—
山东	4	150	2.67
山西	—	34	—
陕西	—	41	—
上海	7	202	3.47
四川	5	92	5.43
天津	—	39	—
西藏	—	10	—
新疆	1	40	2.50
云南	—	28	—
浙江	9	247	3.64
重庆	1	39	2.56
合计	100	2515	100.00

资料来源:南开大学中国公司治理研究院数据库。

从相对数来看,北京市样本中入选投资者关系互动指数 100 佳的比例最高,为 8.93%;其次为广东,比例为 8.24%。这两个省份不仅样本个数较高,而且入选公司数量也最多。入选投资者关系管理 100 佳比例最低的省份依次是辽宁为 1.47%、河北为 2.08%、福建为 2.30%。

2.7.4　上市公司 $IRII^{NK}$100 佳与公司绩效

为了考察投资者关系互动水平与公司在资本市场表现之间的相关性,我们选取了反映上市公司市场表现的 3 个主要指标,分别为每股收益、每股净资产和普通股获利率。

从表 4-49 来看,我国 $IRII^{NK}$100 佳上市公司的每股收益、每股净资产和普通股获利率显著高于样本中的其他上市公司,这意味着良好的投资者关系互动机制有助于改善上市公司的财务状况,提升上市公司的业绩。关于 100 佳公司市场表现与其他公司的对比,仅涵盖了主要的几个指标,通过简单的 T 检验说明的问题虽然直观但是有限,针对 $IRII^{NK}$ 与公司在资本市场表现的关系还需进一步开展更深层次的实证研究。

表 4-49　IRII^{NK}100 佳公司市场表现与总样本的比较

项目	每股收益	每股净资产	普通股获利率
总样本	0.36	4.54	0.008
100 佳	0.73	6.33	0.016
T 值	5.00	6.24	1.68
T 检验	显著 1%	显著 1%	显著 5%

资料来源:南开大学中国公司治理研究院数据库。

2.8　主要结论

从以上分析中不难发现,我国上市公司 IRII^{NK}平均值还比较低,仅为 33.82,中位数为 34.17;最高值为 81.99,最低值是 2.75,极差较大;大部分公司指数值集中于 20—40,这说明我国上市公司投资者关系互动不足,IR 水平有待提升。

从行业来看,投资者关系互动指数最高的是金融保险业,其平均值是 48.61,其次为其他制造业、建筑业、电子业、信息技术业等,综合类、电力煤气及水的生产和供应业以及造纸印刷业投资者关系互动指数平均值较低,投资者关系互动指数行业间的差异显著。

从控股股东性质来看,其他类型的公司投资者关系沟通指数平均值最高,为 40.66,但样本代表性不高;其次为民营控股类型,均值为 34.80,国有控股指数平均值为 32.09,社会团体控股上市公司的投资者关系沟通指数的平均值最低。

从地区比较分析来看,广东、青海、北京、浙江等地的投资者关系互动指数较高,黑龙江、内蒙古、西藏等地的投资者关系互动指数较低,地区间的差异也较为明显。

从 IRII^{NK}100 佳的统计结果来看,除了金融、保险业之外,制造业中的机械设备仪表业公司所占数量最多,而建筑业上市公司入选比例最高;控股股东性质为国有控股的占 45 家,其他控股入选比例最高;广东省的入选样本数量最多,北京市入选比例最高。

3 主板上市公司 IRII^{NK} 总体状况评价

3.1 主板上市公司 IRII^{NK} 总体分析

3.1.1 主板上市公司 IRII^{NK} 总体描述

2013 年评价样本中有 1 378 家主板上市公司样本,其投资者关系管理总指数的平均值是 30.40,中值是 29.99,最小值是 2.75,最大值是 75.62,极差是 72.87,标准差是 8.69,如表 4-50 所示。

表 4-50 主板上市公司 IRII^{NK} 描述性统计

项目	平均值	中值	最小值	最大值	极差	标准差
IRII^{NK} 总指数	30.40	29.99	2.75	75.62	72.87	8.69
沟通保障指数	54.94	57.27	0.00	100.00	100.00	24.73
网络沟通指数	56.29	57.02	0.00	92.11	92.11	13.31
电话沟通指数	50.35	45.85	0.00	100.00	100.00	15.20
现场沟通指数	5.810	0.00	0.00	100.00	100.00	10.65
沟通反馈指数	5.720	0.00	0.00	75.07	75.07	11.25

资料来源:南开大学中国公司治理研究院数据库。

从投资者关系互动评价的五个分指数来看,主板上市公司的沟通保障指数、网络沟通指数、电话沟通指数、现场沟通指数、沟通反馈指数的平均值分别为 54.94、56.29、50.35、5.81、5.72。沟通保障指数、网络沟通指数、电话沟通指数平均值均高于 IRII^{NK} 总指数平均值,其中网络沟通指数平均值最高,但现场沟通指数、沟通反馈指数平均值均低于投资者关系互动指数总指数平均值,其中沟通反馈指数平均值最低,这表明 1 378 家主板上市公司在现场沟通和沟通反馈方面急需提升。

3.1.2 沟通保障状况总体描述

从沟通保障评价的四个主要因素看,样本公司董秘兼职、有无 IRM 奖项、董秘专业背景、有无 IR 部门的平均值分别为 17.54、0.51、14.93、21.95。如表 4-51 所示,不难看出,沟通保障指数中"获奖情况"均值很低,且中值为 0,说明一半以上的主板上市公司未曾获得 IRM 奖项,是上市公司沟通保障中亟待改善的短板。

表 4-51 主板上市公司沟通保障指数描述性统计

项目	平均值	中值	最小值	最大值	极差	标准差
董秘兼职	17.54	28.61	0.00	28.61	28.61	13.94
获奖情况	0.51	0.00	0.00	14.12	14.12	2.64
董秘专业背景	14.93	26.81	0.00	26.81	26.81	12.61
设置 IR 部门	21.95	30.46	0.00	30.46	30.46	13.67

资料来源:南开大学中国公司治理研究院数据库。

3.1.3 网络沟通状况总体描述

从网络沟通评价的 12 个主要因素看,样本公司网站能否打开、有无 IRM 板块、投资者信箱、投资者留言、投资者 FAQ、网上路演、投资者订阅、投资者互动平台、搜索功能、相关链接、视频/音频信息、网络投票的平均值分别为 16.90、7.79、6.69、2.36、0.58、1.4、0.17、14.77、1.45、1.73、0.42、2.05,如表 4-52 所示。其中公司网站能否打开、有无 IRM 板块、投资者互动平台、投资者信箱四个因素平均值较高,其他八个因素平均值都较低。并且投资者留言、投资者 FAQ、投资者订阅、相关链接、视频/音频信息、网络投票六个因素的中值均为 0,说明一半以上的主板上市公司在其网站上没有投资者留言、投资者 FAQ、投资者订阅、相关链接、视频/音频信息、网络投票等服务。

表 4-52 主板上市公司网络沟通指数描述性统计

项目	平均值	中值	最小值	最大值	极差	标准差
网站能否打开	16.90	18.25	0.00	18.25	18.25	4.78
有无 IRM 板块	7.79	9.84	0.00	9.84	9.84	4.00
投资者信箱	6.69	7.48	0.00	7.48	7.48	2.30
投资者留言	2.36	0.00	0.00	6.49	6.49	3.12
投资者 FAQ	0.58	0.00	0.00	5.38	5.38	1.67
网上路演	1.40	0.00	0.00	10.35	10.35	3.54
投资者订阅	0.17	0.00	0.00	3.89	3.89	0.79
投资者互动平台	14.77	14.96	0.00	14.96	14.96	1.70
搜索功能	1.45	2.71	0.00	2.71	2.71	1.35
相关链接	1.73	2.77	0.00	2.77	2.77	1.34
视频/音频信息	0.42	0.00	0.00	4.00	4.00	1.23
网络投票	2.05	0.00	0.00	13.90	13.90	4.93

资料来源:南开大学中国公司治理研究院数据库。

3.1.4 电话沟通状况总体描述

从电话沟通评价的三个主要因素看,样本公司专线电话、电话会议、电话咨询的平均值分别为43.42、0.63、6.30,如表4-53所示。不难看出,电话沟通指数主要得益于公司设有投资者关系管理专线电话的贡献。电话会议、电话咨询两个因素的中值均为0,说明一半以上的主板上市公司没有召开电话会议、没有使用电话咨询与投资者沟通。

表4-53 主板上市公司电话沟通指数描述性统计

项目	平均值	中值	最小值	最大值	极差	标准差
专线电话	43.42	45.85	0.00	45.85	45.85	10.27
电话会议	0.630	0.00	0.00	29.70	29.70	4.27
电话咨询	6.300	0.00	0.00	24.46	24.46	10.70

资料来源:南开大学中国公司治理研究院数据库。

3.1.5 现场沟通状况总体描述

从现场沟通评价的七个主要因素看,样本公司业绩说明会、现场路演、分析师会议、媒体见面会、走访投资者、现场参观、反向路演的平均值分别为1.07、0.54、0.29、0.10、0.40、3.28、0.13,如表4-54所示。其中现场参观的平均值最高,另外,从表中可以看出现场沟通指数的七个因素的中值均为0,说明一半以上的主板上市公司投资者关系管理的现场沟通做得不到位,有很大的提升空间,这种情况恰好与表4-50中"现场沟通指数"较低相吻合。

表4-54 主板上市公司现场沟通指数描述性统计

项目	平均值	中值	最小值	最大值	极差	标准差
业绩说明会	1.07	0.00	0.00	14.87	14.87	3.84
现场路演阅	0.54	0.00	0.00	17.86	17.86	3.07
分析师会议	0.29	0.00	0.00	14.36	14.36	2.03
媒体见面会	0.10	0.00	0.00	7.86	7.86	0.87
走访投资者	0.40	0.00	0.00	18.21	18.21	2.66
现场参观	3.28	0.00	0.00	11.66	11.66	5.25
反向路演	0.13	0.00	0.00	15.17	15.17	1.41

资料来源:南开大学中国公司治理研究院数据库。

3.1.6 沟通反馈状况总体描述

从沟通反馈评价的三个主要因素看,样本公司邮件反馈、接待电话次数、接待来访次数的平均值分别为2.20、0.96、2.56,如表4-55所示。其中接待电话次数的平均值最低,在本研究中说明主板上市公司对投资者电话沟通不够重视。接待来访次数的平均值最高,但极差均最大,说明主板上市公司之间在投资者接待来访方面存在较大差距。另外,从表中可以看出三个因素的中值均为0,说明一半以上的主板上市公司投资者关系管理的沟通反馈做得很不到位,尚需大幅度改进,这种情况也与表4-50中"沟通反馈指数"最低相吻合。

表4-55 主板上市公司沟通反馈指数描述性统计

项目	平均值	中值	最小值	最大值	极差	标准差
邮件反馈	2.20	0.00	0.00	36.55	36.55	8.70
接待电话次数	0.96	0.00	0.00	24.93	24.93	2.72
接待来访次数	2.56	0.00	0.00	38.52	38.52	5.90

资料来源:南开大学中国公司治理研究院数据库。

3.2 主板上市公司 $IRII^{NK}$ 总体状况年度比较评价

对比2013年的评价指标,可以发现主板上市公司评价样本2013年平均值为31.07,2014年平均值为30.40,整体水平较2013年稍有下降。其中 $IRII^{NK}$ 最大值为75.62,比2013年的最大值72.92增加了2.70,说明投资者关系管理优秀的公司进一步提升了公司IRM水平,具体情况如表4-56所示。

表4-56 主板上市公司 $IRII^{NK}$ 年度比较

统计指标	$IRII^{NK}$-2013	$IRII^{NK}$-2014	差异(2014-2013)
平均值	31.07	30.40	-0.67
中位数	30.22	29.99	-0.23
最小值	4.33	2.75	-1.58
最大值	72.92	75.62	2.70
极差	68.59	72.87	4.28
标准差	9.11	8.69	-0.42

资料来源:南开大学中国公司治理研究院数据库。

通过将2013年评价样本与2014年评价样本中的主板上市公司 $IRII^{NK}$ 各分指数对比分析,2014年主板上市公司 $IRII^{NK}$ 总指数较上年稍有下降,沟通保障、网络沟通较上年有所提升,但电话沟通、现场沟通、沟通反馈方面较2013年有所下降,如表4-57所示。

表 4-57　主板上市公司 $IRII^{NK}$ 分指数年度对比

项目	平均值		中值		标准差	
	2013	2014	2013	2014	2013	2014
$IRII^{NK}$ 指数	31.07	30.40	30.22	29.99	9.11	8.69
沟通保障指数	53.25	54.94	57.27	57.27	23.85	24.73
网络沟通指数	55.72	56.29	57.02	57.02	14.48	13.31
电话沟通指数	53.40	50.35	45.85	45.85	19.29	15.20
现场沟通指数	7.47	5.81	0.00	0.00	12.60	10.65
沟通反馈指数	7.19	5.72	0.00	0.00	12.60	11.25

资料来源:南开大学中国公司治理研究院数据库。

3.3　主板上市公司 $IRII^{NK}$ 状况分组评价

在对主板上市公司样本的投资者关系管理状况作总体描述之后,为了进一步深入考察不同类型公司投资者关系管理状况的差异,我们分别对行业、控股股东性质、地区等不同类别进行了对比分析。

3.3.1　主板上市公司分行业 $IRII^{NK}$ 状况评价

本节按照国家行业分类标准,对主板上市公司评价样本所处的 12 个行业门类和制造业中的 10 个大类进行分组,对样本公司的投资者关系管理状况加以分析。

在 1 378 家主板上市公司样本中制造业公司最多,为 727 家,所占比重为 52.76%。以平均值而言,投资者关系互动指数最高的是建筑业,投资者关系互动指数平均值是 34.38。投资者关系互动指数平均值最低的两个行业为制造业中的纺织、服装、皮毛行业和造纸、印刷行业,平均值分别为 27.75 和 27.35。主板上市公司中,投资者关系互动指数最小值出现在制造业的机械、设备、仪表行业,仅为 2.75;投资者关系互动指数最大值出现在建筑业,为 75.62。投资者关系互动指数最大极差出现在建筑业,为 63.81;投资者关系互动指数最大标准差也出现在建筑业,为 12.64。总体描述说明就投资者关系互动指数总体状况而言,行业间存在一定的差异,如表 4-58 所示。

表 4-58　按行业分组的主板上市公司 $IRII^{NK}$ 描述性统计

行业	公司数	比例(%)	平均值	中值	最小值	最大值	极差	标准差
农、林、牧、渔业	26	1.89	29.99	30.63	15.99	45.14	29.15	7.63
采掘业	50	3.63	31.41	29.16	9.06	70.46	61.40	11.99
制造业	727	52.76	30.05	29.76	2.75	66.42	63.67	8.29
其中:食品、饮料	61	4.43	30.62	31.53	9.73	59.67	49.93	8.35
纺织、服装、皮毛	47	3.41	27.75	27.42	12.88	48.49	35.61	8.34
木材、家具	5	0.36	28.49	27.87	21.63	37.61	15.98	5.96
造纸、印刷	22	1.60	27.35	28.50	5.98	42.91	36.93	8.76
石油、化学、塑胶	130	9.43	29.64	29.37	12.96	55.83	42.87	7.97
电子	48	3.48	31.07	30.67	15.15	53.08	37.93	7.83
金属、非金属	113	8.20	29.54	29.19	12.96	66.42	53.46	8.36
机械、设备、仪表	210	15.24	30.89	30.67	2.75	60.14	57.39	8.72
医药、生物制品	84	6.10	30.31	30.85	11.59	47.91	36.32	7.80
其他制造业	7	0.51	30.39	30.79	21.20	38.99	17.78	6.66
电力、煤气及水的生产和供应业	71	5.15	30.42	30.21	4.33	64.44	60.11	9.88
建筑业	30	2.18	34.38	32.46	11.81	75.62	63.81	12.64
交通运输仓储业	68	4.93	32.07	30.47	15.79	61.12	45.34	10.10
信息技术业	63	4.57	31.03	29.58	15.79	53.53	37.74	8.01
批发和零售贸易业	101	7.33	29.57	28.96	14.05	48.23	34.18	7.58
房地产业	122	8.85	31.12	32.39	12.59	51.76	39.17	8.46
社会服务业	46	3.34	30.18	30.53	12.49	50.39	37.90	8.02
传播与文化产业	24	1.74	29.75	28.20	13.89	49.91	36.02	9.86
综合类	50	3.63	29.58	28.73	9.73	45.35	35.61	7.53
合计	1 378	100.00	30.40	29.99	2.75	75.62	72.87	8.69

资料来源:南开大学中国公司治理研究院数据库。

3.3.2　主板上市公司分控股股东性质 $IRII^{NK}$ 评价

1 378 家主板上市公司中,从其控股股东看,国有控股为 874 家,其投资者关系互动指数平均值为 30.73;民营控股为 440 家,投资者关系互动指数平均值为 29.58;外资控股为 27 家,投资者关系互动指数平均值为 30.95;集体控股为 12 家,投资者关系互动指数平均值为 33.13;职工持股会控股为 7 家,投资者关系互动指数平均值为 26.12;其他所有权性质公司控股为 18 家,投资者关系互动指数为 33.18 (见表 4-59)。在主板上市公司样本中,国有控股公司数量最大,占样本总量的 63.43%。比较看出,主板上市公司样本中其他所有权性质公司投资者关系互动指数平均值最高，其次为集体控股公司，不同性质主板上市公司之间投资者关系管理水平有一定差异。

表 4-59　按控股股东性质分组的主板上市公司总指数描述性统计

控股股东性质	数量	比例(%)	平均值	中值	最小值	最大值	极差	标准差
国有控股	874	63.43	30.73	30.11	2.75	75.62	72.87	8.74
民营控股	440	31.93	29.58	29.65	5.98	70.46	64.48	8.43
外资控股	27	1.96	30.95	33.34	15.92	54.15	38.23	8.39
集体控股	12	0.87	33.13	35.25	15.13	48.32	33.19	10.59
职工持股会控股	7	0.51	26.12	25.17	16.24	39.49	23.25	9.17
其他	18	1.31	33.18	31.03	19.02	53.53	34.51	10.52

资料来源：南开大学中国公司治理研究院数据库。

不同控股股东各分指数统计特征如表 4-60 所示。比较看出，在沟通保障指数方面，集体控股公司平均值最高；在网络沟通指数方面，其他所有权性质公司平均值最高；在电话沟通指数方面，集体控股公司平均值最高。各个性质的控股公司在现场沟通和沟通反馈方面表现都相对较差，这种情况与表 4-50 中现场沟通指数和沟通反馈指数较低相吻合。

表 4-60　按控股股东性质分组的主板上市公司分指数描述性统计

控股股东性质	沟通保障指数	网络沟通指数	电话沟通指数	现场沟通指数	沟通反馈指数
国有控股	55.31	56.77	50.83	6.330	5.48
民营控股	53.90	55.21	49.18	4.840	5.90
外资控股	54.54	57.00	50.68	4.560	9.71
集体控股	65.95	56.79	58.95	5.420	3.81
职工持股会控股	42.81	54.95	36.68	3.330	9.56
其他	60.07	58.61	55.04	7.700	6.86

资料来源：南开大学中国公司治理研究院数据库。

3.3.3　主板上市公司分地区 $IRII^{NK}$ 评价

从地区分布来看，1 378 家主板上市公司主要分布在广东、上海、北京、江苏，分别为 139 家、137 家、112 家、98 家，如表 4-61 所示。从投资者关系互动指数总指数平均值水平来看，广东最高，为 35.34；其次是四川，为 34.57，但总体来看，各地区 IRM 总指数平均值都不高。从沟通保障指数平均值水平来看，四川、广东较高，分别为 65.48 和 64.23；从网络沟通指数平均值水平来看，浙江最高，为 61.48；从电话沟通指数平均值水平来看，四川最高，为 57.27；现场沟通指数平均值和沟通反馈指数平均值,总体来看都比较低。综上可知,广东、四川地区的主板上市公司投资者关系互动指数总指数及各分指数分值相对较高。

表 4-61　按地区分组的主板上市公司指数描述性统计表

省份	数量	$IRII^{NK}$ 总指数	沟通保障指数	网络沟通指数	电话沟通指数	现场沟通指数	沟通反馈指数
安徽	44	29.30	52.48	53.54	52.64	5.81	3.84
北京	112	31.97	54.81	59.88	49.76	9.52	5.70
福建	43	30.43	57.77	59.54	45.99	4.17	5.51
甘肃	18	30.35	55.12	53.56	51.74	4.22	6.84
广东	139	35.34	64.23	58.79	55.16	9.04	11.01
广西	23	30.17	55.85	55.88	52.49	3.04	7.02
贵州	15	30.53	53.15	57.63	49.31	8.40	3.41
海南	21	30.17	51.51	56.47	54.15	3.64	9.19
河北	31	29.05	51.69	54.47	51.64	5.78	3.20
河南	36	29.27	55.45	53.52	48.89	4.94	4.31
黑龙江	29	28.82	52.57	54.25	51.01	5.68	1.56
湖北	60	29.87	56.13	57.85	47.27	4.69	4.19
湖南	43	31.74	59.17	55.44	52.17	5.99	7.70
吉林	30	30.35	51.76	59.46	46.26	6.15	7.66
江苏	98	29.71	52.12	56.14	51.15	4.74	6.51
江西	23	27.65	53.37	52.28	43.85	5.11	2.34
辽宁	47	28.28	53.42	51.24	49.34	4.49	3.76
内蒙古	18	26.39	51.63	47.56	49.03	2.77	1.96
宁夏	11	31.30	58.08	53.76	52.99	6.65	6.51
青海	9	29.58	49.48	52.83	54.00	8.85	3.68
山东	75	29.50	53.94	53.04	50.43	4.90	6.51
山西	29	28.77	54.48	52.95	47.74	2.93	6.41
陕西	30	30.10	57.43	56.10	45.44	6.39	4.10
上海	137	28.17	50.83	54.81	48.71	3.67	3.96
四川	59	34.57	65.48	59.22	57.27	7.73	6.24
天津	27	28.61	54.05	55.07	48.19	3.69	3.15
西藏	8	19.98	27.64	46.03	48.90	0.00	0.62
新疆	26	27.48	46.66	57.07	46.91	2.50	5.37
云南	19	28.34	50.23	52.12	51.00	5.69	3.77
浙江	88	31.17	53.73	61.48	48.21	7.44	5.31
重庆	30	28.92	49.58	55.87	51.02	4.49	5.90

资料来源:南开大学中国公司治理研究院数据库。

3.4 主要结论

与2013年相比,2014年主板上市公司$IRII^{NK}$总指数值由31.07下降为30.40,有一定幅度的下降。从各分指数来看,2014年沟通保障指数由上年的53.25上升为54.94;网络沟通指数由55.72上升为56.29;电话沟通指数由53.40下降到50.35;现场沟通指数由7.47下降到5.81;沟通反馈指数由7.19下降到5.72。可见主板上市公司投资者关系互动指数有所下降,各分指标值升降不一,只有沟通保障指数和网络沟通指数有所上升。因此,主板上市公司需要继续加强电话沟通、现场沟通和沟通反馈工作。本研究中,2014年主板上市公司投资者关系互动评价结果表明,主板上市公司投资者关系管理具有以下特征:

(1) 主板上市公司投资者关系管理整体水平不高,投资者关系互动指数总指数平均值仅为30.40。同时主板上市公司之间的投资者关系管理水平有很大差距,投资者关系互动指数总指数极差和标准差分别为72.87和8.69。

(2) 从投资者关系互动评价的五个分指数来看,主板上市公司的沟通保障指数、网络沟通指数、电话沟通指数平均值比较高,其中网络沟通指数平均值最高;但现场沟通指数、沟通反馈指数平均值比较低,其中沟通反馈指数平均值最低。主板上市公司急需增强其沟通反馈方面的工作。

(3) 在沟通保障方面,主板上市公司沟通保障指数主要得益于董秘兼职情况和IR部门的设置情况。在网络沟通方面,主板上市公司网络沟通指数主要得益于公司网站建设情况和投资者互动平台建设情况。在电话沟通方面,主板上市公司电话沟通指数主要得益于投资者专线电话情况。因此,主板上市公司要从董秘、IR部门、公司网站、投资者互动平台、投资者专线电话等方面着手,提高公司投资者关系管理水平。

(4) 从行业分布来看,主板上市公司中制造业公司最多,所占比重为52.76%。不同行业的投资者关系互动指数表明,投资者关系互动指数最高的是建筑业,投资者关系互动指数平均值最低的两个行业为制造业中的纺织、服装、皮毛行业和造纸、印刷行业,不同行业间的投资者关系互动指数存在一定的差异。投资者关系互动指数最大值、最大极差、最大标准差均出现在建筑业,这说明建筑业虽然IRM总体水平最高,但行业内部上市公司之间差距显著。

(5) 不同控股股东性质投资者关系互动指数表明,主板上市公司样本中,国有控股公司数量最大,占样本总量的63.43%。主板上市公司样本中其他所有权性质公司投资者关系互动指数平均值最高,其次为集体控股公司,不同性质主板上市公司之间投资者关系管理水平有一定差异。

(6) 从地区分布来看,各地区IRM总指数平均值都不高,尤其是现场沟通指数平均值和沟通反馈指数平均值,总体来看都比较低。主板上市公司主要分布在广东、上海、北京、江苏。投资者关系互动指数总指数及各分指数平均值水平表明,广东、四川地区的主板上市公司投资者关系互动指数总指数及各分指数分值相对较高。

4　上市金融机构 $IRII^{NK}$ 总体状况评价

4.1　上市金融机构 $IRII^{NK}$ 总体分析

4.1.1　上市金融机构 $IRII^{NK}$ 总体描述

2014 年评价样本中有 42 家上市金融机构样本,其投资者关系互动指数的平均值是 48.61,中值是 44.78,最小值是 21.37,最大值是 81.99,极差是 60.62,标准差是 16.77,如表 4-62 所示。

表 4-62　上市金融机构 $IRII^{NK}$ 描述性统计

项目	平均值	中值	最小值	最大值	极差	标准差
$IRII^{NK}$ 总指数	48.61	44.78	21.37	81.99	60.62	16.77
沟通保障指数	66.11	59.06	26.81	100.00	73.19	21.16
网络沟通指数	71.14	71.04	45.82	96.00	50.19	12.29
电话沟通指数	65.40	70.30	45.85	100.00	54.15	18.88
现场沟通指数	31.77	22.78	0.00	76.97	76.97	28.02
沟通反馈指数	25.28	12.69	0.00	100.00	100.00	29.76

资料来源:南开大学中国公司治理研究院数据库。

从投资者关系互动评价的五个分指数来看,上市金融机构的沟通保障指数、网络沟通指数、电话沟通指数、现场沟通指数、沟通反馈指数的平均值分别为 66.11、71.14、65.40、31.77、25.28。沟通保障指数、网络沟通指数、电话沟通指数平均值高于投资者关系互动指数平均值,其中网络沟通指数平均值最高,说明网络沟通方式正占据重要地位;现场沟通指数、沟通反馈指数平均值低于投资者关系互动指数平均值,其中沟通反馈指数平均值最低,这表明 42 家上市金融机构在现场沟通,尤其是沟通反馈方面急需提升。同时,沟通反馈指数的极差最大,为 100,这表明 42 家上市金融机构之间在沟通反馈方面存在很大差异。

4.1.2　沟通保障状况总体描述

从沟通保障评价的四个主要因素看,董秘兼职、有无 IRM 奖项、董秘专业背景、有无 IR 部门的平均值分别为 15.67、3.36、21.71、25.38,如表 4-63 所示。不难看出,沟通保障指数主要得益于有无 IR 部门以及董秘专业背景的贡献。四个因素中,有无IRM奖项平均值最低,且中值为0,说明一半以上的上市金融机构未曾获得IRM奖项。

表4-63 上市金融机构沟通保障指数描述性统计

项目	平均值	中值	最小值	最大值	极差	标准差
董秘兼职	15.67	28.61	0.00	28.61	28.61	14.41
有无IRM奖项	3.36	0.00	0.00	14.12	14.12	6.09
董秘专业背景	21.71	26.81	0.00	26.81	26.81	10.24
有无IR部门	25.38	30.46	0.00	30.46	30.46	11.49

资料来源:南开大学中国公司治理研究院数据库。

4.1.3 网络沟通状况总体描述

从网络沟通评价的12个主要因素看,公司网站能否打开、有无IRM板块、投资者信箱、投资者留言、投资者FAQ、网上路演、投资者订阅、投资者互动平台、搜索功能、相关链接、视频/音频信息、网络投票的平均值分别为18.25、9.84、6.94、2.63、2.95、4.68、0.28、14.96、1.68、2.50、1.14、5.29,如表4-64所示。其中公司网站能否打开、有无IRM板块、投资者信箱、投资者互动平台四个因素平均值较高,其他八个因素平均值都较低。并且投资者留言、网上路演、投资者订阅、视频/音频信息、网络投票五个因素的中值均为0,说明一半以上的上市金融机构在其网站上没有上述五项服务,如表4-64所示。

表4-64 上市金融机构网络沟通指数描述性统计

项目	平均值	中值	最小值	最大值	极差	标准差
网站能否打开	18.25	18.25	18.25	18.25	0.00	0.00
有无IRM板块	9.84	9.84	9.84	9.84	0.00	0.00
投资者信箱	6.94	7.48	0.00	7.48	7.48	1.95
投资者留言	2.63	0.00	0.00	6.49	6.49	3.22
投资者FAQ	2.95	5.38	0.00	5.38	5.38	2.71
网上路演	4.68	0.00	0.00	10.35	10.35	5.21
投资者订阅	0.28	0.00	0.00	3.89	3.89	1.01
投资者互动平台	14.96	14.96	14.96	14.96	0.00	0.00
搜索功能	1.68	2.71	0.00	2.71	2.71	1.33
相关链接	2.50	2.77	0.00	2.77	2.77	0.82
视频/音频信息	1.14	0.00	0.00	4.00	4.00	1.83
网络投票	5.29	0.00	0.00	13.90	13.90	6.83

资料来源:南开大学中国公司治理研究院数据库。

4.1.4　电话沟通状况总体描述

从电话沟通评价的三个主要因素看,样本公司专线电话、电话会议、电话咨询的平均值分别为45.85、8.48、11.06,如表4-65所示。不难看出,电话沟通指数主要得益于公司设有投资者关系管理专线电话的贡献。电话会议及电话咨询的中值为0,说明一半以上的上市金融机构没有通过电话形式与投资者沟通。

表4-65　上市金融机构电话沟通指数描述性统计

项目	平均值	中值	最小值	最大值	极差	标准差
专线电话	45.85	45.85	45.85	45.85	0.00	0.00
电话会议	8.48	0.00	0.00	29.70	29.70	13.58
电话咨询	11.06	0.00	0.00	24.46	24.46	12.32

资料来源:南开大学中国公司治理研究院数据库。

4.1.5　现场沟通状况总体描述

从现场沟通评价的七个主要因素看,样本公司业绩说明会、现场路演、分析师会议、媒体见面会、走访投资者、现场参观、反向路演的平均值分别为7.08、6.38、6.50、0.75、3.04、6.94、1.08,如表4-66所示。其中业绩说明会、现场参观两个因素的平均值较高。另外,从表中可以看出有六个因素的中值均为0,说明一半以上的样本上市金融机构投资者关系管理的现场沟通做得不到位,还有很大的提升空间,这种情况恰好与表4-62中"现场沟通指数"较低相吻合。

表4-66　上市金融机构现场沟通指数描述性统计

项目	平均值	中值	最小值	最大值	极差	标准差
业绩说明会	7.08	0.00	0.00	14.87	14.87	7.52
现场路演	6.38	0.00	0.00	17.86	17.86	8.66
分析师会议	6.50	0.00	0.00	14.36	14.36	7.24
媒体见面会	0.75	0.00	0.00	7.86	7.86	2.34
走访投资者	3.04	0.00	0.00	18.21	18.21	6.87
现场参观	6.94	11.66	0.00	11.66	11.66	5.79
反向路演	1.08	0.00	0.00	15.17	15.17	3.95

资料来源:南开大学中国公司治理研究院数据库。

4.1.6　沟通反馈状况总体描述

从沟通反馈评价的三个主要因素看,样本公司邮件反馈、接待电话次数、接待来访次数的平均值分别为9.57、4.16、11.56,如表4-67所示。其中接待电话次数的平均值最低,在本研究中说明样本上市金融机构对投资者来电不够重视。接待来访次数的平均值最高,但标准差和极差均较大,说明样本上市金融机构之间在接待投资者来访方面存在较大差距。另外,从表中可以看出邮件反馈和接待电话次数两个因素的中值均为0,说明样本中一半以上的上市金融机构投资者关系管理的沟通反馈做得很不到位,尚需大幅度改进,这种情况也与表4-62中“沟通反馈指数”最低相吻合。

表4-67 上市金融机构沟通反馈指数描述性统计

项目	平均值	中值	最小值	最大值	极差	标准差
邮件反馈	9.57	0.00	0.00	36.55	36.55	16.26
接待电话次数	4.16	0.00	0.00	24.93	24.93	8.45
接待来访次数	11.56	7.70	0.00	38.52	38.52	15.43

资料来源:南开大学中国公司治理研究院数据库。

4.2 上市金融机构 $IRII^{NK}$ 总体状况年度比较评价

从整体来看,2014年上市金融机构的投资者关系水平与2013年相比有小幅度提升,平均值由47.05提高到了48.61,最小值由18.59提高到了21.37,最大值由79.37提高到了81.99,这在一定程度上反映了我国上市金融机构改革不断深化的同时,金融机构对投资者关系的重视程度也在提升,具体情况如表4-68所示。

表4-68 上市金融机构 $IRII^{NK}$ 年度比较

统计指标	$IRII^{NK}$-2013	$IRII^{NK}$-2014	差异(2014-2013)
平均值	47.05	48.61	1.56
中值	46.25	44.78	-1.47
最小值	18.59	21.37	2.78
最大值	79.37	81.99	2.62
极差	60.78	60.62	-0.16
标准差	14.27	16.77	2.50

资料来源:南开大学中国公司治理研究院数据库。

将2014年与2013年上市金融机构评价样本中 $IRII^{NK}$ 各分指数对比分析可知,沟通保障、网络沟通、现场沟通、沟通反馈指数均值均有不同程度的提升,但电话沟通指数均值有所下降,说明在电话沟通方面尚待提升。现场沟通指数以及沟通反馈指数的标准差有所增大,说明样本金融公司在这两方面的差异增大,如表4-69所示。

表 4-69　上市金融机构 $IRII^{NK}$ 分指数年度比较

项目	平均值		中值		标准差	
	2013	2014	2013	2014	2013	2014
$IRII^{NK}$ 指数	47.05	48.61	46.25	44.78	14.27	16.77
沟通保障指数	64.48	66.11	58.17	59.06	22.77	21.16
网络沟通指数	67.57	71.14	66.35	71.04	13.32	12.29
电话沟通指数	68.71	65.40	70.30	70.30	20.91	18.88
现场沟通指数	31.21	31.77	24.38	22.78	25.74	28.02
沟通反馈指数	21.44	25.28	15.41	12.69	23.74	29.76

资料来源:南开大学中国公司治理研究院数据库。

4.3　上市金融机构 $IRII^{NK}$ 分组统计

在对样本上市金融机构投资者关系管理状况作总体描述之后,为了进一步深入考察不同类型公司投资者关系管理状况的差异,我们分别对控股股东性质、金融机构性质、地区等不同类别进行了对比分析。

4.3.1　控股股东性质与 $IRII^{NK}$

42 家上市金融机构中,从其控股股东看,国有控股为 23 家,其投资者关系互动指数平均为 46.76;民营控股为 3 家,投资者关系互动指数平均为 33.19;集体控股为 1 家,投资者关系互动指数均值为 35.17;社团控股为 1 家,投资者关系互动指数均值为 21.37;其他控股股东类为 14 家,投资者关系互动指数均值为 57.86,如表 4-70 所示。在样本上市金融机构中,国有控股公司数量最大,其次是民营控股公司,集体控股公司仅有 1 家,社团控股公司仅有 1 家,其他性质的公司有 14 家。比较看出,样本上市金融机构中其他所有权性质公司投资者关系互动指数平均值最高,其次是国有控股公司。但是国有控股公司的标准差和极差均为最大,说明国有上市金融机构之间差距较大。

表 4-70　按控股股东性质分组的上市金融机构总指数描述性统计

控股股东性质	数目	比例(%)	平均值	中值	最小值	最大值	极差	标准差
国有控股	23	54.76	46.76	41.42	22.30	78.11	55.81	16.44
民营控股	3	7.14	33.19	30.82	27.71	41.05	13.33	6.98
集体控股	1	2.38	35.17	35.17	35.17	35.17	0.00	0.00
社会团体控股	1	2.38	21.37	21.37	21.37	21.37	0.00	0.00
其他	14	33.33	57.86	54.72	39.40	81.99	42.59	14.05

资料来源:南开大学中国公司治理研究院数据库。

不同控股股东各分指数统计特征如表4-71所示。比较看出,国有控股公司、民营控股公司及其他所有权性质公司在沟通保障指数、网络沟通指数两个分指数上差别不大。在电话沟通方面,民营控股公司表现得比较差。除了其他控股股东类公司外,其他各个性质的控股公司在现场沟通和沟通反馈方面表现都相对较差,尤其是集体控股与社会团体控股两类更是如此,这种情况与表4-62中"现场沟通指数"和"沟通反馈指数"较低相吻合。由于集体控股公司和社团控股公司在样本中都只有1家,其分指数值不具有代表性。

表4-71　按控股股东性质分组的上市金融机构分指数描述性统计

控股股东性质	沟通保障指数	网络沟通指数	电话沟通指数	现场沟通指数	沟通反馈指数
国有控股	66.66	71.96	66.35	28.25	19.68
民营控股	51.57	64.03	45.85	8.68	14.75
集体控股	85.88	67.19	45.85	0.00	0.00
社会团体控股	26.81	57.02	45.85	0.00	0.00
其他	69.73	72.61	70.80	47.03	40.35

资料来源:南开大学中国公司治理研究院数据库。

4.3.2　银行与非银行金融机构的 $IRII^{NK}$

42家上市金融机构中,从其机构性质看,银行金融机构为16家,其投资者关系互动指数平均为56.29;非银行金融机构为26家,其投资者关系互动指数平均为43.88,如表4-72所示。从平均值、中值以及最小值都可以看出,银行金融机构的投资者关系管理水平高于非银行金融机构。非银行金融机构的标准差和极差均大于银行金融机构,说明非银行金融机构之间投资者关系管理水平存在较大差异。

表4-72　按金融机构性质分组的上市金融机构总指数描述性统计

金融机构性质	数量	比例(%)	平均值	中值	最小值	最大值	极差	标准差
银行金融机构	16	38.01	56.29	55.13	37.76	78.10	40.34	12.86
非银行金融机构	26	61.90	43.88	40.55	21.37	81.99	60.62	17.35

资料来源:南开大学中国公司治理研究院数据库。

银行与非银行金融机构各分指数统计特征如表4-73所示。比较看出,除了网络沟通之外,银行金融机构的四个分指数平均值都高于非银行金融机构,可见,银行金融机构在投资者关系管理各方面做得相对较好。现场沟通指数和沟通反馈指数仍是五个指数中得分最低的,与表4-62中的结果相吻合。

表 4-73 按金融机构性质分组的上市金融机构分指数描述性统计

金融机构性质	沟通保障指数	网络沟通指数	电话沟通指数	现场沟通指数	沟通反馈指数
银行金融机构	74.97	70.50	69.87	45.65	31.92
非银行金融机构	60.67	71.53	62.64	23.23	21.20

资料来源:南开大学中国公司治理研究院数据库。

4.3.3 地区与 $IRII^{NK}$

从地区分布来看,42 家上市金融机构主要分布在北京、上海、广东、江苏、福建和陕西,分别为 12、7、5、3、2、2 家,其他地区都分别只有 1 家金融上市机构,如表 4-74 所示。从 $IRII^{NK}$ 总指数平均值水平来看,广东、北京较高,分别为 65.78、58.74;从沟通保障指数平均值水平来看,湖南、四川、新疆、云南、重庆、北京较高,分别为 85.88、85.88、85.88、85.88、85.88、78.63;从网络沟通指数平均值水平来看,重庆、山西较高,分别为 96.00、93.40;从电话沟通指数平均值水平来看,山西、广东、浙江较高,分别为 100.00、82.18、75.54;现场沟通指数平均值和沟通反馈指数平均值,除了广东地区,其他都比较低。综上可知,广东地区的上市金融机构投资者关系互动指数总指数及各分指数分值相对较高。

表 4-74 按地区分组的上市金融机构总指数描述性统计

省份	数量	$IRII^{NK}$	沟通保障指数	网络沟通指数	电话沟通指数	现场沟通指数	沟通反馈指数
安徽	1	41.42	57.27	70.35	70.30	19.53	12.69
北京	12	58.74	78.63	75.61	67.97	50.48	30.61
福建	2	39.74	48.18	74.04	60.69	29.38	3.85
广东	5	65.78	72.18	77.43	82.18	50.21	63.08
广西	1	42.03	57.27	76.77	70.30	19.53	12.69
湖北	1	39.40	59.06	70.35	70.30	11.66	12.69
湖南	1	33.46	85.88	56.01	45.85	0.00	0.00
吉林	1	32.92	59.06	66.35	70.30	0.00	0.00
江苏	3	34.92	58.47	62.53	55.75	8.68	12.84
山西	1	40.43	28.61	93.40	100.00	11.66	12.69
陕西	2	31.85	42.94	59.23	58.08	11.66	10.20
上海	7	45.80	52.39	65.30	57.82	34.22	29.97
四川	1	41.05	85.88	76.39	45.85	14.36	0.00
新疆	1	40.67	85.88	45.82	45.85	26.54	7.70

（续表）

省份	数量	$IRII^{NK}$	沟通保障指数	网络沟通指数	电话沟通指数	现场沟通指数	沟通反馈指数
云南	1	35.17	85.88	67.19	45.85	0.00	0.00
浙江	1	44.90	57.27	63.64	75.54	11.66	44.25
重庆	1	47.79	85.88	96.00	70.30	14.87	0.00

资料来源：南开大学中国公司治理研究院数据库。

4.4　主要结论

与 2013 年评价样本相比，2014 年上市金融机构 $IRII^{NK}$ 总指数平均值由 47.05 上升到 48.61，有小幅度提升。从各分指数来看，2014 年沟通保障指数平均值由上年的 64.48 上升到 66.11；网络沟通指数平均值由 67.57 上升到 71.14；电话沟通指数由 68.71 下降为 65.40；现场沟通指数由 31.21 上升到 31.77；沟通反馈指数由 21.44 上升到 25.28。可见，除了电话沟通指数下降，其他分指数都有不同程度的提升，这共同带来上市金融机构投资者关系管理的提升。本研究中，2014 年上市金融机构投资者关系管理评价结果表明，上市金融机构投资者关系管理具有以下特征：

（1）上市金融机构投资者关系管理整体水平不高，投资者关系互动指数总指数平均值为 48.61，较 2013 年的 47.05 有小幅度提升。同时上市金融机构之间的投资者关系管理水平仍有很大差距，投资者关系互动指数总指数极差为 60.62，较 2013 年略微缩小。

（2）从投资者关系管理评价的五个分指数来看，上市金融机构的沟通保障指数、网络沟通指数、电话沟通指数平均值比较高，其中网络沟通指数平均值最高，表明网络已成为重要沟通方式；但现场沟通指数、沟通反馈指数平均值比较低，其中沟通反馈指数平均值最低。上市金融机构急需增强其现场沟通尤其是沟通反馈方面的工作。

（3）在沟通保障方面，上市金融机构沟通保障指数主要得益于有无 IR 部门以及董秘专业背景情况。在网络沟通方面，上市金融机构网络沟通指数主要得益于公司网站建设情况和投资者互动平台建设情况。在电话沟通方面，上市金融机构电话沟通指数主要得益于投资者专线电话情况。由此可知，除开上述方面，其他方面还尚待加强。因此，上市金融机构不仅要从董秘、公司网站、投资者互动平台、投资者专线电话等方面着手，同时也要注重其他方面的建设，从而提高公司投资者关系管理的总体水平。

(4) 不同控股股东性质投资者关系互动指数表明,样本上市金融机构中,国有控股公司数量最大;其他所有权性质的公司投资者关系互动指数平均值最高,国有控股公司投资者关系互动指数平均值位居其次。

(5) 从金融机构性质来看,除了网络沟通之外,银行金融机构的四个分指数平均值都高于非银行金融机构,这表明银行金融机构的投资者关系管理水平相对较高。

(6) 从地区分布来看,上市金融机构主要分布在北京、上海、广东、江苏、福建和陕西,其他地区都分别只有 1 家金融上市机构。投资者关系互动指数总指数及各分指数平均值水平表明,广东地区的上市金融机构投资者关系管理水平较高。

5 中小企业板上市公司 $IRII^{NK}$ 总体状况评价

5.1 中小企业板上市公司 $IRII^{NK}$ 总体分析

5.1.1 中小企业板上市公司 $IRII^{NK}$ 总体描述

2014 年评价样本中有 719 家中小企业板上市公司,其投资者关系互动指数的平均值为 38.44,中值为 38.88,最小值为 14.38,最大值为 61.25,标准差为 5.96,如表 4-75 所示。样本中没有居于第一等级(指标值为 80—100)的公司;有 1 家上市公司的投资者关系互动指数居于第二等级(指标值为 60—80),占样本总数的 0.14%;有 282 家上市公司的投资者关系互动指数居于第三等级(指标值为 40—60),占样本总数的 39.22%;有 424 家上市公司的投资者关系互动指数居于第四等级(指标值为 20—40),占样本总数 58.97%;有 12 家上市公司的投资者关系互动指数居于第五等级(指标值为 0—20),占样本总数的 1.67%。

表 4-75 中小企业板上市公司 $IRII^{NK}$ 描述性统计

项目	平均值	中值	最小值	最大值	极差	标准差
$IRII^{NK}$ 总指数	38.44	38.88	14.38	61.25	46.87	5.96
沟通保障指数	72.93	74.23	27.57	100.00	72.43	15.69
网络沟通指数	67.70	67.82	15.35	95.64	80.30	10.30
电话沟通指数	52.25	45.19	0.00	100.00	100.00	15.21
现场沟通指数	10.48	11.08	0.00	47.69	47.69	5.83
沟通反馈指数	10.82	7.83	0.00	69.67	69.67	10.62

资料来源:南开大学中国公司治理研究院数据库。

从投资者关系互动评价的五个分指数来看,中小板上市公司的沟通保障指数、网络沟通指数、电话沟通指数、现场沟通指数和沟通反馈指数的平均值分别为 72.93、67.70、52.25、10.48 和 10.82。其中,中小上市公司沟通保障指数和网络沟通指数值相对较高,而现场沟通指数和沟通反馈指数最低,二者成为中小上市公司投资者关系管理水平提升的短板。此外,16 家上市公司的电话沟通指数为 0,占样本总数的 2.23%;103 家上市公司的现场沟通指数为 0,占样本总数的 14.33%;73 家上市公司的沟通反馈指数值为 0,占样本总数的 10.15%。可见对中小上市公司而言,提升投资者关系管理水平任重道远。

5.1.2 沟通保障状况总体描述

从沟通保障指数的四个主要因素来看,样本公司董秘兼职、获奖情况、董秘专业背景以及设置IR部门的平均值分别为29.51、0.18、18.71及24.52。沟通保障指数主要得益于董秘兼职以及设置IR部门两项指数较高,但样本公司中仍有9家上市公司董秘兼职指数值为0,即董事会秘书在公司中不担任其他职务,占样本总数的1.25%;有142家上市公司尚未设置IR部门,占样本总数的19.75%。样本公司董秘专业背景指数及获奖情况指数较低,其中有708家上市公司2013年度董事会秘书及投资者关系管理均未获奖,占样本总数的98.47%,有179家上市公司的董秘专业背景指数值为0,即董事会秘书专业背景不是经济类、管理类或法律类,占样本总数的24.90%。沟通保障指数四项分指标的描述性统计情况如表4-76所示。

表4-76 中小企业板上市公司沟通保障指数描述性统计

项目	平均值	中值	最小值	最大值	极差	标准差
董秘兼职	29.51	29.89	0	29.89	29.89	3.33
获奖情况	0.18	0.00	0	11.98	11.98	1.47
董秘专业背景	18.71	27.57	0	27.57	27.57	11.77
设置IR部门	24.52	30.56	0	30.56	30.56	12.17

资料来源:南开大学中国公司治理研究院数据库。

5.1.3 网络沟通状况总体描述

从网络沟通指数的12个主要因素来看,样本公司网站易达性与投资者互动平台建设在网络沟通中的表现最好。所有样本上市公司均开通了投资者互动平台,这也反映了中小上市公司的投资者互动平台已经发挥了一定的作用。大部分样本公司都建立了网站,仅有8家公司没有网站,占样本总数的1.11%;但网站中的具体项目建设情况总体水平较差,有68家上市公司网站中没有设置IR板块,占样本总数的9.46%;有511家上市公司网站中没有为投资者提供留言功能,占样本总数的71.07%;有647家上市公司网站中没有为投资者提供常见问题解答,占样本总数的90.00%;有705家上市公司网站中没有为投资者提供订阅功能,占样本总数的98.05%;有357家上市公司网站中没有为投资者提供搜索功能,占样本总数的49.65%;有393家上市公司网站中没有为投资者提供相关链接,占样本总数的3.34%;有642家上市公司网站中没有为投资者提供相关的视频或音频信息,占样本总数的89.3%。由此可见,对大部分中小上市公司而言,通过网站与投资者的沟通仍有很大的改进空间。此外,投资者关系板块与投资者信箱指数值也较高,投资者关系板块(IR 板块)平均为 8.79,有 24 家上市公司尚未设置专门的邮箱供投资者询问,占样本总数的 3.34%;有 143 家上市公司没有进行网上路演,占样本总数的 19.89%;网络投票指数值相对较低,平均仅为 2.50,有 575 家上市公司没有为投资者提供网络渠道进行投票,占样本总数的 79.97%。网络沟通指数 12 项分指标的描述性统计情况如表 4-77 所示。

表 4-77　中小企业板上市公司网络沟通指数描述性统计

项目	平均值	中值	最小值	最大值	极差	标准差
公司网站易达性	17.81	18.04	0.00	18.04	18.04	2.01
IR 板块	8.79	9.71	0.00	9.71	9.71	2.84
投资者信箱	8.54	8.83	0.00	8.83	8.83	1.59
投资者留言	1.76	0.00	0.00	6.05	6.05	2.75
投资者 FAQ	0.47	0.00	0.00	4.67	4.67	1.40
网上路演	9.28	11.58	0.00	11.58	11.58	4.63
投资者订阅	0.08	0.00	0.00	4.36	4.36	0.60
投资者互动平台	15.35	15.35	15.35	15.35	0.00	0.00
搜索功能	1.35	2.68	0.00	2.68	2.68	1.34
相关链接	1.38	2.50	0.00	2.50	2.50	1.25
IR 视频/音频	0.42	0.00	0.00	3.96	3.96	1.22
网络投票	2.5	0.00	0.00	12.28	12.28	4.92

资料来源:南开大学中国公司治理研究院数据库。

5.1.4　电话沟通状况总体描述

2014 年中小板上市公司评价样本电话沟通指数的三个分项情况如表 4-78 所示。从电话沟通指数的三个主要因素来看,样本公司专线电话指数表现最好,平均值为 43.55,仅有 15 家上市公司尚未设置投资者专线电话,占样本总数的 2.09%;而电话会议指数和电话咨询指数较差,平均值仅为 0.62 和 8.07,其中 704 家上市公司没有召开投资者电话会议,占样本总数的 97.91%;有 486 家上市公司没有投资者来电咨询,占样本总数的 67.59%。

表 4-78　中小企业板上市公司电话沟通指数描述性统计

项目	平均值	中值	最小值	最大值	极差	标准差
专线电话	43.55	45.19	0.00	45.19	45.19	8.44
电话会议	0.62	0.00	0.00	29.91	29.91	4.28
电话咨询	8.07	0.00	0.00	24.90	24.90	11.66

资料来源:南开大学中国公司治理研究院数据库。

5.1.5 现场沟通状况总体描述

2014 年中小上市公司评价样本现场沟通指数的七个分项情况如表 4-79 所示。从现场沟通指数的七个主要评价维度来看,相对较好的是现场参观指数,平均值为 9.42,但仍有 108 家上市公司 2013 年度没有组织投资者进行现场参观,占样本总数的 15.02%。其余六个分项指标值均较差,有 683 家上市公司没有组织业绩说明会或投资者见面会,占样本总数的 95.00%。而表现最差的是走访投资者、反向路演、分析师会议、媒体或记者见面会、现场路演。样本中尚未有一家上市公司开展走访投资者活动;仅有 3 家样本上市公司实施了反向路演;仅有 3 家样本上市公司召开了分析师会议;仅有 6 家样本上市公司组织了媒体见面会或记者招待会;仅 6 家样本上市公司开展了现场路演。这五项指标是阻碍中小板上市公司提升现场沟通质量的最大障碍。

表 4-79　中小企业板上市公司现场沟通指数描述性统计

项目	平均值	中值	最小值	最大值	极差	标准差
业绩说明会	0.72	0.00	0.00	14.36	14.36	3.13
现场路演	0.15	0.00	0.00	17.50	17.50	1.59
分析师会议	0.06	0.00	0.00	14.12	14.12	0.91
媒体见面会	0.07	0.00	0.00	8.13	8.13	0.74
走访投资者	0.00	0.00	0.00	0.00	0.00	0.00
现场参观	9.42	11.08	0.00	11.08	11.08	3.96
反向路演	0.06	0.00	0.00	15.87	15.87	1.02

资料来源:南开大学中国公司治理研究院数据库。

5.1.6 沟通反馈状况总体描述

从沟通反馈指数的三个分项指标来看,样本公司的邮件反馈状况、披露接待投资者电话的次数及披露接待投资者来访的次数的平均值分别为 2.24、1.19 和 7.39。样本公司中有 677 家上市公司没有及时进行邮件反馈,占样本总数的 94.16%;有 562 家上市公司没有披露接待投资者电话的次数,占样本总数的 78.16%;有 116 家上市公司没有披露接待投资者来访的次数,占样本总数的 16.13%。沟通反馈指数的三项分指标的描述性统计情况如表 4-80 所示。

表 4-80　中小企业板上市公司沟通反馈指数描述性统计

项目	平均值	中值	最小值	最大值	极差	标准差
邮件反馈	2.24	0.00	0.00	38.35	38.35	9.00
电话频率	1.19	0.00	0.00	22.49	22.49	2.59
接待次数	7.39	7.83	0.00	39.16	39.16	5.13

资料来源:南开大学中国公司治理研究院数据库。

5.2　中小企业板上市公司 $IRII^{NK}$ 总体状况年度比较评价

对比 2014 年与 2013 年的评价指标,可以发现中小企业板上市公司评价样本 2013 年平均值为 38.73,2014 年平均值为 38.44,整体水平较 2013 年有所降低,而且投资者关系管理良好的公司较少,$IRII^{NK}$ 最大值为 61.52,最小值为 14.38,比 2013 年下降 0.32. 有 436 家上市公司的 $IRII^{NK}$ 指数值小于 40,占全部样本的 60.64%,比 2013 年的 57.77% 也有所增加,具体如表 4-81 所示。

表 4-81　中小企业板上市公司 $IRII^{NK}$ 年度比较

统计指标	$IRII^{NK}$-2013	$IRII^{NK}$-2014	差异(2014-2013)
平均值	38.73	38.44	-0.29
中值	38.91	38.88	-0.03
最小值	14.7	14.38	-0.32
最大值	58.02	61.52	3.50
极差	43.31	46.87	3.56
标准差	6.23	5.96	-0.27

资料来源:南开大学中国公司治理研究院数据库。

将 2013 年与 2014 年中小企业板上市公司评价样本中 $IRII^{NK}$ 各分指数对比分析,可知沟通保障指数较 2013 年有较为明显的提升,指标值达 72.93。网络沟通指数也比 2013 年有较为明显的改善。但电话沟通指数、现场沟通指数相比 2013 年有较为明显的下降,特别是沟通反馈指数值有较大幅度的下降,具体比较数据如表 4-82 所示。

表 4-82　中小企业板上市公司 $IRII^{NK}$ 分指数年度比较

项目	平均值		中值		标准差	
	2013	2014	2013	2014	2013	2014
$IRII^{NK}$ 总指数	38.73	38.44	38.91	38.88	6.23	5.96
沟通保障指数	67.54	72.93	59.06	74.23	19.84	15.69
网络沟通指数	64.29	67.70	63.64	67.82	10.87	10.30
电话沟通指数	54.90	52.25	45.85	45.19	14.20	15.21
现场沟通指数	11.88	10.48	11.66	11.08	5.92	5.83
沟通反馈指数	15.22	10.82	7.70	7.83	13.48	10.62

资料来源:南开大学中国公司治理研究院数据库。

5.3　中小企业板上市公司 $IRII^{NK}$ 分组统计

在对我国中小板上市公司的投资者关系管理状况作总体描述之后,为了进一步深入考察不同类型公司投资者关系管理状况的差异,我们分别对控股股东性质、地区等不同类别进行了对比分析。

5.3.1　控股股东性质与 $IRII^{NK}$

我们将样本中小上市公司,按照第一大股东最终控制人类型性质的不同,分为国有控股、民营控股、外资控股、集体控股、社会团体控股、职工控股及其他七种类型。通过分析控股股东性质不同的样本上市公司投资者关系互动指数的数字特征,进一步探讨控股股东性质不同的中小上市公司投资者关系管理状况的差异。719 家中小板上市公司中,从控股股东性质来看,国有控股为 106 家,其投资者关系互动指数平均为 39.57;民营控股 585 家,其投资者关系互动指数平均为 38.16;外资控股 15 家,其投资者关系互动指数平均为 39.36;集体控股 6 家,其投资者关系互动指数平均为 34.61;样本中没有社会团体控股、职工控股的中小企业板上市公司;其他类别的公司共 7 家,其投资者关系互动指数平均为 44.52。民营控股公司所占比重最高,其次为国有控股。从投资者关系互动指数平均值看,国有控股最高,外资控股次之,民营控股和集体控股较低。按股东性质分类,样本上市公司 $IRII^{NK}$ 描述性统计情况如表 4-83 所示。

表 4-83　按控股股东性质分组的中小企业板上市公司总指数描述性统计

控股股东性质	数量	比例(%)	平均值	中值	最小值	最大值	极差	标准差
国有控股	106	14.74	39.57	39.94	28.19	51.22	23.03	4.88
民营控股	585	81.36	38.16	38.88	14.38	61.25	46.86	6.12
外资控股	15	2.09	39.36	39.69	28.41	47.95	19.53	5.10
集体控股	6	0.83	36.41	34.64	31.08	43.71	12.63	11.61
其他	7	0.97	44.52	42.98	39.50	56.47	16.97	5.67

资料来源:南开大学中国公司治理研究院数据库。

不同控股股东各项分指数统计特征如表4-84所示。从五个分指数来看,国有控股和外资控股公司在沟通保障方面表现较好,集体控股的沟通会保障指数值相对较低。在网络沟通方面,集体控股公司指数值较高,国有控股、民营控股、外资控股表现相近,差异不大。在电话沟通方面,国有公司指标值最高,民营控股和外资控股差异不大,略低于国有控股公司,集体控股表现最差。在现场沟通方面,所有样本公司的表现均不佳,指标平均值尚未达到20,其中指标值最高的国有控股公司平均值仅为13.59分,国有控股、民营控股以及外资控股三类公司表现相差不大。在沟通反馈方面,表现最好的是国有控股公司,而民营控股、外资控股、集体控股公司表现差异不大。从整体来看,不同类型控股公司的指数值较为相近,差异不大,国有控股公司及外资控股公司的表现相对于其他控股股东性质的公司略胜一筹;民营控股公司略逊于前两者;集体控股表现较差。

表 4-84　按控股股东性质分组的中小企业板板上市公司分指数统计

控股股东性质	沟通保障指数	网络沟通指数	电话沟通指数	现场沟通指数	沟通反馈指数
国有控股	76.18	67.59	54.16	10.59	12.05
民营控股	72.28	67.54	51.96	10.44	10.48
外资控股	75.99	69.62	52.30	10.08	11.21
集体控股	64.15	78.58	37.66	9.24	10.44
其他	81.78	70.01	60.85	13.59	20.67

资料来源:南开大学中国公司治理研究院数据库。

5.3.2　地区与 $IRII^{NK}$

我们将2014年评价样本中的719家中小上市公司按照注册地的不同,分成31个省(直辖市、自治区)的分组样本,分析不同地区的样本公司投资者管理管理指数的分布特征,比较中小上市公司地区间投资者关系管理状况的差异。从地区分布来看,719家中小企业板上市公司中,广东、浙江和江苏最多,分别有151、121

和94家,而宁夏和青海最少,均只有1家中小板上市公司。从投资者关系互动指数平均值水平来看,青海和宁夏 $IRII^{NK}$ 指数值较高,分别为43.49和42.09,甘肃和内蒙古较低,分别为33.50和33.37,地区间投资者关系互动指数平均水平差异较大,极差达到10.12,如表4-85所示。

表4-85 按地区分组的中小企业板上市公司描述性统计

省份	数量	$IRII^{NK}$ 总指数	沟通保障指数	网络沟通指数	电话沟通指数	现场沟通指数	沟通反馈指数
安徽	25	40.03	74.25	72.09	55.35	11.03	10.76
北京	42	38.56	72.61	68.86	48.11	10.60	13.10
福建	31	37.69	76.07	66.75	51.61	8.94	7.40
甘肃	4	33.50	59.70	62.04	45.19	11.08	7.83
广东	151	39.50	75.36	67.97	52.86	11.05	12.28
广西	6	35.77	73.73	61.28	53.49	7.94	5.42
贵州	5	37.54	79.15	62.20	51.09	8.87	8.06
海南	3	41.03	77.83	70.88	61.79	11.08	9.33
河北	10	40.26	74.23	70.23	60.63	11.39	9.96
河南	23	39.02	77.70	67.88	50.80	10.26	9.94
黑龙江	2	34.53	58.95	59.69	57.64	11.08	8.41
湖北	10	39.31	79.15	66.27	50.63	10.30	11.45
湖南	19	37.14	72.11	65.52	50.63	8.87	10.54
吉林	6	38.40	73.24	70.43	65.94	5.54	7.11
江苏	94	37.76	73.27	68.53	50.42	9.39	9.07
江西	7	38.77	71.83	67.67	48.74	15.19	8.47
辽宁	12	38.65	68.64	70.42	53.49	11.63	11.32
内蒙古	2	33.37	72.74	60.25	45.19	5.54	3.92
宁夏	1	42.09	57.46	66.18	45.19	11.08	50.68
青海	1	43.49	57.46	54.43	45.19	25.44	46.18
山东	57	38.53	72.17	67.87	54.10	10.36	10.97
山西	3	39.62	58.45	79.46	71.76	11.08	8.22
陕西	4	35.43	63.14	68.88	45.19	11.08	7.83
上海	28	38.28	71.73	67.99	51.41	10.42	11.62
四川	23	39.23	72.51	66.73	59.48	11.85	9.64
天津	6	38.53	76.53	66.77	57.64	9.78	6.17
西藏	2	38.73	81.12	67.00	45.19	11.08	7.83

（续表）

省份	数量	$IRII^{NK}$总指数	沟通保障指数	网络沟通指数	电话沟通指数	现场沟通指数	沟通反馈指数
新疆	10	38.13	70.88	57.30	53.62	13.98	14.68
云南	7	37.43	73.47	63.76	55.86	9.50	8.00
浙江	121	37.59	69.34	67.42	50.77	10.48	11.36
重庆	3	39.55	78.83	66.02	45.19	15.87	7.83
合计	719	38.44	72.93	67.60	52.25	10.48	10.82

资料来源：南开大学中国公司治理研究院数据库。

5.4 主要结论

2014 年中小上市公司评价样本的投资者关系互动指数的平均值为 38.44，最大值为 61.52，最小值仅为 14.38。有 436 家上市公司的投资者关系互动指数值小于 40，占全部样本的 60.64%。评价结果表明，中小上市公司具有以下特征：

（1）2014 年中小上市公司评价样本的投资者关系管理总体水平还比较低，样本公司中只有一家上市公司指数值超过 60，相比 2013 年评价样本略有好转。从投资者关系管理评价的五个分指数来看，中小上市公司沟通保障指数和网络沟通指数值较高，而现场沟通和沟通反馈水平较低，相比 2013 年评价样本，仅有沟通保障和网络沟通的表现有所改善，而其他三个方面表现不如前一年。

（2）在沟通保障方面，中小上市公司沟通保障指数主要得益于董秘兼职指数值较高，即董事会秘书同时担任其他职务，有利于投资者关系管理工作的顺利开展；而获奖情况指数最低，因此如何落实投资者关系管理工作，使各项工作日臻完善，并获得投资者、分析师以及媒体的认可，是中小上市公司提升沟通保障指数的关键。

（3）在网络沟通方面，中小上市公司的网站易达性指数、投资者互动平台指数表现较好，而网站中的具体项目，如投资者 FAQ、投资者订阅、IR 相关视频/音频等指数值较低，此外网络投票指标值也不高，这些因素都是制约中小上市公司与投资者顺利开展网络沟通的重要因素。由此，如何在已有网站的基础上，细化具体项目建设，为投资者提供更为便捷的服务，使其更方便地了解公司的信息，将是中小上市公司未来工作的重点之一。

（4）在电话沟通方面，中小上市公司专线电话指数值较高，电话咨询指数次之，电话会议指数值最低。因此，中小上市公司应该开设投资者咨询专线电话，以方便投资者来电咨询，增加与投资者召开电话会议的次数，从而为投资者及时获取公司相关信息提供便利。

(5) 在现场沟通方面,中小上市公司现场沟通指数主要得益于现场参观指数表现较好,而其他指数值均不高,尤其是分析师会议、媒体或记者见面会、反向路演以及走访投资者这几项指数,事实上这些也是中小上市公司现场沟通水平提升的关键。因此,中小上市公司应在现有沟通方式和渠道的基础上,不断开拓新的与投资者面对面沟通的渠道,从而建立高效运作的现场沟通方式,提高公司的投资者关系管理水平。

(6) 在沟通反馈方面,中小上市公司邮件反馈指数、电话频率指数及接待次数指数值均不高,尤其是电话频率指数最低。因此对于中小上市公司而言,不断加强与投资者的互动沟通,并将沟通情况及时披露,也是中小上市公司未来工作的重点之一。

(7) 不同控股股东性质公司投资者关系互动指数表明,国有控股和外资控股公司的 $IRII^{NK}$ 情况较好,民营控股公司略低于前两者,集体控股相比其他几类指标值略低,但总体来看不同控股股东公司的指标值看差异不大。

(8) 从中小上市公司的地区分布来看,广东、浙江和江苏最多,而宁夏和青海的公司数量最少。从投资者关系互动指数的平均值来看,青海和宁夏 $IRII^{NK}$ 较高,甘肃和内蒙古较低,而且地区间的差异较大。

6 创业板上市公司 $IRII^{NK}$ 总体状况评价

6.1 创业板上市公司 $IRII^{NK}$ 总体分析

6.1.1 创业板上市公司 $IRII^{NK}$ 总体描述

2014 年评价样本中有 379 家创业板上市公司样本,其投资者关系管理总指数的平均值是 35.91,中值是 36.14,最小值是 20.58,最大值是 52.36,极差是 31.78,标准差是 5.74。整体来看,同比情况有所好转,差距所有减小,如表 4-86 所示。

表 4-86 创业板上市公司 $IRII^{NK}$ 描述性统计

项目	平均值	中值	最小值	最大值	极差	标准差
$IRII^{NK}$ 总指数	35.91	36.14	20.58	52.36	31.78	5.74
沟通保障指数	68.37	72.47	0.00	100.00	100.00	17.60
网络沟通指数	56.39	56.00	22.44	83.00	20.56	8.17
电话沟通指数	48.53	45.85	45.85	75.54	100.00	24.46
现场沟通指数	11.25	11.66	0.00	44.40	44.40	6.24
沟通反馈指数	12.29	7.70	0.00	64.65	64.65	13.34

资料来源:南开大学中国公司治理研究院数据库。

从投资者关系互动评价的五个分指数来看,创业板上市公司的沟通保障指数、网络沟通指数、电话沟通指数、现场沟通指数、沟通反馈指数的平均值分别为 68.37、56.39、48.53、11.25、12.29。沟通保障指数、网络沟通指数、电话沟通指数平均值均高于 $IRII^{NK}$ 总指数平均值,其中沟通保障指数平均值最高,现场沟通指数、沟通反馈指数平均值虽同比有所好转,但均低于投资者关系互动指数总指数平均值,其中现场沟通指数平均值最低,这表明 355 家创业板上市公司在现场沟通和沟通反馈方面仍需提升。

6.1.2 沟通保障状况总体描述

从沟通保障评价的四个主要因素看,样本公司董秘兼职、有无 IRM 奖项、董秘专业背景、有无 IR 部门的平均值分别为 25.74、0.19、15.60、26.84,与同期相比,获奖情况有所降低,其他指数都有改善,如表 4-87 所示。沟通保障指数主要得益于董秘兼职与设置 IR 部门的贡献。四个因素中,有无 IRM 奖项平均值最低,且中值为 0,说明大部分的创业板上市公司未曾获得 IRM 奖项。

表 4-87 创业板上市公司沟通保障指数描述性统计

项目	平均值	中值	最小值	最大值	极差	标准差
董秘兼职	25.74	28.61	0	28.61	28.61	8.604
获奖情况	0.186	0.00	0	14.12	14.12	1.613
董秘专业背景	15.60	26.81	0	26.81	26.81	12.290
设置 IR 部门	26.84	30.46	0	30.46	30.46	9.865

资料来源:南开大学中国公司治理研究院数据库。

6.1.3 网络沟通状况总体描述

从网络沟通评价的 12 个主要因素看,样本公司网站能否打开、有无 IRM 板块、投资者信箱、投资者留言、投资者 FAQ、网上路演、投资者订阅、投资者互动平台、搜索功能、相关链接、视频/音频信息、网络投票的平均值分别为 17.96、8.96、7.48、1.25、0.55、0.68、0.07、14.96、1.74、1.31、0.30、1.14,整体同比略有改善,样本间差距小幅扩大,如表 4-88 所示。其中公司网站能否打开、有无 IRM 板块、投资者互动平台三个因素平均值较高,其他九个因素平均值都较低。并且投资者留言、投资者 FAQ、网上路演、投资者订阅、相关链接、视频/音频信息、网络投票六个因素的中值均为 0,说明一半以上的创业板上市公司在其网站上没有投资者留言、投资者 FAQ、网上路演、投资者订阅、相关链接、视频/音频信息、网络投票等服务。

表 4-88 创业板上市公司网络沟通指数描述性统计

项目	平均值	中值	最小值	最大值	极差	标准差
网站能否打开	17.96	18.25	0.00	18.25	18.25	2.28
有无 IRM 板块	8.96	9.84	0.00	9.84	9.84	2.82
投资者信箱	7.48	7.48	7.48	7.48	0.00	0.00
投资者留言	1.25	0.00	0.00	6.49	6.49	2.56
投资者 FAQ	0.55	0.00	0.00	10.35	10.35	1.64
网上路演	0.68	0.00	0.00	10.35	10.35	2.57
投资者订阅	0.07	0.00	0.00	3.89	3.89	0.52
投资者互动平台	14.96	14.96	14.96	14.96	0.00	0.00
搜索功能	1.74	2.71	0.00	2.71	2.71	1.76
相关链接	1.31	0.00	0.00	2.77	2.77	1.38
视频/音频信息	0.30	0.00	0.00	4.00	4.00	1.05
网络投票	1.14	0.00	0.00	13.90	13.90	3.81

资料来源:南开大学中国公司治理研究院数据库。

6.1.4 电话沟通状况总体描述

从电话沟通评价的三个主要因素看,样本公司专线电话、电话会议、电话咨询的平均值分别为45.85、0.24、2.45,其中专线电话有所改善,电话会议和电话咨询有所降低,如表4-89所示。电话沟通指数主要得益于设有投资者关系管理专线电话的贡献。一半以上的创业板上市公司没有召开电话会议、没有使用电话咨询与投资者沟通。

表4-89 创业板上市公司电话沟通指数描述性统计

项目	平均值	中值	最小值	最大值	极差	标准差
专线电话	45.85	45.85	45.85	45.85	0.00	0.00
电话会议	0.24	0.00	0.00	29.70	29.70	2.63
电话咨询	2.45	0.00	0.00	24.46	24.46	7.36

资料来源:南开大学中国公司治理研究院数据库。

6.1.5 现场沟通状况总体描述

从现场沟通评价的七个主要因素看,样本公司业绩说明会、现场路演、分析师会议、媒体见面会、走访投资者、现场参观、反向路演的平均值分别为0.82、0.14、0.15、0、0.14、9.91、0.08,其中除业绩说明会与现场参观略有提高之外,其他五个因素均有降低,如表4-90所示。其中现场参观的平均值最高,另外,从表中可以看出其他六个因素的中值均为0,说明一半以上的创业板上市公司投资者关系管理的现场沟通做得不到位,有很大的提升空间。

表4-90 创业板上市公司现场沟通指数描述性统计

项目	平均值	中值	最小值	最大值	极差	标准差
业绩说明会	0.82	0.00	0.00	14.87	14.87	3.41
现场路演	0.14	0.00	0.00	17.86	17.86	1.58
分析师会议	0.15	0.00	0.00	14.36	14.36	1.47
媒体见面会	0.00	0.00	0.00	0.00	0.00	0.00
走访投资者	0.14	0.00	0.00	18.21	18.21	1.62
现场参观	9.91	11.66	0.00	11.66	11.66	4.18
反向路演	0.08	0.00	0.00	15.17	15.17	1.10

资料来源:南开大学中国公司治理研究院数据库。

6.1.6 沟通反馈状况总体描述

从沟通反馈评价的三个主要因素看,样本公司邮件反馈、接待电话次数、接待来访次数的平均值分别为4.92、0.54、6.83,如表4-91所示。其中接待电话次数的平均值最低,接待来访次数的平均值最高,邮件反馈极差与标准差均最大。另外，从表中可以看出两个因素的中值均为 0，说明一半以上的创业板上市公司投资者关系管理的沟通反馈做得很不到位，尚需大幅度改进，这种情况也与表 4-86 中"沟通反馈指数"最低相吻合。

表 4-91　创业板上市公司沟通反馈指数描述性统计

项目	平均值	中值	最小值	最大值	极差	标准差
邮件反馈	4.92	0.00	0.00	36.55	36.55	12.49
接待电话次数	0.54	0.00	0.00	24.93	24.93	1.96
接待来访次数	6.83	7.70	0.00	30.82	30.82	3.68

资料来源：南开大学中国公司治理研究院数据库。

6.2　创业板上市公司 $IRII^{NK}$ 总体状况年度比较评价

综合来看，2012—2014 年创业板投资者关系管理指数处于低位向上增长的趋势，各项指标上升幅度较为明显，且极差与标准差均有明显下降，如表 4-92 所示。可见创业板公司投资者关系逐渐获得重视，并且有着持续的改善。但是整体水平依然较低，还有很大改进空间。

表 4-92　创业板上市公司 $IRII^{NK}$ 年度比较

统计指标	$IRII^{NK}$-2012	$IRII^{NK}$-2013	$IRII^{NK}$-2014
平均值	30.71	34.88	35.91
中值	28.98	34.85	36.14
最小值	8.06	16.72	20.58
最大值	65.63	54.49	52.36
极差	57.57	37.77	31.78
标准差	8.98	6.83	5.74

资料来源：南开大学中国公司治理研究院数据库。

2012—2014 年，将评价样本中的创业板上市公司 $IRII^{NK}$ 各分指数对比分析可知，2014 年创业板上市公司在沟通保障、现场沟通、沟通反馈方面，相比 2012 年，有不同幅度的提升，尤其是沟通保障方面，其平均值实现连续增长达到 68.37，表明两年来，创业板上市公司在沟通保障方面取得长足进步。但是，在网络沟通方面创业板上市公司平均值有所下降，创业板上市公司应继续重视和加强与投资者网络沟通方面的工作，如表 4-93 所示。

表 4-93 创业板上市公司 $IRII^{NK}$ 分指数年度对比

项目	平均值			中值			标准差		
	2012	2013	2014	2012	2013	2014	2012	2013	2014
$IRII^{NK}$ 指数	30.71	34.88	35.91	28.93	34.85	36.14	8.91	6.83	5.74
沟通保障指数	51.88	62.43	68.37	55.42	59.06	72.47	23.43	22.00	17.60
网络沟通指数	58.46	59.88	56.39	58.87	60.87	56.00	13.13	8.74	8.17
电话沟通指数	35.92	48.96	48.53	45.85	45.85	45.85	26.09	13.82	24.46
现场沟通指数	10.18	9.54	11.25	5.83	11.66	11.66	12.59	7.23	6.24
沟通反馈指数	9.92	11.73	12.29	0.00	7.70	7.70	14.79	14.08	13.34

资料来源:南开大学中国公司治理研究院数据库。

6.3 创业板上市公司 $IRII^{NK}$ 分组统计

在对创业板上市公司样本的投资者关系管理状况作总体描述之后,为了进一步深入考察不同类型公司投资者关系管理状况的差异,我们分别对控股股东性质、地区等不同类别进行了对比分析。

6.3.1 控股股东性质与 $IRII^{NK}$

379 家创业板上市公司中,从其控股股东看,国有控股为 13 家,其投资者关系互动指数平均值为 36.86;民营控股为 347 家,投资者关系互动指数平均值为 36.24;外资控股为 7 家,投资者关系互动指数平均值为 28.66;社团控股为 1 家,投资者关系互动指数平均值为 35.07;其他所有权性质公司控股为 11 家,投资者关系互动指数为 29.03,如表 4-94 所示。在创业板上市公司样本中,民营控股公司数量最大,占样本总量的 91.80%,且同比有着明显增长,而其他类型公司指数都有不同程度滑落,其中外资控股下滑明显。比较看出,不同股东性质公司之间,投资者关系互动指数平均值差别有所扩大,但是相差程度依然有限,说明不同性质创业板上市公司之间投资者关系管理平均水平相当。

表 4-94 按控股股东性质分组的创业板上市公司总指数描述性统计

控股股东性质	数量	比例(%)	平均值	中值	最小值	最大值	极差	标准差
国有控股	13	3.44	36.86	36.17	31.67	45.33	13.66	4.22
民营控股	347	91.80	36.24	36.70	20.76	52.36	31.60	5.51
外资控股	7	1.85	28.66	25.20	23.12	42.82	19.70	7.45
社会团体控股	1	0.27	35.07	35.07	35.07	35.07	0.00	0.00
其他	11	2.65	29.03	27.24	20.58	40.27	19.69	7.30

资料来源:南开大学中国公司治理研究院数据库。

不同控股股东各分指数统计特征如表4-95所示。通过比较可以看出,在沟通保障指数方面,外资控股公司平均值最高;在网络沟通指数方面,其他所有权性质公司平均值最高;在电话沟通指数方面,集体控股公司平均值最高。各个性质的控股公司在现场沟通和沟通反馈方面表现都相对较差,这种情况与表4-86中"现场沟通指数"和"沟通反馈指数"较低相吻合。

表4-95 按控股股东性质分组的创业板上市公司分指数描述性统计

控股股东性质	沟通保障指数	网络沟通指数	电话沟通指数	现场沟通指数	沟通反馈指数
国有控股	70.74	57.92	51.49	10.77	15.87
民营控股	68.11	56.21	48.34	11.13	12.25
外资控股	76.30	58.59	45.85	14.67	11.82
集体控股	59.06	50.53	70.30	11.66	7.70
其他	72.29	59.74	51.26	12.26	10.32

资料来源:南开大学中国公司治理研究院数据库。

6.3.2 地区与 $IRII^{NK}$

从地区分布来看,379家创业板上市公司主要分布在广东、北京、江苏、浙江、上海、山东,分别为81、58、44、38、30、17家,如表4-96所示。从投资者关系互动指数总指数平均值水平来看,内蒙古、安徽较高,分别为40.26和39.92,但是公司数较少。总体来看,各地区IRM总指数平均值都不高,且各地区投资者关系互动指数总指数平均值差异不明显。从沟通保障指数平均值水平来看,仅有一个创业板上市公司的云南、贵州、新疆较高;从网络沟通指数平均值水平来看,广东综合表现较好,81家上市公司指数平均为61.34;从电话沟通指数平均值水平来看,山西最高为58.08;现场沟通指数平均值和沟通反馈指数平均值,总体来看都比较低。整体来看创业板上市公司投资者关系指数还有待进一步提高。

表4-96 按地区分组的创业板上市公司指数描述性统计

省份	数量	$IRII^{NK}$ 总指数	沟通保障指数	网络沟通指数	电话沟通指数	现场沟通指数	沟通反馈指数
安徽	7	39.92	63.51	51.07	52.83	8.79	5.83
北京	58	35.60	71.04	56.90	47.96	11.24	14.75
福建	11	38.28	61.89	59.61	48.07	10.92	10.08
甘肃	2	36.49	72.47	77.59	45.85	19.10	7.70
广东	81	36.51	69.87	61.34	51.00	9.95	14.51
贵州	1	31.84	85.88	72.51	45.85	11.66	7.70
海南	2	31.54	57.24	58.54	45.85	13.27	22.13

(续表)

省份	数量	$IRII^{NK}$ 总指数	沟通保障指数	网络沟通指数	电话沟通指数	现场沟通指数	沟通反馈指数
河北	7	37.45	71.69	57.27	49.34	12.60	7.32
河南	8	39.56	63.87	53.90	51.96	11.66	22.66
黑龙江	1	32.17	72.47	63.73	45.85	11.66	7.70
湖北	11	35.99	65.39	57.95	52.52	9.54	7.66
湖南	12	34.37	78.12	56.83	45.85	11.66	13.80
吉林	1	25.20	85.88	57.02	45.85	11.66	7.70
江苏	44	35.55	66.40	56.67	48.74	9.61	13.46
江西	3	37.19	81.41	55.83	45.85	11.66	7.70
辽宁	9	35.54	53.59	53.19	51.28	13.62	11.46
内蒙古	3	40.26	76.94	60.07	45.85	16.72	7.70
山东	17	33.19	70.36	56.25	47.29	12.73	9.69
山西	2	35.10	72.47	54.65	58.08	11.66	10.20
陕西	6	34.19	62.32	54.69	45.85	10.26	5.14
上海	30	36.16	63.93	56.51	47.48	10.41	10.41
四川	9	32.50	73.96	53.19	48.56	12.02	14.97
天津	6	32.99	69.63	54.90	45.85	12.76	6.42
新疆	3	35.20	76.94	56.31	54.00	11.66	21.55
云南	1	32.30	85.88	53.24	45.85	11.66	7.70
浙江	38	36.53	66.56	56.50	51.00	11.69	15.20
重庆	5	37.45	69.79	48.08	45.85	11.66	15.01

资料来源:南开大学中国公司治理研究院数据库。

6.4 主要结论

与2013年相比,2014年创业板上市公司 $IRII^{NK}$ 总指数值由34.88上升到35.91,有一定幅度的提高。从各分指数来看,2014年沟通保障指数由上年的62.43上升到68.37;网络沟通指数由59.88下降到56.39;电话沟通指数由49.86下降到48.53;现场沟通指数由9.54上升到11.25;沟通反馈指数由11.73上升到12.29。可见创业板上市公司投资者关系互动指数总体上有所上升,但电话沟通和网络沟通情况有所下降。因此,创业板上市公司需要继续加强电话沟通和网络沟通工作。本研究中,2014年创业板上市公司投资者关系互动评价结果表明,创业板上市公司投资者关系管理具有以下特征:

7 投资者关系管理存在的问题与政策建议

7.1 投资者关系管理现状

（1）上市公司花费成本去维护投资者关系的动机较弱，对专业人才培养方面投入不足。IRM 是一项长期的工作，涉及公共关系、金融、市场营销等多方面，需要公司高层领导的直接参与，但是短时间内实施投资者关系活动的效果还无法体现，因此维护投资者关系的动机不强。而目前我国仅有一部分上市公司成立了独立的 IRM 部门，大多数上市公司将 IRM 部分的工作分配给董事会办公室、证券事务办公室、公关部门或其他相关部门，投资者关系活动的实施还不够系统，同时公司内部也缺乏投资者关系的专业人员，通常也由证券事务代表负责，总体来说，我国上市公司既缺乏专门的投资者关系机构，也缺乏专业的投资者关系人才，难以实施系统的投资者关系管理工作。

（2）投资者关系管理中介机构发展不足。近年来，在全世界范围内，中介机构的专业服务得到了快速发展，一些欧美国家的 IRM 专业服务机构已成为投资者关系产业链中的最重要一环，发挥了极为重要的作用。IRM 中介服务机构的优势在于其专业性及其规模效应所带来的低成本。在我国，IRM 专业服务大部分由财经公关公司提供的，主要负债股票发行和股票增发的路演服务，然而这只是 IRM 工作的一部分，如何在股票发行和增发后继续与投资者保持良性互动沟通是 IRM 工作不可或缺的部分。上市公司还应借助 IRM 中介结构的专业性和规模效应，实现与投资者双向互动沟通。

（3）从 2014 年投资者关系互动指数的分版块情况来看，金融板块投资者关系互动水平（平均值为 48.61）最高；其次是中小企业板（平均值为 38.44）；再次是创业板（平均值为 35.91）；投资者关系互动水平最差的为主板上市公司，平均值仅为 30.40。投资者关系互动指数存在较大差异的主要原因之一就是不同板块监管水平不同，尤其是金融保险行业面临着银监会、证监会等不同监管部门的监督，为了满足各方的监管要求，必然带来投资者关系互动水平的提升。自 2004 年 5 月，中小企业板已经运营了 10 年，其规范程度也愈来愈高，而该板块中的公司多为民营上市公司，缺乏天然的资源优势，因此为了获得投资者的认同，必然会努力提升公司的投资者关系互动水平。创业板相比中小企业还不够成熟，存在许多不完善之

（1）创业板上市公司投资者关系管理整体水平不高，投资者关系互动指数总指数平均值仅为 35.91，平均水平仅为 4 级。同时创业板上市公司之间的投资者关系管理水平有很大差距，投资者关系互动指数总指数极差为 31.78。

（2）从投资者关系互动评价的五个分指数来看依然维持以往特征不变，创业板上市公司的沟通保障指数、网络沟通指数、电话沟通指数平均值比较高，其中沟通保障指数平均值最高；但现场沟通指数、沟通反馈指数平均值比较低，其中现场沟通指数平均值最低。创业板上市公司急需增强其现场沟通方面的工作。

（3）在沟通保障方面，创业板上市公司沟通保障指数主要得益于董秘兼职情况和 IR 部门的设置情况，董秘专业背景得分有所改善。在网络沟通方面，创业板上市公司网络沟通指数主要得益于公司网站建设情况和投资者互动平台建设情况。在电话沟通方面，创业板上市公司电话沟通指数主要得益于投资者专线电话情况。因此，创业板上市公司现在主要从董秘、IR 部门、公司网站、投资者互动平台、投资者专线电话等方面着手，提高公司投资者关系管理水平，未来需要在更多具体的工作中加强投资者关系管理工作。

（4）不同控股股东性质投资者关系互动指数表明，创业板上市公司样本中，民营控股公司数量最大，占样本总量的 91.80%，且指数水平较上年有较明显提高；国有控股公司投资者关系互动指数平均值最高，但不同股东性质的创业板上市公司之间投资者关系管理平均水平差别不大，其中外资控股同比滑落明显。

（5）从地区分布来看，创业板上市公司主要分布在广东、北京、江苏、浙江、上海、山东。投资者关系互动指数总指数及各分指数平均值水平表明，总体来看，各地区投资者关系管理平均水平都不高，且地区差异不明显，某些上市公司数量极少的地区投资者关系管理水平较高但统计意义不大，综合情况较好的是广东、上海、浙江、福建等地，但是整体来看提升空间还很大。

处,对投资者关系管理的重视程度还不够。而主板上市公司数量达到 1 378 家之多,占所有上市公司的 54.79%,不同公司对投资者关系的重视程度差异也较大,水平最差。整体来看开展高水平投资者关系活动的公司数量不多,大部分公司仅是被动实施法律法规要求的活动,而缺乏高水平高质量的沟通活动。

(4) 2014 年上市公司的投资者关系互动水平整体优于 2012 年,但相比 2013 年略有下降。具体表现为主板上市公司投资者关系水平 2014 年评价样本水平较 2012 年平均值提高了 2.04,但比 2013 年降低了 0.24;金融机构投资者关系整体水平 2014 年评价样本水平较 2012 年平均值提高了 8.67,比 2013 年提高了 1.56;中小企业板上市公司投资者关系整体水平稳中有降,2014 年比 2012 年及 2013 年分别降低了 0.79 和 0.29;创业板上市公司投资者关系整体水平持续上升,2014 年比 2013 年上升了 1.03,比 2012 年上升了 5.20。

(5) 从投资者关系互动指数维度来看,上市公司沟通保障、网络沟通及电话沟通指数较高,大部分公司的董秘都兼任了公司副总以上的职务,并且公司还专门设置了投资者关系管理部门,公司网站的不断优化建设,投资者专线电话的设立,都有利于投资者关系管理活动的深入开展。然而由于成本等,最能直接满足投资者诉求、直接获取投资者动态的现场沟通方式没有得到充分利用,分析师会议、路演及反向路演等沟通途径都没有被充分利用,根据统计结果,现场沟通指数远远低于网络沟通和电话沟通指数,上市公司与投资者的沟通渠道仍需要进一步拓展。沟通反馈是改变信息单向流通的重要途径,沟通反馈可以使投资者与上市公司间实现双向互动沟通,然而资本市场中的投资者,尤其是中小投资者常常不能获取充足的信息,导致资本市场与投资者之间的良性互动很难形成,投资者的利益无法得到保护,因此上市公司应进一步重视投资者的信息反馈,并及时满足投资者的信息需求

7.2 政策建议

7.2.1 完善投资者关系管理制度并建立投资者关系管理团队

投资者关系管理是上市公司留住现有投资者、吸引潜在投资者的重要途径,而从上文的统计数据来看,很多公司对投资者关系管理活动的认识还不足,大多仅满足监管的硬性规定,而缺乏进一步开展投资者关系管理活动的积极性。改变这一现状需要公司高层领导从长远角度出发为投资者关系管理活动的开展提供相应的保障,制定投资者关系管理具体制度,设立投资者关系管理部门,落实投资者关系管理责任主体,从而使投资者关系管理活动有章可循。此外,建立专业的投资者关系管理团队也是增强投资者信心,吸引潜在投资者的重要保障。投资者关系管理是一项专业性极强、与投资者联系紧密的管理工作,对投资者关系从业

人员的专业胜任能力、人际沟通能力、协调协作能力及危机处理等能力要求很高,因此为了提升公司在资本市场中的形象,提升投资者满意度,建立一支专业性较强的投资者关系管理团队成为必然趋势。

7.2.2 健全外部监管规章制度

公平、公正和公开是资本市场的基本要求,而外部监管的主要目标就是保持资本市场有序发展,保护投资者的利益,实现投资者与公司的良性互动沟通。如何真正发挥外部监管的作用,保障投资者的权益,将监管落到实处,还需要相关立法及监管部门进一步转变观念,改变政府主导型的监管模式。目前,监管当局权责错位,监管能力不平衡的状况较为普遍,也缺乏投资者关系管理的直接行政法规,仅证券交易所指定了相关章程指引,因此有必要健全外部监管规章制度,制定配套规章制度,并落实问责制度,提升投资者关系管理的监管水平,从而保障投资者关系管理的健康发展。

7.2.3 规范投资者关系管理中介

IRM 工作是一项长期且系统的工作,涉及金融、市场音效、公共关系等方面的专业知识,很多公司并未成立投资者关系工作部门,而由其他部门负责此项工作,由于时间和精力不足,IRM 工作没有形成良性循环。从西方发达国家的经验来看,寻求专业的 IRM 中介,可以使投资者关系管理工作更为有效。我国目前的 IRM 中介良莠不齐而且缺乏专业人才,所提供的服务还不足以满足上市公司的所有需求。因此相关监管部门应该尽快建立 IRM 中介管理相关的制度,明确 IRM 中介机构的从业资格,及其所应提供的服务,推动上市公司的 IRM 工作进入良性发展的轨道。

7.2.4 落实投资者关系管理评价

投资者关系管理应该作为公司的一项长期战略来贯彻实施,而如何让资本市场中的投资者较为直观的知道某一公司的投资者关系管理水平,同时也让公司清楚自身在整个资本市场以及同行中的地位,这就需要不同机构对公司投资者关系管理进行评级。公司也应引入合理的评价指标体系,从而带动公司的投资者关系管理战略意识的构建与延伸。监管部门也应积极引进新的评价体系,从而提升我国公司投资者关系管理的整体水平,为投资者关系管理实践提供有力的理论和实践导向。

第五篇
内部控制篇

1 内部控制评价与评价指数

1.1 企业内部控制评价问题的提出

21 世纪初,美国爆发了一连串的财务舞弊事件。从安然到世通,从施乐、时代华纳到默克制药、甲骨文软件,再到世界最大的会计师事务所之一的安达信,这一系列财务舞弊事件给广大的投资者带来巨大恐慌,对美国的证券市场造成沉重打击。为重振投资者对资本市场的信心,美国国会以压倒性多数紧急通过了被誉为自富兰克林·罗斯福总统时代以来"最彻底的公司改革法案"——萨班斯-奥克斯利(Sarbanes-Oxley)法案(简称 SOX 法案),该法案不仅对美国 1933 年和 1934 年通过的《证券法》《证券交易法》这两部证券监管的重要法律做了修改和补充,而且还对会计行业的监管、公司责任、审计的独立性、证券师行为、财务信息披露、证券委员会的权利和责任等诸多方面作了新的规定,其中,对上市公司治理和内部控制提出的严格要求和限制格外引人关注。按照法案中的 302 和 404 条款的规定,所有在美国上市的公司必须出具管理层和外部审计师签发的内部控制认证。为配合该法案的实施,美国证券交易委员会(SEC)在 2003 年 8 月发布了最终规则,对内部控制报告的具体内容和形式进行了详细的规定;美国反欺诈财务报告委员(即 Treadway 委员会)下属的"发起组织委员会"(Committee of Sponsoring Organization the Treadway Commission,简称 COSO 委员会)在原有内部控制整体框架基础上,于 2004 年 9 月正式发布了新的研究报告——《企业风险管理——整合框架》(Enterprise Risk Management—Integrated Framework,简称 ERM 框架)。受美国萨班斯法案实施和 COSO 新报告发布的影响,企业内部控制、内部控制评价再次成为人们关注的焦点和研究的热点,世界其他各国的监管部门也开始逐渐认识到内部控制对于企业自身及资本市场健康稳定发展的重要性,并纷纷修改和完善各自的内部控制框架,以加强对企业内部控制质量的评价和监督。

在我国,随着"琼民源""蓝田股份""银广厦""郑百文""中信泰富""中航油"等一系列财务舞弊和内控失效事件的频频发生,企业内部控制也成为社会各界尤其是政府监管部门日益关注的重点。借鉴美国 COSO 内部控制五要素框架形式,在内容上体现其风险管理八要素框架实质,我国财政部等五部委于 2008 年 6 月

28日联合发布了被誉为“中国版的萨班斯-奥克斯利法案”——《企业内部控制基本规范》,并于2010年4月26日发布《企业内部控制配套指引》。该配套指引由《企业内部控制应用指引》《企业内部控制评价指引》和《企业内部控制审计指引》组成,其中《企业内部控制评价指引》和《企业内部控制审计指引》对内部控制有效性的内部评价主体(企业董事会)及评价依据、评价范围、外部评价主体(注册会计师)及审计范围、相关责任等都进行了明确的规定。为加强上市公司内部控制体系建设,我国还提出了“通过三至五年的努力,基本建立以监管部门为主导、各单位具体实施为基础、会计师事务所等中介机构咨询服务为支撑、政府监管和社会评价相结合的内部控制实施体系”目标,制定了企业内部控制规范体系实施时间表:自2011年1月1日起首先在境内外同时上市的公司施行,自2012年1月1日起扩大到在上海证券交易所、深圳证券交易所主板上市的公司施行;在此基础上,择机在中小板和创业板上市公司施行。

自2006年以来,上交所、深交所陆续要求我国上市金融和非金融公司对内部控制的完整性、合理性、有效性进行评价并出具自评报告,但由于缺乏客观评价标准以及量化评分标准和方法,内部控制自我评价及其报告的披露流于形式已是不争的事实(杨雄胜等,2007)。按照深圳迪博公司对2010年沪、深两市披露内部控制审计报告和自我评价报告的上市公司所进行的统计,在875家聘请中介机构对内部控制进行审计的上市公司中,99.78%的上市公司其内部控制被中介机构认为有效,仅有两家上市公司的内部控制体系被中介机构出具了保留意见和否定意见;在1618家披露内部控制自我评价报告的上市公司中,99.2%的上市公司自认为内部控制体系有效,自愿披露内部控制缺陷的比例不足1%。上述数据似乎表明我国上市公司的内部控制质量要远远高于美国上市公司的内部控制质量(美国自愿披露内部控制缺陷的比例为13.8%),但问题是社会各界对企业和注册会计师的内部控制评价结果并不认同,而且评价结果也确实与实际情况存在较大差异。

独立性、客观性、公正性是外部审计所具有的重要特性。然而,由于越来越多的会计师事务所在为客户提供审计服务的同时还为其提供咨询服务,这种“不务正业”的做法使外部审计的独立性大打折扣。会计师事务所是具有公共性和企业性双重属性的单位,它一方面为股东、债权人、潜在投资者等提供企业审计报告,承担着重大的社会责任;另一方面它又是独立经营、自负盈亏的企业,这就使其难以完全保持客观性、公正性。近年来,随着会计师事务所逐渐增多,行业竞争日趋激烈,一些会计师事务所采用了低价收费、拉关系、给回扣等不正当手段抢夺市场份额,使审计质量开始下降,审计报告的可信度降低。另外,按照《企业内部控制基本规范》,企业内部控制要实现五个目标,但注册会计师只对企业财务报告内部控制进行审计,而对内部控制审计过程中注意到的非财务报告内部控制重大缺陷是在内部控制审计报告中增加“非财务报告内部控制重大缺陷描述段”进行披露,这不仅算不上是真正意义上的内部控制评价,而且由于注册会计师审计责任的降低,有可能导致其对企业非财务报告内部控制重视不够,从而使内部控制审计存在较大缺陷和不足。

内部控制五要素及其范围主要是基于提供给企业管理者的自我评估模型需要而归纳出(Thomas,1993)。企业实施内部控制的目的是保证内部控制目标的实现,企业内部控制评价应对企业内部控制合理保证目标的实现程度进行评价(陈汉文、张宜霞,2009)。但实践中的企业内部控制自我评价和注册会计师的内部控制审计主要是依照内部控制五要素对企业内部控制设计和运行的有效性发表定性意见,基本不涉及上市公司内部控制水平的量化,评价结果既不利于企业内部控制状况纵、横向之间的比较和分析,也对企业利益相关者进行正确的决策缺少重要价值(张先治、戴文涛,2010)。

我国大多数上市公司是由国有企业改制而来,公司治理水平比较低(我国公司治理平均得分 60.15(李维安,2014)),相关的法律法规不健全,要对企业内部控制质量进行独立、客观、公正的评价,并使评价结果有利于利益相关者的相关决策,就应当根据我国内部控制监督评价体系目标,基于政府监管部门或外部非营利性组织评价企业内部控制目标实现程度角度,建立一套反映企业内部控制评价本质特征和目标要求的评价指标体系,然后采用科学的方法对评价指标体系的评价结果进行综合、量化。

1.2　企业内部控制评价研究价值

1.2.1　企业内部控制评价研究理论价值

企业内部控制综合评价既是一项方法论研究,也是一项基础理论研究。从方法论的角度来说,企业内部控制综合评价涉及评价指标体系、评价指数构建模型、评价标准等,但是如果只专注于从实践的角度研究上述内容,就会使内部控制评价研究仅仅成为应用层面上的方法论研究,难以形成理论的体系,定量研究的基础必须由一个科学、合理的理论框架作为支撑。之前的研究已对内部控制综合评价的一些内容如评价模式、评价模型(含评价指标体系、评价指数构建模型、评价标准)等进行了研究,但都没有建立一个科学、合理的内部控制综合评价基础理论框架。

本研究通过对现代企业理论的回顾和梳理,阐释企业内部控制综合评价的经济学本质;依据内部控制理论,归纳总结企业内部控制综合评价的内涵和目标;在对比分析国际上占主流地位的美英内部控制评价模式、形成原因以及我国上市公司制度背景、治理水平、法律环境的基础上,提出中国上市公司内部控制评价模式、内部控制评价主体与客体、评价方法等,从而建立了企业内部控制综合评价基础理论框架;基于该框架,本研究按照系统评价理论、内部控制理论、《基本规范》及配套指引建立评价指标体系,采用层次分析法和模糊综合评价模型对评价结果进行量化,建立可比较、易操作且直观、综合反映企业内部控制水平和风险控制能力的评价指数,从而创新了企业内部控制评价理论模型。

1.2.2 企业内部控制评价研究应用价值

本研究的综合评价理论模型具有重要的应用价值。利用该模型可以定期(比如一年)编制和发布中国上市公司内部控制质量报告。企业内部控制质量的公开,可以对上市公司形成强有力的声誉制约,促进上市公司加强和改善内部控制,保护投资者利益;企业内部控制评价结果的推出还可以为课题、著作、文章等相关研究提供平台,为政府监管部门制定有效的监管政策和措施提供支持;为其他外部利益相关者的正确决策提供参考信息。研究意义总结如图 5-1 所示。

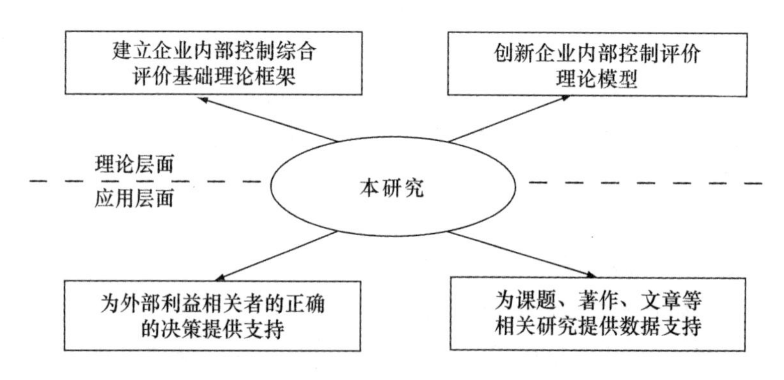

图 5-1 研究意义总结图

1.3 内部控制评价历史演进、研究综述

1.3.1 内部控制评价历史演进

虽然早在 1912 年,罗伯特·蒙哥马利就初步意识到内部控制的重要性,主张将资产负债表审计的必要范围与评价委托人的内部控制系统联系起来,但内部控制评价真正受到关注并得以发展,外部审计功不可没。外部审计师在长期的理论

研究和实践观察的基础上最终确信:内部控制与会计信息的可靠性之间存在着必然的联系,将内部牵制系统的评价与审计范围、重点等的确定联系起来,利用这种评价可以减少工作量,提高审计效率。正是由于这种认识,审计方式从此发生了根本的变化,即由原来账项导向审计演变为制度导向审计,也就是现在所说的“制度基础审计”。

20 世纪中期,环境的剧烈变化、不确定因素的增加、竞争的激烈等导致了被审计单位面临的风险越来越大。财务舞弊开始盛行,审计人员面临的审计风险日益扩大,制度基础审计已不再适应于审计需要,风险导向审计随之产生。风险导向审计把审计风险划分为固有风险、检查风险和控制风险,以控制风险作为评价风险的核心。此时内部控制评价的重点转向控制风险的评价,其目标主要是控制审计风险。

20 世纪 70 年代以后,美国爆发了新一轮的财务舞弊和财务失败事件,促使美国采取了一系列措施,强化董事会和管理层对内部控制的责任,内部控制评价开始影响管理领域。1977 年,美国国会通过了一项立法——《反国外贿赂法》(FCPA),该法案引用《审计准则公告第 1 号》中关于内部控制的定义,将未能保持充分内部会计控制系统的情形视为违法,并使内部控制不再隶属于会计部门,而是由董事会负责。作为上市公司的管理人员和董事,不论知情与否都会因内部会计控制不健全而遭到罚款和监禁。该法案的颁布对内部控制及其评价来说是一次巨大的飞跃,因为它使董事会和管理层开始意识到内部控制及其评价的重要性。在董事会和管理层的关注下,内部控制的范围得到拓展,内部控制评价目标更多地适应管理部门需要。

21 世纪初,随着安然、世通等一系列会计丑闻的出现,美国前总统布什签署了萨班斯-奥克斯利法案。法案中的 302 和 404 条款要求所有在美国上市的公司必须出具管理层和外部审计师签发的内部控制认证。为执行该法案,美国反欺诈财务报告委员随后重新审视了 1994 年发布的内部控制整体框架所存在的问题。并在原有内部控制整体框架的基础上,根据 SOX 法案和 SEC 规则的要求,于 2004 年 9 月正式发布了《企业风险管理——整合框架》。该框架指出,一个有效的风险管理程序必须与企业的战略设定结合起来实施,它从组织的顶层开始,支持组织的主要任务。《企业风险管理——整合框架》拓展了内部控制,内部控制评价于是开始转向企业风险管理这一更加宽泛的领域。

从上述内部控制评价发展历程可以看出:内部控制评价的产生最初是源于审计的需求,之后是源于法律法规的需求。这些外在因素一方面促使了内部控制评价不断发展,另一方面也促使了内部控制评价日益受到重视(尤其受到监管部门的重视)。但内部控制不仅仅是审计角度的内部控制、法律法规要求的内部控制,而且还应是投资者及其他利益相关者需求的内部控制(张先治、戴文涛,2011)。随着企业理论的进一步发展,企业内部控制评价将进入一个新的、更加重要的发展阶段,即内部控制评价除了满足外部审计、企业管理需求外,还要满足企业外部利益相关者如监管部门、投资者、债权人等的需求,企业内部控制综合评价已成为企业内部控制评价的发展趋势和研究方向。

1.3.2 内部控制评价研究述评

1. 内部控制评价理论研究述评

(1) 内部控制评价判断标准。对企业内部控制状况进行评价,首先应当对内部控制有效性的判断标准进行定义。按照 Maijoor(2000)的观点:内部控制理论在发展过程中对内部控制范围的定义主要基于三种视角——外部审计视角、组织管理视角和经济学视角,那么内部控制有效性的判断标准应该主要存在三种。实际上,有代表性的内部控制有效性判断标准远不止三种。

基于审计视角的内部控制有效性标准。现代意义上的内部控制理论是由内部牵制发展而来的。虽然内部控制活动的产生由来已久、内部控制制度的事实早已存在于企业的生产经营管理中,但首先积极提出内部控制概念并加以系统化、理论化的却不是内部管理者,而是外部审计师。外部审计师在长期的审计实践中发现,将内部牵制系统的评价与审计范围、重点联系起来,可以减少工作量,提高审计效率。在外部审计来看,内部控制有效性判断标准是对财务报告的可靠性提供合理保证的程度和水平(Nichols,1987;Wu,1989;Cashell,1996)。

基于组织管理视角的内部控制有效性标准。控制是管理的一项重要职能,作为五个管理要素之一,对其他四个要素(计划、组织、指挥、协调)起到综合的作用。管理控制的目的是使战略被执行,确保组织目标的实现(张先治,2004)。有效的内部控制系统应当与企业战略紧密结合,应当是企业成功的关键(Anthony,1964)。更多的学者从内部控制系统使用的方法对有效的内部控制进行研究,认为有效的内部控制应当是不同控制方法的结合,如产出控制和行为控制(Ouchi,1977),人事控制和组织结构控制(Child,1973;Edstom,1977),市场、层级和家族控制(Ouchi,1979),人事控制和文化控制(Balliga,1984),行动控制、结果控制、人员控制及文化控制(Merchant,1998),正式控制和非正式控制(Anthony,1989;De Maricourt,1996;Kranias,2001)。还有学者从有效内部控制应包括的要素、具备的特点对有效内部控制进行定义。Roch(1993)认为一个有效的内部控制系统应包括战略、结构、业绩评价、动机和激励五个方面的内容。

基于经济学视角的内部控制有效性标准。股份有限公司的出现,形成了企业出资者和企业内部运作相分离的态势。所有者在公司中只拥有剩余索取权,企业的经营管理交给了专职的经营管理者,公司股东与经营者之间形成了一种委托代理关系。但由于股东数量较多,只能由股东大会来决定公司的事项,并选出一个董事会来代替股东行使自己的权利,由此股东和经理人员之间又多了一层委托代理关系,即股东和董事会的委托代理关系。这样就构成了双重委托代理链条,即股东—董事会—经理,前者是经营权的委托代理链条,后者是管理权的委托代理链条。要使这一委托代理链条不发生断裂,关键是要完善委托者对受托者的约束与激励机制,这一机制便是内部控制(即公司治理)。它是维系委托人和受托人之间信任关系的一种保障机制。在外部投资者看来,内部控制的有效性取决于公司治理的有效性(Cadbury,1994)。

基于企业整体系统的内部控制有效性标准。契约经济学认为,企业是一系列不完备契约的组合,是个人之间交易产权的一种方式。为了弥补企业契约的不完备性和取得低交易成本所带来的收益,也为了规范公司各利益相关者的关系、约束和激励他们之间的交易以实现公司交易成本的比较优势,企业需要建立一个控制机制和约束激励机制,这种控制机制和约束激励机制就是企业内部控制。这种企业内部控制关注企业这个系统的整体有效,即在企业这个契约集合中,参与这个系统的股东、管理者、员工及其他利益相关者的投入是否有效以及是否得到了有效回报。在基于这种观点推出《内部控制——整合框架》的美国 COSO 委员会看来,内部控制有效性的判断标准是董事会了解企业经营目标的实现程度;公布的财务报告的编制是可信赖的;使用的法律法规得到了遵循。

关于内部控制有效性标准,尽管众说纷纭,但总体而言,各国的研究机构和越来越多的学者都认可 COSO 委员会的内部控制定义,但对其内部控制有效性判断标准非议较多,认为其判断标准过于原则和抽象化,即使是加拿大 CoCo 委员会制定的用于评价各项内部控制目标的 20 条具体标准,也不能有效地指导内部控制评价实践。

(2)内部控制评价理论模型研究述评。为避免内部控制评价的主观性,许多的研究者提出了内部控制评价理论模型。Yu Neter(1973)建立了一个随机模型,以便于审计师从数量上客观评价内部控制系统的可靠性。Nichols(1983)从一个执行审计任务的办事处获得工作文件并把工作文件上的数据作为输入,用判别分析构建描述性的基本评价判断模型,结果显示模型预测了 80% 的个人审计判断,远远高于一个概率模型的准确度。Houghton(1993)建立了一个描述审计师是如何做出内部控制判断的内部控制模型。该模型不仅追踪谁执行了一项任务,而且追踪这个人的上级和上级的上级。Srivastava(1985)的理论模型对内部控制是否有效提出以下三个标准:控制程序(活动)被执行的概率、对输入的正确信息进行正确决策的概率、对输入的错误信息进行正确的概率。此外,Cooley 和 Hicks(1983)还提出了汇总内部控制判断的模糊集模型;Miservy,Bailey 和 Johson(1986)提出了审查内部控制进程的计算模型;Mbdolmohammadi(1993)提出了一个描述结构和评价内部控制的模型。

在国内,王立勇(2004)运用可靠性理论及数理统计方法构建了内部控制系统评价定量分析的数学模型,并结合内部控制案例加以评述。利用该模型可计算程序的可靠度和系统可靠度,从而判断内部控制的效果。

由于审计师的评价行为受到执业经验、判断等多种因素的影响,内部控制评价行为具有很大的主观性,因此学者们才提出了一系列评价内部控制的数学模型,但这些模型或者是因为纯数学上的理论模型,在实际中无法找到可行的替代变量,或者是因为模型的假设难以被接受、模型的使用成本较高等,在内部控制评价实践中并没有发挥真正的作用。

(3) 内控框架、评价指标体系及指数研究述评。

内部控制框架研究。为整合各种各样的内部控制概念和解释,也为公司评价其内部控制系统的有效性提供一个参照标准,1992 年,美国的 COSO 提出了著名的内部控制评价标准模型——《内部控制——整体框架》。该框架将内部控制定义为“由企业的董事会、管理层和其他人员完成的过程,其目的是对运营的效率效果、财务报告的可靠性和法律法规的遵循提供合理保证”。内部控制包括三个目标和五个要素:三个目标分别是合理保证经营活动的效率和效果、合理保证财务报告的可靠性、适度保证对现有法律法规的遵循;五个要素分别是控制环境、风险评估、控制活动、信息与沟通以及监督。为便于企业管理层进行内部控制自我评估和审计师鉴证,该框架还提出了判断内部控制有效性的三个标准,即董事会了解企业经营目标的实现程度、公布的财务报告的编制是可信赖的、使用的法律法规得到了遵循。

借鉴美国 COSO 的内部控制框架,世界其他各国纷纷推出各自的内部控制框架,比较著名的内部控制框架如表 5-1 所示。

表 5-1　国内外著名的内部控制框架

发布部门、报告名称及发布时间	内部控制目标	内控要素(或框架内容)及评价标准	主要特点
美国 COSO 委员会:《企业内部控制整体框架》(1992)	合理保证财务报告的可靠性;经营活动的效率、效果;相关法律、法规的遵循	内控要素:控制环境、风险评估、控制活动、信息与沟通、监督 评价标准:见基于企业整体系统的内部控制有效性标准	强调管理层对内部控制的责任;侧重于财务报告内部控制;对内部控制规定采取具体规则形式
加拿大 CoCo 委员会:《控制指南》(1995)	经营的效率和效果;内部和外部报告的可靠性;遵循适用的法律、规章及内部政策	目标、承诺、能力、监督和学习 评价标准:20 项(略)	是一种更为广泛的概念化方法,管理和控制的界限更为模糊
英国财务报告委员会(FRC):《特恩布尔指南》(1999)	发现并控制企业风险,保护企业资产,明确和落实责任;提高会计信息质量,防止财务欺诈;遵循法律规章	内控要素:控制环境、控制活动、信息与沟通、监督检查 评价标准:略	强调董事会对内部控制的责任;以公司治理为导向;采取原则导向的方式
法国金融市场监管局:《内部控制系统框架》(2007)	法律和规定的遵守;由执行管理层或管理委员会所制定的规则和方向性指南被正确应用;公司内部过程正确地发挥作用(特别在保护资产安全方面);财务信息的可靠	内控要素:权责分明的架构系统、相关和可靠信息的内部沟通系统、风险识别和分析系统、控制活动、对内部控制程序的持续监督检查系统	以财务报告内部控制为主,框架的适用范围与对外披露财务报表的范围相配套
南非 King 委员会:King Ⅲ 报告(2009)	降低财务报告的实质性风险,并为可靠的财务报告提供坚实的基础	内控要素:控制活动、控制环境、风险评估、信息与沟通、监控	关注内部财务控制,并把审计委员会放在极其重要的位置
我国财政部等五部门:《企业内部控制基本规范》(2008)	保证企业经营管理合法合规、资产安全、财务报告及相关信息真实完整;提高经营效率和效果;促进企业实现发展战略	内部环境、风险评估、控制活动、信息与沟通、内部监督	在形式上借鉴了 COSO 报告五要素框架,在内容上体现了其《企业风险管理》八要素的框架(朱荣恩,2008)

（续表）

发布部门、报告名称及发布时间	内部控制目标	内控要素（或框架内容）及评价标准	主要特点
巴塞尔银行监管委员会（BCBC）：《银行组织内部控制系统框架》（1998）	操作性目标：各种活动的效率和效果；信息性目标：财务和管理目标的可靠性、完整性和及时性；合规性目标：遵从现行的法律和规章制度	控制环境、风险评估、控制活动、信息与交流、监督评审	强调管理层的督促和控制文化，将风险的识别和风险的评估并举；突出职责分离的重要性
内部审计研究基金机构：《电子系统保证和控制》（ESAC，2001）	运营目标、报告目标、合规性目标、资产安全保障目标	控制环境、人工和自动系统、控制程序	从COSO模型出发，将系统的目标和商业目标结合起来
信息系统审计和控制联合会（ISACA）：《信息及相关技术控制目标》（COBIT，1996）	利用信息技术来达到企业的目标和实施内部控制	执行概要、框架、应用工具集、管理指南、控制目标和审计指南	商业导向、过程导向、以控制为基础、计量驱动
日本企业会计审议会：《内部控制评价与审计准则》（2007）	经营的有效和效率、财务报告的可靠性、营业活动遵循相关法律、资产保全	控制环境、风险的评估与应对、控制活动、信息与沟通、监控、信息技术的应对	拓展了COSO内部控制框架，强调了信息控制和资产安全的重要性

资料来源：作者依据有关资料整理。

COSO的内部控制框架自发布以来逐渐获得了监管者、管理者的广泛认可，但学者们却普遍认为内部控制整体框架存在着一些缺陷。朱荣恩（2008）认为，内部控制框架仅仅提供了一些原则，并没有为管理层提供诸如如何建立控制文档、如何进行内部控制测试等方面的指南，也没有为管理层提供如何识别出控制缺陷方面的指南。Thomas（1993）认为，COSO报告的评估标准主要是基于提供给企业管理者的自我评估模型需要而归纳出内部控制的五要素及其范围，评价结果主要是满足企业自我评估需要。张先治、戴文涛（2010）认为，企业按照内部控制五要素评价内部控制状况，评价结果主要是满足企业管理需要，对利益相关者的决策缺少重要价值。

内控评价指标体系和指数研究。与各国研究机构的做法不同，学者们对内部控制评价的研究主要集中在评价指标体系和指数方面。

El Paso（2002）以COSO报告为依据，提出了包含5级量度、93个指标的内部控制评价指标体系。Huang(2004)按照COSO报告分解出56个指标作为特征属性,建立基于案例推理的内部控制风险评估系统。Leone(2007)总结Ashbaugh-Skaife等和Doyle等的研究,提出了可能会带来内部控制缺陷的评价指标体系。Hwang(2008)等按照COSO报告构建了ERP环境下的内部控制评价体系,该体系由5个维度、28个评价指标组成。王煜宇、温涛(2005)从内部控制环境、风险评估、内部会计控制、内部管理控制、监督控制五个方面构建了由35个具体指标组成的企业内部控制评价指标体系。骆良彬、王河流(2008)依据内部控制"五要素"建立一个包含42指标的评价指标体系。Tseng(2007)基于战略目标、经营目标、报告目标和合规目标实现程度构建了企业风险管理指数。张先治、戴文涛(2011)以内部控制的企业战略、财务报告的可靠性、经营活动效率效果和法律法规的遵循作为评价对象,采用基于AHP法的模糊综合评价模型构建内部控制指数。张兆国、张旺锋等(2011)以内部控制目标实现程度作为评价对象,构建由销售额、销售增长率等25个评价指标组成的评价指标体系,采用层次分析法和功效系数法建立评价指数。

学者们虽然依据内部控制要素建立了多种评价指标体系和评价指数,但并没有(有些根本无法)根据这些评价指标体系对企业内部控制状况进行测评。另外,我国学者在对内部控制评价指标体系进行研究时,《企业内部控制基本规范》以及配套指引尚未发布,所设计的评价指标体系并不适用于中国企业内部控制状况评价。

2. 内部控制评价实证研究述评

内部控制评价实证研究主要集中在两个方面:一是企业内部控制信息自愿披露;二是企业内部控制体系建设。Botosan (1997)借鉴AIMA(The Association for Investment Management and Reaearch)的公司报告排名,研究了122家制造企业内部控制信息自愿披露情况。Moerland(2007)以实现内部控制目标为基础,构建内部控制披露指数,并对芬兰、挪威、瑞典、荷兰、英国等北欧国家2002—2005年的内部报告影响因素进行了研究。陈汉文(2010)以内部环境、风险评估、控制活动、信息与沟通、内部监督作为评价对象,基于过程的完善程度构建由四级评价指标组成的评价指标体系,采用评价指数的形式对中国上市公司内部控制体系建设情况进行了评价。此外,王宏、蒋占华等(2011)建立市场占有率变量、净利润变量、审计意见变量等组成的内部控制基本指数体系,将内部控制重大缺陷作为修正指标对中国上市公司内部控制五大目标实现程度进行了评价。

尽管国内外多位学者对上市公司内部控制状况进行了实证研究,但这些研究基本上是以内部控制要素和内部控制信息披露作为评价对象,评价结果主要反映企业的内部控制体系建设和信息披露情况,并不代表企业的内部控制水平或风险控制能力。王宏、蒋占华等(2011)的研究发现,评价指标体系中多数是财务会计指标,没有依据内部控制相关理论选择评价指标。另外,内部控制评价标准是内部控制综合评模型的重要组成部分,但上述成果对此均缺乏研究。

1.4 中国上市公司内部控制评价理论框架

1.4.1 内部控制评价理论的逻辑起点

内部控制评价理论框架涉及内部控制评价研究最基本的概念和理论要素,这些概念和理论要素按照一定的逻辑关系连接成一个具有整体性、系统性和有序性的基本理论结构,决定着内部控制评价研究对象的性质、功能和范围。要建立起内部控制评价理论框架,其首要问题就是要从诸多基本概念或理论要素中选择一个能够充当构建内部控制评价理论框架的逻辑起点。参照内部控制评价的相关学科如内部控制、公司理财、财务会计的概念框架都是目标起点的做法,国内很多学者认为内部控制评价概念框架的逻辑起点是内部控制评价目标,但我们认为,一项事物,在没有对它"定性"(本质)之前,是不可能有所谓的"目标"定位的(李心合,2010)。内部控制评价理论框架的逻辑起点应是内部控制评价本质。

1.4.2 内部控制评价理论框架内容及其逻辑关系

内部控制评价理论框架应该包括哪些基本概念或理论要素,并不取决于人们的主观臆断,而是取决于内部控制评价实践的一般性质(即本质)和要素结构。张兆国(2010)、李心合(2010)、杨清香(2010)等认为,理论框架主要包括本质、对象、主体、目标、方法、规范(标准)和环境。基于上述观点,内部控制评价理论框架主要包括以下内容:

1. 内部控制评价本质——内部控制评价是什么

在过去的理论研究和实际操作中,为了一定的实践目的而进行的内部控制评价最为典型,也最为常见。如早期的基于审计目的的内部控制评价、基于企业战略的控制自我评价(Control Self-Assessment,CSA)。这种基于实践目的的内部控制评价具有很强的针对性,其本质是作为审计人员和企业的一种审计方法和管理手段而存在,是现代企业内部控制评价的一个测度环节,为具体的实践目标服务。

将内部控制评价作为实践中的一个环节来认识,确实可以有效地指导实践。但这种认识往往存在较大的局限性,这就给构建一般的企业内部控制评价理论框架带来了巨大困难,甚至会出现较大的分歧和争议。原因是针对企业内部控制评价本质的认识不同,就会出现完全不同的内部控制概念框架和实践体系。因此,要构建一个一般的内部控制评价概念框架就必须撇开具体的评价实践活动，上升到企业经济本质的高度。按照现代企业理论，企业的经济性质是一个企业与其利益相关者制定的关系契约集合，只要企业同其利益相关者能够建立一个较为合理的契约，并能够有效地加以履行，企业的经营目标就必然能够实现，即企业的经营目标保证了企业与其利益相关者制定的关系契约得以有效的制定和执行。但是由于人的有限理性、信息不对称以及投机倾向的客观存在，使得企业同利益相关者之间最优契约的建立和履行常常存在较大的交易成本。为降低企业同其利益相关者之间的信息不对称，减少企业利益相关者的有限理性和投机倾向给企业经营带来的危害，进而保证各利益相关者能够制定和履行最优契约，保证企业的可持续发展，就必须通过有效的内部控制信息披露。

因此，从经济学的角度看，内部控制评价的目的是满足企业利益相关者在制定和履行契约时对企业经营、资产安全、法规遵守等方面的信息需求，内部控制评价的本质是一种信息披露形式，它不直接作用于企业的经营活动，主要为企业外部利益相关者的正确决策提供支持。

2. 内部控制评价环境——在何种制度安排下实施评价

对任何事物进行评价总要基于一定的制度环境。内部控制评价环境是指实施内部控制评价所基于的制度安排。由于各国企业制度背景、法律环境、公司治理状况、资本市场发展水平存在着较大差异，因此内部控制评价环境也存在着显著的不一致。美国基于其企业制度主要形式是公司制、股权较分散、公司法只存在于州的层面、公司治理及资本市场较为完善等特点，建立了“管理层财务报告内部控制有效性评价 + 注册会计师对管理层财务报告内部控制有效性发表意见 + 注册会计师对财务报告内部控制进行审计”这样一种制度安排（见图 5-2），其目的是通过财务报告内部控制评价强制要求确保财务报告的可靠性，维护市场秩序和市场的有效性。与美国的内部控制评价制度安排不同，英国根据其实行自由企业制度、机构投资者持股比重较大以及独特的内部控制法律框架等因素，建立了“董事会内部控制有效性评价 + 注册会计师对董事会内部控制声明进行审查”这样一种制度安排（见图 5-3），内部控制评价范围不仅包括财务报告内部控制，而且涵盖了所有类型的控制，尤其是强调了企业内部控制与企业风险的关系，主要目的是满足企业经营管理需要。

中国存在特殊制度环境如股权结构较特殊、投资者法律保护不健全、资本市场发展不完善、公司治理机制有缺陷等，一方面使得中国不可能完全照搬美国的内部控制评价制度安排，另一方面决定了中国企业内部控制评价的视角也必须是规制或监管。按照财政部等五部委发布的《企业内部控制基本规范》及其配套指引的相关规定，结合我国提出的企业内部控制制度体系建立目标，即通过三至五年的努力,基本建立以监管部门为主导、各单位具体实施为基础、会计师事务所等中介机构咨询服务为支撑、政府监管和社会评价相结合的内部控制实施体系,我们认为,张先治、戴文涛(2010)提出的"董事会内部控制评价+注册会计师财务报告内部控制审计+政府监管部门(或非营利性机构)内部控制综合评价"模式是较适合我国制度环境的内部控制评价制度安排(见图5-4)。

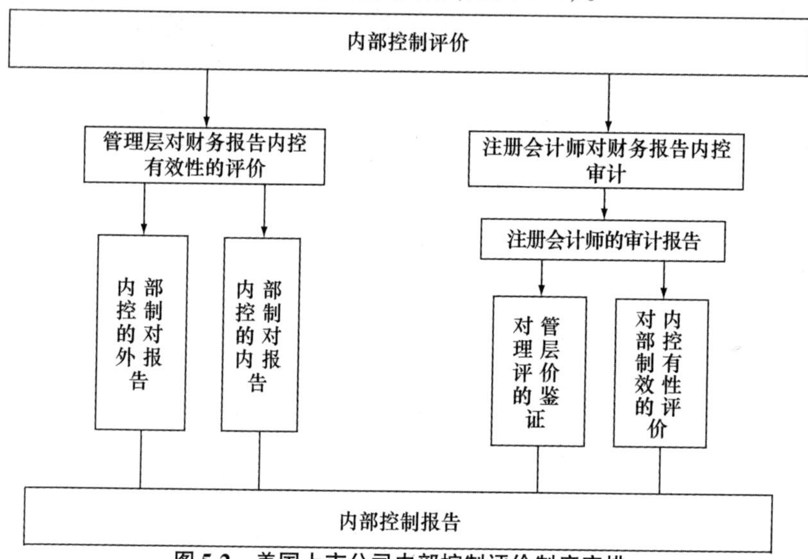

图5-2 美国上市公司内部控制评价制度安排

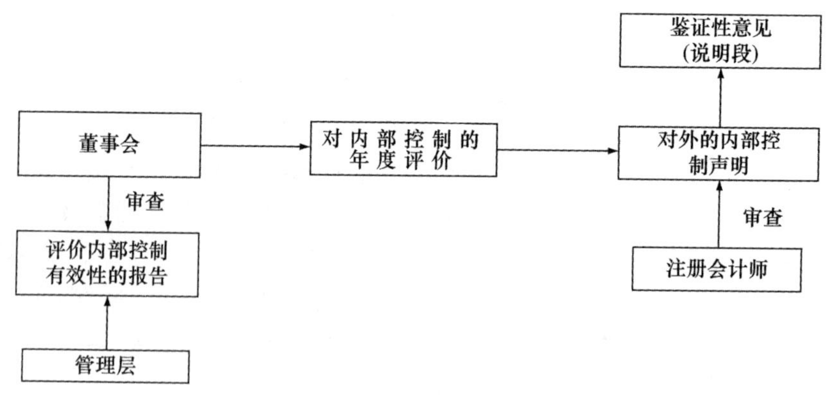

图5-3 英国上市公司内部控制评价制度安排

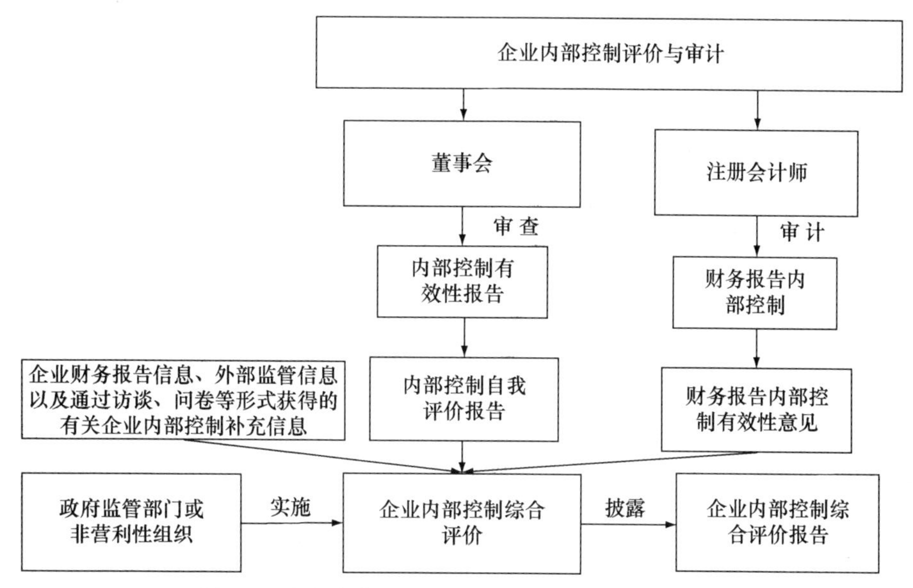

图5-4　中国上市公司三位一体的内部控制评价体系

3. 内部控制评价主体——内部控制评价由谁来实施

企业内部控制评价活动按照评价主体的不同可以分为两类：一类是内部评价主体进行的评价活动，另一类是外部评价主体进行的评价活动。在内部控制评价本质确定为一种信息披露形式并不直接作用于企业的经营活动、仅仅是企业各个利益相关者决策支持系统的情况下，企业内部控制评价主体主要是指内部控制外部评价主体，而且最好由政府监管部门和外部评价机构（比如科研机构或类似于美国的标普、穆迪和惠誉等评级机构）组成。在我国，政府监管部门要对相关企业施行内部控制规范体系的情况进行监督检查（刘玉廷，2010），要建立以“政府监管部门为主导的、各企业、会计师事务所和中介机构等共同参与的内外部监督评价体系”，所以，我国内部控制评价外部评价主体主要是政府监管部门或外部非营利性机构（比如科研机构）。

在我国，注册会计师不能充当主要的外部评价主体是由于以下四种原因：（1）注册会计师评价视角主要基于企业内部，从评价的功能看，仍然是基于企业的自我评估。（2）按照《审计指引》，注册会计师仅对企业财务报告内部控制有效性进行评价，而对内部控制审计过程中注意到的非财务报告内部控制重大缺陷是在内部控制审计报告中增加“非财务报告内部控制重大缺陷描述段”予以披露。这在一定程度上降低了注册会计师的责任，有可能导致注册会计师对企业非财务报告内部控制缺陷重视不够，忽视影响内部控制目标实现的其他重要控制活动的评价(即注册会计师内部控制评价范围不包括企业所有重要的控制)。(3)注册会计师的内部控制评价缺乏综合性。企业内部控制影响因素较多,要对企业内部控制质量作出独立、客观和公正的评价,并指导利益相关者进行决策,就不能仅由注册会计师对企业财务报告内部控制状况作出定性评价,而应当建立一套反映企业内部控制评价本质特征和目标要求的评价指标体系,然后利用科学的方法对评价指标体系的评价结果进行综合,以便对企业内部控制状况进行对比、分析。(4)会计师事务所具有公共性和企业性双重属性。它一方面为股东、债权人、潜在投资者等提供企业审计报告,承担着重大的社会责任;另一方面它又是独立经营、自负盈亏的企业。这就使其难以完全保持公正性。近年来,由于越来越多的会计师事务所在为客户提供审计服务的同时还为其提供咨询服务,这种"不务正业"的收入结构已经使会计师事务所实际蜕变成了兼营审计业务的管理咨询公司,其独立性大打折扣。另外,随着会计师事务所逐渐增多,行业竞争日趋激烈,一些会计师事务所采用低价收费、拉关系、给回扣等不正当手段抢夺市场份额的做法,也使审计质量下降,注册会计师的信誉大大降低。

4. 内部控制评价客体——内部控制评价什么

在实务界和理论界看来,在美国 COSO 内部控制整体框架逐渐获得公众认可、越来越多的美国公司按照内部控制五要素评价企业内部控制状况,我国的《企业内部控制评价指引》和《企业内部控制审计指引》已经正式发布的情况下,内部控制五要素是董事会(或管理层)和注册会计师的评价对象是内部控制评价的客体是无须再探讨的问题。但实际上并非如此。内部控制五要素及其范围主要是基于企业管理者的自我评估模型需要而归纳出(Thomas,1993),评价结果主要满足企业自身的经营管理需要。所以,在内部控制评价本质被界定为一种信息披露形式并不直接作用于企业的经营活动、仅仅是企业各个利益相关者决策支持系统以及内部控制评价主体主要由政府监管部门或外部非营利性机构(比如科研机构)组成的情况下,将内部控制五要素作为内部控制评价对象是不合适的。企业实施内部控制的目的是合理保证内部控制目标的实现,企业内部控制的有效性源自企业内部控制目标的实现程度,内部控制的有效性应当是内部控制为内部控制有关目标提供合理保证的程度和水平;有效的内部控制是为企业内部控制目标的实现提供合理保证的内部控制(陈汉文、张宜霞,2008)。因此,内部控制评价是对企业内部控制的有效性进行的评价活动,更进一步地,就是指内部控制评价主体根据一定的内部控制评价标准对企业在一定时期内(通常是一个财务年度)的内部控制合理保证内部控制目标的实现程度或水平所进行的评价活动(张先治、戴文涛,2010),内部控制评价的客体是企业内部控制目标的实现程度和水平。

5. 内部控制评价目标——内部控制评价要达到什么目标

任何概念框架一般都有目标,如财务概念框架、内部控制概念框架、公司财务概念框架,内部控制评价概念框架也不例外。内部控制评价是对企业内部控制进行的评价活动,是对企业内部控制的再控制,所以,内部控制评价目标应当与内部控制目标相适应,内部控制评价目标的确定应当依据内部控制目标。

美国的COSO把内部控制界定为合理保证财务报告的可靠性,经营活动的效率、效果以及法律法规的遵循等三个目标的实现,我国的《企业内部控制基本规范》把企业内部控制设定为五大方面的目标,即合规性目标、安全目标、报告目标、经营目标和战略目标。但是我们认为:企业除了内部控制目标之外,还存在着企业目标;由于企业总目标在企业所有目标中处于核心和支配地位,因此,内部控制目标必须服从或服务于企业目标,企业内部控制目标应分为整体目标(或基本目标)和具体目标两个层次,以解决和企业目标的协调问题。

当今企业是在一个经济全球化、市场竞争日趋激烈的环境中经营,风险是每一个企业面临的最大危险,生存即企业可持续是企业最基本的需求,其次是发展和盈利。发展是企业可持续的重要保证,而盈利则是企业的最根本目的。按照一般公认的观点:企业目标是企业价值最大化,所以企业内部控制的整体目标(或基本目标)是实现企业的可持续发展和企业价值的最大化。在该目标下,可以将其细分为保证财务报告的真实可靠,防止错误和舞弊的发生;加强企业的经营管理,提高经营的效率和效果;保障企业资产的安全和完整;遵守现行的法律和法规以及促进企业战略目标的实现等具体目标(企业目标与内部控制总体目标、具体目标的关系见图5-5)。

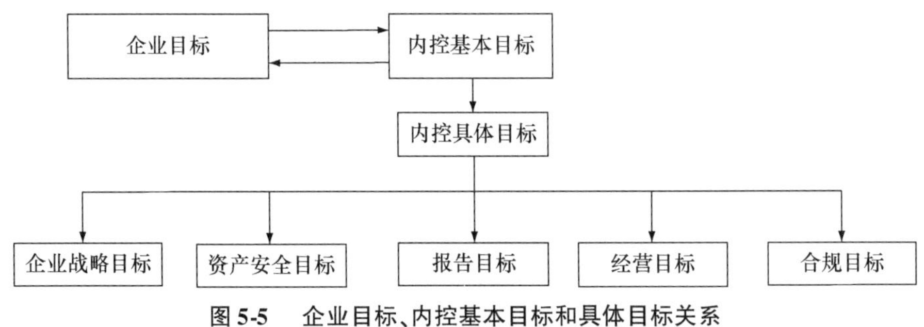

图5-5 企业目标、内控基本目标和具体目标关系

内部控制评价是对企业内部控制活动的再控制,其目标要与内部控制目标相适应,在企业内部控制整体目标(或基本目标)确定为实现企业的可持续发展和企业价值最大化的情况下,内部控制评价目标就是降低或规避企业风险、增加企业价值。

6. 内部控制评价方法——如何实施内部控制评价

企业内部控制评价方法按照评价结果表现形式的不同可以分为两类,一类是定性评价方法,另一类是定量评价方法。

定性评价方法与内部控制评价程序(或步骤)相联系,通常根据评价步骤的不同又可选择不同的评价方法。内部控制评价步骤一般包括调查了解、健全性测试、符合性测试和综合评价四个阶段。在制度调查阶段,可供选择的评价方法主要有查阅法、询问法、观察法和调查表法等;在健全性测试阶段,通常使用记述法(文字说明法)、调查表法和流程图法等评价方法;在符合性测试阶段,证据检查法、穿行试验法和实地观察法等是常用的评价方法;而在综合评价阶段,对比分析法、资料汇总法、逐项列举法等较为常用。

定量评价方法是在一套反映企业内部控制评价本质特征和目标要求的评价指标体系基础上,通过一定的评价模型,将企业内部控制状况评价结果转化成一个具体分值(通常称作内部控制指数)的评价方法。定量评价方法按照权数产生方法的不同大致可以分为两类,即主观法和客观法。所谓主观法,即根据经验和重要程度人为给出权数大小,再对指标进行综合评价。主观定权的方法有层次分析法、综合评分法、功效系数法、指数加权法和模糊评价法等。所谓客观法,即根据指标自身的作用和影响确定权数再进行综合评价。这类方法有熵值法、主成分分析法、变异系数法、聚类分析、判别分析等多元分析方法。由于上述综合评价方法各有所长,人们往往根据评价指标性质和评价目的选择配合使用。将层次分析法(即 AHP 方法)与模糊综合评价方法相结合构造多层模糊综合评价模型是一种综合运用两种方法优点的科学方法,非常适合企业内部控制综合量化评价。对此,国内外很多学者(Hwang,2008;张先治、戴文涛,2010;韩传模、汪士果,2009;骆良彬、王河流,2008;周春喜,2002)已经进行了相关研究。内部控制综合评价是一种定量评价,内部控制评价方法应当选择基于 AHP 的模糊综合评价方法。

7. 内部控制评价规范——内部控制评价标准

对企业内部控制状况进行评价,还必须要有一定的评价规范(或评价标准),没有评价标准,企业内部控制质量就无法判断。美国的 COSO 委员会在其《内部控制整体框架》发布不久,就提出了判断内部控制有效性的三项标准,即公司董事会和管理层了解经营目标的实现程度;公布的财务报告的编制是可靠的;使用的法律法规得到了遵循。随后,加拿大的 CoCo 委员会、英格兰和威尔士特许会计师协会、最高审计机关国际组织、我国的《企业内部控制基本规范》等也纷纷推出了自己的内部控制评价标准。但总的来说,这些标准过于原则和抽象化(虽然加拿大的 CoCo 制定了用于评价各项内部控制目标的 20 条具体标准),还不能有效地指导内部控制评价实践。

内部控制评价方法有定性评价方法和定量评价方法,与之相对应,内部控制评价标准也存在定性评价标准和定量评价标准。定性评价标准是对评价对象做出定性结论的价值判断标准,可分为一般标准和具体标准。内部控制评价的一般标准是应用于内部控制评价的各个方面的标准,是企业内部控制系统整体运行应遵循和达到的目标;内部控制评价具体标准是应用于内部控制评价具体方面的标准,是具体的内部控制系统运行应遵循和达到的目标。内部控制评价一般标准和具体标准之间存在密切的关系,内部控制评价具体标准是一般标准的基础,一般标准是具体标准的升华。

定量评价标准是对评价对象做出定量结果的价值判断标准。由于内部控制综合评价结果常常依据评价方法的不同表现为不同的形式(有的是百分数,有的是分值),因此,定量评价标准不存在一个统一的评价标准。以内部控制评价结果表现为评价分值而言,由于不同的分值分别代表着不同的内部控制质量(即使是相同的分值其内部控制质量也不一定相同),因此,必须对评价结果进行分等,以直观地显示企业内部控制质量的优劣。此种情况下,定量评价标准一般采用等级制的形式,如张先治、戴文涛(2010)在《中国企业内部控制评价系统研究》一文中制定的内部控制综合评价标准就采取了这种形式。

上述七个基本概念或理论要素中,第一个要素决定了内部控制评价实践一般性质,第二至第七个要素决定了内部控制评价实践必须具备的要素,它们共同构成了内部控制评价的概念框架和基本理论结构。其逻辑关系可以表述为:以内部控制评价本质为逻辑起点,根据内部控制评价环境确定内部控制评价主体,内部控制评价主体应用内部控制评价方法,依据内部控制评价标准对企业内部控制评价对象进行评价,达到内部控制评价目标。

1.5　中国上市公司内部控制评价特点及原则

1.5.1　中国上市公司内部控制评价特点

中国上市公司内部控制评价是在企业内部控制披露以及注册会计师内部控制审计披露的基础上,结合其他相关信息,基于政府监管部门或外部非营利性组织(比如科研机构)评价企业内部控制目标实现程度视角而对企业内部控制质量进行的一种综合、量化评价。这种综合、量化评价的本质是一种为企业外部利益相关者的正确决策提供支持的内部控制信息披露,它作为企业的一种信息披露形式和内容,并不直接作用于企业的生产经营和管理活动,主要为企业外部利益相关者的正确决策提供支持。

1.5.2　中国上市公司内部控制评价原则

为保证企业内部控制评价结果的客观性,提高社会公众对内部控制评价质量的可接受性,本研究在构建内部控制评价系统时遵循了以下原则:

(1) 科学性原则。评价指标体系设计、评价指标及指数构建模型选择等都应有一定的理论依据和理论分析,符合内部控制理论、系统评价理论、《企业内部控制基本规范》及配套指引等要求。

(2) 系统性原则。内部控制评价指标体系是由相互联系、相互依存的多个评价指标组成的具有一定结构和功能的整体,应具有整体性、层次性、相关性和动态性的特点。

(3) 可比性原则。内部控制评价既要考虑评价结果全面反映企业的内部控制情况,又要考虑不同企业之间评价指标、评价结果的可比性。

(4) 可操作性原则。内部控制评价指标多数来自于企业的公开信息披露,不同企业之间的差别有可能较大,评价指标的选取要切合实际,具有可操作性。

(5) 定性与定量相结合原则。企业内部控制质量影响因素较多,内部控制评价中既要考虑到内部控制评价的主观性,又要使内部控制评价具有客观性,做到定性评价和定量评价相结合。

1.6 中国上市公司内部控制评价指标体系

企业内部控制综合评价属于多指标的综合评价范畴。多指标综合评价要求要按一定规则建立一套相互联系、相互依存的评价指标体系。内部控制评价指标体系是内部控制指数构建的基础,也是内部控制指数构建的最关键环节,关系到评价结果的科学性和可接受性。本研究首先根据内部控制理论、系统评价理论、《企业内部控制基本规范》及其配套指引等选择评价指标,初步建立评价指标体系。考虑到定量评价指标之间有可能存在较大的相关性,本研究在采取了 Pearson 相关系数对初选的 22 个定量评价指标进行净化处理后,保留定量评价指标 15 个,最终确立企业内部控制评价指标体系。

1.6.1 内部控制评价指标选择

1. 结果层指标

企业内部控制评价是对企业在一定时期内(通常是一个财务年度)的内部控制合理保证内部控制目标的实现程度或水平所进行的评价活动(张先治、戴文涛,2010),这一评价活动的综合量化结果就是企业内部控制指数,也即企业内部控制评价的结果层指标。它是在一套综合反映企业内部控制评价本质特征和目标要求的评价指标体系基础上,采用基于 AHP 的模糊综合评价模型计算出来的具体分值,代表企业内部控制目标实现程度的数量表示,可用于评价企业内部控制有效性情况,也可用作不同企业、不同行业企业内部控制质量的比较。

2. 目标层指标

我国的《企业内部控制基本规范》把内部控制目标定为五个,但实际上可以归为四个。企业资产不安全,企业的经营活动就谈不上有效率和效果,企业经营活动的效率、效果目标可以代表资产安全目标(张先治,2004)。因此,本研究设置企业战略目标、财务报告可靠性目标、经营活动的效率和效果目标及法律法规遵循目标,美国 COSO 的《风险管理整合框架》也是设置了此四个目标。

3. 一级指标层指标

一级指标层指标是用来评价目标层指标的,它们是目标层指标的进一步扩展,代表评价目标层指标应当考虑的具体内容或维度,共设置战略目标制定和实施过程、战略目标实施结果、企业总体层面控制、业务活动层面控制等 10 个一级指标层指标。

(1) 通过战略目标制定和实施过程、战略目标实施结果两个指标评价企业战略目标实现程度。企业的内部控制应符合一定的原则,成本效益原则是企业战略目标控制应遵守的原则。为避免企业过分注重战略目标的实现而不考虑资源消耗、控制成本等因素,大多数学者如张先治(2004)、杨雄胜(2007)、朱荣恩(2009)、杨有红(2011)等认为,企业战略目标应从结果和过程两个方面进行评价。为此,本研究设置战略目标制定、实施过程和战略目标实施结果指标评价企业目标实现程度。

(2) 通过企业层面控制和业务活动层面控制两个指标评价财务报告可靠性目标实现程度。我国《企业内部控制审计指引》规定,注册会计师对企业财务报告内部控制审计应从企业层面的控制和业务活动层面的控制测试入手。由于注册会计师对企业财务报告内部控制进行审计的主要目的是保证财务报告的可靠性,因此,企业财务报告可靠性目标实现程度可以根据这两个评价指标进行评价。

(3) 通过盈利能力、营运能力、偿债能力和发展能力四个指标评价企业经营活动效率和效果目标实现程度。资产的所有者把资产委托给管理者经营,目的是追求资产的保值、增值。管理者只有有效运用各种资产运营策略,建立合理的资本结构、处理好债权债务关系、不断发展壮大,才能更好地履行好受托责任。从这层意义上说,企业的效率效果目标实现程度应从经营效果、资产运营、偿债能力和发展能力进行考察。另外,现在使用的绝大多数财务分析教科书基本上都是从这四个方面对企业经营活动的效率效果进行分析和评价。

(4) 通过监管者监督和注册会计师监督两个指标评价法律法规遵循目标实现程度。证监会、交易所、财政部及其派出机构、工商、税务等部门是国家法定的监督管理部门,它们对企业遵守国家政策和法律的情况起着监督、检查的作用,企业一旦违法,将会受到有关部门的处罚。另外,从国内外发生的财务舞弊事件看,多数企业财务舞弊行为的发生源于管理层的故意行为,而且这些故意违法行为一般很难通过企业自身得到暴露,常常是由外部审计机构或注册会计师揭露出来。

因此,企业遵守法律法规情况可以用监管者监督和注册会计师监督这两个评价指标进行评价。

4．二级指标层指标

二级指标层指标是用来评价一级指标层指标的,它们是一级指标层指标的进一步扩展,代表评价一级指标层指标应当考虑的具体内容或维度,共设置战略目标制定和实施的内部环境、公司内部治理的有效性等二级指标层指标。

(1)通过“战略目标制定准备”“战略目标制定过程”“战略目标实施准备”“战略目标实施过程”“市场目标”“盈利目标”“创新目标”“社会责任目标”八个指标反映战略目标制定、战略目标实施过程和实施结果。按照企业战略管理理论和实践,企业要制定出科学合理的战略目标,应首先成立机构,选择合适的人员,拨付一定的经费,然后对企业面临的内外环境进行全面的调查和分析,依据自身的资源和能力确定企业战略。因此“战略目标制定准备”“战略目标制定过程”通过“企业战略机构的设立、职权、议事规则和办事程序”“企业战略成员的素质、经验、任职资格和选任程序”“企业对目标实现与现有资源状况之间的匹配程度进行的评估”“企业对目标实现与现有资源状况之间的匹配程度进行的评估”等指标进行评价。为确保战略目标的实现,企业战略目标确立之后,企业要识别出影响企业战略目标实现的重要目标,制订出年度工作计划、年度经营预算,还要对影响战略实施的各种因素进行识别和评估,对影响企业战略实施的各项重要风险因素开展控制活动等,因此,“战略目标实施准备”“战略目标实施过程”通过“对实现企业战略目标来说较重要目标的识别以及完成每个阶段的目标和任务的路径、方式和方法”“根据战略目标,企业管理层年度工作计划、年度经营预算、绩效考核等方面的制定”“企业对影响发展战略实施的各种因素所进行的识别和评估”“企业对影响企业战略实施的各项重要风险因素进行的控制活动”“企业战略委员会及战略管理部门对发展战略实施进行的持续监控”等进行评价。战略目标是企业使命和功能的具体化,尽管不同的企业可能存在不同的战略目标,相同的企业其战略目标也可能并不相同,而且企业的战略目标还有可能是多元的,但从战略目标的实施结果看,一般表现在市场目标、创新目标、盈利目标和社会责任目标四个方面(刘平、刘亚杰,2011)。为此,本研究设置市场目标、创新目标、盈利目标和社会责任目标评价企业战略目标实施结果。

(2)通过公司内部治理的有效性、企业组织机构及权责履行、管理层的经营理念和经营风格、管理层的诚信道德和价值观念等九个指标反映企业层面总体控制。《企业内部控制评价指引》第十一条规定,注册会计师测试企业层面的控制至少应当关注与内部控制环境相关的控制;针对管理层凌驾于内部控制之上的风险而设计的控制;企业的风险评估过程;对内部信息传递和财务报告流程的控制;对控制有效性的内部监督和自我评价。《企业内部控制基本规范》第五条规定,企业内部环境一般包括治理结构、机构设置与权责分配、内部审计、人力资源政策、企业文化等内容,因此,在二级指标层设置公司内部治理有效性、企业组织机构及权责履行、管理层的经营理念和经营风格、管理层的诚信道德和价值观念、企业内部审计、企业文化建设、企业人力资源政策、企业风险评估、内部监督和自我评价九个指标。

(3) 通过货币资金控制、采购与付款控制、存货与仓储控制、成本费用控制等12个指标反映业务活动层面控制。《企业内部控制基本规范》指出,业务层面的控制是指企业控制活动方面的控制,它是企业根据风险评估结果,采用相应的控制措施,将风险控制在可承受的程度之内。按照《企业内部控制应用指引》中的具体控制内容以及企业经营活动控制方面的实际情况,设置货币资金控制、采购与付款控制、存货与仓储控制、成本费用控制、销售与收款控制、固定资产控制、关联交易控制、对外担保控制、企业投资控制、企业融资控制、对子公司的控制、企业信息披露控制12个评价指标。

(4) 通过净资产收益率、总资产报酬率等六个指标反映企业"盈利能力"。张先治(2003)认为,企业的经营分为资本经营、资产经营、商品经营和产品经营,资本经营是企业经营的最高层次。因此,选择净资产收益率、总资产报酬率、营业收入利润率、盈利现金保障倍数、股本收益率、每股收益六个评价指标分别从资本经营能力、资产经营能力、商品经营能力等角度对企业盈利能力进行评价。

(5) 通过流动资产周转率、应收账款周转率等四个指标反映企业"营运能力"。企业营运能力是企业利用现有资源创造社会财富的能力,主要表现在营运资产的效率和效益上。营运资产的效率通常是指资产的周转速度,营运资产的效益是营运资产的利用效果,通过其投入和产出相比较来体现。由于企业的经营过程是利用各项资产以形成产品和销售的过程,或简单地说,就是资产转换,而这一过程的状况和效率主要受资产存量、各种资产组合所形成的资源配置、资产的变动情况、资产的利用状态、资产的利用效率等因素的影响。因此,企业营运能力评价指标选择流动资产周转率、应收账款周转率、总资产周转率和存货周转率四个指标。

(6) 通过资产负债率、流动比率等六个指标反映企业"偿债能力"。对于多数企业来说,资金来源除了所有者权益外,还有相当一部分来自对外负债。由于任何一笔债务都负有支付利息和到期偿还本金的责任,而企业全部资产中,除现金(指货币资金及其等价物)外,其他资产常常不是现时的直接偿付能力,因此要考虑资产的变现力问题。企业偿债能力的强弱除了取决于企业资产的流动性外,还取决于企业负债的规模和负债的流动性,所以,企业偿债能力评价还必须考虑企业负债与所有者权益的比例关系以及各项负债占负债总额的比例关系。为此,对企业偿债能力的评价设置资产负债率、流动比率、速动比率、利息保障倍数、债务股权比和到期债务本息偿付比率六个指标。

(7) 通过营业收入增长率、利润总额增长率等六个指标反映企业“发展能力”。随着市场经济的发展和竞争的进一步加剧,人们对企业发展的关注不仅停留在发展的现状上,而且越来越注重企业发展的态势、潜能和成长性,尤其是从动态上把握企业的发展过程和发展趋势。因此,设置营业收入增长率、利润总额增长率、资本扩张率、净资产增长率、总资产增长率、股利增长率六个评价指标分别从营业活动、资本营运、资产规模及股东收益角度对企业发展能力进行评价。

(8) 通过“证监、财政、审计等部门监督”“企业财务报告监督”“企业内部控制监督”等五个指标评价监管者监督和注册会计师监督。按照国家相关法律法规,上市公司财务报告披露前必须经过注册会计师审计,企业财务报告内部控制的有效性必须经过审计。因此,注册会计师如果能忠实地履行自己的职责,就能够凭借其丰富的专业知识和实践经验发现企业的违法违规事件。美国著名的Treadway委员会1987年提出的一个著名的反舞弊四层次机制理论,其中就包含了外部独立审计。我国的陈关亭(2007)以及陈国欣、吕占甲和何峰(2007)也认为,根据注册会计师出具的审计意见类型,就可以判断上市公司是否有财务舞弊嫌疑。所以,注册会计师监督可通过“企业财务报告监督”和“企业内部控制监督”这两个指标进行反映。中国的证监、财政、审计、法院及其他有关部门是维护资本市场稳定的监督和管理部门,它们对企业经营活动的合规性负有监督、检查的责任,企业受到这些部门的警告、谴责、处罚意味着企业没有很好地遵循有关的法律法规,因此,选择“证监、财政、审计等部门监督”“环保、卫生、税务、工商等部门监督”“公安、检察院、法院等部门监督”三个指标评价监管部门监督。

1.6.2 评价指标净化和筛选

在构建内部控制评价指标体系时,考虑更多的是用尽可能多的评价指标涵盖企业内部控制的内容,而没有考虑评价指标之间的相关性,这样有可能造成评价指标所反映的内容、信息重叠。如果对评价指标体系不作统计分析就用来评价企业内部控制状况,不仅会因指标过多给数据收集和计算带来很大困难,而且评价结果也会因指标过多而对企业之间的内部控制状况差异不灵敏;另外,在评价指标体系中各指标对总体方差的贡献不相同,有些评价指标贡献大,有些评价指标贡献小,不剔除贡献小的评价指标,就会使指标体系有较大的冗余。因此,本研究对评价指标体系中的评价指标进行了净化和筛选。净化和筛选的对象是定量评价指标,即企业效率效果评价指标,采用的方法是先计算评价指标的Pearson相关系数,然后进行相关分析。

1.6.3 评价指标体系建立

在对结果层指标、目标层指标、一级指标层指标、二级指标层指标进行分析的基础上，经过定量评价指标净化和筛选，本研究确立由 1 个结果层指标、4 个目标层指标、10 个一级指标、53 个二级指标组成的企业内部控制评价指标体系（见表 5-2）。

表 5-2　企业内部控制评价指标体系

结果层指标	目标层指标	一级指标层指标	二级指标层指标	评价内容（略）
企业内部控制指数	企业战略目标（X1）（29%）	战略目标制定和实施过程（X11）（48%）	战略目标制定准备（X111）（25%）	
			战略目标制定过程（X112）（25%）	
			战略目标实施准备（X113）（25%）	
			战略目标实施过程（X114）（25%）	
		战略目标实施结果（X12）（52%）	市场目标（X121）（25%）	
			创新目标（X122）（25%）	
			盈利目标（X123）（25%）	
			社会目标（X124）（25%）	
	财务报告可靠性（X2）（25.45%）	企业总体层面控制（X21）（53%）	公司内部治理有效性（X211）（30.29%）	
			企业组织机构及权责履行（X212）（14.91%）	
			管理层的经营理念和经营风格（X213）（7.56%）	
			管理层的诚信道德和价值观念（X214）（18.24%）	
			企业内部审计（X215）（2.8%）	
			企业文化建设（X216）（4.03%）	
			企业人力资源政策（X217）（2.17%）	
			企业风险评估（X218）（10%）	
			内部监督和自我评价（X219）（10%）	
		业务活动层面控制（X22）（47%）	货币资金控制（X221）（3.52%）	
			采购与付款控制（X222）（11.08%）	
			存货与仓储控制（X223）（11.08%）	
			成本费用控制（X224）（11.08%）	
			销售与收款控制（X225）（11.08%）	
			固定资产控制（X226）（3.52%）	
			关联方交易控制（X227）（11.08%）	
			对外担保控制（X228）（11.08%）	
			企业投资控制（X229）（11.08%）	
			企业融资控制（X230）（5.95%）	
			对子公司的控制（X231）（3.52%）	
			企业信息披露控制（X232）（5.93%）	

（续表）

结果层指标	目标层指标	一级指标层指标	二级指标层指标	评价内容（略）
企业内部控制指数	资产安全、效率和效果(X3)(27.82%)	盈利能力(X31)(39.24%)	净资产收益率(X311)(41.33%)	
			总资产报酬率(X312)(29.22%)	
			业务收入利润率(X313)(10.78%)	
			盈利现金保障倍数(X314)(18.67%)	
		营运能力(X32)(16.5%)	流动资产周转率(X321)(31.08%)	
			应收账款周转率(X322)(49.34%)	
			存货周转率(X323)(19.28%)	
		偿债能力(X33)(16.5%)	资产负债率(X331)(44.34%)	
			流动比率(X332)(16.92%)	
			利息保障倍数(X333)(38.74%)	
		发展能力(X34)(27.76%)	业务收入增长率(X341)(31.64%)	
			利润总额增长率(X342)(10.55%)	
			资本扩张率(X343)(29.17%)	
			净资产增长率(X344)(9.39%)	
			总资产增长率(X345)(19.25%)	
	法律法规遵循(X4)(17.73%)	监管者监督(X41)(51%)	证监会、交易所、财政、审计等部门监督(X411)(42.86%)	
			环保、卫生、税务、工商等部门监督(X412)(42.86%)	
			公安、检察院、法院等部门监督(X413)(14.28%)	
		注册会计师监督(X42)(49%)	企业财务报告监督(X421)(42.86%)	
			会计师事务所的变更情况(X422)(14.28%)	
			企业内部控制监督(X423)(42.86%)	

1.7 中国上市公司内部控制指数

中国上市公司内部控制状况是评价指标体系中各个评价指标加权合成的结果。由于评价体系中各指标的重要程度不同，如果各指标被赋予等权，评价结果不合理。因此，企业内部控制指数构建首先确定评价指标权重，然后选用科学的评价模型构建指数。

1.7.1 评价指标权重确定方法选择及确定过程

1. 权重确定方法选择

目前权重确定方法大致可分为主观法和客观法两类。所谓主观法，即评价人员根据自己的经验和知识人为给出评价指标的权重，主要有层次分析法、专家意见法、综合评分法、功效系数法等。所谓客观法，即根据评价指标自身的作用和影响确定权重，主要有变异系数法、熵值法以及主成分分析法、聚类分析、判别分析等多元分析方法。由于主观赋权法存在缺乏一定的理论依据、容易受到测评人员素质影响等缺陷，客观赋权法存在通用性和可参与性差，有时候确定的权重会与指标的实际重要程度相差较大等不足，因此，本研究在确定评价指标权重时的做法是兼顾主客观两种赋权方法的优点，按照主客观相结合的思想，采用组合赋权方法确定目标层评价指标最优权重（其他评价指标权重不采用该方法）。

层次分析法（即 AHP 法）是美国运筹学家、匹兹堡大学萨迪（T. L. Saaty）教授在 20 世纪 70 年代提出的一种定性和定量相结合的、系统化、层次化的分析方法。在目前所有主观赋权的方法中，AHP 法因为科学合理、简单易行而被广泛使用。变异系数法是根据各个评价指标在所有被评价对象上观察值的变异程度大小来对其赋权，观察值变异程度大的指标被赋予较大的权重，观察值变异程度小的指标被赋予较小的权重。由于该方法是直接对指标数据进行数学处理，充分考虑了指标数据的相对变化程度，实现了指标的动态赋权，因此是一种较好的客观赋权方法。本研究首先采用主观赋权的 AHP 法，在构造的判断矩阵全部通过一致性检验的基础上确定评价指标体系中各评价指标的权重，然后采用客观赋权的变异系数法对目标层评价指标权重进行修正。

2. 权重的确定过程

(1) AHP 法求评价指标权重。

构造比较判断矩阵。设定指标两两比较的标度值（见表 5-3），请专家根据标度值判断某一个指标相对于另一个指标的重要性程度，构成判断矩阵 D，其形式为：

C_k	D_1	D_2	$\cdots$	D_n
D_1	d_{11}	d_{12}	$\cdots$	d_{1n}
D_2	d_{21}	d_{22}	$\cdots$	d_{2n}
$\vdots$	$\vdots$	$\vdots$	$\vdots$	$\vdots$
D_n	d_{n1}	d_{n2}	$\cdots$	d_{nn}

其中，C_k是上层次中的一个元素，它是 $D_1, D_2, \cdots, D_n$诸元素两两比较、判断的准则，$D_1, D_2, \cdots, D_n$是下层次中与 C_k有关的诸元素，d_{ij}是元素 D_i与元素 D_j相对重要性比较、判断的标度值。

表 5-3 判断矩阵标度值及其含义

标度 d_{ij}	含义
1	D_i与 D_j同样重要
3	D_i比 D_j稍微重要
5	D_i比 D_j明显重要
7	D_i比 D_j重要得多
9	D_i比 D_j绝对重要
2,4,6,8	D_i与 D_j的影响之比介于上述两个相邻等级之间
1/2,…,1/9	D_i与 D_j的影响之比为上面 d_{ij}的互反数

确定评价指标权重。运用9标度法构造判断矩阵,对判断矩阵中每行所有元素求几何平均值 $\bar{v}_i$,并将 $\bar{v}_i$ 归一化计算 v_i:

$\bar{v}_i = \sqrt[n]{\prod_{j=1}^{n} d_{ij}}$($i = 1,2,\cdots,n$,$d_{ij}$ 为元素 D_i 与元素 D_j 相对重要性比较、判断的标度值),同时令 $\bar{v} = (\bar{v}_1,\bar{v}_2,\cdots,\bar{v}_n)^{\mathrm{T}}$,$v_i = \bar{v}_i \Big/ \sum_{i=1}^{n} \bar{v}_i$,$V = (v_1,v_2,\cdots,v_n)^{\mathrm{T}}$, V 即为所求特征向量的近似值,也即各元素的相对权重。

对结果进行一致性检验,当一致性检验比率 CR <0.1 时,构建的判断矩阵具有满意的一致性。否则,重新构造判断矩阵求权重。

(2) 变异系数法求评价指标权重(仅对目标层指标权重)。

设 u_k 是第 k 个指标由变异系数法求得的权重,m 为目标层指标的个数,n 为样本单位数,则:

$$u_k = \frac{\sqrt{\sum_{i=1}^{n}(V_k - \bar{V}_k)^2 \Big/ n}}{\bar{V}_k} \Bigg/ \sum_{k=1}^{m} \frac{\sqrt{\sum_{i=1}^{n}(V_k - \bar{V}_k)^2 \Big/ n}}{\bar{V}_k}$$

其中,V_{ki}为第 i 个被评价单位评价指标的值,$\bar{V}_k$ 为第 k 个评价指标所有被评价单位指标值的平均值。

(3) 目标层指标权重的确定。

若 w_k 为两种赋权方法的组合权重,W 为目标层指标权重组成的权重向量,则

$$w_k = 0.5v_i + 0.5u_k, \quad W = (w_1,w_2,w_n)^{\mathrm{T}}$$

1.7.2 控制指数构建

1. 指数构建模型选择

企业内部控制评价涉及较多的定性指标，由于缺少客观的评价标准，对这些定性指标属于某一等级的判断很难用数字表示，只能用一些模糊语言如“优、良、中、差”“高、中、低”等来描述，此种情况下，利用 AHP 综合评价法就受到了限制。模糊综合评价方法善于处理不确定的、模糊的信息，能够在定性与定量之间建立联系，能够模拟人的综合判断能力，但对于评估模型的各指标权重却不能通过学习获得（孙元，2007）。企业内部控制评价的模糊性特点决定了内部控制评价指数构建可以使用该方法，但是模糊评价法的不足又决定了在使用该方法时必须与其他方法配合使用。将 AHP 方法与模糊综合评价方法相结合构造多层模糊综合评价模型是一种综合运用两种方法优点的模型，两者结合能够取长补短，珠联璧合，使模型更具科学性，更具应用价值。因此，本研究的内部控制评价指数构建模型选择基于 AHP 的模糊综合评价模型。

2. 内部控制分指数构建

企业内部控制评价不仅要对比分析企业总体内部控制状况，而且要对比分析其构成要素或组成部分的情况，因此，企业内部控制指数构建包括两个环节：一是首先计算其构成要素或组成部分分指数，二是将各个分指数合成为企业内部控制总指数。由于各分指数的计算方法大致相同，下面以财务报告可靠性目标分指数为例说明其构建过程。

（1）建立目标集。

设目标集为 $X=(X_1,X_2)$，其中 X 是评价企业财务报告的可靠性的指标集，X_1、X_2 分别代表企业层面控制、业务活动层面控制，其权重集为 $W=(W_1,W_2)$，$W_k(k=1,2)$ 表示指标 X_k 在 X 中的比重且 $\sum_{k=1}^{2} W_k = 1$。

（2）确立因素集。

设因素集为 $X_k=(X_{k1},X_{k2},\cdots,X_{kp})$，其对应权重集为 $W_k=(W_{k1},W_{k2},\cdots,W_{ki})$，$W_{ki}(i=1,2,\cdots,p)$ 表示 X_{ki} 在 X_k 中的比重，且 $\sum_{i=1}^{p} W_{ki} = 1$。

（3）构造评语集。

设评语集为 $V=(V_1,V_2,\cdots,V_n)$，$V_j(j=1,2,\cdots n)$ 表示指标因素由好到差的各级评语。各指标的评分采用专家评分法，设“优”“良”“中”“差”“劣”五个等级。本研究中 $n=5$，V_1、V_2、V_3、V_4、V_5 分别表示评语为优、良、中、差、劣。

(4) 确定模糊评价矩阵。

设 $R_k=\begin{bmatrix} r_{11} & r_{12} & \cdots & r_{1n} \\ r_{21} & r_{22} & \cdots & r_{2n} \\ \vdots & \vdots & \vdots & \vdots \\ r_{p1} & r_{p2} & \cdots & r_{pn} \end{bmatrix}$表示从 X_k 到 V 的模糊评价矩阵,其中 $r_{ij}(i=1,2;j=1,2,\cdots,n)$表示评价指标 X_{ki}对于第 j 级评语 V_j 的隶属度。r_{ij}的取值方法为:通过对各专家的评分结果进行统计整理,得到指标 X_{ki}有 V_{i1}个 V_1 评语,V_{i2}个 V_2 评语……V_{in}个 V_n 评语,则对于 $i=1,2,\cdots,p$,有

$$r_{ij}=v_{vj}\Big/\sum_{j=1}^{n}v_{vj}\quad(j=1,2,\cdots,n)$$

(5) 计算对评语集 V 的隶属向量。

首先运用加权平均算子对因素层指标 X_{ki}的评价矩阵 R_k 进行模糊矩阵运算,得因素层 X_k 对评语集 V 的隶属向量 A_k

$$A_k=W_k\sigma R_k=(a_{k1},a_{k2},\cdots,a_{kp})$$

且令 $R=\begin{bmatrix} A_1 \\ A_2 \end{bmatrix}\begin{bmatrix} a_{11}a_{12}\cdots a_{1n} \\ a_{21}a_{22}\cdots a_{2n} \end{bmatrix}$,然后计算目标层 X 对评语集 V 的隶属向量 A

$$A=W\sigma R=[W_1,W_2]\begin{bmatrix} A_1 \\ A_2 \end{bmatrix}=(a_1,a_2,a_3,a_4,a_5)$$

当 $\sum_{j=1}^{n}a_j\neq 1$ 时,做归一化处理,令 $\tilde{a}_j=a_j\Big/\sum_{j=1}^{n}a_j$,得目标 X 集对于评语集 V 的隶属向量 $\tilde{A}=(\tilde{a}_1,\tilde{a}_2,\cdots,\tilde{a}_n)$,其中 $\tilde{a}_1,\tilde{a}_2,\cdots,\tilde{a}_n$ 分别表示 X 对于评语 $V_1,V_2,\cdots,V_n$ 的隶属度。

(6) 计算分指数。

若"优、良、中、差、劣"五种状态下的得分矩阵为[100 80 60 40 20],则企业财务报告可靠性评价分指数为 F:

$$F=(\tilde{a}_1,\tilde{a}_2,\tilde{a}_3,\tilde{a}_4,\tilde{a}_5)\begin{bmatrix} 100 \\ 80 \\ 60 \\ 40 \\ 20 \end{bmatrix}\quad(F\text{ 为一个分值})$$

3. 总指数的合成

若以近似相同方法计算出的战略目标指数为 S,效率、效果目标指数为 E,法律、法规遵循指数为 L,则中国企业内部控制指数(Internal Control Index for Chinese

Enterprise, CEICI)为

$$CEICI = 0.29S + 0.2545F + 0.2782E + 0.1773L = T$$

其中,T 为一个分值。

1.8 中国上市公司内部控制评价标准

企业内部控制评价标准是企业内部控制评价模型的重要组成部分,缺乏科学的评价标准,就无法对企业内部控制状况做出正确的判断。由于企业内部控制指数常常依据评价方法的不同表现为不同的形式,有的表现为百分数,有的表现为具体分值,因此,企业内部控制评价标准并不存在一个统一的形式。鉴于本研究的内部控制指数表现为具体的分值,而不同的分值又代表着不同的内部控制质量(即使是相同的分值其内部控制质量也不一定相同),所以本研究在建立内部控制评价标准时采取了等级制的形式,以直观地显示企业内部控制质量的优劣,也方便投资者、监管者以及其他利益相关者对企业内部控制状况进行判断。企业内部控制评价标准如表 5-4 所示。

表 5-4 企业内部控制质量评价标准

企业内控质量等级	评价标准	控制质量	说明
A 级	内部控制指数 80 分及以上、各分指数不低于 60 分	控制较好	各分指数中,有一个分指数达不到 60 分,企业内控质量降为 B 级
B 级	内部控制指数为 70—80 分(含 70 分),各分指数不低于 60 分	控制正常	各分指数中,有一个分指数达不到 60 分,企业内控质量降为 C 级
C 级	内部控制指数为 60—70 分(含 60 分),各分指数不低于 60 分	控制较弱	各分指数中,有一个分指数达不到 60 分,企业内控质量降为 D 级
D 级	内部控制指数 60 分以下	控制较差	

2 中国上市公司内部控制评价结果与分析

2.1 样本选择及数据来源

本研究以2013年沪、深上市公司作为初选样本,并按以下原则进行了筛选:(1)不考虑金融类上市公司。这是由于金融类公司的特性与一般上市公司存在较大差异而将之剔除。(2)剔除近三年上市的公司(2011年以后上市的公司)。企业的内部控制是一个不断完善的过程,期限太短,无法合理地作出评价。(3)剔除创业板和中小板上市公司。《企业内部控制基本规范》及配套指引首先在境内外上市公司和主板上市公司强制施行,对创业板和中小板上市公司则是择机施行,导致创业板和中小板上市公司内控信息披露较少。最终获得研究样本1 281个。本研究使用的数据来源于国泰安CSMAR交易数据库,RESSET金融研究数据库,上交所、深交所公布的年报,巨潮资讯网以及对企业中高层管理人员、注册会计师、财务分析师等所做的问卷调查、电话访谈和直接调查等。

2.2 中国上市公司整体内部控制状况

以建立的企业内部控制评价指标体系为基础,按照内部控制指数构建方法,计算2013年1 281家沪、深上市公司内部控制指数,依据内部控制指数评价标准评价中国上市公司内部控制总体情况,评价结果如表5-5、图5-6、表5-6和图5-7所示。

表5-5 2013年沪、深1 281家样本公司内部控制指数描述性统计

	观测值	平均值	最小值	最大值	标准差
内部控制指数	1 281	65.50	45.12	89.71	7.97
其中:战略目标分指数	1 281	65.23	42.60	89.20	8.38
财务报告可靠目标分指数	1 281	72.04	48.39	89.81	5.43
资产、经营效率效果目标分指数	1 281	55.60	25.12	92.04	13.11
法律法规遵循目标分指数	1 281	71.48	44.13	89.96	8.25

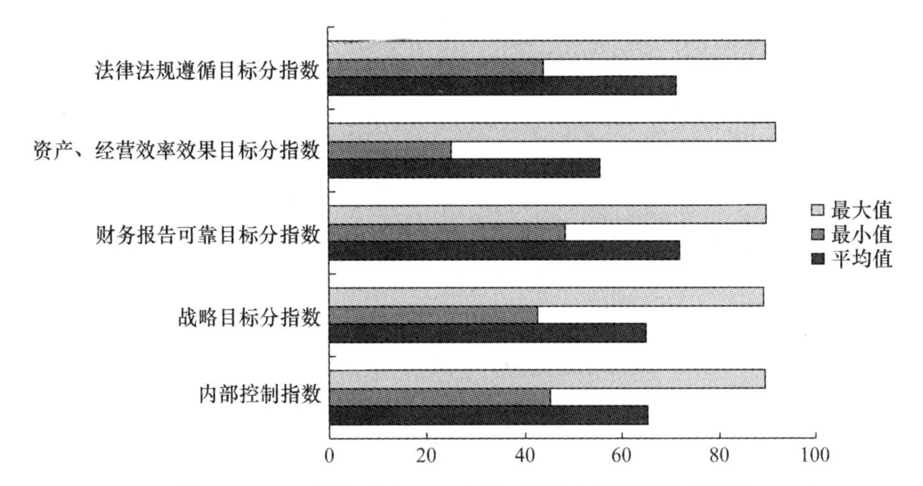

图 5-6　2013 年沪、深 1 281 家样本公司内部控制整体状况

表 5-6　2013 年沪、深 1 281 家样本公司内部控制质量分布

	公司数(个)	比重(%)
控制较好	37	2.89
控制正常	319	24.90
控制较弱	133	10.38
控制较差	792	61.83
合计	1 281	100.00

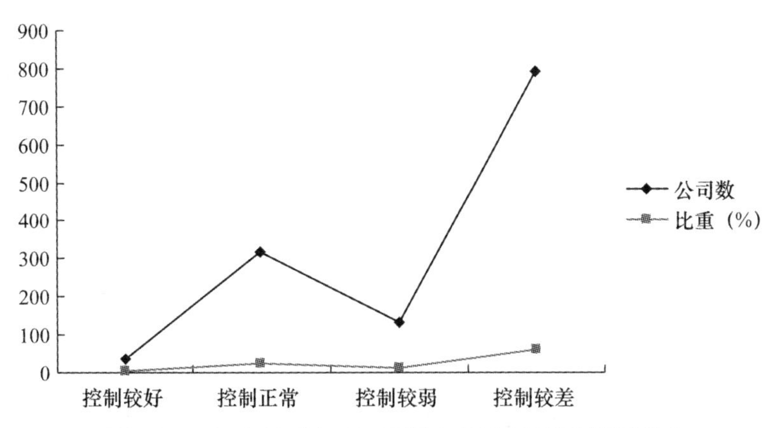

图 5-7　2013 年沪、深 1 281 家样本公司内部控制质量分布

从以上图表可以看出,2013 年沪、深样本公司内部控制指数最大值为 89.71,最小值为 45.12,均值为 65.50,按照内部控制质量评价标准,属于内部控制状况的

C类,企业内部控制水平较差;1 281家样本公司的内部控制指数标准差为7.97,其中,经营活动效率效果指数标准差为13.11,公司间内部控制水平差异较大;1 281家样本公司中,仅有37家上市公司的内部控制质量达到A类(即内部控制运行质量较好),内部控制运行质量正常型(即内部控制水平一般)公司为319家,所占比重为24.90%,内部控制较弱型、较差型上市公司分别为133、792家,两类上市公司共计925家,占样本公司的比重高达72.21%。总体来看,中国上市公司整体内部控制水平不高,企业内部控制质量亟待加强。

2.3 中国上市公司行业内部控制状况

按照中国证监会发布的《上市公司行业指引(2001)》对样本公司进行行业分类,1 281家样本公司被划归到12个不同的行业。以建立的内部控制评价指标体系为基础,按照内部控制指数构建方法,计算2013年1 281家沪、深上市公司内部控制指数,评价结果如表5-7和图5-8所示。

表5-7 2013年不同行业的沪、深样本公司内部控制状况

主营行业	内部控制指数	单位数	控制较好	控制正常	控制较弱	控制较差
A农、林、牧、渔业	62.15	25		1	4	20
B采掘业	74.24	45	12	18	2	13
C制造业	65.15	682	18	161	68	435
D电力、煤气及水的生产和供应业	66.82	63	1	21	4	37
E建筑业	66.50	23		8	1	14
F交通运输、仓储业	69.34	60	3	27	3	27
G信息技术业	63.40	64	1	7	9	47
H批发、零售贸易	66.10	95	1	27	14	53
J房地产业	63.41	121	1	20	14	86
K社会服务	66.63	38		14	2	22
L传播与文化	67.87	17		9	3	5
M综合类	62.18	48		3	5	40
合计	66.15	1 281	37	316	129	799

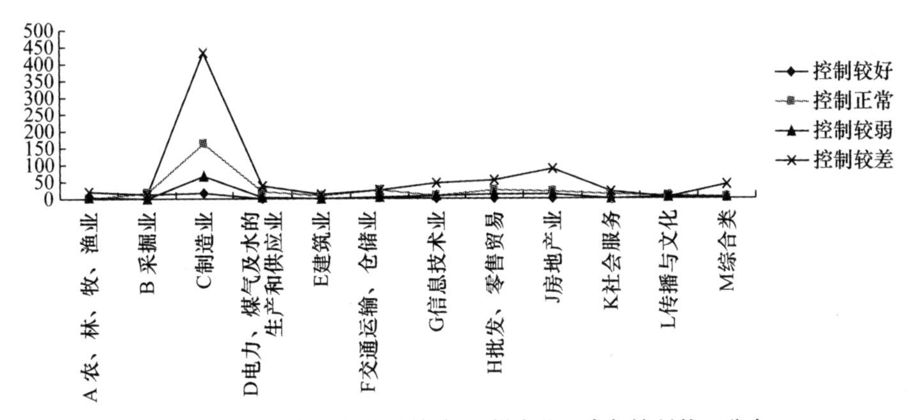

图 5-8　2013 年不同行业的沪、深样本公司内部控制状况分布

从表 5-7、图 5-8 可以看出,12 个行业中,按内部控制状况较好、正常、偏弱、较差四种类型分类,没有一类行业达到控制较好型标准;采掘业、交通运输仓储业的内部控制指数分别为 74.24、69.34 分,较全部样本公司指数均值分别高出 8.74、3.84 分,比行业内部控制指数均值分别高出 8.09、3.19 分,在 12 大行业中内部控制水平较高,按照内部控制质量评价标准,属内部控制正常或近似正常型行业;农、林、牧、渔业,综合类,信息技术业,房地产业内部控制指数分别为 62.15、62.18、63.40、63.41 分,较全部样本公司评价指数均值分别低 3.35、3.32、2.10、2.09 分,比行业内部控制指数均值分别低 4.00、3.97、2.75、2.74 分,在 12 大行业中属内部控制较差型行业,其内部控制水平属较弱型;制造业,电力、煤气及水的生产和供应业,建筑业,社会服务业,批发、零售贸易业,传播与文化业的内部控制指数相差不是太大,虽然其值略高于前三类行业的内部控制指数,但还没有达到内部控制正常型标准,这六大行业的内部控制水平也属较弱型。从行业内部控制状况看,中国上市公司内部控制水平差异较大,行业运行存在一定风险,特别是农、林、牧、渔业,综合类及信息技术业存在较大风险。

2.4　中国上市公司内部控制百强和百弱状况

以建立的企业内部控制评价指标体系为基础,按照内部控制指数构建方法,计算 2013 年 1 281 家沪、深市上市公司内部控制指数,依据内部控制指数评价标准评价中国上市公司个体内部控制情况,最终得出了 2013 年度中国上市公司内部控制排名顺序,其中,中国上市公司内部控制百强和百弱的评价结果如表 5-8 和表 5-9 所示。

表 5-8　2013 年沪、深 1 281 家样本公司内部控制质量排名前 100 位企业

股票代码	股票简称	排名	内部控制指数	战略目标分指数	财务报告可靠目标分指数	资产、效率效果目标分指数	法律法规遵循目标分指数
000651	格力电器	1	88.84	91.39	87.48	85.81	91.39
000543	皖能电力	2	86.89	90.57	88.84	80.00	88.88
600887	伊利股份	3	86.84	88.82	86.81	83.69	88.62
000550	江铃汽车	4	85.59	91.64	88.99	71.83	92.43
601006	大秦铁路	5	85.38	88.69	86.61	78.66	88.77
600583	海油工程	6	85.30	85.33	83.62	89.22	81.52
000895	双汇发展	7	84.12	85.75	83.65	79.43	89.50
600690	青岛海尔	8	83.39	85.76	82.55	78.47	88.42
600741	华域汽车	9	83.32	85.38	78.71	84.20	85.19
600104	上海汽车	10	83.25	84.13	83.46	80.67	85.56
601111	中国国航	11	83.25	83.96	83.74	79.53	87.22
600519	贵州茅台	12	83.12	80.55	84.02	83.94	84.76
600309	烟台万华	13	83.02	84.64	80.29	80.82	87.73
601088	中国神华	14	82.93	86.79	85.27	72.46	89.69
600600	青岛啤酒	15	82.36	83.36	80.03	81.20	85.87
000568	泸州老窖	16	81.66	85.15	83.96	72.34	87.30
600547	山东黄金	17	81.43	82.90	78.65	79.85	85.47
000538	云南白药	18	81.34	88.17	79.81	71.14	88.39
600971	恒源煤电	19	81.24	85.15	81.53	77.73	79.95
000937	冀中能源	20	81.20	85.96	83.12	74.10	81.82
600489	中金黄金	21	81.19	87.16	84.77	67.84	87.22
601857	中国石油	22	81.14	84.56	81.46	78.41	79.40
600028	中国石化	23	81.11	85.08	82.14	76.09	81.04
000157	中联重科	24	80.93	85.79	79.88	72.09	88.36
600585	海螺水泥	25	80.89	85.29	85.25	68.97	86.16
600809	山西汾酒	26	80.88	84.99	83.44	70.48	86.83
000527	美的电器	27	80.83	85.67	79.23	81.22	74.58
600348	国阳新能	28	80.75	86.28	81.59	69.24	88.57
600271	航天信息	29	80.72	79.79	80.47	78.70	85.80
601666	平煤股份	30	80.68	87.32	80.15	69.33	88.36
000877	天山股份	31	80.66	85.23	80.03	72.80	86.39

（续表）

股票代码	股票简称	排名	内部控制指数	战略目标分指数	财务报告可靠目标分指数	资产、效率效果目标分指数	法律法规遵循目标分指数
000581	威孚高科	32	80.63	85.47	81.74	69.38	88.78
000780	平庄能源	33	80.54	82.96	82.40	78.68	76.84
600188	兖州煤业	34	80.50	82.86	85.98	70.75	84.07
600115	东方航空	35	80.48	83.26	83.94	70.84	86.09
000002	万科 A	36	80.35	85.14	83.46	67.01	88.98
000417	合肥百货	37	80.33	85.32	77.37	77.00	81.64
000425	徐工机械	38	80.21	84.65	81.17	70.35	87.07
000655	金岭矿业	39	80.15	82.52	83.02	70.27	87.66
600563	法拉电子	40	80.09	84.32	80.83	70.78	86.69
600508	上海能源	41	80.00	78.19	85.43	76.26	81.06
000858	五粮液	42	79.94	82.60	81.36	75.21	80.98
000423	东阿阿胶	43	79.86	82.22	80.45	76.70	80.14
000786	北新建材	44	79.86	84.02	80.57	73.27	82.38
601001	大同煤业	45	79.85	84.66	79.75	71.78	84.77
000596	古井贡酒	46	79.79	82.45	85.93	66.44	87.56
000671	阳光城	47	79.72	80.60	79.39	75.41	85.53
000888	峨眉山 A	48	79.71	86.32	78.56	76.29	75.92
000778	新兴铸管	49	79.68	81.38	80.40	78.26	78.11
600763	通策医疗	50	79.67	86.18	78.68	68.78	87.51
600582	天地科技	51	79.66	83.99	83.73	68.67	83.98
600897	厦门空港	52	79.65	85.45	81.66	70.75	81.23
600315	上海家化	53	79.43	83.63	80.67	69.27	86.72
000012	南玻 A	54	79.41	83.31	81.53	72.87	80.23
600395	盘江股份	55	79.35	82.75	81.39	70.25	85.12
600970	中材国际	56	79.33	79.53	81.66	74.24	83.65
600754	锦江股份	57	79.21	81.34	84.39	68.87	84.52
000933	神火股份	58	79.21	84.15	81.25	67.26	86.92
600031	三一重工	59	79.09	84.61	81.83	65.81	86.99
000536	华映科技	60	79.07	83.59	78.45	71.60	84.29
600863	内蒙华电	61	78.91	81.78	82.11	72.11	80.30
600166	福田汽车	62	78.89	80.99	81.37	70.07	85.71

（续表）

股票代码	股票简称	排名	内部控制指数	战略目标分指数	财务报告可靠目标分指数	资产、效率效果目标分指数	法律法规遵循目标分指数
000625	长安汽车	63	78.85	79.84	81.19	74.54	80.62
600535	天士力	64	78.80	80.55	77.46	74.81	84.15
000039	中集集团	65	78.73	81.32	82.34	72.75	78.68
600195	中牧股份	66	78.71	80.64	81.39	71.69	82.70
600350	山东高速	67	78.67	84.38	85.07	62.30	85.84
000708	大冶特钢	68	78.57	82.74	80.51	72.82	78.02
600436	片仔癀	69	78.55	82.00	81.01	68.35	85.40
600406	国电南瑞	70	78.55	82.23	79.33	69.71	85.27
000639	西王食品	71	78.53	83.27	80.13	67.42	85.90
600750	江中药业	72	78.48	82.82	76.97	73.84	80.85
600375	星马汽车	73	78.48	79.59	82.94	70.37	83.00
600383	金地集团	74	78.45	82.83	79.32	70.69	82.19
600418	江淮汽车	75	78.43	77.83	78.70	75.51	83.59
600880	博瑞传播	76	78.40	81.99	82.26	66.11	86.30
601898	中煤能源	77	78.36	81.94	82.36	68.36	82.44
601699	潞安环能	78	78.36	85.06	83.15	62.03	86.16
600362	江西铜业	79	78.28	80.22	82.47	66.60	87.42
600160	巨化股份	80	78.19	80.57	81.84	67.78	85.43
000069	华侨城 A	81	78.18	81.77	80.20	67.82	85.64
600612	老凤祥	82	78.17	83.05	78.87	67.96	85.24
600859	王府井	83	78.12	77.48	77.77	75.26	84.18
601918	国投新集	84	78.12	80.92	78.96	71.97	81.98
600085	同仁堂	85	78.04	74.99	77.25	81.91	78.11
000401	冀东水泥	86	77.93	82.65	79.59	70.61	79.31
000869	张裕 A	87	77.86	79.77	81.76	66.35	87.18
000887	中鼎股份	88	77.77	81.57	78.25	69.31	84.14
000789	江西水泥	89	77.72	78.37	76.09	75.20	82.95
600900	长江电力	90	77.67	79.98	79.01	68.94	85.65
600377	宁沪高速	91	77.66	79.86	83.58	68.37	80.14
600742	一汽富维	92	77.64	82.08	81.50	65.25	84.29
600125	铁龙物流	93	77.60	80.92	77.59	70.53	83.28

（续表）

股票代码	股票简称	排名	内部控制指数	战略目标分指数	财务报告可靠目标分指数	资产、效率效果目标分指数	法律法规遵循目标分指数
600561	江西长运	94	77.58	79.49	79.73	68.69	85.34
000999	华润三九	95	77.55	75.60	80.19	74.56	81.65
000650	仁和药业	96	77.55	81.08	79.45	67.53	84.76
600060	海信电器	97	77.47	82.48	83.17	62.40	84.73
600048	保利地产	98	77.41	78.83	76.05	73.80	82.74
600123	兰花科创	99	77.41	80.43	79.19	67.73	85.13
000338	潍柴动力	100	77.36	81.07	76.91	71.59	80.98
	平均值		80.11	80.55	79.29	79.13	82.11

表 5-9　2013 年沪、深 1 281 家样本公司内部控制质量排名后 100 位企业

股票代码	股票简称	排名	内部控制指数	战略目标分指数	财务报告可靠目标分指数	资产、效率效果目标分指数	法律法规遵循目标分指数
600180	瑞茂通	1 182	53.79	51.05	63.73	42.44	61.78
600680	上海普天	1 183	53.69	50.04	73.36	36.86	57.86
600890	中房股份	1 184	53.59	51.29	64.13	47.44	51.91
000061	农产品	1 185	53.58	57.30	58.84	46.84	50.53
600538	*ST 国发	1 186	53.52	54.13	63.27	38.57	61.97
000727	华东科技	1 187	53.51	57.24	69.00	32.89	57.55
600191	华资实业	1 188	53.49	50.28	72.06	32.23	65.44
600291	西水股份	1 189	53.48	54.43	62.43	34.45	68.93
000597	东北制药	1 190	53.30	52.67	73.04	31.91	59.57
000958	*ST 东热	1 191	53.27	52.91	64.54	40.26	58.13
000413	宝石 A	1 192	53.27	57.53	63.54	43.89	46.30
000505	*ST 珠江	1 193	53.16	54.88	63.51	37.27	60.41
000534	万泽股份	1 194	53.15	52.27	70.24	35.08	58.39
600083	ST 博信	1 195	53.12	50.90	64.83	37.60	64.27
600777	新潮实业	1 196	53.09	55.81	70.25	29.09	61.66
600444	*ST 国通	1 197	53.06	56.43	65.28	32.09	62.92
600319	亚星化学	1 198	53.03	58.34	60.87	36.31	59.35
600095	哈高科	1 199	52.87	52.08	68.29	29.73	68.36
000155	*ST 川化	1 200	52.78	54.64	70.77	32.37	55.93

（续表）

股票代码	股票简称	排名	内部控制指数	战略目标分指数	财务报告可靠目标分指数	资产、效率效果目标分指数	法律法规遵循目标分指数
600250	*ST南纺	1201	52.75	57.26	66.76	30.49	60.17
000717	韶钢松山	1202	52.66	51.99	67.44	35.48	59.51
600421	*ST国药	1203	52.64	54.05	65.47	33.82	61.44
000502	绿景地产	1204	52.63	45.01	65.27	47.52	54.98
600359	*ST新农	1205	52.63	54.62	64.74	32.63	63.36
600306	商业城	1206	52.62	51.35	63.60	35.76	65.40
600707	彩虹股份	1207	52.49	55.78	66.26	30.96	61.15
000912	泸天化	1208	52.41	51.12	66.38	39.35	54.95
600877	*ST嘉陵	1209	52.34	47.70	71.11	32.90	63.49
000025	特力A	1210	52.28	51.35	68.46	35.93	56.23
600358	国旅联合	1211	52.24	50.45	66.49	32.88	65.09
000520	长航凤凰	1212	52.22	51.14	68.97	34.33	58.04
000787	*ST创智	1213	52.02	49.86	59.58	46.35	53.57
000892	星美联合	1214	51.99	43.62	57.27	57.67	49.18
000420	吉林化纤	1215	51.98	51.41	73.81	28.36	58.63
600074	ST中达	1216	51.93	49.74	62.71	36.03	65.00
600331	宏达股份	1217	51.92	53.86	63.42	31.02	65.07
600800	天津磁卡	1218	51.92	47.58	68.69	39.88	53.85
600790	轻纺城	1219	51.91	49.95	60.96	41.68	58.20
600579	*ST黄海	1220	51.89	49.64	67.18	33.88	61.88
600737	中粮屯河	1221	51.83	46.68	73.38	34.74	56.13
600346	大橡塑	1222	51.72	49.90	69.45	33.12	58.45
600769	*ST祥龙	1223	51.72	54.39	62.12	34.19	59.92
600715	ST松辽	1224	51.71	53.09	66.82	30.44	61.15
600186	莲花味精	1225	51.62	55.91	64.50	32.82	55.63
600733	*ST前锋	1226	51.62	46.98	67.44	39.56	55.40
600532	华阳科技	1227	51.47	48.45	68.56	30.18	65.32
600844	丹化科技	1228	51.39	49.33	70.03	33.20	56.57
000677	*ST海龙	1229	51.33	59.81	59.59	34.12	52.62
600087	*ST长航	1230	51.29	50.27	64.46	32.63	63.33
600882	*ST大成	1231	50.98	57.95	67.85	25.12	55.92

(续表)

股票代码	股票简称	排名	内部控制指数	战略目标分指数	财务报告可靠目标分指数	资产、效率效果目标分指数	法律法规遵循目标分指数
600287	江苏舜天	1 232	50.95	50.19	61.66	32.77	65.38
000503	海虹控股	1 233	50.80	54.00	65.15	30.07	57.49
000408	金谷源	1 234	50.75	57.18	57.38	34.96	55.50
000511	银基发展	1 235	50.65	46.07	72.93	31.18	56.69
600696	多伦股份	1 236	50.58	50.25	57.58	40.90	56.26
600385	*ST 金泰	1 237	50.58	50.25	64.74	28.63	65.23
000509	S*ST 华塑	1 238	50.50	54.18	57.71	39.37	51.58
600091	ST 明科	1 239	50.45	50.83	58.08	32.83	66.53
000150	宜华地产	1 240	50.43	45.81	71.68	32.07	56.30
600766	*ST 园城	1 241	50.34	51.76	64.32	34.45	52.90
000720	*ST 能山	1 242	50.31	51.16	66.02	30.78	57.05
000662	*ST 索芙	1 243	50.22	50.97	66.06	30.17	57.72
600146	大元股份	1 244	50.13	50.02	65.60	29.89	59.90
600732	上海新梅	1 245	50.12	45.71	68.80	33.93	55.90
600320	振华重工	1 246	50.08	47.10	61.96	31.42	67.20
600301	*ST 南化	1 247	50.08	50.54	63.44	29.30	62.78
000545	*ST 吉药	1 248	50.08	55.35	59.11	32.97	55.33
000972	*S 新中基	1 249	50.08	52.53	65.89	26.87	59.78
000504	ST 传媒	1 250	50.07	51.00	66.03	29.37	58.16
000751	*ST 锌业	1 251	49.62	50.67	64.88	29.38	57.76
000767	*ST 漳泽	1 252	49.55	50.96	66.48	29.39	54.55
600392	*ST 太工	1 253	49.51	47.04	65.01	30.81	60.66
000681	*ST 远东	1 254	49.50	52.75	57.71	38.50	49.66
000806	*ST 银河	1 255	49.43	55.66	60.68	30.93	52.10
000037	深南电 A	1 256	49.38	44.34	66.99	35.68	53.86
600747	大连控股	1 257	49.34	44.54	69.66	32.69	54.17
000056	*ST 国商	1 258	49.11	52.07	62.55	31.54	52.53
000953	*ST 河北	1 259	49.03	49.89	59.27	30.68	61.72
000805	*ST 炎黄	1 260	49.01	48.45	57.57	41.49	49.47
000576	*ST 甘化	1 261	48.91	48.57	64.29	30.37	56.47
600692	亚通股份	1 262	48.90	44.95	70.33	29.57	54.92

（续表）

股票代码	股票简称	排名	内部控制指数	战略目标分指数	财务报告可靠目标分指数	资产、效率效果目标分指数	法律法规遵循目标分指数
000676	*ST 思达	1 263	48.90	50.81	63.20	32.56	50.86
000693	S*ST 聚友	1 264	48.83	53.30	58.99	33.57	50.87
000838	*ST 国兴	1 265	48.79	44.49	69.29	31.11	54.14
000046	泛海建设	1 266	48.77	44.38	63.63	36.47	53.92
000725	京东方 A	1 267	48.67	45.92	63.73	34.51	53.78
000815	*ST 美利	1 268	48.56	46.30	64.32	32.04	55.59
000908	*ST 天一	1 269	48.28	56.93	56.77	27.28	54.89
000017	*ST 中华 A	1 270	48.12	49.38	54.43	37.23	54.11
000035	*ST 科健	1 271	48.03	46.85	62.24	32.94	53.21
000899	*ST 赣能	1 272	47.93	47.99	61.03	30.65	56.13
000663	永安林业	1 273	47.14	44.82	61.68	31.80	54.13
000585	*ST 东北	1 274	46.93	48.98	59.93	28.74	53.46
000617	石油济柴	1 275	46.67	46.86	60.92	28.29	54.77
000615	湖北金环	1 276	46.36	44.87	62.79	27.88	54.22
600076	*ST 青鸟	1 277	46.25	48.09	56.38	26.65	59.47
000005	世纪星源	1 278	46.10	49.09	58.01	33.36	44.13
000557	*ST 广夏	1 279	46.08	52.31	56.26	29.45	47.38
000605	*ST 四环	1 280	45.52	47.78	61.28	28.40	46.09
600698	ST 轻骑	1 281	45.12	42.60	62.07	27.11	53.19
	平均值		50.75	50.81	64.47	33.87	57.41

资料来源：国泰安 CSMAR 交易数据库，RESSET 金融研究数据库，上交所、深交所公布的年报，巨潮资讯网，监管部门和媒体披露的信息以及问卷调查、电话访谈、直接调查等。

从表 5-8 可以看出，2013 年沪、深样本公司内部控制水平排名前 100 位的上市公司，其内部控制指数均值为 80.11 分，比全部样本公司指数均值(65.50 分)高出 14.61 分，高出平均水平 22.31%；各公司内部控制指数均在 75 分以上，内部控制各分指数都在 60 分以上，按照内部控制质量评价标准，内部控制水平排名前 100 位公司的内部控制质量均属控制较好型或控制正常型；其中，内部控制质量属控制较好型(总得分在 80 分及以上，各分指数不低于 60 分)的上市公司内部控制各分指数得分相对比较均衡，大多都在 70 分以上，且企业战略、资产安全、经营活动效率效果分指数得分相对较高。

从表 5-9 可以看出，内部控制水平排名后 100 位的上市公司，其内部控制指数均值都在 60 分以下，不但显著低于排名前 100 位公司的内部控制指数，而且也显著低于全部样本公司的内部控制指数；各公司内部控制分指数绝大多数都在 60 分以下，分指数间的差异较大，按照内部控制质量评价标准，其内部控制质量均属控制较差型；相比于财务报告可靠目标分指数以及法律法规遵循目标分指数，内部控制状况排名后 100 位的上市公司在企业战略、资产安全、经营活动效率效果方面得分显著较低。由于企业战略、资产安全、经营活动效率效果评价不但是企业内部控制评价的核心，权重较高，而且还决定了企业的成败和未来（学界公认为，财务报告的可靠性高低不会决定企业的命运），因此，内部控制水平排名后 100 位的上市公司运行存在非常大的风险。

2.5 不同控股方性质的上市公司内部控制状况

以建立的企业内部控制评价指标体系为基础，按照内部控制指数构建方法，计算 2013 年 1 281 家沪、深上市公司内部控制指数，并依据上市公司产权性质（国有控股、民营控股、外资控股、无控股股东）进行分类，根据内部控制指数评价标准对不同控股方性质的上市公司内部控制状况进行评价，评价结果如表 5-10、表 5-11 和图 5-9 所示。

表 5-10 2013 年不同控股方性质的上市公司内部控制状况

	内部控制指数	战略目标分指数	财务报告可靠目标分指数	资产、效率效果目标分指数	法律法规遵循目标分指数
国有控股上市公司	66.36	65.99	72.74	56.95	72.61
民营控股上市公司	63.57	63.46	70.54	53.80	69.08
外资控股上市公司	66.23	66.86	72.42	56.63	71.39
无控股股东上市公司	78.77	78.55	76.80	80.08	79.89

表 5-11 2013 年不同控股方性质的上市公司内部控制质量分布

	单位数	控制较好	控制正常	控制较弱	控制较差
国有控股上市公司	847	34	233	79	501
民营控股上市公司	408	1	79	52	276
外资控股上市公司	23	1	5	2	15
无控股股东上市公司	3	1	2		
合计	1 281	37	319	133	792

从表 5-10、表 5-11 和图 5-9 可以看出，2013 年不同控股方性质的上市公司内部控制状况最好的是无控股股东上市公司，其内部控制指数为 78.77，各分指数均

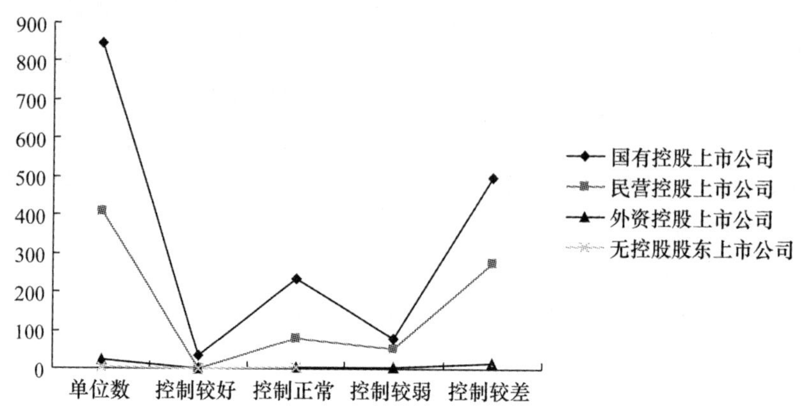

图 5-9　不同控股方性质的沪深上市公司内部控制状况及分布

在 70 分以上,内部控制状况没有控制较差型,内部控制质量整体上属于控制正常型,但公司数相对太少,对中国上市公司内部控制整体状况影响不大。国有控股上市公司是中国上市公司的主体,所选样本中有一半以上的公司来自国有控股上市公司,国有控股上市公司内部控制质量决定着中国上市公司整体内部控制质量。从内部控制指数均值看,国有控股上市公司内部控制质量高于民营控股上市公司内部控制质量,但其在资产安全、经营活动效率效果方面的得分较低,影响了其内部控制质量等级,按照内部控制质量评价标准,国有控股上市公司内部控制质量等级应由 C 级(控制较弱型)降为 D 级(控制较差型)。另外内部控制状况较好的 37 家上市公司中,国有控股上市公司虽然占据了绝大多数席位,但由于总体中超过一半以上的企业(501 家)的内部控制质量属控制较差型,整体来看,国有控股上市公司内部控制质量不高,大多数企业的运行存在一定风险。民营控股上市公司整体内部控制指数均值为 63.57,在 2013 年不同控股方性质的上市公司中不仅内部控制指数得分最低,而且其企业战略、财务报告、资产安全、经营活动效率效果分指数得分也最低,控制较差型企业占其样本总体比重高达 67.65%,总体内部控制质量属控制较差型。总体来看,民营控股上市公司内部控制质量相对最差,大多数企业的运行存在较大风险,内部控制质量亟待提高。

2.6　中国制造业上市公司内部控制状况

中国正在成为世界的“制造工厂”,制造业企业是我国上市公司的主体。本次按照一定的标准选取的 1 281 家上市公司中,制造业上市公司占了一大半,对中国制造业上市公司内部控制状况进行评价十分必要。依据建立的内部控制评价指标体系和评价标准,按照内部控制指数构建方法,对中国制造业上市公司内部控制状况进行评价,评价结果如表 5-12 和图 5-10 所示。

表 5-12　2013 年沪、深 682 家制造业上市公司内部控制状况

	观测值	平均值	最小值	最大值	标准差
内部控制指数	682	65.15	45.12	89.71	8.068
其中:战略目标分指数	682	65.10	42.60	89.20	8.389
财报目标分指数	682	71.83	54.43	89.81	5.499
效率效果目标分指数	682	55.07	25.12	92.04	13.322
合规目标分指数	682	65.10	46.09	89.71	8.189

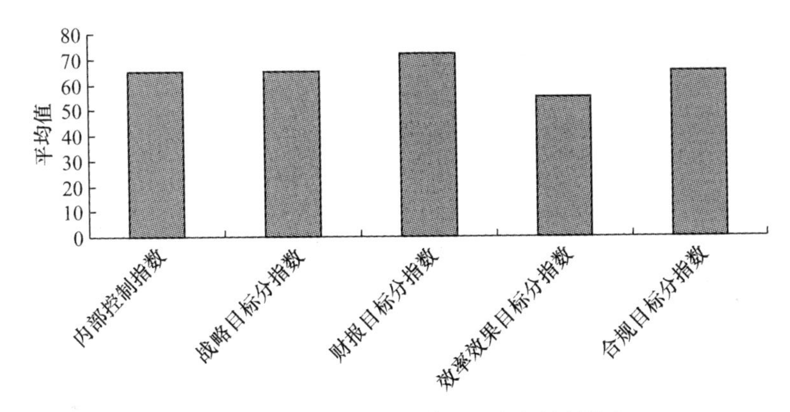

图 5-10　沪、深制造业上市公司内部控制状况

由表 5-12、图 5-10 可以看出,682 家制造业上市公司内部控制指数平均值为 65.15,与全部样本公司内部控制指数平均值基本持平,比行业内部控制指数平均值低 1 分,按照内部控制评价标准,中国制造业上市公司总体内部控制水平属控制较弱型,另外,由于其资产、经营效率效果目标分指数没有达到 60 分,因此中国制造业上市公司总体内部控制质量等级由 C 级(控制较弱型)降为 D 级(控制较差型)。682 家上市公司中尽管有 18 家上市公司(见表 5-7)内部控制水平达到控制较好型标准,占控制较好型企业数量接近一半,但由于其控制较差型企业数量比较多,导致行业指数均值不高,离控制正常型行业标准还有较大差距。从制造业上市公司内部控制各分指数看,公司间的分指数差异较大,尤其是资产安全、经营活动效率效果目标分指数差异最大;被选取的 682 家上市公司,其经营活动效率效果指数均值为 55.07,大大低于财务报告目标分指数,也远远低于战略目标分指数及法律法规遵循目标分指数。企业内部控制的关键在于经营活动效率效果的提高,沪深制造业上市公司效率效果不高,表明中国制造业上市公司竞争力不强,企业面临较大的经营风险。从评价结果看,影响中国制造业上市公司内部控

制质量的主要因素在于经营活动效率效果不佳。产生问题的原因可能是制造业产品比较成熟、行业竞争比较激烈、市场化程度较高等。中国制造业上市公司只有快速提高管理水平、加大技术创新力度,才有可能在竞争日趋激烈的市场中获得较高的效益,从而不断提高制造业内部控制的质量和水平,最终使中国由“制造业大国”向“制造业强国”迈进。

2.7 中国上市公司战略目标实现状况

表5-13、图5-11显示了2013年沪、深1 281家样本公司战略目标实现状况。由此可以看出,1 281家样本公司中,战略目标实现程度较好(战略目标分指数在80分及以上)的上市公司有61家,占所有样本公司的比重为4.76%,实现程度一般(战略目标分指数为70—80分)的上市公司有287家,占比为22.40%,基本实现(战略目标分指数为60—70分)的上市公司606家,占比为47.31%,三项合计为954家,占比为74.47%。整体来看,中国上市公司战略目标实现程度还算不错,大多数企业实现或基本实现了企业战略目标。但根据表5-5的结果,1 281家上市公司战略目标分指数均值为65.23,低于全部样本公司内部控制指数均值,按照内部控制评价标准,沪深样本公司战略目标控制属于控制较弱型;所以,尽管大多数中国上市公司实现或基本实现了战略目标,但总体离控制正常型标准还有一定差距。

表5-13 2013年沪、深1 281家样本公司战略目标实现状况

	公司数(个)	比重(%)
实现较好	61	4.76
实现一般	287	22.40
基本实现	606	47.31
实现较差	327	25.53
合计	1 281	100

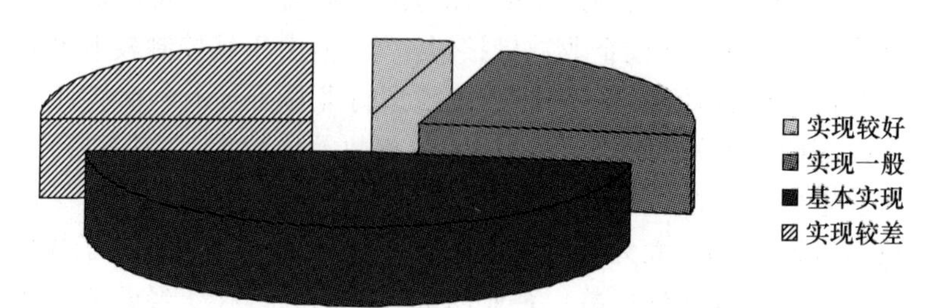

图5-11 2013年沪、深1 281家上市公司战略目标实现状况

2.8 中国上市公司财务报告目标实现状况

表5-14、图5-12显示了2013年沪、深1 281家样本公司财务报告目标实现状况。由此可以看出,1 281家样本公司中,财务报告目标实现程度较好(财务报告目标分指数在80分及以上)的上市公司有47家,占所有样本公司的比重为3.67%,实现程度一般(财务报告目标分指数为70—80分)的上市公司有819家,占比为63.93%,基本实现(财务报告目标分指数为60—70分)的上市公司有388家,占比为30.29%,实现较差的上市公司为27家,占比为2.11%。另外,表5-5的结果表明,1 281家上市公司战略目标分指数均值为72.04,远远高于全部上市公司内部控制指数均值,也远远高于资产安全、经营效率效果分指数和战略目标分指数,按照内部控制评价标准,沪深上市公司财务报告目标控制属控制正常型。整体来看,中国上市公司财务报告可靠性目标实现程度不错,绝大多数上市公司披露的财务报告真实、可信。

表5-14 2013年沪、深1 281家样本公司财务报告目标实现状况

	公司数(个)	比重(%)
实现较好	47	3.67
实现一般	819	63.93
基本实现	388	30.29
实现较差	27	2.11
合计	1 281	100.00

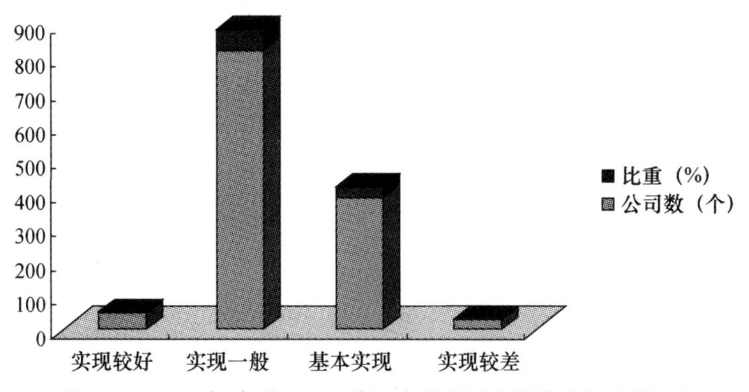

图5-12 2013年沪、深1 281家上市公司财务报告目标实现状况

2.9 中国上市公司效率效果目标实现状况

表5-15、图5-13显示了2013年沪、深1 281家样本公司效率效果目标实现状况。由此可以看出,1 281家样本公司中,效率效果目标实现程度较好(效率效果目标分指数在80分及以上)的上市公司有48家,占所有样本公司的比重为3.75%,实现程度一般(效率效果目标分指数为70—80分)的上市公司有135家,占比为10.54%,基本实现(效率效果目标分指数为60—70分)的上市公司为296家,占比为23.11%,三项合计共479家,占比37.39%,实现较差的上市公司有802家,占比高达62.60%。另外,表5-5的结果表明,1 281家上市公司效率效果目标分指数均值为55.60分,远远低于全部上市公司内部控制指数均值,也远远低于其他内部控制分指数均值,按照内部控制评价标准,沪深上市公司效率效果目标控制属于控制较差型。企业内部控制的经营目标是保证企业战略实现的最重要目标,是企业内部控制的核心(张先治,2004)。沪深上市公司经营活动效率效果目标实现程度不好,严重影响了中国上市公司内部控制整体质量。中国上市公司要进一步提高内部控制质量,关键是要提高经营活动的效率效果。

表5-15 2013年沪、深1 281家样本公司效率效果目标实现状况

	公司数(个)	比重(%)
实现较好	48	3.75
实现一般	135	10.54
基本实现	296	23.11
实现较差	802	62.60
合计	1 281	100.00

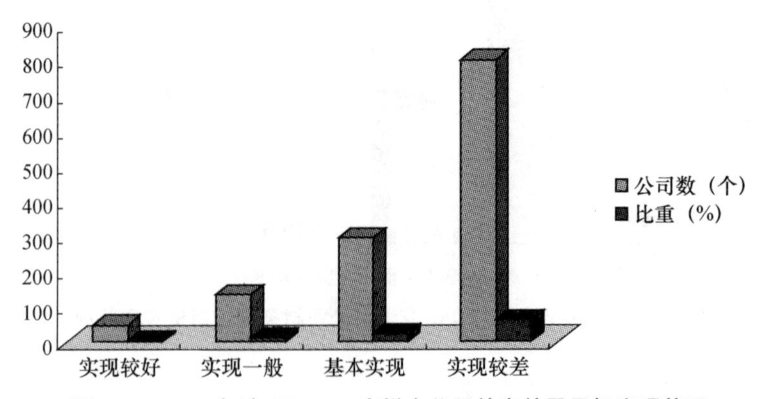

图5-13 2013年沪、深1 281家样本公司效率效果目标实现状况

2.10　中国上市公司法律法规遵循目标实现状况

表 5-16、图 5-14 显示了 2013 年沪、深 1 281 家样本公司法律法规遵循目标实现状况。由此可以看出，1 281 家样本公司中，法律法规遵循目标实现程度较好（法律法规遵循目标分指数在 80 分及以上）的上市公司有 183 家，占所有样本公司的比重为 14.29%，实现程度一般（法律法规遵循目标分指数为 70—80 分）的上市公司有 627 家，占比为 48.95%，基本实现（法律法规遵循目标分指数为 60—70 分）的上市公司有 325 家，占比为 25.37%，三项合计为 1 135 家，占比为 88.60%。另外，表 5-5 的结果表明，1 281 家上市公司法律法规遵循目标分指数均值为 71.48，按照内部控制评价标准，沪深上市公司法律法规遵循目标控制属于控制正常型。整体来看，中国上市公司法律法规遵循目标实现程度较好，绝大多数上市公司能够遵循国家发布的相关法律法规。

表 5-16　2013 年沪、深 1 281 家样本公司法律法规遵循目标实现状况

	公司数（个）	比重（%）
实现较好	183	14.29
实现一般	627	48.95
基本实现	325	25.37
实现较差	146	11.39
合计	1 281	100.00

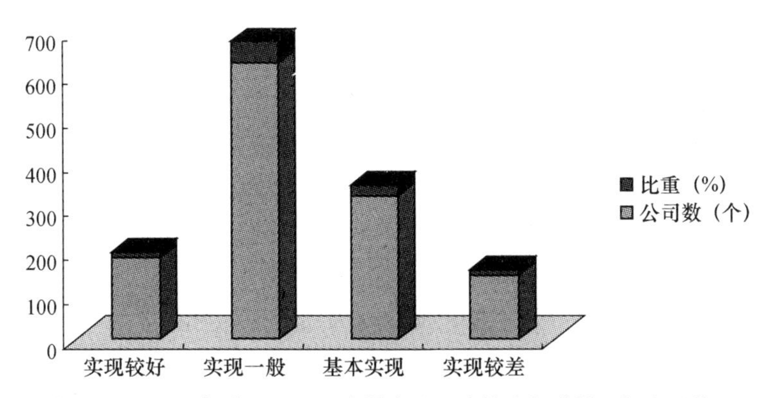

图 5-14　2013 年沪、深 1 281 家样本公司法律法规遵循目标实现状况

3 政策建议

针对中国上市公司整体、个体、行业内部控制状况、不同控股性质上市公司内部控制状况,本研究提出以下政策建议:

1. 修改《会计法》《公司法》等相关法律,加强内部控制规范的约束力

在我国,有关内部控制的法律法规按照权威性和社会公认性可分为四个层次:第一层次是国家相关法律中涉及的内部控制条款如《会计法》《公司法》等;第二层次是国家权威经济监管部门制定的内部控制规范;第三层次是相关行业协会制定的内部控制标准;第四层次是行业内部控制惯例。财政部等五部委发布的《企业内部控制基本规范》属于第二层次。按照基本规范,上市公司对本公司内部控制的有效性进行自我评价、披露年度自我评价报告、聘请具有证券、期货业务资格的会计师事务所对内部控制的有效性进行审计等都属于自愿性质。虽然2010年4月26日发布的《企业内部控制配套指引》对企业内部控制自我评价和注册会计师财务报告内部控制审计做出了强制性规定,但较之于美国发布的有关内部控制的法律条款,我国有关内部控制的法律法规的权威性和强制力明显不高,这就有可能导致上市公司对内部控制评价泛泛而谈、流于形式的问题。我国应通过修改《会计法》《公司法》等相关法律的方式,加强内部控制规范的约束力,改善我国企业内部控制状况。

2. 发挥监管机构或非营利性组织在内部控制评价中的主导作用

相比于注册会计师的内部控制评价,政府监管部门或外部非营利性的机构的内部控制评价有更大的优势性。首先,这种评价是为了满足利益相关者的决策信息需求而由独立的第三方实施(企业是第一方,注册会计师是第二方),评价主体的地位较高,评价结果具有较高的权威性、公允性,并容易获得外部投资者和其他利益相关者的认可。其他评价比如企业董事会内部控制自我评价、注册会计师财务报告内部控制评价由于是由企业自身、企业的直接利益相关者进行的评价,其评价结果的权威性、可信度相对较低。其次,这种评价是一种综合量化评价,有利于对企业内部控制状况进行对比分析,及时发现企业内部控制中存在的问题。最后,这种评价是针对企业内部控制目标实现程度进行的评价,是我国内部控制评价体系的进一步完善和加强。

3. 加强企业内部控制信息披露监管,提高企业违规成本

近年来,国外尤其是美国都针对上市公司不按规定披露有关内部控制情况制定了非常严厉的处罚措施。我国上市公司内部控制信息披露质量不高一方面与缺乏明确的内部控制评价标准有关,另一方面也与内部控制法律法规惩罚不严、执行不力有关。对于管理层应披露而不披露内部控制信息或者披露了虚假的内部控制信息,以及审计师提供的不符合事实的内部控制鉴证意见等做法,我国缺少明确的法律条文来规定管理层和注册会计师应承担的法律责任。由于不遵循内部控制信息披露规定不受到处罚或者是违规成本较低,导致大多数上市公司少披露或披露不实的内部控制信息。为此,我国应借鉴美国萨班斯法案,制定适合我国国情的、更强有力的内部控制法律规范,通过加大行政处罚和经济处罚的形式来规范企业的内部控制信息披露。同时,政府监管部门还应加强监管,对于不按规定披露有关内部控制情况的上市公司予以严惩,在处罚标准上可按同等性质的财务信息违法披露行为进行处理。

4. 完善公司治理结构,提高公司治理的有效性

尽管 COSO 的《内部控制整体框架》和我国的《企业内部控制基本规范》都把公司治理看作内部控制的重要环境,但国内外的许多研究者则认为企业内部控制是由不同层次的控制构成,其中公司治理层次是最高层次的内部控制。众多的实证研究成果表明,公司治理结构状况关系到我国内部控制运行的质量和效果,完善我国企业内部控制应从公司治理结构入手,并着重加强以下几方面的工作:一是进一步强化董事会、监事会、经理层之间的制衡,特别是董事长与总经理的职责分离,充分发挥审计委员会的作用。二是在明晰国有股东身份及产权关系的基础上,适当减少国有控股股东的持股比例,注重发展民营投资者、外商投资者、机构投资者等产权主体,完善国有控股上市公司的股权结构,建立多元化的投资主体和产权制衡机制。三是对以薪酬为主的公司高管激励办法进行改革,加大股权、期权激励比重,改变公司高管低持股甚至是“零持股”本企业股票的现状。四是改革监事会的人员构成,引入外部监事制度,从立法上强化、扩大监事会职权,明确监事的义务和责任。五是在中国特殊的制度背景下,高水平的高管薪酬不能解决企业内部控制失效问题,主要原因在于国有股权所有者缺位、董事会功能异化,国家应尽快解决股权代表委派机制和产权主体进入企业的问题。

5. 规范市场中介机构执业,提高审计师内部控制审计质量

上市公司内部控制综合评价离不开会计师事务所、资产评估机构、咨询顾问机构等中介机构的工作成果及参与。这些中介机构,尤其是会计师事务所的规范运作程度关系到内部控制综合评价的质量。为规范注册会计师执业,应当做好以下工作:(1) 进一步完善注册会计师执业规范,加强对会计师事务所的监管。借

鉴西方同业审核的做法,实行会计师事务所之间的相互审核,提高会计师事务所的质量控制。(2) 加强对注册会计师执业道德教育,提高注册会计师的门槛。通过增加考试科目、增加取得正式资格前的实践经验时间要求、提高注册会计师考试科目难度及考试资格要求等方式,避免盲目追求注册会计师数量,导致素质低下的人员进入注册会计师队伍。(3) 加大对违规注册会计师和会计师事务所的处罚力度。对于严重违反规定的注册会计师,不仅要剥夺其执业资格,而且要作出民事赔偿,甚至进行刑事处罚。对于严重违反规定的会计师事务所,可以参照美国的做法,对十年内造假两次以上的,实施三倍赔偿。同时依据市场的力量,提高发现注册会计师失信问题的概率。

第六篇
创新篇

随着经济全球化、信息化以及高新技术的迅猛发展，创新已成为一个国家、民族兴旺发达的关键因素。企业作为国家创新的主体部分，其获取持久发展动力的关键便是创新，创新能力的强弱已成为评价企业竞争力的重要指标。企业创新能力是构筑国家创新能力的基础，也是提高国家竞争力的核心环节。随着我国经济体制改革、企业改革的逐步深化，国内一些企业如海尔、联想、华为、中兴等，日益加大创新投入，使自主创新成为其占有市场、巩固市场、创造利润的基础。这些企业在获得效益持续增长、构筑竞争优势的同时，也成为我国创新的重要依靠力量。

本部分由企业创新缘由入手，从内、外部影响角度分析企业创新影响要素、创新路径和创新绩效的影响因素，在企业为何创新、如何创新、创新结果如何的分析基础上，形成创新评价体系的结构框架并建立相应创新评价体系。

1 企业创新概述

围绕与企业创新要素相关的五个问题,我们展开第一部分的论述:第一,企业为何要创新?第二,什么因素影响企业的创新决策?第三,企业如何创新?第四,企业创新的绩效如何?第五,什么因素影响企业创新的绩效?前两个问题强调企业创新的动因,第三个问题关注企业的创新举措,后两个问题考察企业创新的绩效及其影响因素。

1.1 企业创新缘由及影响要素

1.1.1 企业创新缘由

对企业创新的早期研究可以追溯到亚当·斯密,他在《道德情操论》和《国富论》中认为,人的天性具有创造和追求财富的欲望,人天生具有创造性,或具有发明与革新的“迷恋”。亚当·斯密还认为,经济增长源于技术进步,而技术进步又依赖于市场的扩大和分工协作的加强。他还为国家设置专利权等暂时的垄断利益作了解释,认为这是促进创新的必要举措。马克思使用“发明”“技术”等指代技术创新,他认为技术创新是推动生产关系变革的重要力量,正所谓“手推磨产生的是封建主为首的社会,蒸汽机产生的是工业资本家”,他还从追求剩余价值的角度,率先为企业技术创新的动因机制提供了理论说明。马克思认为经理是“工厂制度的灵魂”,说明他对企业管理创新给予了关注。

在边际革命以后的时代,奥地利学派经济学家熊彼特对企业创新给予了充分的重视,并对创新的内涵和动力做出了影响深远的理论解释,构成了后世关于企业技术创新研究的主要理论基础。熊彼特首先将创新定义为“创造一种新的生产函数”,创新意味着把前所未有的新生产要素与生产条件引入到企业的生产体系中去,形成一种新的生产组合。同时,创新意味着“毁灭”,创新与创造性破坏不可分离,创新会创造性地破坏市场的均衡,不断从经济体内部革新经济结构,打破旧的结构,创造新的结构。他认为创新主要有五种形式,第一是产品创新,这是创造一种新的特性或者新的产品;第二是工艺创新,即采用新的生产方法或在制造部门中尚未被检验过的工艺,这不一定是某种建立在科学发展基础上的新技术,也有可能是新的商业模式;第三是市场创新,即开辟新的市场,不仅要进入过去未曾销售的市场,而且要创造新的市场;第四是原料创新,即取得和控制新的原材料,取得原材料的新来源;第五是组织创新,即采用一种新的产业组织方式或企业形式,建立和打破垄断地位。熊彼特认为,企业家是创新的承担者,是实现经济要素重新组合的主体,是经济发展的带头人和企业的灵魂。创新的根本目的是追逐利润,最大限度获得超额利润。创新的模式可以分为两类,一类是企业家创新,一类则是大企业创新。企业家创新使一部分企业家意识到,在最新的科学发展到技术应用之前,存在着潜在的需求或满足潜在需求的机会,他们进行了冒险的创造性活动,成功者获得了额外的增长速度和暂时的垄断利润,但随着进入者的竞争、模仿,这些利润被削弱;大企业创新则是大企业内部的创新部门进行研发创新,创新强化了大企业的竞争地位并使之获得垄断利润,但随后也会被削弱。熊彼特也论述了创新的影响和意义。在他看来,创新具有根本性的价值,它不仅是经济增长的源泉,而且是经济周期的动因:一波又一波的创新带来了不断的经济波动,创新还是资本主义发展的根本动力,创新逐渐消减将导致资本主义进入"社会主义"。熊彼特对创新的内涵、类型、动因、影响等做出了全面的论述,他所研究的创新是以企业和企业家为主要视角,主要指技术创新,也涉及制度创新和管理创新。

在熊彼特之后,创新理论朝着两个不同的方向发展:一是技术创新,二是制度创新(陈文化等,1998)。前者主要是美国经济学家爱德华·曼斯菲尔德和比尔·科克等经济学家对技术创新的内涵做出了进一步的解说;从技术推广、扩散和转移以及技术创新与市场结构之间的关系等方面对技术创新进行了深入研究,并形成了技术创新经济学这一新的分支学科。后者主要是兰斯·戴维斯和道格拉斯等人,把熊彼特的"创新"理论与制度派的"制度"结合起来,研究了制度创新的原因和过程,通过研究制度的变革与企业经济效益之间的关系,发展了熊彼特理论,并由此创立了制度创新经济学这样一门新学科,从而丰富了"创新理论"。

1. 技术创新

从发展经济学家罗斯托开始,技术创新逐渐变为创新的主导。经济增长理论的巨擘罗伯特·索罗在其对技术创新的专论《在资本化过程中的创新:对熊彼特理论的评论》中提出,技术创新需要两个条件,即新思想的来源和后阶段的发展与实现,此即技术创新理论中的"两步论"。1962 年,伊诺斯在专著《石油加工业中的发明与创新》中论述道:"技术创新是几种行为综合的结果,这些行为包括发明的选择、资本投入保证、组织建立、制订计划、招用工人和开辟市场等。"这一定义被认为是西方学界对技术创新的最早的正式定义。而同时代的林恩则认为技术创新是"始于对技术的商业潜力的认识而终于将其完全转化为商业化产品的整个行为过程"。厄特巴克在其著作《产业创新与技术扩散》中认为:"创新就是技术的实际采用或首次应用。"事实上,在 20 世纪六七十年代,对技术创新内涵定义的共同特点就是将某种新技术或新产品、新服务引入市场的过程,即技术变革以及新技术的采用过程，以及这一过程相配套的所有企业活动。但在这个时代，技术创新的内涵已经在逐步深化和扩大，创新活动的复杂性和系统性逐渐得到认识，学界开始认同技术创新是一种从新思想到其商业化运用的过程。弗里曼认为技术创新是指首次引进某种新的产品或工艺的企业活动的集合，这些活动可以包括研发、设计、工艺改进乃至财务和营销等；他也从商业转化角度定义技术创新，其在1973年的著作《工业创新中的成功与失败研究》和1982年的著作《工业创新经济学》中都认为，技术创新是一种新工艺、新技术、新系统、新服务的商业化过程，特别是首次的商业化过程，要突出全过程和注重商业化应用的思想。弗里曼进一步把技术创新分为四类，即渐进型创新、根本性创新、新技术体系和技术革命。基于这些思想，一些机构在定义技术创新时也分为两类，一类是将技术创新定义为技术市场化运用的过程；另一类则将技术创新仅视为新技术、新工艺的创造和采用过程。90年代以来，企业创新理论特别是技术创新理论进入一个新的阶段，开始进入系统论和演化理论并举的时代。在系统论和演化理论的视角下，技术创新被视为一种系统的活动，这个系统内融合了知识、学习能力等多重要素，特别是“默会(tacit)知识”，技术创新被看作知识的吸收、重组、传承、扩散等全过程，而不仅仅是投入产出过程。我国对技术创新理论的研究始于80年代。傅家骥先生是较早明确定义技术创新的国内学者。他认为技术创新是企业家抓住市场机遇，为获得商业利益而重新组织生产条件和生产要素，从而创新产品或服务，采用新材料，或建立新的企业组织，进而开拓市场的全过程。史世鹏区分了狭义的技术创新和广义的技术创新定义，狭义技术创新就是新技术的发明和采用，广义的技术创新则包括狭义技术创新、新技术商业化应用、技术扩散、高技术体制、商流信息流等。技术创新的官方定义见于《辞海》和1999年颁布的《中共中央国务院关于加强技术创新、发展高科技、实现产业化的决定》。在该决定中，我国将技术创新定义为“企业应用创新的知识和新技术、新工艺，采用新的生产方式和经营管理模式，提高产品质量，开发生产新的产品，提供新的服务，占据市场并实现市场价值。企业是技术创新的主体。技术创新是发展高科技、实现产业化的重要前提”。

2. 制度创新

在制度创新方面，制度经济学家科斯和诺思对制度创新进行了深入研究。科斯于1937年发表了《企业的性质》一文，他首次提出了交易费用的概念，并用来解释企业作为一种制度存在的理由。随后1960年科斯又发表了《社会成本问题》一文，进一步阐述了在交易费用为零的情况下生产的制度结构存在的重要性。科斯的两篇论文奠定了制度创新理论的基石。自20世纪70年代以来，以诺思为代表的新制度经济学家就制度创新的问题展开了深入的研究。诺思与罗伯斯·托马斯在1973年出版的《西方世界的兴起》一书中提出了经济增长贡献的全新观点，他们认为对经济增长起决定性作用的不是技术创新而是制度创新,正是由于制度的建立和创新,才能使技术得以创新,交易成本得以减少,个人和组织从事生产性活动的动力提高,资本得以积累,教育得以发展,也才会导致经济的增长,同时认为,制度创新决定技术创新,而不是技术创新决定制度创新。诺思还从史实上列举了为什么现代意义上的经济增长首先发生在英国和荷兰而非其他国家,除科技因素外,主要原因还在于这两国较早地形成了较为完善的产权制度和专利制度——可以有效地发挥个人积极性,保证把资本和精力都用于对社会最有益的活动。制度创新之所以能够推动经济增长,其原因就在于:建立一个效率较高的制度,能够减少交易成本,减少个人收益与社会收益之间的差异,激励个人和组织从事生产活动,从而极大地提高生产效率和实现经济增长。新制度经济学认为好的制度选择会促进技术创新,不好的制度选择会将技术创新引离经济发展的轨迹,或遏制技术创新。从某种意义上来说,制度创新是实现技术创新和经济可持续发展的基本保证。在经济发展过程中,技术创新和制度创新是密不可分、相互促进、相互依赖的。

1.1.2 企业创新影响要素分析

企业是一个完整的系统,从外界获取资源,在内部进行加工,输出到外界获得进一步的资源反馈。因此,企业创新活动受内部环境和外部环境中各种要素的影响,其中,企业创新内部环境包括内部资源要素和能力要素,而企业创新的外部环境包括市场竞争、政府与立法、基础科学与技术、金融资源要素以及外部治理要素。

1. 内部要素

企业创新内部环境要素,按其内涵,可以分为资源和能力两部分。

(1) 资源要素。就企业内部资源要素方面而言,按其归属,可分为组织和个人两部分。属于组织的内部资源包括内部治理机制、企业组织架构与文化、企业内部资源储备和投入(包括企业的财务、营销、人力和技术资源)、企业的规划与决策。

首先,对内部公司治理机制而言,企业获得核心竞争力的根本途径就是技术创新,这就要求公司治理结构必须适应技术创新活动的实施。而企业技术创新战略的制定与实施是在公司治理结构设定的制度框架下进行的,完善合理的公司治理结构对实现技术创新活动有促进作用。内部公司治理机制与企业技术创新的相互关系,可以体现在治理结构、经营层、董事会、利益相关者等方面。在治理结构方面,治理结构同企业技术创新密切相关,企业的公司治理结构不同,需要特有的创新模式与之匹配。公司治理结构越完善,越能够推动企业的创新。反之,完善公司治理结构也有赖于企业内部的创新,不同的治理结构代表不同的利益结构,并产生不同的公司目标结构,进而不同的目标结构导致企业的内部创新行为选择不同。在经营层方面,从企业技术创新的角度看,影响企业经营者从事技术创新活动积极性的因素主要有三个:一是经营者持股水平;二是企业大股东对技术创新的支持;三是企业家精神。在董事会方面,董事会的规模、结构及董事长与经理兼任情况等都会影响企业经理对技术创新的态度及其有关决策。董事会结构不同,企业的创新水平不同,即董事会内部董事和外部董事的比例不同,企业的创新处于不同的层次。而且,引入独立董事制度有利于企业的创新行为。而对于两职合一情况与创新的关系,研究一致认为董事长与总经理两职合一有助于企业技术创新和经营绩效的提高。最后,在利益相关者方面,企业的技术创新不仅要考虑公司董事会、经理层等主体的影响,还要将客户、员工等其他利益相关者考虑在内,这样才能使企业的技术创新收益实现最优的配置和最大化,也可以激励技术创新过程中的各利益相关者对技术创新做出积极的反应。总之,公司内部治理同企业创新之间有着紧密联系,内部治理的水平越高,企业的创新水平也就越好。

其次,企业组织架构与文化也必须适应企业创新的实行。相关研究认为,企业组织结构与技术创新之间的关系是双向影响的,不但组织结构会对技术创新产生影响,而且技术创新本身也会对组织结构的选择和优化产生影响。例如,高新技术企业往往采用更扁平的组织架构。另外,有研究表明,优秀的企业文化与培养员工的创新行为是紧密相关的,企业文化对外可以提高企业的影响力和公信度,对内可以产生强大的向心力和凝聚力,是企业发展的潜在核心竞争力。企业文化是企业创新的原动力,员工的创新行为根植于其优秀、独特的企业文化之中。创新、进取的企业文化有利于技术创新。总之,适宜的组织结构与企业文化对培养企业的创新能力有着至关重要的作用。

再次,企业若致力于创新能力的提升,加大内部资源储备和投入至关重要,包括企业的财务、营销、人力和技术资源等。资源理论认为企业是各种资源的集合体,企业的差异是企业自身资源的差异造成的,企业资源特性不仅对技术创新方式的选择有重要的作用,而且对创新的成败具有重要作用。技术创新的过程可以被看成是“资源转化的过程”。不同的企业,其内部的资源结构、资源储备、配置方式、内部的协调与控制模式各不相同,自然会导致企业技术创新活动产生不同成效。技术创新过程是包含新创意的出现、R&D、生产加工、最终实现市场价值的一系列的连贯活动。企业技术创新的过程是关键资源成长的过程,是企业提高技术产品附加值和增强竞争优势的过程。有研究表明,在技术人才上的人力资本投入有利于提高创新绩效。

最后,企业的规划与决策同样对企业创新有着重要影响。规划就是做出一系列决策过程的总称,包括制定总目标以及为适应环境而做出的目标变动,决定企业实现这些目标所需要的资源，以及获得并使用资源的方法，而企业目标确定、资源分配等对企业创新行为起着至关重要的作用。另外，研究表明，是否采纳、何时采纳、优化选择采纳创新技术等决策对提高企业创新技术成功率并进一步形成核心竞争力有着重要的影响。

属于个人的资源包括企业家才能和员工才能（如技术人员的知识背景、技术人员的创意、销售人员的人脉网络、财务人员的资质等）。例如，有关企业家才能与创新机会把握的研究认为，创新不会自动到来，如果市场不能给予企业家足够的创新回报，让企业家产生"未来收益"的强烈预期，后者不会轻易脱离确定的"循环流转"过程，进入处处充满不确定性危险的创新过程。因创新具有风险性和不确定性，企业家既要有冒险精神，还要有谨慎的决策风格；既要对未知充满激情，又要能理性分析各种机会与威胁。

（2）能力要素。同理，企业创新的内部能力要素，也可分为组织和个人两个部分。属于组织的能力包括组织层面的战略柔性能力、战略协同能力、知识整合能力和组织学习能力等。在竞争的环境中，组织能力常会随时间而演化。演化的方式会随着技术本身的特性、外部市场竞争强弱与内部的组织与管理特性的不同而不同。在动态的环境中，企业原有的能力无法保证其维持持久的竞争优势，所以企业必须不断创造新能力。而创新是创造知识及技术扩散的主要来源。鉴于此，创新是企业提升能力的重要手段，也是维持企业独特的、不可模仿的和难以替代的组织能力的有力保证。企业的产品创新和流程创新有利于开发企业的研发能力和生产能力，而领导激励创新和计划控制创新则有利于开发企业的营销能力、网络关系能力和战略能力。组织能力的很多研究都认为创新是建立、提高和应用组织能力的基础，也是组织能力研究的载体。属于个人的能力包括个人的学习能力、知识传承能力、创新能力等。其中，就个体学习能力而言，行为主义理论强调刺激与反应的关系，即认为组织学习是组织对环境变化的适应以求得生存，这反映了个体学习的本质：个体学习同样是基于所处环境的新的刺激而进行的不断的试错、积累和完善的过程，其结果是个体学习能力的提高，并具体表现为员工认知和行为的改变，即产生了适应环境变化的创新构想和实施创新的行为，则必然带来个体新的行为或解决问题的方式的改变，即产生了个体的创新行为。

2. 外部要素

企业创新的外部环境，包括市场竞争、政府与立法、基础科学与技术、金融资源要素，以及外部治理要素。

第一，市场竞争方面，以竞争者为代表的市场因素，由于直接影响企业的盈利能力和竞争地位，因而是推动企业创新的最直接和最重要的动因。施穆克勒、魏江等关于企业创新的需求牵引论和市场推动论认为，企业技术创新的一个重要动因是市场需求的推动。关于外国直接投资(FDI)的技术溢出效应的文献表明,外国直接投资对本国企业技术创新有一定的提升作用。外国直接投资给本国企业做出了技术示范,同时带来了强有力的竞争冲击,外国企业技术优势带来的垄断利润吸引着本国企业的进入,推动了本国企业进行技术模仿、技术引进和研发。外国直接投资为本国企业培育了一批人才,人才的流动和自主创业带来了企业的技术创新。外资企业与本国企业存在技术关联、供应关系和合作研发,也提高了整个产业的技术水平。但是,外国直接投资也可能抑制本国企业技术创新。例如,外资企业可以垄断市场,通过收购和竞争排挤本土企业,外资技术进步带来了对本国技术的替代,等等。

第二,政府与立法通过投入和保护等推动企业创新。政府的诱导与牵引是企业技术创新的一个重要动因。诺斯认为,17 世纪以来的专利法的发展,是西方国家技术创新快速发展的重要保障,正是产权制度的变迁改变了发明的激励。一个地方市场化水平的提高、交易成本的降低、法制的完善等都有利于企业开展创新。除此之外,完善的法律法规有利于保障投资者、员工等与企业创新相关的利益相关者的合法利益,使得他们有意愿创新。

第三,基础科学与技术因素。技术和基础科学的发展,也推动了企业创新。新技术提高了企业可能达到的生产率,降低了企业的成本,克服了研发的难题,自然能推动企业主动采用新技术。

第四,金融资源因素。金融资源的可得性虽然不能直接推动企业的创新,企业并非因为有更多现金流和更低融资成本就进行研发,但当企业受其他因素驱动而试图进行创新时,金融资源就成为制约或推动企业创新的重要力量。

第五,外部治理因素。资本市场、劳动力市场、国家法律等外部治理的构成部分影响着公司的创新行为。首先,公司可以通过资本市场融通资金支持公司的创新活动。企业可以从资本市场获得创新资金,也会在创新活动取得成效后获得市场的认可。具体而言,公司控制权市场、信息披露要求会影响公司创新行为。在发达的资本市场背景下,控制权市场里频繁发生的接管活动使职业经理人更加关注企业的发展,更能从长远的角度考虑公司的发展,促使公司在创新上下功夫。另外,良好的信息披露有利于公司的创新活动,信息披露透明度高的企业公司治理状况也较好,股东和外界潜在的投资者能够从企业得到更多有效的信息,更有利于监督公司行为,从而促使企业更多地考虑长远发展,愿意增加研发投入。其次,一个完善发达的经理人市场对企业的创新有着积极意义,在现代两权分离的治理结构下,职业经理人作为企业的管理者,其对创新的发展有着最直接的影响。自由的选聘淘汰体系产生的强大潜在替代压力与声誉压力使得经理人为了得以被公司持续聘用或维持自己在公司的地位,往往也倾向于选择一定程度的创新。

最后,完善的国家法律法规能够为企业融资、投资、信息披露等提供法律保护与支撑,进而影响企业创新行为。然而由于我国相关法律制度的不尽完善,缺乏对投资者保护、公司信息披露等方面的法律保护,使投资者在对公司的投资上过度投机,忽视了证券市场上的价值投资理念,对增加公司价值的创新活动不甚关注,从而打击了公司对创新活动的热情。

1.2 企业创新路径与影响因素

1.2.1 企业创新路径

在研究中,创新的研究领域非常宽泛,研究视角也十分众多,为了对创新的特性加以分析,学者们常从自身观点出发来划分创新类别,从而出现了许多不同的创新路径。从企业方面来看,可分为制度创新与技术创新,两者互为支撑、交替进步。按创新对象可以分为产品创新和流程创新。根据创新过程中创新变化的强度和范围的不同,可分为突变式创新与渐进性创新,突变创新是指企业通过根本性技术变化来创造全新的产品或服务,其目标在于满足潜在消费者的市场需求。有学者指出,突变创新需要全新的技术和市场知识,需要不同的技术路线和基础设施,需要将不同的知识进行融合,因此突变创新需要新技术的支持,需要新能力构建或新市场开发来实现。同时,由于在整个过程中所面临的不确定性(技术不确定性、市场不确定性、组织不确定性和资源不确定性)相对很高,周期较长,因此突变创新的管理更为复杂。渐进创新是指企业对现有产品的改进或者是对现有产品线不断扩展,其目的在于更好地满足现有消费者的需要。这种创新涉及的变化是在现有技术和生产能力上的变化,并且与现在的市场与消费者群的变化相联系。同时,相对于突变创新而言,渐进创新的阻力和风险较少,原因在于渐进创新主要以现有市场为目标,并通过依赖企业现有的知识基础得以开展,因此确定性相对较强,创新风险容易控制,更容易获得市场成功。根据创新是否能够用经济指标进行度量,可分为显性创新与隐性创新;根据创新成果是否具有首创性,可分为原始创新和改进创新;从参与主体的角度,创新可以分为自主创新与合作创新。

我国学者傅家骥根据创新发生的时间先后,将创新分为率先创新和模仿创新两种方式。率先创新是指企业先于其他企业,通过自身内部各部门的密切合作,积极开展新产品、新工艺的研究与研发,产生重大技术突破或根本性的工艺变革,在市场上率先推出全新的产品服务,以此获取垄断利益,确立竞争优势的一种创新路径。一般来说,率先创新都是突破性的创新,目的是对全新的市场和领域进行开拓。模仿创新是指企业通过学习模仿率先创新者创新的思路和行为,吸取率先者成功的经验和失败的教训,引进购买或破译率先者的核心技术、专利许可或技术秘密,以此为基础加以改进完善,根据市场特点和趋势加以深入开发的创新行为。模仿创新在技术上和市场上都是跟随者,但模仿创新并不是完全的仿照和照抄照搬。模仿创新中的模仿,不仅仅限于技术方面,而是对率先者的整个创新行为的模仿与借鉴;模仿创新中的创新,主要表现为在率先者主导设计基础之上的产品和工艺的渐进创新。模仿创新的重点目标在于创新,只不过这种创新是在模仿的基础上,受率先创新者的启发进行的,而且,从市场行为方面来看,模仿创新也是不仅要占领现有市场,还要完成对新的市场需求的开拓。率先创新和模仿创新是两种不同的创新路径,它们在各自的创新过程中具有不同的特点,因而这两种创新路径所开发的产品和服务的竞争力也在市场上各具特点。

企业常见的创新举措包括投资研发、技术创新、技术引进、产品仿制、生产流程创新、组织架构调整、财务和会计手段创新、战略转型、营销模式变革等。企业的创新过程则包括初始的创意与设计、需求的调查与分析、初始的投入、持续的研发或组织再造过程、企业内各方的支持、反复的讨论、产品试制或组织试运行、市场策略的制定、产品发布与组织再造完成、市场与企业内反应评估等。

1.2.2 企业创新路径影响因素分析

不同的企业有不同的特性,其选择的创新路径也不尽相同。影响企业创新路径的因素可分为内部影响因素和外部影响因素。

1. 内部影响因素

影响企业创新路径选择的内部因素主要包括企业资源、企业能力、企业文化、股权结构、技术能力等。研究表明,具有不同类型企业资源的组织进行创新活动时选择创新的路径会有所不同,只有结合企业资源类型正确地选择创新路径,才能更好地促进企业的创新能力,在市场竞争中增强企业的核心竞争力。例如,资源冗余的企业采用突变创新比采用渐进创新的效率更高,而在资源柔性的企业采用渐进创新比采用突变创新的效率更高。而对于具有资源柔性的企业,无论选择自主创新还是合作创新,都会有着较高的创新效率。对于企业能力而言,组织能力柔性越高,越可以有效地提高组织的资源利用率,从而有利于企业创新所需资源的保障。资源整合后所出现的柔性能力中的新生能力、重新利用的能力及延伸能力等显然能增强企业自身的技术与能力。而且,柔性能力可以有效地应对企业面临的不确定性环境。创新本身最大特征之一是它的不确定性或风险性。故此,无论是选择自主创新还是合作创新,柔性能力都可以有效提高企业的创新效率,使企业在动态竞争的环境下不断创造竞争优势。另外,企业文化对企业创新路径选择形成支持或阻碍的影响。企业文化可以通过与知识管理的匹配对企业创新路径选择产生影响。具有不同类型企业文化的组织对自主创新或合作创新的选择也会有不同。企业文化对创新所起的作用非常明显,能够影响企业创新的路径和策略。例如,具有较强的团队文化和层级文化的企业倾向于选择模仿创新,而具有较强的企业家精神的企业则倾向于选择率先创新。除此之外,公司股权结构对企业创新路径的选择也有着重要影响。所有权结构是企业最基本的制度安排,也会影响到企业创新战略决策过程与创新方式等。尤其是,在中国这样的转型经济国家中,具有特殊地位的国有股权必然会对企业的创新方式有着重大影响。企业与其相关者的联系是创新资源和信息的主要来源。国有股东与国家和政府的联系,使得他们更容易从国家或政府处获得创新所需要的资源和信息。这是其他所有者不能比拟的。同时,企业因更经常地受到国家的保护,而远离市场压力。在市场条件不完善的情况下,垄断的力量可以更有利地保护企业的创新成果。国有股权大的企业更愿意将这种"软"关系保留在自己企业内部,独立完成创新,形成自己的核心能力和竞争优势。而且,国有股东或多或少带有传统的计划经济的痕迹,使得他们对某些市场信号的反应有些迟缓,具有一定的停滞现象。如此,国有股比例越大的企业越倾向于选择内部研发,而非合作研发或者技术购买。

2. 外部影响因素

影响企业创新路径选择的外部因素主要包括市场、行业、企业地位、政府政策支持等。在企业的创新过程中,自治型和系统型创新都需要辅助性资产,辅助性资产是指实现创新所必需的配套性设备、销售渠道、服务和知名度等,这些资产可获取性的难易程度决定了创新者能否长时间垄断创新所带来的超额利润。即使在知识产权保护措施非常完善的市场上,即蒂斯所认为的紧密的独占性环境,技术溢出仍然会普遍存在,因此,模仿者可以对某些核心技术进行适当的改进,以此避开产权政策的惩罚。但是,一项创新的成功还需要较多的辅助性资产,如果这些资产具有较强的专有性(它有时也被称为独占性、排他性或垄断性),比如沃尔玛建立的销售渠道、肯德基的服务制度等,则创新难以成功被模仿。所以,当行业内技术溢出存在但是不影响企业创新方式选择时,创新辅助性资产的专有性越强,寡头企业越倾向于选择非合作创新;创新辅助性资产的专有性越弱,寡头企业越倾向于选择合作创新。在政府政策支持方面,在市场经济中,通过营造支持技术创新环境,提升区域产业与企业的技术创新能力,是政府发挥公共职能的必然要求。为了营造有利于自主创新的政策环境,国家科技部在战略研究、宏观协调、政策制定、创新能力和队伍建设等方面创建了新的体制,按照"权责明确、定位清晰、结构合理、运行高效"的原则推进国家科技计划管理的公正、公开、规范与高效,并在有效利用其他部门资源层面,完善对技术创新的政策性金融支持,整合科技资源,形成支撑技术创新的合力,从而形成企业技术创新的更大推动力。由此,政策支持的导向对于企业选择适宜的创新路径有着重要的影响。

1.3　企业创新绩效与影响要素

1.3.1　企业创新绩效

创新是企业提升能力的重要手段。相关研究认为,创新是需要去对抗产品生命周期缩短,取得新机会的方法。一般企业在面对市场时,组织会大力创新,增加公司效率与效能,而根本的做法是,它们会将创造力投入在产品或制造过程的改善和发展上,希望由此提升公司绩效。在全球化经济下,企业如果想要有更好的业绩,希望能抓住顾客,则必须用创新的方法来满足顾客,让企业服务与顾客认知没有误差,如此自然能拥有较强的竞争力,也就能有更好的绩效。为适应环境变化,公司将投入更多新资源以增加效能,而这新资源的取得便在于运用创造力来改善产品或制程。同样,运用创新的能力来开发新的产品及制程将是适应市场的最根本办法。另外,因资讯流通的迅速,使得消费者越来越清楚自己所需要的,也因此厂商必须要有更多的创新能力以满足消费者的需求。也就是借由创新能力来提高顾客对企业的认可,进而提升市场占有率,增进绩效。不断地创新将使产品的生命周期缩短,也因此就需要更多的创新来取得新的机会。创新不仅使组织具有较强的适应力和活力,而且有利于组织经营绩效的提升。产品创新能够提供更好的满足顾客需求的产品,从而增强组织的市场开拓能力和竞争能力,并为企业带来丰厚的利润。工艺创新能够降低生产成本和增强弹性生产能力,从而改进组织绩效和提升竞争力。领导激励创新和计划控制创新能够整合组织的资源,为技术创新提供平台和保障,从而增强组织的创新能力和改善组织绩效。组织创新越有价值、越不易模仿和越稀有,则组织绩效将越高。也就是组织若不执行创新计划活动将会对组织绩效造成负面的影响。因此可知,组织执行创新导致绩效增长,此影响不仅带给企业更大利益,还能激发企业内部成员对于组织的向心力与信心,产生无可取代的合作关系。有研究曾观察银行产业,发现若其提供一新的服务(技术创新),通常亦需要一组新的管理机制(管理创新)去评估和控制其绩效,然而并不是每一种技术创新均会导致管理创新。另外一项研究指出,采用管理与技术创新的组织,其经营绩效确实比未采取创新者高。总而言之,组织创新对于组织绩效是相当重要的决定性因素。

1.3.2　企业创新绩效的影响要素分析

1. 内部要素

影响创新绩效的内部要素可以分为组织因素和个人因素。在组织因素中,现有研究考虑了董事会和董事特征、股权特征、股东行为、人力资本投资、企业文化、组织能力、知识整合、战略导向、财务与资金等多种因素的影响。例如,从人力资源来说,人力资源管理活动能够积极地影响企业的创新绩效。作为企业内部管理的重要一环,人力资源管理系统通过塑造出企业所需要的员工,帮助组织得以实现其生存和发展目标。创新来自员工的个体行为,因为没有员工等个体提出新的想法并实施创意,企业创新就不会最终实现。正因如此,人力资源管理也将通过对员工创新行为加以引导和改变从而影响着企业创新。再者,就组织能力而言,资源基础理论把企业看作各种资源与能力的综合体,认为能力是对企业进行分析的基本单元。组织能力具有独特性、价值性、延展性、不可模仿性和难以替代性的特点。组织能力具有系统性,它表现为多个层面:研发能力、生产能力、营销能力、网络关系能力和战略能力。研发层面的组织能力有利于企业从顾客价值出发,关注客户的需求且科学地预测需求变化,选择产品价值链上的关键环节进行突破,不断地提供顾客所需要的产品和服务,从而抓住和创造新的市场机会。生产层面的组织能力有利于企业提高生产效率、降低生产成本和增强柔性生产能力。营销层面的组织能力有利于企业制定正确的营销战略,及时、准确地把握顾客对产品使用价值、质量、价格和服务等方面的具体要求,提高对市场的反应速度。网络关系层面的组织能力有利于以较低成本获得各种稀缺资源,对资源进行更有效率的配置,迅速为客户创造利益或独特价值。战略层面的组织能力可以促使公司高层管理人员从企业整体的角度考虑问题,并为企业的长远发展着想。总之,企业通过构建在上述能力上独具特色的组织能力,可以避免低层次的价格竞争,在行业内构建较高的进入壁垒,增强企业在顾客价值创造方面的不可替代性,从而在较长时间内获得持续稳定的利润,巩固企业的竞争优势。而在个人因素中,相关研究考虑了企业家精神、高管知识背景、员工知识等因素。例如,高管年龄与研发投入被认为是负相关的,而高管具有较高的知识背景则与研发投入是正相关的。事实上,企业内的可度量、可运用和可改变的各项资源以及有形和无形的组织结构与精神,都可能是创新绩效的潜在影响因素。

2. 外部要素

外部要素包括了企业所处的外部环境,如政策支持、政治与法律环境等,以及可以获得的各类资源,如核心技术、资金、人才等。创新环境为创新者及创新相关者提供创新资源(如创新人才、创新经费和专利知识)、科研设施及共享机制等,对创新绩效的高低有直接影响。研究表明,创新环境对创新绩效有正向效应。创新环境为创新提供创新资源和政策支撑。创新环境为创新主体提供进行创新所必要的基础设施、网络系统及资金等,良好的创新环境让创新行为主体更加广泛地连接到创新体系中,有助于其获得创新资源。而创新环境中的制度和政策等软环境则可以保障创新活动顺利开展。同时,创新环境是创新的重要驱动力。任何行为都有一定的目的性,满足社会市场需求、获取经济效益是作为"理性经济人"的创新主体进行创新活动的最重要目标之一,因此,包含市场需求的市场环境是创新的最重要驱动力。其次,创新环境有助于了解市场创新需求。创新环境是连接创新相关人的纽带,它将创新者和其他与创新相关的人联系在一起,创新者可以通过创新环境了解社会需求,实现以需求为导向的创新,从而提高创新效率和绩效。再次,创新环境有助于优化配置创新资源。开放型的创新环境为创新者寻求创新合作提供条件,企业所能获得的创新资源可根据靠市场规律和优势互补的原则合理分配给各个创新相关者,有利于创新资源的高效利用,从而提升创新绩效。最后,创新环境有助于塑造更强的创新潜力。创新环境可以提供各种正式和非正式的交流和沟通渠道,有利于知识交流和信息共享。通过交流或共享,创新者可能会接收到新的知识和创新理念,有助于提升其创新潜力,进而提高创新绩效。

2 中国企业创新评价体系

创新是企业发展进步的重要因素,企业创新成效主要取决于企业创新能力的高低,而企业创新能力的提高必须建立在对企业创新能力准确评价的基础上,这就需要一套企业创新评价指标体系,使企业能够全面认识自己,及时发现并解决问题。只有设计一套科学的企业创新评价指标体系对企业创新进行有效评价,才能提高企业创新能力,使得企业良好发展。

2.1 企业创新评价意义

建立企业创新评价指标体系,无论是在企业创新理论研究方面,还是在促进企业创新能力形成和发展的实践中,都有重要意义。企业创新评价体系的建立旨在设置一套科学的指标体系,运用科学评价方法对企业创新进行评价,为企业经营者和政府决策部门提供一定借鉴和参考。在微观上,企业通过对其创新能力进行的全面评判,使企业认识到自身创新情况,发现创新不足,运用和发挥已有优势弥补不足。在宏观上,政府通过对企业创新能力的全面科学评判,掌握企业创新状态,从政策方面对其予以扶持,支持企业创新行为。

2.2 企业创新评价体系构建

企业创新评价体系,既是创新评价工具,又是企业发现创新问题的途径。企业创新评价指标体系的确定是进行企业创新评价的首要问题。

2.2.1 评价体系构建原则

由于企业创新评价体系在客观性、科学性方面具有较高要求,在构建企业创新评价指标体系时应遵循以下原则:

(1) 科学性原则。企业创新评价指标体系的设计既要有经济产出评价,又要对要素投入进行评价;既要对当前状况进行评价,又要对后续潜力进行评价。指标体系的设计既要科学合理,又要符合中国企业实际情况。评价指标的选择要围绕企业创新本质,涵盖反映企业创新的重要因素并将之有机联系,尽量客观地描述和反映企业创新情况。

(2) 全面性和概括性原则。全面性就是要求描述和刻画企业创新的指标体系覆盖面要广,评价指标尽可能地反映企业创新行为的形成和发展全貌。概括性就是要求企业创新评价指标的选取与设置必须抓住企业创新形成和发展过程中的主要方面,把握关键,突出重点,以较少而准确的指标把评价内容表达出来。

(3) 可行性和可操作性原则。在构建企业创新评价指标体系时,必须考虑统计实践的可操作性与现实数据资料的支持性。若指标体系脱离我国企业创新实际,便没有评价可行性;若指标设计没有现实统计数据支持,便不具有操作性。所选指标应含义清晰,有一定的现实统计数据作支撑。

(4) 系统性和可比性相结合原则。构建的指标体系必须在系统地考虑企业内外部环境基础上,尽可能全面反映企业当前经营状况,反映企业长远发展趋势,从而形成对企业创新的系统认识。由于指标与指标间既有联系又有区别,指标的设置应体现可比性,既能反映企业间的横向比较,又能反映企业不同时期的纵向比较,从而可以更好地衡量企业创新情况。

2.2.2　企业创新评价体系的结构框架

根据前文对企业创新动因、路径、绩效和影响因素的探讨,我们对企业创新要素及其作用机理进行分析,提出企业创新评价体系的结构框架。我们认为企业创新具有四个特点:第一,企业创新的动力来自两个方面,企业的内部和企业的外部。两方面因素的影响路径则较为复杂,总体上可以归类为对企业创新的推力与阻力。这样,就可以从内部—外部、推力—阻力两个维度,分析有利于或不利于企业创新的因素。这些因素可以归结为企业创新的环境,即企业处在何种境地之中,内外部影响因素是否能有效促使企业进行创新活动。第二,从静态、比较静态和动态来看待企业创新。从静态看,企业创新是一个投入或重组的行为;从比较静态看,企业创新是投入或重组,经过与企业相适宜的创新路径,到产出或组织重构的跳跃;而从动态和网络的视角看,企业创新是一个持续的过程和各部门协作的结果。第三,企业创新最终要形成一个绩效,绩效不仅包括产出或组织重构的结果,而且包括对绩效的评估。同时,绩效影响因素(特别是内部资源和能力的影响)是经过创新路径,在从投入到产出的过程中发挥作用的。第四,影响企业创新动力、创新行为、创新路径以及创新绩效的要素可以整合为统一框架,如图 6-1 所示。

在图 6-1 中,企业创新环境分为外部环境和内部环境。企业外部创新环境的主要要素包括市场竞争、政府与立法、基础科学、外部治理与技术以及金融资源。企业创新内部环境的主要要素,按其内涵,可以分为资源和能力两部分,按其归属,可分为组织和个人两部分。属于组织的内部资源包括内部治理机制、企业组织架构与文化、企业内部资源储备和投入(包括企业的财务、营销、人力和技术资源)、企业的规划与决策。属于组织的能力包括组织层面的战略柔性能力、战略协同能力、知识整合能力和组织学习能力等。属于个人的资源包括企业家才能和员

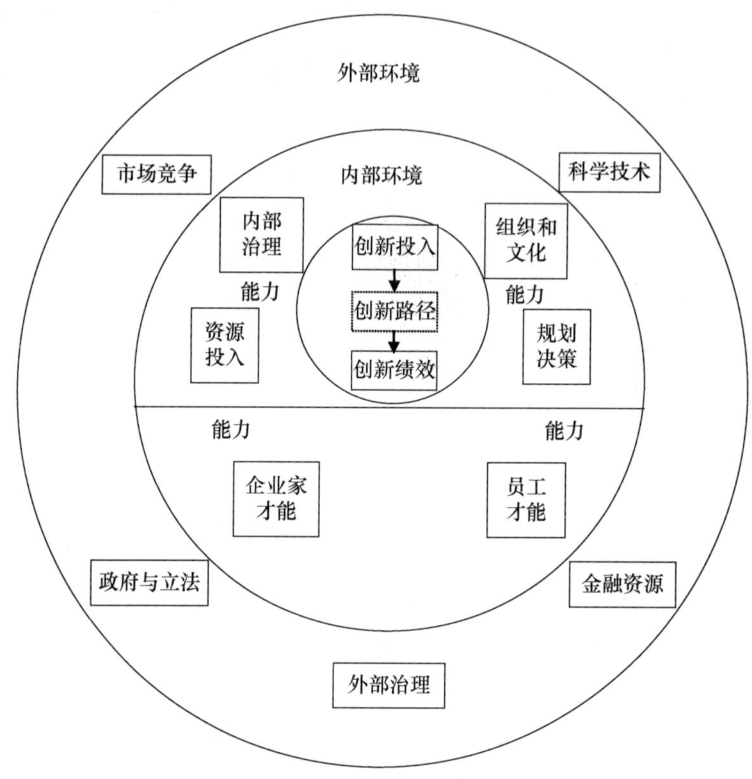

图 6-1　企业创新活动的诸要素

工才能(如技术人员的知识背景、技术人员的创意、销售人员的人脉网络、财务人员的资质等)。属于个人的能力包括个人的学习能力、知识传承能力、创新能力等。企业外部创新环境的主要要素包括市场竞争、政府与立法、基础科学与技术以及金融资源。

创新环境是影响企业创新的动力。从外部环境来看,如果企业处在知识产权保护薄弱、政府支持力度较低、风险投资和长期融资稀缺的环境中,企业就难以进行创新。市场竞争的作用则较为复杂,高度的竞争有可能构成企业创新的压力和动力,垄断一定程度上会使得企业安享垄断利润,而挤出创新。但只有一定程度的垄断,企业才能获取足够的利润,才有创新动力,过度的低效竞争使得企业盈利能力太低,缺乏创新投资。从内部环境来看,企业的创新意愿受到企业家或高管的个人特质影响,组织文化和治理机制也与创新动力相关。如果在企业内部,创业家或高管创新意识薄弱、知识背景不足,或组织架构过于臃肿和官僚化,或战略导向过于注重低成本、大力销售和扩张的增长模式,则企业也缺乏创新动力。

企业创新投入,经由创新路径,到企业创新绩效之间的中介变量,是企业创新内部环境,即企业创新的“资源”和“能力”。而企业创新外部环境在投入到绩效过程中发挥调节变量作用。但企业内外环境要素之间存在联系,因而会出现“投入—环境—绩效”的多重路径。这一关系如图 6-2 所示。

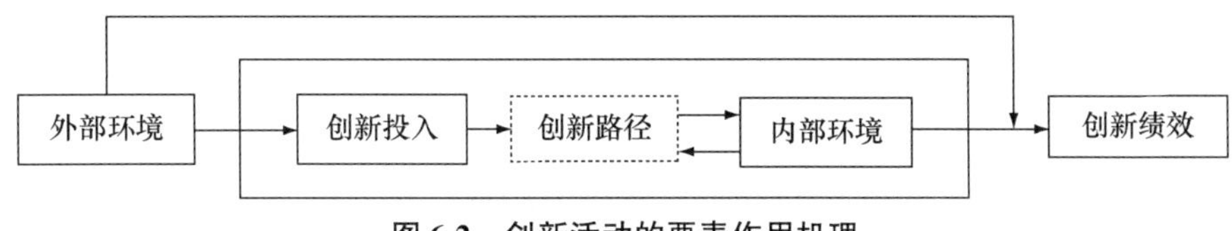

图 6-2 创新活动的要素作用机理

2.2.3 企业创新评价体系建立

1. 相关研究

根据评价的内容,已有的企业创新评价指标体系可以分为三类,第一类仅评价企业的创新行为,第二类评价企业的创新行为与创新绩效,第三类评价企业的创新行为、创新绩效以及影响因素,包括创新能力、创新资源等。

评价企业创新行为的指标体系研究中,常玉等主要关注企业的研发投入、研发能力、制造能力、创新战略以及营销能力;向刚、汪应洛提出了包含创新能力、创新基本能力、机遇以及环境等要素的企业持续创新能力模型,其评价指标包括了机遇捕捉能力、“新组合”实施能力和持续效益实现能力等;钱燕云比较了中德企业样本的技术创新投入与产出效率;孙凯等考虑企业在研发、人员、营销、激励等方面的创新投入;陈骑兵等评价了四川省高技术企业的创新研发投入与创新研发产出。

在评价企业的创新行为与绩效的指标体系研究中,单红梅关注企业的技术创新经济效益和社会效益;孙冰等关注创新的效果、创新的投入以及创新的管理;陈劲等主要关注创新效率,区分了产品创新和工艺技术的创新;郑春东、陈菊春、杨忠敏等从研发投入、管理、制造、营销等环节评价企业技术创新能力;马胜杰、吴永林等从创新投入、创新管理、创新实施能力、营销能力、创新产出能力、创新核心能力(实质上是企业家创新意向)等评价企业技术创新能力;朱利民从创新的决策、投入、实施、管理和实现等环节评价创新能力;李向波、白俊红等也是从创新的投入、研发、企业管理水平、营销、生产和产出能力等指标来衡量企业创新能力。

另外,赵国杰等从技术、成本、管理、财务、市场、政策、自然条件和产出等方面强调企业的技术创新优势;曹洪军等提出一个从创新需求到创新意向、从创新方式和创新投入到创新产出的受管理变量调节的模型,并构建了评价体系;2005 年国家统计局发布的《中国企业自主创新能力分析报告》是从创新资源、创新活动、创新产出、创新环境等维度考察企业创新能力。

已有企业创新评价体系存在一些共同的特征。首先,基本都关注技术创新,

对管理创新未能关注。其次,大部分缺乏理论模型,都是从创新的过程来评价的,少数能从创新环境等角度进行评价。最后,较少考虑创新过程中影响因素与绩效的因果关系,且选取的影响因素集中于企业内的营销和一般管理,对公司治理、财务、外部资源等关注不足。

2. 评价指标体系

在已有研究的基础上,根据企业创新的理论逻辑,构建较为系统的企业创新指标体系。本体系从环境和活动两方面评价创新。在创新活动方面,从创新效率、创新市场表现与经济效益、创新的科技进步和社会价值三个方面评价创新绩效,评价时考虑创新的难易程度、时代背景,绝对评价与相对评价相结合。在创新环境方面评价外部和内部环境,分别从政治、产业、技术、社会四个方面和企业家、治理、组织、人力、财务、技术、营销、能力八个方面进行评价。本指标体系综合了定性与定量指标,既有直接数据,也有专家和自主评分,运用模糊和层次评价法、因子分析法、DEA 方法等获得最终得分。具体指标体系如表 6-1 和表 6-2 所示。

表 6-1 评价企业创新的内外部环境。关于政府与立法,秉持与企业关系密切度层层递进的原则,围绕着政府对创新的支持力度来考察,主要衡量我国整体的知识产权保护水平、对相关企业技术创新的扶持程度以及地方政府对相关产业技术创新的态度与实际政策。特别关注政府与企业创新的关系,即政府是否认定该企业可以进行扶持。在基础科学与技术方面,从全球和我国两个层次,关注企业的技术创新所依赖的基础科学、技术和装备在整体上最近有无重大进展,如果有,则企业更有可能进行技术创新,同时关注我国在该产业中的技术水平,若技术水平较高,则企业技术创新更为顺利。值得注意的是,这里所说的"技术",不仅仅指产品,也可以包括管理方式、管理理念、商业模式等管理创新内容。产业发展、金融资源是企业创新至关重要的两个推动因素。本指标综合考虑了现有文献的成果,着重从市场结构、市场势力和 FDI 企业的技术水平,来衡量竞争带来的创新压力,从关键资源、竞争模式,来衡量本产业主要的竞争方式,如果竞争方式停留在低端化水平(如主要依靠低成本或争夺垄断某种资源来盈利),则技术创新的动力就不足。金融资源的衡量关注宏观层面和本企业层面,特别关注本企业所在区域的金融便利性和金融企业对创新的支持力度,这样设计是因为本区域的金融企业是企业创新活动所能获得的最直接金融支持。在社会文化方面,主要考察本区域民众的创新思维,一个创新思维相对缺乏的地区,较难支持有重大突破的企业创新。

在内部环境方面,首要因素是企业家的个人因素和创新意愿,从个人角度考虑,企业家或高管的个人眼光、知识背景、创新意识,都是关键因素。年轻一代的企业家,可能比老一代企业家整体上更具有技术创新的意识与魄力。例如,苏泊尔的新一代掌门人，就将企业从扩张战略转型为核心技术取胜的战略。企业的组织架构与文化，决定了那些有创新意愿的员工，是否能发挥自身的作用，是否能将创新的意愿在企业的支持下转化为实际的行动。因此本指标体系注重考察企业的组织架构与企业文化，体现组织行为与创新的关系。本指标体系还将评价企业创新绩效的内部资源和能力，相比已有的“企业创新能力”评价体系，本指标体系有三方面拓展。第一，将治理机制作为一种资源和能力纳入评价。第二，兼顾管理创新和技术创新。第三，现存指标在创新能力的名下，涵盖了资源、组织设置、“能力”等多重内容。而根据我们的框架，能力与资源有所区分，能力在于有效而独特的行动或思想，是企业运营和保持资源的可能性或有效性。而资源则是可量化的人、财、物以及不可量化的关系网络。第四，在评价中体现了网络、系统的思想，例如考察了企业家的社会资本，考察了企业的政治联系，考察了企业内部管理创新与技术创新的关联以及各部门对创新的综合支持等。

表 6-1　企业创新环境评价指标体系

一级指标	二级指标	三级指标	指标解释与测度
外部环境	政府与立法	国家的产业创新政策	对本产业国家的创新扶持政策与规划
		国家的知识产权立法	我国知识产权立法的整体指数
		区域创新扶持政策	本省或本市创新或创业扶持计划的力度
		区域产业发展规划	本省或本市的产业发展规划状况
		政府对本企业创新的资金扶持力度	政府的资金和税费支持力度
		政府对本企业创新的政策扶持力度	对创新的技术或战略对口支援安排
		政府对本企业的创新的股东行为	政府为国家政策而要求本企业技术研发
	基础科学与技术	本企业所依赖的基础科学的最新进展	基础科学的重大改变
		本企业所依赖的工艺技术的最新进展	工艺技术的重大改变
		本企业所依赖的技术装备的最新进展	主要装备的重大改变
		本企业所在行业的技术发展	我国该行业技术的先进性
		本企业所在行业的装备发展	我国该行业装备的先进性

（续表）

一级指标	二级指标	三级指标	指标解释与测度
外部环境	产业发展	产业结构	产业集中度
		产业的技术水平	产业平均技术水平
		产业的 FDI 技术差距	本国企业平均技术水平与外资主要企业技术水平差异
		产业的关键资源	产业竞争的关键资源
		产业的所有制分布	产业内国有企业的重要性
		产业的竞争模式	产业的竞争战略:低成本或差异化
		产业的利润水平	产业的平均利润率
	金融资源	区域金融发展水平	区域金融或资本市场发展指数
		行业融资能力	行业内上市公司融资额
		企业的融资便利	企业的银行贷款和资本市场融资总额
	社会文化	区域创业精神	区域的创业企业数量
		区域的创新创意精神	区域的创新创意精神得分
内部环境	企业家特征	企业家或高管平均年龄	年龄
		企业家或高管平均知识水平	教育年限
		企业家或高管知识背景与知识结构	不同背景的高管的比例
		企业家或高管创新意向	创新意向评价
		企业家或高管的社会资本	企业家能从社会联系中获得的资源以及能力
	治理机制	董事会结构	有技术背景的董事和外部董事的比重
		股权结构	国有股比重和股权集中度
		高管薪酬激励	高管平均薪酬和股权激励
		内部控制	内部风险控制机制评价
		政治联系	企业的政治联系
	组织架构与文化	组织特征	组织形态
		组织文化	企业文化对创新的鼓励
	技术资源	技术储备	技术储备量
		核心技术	企业具有先进性的核心技术
		技术先进性	与行业或国际先进水平的差距
	财力资源	融资渠道	现金流或融资渠道状况
		资金存量	企业资金存量
	人力资源	技术人员数量	技术人员数量
		技术人员技能水平	技术人员的技术水平指数
	营销资源	营销品牌	自有品牌或销售渠道
		营销力度	营销投入

（续表）

一级指标	二级指标	三级指标	指标解释与测度
内部环境	知识能力	知识整合能力	企业整合相关知识的能力
		组织学习能力	企业学习新知识的相关能力
		知识传播能力	知识在组织内的横向传播与纵向传承能力
	战略能力	战略规划能力	企业进行战略规划的部门设置与决策机制
		战略协同能力	各部门或子公司协同实施战略的能力
		战略柔性能力	企业根据需要更改战略与执行以及配置的能力

表 6-2 的评价指标，综合考虑企业的创新投入与绩效。相比现存的指标体系而言，我们的指标体系对管理创新给予了更多的关注，并在指标中体现了管理创新与技术创新的关联。对创新及其支持活动，从投入和行为两个方面予以考察，特别对员工的行为努力给予了重视。在技术创新方面，主要考虑创新本身的人、财、物（技术）投入。基于我们提出的框架的动态综合观，我们考虑了财务、营销和管理方面的支持，特别是财务和营销方面，体现了技术创新的一个系统化观点。在管理创新方面，关注了组织、战略、文化、治理和商业模式的创新，首要关注的则是治理的创新和日常管理（如考核制度）的变革，力争在全面涵盖中突出重点。由于管理创新本身往往就是财务、营销等部分的创新，因此其支持活动重视与技术创新的关联性，突出了生产流程的再造、由于战略转型而进行的研发活动。管理创新过程的一个核心环节是更新激励机制，通过激励与约束制度改革以及说服劝导的非正式渠道，消除改革障碍，推进管理创新，因此这一方面是一个重要的评价指标。

创新绩效方面，突出了两个特点，第一是兼顾了技术与管理创新，尝试对管理创新的绩效进行衡量。第二，现存评价体系对绩效本身并没有做深入内涵的思考，分别将绩效等同于产出、效率和经济收益。我们则明确从三个维度来衡量企业创新的绩效，首先考虑创新的效率，重视创新所耗费的资金以外的投入，然后考虑创新对于企业而言的市场价值，进而考虑创新对于产业、社会乃至人类进步的“正外部性”，这样方可全面评价企业创新的价值，并在此基础上，根据创新的难度与意义，更准确地衡量企业创新的效率。例如，若一个企业开发出治愈癌症的药物，它可能投入极高、耗时很长，然而研发出的技术最后溢出到整个制药行业，也没有实现完全垄断。如果仅从投入产出来衡量，可能是低效率的，但是考虑到创新的难度和对整个社会的价值，与投入小、难度小但市场价值高的项目相比，仍然可以说是同样高效率的。

表 6-2 企业创新的投入产出评价指标体系

一级指标	二级指标	三级指标	指标解释与测度
创新投入	技术创新	研发投资	研究开发相关费用
		研发人力投入	技术人员工时薪酬与人才招募
		研发技术投入	研发购入设备与专利
	技术创新营销支持	设计沟通	营销人员与设计人员就产品开发方案进行前期有效沟通
		渠道支持	在专卖店、加盟店、电子商务上的投入
		广告支持	广告投入
	技术创新财务支持	融资支持	为研发获得风险投资或银行贷款的努力
		投资支持	财务在研发投资上的赞同
		财务风险控制	对研发失败的风险基金建设
	管理创新	治理机制的创新	治理机制创新
		日常管理的革新	日常管理制度的创造性变革
		企业文化的改变	企业文化重建
		组织架构的重组	组织重构
		商业模式的再造	创新商业模式
	管理创新支持活动	流程再造	生产服务流程再造
		产品研发	新产品或服务的研发
		人力资源	员工激励与说服
创新绩效	技术创新效率	研发产出	研发产品和专利数量、成功率、难易程度、市场与社会价值
		研发投入产出比	投入与产出比,DEA 相对效率差距
		研发的单位时间与资金消耗	时间与资金消耗
	技术创新价值	技术价值	技术先进性,填补了国内全球空白
		社会价值	对社会生活贡献程度
		产业价值	对产业水平或结构升级的帮助
	技术创新效益	利润增量	利润增量
		市场份额增量	市场份额增量
		成本减少	成本减少量
	管理创新产出	管理创新效率	管理创新耗费的时间、资金
		管理创新成功率	管理创新完成度
	管理创新效益	管理创新创造的利润和竞争优势	利润和市场占有率的增加,成本降低
		管理创新的社会价值	管理创新示范作用,同行采用率

综上,我们构建了由企业创新环境评价指标体系(2 个一级指标、14 个二级指

标、51 个三级指标）和企业创新的投入产出评价指标体系（2 个一级指标、10 个二级指标、30 个三级指标）构成的企业创新评价体系。由于不同企业指标权重不同，我们仅列出了指标，并未具体一一给出各指标权重大小，在实际计算时可结合企业实际情况对每个维度赋予不同权重，计算出相应评价指数，对企业创新能力进行有效评价。值得强调的是，由于企业具体情况各不相同，在整个评价体系中，某些指标可根据企业具体情况进行调整和取舍。企业创新评价是不断发展的，必须依据评估对象的变化而相应变化，才能达到评价真实、准确的目的。

3 我国企业创新现状、问题、对策

3.1 我国企业创新现状

改革开放以来,我国涌现出一批披荆斩棘、持续创新的优秀企业,华为、中兴、奇瑞、海尔等企业创造了许多引起国内外高度关注的新技术、新产品,在成为企业创新典范的同时也推动了国家创新战略的发展。但就我国企业创新总体水平而言,还存在创新能力不足、创新意识缺乏、创新投入不足、成果转化率低等问题,甚至相当一部分企业有制造无创造,未进行科技活动和研发投入。这些问题已经成为困扰我国企业进一步发展的障碍,这其中既有政策环境、制度机制等企业外部的原因,也有企业内部管理、动力机制的内部问题。面对这一严峻态势,我们必须下功夫认真梳理我国企业创新现状,在此基础上研究如何发挥企业的创新主体作用,怎样提升企业创新能力,探讨这些问题对我国自主创新战略的实施具有重要意义。

3.1.1 企业创新环境现状

自邓小平同志于1978年召开的全国科学技术大会上提出“科学技术是第一生产力”以后,此论断便成为我国政府制定新时期科技创新政策的指导思想。近年来,我国企业的创新政策体系日趋完善,这些政策有力地支持了企业的创新,为企业的技术进步提供了良好的环境条件。《1978—1985年全国科技发展规划纲要》要求在一切可以使用机器操作的地方使用机器操作,实现电气化、自动化,提高社会劳动生产率。《1986—2000年科技发展规划》中制定了“科学技术工作必须要面向经济建设,经济建设必须要依靠科学技术”的基本方针,根据我国国情发展具有中国特色的科学技术体系,推广科学技术的应用。1994年国务院公布了《90年代国家产业政策纲要》,创造性地提出了以市场换技术的技术政策思路。《1991—2000年科学技术发展十年规划和“八五”计划纲要》的制定标志着我国服务于经济建设的科技创新战略的正式形成。1995年,国务院正式提出“科教兴国”战略方针,同期,中央颁布了《关于加速科学技术进步的决定》,确立了科学技术创新在当今社会经济发展中的重要地位,明确指出技术创新是现代产业发展的动力。《全国科技发展“九五”计划和到2010年长期规划纲要》进一步强调了全面实施科教兴国的战略,指出经济建设必须要依靠科学技术,科学技术的发展必须要配合经济建设。此外,最新修订的《科学技术进步法》为确保规划纲要的实施而制定的60条配套政策以及我国中央和地方政府之前陆续出台的大量有关自主创新的政策措施,在制度上解决了企业创新投入不高等我国在自主创新中凸显出来的问题。

改革开放三十多年以来,我国政府在创新政策实践领域制定了一系列促进经济增长的产业政策,具体来讲,我国的产业政策实践可以分为三个阶段。第一阶段是试点时期,在改革开放期初,先在全国经济改革试点的经济特区进行推广,以点带面,带动周围经济共同增长。这一时期我国主要使用的产业政策包括逐步放开产品市场的管制,扩大市场的竞争范围,用优惠的政策条件来吸引外资来经济特区进行投资等手段,使我国从计划经济体制逐渐向市场经济过渡。第二阶段是全面发展时期,在特区经济试点成功之后,全国各地全面开放,各地竞相使用各种优惠政策来吸引资本投资,同时,国家越来越重视高新技术产业的发展,于是高新技术开发区项目在全国各个地方大力开展起来。出口导向也是这个阶段非常重要的一个产业政策,不但消化了国内的产能,也使得我国外汇储备不断增加。第三阶段是可持续发展时期,在上一个阶段的迅猛发展之后,我们发现经济的过快增长使得我们忽视了一些其他的因素,资源与环境问题接踵而至,由于发展的不平衡,导致全国各区域之间差距不断扩大,贫富差距严重。为了协调社会全面发展,国家制定了一系列重大的产业政策,全面推进中部崛起、西部大开发以及东北老工业基地振兴计划。在发展模式上,产业政策的制定与实施开始注重可持续发展、经济循环发展等理念。在加入 WTO 后,面对经济全球化以及技术知识产权的约束,政府适时制定新的产业政策,引导自主创新的发展。

2012 年 9 月 11 日,第六届夏季达沃斯论坛发布的《全球竞争力报告》显示,在亚洲新兴经济体中,中国排名第 29 位,在金砖国家中保持领先地位。报告称,中国宏观经济环境非常良好且非常稳定,主权债务评级优于一些发达国家。受益于自己庞大的国内市场,中国与同处一个发展阶段的国家相比,中国的创新能力也比较高。2013 年 7 月 22 日,中国知识产权指数研究课题组在北京发布《中国知识产权指数报告 2013》。报告按知识产权综合实力指数进行排名,显示前十名依次是北京、江苏、上海、广东、浙江、山东、天津、福建、辽宁、重庆。与 2012 年相比,北京、江苏、上海依然位居前三,而广东则跌出前三甲。报告以综合排名靠前省份近三年实施的知识产权政策、措施为落脚点,同时结合官方第一手数据信息以及实地考察资料,在对上述素材进行梳理、分析、研究的基础上结合指标数据,直观地展现出了促进上述省份知识产权发展的政策原因及现实原因。

此外,我国在新能源、新材料领域中不断实现重大技术突破,在一些领域已达到国际领先水平。例如,在风能利用方面,形成了兆瓦级风电机组的自主研发和规模化制造能力,2012年总装机容量超过7 500万千瓦;在太阳能光伏发电方面,形成了高性能晶体硅、太阳能光伏电池的规模化制造和生产能力,2012年光伏发电装机容量超过500万千瓦,取得了一批重大成果;通信光纤、钽铌铍合金等新材料生产技术已达到国际先进水平,为相关产业发展提供了重要支撑。伴随着"十二五"规划的出台,七大战略性新兴产业破茧而出。"十二五"规划清晰界定了特种金属功能材料等六大新材料发展领域,提出"十二五"期间新材料产业总产值将达2万亿元,年复合增长率超过25%的目标。《国务院关于加快培育和发展战略性新兴产业的决定》指出,到2020年,节能环保、新一代信息技术、生物、高端装备制造产业成为国民经济的支柱产业,新能源、新材料、新能源汽车产业等新兴产业成为国民经济的先导产业。

新兴产业的崛起离不开资金的支持。参与起草《加快培育战略性新兴产业指导意见》的社科院数量经济与技术经济研究所副所长齐建国表示,"十二五"期间,财政金融支持将加大对战略新兴产业的投入,包括鼓励金融机构加大信贷支持;加快相关企业上市进程;引导社会资金投向新兴产业。在产业政策扶持和巨额资金支持下,战略性新兴产业将面临快速发展机会。据中信证券的研究报告可知,目前在科技领域,全国研发投入约占GDP的1.5%;今后5年将扩大到2%—2.5%。值得注意的是,在调整产业结构的背景下,"中国制造"亟待升级,新兴产业中的高端装备制造业可能成为新兴产业的重中之重,而国家为装备制造业发展指定的重点任务之一便是不断推进产业创新能力建设。

3.1.2 企业技术创新现状

技术创新作为企业创新活动的核心内容,为组织目标的实现提供必要的支撑和保障,越来越多的公司认识到技术创新的重要性。企业的技术创新投入和技术创新产出是评判企业技术创新活动的两个主要依据。

1. 创新投入

创新经费投入是衡量企业创新投入情况的重要指标之一。大中型工业企业是我国工业企业技术创新的骨干力量,在提升我国自主创新能力、推进创新型国家建设方面发挥着不可替代的作用。大中型工业企业开展R&D活动的投入、产出和技术获取情况,在很大程度上体现着我国的整体技术实力和创新能力。下面,将重点对国内大中型企业R&D经费投入情况进行分析。

2012年,全国开展R&D活动的规模以上工业企业共47 204家,占全部规模以上工业企业的13.7%;拥有研发机构的规模以上工业企业共38 864家,占全部规模以上工业企业的11.3%,比2011年增加了3.5个百分点。中国技术进步最快的领域主要是传统重工业,而非新兴技术或消费领域。20世纪初以来,中国不仅是"世界工厂",同时也是"世界工地"。在此背景下,中国的重大技术装备和工程施工技术实现了跨越式发展,初步形成全球领先之态势,例如高铁、特高压输变电、水电装备等。从统计数据看,2012 年中国工业企业 R&D 投入强度(与主营业务收入之比)的平均水平为 0.77%,投入强度超过 1% 的除了医药制造业以及计算机、通信和其他电子设备制造业外,全部为装备制造业,包括通用设备制造业(1.25%),专用设备制造业(1.48%),汽车制造业(1.11%),铁路、船舶、航空航天和其他运输设备制造业(2.18%),电气机械和器材制造业(1.29%)以及仪器仪表制造业(1.86%),这与发达国家例如美国的研发投入主要集中在以信息和生物为代表的新兴技术产业领域的情况形成鲜明对比。

表 6-3　2012 年大中型企业 R&D 经费最多的 10 个行业及其强度

行业	R&D 经费(亿元)	R&D 经费强度(%)
总计	7200.6	0.77
通信设备、计算机及其他电子设备制造业	1064.7	1.51
电气机械及器材制造业	704.2	1.29
黑色金属冶炼及压延加工业	627.8	0.88
汽车制造业	570.6	1.11
化学原料及化学制品制造业	553.6	0.82
通用设备制造业	474.6	1.25
专用设备制造业	424.9	1.48
铁路、船舶、航空航天和其他运输设备制造业	342.8	2.18
医药制造业	283.3	1.63
有色金属冶炼及压延加工业	271.2	0.66

资料来源:根据“中国科技统计”数据整理。

从地区分布看,我国规模以上工业企业 R&D 经费主要集中在东部地区。2012 年,东、中、西和东北四大地区规模以上工业企业 R&D 经费分别为 4921.2 亿元、1149.9 亿元、689.1 亿元和 440.5 亿元,所占比重分别为 68.3%、16.0%、9.6% 和 46.1%。从省份分布看,江苏、广东和山东的规模以上工业企业 R&D 经费位居全国前三名,这三地的 R&D 经费之和占到全国企业 R&D 经费总额的 42.5%。

2. 创新产出

(1) 高技术产业及高技术产品。高技术产业是国民经济的战略性先导产业,发展高技术产业对于加强科技对经济支撑作用,推进产业结构调整和转变经济发展方式意义重大。2013 年是全面贯彻落实十八大精神的开局之年,在创新驱动发展战略的引导下和一系列高技术产业政策的鼓励支持下,我国高技术产业维持了稳中有进,创新能力不断提升。自 2012 年电子信息、高端装备等产业“十二五”发展规划出台以来,2013 年我国又相继出台了《民用航空工业中长期发展规划(2013—2020 年)》《关于促进光伏产业健康发展的若干意见》等多项高技术产业领域的规划和政策。在一系列政策支持下,我国高技术产业发展保持了良好的增长势头。从 2013 年 1—9 月数据来看,高技术产业生产销售在工业经济增长整体放缓的情况下仍保持了较快增长。

在高技术产品方面,2012 年我国高技术产品的出口量已成为世界第一。2013 年第一季度,我国高技术产品出口继续表现出色,出口额达 1 633.3 亿美元,同比增长 28.4%。重点产品出口增速表现各异。计算机产品出口稳中有升,通信产品增速有所放缓。2012 年我国计算机产品出口 2 208 亿美元,同比增长 3.77%;通信产品出口 1 572 亿美元,同比增长 14.5%。发达市场仍为我国机电类高技术产品出口主要目的地。2012 年,我国机电类高技术产品出口的前五大出口市场分别为:中国香港(占比 29.2%,后同)、美国(19.1%)、欧盟(16.8%)、日本(6.0%)和韩国(5.3%),合计占我机电类高新技术产品出口市场 76.5% 的份额。

(2) 专利。对于国内大中型企业而言,通过申请专利对科研成果进行保护是市场经济体制下企业获得创新收益的重要手段。企业申请专利数量的多少标志着创新活跃程度的高低。企业拥有专利数量的多少,尤其是技术含量相对较高的发明专利数量的多少,在很大程度上能体现其技术力量的强弱和市场竞争优势的高低。

近年来,我国高技术产业专利申请量和有效发明的专利数量一直维持两位数的增长速度,2012 年的同比增长分别达到 25.06% 和 45.16%。这得益于 2012 年工业和信息化部启动了工业企业知识产权培育工程,工业企业特别是高技术企业在专利申请和专利运用方面的能力大大提升,也促进了我国高技术产业专利申请的数量和质量的增长。2012 年,我国规模以上工业企业申请专利 49.0 万件,其中发明专利 17.6 万件,与上年相比,分别增长 26.9% 和 30.4%。发明专利申请量占专利申请总量的比重由 2000 年的 30.4% 提高到 2012 年的 36.0%。2012 年,全部规模以上工业企业发明专利拥有量为 27.7 万件。按企业注册类型分,内资企业的发明专利拥有量所占份额占主导地位(75.5%),港、澳、台商投资企业和外商投资企业分别占 10.2% 和 14.3%。按行业分类,计算机、通信和其他电子设备制造业发明专利拥有量最多(8.4 万件),其次是电气机械和器材制造业(3.1 万件),二者占全部规模以上工业企业发明专利拥有总量的 41.5%。

3.1.3 移动互联网时代的公司治理创新挑战

中国公司治理研究院院长李维安认为:管理创新已落后于技术创新,而公司治理的创新又滞后于管理创新。在移动互联时代,公司需要通过治理创新来直面各种新的挑战。

传统的公司治理是垂直的,随着集团治理、跨国治理的发展,公司治理实际上也朝着扁平化、网络化的方向发展。互联网、移动互联网等新技术的出现,使原有的企业内网络、企业间网络和社会网络,因技术导入而发生了革命性变化。以下从网络治理的两个表现方面对移动互联网时代的公司治理创新挑战进行介绍:一是利用网络工具进行治理;二是对网络型组织进行治理。

移动互联网领域的技术创新弱化了利益主体之间的信息不对称。以通信手段"微信"为例,微信的朋友圈呈现"小而美"的商业业态,朋友圈的影响在中国这样一个重视关系的国家中比其他国家更强。朋友圈改善并弱化了利益相关者之间信息不对称的现象。以前的信息是层层披露下来的,而现在是信息面前,人人平等,直接影响了主体的治理意识和治理资源。移动互联也强化了网络治理,催生了新的股东社群、新的网络社区主体。原来不参与治理的小股东,现在都有机会参与,而社群作为外部主体也积极参与治理,新媒体、自媒体也参与其中。交互在线、实时、不受地域限制的移动互联特征推动了公司治理的"现代化"。新情形下的网络投票更有利于中小股东权益保护,现代公司治理利用移动互联时代的技术,可以降低利益相关者(包括中小股东)参与公司治理的治理成本。这个变化是革命性的,而且这方面的变化又带来了投资者关系管理的新机会,公司可以利用信息技术开展网络营销,开展投资者关系管理,更好地为投资者这个资本市场的上帝服务。移动互联网推动了公司治理的发展,同时新兴移动社交群体对治理也有很大的影响。移动互联推动公司治理进入了大数据时代。

网络高科技企业的不断壮大也推动了治理权力重组和治理模式创新。阿里集团作为网络高科技企业,其上市之路相当坎坷。究其根源,问题的核心在于控制权的制度创新——"合伙人制"与外部治理环境的冲突和再匹配。阿里巴巴的合伙人制度其实就是在公司章程中设置的提名董事人选的特殊条款:即由一批被称作"合伙人"的人,来提名董事会中的大多数董事人选,而不是按照持有股份比例分配董事提名权。阿里的合伙人制度本质上类似给予马云等合伙人以控制权优先股,是现有规则难以解释或允许的治理模式创新。但在高科技网络组织中,控制权对技术持有者至关重要,是技术能够自由流动、使用和发挥应有效果的保障。沿用"垂直化"治理模式,无法保证对技术持有者的有效激励,难以保持企业发展所需的持续动力。所以,对于网络组织来说,"垂直化"治理模式已经不再适用,需要调整以技术核心为主的管理层在治理链条中的位置,逐渐向"扁平化"治理模式发展。

公司治理创新是一个过程而非一次性行为,伴随移动互联网发展,公司治理还将面临诸多挑战,治理也将进入一个新的阶段。

3.2 我国企业创新存在的主要问题及成因

由于缺少拥有自主知识产权的核心技术,我国不少行业存在产业技术空心化的危险。企业创新能力的不足,已成为制约我国经济社会发展的瓶颈,核心技术的缺乏使得国产品牌产品的市场份额逐年下降,企业生存陷入窘境。若没有创新的核心技术和知识产权,企业发展将难以突破发达国家及其跨国公司的技术垄断,难以获得有利的贸易地位。没有自主知识产权的技术基础,企业就不可能具有真正、持久的国际竞争力。

3.2.1 我国企业创新存在的主要问题

1. 研发投入低

近年来,我国不断加大 R&D 经费的投入力度,R&D 经费支出每年以 20% 的速度增长,超过了 GDP 的增长速度。尽管投入力度有所加大,但与发达国家相比仍偏低。我国中央企业 2009 年的研发集中度为 1.05%。然而,美国企业 2009 年的研发集中度为 3%,欧盟 1 000 强企业 2009 年的研发集中度也达到了 2.4%。据《中国企业自主创新评价报告(2013)》显示,中国在高端制造、能源、电子信息、生物、节能环保五大国家重点培育发展的行业企业中,研发投入比重均为 2%—4%。而与之形成鲜明对比的是,世界 500 强公司的研发投入强度一般为 5%—20%。

从 R&D 经费的融资来源看,我国企业 R&D 经费的三分之二来自企业、四分之一来自政府。就企业的研发投入而言,我国国内只有极少数企业如中兴、华为等的研发投入支出可以占到营业收入的 10% 左右,绝大多数公司研发的投入力度仍然过小。而一些国际知名公司如韩国三星电子,其每年的研发投入均高于 25 亿美元,占主营业务收入比例的 10% 以上。我国企业用于研发、创新活动的资金主要来源渠道是自身筹集,其他渠道的融资比例很小。国家统计局发布的“企业创新专项调查”结果显示,企业 75% 以上的创新经费来自企业内部筹资,贷款资金为 12%,而政府资金、合伙资金、资本市场资金合计不到 5%。

2. 技术创新能力不强,核心技术对外依存度较高

我国企业虽在航空航天、大型计算机、电子通信等技术领域有一定优势,但我国企业的创新总体能力仍十分低下。据统计,我国 80% 以上的高技术产品还是要依靠进口,普遍存在有制造、无创新,有创新、无产权,有产权、无应用,有应用、无保护的状况。我国对国外技术的依存度高达 50%,而美国、日本仅为 5% 左右。我国企业的关键技术自给率比较低,有高科技含量的关键装备基本依赖进口,科技进步贡献率仅有 39% 左右。从芯片技术领域观察,目前国际上 Intel 公司已开始了 14 纳米级系统芯片的开发工作,而我国 22 纳米级的技术产品尚处于实验室研发阶段,45 纳米级这一正逐渐退出主流技术体系的系统芯片在我国才开始大规模

量产。在中央企业较为集中的制造业,随着全球制造业不断向中国转移,中国已成为仅次于美国的第二大工业制造大国。然而,我们的企业只是在一些中低端甚至低端的产品与产业上赢得了国际竞争力,由于缺乏核心技术和高端产品的创新、研发能力,企业难以进入产业链的顶端。从我国高技术产品出口的主要贸易方式来看,近年来,加工贸易仍占主导地位,2013 年 1—5 月,加工贸易出口额占高技术产业出口贸易总额比重的 61.73%,这说明我国高技术产业在国际分工中仍主要处于组装加工的低附加价值环节。电子信息制造业是我国高技术产业中重要的行业,但根据海关统计,仅 2012 年 1—11 月,我国集成电路进口额为 1 724.99 亿美元,同比增长 11.8%,由此可见,我国电脑的核心部件仍未摆脱对进口产品的依赖,核心技术对外依存度依旧较高。

3. 知识产权保护力度弱

在当前知识经济时代,知识是创新的动力和源泉,知识产权保护是创新的必要前提。自从中国加入 WTO 并签署了贸易相关知识产权协定(TRIPS),中国专利体系已经同国际标准和国际惯例接轨,中国专利局受理的专利申请显著增加。尽管如此,侵犯知识产权,特别是侵犯版权与商标权的现象仍然存在。专利侵权惩罚力度不够,执法水平和力量也有限。由于知识产权制度的复杂性,目前对侵犯知识产权处理的执行力度也不够。由于缺乏与之相匹配的组织机制以及人力资源,无论是在法律方面还是在行政管理决策方面,知识产权制度的贯彻和执行都有很大难度。没有完善的知识产权保护,企业创新成果得不到有效保护,“山寨”横行,造成“谁创新谁倒霉”,创新动力被极大压抑。

4. 政府与市场配合不当,创新乏力

产品市场竞争是创新的重要动力。目前,中国市场机制的诸多缺陷使竞争发生扭曲,许多不必要的行政干预扰乱了市场的正常功能,不当甚至是违法行为以及相当程度的地方保护主义妨碍或损害了竞争。世界知识产权组织公布的数据显示,2013 年我国的 PCT 国际专利申请量达 2.1516 万件,首次突破 2 万件,已跃居世界第三位。除少数企业外,我国的 PCT 国际专利申请有些是在政府鼓励和资助政策的推动下产生的,而非企业的自觉行为。

5. 金融支持问题

国有银行是中国金融体系的主要支撑,其业务大部分集中于面向大型国有企业的贷款资助,而大多数国有企业长期处于背负大量“坏账”的亏损经营状态。中国在金融制度方面的许多特殊限制影响了企业创新活动的开展。首先,中国的金融制度不能满足私营企业特别是中小企业的资金需求。资本市场发展不充分,并且由于银行放贷主要面向大型企业尤其是国有企业,这使得中小企业寻求安全信贷的难度加大,只能主要依赖自我投资。其次,中国严重缺乏对新风险投资的金融资本支持,而新风险投资是创新的主要来源。在此方面,中国不但缺少专门知识和技术后盾,而且也缺少完善的经营性风险资本体系所必需的法治条件。在国家和省级层次,中国风险资本企业均是由政府成立并由政府官员负责管理,而这些人员通常并不精通相关技术。最后,缺乏具备高风险投资经验的企业及专业人员,同时面向收益回报周期较长的高技术领域(如生物技术)的投入也很少。

3.2.2 企业创新问题的成因总结

对于企业创新中存在的问题,我们认为其形成原因主要有以下几个方面:

(1) 企业体制约束、动力不足。由于产权制度改革和现代企业制度培育的不到位,在企业中还普遍缺乏进行创新的内在机制,缺少自觉从事创新的内在动力和激励机制。多年来,一些企业未能妥善处理好技术引进与消化、吸收创新的关系,对消化、吸收引进技术和创新方面的投入严重不足,以致出现了无休止的“引进、引进、再引进”现象,有的甚至陷入“引进—落伍—再引进—更落伍”的恶性循环。此外,鼓励科技创新的经济政策体系也有待完善,技术政策是经济政策的重要组成部分,但是在具体的实践中,政策措施上还存在不少不明确、不协调、不配套的问题,使企业的创新行为无所适从。

(2) 企业缺乏创新的社会环境。应该承认,我国整体的社会环境自改革开放以来越来越向好的方向发展,推动创新的基本社会环境是具备的。但目前的社会环境还不完善,在许多方面制约着创新的有效展开。首先,缺少一部有关国家创新体系和企业创新的基本法,目前的科技进步法已经不能适应创新活动对法律的需求。一些相关法律法规不能适应创新的需求,如政府采购法中没有体现政府采购对创新的促进作用。其次,市场经济体制还不完善。市场运行规则、价格体系和调节机制、市场准入和退出机制以及为企业创新提供服务的市场中介组织还远没有形成。再次,法律保证制度还明显不足。创新的一个核心问题是有效保护知识产权,世界经济发展的历程表明,没有一个以知识产权保护法为核心的支持企业创新的法律体系,任何创新活动都是难以进行和持久的。最后,国际经济中的产业壁垒和技术封锁仍然存在,发达国家利用自己的技术优势继续寻求在竞争中的垄断地位,对关键技术和核心技术采取严格的保护措施。某些行业和技术领域因为存在严重的垄断而导致竞争不足等创新环境问题,已经成为影响企业创新内在动力最大的问题。

(3) 财税制度、金融制度、共性技术制度等制度的束缚和约束。这些制度也是国家迫切需要解决的问题。首先,税收制度不合理。目前,我国合资企业的税率为15%,而且企业所得税是“两免三减半”,即从盈利之日起,两年内免交所得税,第三年到第五年缴纳7.5%的所得税,如第六年再增加投资,接着享受“两免三减半”的优惠政策;而国产自主品牌的企业,从盈利之日起,就必须缴纳33%的所得税。其次,缺少规范的融资制度。一项自主的技术创新,从最初的构想开始到形成产业,是一个风险很大的过程,银行通常不愿提供贷款,一般投资者也不愿出资支持。目前我国科技研究成果转化率低的原因,除了不符合生产需要或技术不成熟外,主要是缺乏风险投资的支持,融资难的问题始终缺少化解的良方。相对而言,西方发达国家多年来通过立法和改革金融、证券市场制度,为高科技企业融资创造了各种便利条件,诸如政府担保贷款、初级股票市场融资、代理融通公司融资、租赁融资以及各种风险投资机构的投资等。最后,共性技术的研究需要充足的资金投入,不是企业自身能够实现的,而且共性技术可能会失败,所以就要求由政府来进行共性技术的研究。对不同层次的共性技术研究,政府的支持力度、组织方式和资金比例应各不相同。要以满足企业需求为目标、服务于产业为原则,政府应建立能够调动企业积极性和有利于成果扩散的组织形式,从而更有效地利用政府资金,最大限度地促进共性技术的研究、扩散和应用。

我国总体研发投入比例远低于工业化国家,但政府科技计划涉及的领域和深度远远超过总体研发投入。由此导致的矛盾是:一方面,政府大量资助竞争性领域的产品开发和生产项目;另一方面,一些关键性技术由于资金不足一直不能突破,关键产业的竞争力长期得不到根本提升。相关制度应进行改革,原来主要由政府来配置资源,今后应该由市场来配置资源。

3.3 强化我国企业创新能力的对策建议

针对创新存在的上述问题,总结国内外企业的一些成功经验,可以从外部和内部两个方面来考虑强化我国企业创新能力的一些基本对策。

3.3.1 外部策略

1. 厘清政府角色

要进一步厘清政府与市场的关系,让市场在创新资源配置中起决定性作用,在此基础上发挥政府作用。向创新驱动转型,制度创新势在必行。政府应简政放权,下大力气解决地方政府绩效考核体系不合理、政府职能越位的问题,破除行政藩篱,让市场自发形成倒逼创新的机制。政府的主要精力应放在创造有利于自主创新的环境上。政府应加强顶层设计,从制度上为创新提供保障。在某些市场失灵的领域,政府应充分发挥“有形之手”的调控作用。政府应引导创新方向,采取有力措施突出企业的创新主体地位,创造良好的法制环境。加强立法,抓紧制定和完善维护创新秩序、健全创新保障机制、促进科技进步等方面的法律法规。具体而言,我国应细化技术标准、知识产权保护等政策规定。首先,完善知识产权法律体系。知识产权法律法规的制定和修订应以鼓励创新、优化创新环境、建立和维护良好的贸易投资环境和公平竞争环境为宗旨,进一步形成既与国际接轨,又符合我国国情的知识产权法律法规体系。进一步加强知识产权涉外工作,开拓知识产权对外合作新局面。其次,在充分听取企业建议的前提下,适度提升我国产品质量和技术标准水平。改变标准门槛低,企业不用技术创新也能进入市场的情况,改善因过度包容落后产品质量而伤害企业积极性的局面。

2. 开辟多种融资渠道

投入不足是企业创新中一个普遍性问题。要提高企业创新能力,必须开辟多种融资渠道,逐步加大全社会对企业创新的投入。首先,应建立财政科技投入稳定增长机制。我国政府要把科技投入作为重要的公共战略性投资,通过政策引导、考核监督等多种手段,加快建立多元化科技投融资长效机制,为企业科技创新提供强有力的经费保障。其次,建立风险投资机制。我国政府应出面组织成立风险投资公司和风险担保公司,采取信用担保、贷款贴息、资本金投入、种子基金和参股等多种方式,形成以企业为主体,地方政府、风险投资机构、金融机构、民间资本共同投资的风险投融资体系,设立风险投资基金和风险担保基金,满足科技型企业吸纳资金的需要。再次,加强金融界与科技企业界的合作。在现有银行信贷中加大科技贷款的额度,建立授信制度,完善资金管理办法,增加信贷品种,积极发展订单贷款业务,推行权利质押和动产质押担保业务。应积极引导商业银行进入科技投融资体系,为企业创新提供资金支持。政策银行可通过提供贴息贷款或低息贷款,直接支持科技开发和产业化项目。最后,引进外资发展高科技企业。政府应制定更加优惠的政策和措施,积极鼓励外国金融资本开办外资金融机构,引导外国金融资本投向我国科技创新型企业。同时,通过制订和实施“科技创新企业海外融资行动计划”,在境外试行创办科技投资顾问公司,直接引进境外风险投资,为外资参与创新能力建设提供服务。

3. 强化政府采购的创新激励作用

政府采购可以激励企业自主创新,有效地降低创新企业进入市场的风险,促进自主知识产权产品开发。实施政府采购向创新产品倾斜政策,制定有利于企业创新的政府采购政策,优先采购拥有自主知识产权的产品,引导公共消费、培育市场,推动技术创新产品广泛使用。通过政府采购扶持本国企业和本国产业是国际通行的做法,几乎所有发达国家和后起工业化国家都实行相关政策。例如,美国1933年颁布的《购买美国产品法》明确规定以“扶持和保护美国工业、美国人和美国投资资本”为宗旨,要求联邦各政府机构除特殊情况外,所购买的产品、工程和服务必须由美国投资商提供,这一规定一直沿袭至今。美国政府还对本土企业的高新技术产业产品制定远高于国外产品的补贴性价格,实行大份额采购,有效降低了产品进入市场的风险,刺激了厂商研发新技术的积极性。中国政府可以借鉴发达国家的经验,在法律中明确规定政府根据实际需要购买中国本土企业拥有核心技术自主知识产权的产品,以激励中国企业创新。

4. 建立"官、产、学、研"联动机制

官产学研结合是一项复杂的系统工程,需要政府、企业、高校、科研院所等多方面共同努力、通力合作。鉴于目前我国官产学研受体制等因素的制约,造成官产学研结合不够紧密的状况,要借鉴发达国家的做法,发挥政府的协调组织功能,通过政策法规,鼓励企业增加对科技的投入,规范和保障官产学研合作各方的利益,形成以企业为主体,企业、国内外高校和科研院所共建研发的技术创新体系,联合开发关键、核心技术,共同解决企业发展中的重大技术问题,促进科技成果产业化。在具体组织实施上,可以考虑高校和研究机构与企业共建科技创新中心等机构,帮助企业进行技术咨询、技术诊断,共同实施科技开发,以促进企业的技术创新,也可以由企业委托科研机构和高等院校进行科技开发。实施以企业为主导的官产学研联合工程,应该按照政府推动、企业为主、公平竞争、自主联合的原则,选择若干重点领域建立官产学研联合研发基地,稳定持续地开展技术研发活动。政府通过财政引导、税收优惠和产权激励政策,鼓励企业建立健全研究开发机构或组建产学研联盟,在关系产业竞争力的重点领域联合研发,形成具有自主知识产权的专利和标准。

5. 构建创新人才培养与引进机制

建立和完善有利于促进创新的人才开发和培养体系。我国应进一步加强高级创新人才、研发人才的后备队伍建设,有针对性地遴选一批重点学科的年轻技术骨干,采取多种方式,诸如出国学习、专项培训等,鼓励其参与重大科研项目或重点工程工作等,大力培养创新领头人。有条件的企业都应建立科技研发中心,做到研发人员数量足、素质高、有规划、有项目、有研发成果。同时,要加大人才引进工作力度,吸引优秀留学人才回国工作,重点吸引高层次人才和紧缺人才,采取多种方式,建立符合留学人员特点的引才机制。采取团队整体引进、核心人才带动引进、高科技项目开发引进等切实有效、灵活多样的人才政策,吸引海外高层次创新人才到国内创业,鼓励他们回国转化科技成果,领衔创办高科技企业。

6. 强化税收政策对企业创新的投入诱导力度

调整和改革税收优惠政策,通过税收优惠,引导和激励企业开展自主创新活动,促进企业自主创新。企业技术创新税收优惠政策,重点应放在高新技术的研究、开发和应用推广上。企业技术创新税收优惠的方式,采取直接优惠和间接优惠相结合,实行投资抵免、加速折旧、费用税前列支等间接优惠为主的方式。

3.3.2 内部策略

1. 加大研发经费投入力度

充足的资金投入是技术开发与创新成功的必要条件和保证。企业从事研发的资金主要来自企业的自有资金,这就要求企业清除不利于自身创新的制度障碍,保障研发资金的投入。按照国际上比较流行的观点,研发投入强度(研发经费投入占年销售额的比重)低于1%的企业通常难以生存,低于3%的企业就失去了竞争力。根据有关资料,我国企业研发投入在过去长达10年的时间里,一直徘徊在销售额的0.5%左右,而国际上该指标一般都在5%以上。参照国外企业的情况,基础性产业的研发投入应不低于年销售额的3%,新兴产业和产品更新较快的产业研发投入应不低于年销售额的5%。同时,企业要像筹措发展资金那样,多方筹集研发资金,在技术进步迅速的产业和有条件的企业,应当考虑进入资本市场,加快折旧,直接将研发投入摊入成本,以保证研发工作的实际需要。与此同时,不同的企业可以根据项目的不同特点,从多元化、多渠道的社会资金市场上寻求资金支持。

2. 创新企业文化

世界各国的优秀企业都十分重视企业文化这一创新"软环境"的建设,并以此来推动企业的创新活动。我国企业要增强企业创新能力,也必须着力塑造和培育有利于创新的企业文化。首先,要营造企业创新文化氛围。企业营造创新文化氛围,需做好以下工作:第一,要尊重创新知识、尊重创新人才,在企业内形成尊重知识、尊重人才的浓厚气氛,建立有利于人才成长的机制;第二,要倡导企业创新精神,发展企业创新精神并使之在员工中发扬光大;第三,要提倡理性怀疑和批判,尊重个性,宽容失败,倡导学术自由和民主,鼓励探索,大胆提出新的理论和学说;第四,要激发创新思维,活跃学术气氛,努力形成宽松和谐、健康向上的创新文化氛围。其次,构建完善的创新制度文化。创新制度文化是指企业在生产经营活动中所形成的与创新精神、创新价值观等意识形态相适应的企业制度、规章、条例、组织结构等。创新制度文化实际上是企业的一种强制性文化,良好的制度创新文化是企业创新的基本保证。如果企业只有创新的价值观和创新精神,而缺乏必要的制度安排和落实,企业的创新只能停留于观念上。

3. 健全企业创新激励机制

创新激励是激发企业员工的积极性和创造性的重要工具,也是自主创新氛围的一个组成因素。精心设计的加薪、晋升、授予荣誉称号等方式,都是对员工的成绩表示承认和鼓励的好方式。建立起长期的激励机制,将企业的技术人员同企业形成真正意义上的共同体,激励他们从长期发展的战略出发去不断地努力创新。企业内部要从改革分配制度入手,完善对技术创新人员的激励机制,重点要做好研发人员的激励。

4. 建立高水平的企业研发机构

我国的大中型企业都应建立健全企业技术研发中心,有条件的小企业也要设置精干的研发机构。要加强企业研发机构建设,提高企业自主开发能力,切实把提高经济效益转移到依靠技术进步的轨道上来。建立健全技术开发准备金制度、技术及人才开发费税金减免制度以及新技术推广投资税金减免制度等,鼓励企业建立研发机构,重点支持对行业科技进步贡献大的研发机构建设。加强对研发机构的运行机制、资金投入、人员结构及开发成果等方面的建设和管理。

5. 重视知识产权管理

目前,国家核心竞争力越来越表现为对智力资源和科技成果的培育、配置、调控能力和对知识产权的拥有、运用能力。知识产权战略已经成为各国企业谋求竞争主动权的重要手段。为了保证知识产权管理工作的正常运行,企业应充分认识到新形势下知识产权工作的重要性,提高掌握和运用知识产权制度的水平,建立健全的知识产权管理机构,培养和配备专门的知识产权管理人才,将企业知识产权制度的运用贯穿于经营决策、技术创新、生产营销的全过程。

总之,我们应该大力改善社会环境,优化企业行为,从多方面、多层次来培育和提高我国企业的创新能力。培育和提高我国企业的创新能力,是一项复杂的系统工程,需要政府、企业高度重视,需要方方面面的努力与配合,是一项长期与艰巨的任务。我国企业创新能力培育在发展过程中会有一个逐步完善和成熟的过程,在发展初期不可避免地会出现一些困难、问题和矛盾。正确认识和总结这些问题和矛盾,找出解决办法,对于促进我国企业的健康发展具有十分重要的意义。

第七篇
社会责任篇

1 企业社会责任概述

1.1 社会责任研究背景

社会责任已经成为公司治理事务中不可回避的议题,也成为近年来公司治理研究的热点。由于环境污染、食品安全责任、安全事故以及员工福利等问题的日益凸显,社会责任也成为整个社会治理中不可回避的议题。从利益相关者理论出发,履行社会责任是企业履行其对社区、公众、消费者、员工等利益相关者的责任并实现他们的利益的重要方式。而从股东至上理论出发,履行社会责任也可能为企业创造更多市场和更高声誉,也有助于提升企业价值。因此,社会责任披露被纳入了上市公司信息披露的范围。本文通过对公司治理与社会责任相关研究的回顾,构建中国上市公司为样本的社会责任信息披露评价指标体系,并运用该体系对 2013—2014 年中国上市公司社会责任披露进行了系统的评价。

企业社会责任是指企业除了为股东创造价值、实现股东利益最大化并保证供应商等的利益以外,还对其他的利益相关者特别是员工、消费者、社区、社会公众以及自然环境承担的责任,包括主动和被动履行的责任。一般认为,企业社会责任可以包括遵守商业道德、生产安全、职业健康、保护劳动者的合法权益、保护环境、支持慈善事业、捐助社会公益、保护弱势群体等。企业社会责任意识的兴起,使得企业需要关注的问题和满足的利益诉求,超出了传统的范畴,使得企业不得不在决策中更多加入社会责任考量,同时也可以通过社会责任,建立起与社会良性互动,提高合法性的机制。

企业社会责任问题最先在国外引起关注。第二次世界大战以来,一些企业在环境、员工福利、产品和服务提供等方面出现了一系列违规行为,造成了很严重的影响。这些违规行为包括严重污染环境,职工工作环境恶劣并缺乏失业、健康保障,偷逃税款,产品质量安全问题以及商业贿赂丑闻等。正是这些忽视社会责任的违规行为,导致了全球从学界到社会公众普遍参与的企业社会责任运动。

随着企业社会责任运动的开展,大部分企业都开始重视社会责任,具备了社会责任意识,这些企业通过积极主动地履行社会责任,树立自身关心员工、回馈社会、关注社会公共事业、倡导积极履行社会责任的价值观的形象,从而获得了社会公众和其他利益相关者的好评。当前,重视社会责任,以某种方式履行其对员工、消费者、社区、社群等的承诺,已经成为大部分企业普遍的行为,也是这些企业赢得更高声誉和竞争优势的重要方式。这方面2013—2014年的知名例子包括:2014年中国韩国商会和韩国驻华大使馆联合发布了《2013—2014在华韩企社会责任白皮书》,体现了国家层次对跨国企业在东道国对社会责任的重视。中国三星在2012年成立了"中国三星社会责任委员会",由大中华区总裁牵头全权负责管理中国三星的社会责任业务,大众中国、中国建筑工程总公司等也有类似举措。沃尔玛公司设立沃尔玛中国合规管理部门,全面负责公司一切与合规经营相关的事务。新部门负责食品安全、消费者权益保护、营运安全等方面事务。斯巴鲁汽车、东南汽车、华夏银行等分别因在自然资源保护、投资1 000万援建希望小学并支持贫困地区健康事业、小微企业信贷事业发展方面做出了重要贡献而荣获社会责任年度大奖。安利创立安利公益基金会,开展了"春苗营养计划""彩虹支教计划"和"阳光成长计划",分别致力于改善贫困地区农村寄宿生的营养、改善西部贫困留守儿童的教育条件、关注城市流动儿童的健康成长,受益儿童人数总计将达到150万人。

但是,也有一些企业不履行社会责任,在环境、产品、员工福利、服务等环节采用败德行为,这些行为造成了严重的社会后果,使得许多地区的环境、消费者权益等受到严重损失,同时也最终损害了企业利益和企业的股东权益。这方面近年来较为知名的例子有:河南新乡造纸厂污染稻田事件、上海生猪养殖企业不规范处理死猪造成黄浦江死猪漂流事件、中石化潍坊石油泄漏污染和青岛输油管道爆炸事件、中石油长庆油田污染额日克卓尔湖事件、百胜集团采用供应商质量安全不达标原料制作肯德基等餐厅食品造成食品安全事件、新西兰牛奶事件等。

由于企业社会责任得到了社会公众和政府越来越强的关注,也成为许多企业公司治理机制中的一部分,相关的规制和管理就势在必行。自2006年公司法修订以来,人大、证监会等机构通过法律法规、文件等,对企业履行其社会责任做出了明确要求,对上市公司企业社会责任披露也做出了明确的指引。同时,一些专门的政府职能部门如安监局、环保部等也制定了关于安全生产、环境保护等方面的规制条例,成为企业履行最基本社会责任的指南。一些行业和企业更是主动制订履行社会责任的计划和规程。我们整理2006年以来主要的社会责任法律法规和代表性规章,如表7-1所示。

表 7-1　近年来关于企业社会责任的主要法规文件

时间	发布机构	法规名称	主要内容	关注重点
2006 年 9 月 25 日	深圳证券交易所	关于发布《深圳证券交易所上市公司社会责任指引》的通知	公司应严格保护债权人、职工、消费者等的权益，并切实履行环境保护的职责	鼓励公司根据本指引的要求建立社会责任制度，定期检查和评价公司社会责任制度的执行情况和存在问题，形成社会责任报告。公司可将社会责任报告与年度报告同时对外披露。社会责任报告的内容至少应包括：(一) 关于职工保护、环境污染、商品质量、社区关系等方面的社会责任制度的建设和执行情况；(二) 社会责任履行状况是否与本指引存在差距及原因说明；(三) 改进措施和具体时间安排
2007 年 5 月 9 日	广东省中共深圳市市委、深圳市人民政府	中共深圳市市委深圳市人民政府关于进一步推进企业履行社会责任的意见	当前推进企业履行社会责任应当以推进企业履行法律责任为重点，促使企业严格遵守劳动保障、劳动安全卫生、消费者权益保护和环境保护等方面的法律法规。同时，引导和鼓励企业和企业家关爱社会、回馈社会，积极履行道义责任	完善地方法规，建立企业履行社会责任机制，建立奖励激励机制
2007 年 12 月 5 日	中国银监会	中国银监会办公厅关于加强银行业金融机构社会责任的意见	银行业金融机构要高度重视银行社会责任问题，从我国国情出发，切实采取措施履行社会责任	银行业金融机构的企业社会责任至少应包括：维护股东合法权益、公平对待所有股东；以人为本，重视和保护员工的合法权益；诚信经营，维护金融消费者合法权益；反不正当竞争，反商业贿赂，反洗钱，营造良好市场竞争秩序；节约资源，保护和改善自然生态环境；改善社区金融服务，促进社区发展；关心社会发展，支持社会公益事业

(续表)

时间	发布机构	法规名称	主要内容	关注重点
2007年12月29日	国资委	关于印发《关于中央企业履行社会责任的指导意见》的通知	中央企业要增强社会责任意识,积极履行社会责任,成为依法经营、诚实守信的表率,节约资源、保护环境的表率,以人为本、构建和谐企业的表率,努力成为国家经济的栋梁和全社会企业的榜样	加强资源节约和环境保护,推进自主创新和技术进步,保障生产安全,维护职工合法权益,参与社会公益事业,建立履行社会责任体制,建立社会责任报告制度,加强党组织对社会责任工作的领导
2008年5月14日	上海证券交易所	《上海证券交易所上市公司环境信息披露指引》	要求企业公开环境信息,就上市公司环境信息披露提出了明确要求	引导上市公司积极履行保护环境的社会责任,促进上市公司重视并改进环境保护工作,加强对上市公司环境保护工作的社会监督
2008年10月	浙江省人民政府	浙江省人民政府关于推动企业积极履行社会责任的若干意见	充分发挥企业履行社会责任的主体作用,探索建立促进企业履行社会责任的体制机制。更新观念,加强引导,突出重点,逐步推进,增强广大企业的社会责任意识和履行社会责任的自觉性	引导企业更加注重守法诚信经营、更加注重保障员工权益、更加注重为消费者提供优质的产品和服务、更加注重节约资源和保护环境以及重视公益活动
2013年11月12日	党中央	党的十八届三中全会决议	三中全会深化了五位一体的战略布局,再次强调将生态文明建设纳入改革。同时强调社会管理创新。这些都对企业履行社会责任提出了要求	社会责任承担

总体来看,当前的企业社会责任履行的重点,都包括如下几个方面:重视员工的福利和合法权益,重视产品和服务的安全与质量,保护自然环境和自然资源,注重社会公益活动。在具体的指导思想和执行机制方面,都强调要培养企业的社会责任意识,普及社会责任观念,要突出重点逐步推进,同时要建立企业内部的社会责任履行、激励和管理机制,并配套以企业外部的监管和激励机制。在社会整体舆论的倡导和政府的督导提倡下,企业一般都会履行一定程度的社会责任,特别是履行能赢得声誉、推动社会关注和市场占有率提升的社会责任,这使得企业大

量投入在公益和环境保护事业中。但是,企业最基本也是最重要的社会责任——消费者相关的产品与服务质量安全、员工福利与权益保障,乃至债权人权益,当其在履行社会责任与实现极高利润之间发生冲突时,企业往往就会产生败德行为,这表现在企业社会责任的履行,并没有完全成为社会规范内化下的自觉行为,而更多是一种强制合规与社会资源交换而已。

1.2 社会责任相关研究概述

1.2.1 企业社会责任的理论基础

企业为何要承担社会责任,又如何承担社会责任,构成企业社会责任研究的一个基础性领域。从公司治理的视域看,与社会责任最相关的视角是利益相关者视角。例如,Freeman Edward 在 1984 年就提出了以利益相关者方法为基础的企业社会责任理论,为企业社会责任奠定了理论基础。在利益相关者中,员工作为重要的一方值得企业给予非常大的关注,而自然环境则在全球的环境保护运动下更具有特别重要的意义,因此 ISO 和 CEPAA 都出台了 ISO 14000 和 SA 8000 系列,作为企业环境绩效和员工福利保障责任履行方面的衡量。一些学者如刘瑛华等分析了推行 SA 8000 的运动对中国企业的影响。同时,社区也需要企业在其中发挥建设性的作用,企业在履行针对其内部员工和自然环境的责任,在进行大量的慈善捐赠的同时,也要积极关注社区责任。对于我国企业的社区责任,相关研究需要进一步的突破。

当前社会责任研究的另一主流是从契约理论的视角,重构企业社会责任的理论基础。例如,何杰、曾朝夕(2010)将契约理论框架和传统企业理论整合起来,认为企业社会责任更多来自企业与利益相关者之间的契约不完全性,要注意企业的隐性契约。刁宇凡构建了一个理论体系,其中包括作为中心契约方的企业和显性契约方、隐性契约方的综合契约方,该模型通过隐性契约方倡导、显性契约方推动、企业对标意愿提升和战略内驱、最后综合契约方多重博弈的方式,逐渐形成涵盖显性契约和隐性契约的适度、动态的企业社会责任标准。契约理论实质上处理的也是利益相关者之间的关系,但它同样适用于扩展了的股东利益至上观。当前从契约理论出发研究企业社会责任的重要视角是企业面临社会契约的不完全性、隐性以及拓展性所做出回应,结合契约理论与企业理论来论述企业社会责任。

1.2.2 企业社会责任的披露动机与实效

近年来,企业社会责任的经验研究的主题仍然可以分为两个方面,其一是企业履行社会责任的动因,其二是企业履行社会责任或不履行社会责任时的行为后果。

在企业履行社会责任的动因方面,传统的视角关注企业社会责任的经济动机和社会影响,其中社会影响更多地从声誉机制角度来考量。例如,就汶川地震后企业的捐赠行为,山立威、甘犁等和徐莉萍等(2008)分别从经济动机和声誉动机两个方面进行了解析。由于捐赠特别是捐赠现金能够引起更大的社会反响和更高的关注度,直接消费品行业的捐赠力度应该更高。山立威等发现证实了这一推断,其产品直接与消费者接触的公司比其他公司捐款数额平均多出50%,其产品直接与消费者接触的公司比其他公司捐赠更多的现金,平均多捐赠现金约118倍。另外,他们还发现公司捐赠行为是由自身能够承担社会责任的经济能力所决定的,业绩好的公司捐款总数和现金捐款数量更多。总体上看,企业的捐赠行为是有扩大市场影响力动机的,且会量力而行。而徐莉萍等(2011)的研究则揭示了企业关注捐赠的经济动机背后的社会机制,他们特别关注了企业在媒体压力下也就是社会舆论或社会声誉机制潜在压力下的捐赠与不捐赠,他们发现,媒体关注对上市公司的捐赠行为有显著的正向影响,考虑到公关、广告、声誉等经济动机,同时,媒体关注还会显著地降低国有产权控股以及行业垄断程度对捐赠的负向影响。他们也发现,声誉影响在非国有产权控股以及产品直接与消费者接触的上市公司中表现得更加显著。

从上述研究中可以发现,企业是否履行社会责任以及社会责任在企业的考量中占据多大权重,很大程度上受企业接受社会和市场压力影响程度而定,而这个程度又取决于企业的政治资源的大小。某种意义上,企业的捐赠等行为,也可以看作谋求政治资源的一种举动。近年来一批文献分析了中国企业在进行捐赠时的政治考量。例如,梁建等(2010)发现,民营企业慈善捐赠与民营企业家的政治参与有着明显的正向关系,建立党组织也与慈善捐赠正相关。高勇强等(2012)认为,我国民营企业一方面利用慈善捐赠来实施产品差异化战略,另一方面利用慈善捐赠来掩盖或转移外界对员工薪酬福利水平低、企业环境影响大等问题的关注,甚至还试图借助社会责任来应对工会组织压力,因此更多的是一种转移视线的行为。张建君(2013)提出了“竞争—承诺—服从”的理论框架,他认为,企业捐款不仅是出于市场竞争的目的,也可能基于管理者对企业社会责任的承诺或者对外部压力的服从,政治联系既可以成为企业承担社会责任的来源,也可以是企业缓解外界压力的工具。戴亦一等(2014)发现,地方政府换届后,企业慈善捐赠的倾向和规模都会显著增加。就影响因素而言,主要是有上市公司非国有产权性质、外地调任市委书记和地区较高的市场化程度三大因素,这些因素会有正面影响。进一步的考察还发现,政府换届之后的慈善捐赠确实能为民营企业带来融资便利、政府补助、投资机会等多方面的经济实惠。慈善捐赠甚至可以看作民营企业的一种“政治献金”。贾明(2010)等认为高管的政治关联和私人收益会促进高管的捐赠决策。

另一方面的研究则继续分析企业履行社会责任带来的实际效果。这些效果主要体现在企业的市场占有率和社会声誉方面。马龙龙(2011)发现,企业履行社会责任确实影响了消费者的购买决策,但消费者的消费决策仍然与其类型有关,在利益驱使和价值认同共同作用下行为。石军伟等(2009)发现,企业社会责任与经济绩效之间不存在相关性,但与组织声誉正向相关,社会资本会明显强化企业社会责任的"声誉效应"。费显政等(2010)发现,社会责任带来的声誉能形成溢出效应。沈红波(2012)等通过研究紫金矿业的罚款事件发现,A 股和 H 股市场都能对重大环境污染事故做出显著负面反应;但 A 股市场基本不能对政府处罚、环境诉讼等负面环境事件做出有效反应;H 股市场投资者能够对环境事件导致的罚款做出负面反应,因为 H 股市场整体上更加关注价值投资、企业的长远发展和社会责任。总体上看,对履行社会责任的效果研究,集中在产品和资本市场反应方面,只有少数能关注社会的反应。

也有一部分研究关注了当前企业家对社会责任的认知,以及社会责任意识变迁与制度变迁的关系。中国企业家调查系统(2007)进行了"2006 年中国企业经营者问卷跟踪调查",调查了 4 586 位企业经营者,调查结果显示,企业经营者普遍认同"优秀企业家一定具有强烈的社会责任感",当问卷将社会责任概括为经济、法律、伦理、公益 4 个方面,发现企业家高度认同履行这些社会责任的必要性。但是,当企业家面临企业经营困难等问题时,由于客观困难和自身道德水平因素,仍然可能选择违规。唐跃军等(2014)发现,市场化改革可以降低中国企业因"主动配合"或"被动选择"而进行慈善捐赠的动机,有着天然的政治关联和政治合法性、拥有垄断或优势市场地位、面临来自地方政府层面压力较小的国有企业,获得了制度环境市场化改革在公司慈善捐赠方面所带来的"制度红利"。对浙江省中小企业履行社会责任的调研结果发现,大部分企业听说过"企业社会责任"的说法,但是不到 1/4 的企业听说过企业公民行为。小型企业更不愿意了解和履行企业社会责任。大部分企业也是通过红十字会、慈善协会和政府来进行捐赠的,且比较关注善款的用途(李华案等,2011)。

1.3 社会责任履行指数 CSR^{NK} 内涵及创新

关于企业社会责任履行的衡量,主要可以包括两类:第一类是利用一手数据进行衡量,这方面的数据有两种,一是对企业社会责任披露的公开数据进行统计和计量,二是对企业高管和社会责任行为主体、受众甚至是实验被试进行调查,通过分析他们的认知进行计量。第二类则是利用二手数据衡量,这一类数据一般是专业机构的评价数据的再利用,或者是利用财务数据、供应链数据、市场数据等作为近似的代理变量。

在上述这些方法中，利用一手数据在还原数据真实性上具有天然优势。而上市公司的社会责任信息披露是上市公司根据上交所、证监会的指引而做出的陈述，具备较好的规范性和真实性，其数据质量最高，通过对社会责任信息披露的文本内容的数据化转化，可以一定程度上量化衡量中国上市公司的社会责任状况，作为对中国企业总体社会责任履行情况的一个推断。在这些研究中，李正(2006)将企业社会责任分为6大类的做法是较为系统的，我们采用这一体系，也通过手动搜集企业在深交所和上交所披露的社会责任报告，分析该上市公司在社会责任方面履行的各方面责任。进一步又对已披露的社会责任报告进行人工阅读，对各个主要的、具体的细项进行衡量和辨识。我们将社会责任报告分为6大类15小类，但又对该文献的做法进行了细微调整。若该公司在社会责任报告中披露了该小类，则该小类的“是否披露”项为1，若未披露则为0。将各小类的分值加总得到二级指标的得分，再将二级指标得分加总即得到对企业社会责任履行的评价指标CSR^{NK}。具体内容如表7-2所示。

表7-2　企业社会责任指标体系设计

<table>
<tr><th>一级指标</th><th>二级指标</th><th>三级指标</th><th>衡量方法</th></tr>
<tr><td rowspan="15">企业社会责任指数 CSR^{NK}</td><td rowspan="5">环境问题类</td><td>污染控制</td><td rowspan="5">若该公司当年的社会责任报告中披露了对任何子项的责任一项，则该子项得分为1，否则为0；各子项加总为本项总分，环境类项目的最高分为5，最低分为0</td></tr>
<tr><td>环境恢复</td></tr>
<tr><td>节约能源或废旧原料回收</td></tr>
<tr><td>有利于环保的产品</td></tr>
<tr><td>其他环境披露</td></tr>
<tr><td rowspan="4">员工问题类</td><td>员工的健康和安全</td><td rowspan="4">若该公司当年的社会责任报告中披露了对任何子项的责任一项，则该项得分为1，否则为0；各子项加总为本二级项目的总分，员工类项目的最高分为4，最低分为0</td></tr>
<tr><td>培训员工</td></tr>
<tr><td>员工的业绩考核</td></tr>
<tr><td>员工其他福利</td></tr>
<tr><td>社区问题类</td><td>考虑企业所在社区的利益</td><td>若该公司当年的社会责任报告中披露了对社区的责任一项，则该项得分为1，否则为0</td></tr>
<tr><td rowspan="3">一般社会问题类</td><td>考虑弱势群体的利益</td><td rowspan="3">若该公司当年的社会责任报告中披露了任何子项，则该子项得分为1，否则为0；各三级指标加总为二级指标得分，一般问题类项目最高分为3，最低分为0</td></tr>
<tr><td>关注犯罪事业与公共安全</td></tr>
<tr><td>公益或其他捐赠</td></tr>
<tr><td>消费者类</td><td>产品的安全与质量提高</td><td>若该公司当年的社会责任报告中披露了对消费者的责任1项，则该项得分为1，否则为0</td></tr>
<tr><td>其他利益相关者类</td><td>债权人、银行等</td><td>若该公司当年的社会责任报告中披露了对其他利益相关者的责任一项，则该项得分为1，否则为0</td></tr>
</table>

与此同时,我们还对报告中各子项的披露金额进行了手工搜集,进而得到各个子项目的履行成本,该部分内容有助于对企业的社会责任履行进行成本收益分析,也帮助我们通过对履行成本的考察进一步探测企业社会责任履行的动机和效果。

相对于其他衡量指标,手动查找数据来衡量社会责任报告有助于我们从一手数据对社会责任履行进行评价,同时对参考指标的调整也帮助我们区分开社会责任评价与社会责任成本履行两部分的内容,将履行成本单独作为一个指标来分析而非纳入社会责任评价指标之中,该做法帮助我们更加客观地对社会责任的履行状况进行描述分析。

2　我国上市公司 CSR^{NK} 总体状况评价

2.1　中国上市公司 CSR^{NK} 总体状况分析

2.1.1　样本来源及选取

本次编制的中国上市公司社会责任报告指数样本始于 2014 年 1 月 1 日止于 2014 年 6 月 30 日公布的公开信息,样本来自上海证券交易所和深圳证券交易所公布的公司 2013 年度社会责任发展报告,公司基本信息数据来源于 CCER 数据库,减去数据缺失的 4 家公司,最终得到 654 家公司的基本信息。样本的行业构成、按终极控制人类型分类、按地区分类的构成如表 7-3、表 7-4 和表 7-5 所示。

由表 7-3 可以看出,样本公司的行业分布比例基本符合中国上市公司总体行业分布情况,其中制造业上市公司的比例最多,累计达到 52.29%,与非制造性样本公司比重基本持平。此外,在非制造性样本公司中,各子行业样本公司比重也基本符合上市公司总体状况。因此,从行业的角度看,相对于总体上市公司而言,样本公司在行业中的比较结果具有代表性。

表 7-3　样本公司的行业构成

行业代码	行业名称	公司数	比例(%)
A	农、林、牧、渔业	11	1.68
B	采掘业	31	4.74
C0	食品、饮料	27	4.13
C1	纺织、服装、皮毛	21	3.21
C2	木材、家具	1	0.15
C3	造纸、印刷	15	2.29
C4	石油、化学、塑胶、塑料	51	7.8
C5	电子	30	4.59
C6	金属、非金属	58	8.87
C7	机械、设备、仪表	100	15.29
C8	医药、生物制品	29	4.43
C9	其他制造业	10	1.53

（续表）

行业代码	行业名称	公司数	比例(%)
D	电力、煤气及水的生产和供应业	31	4.74
E	建筑业	20	3.06
F	交通运输、仓储业	35	5.35
G	信息技术业	43	6.57
H	批发和零售贸易	27	4.13
I	金融、保险业	41	6.27
J	房地产业	30	4.59
K	社会服务业	13	1.99
L	传播与文化产业	8	1.22
M	综合类	22	3.36
合计		654	100.00

表7-4列出了样本公司在不同控制人类型之间的分布结果，数字显示，国有控股的样本公司所占比例为59.79%，而非国有控股的样本公司所占比例为40.21%，其中，民营控股的样本公司所占比例为31.50%。这一数字既反映了上市公司总体样本的分布状况，也揭示了国有控股上市公司对社会责任的关注程度，国有控股企业更加积极地撰写社会责任报告，进行信息的传递。

表7-4 样本公司第一大股东构成

最终控制人性质	最终控制人类型	公司数	比例(%)
0	国有控股	391	59.79
1	民营控股	206	31.50
2	外资控股	12	1.83
3	集体控股	4	0.61
5	职工持股会控股	2	0.31
6	其他	39	5.96
总计		654	100.00

表7-5列出了样本公司在地域之间的分布结果，其分布结果不仅反映了上市公司总体状况，而且体现了地区经济发展水平，总体上看，经济发展水平较高的几个地区，如北京、广东、上海等地，其样本所占比例分别为13.15%、11.62%和9.48%。尽管难以反映出二者之间的因果关系，但这一样本分布的数字体现出，社会责任已成为经济发展的重要组成部分，经济发展水平的提升需要向社会责任

履行情况的更加透明。

表 7-5　样本公司省份构成

省份	公司数	比例(%)	省份	公司数	比例(%)
安徽	23	3.52	辽宁	14	2.14
北京	86	13.15	内蒙古	5	0.76
福建	60	9.17	宁夏	3	0.46
甘肃	3	0.46	青海	4	0.61
广东	76	11.62	山东	32	4.89
广西	6	0.92	山西	12	1.83
贵州	7	1.07	陕西	8	1.22
海南	3	0.46	上海	62	9.48
河北	10	1.53	四川	18	2.75
河南	34	5.20	天津	14	2.14
黑龙江	7	1.07	西藏	3	0.46
湖北	17	2.60	新疆	10	1.53
湖南	13	1.99	云南	12	1.83
吉林	10	1.53	浙江	53	8.10
江苏	36	5.50	重庆	6	0.92
江西	7	1.07	总计	654	100.00

2.1.2　中国上市公司 CSR^{NK} 总体状况描述

表 7-6 为所有样本公司社会责任发展指数的描述性统计结果。由于本指标是由 6 个二级指标构成,其中由 15 个三级指标测量,各测量指标均为 0—1 变量。指数的测量值是 15 个 0—1 变量的累加结果,其数字表明样本公司所承担的社会责任行为数量,满分为 15 分,即样本公司承担了全部 15 个社会责任活动。表 7-6 中的数字显示,最大值为 15,换句话说,样本公司的确有公司承担了所有的社会责任活动,而最小值为 3,即社会责任来履行状况最差的样本公司仅仅承担了 3 项社会责任活动。表 7-6 中的统计结果显示,均值和中位数均约为 9,这一数字将成为接下来判断样本公司社会责任履行情况的重要参考值。

表 7-6 样本公司社会责任发展指数描述性统计

统计指标	CSR^{NK}
平均值	9.11
标准差	1.97
上分位数	8
中位数	9
下分位数	10
最小值	3
最大值	15

2.2 中国上市公司 CSR^{NK}状况评价

2.2.1 分行业 CSR^{NK}总体描述

表 7-7 为不同行业样本公司社会责任履行情况的描述性统计结果,数字表明,金融行业社会责任发展指数的平均值与中位数最高,分别为 10.02439 和 10,由此反映了金融企业对社会责任的重视,也体现了在全球金融危机背景下利益相关者对金融企业的高度社会期望。此外,2013 年一些社会关注度较高以及公众生活依赖性较强的行业其社会责任承担状况相对较高,反映了企业的社会契约性质,例如,房地产业(J),电力、煤气及水的生产和供应业(D)以及社会服务业(K)等,其社会责任指数均高于全样本的平均水平。

整体上看,表 7-7 的数字表明,相对于非制造性企业而言,2013 年大部分制造性企业的社会责任履行状况相对较差,其社会责任指数接近或低于全样本的平均值,其中,样本数量最多的机械、设备和仪表行业(C7)的社会责任发展指数的平均值为 9.1,基本为平均水平,而医药、生物制品行业(C8),造纸、印刷行业(C3),电子行业(C5),食品、饮料行业(C0),纺织、服装、皮毛行业(C1)以及其他制造业(C9)的社会责任发展指数的平均值均小于全样本的平均水平。由此说明,以生产性活动为核心的加工制造行业对社会责任的承担状况较差,其原因可能在于,相对于服务性企业而言,目前制造性企业的核心竞争力还主要体现于有形产品本身,社会利益相关者对有形产品的生产过程关注度不够,伦理消费与伦理投资机制不足,从而导致企业承担社会责任的积极性与压力缺失。而在产品质量与社会责任行为密切相关的行业,如石油、化学、塑胶、塑料(C4)等,其企业才会积极承担社会责任。

此外,2013 年对于一些新兴的服务性行业而言,如信息技术业(G)和传播与文化产业(L)其社会责任发展指数处于较低的水平,可能是由于新兴行业中监管机制的缺失所导致的。

表 7-7 按行业分组的样本公司社会责任发展指数描述性统计

CSRC	行业名称	公司数	平均值	标准差	上分位数	中位数	下分位数	最小值	最大值
A	农、林、牧、渔业	11	8.09	2.07	6	9	10	5	11
B	采掘业	31	9.90	2.36	8	9	12	6	15
C0	食品、饮料	27	8.67	1.52	8	9	10	6	12
C1	纺织、服装、皮毛	21	8.52	1.99	7	8	10	5	12
C2	木材、家具	1	10.00	—	10	10	10	10	10
C3	造纸、印刷	15	8.87	1.51	8	9	10	7	12
C4	石油、化学、塑胶、塑料	51	9.43	1.65	8	10	11	5	13
C5	电子	30	8.87	1.74	8	9	10	5	12
C6	金属、非金属	58	9.47	1.83	8	9	11	4	14
C7	机械、设备、仪表	100	9.13	1.94	8	9	10	3	15
C8	医药、生物制品	29	8.90	1.76	8	9	10	6	12
C9	其他制造业	10	8.00	1.94	7	9	9	4	10
D	电力、煤气及水的生产和供应业	31	9.16	2.07	8	9	11	5	13
E	建筑业	20	9.90	2.65	8.5	10	11	4	15
F	交通运输、仓储业	35	9.20	1.78	8	9	10	6	13
G	信息技术业	43	8.09	1.90	7	8	10	3	11
H	批发和零售贸易	27	9.15	1.73	8	9	10	6	13
I	金融、保险业	41	10.02	2.31	9	10	11	6	14
J	房地产业	30	9.23	1.52	8	9	10	7	12
K	社会服务业	13	9.54	1.51	9	9	10	7	13
L	传播与文化产业	8	7.75	2.12	7.5	8	9	3	10
M	综合类	22	8.32	2.36	8	9	9	3	12
合计		654	9.11	1.97	8	9	10	3	15

2.2.2 分大股东性质 CSR^{NK} 总体描述

表7-8为不同性质终极控制人的样本公司社会责任履行情况的描述性统计结果,表中数字表明,国有控股的样本公司的社会责任指数平均值与中位数分别为9.2,高于全样本的平均水平9.1,而主要的非国有控股的样本公司,即民营控股公司的社会责任指数的平均值为8.8,低于全样本的平均水平。其原因与社会契约视角下的企业社会责任假说相一致,国有企业已成为社会各方利益关注的焦点,

其所应该承担的社会义务更为突出,国有企业的高度社会期望形成了更大的约束,从而推动了企业对社会责任的积极承担。而对于民营企业而言,在短期利益的驱动下,其对社会责任的履行成本更为敏感,在伦理消费机制尚未形成的背景下,民营企业承担社会责任行为的积极性相对较弱。

表 7-8 按终极控制人性质分组的样本公司社会责任发展指数描述性统计

	终极控制人性质	公司数	平均值	标准差	上分位数	中位数	下分位数	最小值	最大值
0	国有控股	391	9.19	2.04	8	9	10	3	15
1	民营控股	206	8.85	1.82	8	9	10	3	13
2	外资控股	12	8.83	1.85	7.5	8.5	10.5	6	12
3	集体控股	4	9.75	2.36	8	9	11.5	8	13
5	职工持股会控股	2	9.00	0.00	9	9	9	9	9
6	其他	39	9.64	2.03	8	9	11	6	14
总计		654	9.11	1.97	8	9	10	3	15

2.2.3 分地区 CSR^{NK} 总体描述

表 7-9 为按地区分组后样本公司社会责任发展指数描述性统计结果,数字表明,高于全样本公司社会责任发展指数平均水平的地区有海南、陕西、北京、广东、山西、新疆、山东、湖北、上海、内蒙古、安徽、四川。由表 7-9 中的结果我们可以判断,经济发展水平与社会责任综合指数之间存在直接的相关关系,尽管北京、上海等经济发展水平较高的城市其社会责任承担状况较为优秀,但处于内蒙古、安徽以及海南等经济欠发达城市的企业社会责任指数也较为突出。其原因可能在于,社会责任各分指标与地区经济发展水平的关系存在矛盾,从而导致数字结果的抵消与混淆,对此,本研究报告将在接下来的部分具体揭示社会责任各分项指标与地区经济发展水平的关系。

表 7-9 按地区分组的样本公司社会责任发展指数描述性统计

省份	公司数	平均值	标准差	上分位数	中位数	下分位数	最小值	最大值
安徽	23	9.13	2.42	7	9	11	3	13
北京	86	9.81	2.37	8	9	11	5	15
福建	60	8.52	2.00	7.5	9	9	3	15
甘肃	3	7.67	2.08	6	7	10	6	10
广东	76	9.50	1.50	9	9.5	11	6	12
广西	6	9.00	2.45	8	9	11	5	12
贵州	7	8.86	2.19	7	9	11	5	11

（续表）

省份	公司数	平均值	标准差	上分位数	中位数	下分位数	最小值	最大值
海南	3	10.33	0.58	10	10	11	10	11
河北	10	8.30	1.42	7	8	9	7	11
河南	34	8.71	1.85	8	9	10	4	13
黑龙江	7	8.00	2.38	6	8	10	4	11
湖北	17	9.35	2.06	8	9	11	6	13
湖南	13	9.00	1.58	8	9	10	7	12
吉林	10	8.70	0.82	8	9	9	7	10
江苏	36	8.97	1.95	8	9	10	5	14
江西	7	8.86	0.90	8	9	10	8	10
辽宁	14	8.43	1.70	8	8.5	9	6	12
内蒙古	5	9.20	1.10	9	9	9	8	11
宁夏	3	7.67	0.58	7	8	8	7	8
青海	4	7.50	3.32	5.5	8	9.5	3	11
山东	32	9.44	2.03	8	9.5	11	5	13
山西	12	9.50	1.93	8	9.5	11	6	12
陕西	8	9.88	2.47	8.5	9	11	7	15
上海	62	9.24	1.91	8	9	10	3	14
四川	18	9.11	1.75	8	9.5	10	5	12
天津	14	8.21	2.19	6	8	9	5	13
西藏	3	8.00	1.00	7	8	9	7	9
新疆	10	9.50	1.58	8	9	10	8	13
云南	12	8.42	2.11	6.5	8.5	10.5	5	11
浙江	53	9.08	1.86	8	9	10	3	12
重庆	6	8.33	0.82	8	8.5	9	7	9
总计	654	9.11	1.97	8	9	10	3	15

3 中国上市公司 CSR^{NK} 分指标评价

3.1 环境问题类评价

企业作为市场运行主体,在充分利用资源产生经济价值的同时也不可避免地对生态环境造成不同程度的污染。因此,企业在运营过程中承担着重要的环境责任。企业对环境的保护情况是其社会责任履行状况的重要组成部分,基于此,报告的这一部分从污染控制、环境恢复、节约能源或废旧原料回收、有利于环保的产品以及其他利益相关者五个子项目分别对企业环境责任的综合履行情况进行分析,并采用指数法来衡量企业承担环境责任的多寡,旨在更为全面、系统地对我国上市公司环境责任的履行状况进行描述。本部分采用打分的方法计算环境责任指数来评估我国上市公司环境责任履行的整体情况。如果上市公司披露了以上五小类企业环境责任活动中的某一类,则分值为 1,然后加总每一家上市公司的分值作为评估其环境责任履行情况的依据,分值区间为[0,5],即一个企业的最高得分为 5,最低得分为 0。

3.1.1 总体状况描述

表 7-10 是 654 家上市公司环境责任履行整体情况的描述性统计结果。从描述性统计结果可以看到,环境责任指数均值为 2.44,说明上市公司平均披露了大约两项环境责任活动。标准差为 1.09,与其他企业社会责任项目相比较大,说明上市公司在环境责任活动披露上面的差异性较大。上分位数和中位数均为 2,说明统计的公司中绝大多数公司仅披露了 5 类环境责任活动中的 2 类,上市公司还没有将环境责任作为企业社会责任的核心要素给予足够的重视。环境责任指数的最小值为 0,说明有的上市公司几乎完全没有履行环境责任,环境责任指数的最大值为 5,说明有的上市公司充分认识到了环境责任的重要意义,将履行环境责任作为履行企业社会责任的重要组成部分。

表 7-10 对环境的责任项目总体描述性统计

指标	对环境的责任
公司数	654
平均值	2.44
标准差	1.09
上分位数	2
中位数	2
下分位数	3
最小值	0
最大值	5

3.1.2 分行业评价分析

表7-11是按照行业分组的对环境责任履行情况的描述性统计结果,列示了上市公司环境责任的行业分布情况。行业的划分依据来自证监会的行业代码分类,其中制造企业经过二级代码细分后达到了342家,是上市公司数量最多的行业。从各个行业对环境责任的履行情况来看,其中采掘业和木材、家具制造业是环境责任履行情况最好的两个行业,其均值分别达到了3.23和3,即这两个行业在5类环境责任活动中平均都披露了3类,这表明采掘业和木材、家具行业的环境责任履行整体情况都较好。其他制造业和传播与文化产业是环境责任指数均值最低的两个行业,分别为1.8和1.5,即这两个行业在5类环境责任活动中都仅披露了不到2项的环境责任活动,这表明这两个行业没有给予环境责任足够的重视。其他行业的环境责任指数均值都在2到3之间,即这些行业的企业在5类环境责任活动中平均披露了2到3类,其中较高的有电力、煤气及水的生产和供应业,建筑业,社会服务业,金属、非金属行业以及石油、化学、塑胶、塑料行业,这些行业的环境责任指数均值都超过了2.5,即在5类环境责任活动中披露的较多,是相对重视企业环境责任的行业。其他行业的环境责任指数均值都在2到2.5之间,说明这些行业的企业对于环境责任的认识相对不足,需要提高对企业环境责任的重视程度。分析其中的原因,我们认为,一方面,采掘业,木材、家具行业的环境责任履行情况最好,与行业自身是污染最为严重的行业相关,由于自身污染严重,因此受到国家政策以及相关法律法规的严格调控,受到政府和公众的监督最为严厉,对企业环境责任非常重视。需要注意的是,由于木材、家具行业的样本公司只有1家,因此无法推断出整个行业的环境责任履行状况。另一方面,这类高污染行业由于污染会产生高额环境成本,因此注重相关环保产品的开发,不仅能够得到国家政策支持同时也能够降低环境成本,从而间接达到履行企业环境责任的目的。

信息技术业、传播与文化产业的环境责任履行情况不好，一方面是由于行业自身环境污染程度低，政策和媒体监督环境较为宽松，因此对企业环境责任重视程度低。另一方面是由于自身污染较少，企业无须承担高额环境成本，因此缺少研发环保产品，承担环境责任的动力。所以，采掘业相对于信息技术业、传播与文化产业更好地履行了企业的环境责任。

表 7-11　按照行业分组的对环境的责任项目描述性统计

CSRC	行业名称	公司数	平均值	标准差	最小值	最大值
A	农、林、牧、渔业	11	2.09	1.14	1	4
B	采掘业	31	3.23	1.20	1	5
C0	食品、饮料	27	2.07	0.68	1	4
C1	纺织、服装、皮毛	21	2.10	0.77	1	4
C2	木材、家具	1	3.00	—	3	3
C3	造纸、印刷	15	2.33	0.90	1	4
C4	石油、化学、塑胶、塑料	51	2.61	0.94	1	5
C5	电子	30	2.37	0.61	1	4
C6	金属、非金属	58	2.74	1.05	0	5
C7	机械、设备、仪表	100	2.45	1.00	0	5
C8	医药、生物制品	29	2.24	1.02	1	5
C9	其他制造业	10	1.80	0.79	1	3
D	电力、煤气及水的生产和供应业	31	2.97	1.25	1	5
E	建筑业	20	2.85	1.42	0	5
F	交通运输、仓储业	35	2.80	0.99	1	5
G	信息技术业	43	1.81	1.01	0	4
H	批发和零售贸易	27	2.00	0.96	0	4
I	金融、保险业	41	2.49	1.53	0	5
J	房地产业	30	2.30	0.79	1	4
K	社会服务业	13	2.85	1.07	1	5
L	传播与文化产业	8	1.50	1.20	0	3
M	综合类	22	2.00	0.93	0	3
合计		654	2.44	1.09	0	5

3.1.3　分大股东性质评价分析

表 7-12 是按照大股东性质进行分组的企业环境责任履行状况的描述性统计结果。从描述性统计结果可以看出，国有企业的环境责任指数均值为 2.58，而外

资企业和民营企业仅为2.25和2.15,即国有企业开展的环境责任活动较多,国有控股公司相对于外资控股公司和民营控股公司对于企业环境责任的履行情况更好。分析其原因,国有控股企业控股股东是国资委、地方国资委以及地方政府,这些股东除了要追求企业经济效益之外还要追求社会效益,其中很重要的一项就是环境效益,因此国有控股企业相对于民营控股企业等更重视企业环境责任。民营控股企业和职工持股会控股企业的环境责任履行情况不佳可能是因为这类企业具有更强烈的追求经济效益的倾向,而缺乏追求社会效益的动机,因此其对于环境责任的重视程度不足。此外,从表7-12中也可以看出外资控股企业对环境责任的履行状况不尽如人意。很多外资控股企业母国的环境要求较高,对污染物排放的标准较为严格,为了降低环境带来的产品成本,这些外资企业为了降低成本,获取更高的利润才将工厂转移到环境要求相对较低的中国,因此这些外资控股企业出于自利性动机也不会如同在母国一般重视企业的环境责任。外资控股企业需要更加重视企业的环境责任,更为平等地履行在母国和东道国的环境责任。

表7-12 按照大股东性质分组的对环境的责任项目描述性统计

	终极控制人性质	公司数	平均值	标准差	最小值	最大值
0	国有控股	391	2.58	1.12	0	5
1	民营控股	206	2.15	0.93	0	5
2	外资控股	12	2.25	1.06	0	4
3	集体控股	4	3.00	1.15	2	4
5	职工持股会控股	2	2.00	0.00	2	2
6	其他	39	2.62	1.25	0	5
总计		654	2.44	1.09	0	5

3.1.4 分地区评价分析

表7-13是样本公司按照地区分组对企业环境责任履行状况的描述性统计结果。从中我们可以看出,不同地区的企业环境责任履行状况是存在显著差异的。广东、广西、海南、江苏等东南沿海地区以及内蒙古、山西、陕西等华北地区企业环境责任履行情况较好,这些地方企业相对较多,受到的政府监管较为严格且具有更强的环保意识,因此企业更为重视履行环境责任。其中,北京的环境责任指数均值达到了2.84,即北京市在5项环境责任活动中至少披露了2—3项,作为国家的政治中心,北京不可避免地受到最为严格的政策调控和公众监督,因此对环境责任相对其他地区更为重视。甘肃、宁夏、青海、西藏等西部地区以及黑龙江、辽宁等东北地区企业的环境责任履行状况不佳,究其原因可能是当地政府尚处于招商引资积极发展经济阶段,很多地方政府仍然没有转变以牺牲环境为代价换取经

济片面发展的思路,导致对于地方环境的政策和法律监管不足以及当地企业环境意识薄弱,因此没有给予企业环境责任足够的重视。

表7-13 按照地区分组的对环境的责任项目描述性统计

地区	公司数	平均值	标准差	最小值	最大值
安徽	23	2.43	1.20	0	5
北京	86	2.84	1.32	0	5
福建	60	2.12	0.96	0	5
甘肃	3	2.00	2.65	0	5
广东	76	2.54	1.05	0	5
广西	6	2.50	1.87	0	5
贵州	7	2.57	1.27	1	5
海南	3	3.00	0.00	3	3
河北	10	1.90	0.57	1	3
河南	34	2.26	1.05	0	4
黑龙江	7	1.86	1.07	0	3
湖北	17	2.35	1.22	1	5
湖南	13	2.08	1.32	0	5
吉林	10	2.40	0.84	1	4
江苏	36	2.56	1.00	0	5
江西	7	2.14	0.69	1	3
辽宁	14	2.36	0.93	1	4
内蒙古	5	3.00	0.71	2	4
宁夏	3	2.00	0.00	2	2
青海	4	2.50	1.91	0	4
山东	32	2.47	0.95	1	5
山西	12	2.67	1.37	1	5
陕西	8	2.75	1.58	0	5
上海	62	2.42	1.03	0	5
四川	18	2.33	1.08	0	5
天津	14	2.29	0.83	1	4
西藏	3	2.00	0.00	2	2
新疆	10	2.50	0.97	2	5

（续表）

地区	公司数	平均值	标准差	最小值	最大值
云南	12	2.42	1.08	1	4
浙江	53	2.40	0.84	0	4
重庆	6	2.00	0.63	1	3
总计	654	2.44	1.09	0	5

3.1.5 子项目评价分析

表7-14是对于全样本公司每项环境责任活动的描述性统计结果。从中可以看出,5类环境责任活动中披露最多的是节约能源或废旧原料回收活动,在全样本公司中有92.20%的公司都披露了该项环境责任活动。其他企业环境责任活动中,77.68%的样本公司披露了污染控制活动,47.39%的样本公司研发了有利于环保的产品,但是仅有22.02%的样本公司披露了环境恢复活动。究其原因,企业在环境责任履行过程中采用最多的是开展节约能源或废旧原料回收活动是由于该项环境责任活动的开展成本相对较低,且不同行业类型的企业都可以通过在日常运营中开展相关活动达到履行企业环境责任的目的。而相对较少地开发有利于环保的产品和开展环境恢复活动则有其内在原因。较少的企业开发有利于环保的产品是由于开发环保产品活动与特定的行业特征相关,且开发新的环保产品需要较高的前期研发成本并承担相应的市场风险。较少的企业开展环境恢复活动是因为环境恢复耗时耗力,不符合企业经济性原则。企业在履行环境责任时,应该注意不仅要开展环境责任履行成本较小的节约能源或废旧原料回收活动,也要适当开展符合企业发展需要的环保产品开发以及对企业自身及社会环境具有长远积极影响的环境恢复活动。

表7-14 对环境的责任项目各子项目描述性统计

子项目	公司数	平均值	标准差	上分位数	中位数	下分位数	最小值	最大值
污染控制	654	0.78	0.42	1	1	1	0	1
环境恢复	654	0.22	0.41	0	0	0	0	1
节约能源或废旧原料回收	654	0.92	0.27	1	1	1	0	1
有利于环保的产品	654	0.34	0.47	0	0	1	0	1
其他环境披露	654	0.18	0.39	0	0	0	0	1

3.1.6 履行成本评价分析

表7-15是样本公司各项环境责任活动履行成本的描述性统计结果。从中可

表 7-15　对环境的责任项目各子项目履行成本描述性统计

单位:元

子项目	公司数	平均值	标准差	上分位数	中位数	下分位数	最小值	最大值
污染控制	50	84 300 000	203 000 000	2 021 000	10 000 000	81 600 000	153 200	1 030 000 000
环境恢复	28	91 000 000	160 000 000	6 267 700	36 900 000	115 000 000	50 000	778 000 000
节约能源或废旧原料回收	41	168 000 000	407 000 000	2 650 000	10 100 000	34 000 000	16 000	2 150 000 000
有利于环保的产品	8	547 000 000	1 440 000 000	5 400 000	12 800 000	114 000 000	250 000	4 110 000 000
其他环境披露	10	201 000 000	251 000 000	31 800 000	88 800 000	292 000 000	6 529 800	655 000 000

以看到,平均履行成本最低的是污染控制活动和环境恢复活动,平均履行成本为84 300 000 元和 91 000 000 元,节约能源或废旧原料回收的平均履行成本为168 000 000 元,履行成本最高的是研发有利于环保的新产品,达到了 547 000 000元。从履行成本来看,企业可以结合自身特质开展更多的污染控制、环境恢复活动,节约能源或废旧原料回收活动虽然履行成本高于污染控制和环境恢复活动,但是这项环境责任活动可以贯穿于企业日常运营活动中,便于企业开展。而研发有利于环保的产品虽然成本高且要承担相应的市场风险,但是考虑到开发成功后能够给企业带来的高额利润和市场份额,在企业履行环境责任的同时为企业带来了很高的经济效益,达到双赢的目的,因此具备相应条件的企业可以考虑通过这种方式履行自身的环境责任。

3.2 员工问题类评价

人力资本是企业竞争优势的主要来源,员工作为企业价值创造的主体,在现今强调"以人为本"的企业文化环境中,应受到公司的重视。在上市公司中,尊重并关心员工,维护员工利益以及提高员工工作环境质量和生活质量有助于提高员工劳动积极性,从而提升企业生产效率,也是营造良好和谐社会环境的一种具体表现。

3.2.1 总体状况描述

由表 7-16 可见,在 2014 年以 654 家公司为评价样本得出的结果为:对员工责任的指数平均值为 2.96,环比 2013 年有了较大幅度的提升。上分位数为 2,中位数为 3,下分位数为 4,标准差为 0.80,最大值和最小值之间差值较大,最大值 4 明显高于上一年,而最小值仍为 0。数据说明,样本公司在其社会责任的核心内容中已逐渐提升了对员工责任的重视程度,逐步认识到了员工利益和价值诉求的关注以及员工所发挥的价值创造主体作用的重要性。

表 7-16 对员工的责任项目总体描述性统计

指标	对员工的责任
公司数	654
平均值	2.96
标准差	0.80
上分位数	2
中位数	3
下分位数	4
最小值	0
最大值	4

3.2.2 分行业评价分析

表 7-17 所示为样本公司社会责任中对员工责任所进行披露的行业分布,对行业划分的依据为证监会的行业代码。由此可见在 654 家样本上市公司中,制造业公司所占比例最大,进一步按照证监会的二级代码细分可以看出,其中机械、设备、仪表制造行业是样本公司数量最多的行业。从各个行业公司对员工责任项目披露的情况来看,最低的为采掘业以及电力、煤气及水的生产和供应业,均值皆为 2.81;而最高的为交通运输、仓储业,均值高达 3.26。余下公司均值一般稳定在 2.85—3,波动幅度较不明显。究其原因,我们认为这与近年来蓬勃发展的快递事业不无相关,随着这些年电子商务的壮大繁荣,交通运输、仓储类企业规模也在迅速扩大,员工的人力资本对于企业发展有着重要的意义,由此对于员工的责任项目披露较为详细。而采掘业以及电力、煤气及水的生产和供应业的一线员工一般从事的都是较为简单的基础性劳动,这些企业往往为了扩大规模产生的经济效益在生产线上多雇用知识层次较低的基层员工,注重了员工的"量"而忽视员工的"质",容易忽略这些基层员工的利益,以至于近年来矿井安全事故、饮用水安全事故等事件频繁地进入媒体视线。员工是企业提升价值、稳定发展的关键核心所在,因此应该通过对员工的利益和福利的重视来保持人力资源的稳定性。

表 7-17　按照行业分组的对员工的责任项目描述性统计

CSRC	行业名称	公司数	平均值	标准差	最小值	最大值
A	农、林、牧、渔业	11	2.73	0.79	2	4
B	采掘业	31	2.81	0.60	2	4
C0	食品、饮料	27	2.81	0.92	0	4
C1	纺织、服装、皮毛	21	2.81	0.98	1	4
C2	木材、家具	1	3.00	—	3	3
C3	造纸、印刷	15	3.00	0.85	2	4
C4	石油、化学、塑胶、塑料	51	3.12	0.74	2	4
C5	电子	30	2.80	0.92	0	4
C6	金属、非金属	58	2.93	0.75	1	4
C7	机械、设备、仪表	100	2.99	0.85	1	4
C8	医药、生物制品	29	2.86	0.74	2	4
C9	其他制造业	10	3.20	0.79	2	4
D	电力、煤气及水的生产和供应业	31	2.81	0.83	1	4
E	建筑业	20	3.15	0.75	1	4

（续表）

CSRC	行业名称	公司数	平均值	标准差	最小值	最大值
F	交通运输、仓储业	35	3.26	0.74	1	4
G	信息技术业	43	2.88	0.82	1	4
H	批发和零售贸易	27	2.89	0.70	2	4
I	金融、保险业	41	3.20	0.78	2	4
J	房地产业	30	2.93	0.78	2	4
K	社会服务业	13	2.92	0.64	2	4
L	传播与文化产业	8	2.88	0.64	2	4
M	综合类	22	2.86	0.89	1	4
合计		654	2.96	0.80	0	4

3.2.3 分大股东性质评价分析

表7-18是按照公司实际控制人性质将样本公司进行分组的员工责任披露情况统计描述。我们可以看出不同股东性质的上市公司之间对于员工责任的披露程度差别不大，均值基本稳定在3左右。其中外资控股上市公司对员工责任的关注程度相对高于其他性质的上市公司，相对于前一年有了明显的提升和改善。这表明随着我国经济开放程度的日益提高，在中国国内越来越多的外资企业正在加大对员工薪酬、福利和素质方面进行的投入，拉近中国员工与其母国总部的员工之间的距离。相对于之前仅仅将中国作为一个利润中心，通过降低生产运营成本和劳动力成本来获取利润的公司运营模式，逐渐转型过渡到对中国员工与其母国总部的员工给予平等的关注。

表7-18 按照大股东性质分组的对员工的责任项目描述性统计

	终极控制人性质	公司数	平均值	标准差	最小值	最大值
0	国有控股	391	2.90	0.79	0	4
1	民营控股	206	3.03	0.82	0	4
2	外资控股	12	3.17	0.83	2	4
3	集体控股	4	2.75	0.96	2	4
5	职工持股会控股	2	2.50	0.71	2	3
6	其他	39	3.15	0.67	2	4
总计		654	2.96	0.80	0	4

3.2.4 分地区评价分析

表7-19是将样本公司按照地区分组来对员工责任项目进行的统计描述结果。可以看出不同地区之间的上市公司对员工责任的关注程度是有明显差异的。由

表 7-19 可以看出,东部地区的上市公司在员工责任项目上更为关注[①],其中北京市最高达到了 86%,同时广东、福建两省也分别高达 76% 和 60%,远超出其他省市地区。这表明在东部地区的公司中普遍的企业文化更加关注员工的发展和幸福指数,并且较中西部地区更加认可员工创造价值这一理念。

表 7-19　按照地区分组的对员工的责任项目描述性统计

地区	公司数	平均值	标准差	最小值	最大值
安徽	23	3.00	0.74	1	4
北京	86	3.03	0.76	1	4
福建	60	2.88	0.78	2	4
甘肃	3	3.33	0.58	3	4
广东	76	3.09	0.72	2	4
广西	6	2.83	0.41	2	3
贵州	7	3.29	0.49	3	4
海南	3	3.33	0.58	3	4
河北	10	3.10	0.74	2	4
河南	34	2.85	0.93	1	4
黑龙江	7	2.86	0.90	1	4
湖北	17	3.29	0.69	2	4
湖南	13	3.23	0.73	2	4
吉林	10	2.90	0.74	2	4
江苏	36	2.97	0.91	1	4
江西	7	2.86	0.69	2	4
辽宁	14	2.86	0.66	2	4
内蒙古	5	2.40	0.55	2	3
宁夏	3	2.67	0.58	2	3
青海	4	2.75	1.26	1	4
山东	32	3.06	1.13	0	4
山西	12	3.00	0.85	2	4
陕西	8	3.25	0.71	2	4
上海	62	2.85	0.83	1	4

① 按照《科学技术会议索引》以及全国人大六届四次会议通过的"七五"计划,东、西、中部的划分标准为:(1)东部地区:北京、天津、河北、辽宁、上海、江苏、浙江、福建、山东、广东、海南;(2)西部地区:重庆(1997年全国人大八届五次会议为直辖市)、四川、贵州、云南、西藏、陕西、甘肃、青海、宁夏、新疆、内蒙古、广西;(3)中部地区:山西、吉林、黑龙江、安徽、江西、河南、湖北、湖南。

（续表）

地区	公司数	均值	标准差	最小值	最大值
四川	18	2.94	0.64	2	4
天津	14	2.50	0.76	2	4
西藏	3	2.00	0.00	2	2
新疆	10	2.90	0.57	2	4
云南	12	2.67	0.89	1	4
浙江	53	2.96	0.83	1	4
重庆	6	2.67	0.52	2	3
总计	654	2.96	0.80	0	4

3.2.5 子项目评价分析

表 7-20 中是企业对员工的责任项目各子项目描述性统计结果。由结果可知，在 654 家样本企业中，对员工的责任各子项目的披露多集中在员工的健康和安全以及对员工的培训上。员工作为企业核心价值的创造者，对其健康和安全的关注不仅体现了企业的人文关怀，而且也是对企业人力资源的珍视和保障。同时企业的经营离不开人才，对员工培训的重视程度不仅是企业对员工职业生涯和个人规划负责的体现，更是企业加强自身人才队伍建设的重要表现。

表 7-20 对员工的责任项目各子项目描述性统计

子项目	公司数	平均值	标准差	上分位数	中位数	下分位数	最小值	最大值
员工的健康和安全	654	0.92	0.27	1	1	1	0	1
员工培训	654	0.93	0.25	1	1	1	0	1
员工的业绩考核	654	0.41	0.49	0	0	1	0	1
员工其他福利	654	0.69	0.46	0	1	1	0	1

3.2.6 履行成本评价分析

表 7-21 是企业对员工责任的履行成本评价的描述统计结果。由统计结果可见，在 654 家上市公司的样本中，仅有 167 家公司在企业对员工责任各子项目履行成本方面进行了具体的披露。但这 167 家公司中唯有一家具体披露了本公司员工的业绩考核的履行成本，薪酬绩效的具体额度一直是公司薪酬层面较为敏感的话题，故样本企业鲜有此类履行成本的具体描述也在情理之中。其他三项子项目中，对于员工其他福利披露的公司数目最多，而具体额度最少，其均值仅为 40 100 000 元，在这三个子项目中最低。这说明企业更注重对于员工健康和安全的关注以及对员工培训的投入。

表 7-21　对员工的责任项目各子项目履行成本描述性统计

单位:元

子项目	公司数	平均值	标准差	上分位数	中位数	下分位数	最小值	最大值
员工的健康和安全	37	66 300 000	235 000 000	1 770 000	3 762 600	10 000 000	100 000	1 300 000 000
员工培训	48	42 500 000	164 000 000	1 203 050	2 848 500	10 300 000	134 010. 5	1 080 000 000
员工的业绩考核	0	—	—	—	—	—	—	—
员工其他福利	82	40 100 000	257 000 000	200 000	795 500	4 315 000	4 000	2 290 000 000

3.3 社区问题类评价

企业的利润与发展依赖于社区的支持与理解,作为社区中的一员,企业应通过适当的方式把利润中的一部分回馈给所在社区。因此,在企业社会责任报告中所披露的一项重要内容是企业对社区的责任项目。社区责任包含很多方面,比如企业对纳税的认识及完成情况,社区环境的改造和提高,社区福利的提供以及社区沟通等多个方面。企业要努力为社区公众提供力所能及的各种服务,企业要积极维护社区稳定,要努力为社区待业人员提供充足的就业机会,要改善社区员工待遇,努力为社区公众提供力所能及的各种服务,带动社区经济发展。因此对社区责任项目的披露状况能够反映企业对社区和谐和社区建设的关注以及自身长远发展的考虑。同时,行业、股权结构以及地区之间的差异也造成了披露情况的不同。

3.3.1 总体状况描述

表 7-22 所示为上市公司对社区的责任项目披露与否的总体统计结果。由统计结果可知,654 家上市公司样本中,有一半的企业对社区责任项目进行了披露,环比上一年有所提升,但与同期社会责任其他项目的披露情况相比平均水平偏低,一定程度上说明上市企业对该社区责任项目的重视程度虽略有提升,但相比对其他子项目的重视程度仍旧不高。这可能是由于在现有经济、社会环境下,多数企业仍旧倾向于把主要精力集中在企业自身发展上,而不愿投入过多的成本参与企业周边社区的建设与发展。

表 7-22 对社区的责任项目总体描述性统计

指标	对社区的责任
公司数	654
平均值	0.5
标准差	0.5
上分位数	0
中位数	0.5
下分位数	1
最小值	0
最大值	1

3.3.2 分行业评价分析

表 7-23 是把样本公司按照行业分组后对社区责任项目披露情况的统计结果。由描述性结果可知,不同行业对社区责任项目的披露情况存在着差异。按照国家

行业分类标准,对上市公司所处的 12 个行业门类和制造业中的 10 个大类进行分组,对样本公司进行社区责任项目的披露进行分析。从统计结果可以看出,对社区的责任项目披露程度最高的是社会服务业,高达 76.92%,因为社会服务业多与居民生活息息相关,一方面有意愿积极参与社区建设满足居民的需求,另一方面也需要获得政府部门的扶持。其次为金融保险业,披露程度达到了 68.29%,这应该是由于金融保险业通常与所在社区的居民接触广泛,同时与政府部门的互动也很多,所以对社区责任项目的披露的关注程度也相对较高。对社区责任项目的披露均值最低的行业为制造业中的木材、家具行业,披露程度为 0%,但该行业样本仅有一家,样本数过少,难以做出有效判断。其次为交通运输、仓储业,该行业 22.85% 的企业选择对社区责任项目进行披露,这可能是由于这类行业一般远离市区,环境单一,与社区环境的接触、沟通较少,所以对这方面的关注不多。总体而言,企业对社区责任项目的披露程度,在不同行业和地区间存在一定的差异,这种差异可能大多是由于企业与所处社区的互动程度的不同造成的。

表 7-23　按照行业分组的对社区的责任项目描述性统计

CSRC	行业名称	公司数	平均值	标准差	最小值	最大值
A	农、林、牧、渔业	11	0.55	0.52	0	1
B	采掘业	31	0.55	0.51	0	1
C0	食品、饮料	27	0.52	0.51	0	1
C1	纺织、服装、皮毛	21	0.38	0.50	0	1
C2	木材、家具	1	0.00	0.00	0	0
C3	造纸、印刷	15	0.33	0.49	0	1
C4	石油、化学、塑胶、塑料	51	0.55	0.50	0	1
C5	电子	30	0.43	0.50	0	1
C6	金属、非金属	58	0.60	0.49	0	1
C7	机械、设备、仪表	100	0.46	0.50	0	1
C8	医药、生物制品	29	0.48	0.51	0	1
C9	其他制造业	10	0.30	0.48	0	1
D	电力、煤气及水的生产和供应业	31	0.55	0.51	0	1
E	建筑业	20	0.75	0.44	0	1
F	交通运输、仓储业	35	0.23	0.43	0	1
G	信息技术业	43	0.23	0.43	0	1
H	批发和零售贸易	27	0.63	0.49	0	1
I	金融、保险业	41	0.68	0.47	0	1

（续表）

CSRC	行业名称	公司数	平均值	标准差	最小值	最大值
J	房地产业	30	0.63	0.49	0	1
K	社会服务业	13	0.77	0.44	0	1
L	传播与文化产业	8	0.25	0.46	0	1
M	综合类	22	0.55	0.51	0	1
合计		654	0.5	0.50	0	1

3.3.3 分大股东性质评价分析

表7-24列出了不同大股东性质的企业对社区责任项目披露程度的统计结果。按照公司第一大股东性质的不同，将654家样本上市公司分为国有控股、民营控股、外资控股、集体控股、职工持股会控股和其他几种类型，以分析第一大股东性质不同的样本上市公司是否披露对社区的责任项目中的差异情况。根据统计结果，由于集体控股和职工持股会控股的样本过少，为小样本，难以对企业的社区责任项目的重视程度做出有效的判断，故忽略不计。其余企业中，披露程度最高的为国有控股公司，有52.17%的企业选择披露该项目，其主要原因应为国有控股公司与政府部门互动频繁，对政府部门关于企业应多承担社会责任的倡导的响应也相对更积极，其国有控股的背景也要求企业更需为社区的发展贡献力量以维护公司形象，所以大股东性质为国有控股的公司对社区责任项目的关注度比较高。而重视度较低的外资控股公司披露社区责任项目的企业占这类企业的33.3%，一定程度上说明外资控股公司的社区责任意识比国有控股和民营控股公司差，大多没有很好地承担起自己应负的社区责任。

表7-24 按照大股东性质分组的对社区的责任项目描述性统计

	终极控制人性质	公司数	平均值	标准差	最小值	最大值
0	国有控股	391	0.52	0.50	0	1
1	民营控股	206	0.45	0.50	0	1
2	外资控股	12	0.33	0.49	0	1
3	集体控股	4	1.00	0.00	1	1
5	职工持股会控股	2	1.00	0.00	1	1
6	其他	39	0.51	0.51	0	1
总计		654	0.5	0.50	0	1

3.3.4 分地区评价分析

表7-25分地区显示了企业对社区责任项目的披露程度。把654个样本公司按照不同的注册地分为31个省（直辖市、自治区）的分组样本，来分析比较上市公

司对社区的责任项目的披露是否存在地区性差异。从统计结果可见,大多数地区超过三成的企业对社区责任项目进行了披露,并且东部和南部地区的企业披露程度总体上高于中西部地区。其中,江苏、浙江、上海、广东、山东等主要发达省份半数以上的企业都进行了社区责任项目的披露,而大多数中西部省份的社区责任项目披露程度都低于平均水平,均值最低的十个省份更是全部为中西部省份,其中甘肃最低均值为0,青海与河南两省次之,仅不到三成的企业对社区责任项目进行了披露。由此可见,发达省份对社区责任项目的重视程度相对更高,这可能是由于发达省份在长期保持高质量的经济发展的基础上,不断加强社会建设,推动社会进步,因此社区建设情况相对更好,企业对社区的责任也更为重视。而中西部地区的披露程度总体上相对较低,除了这部分地区的上市公司样本数量较少的原因以外,也与这些地区的企业乃至社会总体上对社区责任的认识相对欠缺有关。

表 7-25　按照地区分组的对社区的责任项目描述性统计

地区	公司数	平均值	标准差	最小值	最大值
安徽	23	0.52	0.51	0	1
北京	86	0.49	0.50	0	1
福建	60	0.48	0.50	0	1
甘肃	3	0.00	0.00	0	0
广东	76	0.54	0.50	0	1
广西	6	0.50	0.55	0	1
贵州	7	0.43	0.53	0	1
海南	3	1.00	0.00	1	1
河北	10	0.30	0.48	0	1
河南	34	0.29	0.46	0	1
黑龙江	7	0.43	0.53	0	1
湖北	17	0.47	0.51	0	1
湖南	13	0.46	0.52	0	1
吉林	10	0.30	0.48	0	1
江苏	36	0.56	0.50	0	1
江西	7	0.43	0.53	0	1
辽宁	14	0.36	0.50	0	1
内蒙古	5	0.60	0.55	0	1
宁夏	3	0.33	0.58	0	1
青海	4	0.25	0.50	0	1

（续表）

地区	公司数	平均值	标准差	最小值	最大值
山东	32	0.59	0.50	0	1
山西	12	0.67	0.49	0	1
陕西	8	0.50	0.53	0	1
上海	62	0.60	0.49	0	1
四川	18	0.50	0.51	0	1
天津	14	0.50	0.52	0	1
西藏	3	0.67	0.58	0	1
新疆	10	0.50	0.53	0	1
云南	12	0.58	0.51	0	1
浙江	53	0.51	0.50	0	1
重庆	6	0.50	0.55	0	1
总计	654	0.50	0.50	0	1

3.3.5 履行成本评价分析

表7-26描述了企业具体对社区责任项目履行成本，由表中的描述性统计可见，在654家样本上市公司中，仅有29家上市公司对社区责任项目的履行成本进行了具体的披露，仅占样本总量的4.43%。这说明大部分企业并未把在社区责任项目上的投入进行单独统计和区分，这也从另一个角度说明大部分企业对履行社区责任的重视程度不高，可能更多地把履行社区责任看作企业开展的一般工作甚至临时性工作，而不是对企业经营管理、文化建设和长期发展有重要意义的战略性行为。

表7-26　对社区的责任项目履行成本描述性统计

指标	对社区的责任履行成本
公司数	29
平均值	52 300 000
标准差	182 000 000
上分位数	200 000
中位数	1 000 000
下分位数	4 000 000
最小值	30 000
最大值	726 000 000

3.4　一般问题类评价

企业的发展源于社会,回报社会是企业应尽的责任。在企业社会责任报告中所披露的重要内容中包括一项企业对社会一般问题的责任项目。社会一般问题的责任包括很多方面,例如考虑弱势群体的利益、关注犯罪事业与公共安全、公益或其他捐赠等。是否披露企业一般问题责任项目代表了企业对于社会责任的履行以及自身长远发展的考虑。不同行业、不同股权结构和不同地区的披露情况在这一方面有所不同。报告的这一部分从考虑弱势群体的利益、关注犯罪事业与公共安全、公益或其他捐赠三个子项目分别对企业社会责任的综合履行情况进行分析,并采用指数法来衡量企业关注一般社会问题的多寡,旨在更为全面、系统地对我国上市公司社会责任的履行状况进行描述。本部分采用打分的方法计算一般社会问题指数来评估我国上市公司社会责任履行的整体情况。如果上市公司披露了以上三小类社会一般问题中的某一类,则分值为 1,然后加总每一家上市公司的分值作为评估其环境责任履行情况的依据,分值区间为[0,3],即一个企业的最高得分为 3,最低得分为 0。

3.4.1　总体状况描述

表 7-27 展示了上市公司对社会一般问题的责任项目的总体统计结果。公司应注重企业的自身价值体现,把关注社会问题、解决社会问题并最终为构建和谐社会做贡献作为承担社会责任的一种承诺。从表中可看出,654 家上市公司的一般社会问题指数为 1.37,说明上市公司平均披露了大约 1 项一般社会问题。标准差为 0.74,与其他企业社会责任项目相比较大,说明上市公司在社会一般问题披露上面的差异性较大。上分位数和中位数均为 1,说明统计的公司中绝大多数公司仅披露了 3 类一般社会问题中的 1 类,上市公司还没有将关注社会一般问题作为企业社会责任的核心要素给予足够的重视。一般社会问题指数的最小值为 0 说明有的上市公司几乎完全没有关注社会一般问题,一般社会问题指数的最大值为 3 说明有的上市公司充分认识到了关注社会一般问题的重要性,将关注社会一般问题作为履行企业社会责任的重要组成部分。这一数据表明上市企业目前对社会一般问题关注度不高。这一情况可能是由于目前多数企业仍集中在自身的发展而不愿把过多的精力投入到对社会问题的关注与和谐社会的构建中。结果表明,上市公司对履行社会责任的意识有待于进一步加强。

表 7-27　对社会的责任项目总体描述性统计

指标	对社会的责任
公司数	654
平均值	1.37
标准差	0.74
上分位数	1
中位数	1
下分位数	2
最小值	0
最大值	3

3.4.2　分行业评价分析

表 7-28 说明了按照行业分组是否披露对社会一般问题项目的统计结果。不同行业对于社会一般问题的关注程度不同,统计分析的指数也不同。按照国家行业分类标准,对上市公司所处的 12 个行业门类和制造业中的 10 个大类进行分组,对样本公司对社会一般问题项目的关注度进行分析。从统计结果可知,由于木材家具行业和传播与文化产业的样本过少为小样本,因此无法说明公司对于社会一般问题项目的重视程度,故不做分析。在其余行业中,对于社会一般问题关注程度最高的是金融保险业,其指数了达到 1.95,说明金融保险业在三类一般社会问题中平均披露了将近 2 项,对社会一般问题关注度较高,对社会责任履行情况整体较好。其次为批发和零售贸易行业,指数达到了 1.63。房地产业对社会责任项目的披露程度指数达到了 1.57,因为该行业与居民生活息息相关,一方面要从政府部门获得扶持,另一方面要大力发展住房建设满足居民的需求。对于社会一般问题项目披露指数均值最低的行业为农、林、牧、渔行业,仅达到 0.9,说明该行业在 3 类社会一般问题中披露了不到 1 项,没有对社会一般问题给予足够的重视。其他行业社会一般问题指数均在 1.0 到 1.5 之间。其中,达到及超过合计指数均值 1.37 的行业还有采掘业、纺织服装皮毛业和信息技术业,其指数分别为 1.45、1.43 和 1.44。分析其原因,金融保险业、批发和零售贸易行业及房地产行业与个人的生活及社会的财产、人身安全等各方面息息相关,越来越多地受到企业及社会的高度重视。

表 7-28　按照行业分组的对社会的责任项目描述性统计

CSRC	行业名称	公司数	平均值	标准差	最小值	最大值
A	农、林、牧、渔业	11	0.91	1.04	0	3
B	采掘业	31	1.45	0.99	0	3
C0	食品、饮料	27	1.26	0.66	0	2
C1	纺织、服装、皮毛	21	1.43	0.60	0	2
C2	木材、家具	1	2.00	—	2	2
C3	造纸、印刷	15	1.33	0.62	0	2
C4	石油、化学、塑胶、塑料	51	1.27	0.78	0	3
C5	电子	30	1.33	0.71	0	3
C6	金属、非金属	58	1.19	0.76	0	3
C7	机械、设备、仪表	100	1.33	0.71	0	3
C8	医药、生物制品	29	1.31	0.76	0	3
C9	其他制造业	10	0.9	0.74	0	2
D	电力、煤气及水的生产和供应业	31	1.29	0.78	0	3
E	建筑业	20	1.65	0.67	1	3
F	交通运输、仓储业	35	1.26	0.61	0	2
G	信息技术业	43	1.44	0.80	0	3
H	批发和零售贸易	27	1.63	0.56	1	3
I	金融、保险业	41	1.95	0.71	1	3
J	房地产业	30	1.57	0.57	1	3
K	社会服务业	13	1.31	0.63	0	2
L	传播与文化产业	8	1.38	0.74	1	3
M	综合类	22	1.18	0.59	0	2
合计		654	1.37	0.74	0	3

3.4.3　分大股东性质评价分析

表 7-29 展示了不同大股东性质的企业对于是否披露对社会一般问题项目的统计结果。样本上市公司按照公司第一大股东最终控制类型性质的不同，将其分为国有控股、民营控股、外资控股、集体控股、职工持股会控股和其他几种类型来分析第一大股东性质不同的样本上市公司是否披露对社会一般问题责任项目中的差异情况。根据表 7-29 的统计结果，由于集体控股和职工持股会控股的样本过少为小样本，因此无法说明公司对于社会一般问题项目的重视程度故不做分析。其余企业中，关注社会一般问题程度最高的为其他和国有控股公司，各子项指数

均值分别为1.62和1.40,均大于合计指数均值1.37。但由于国有控股的样本数远远大于其他控股类公司,因此实质上国有控股公司中披露该项目的公司数居多。国有控股公司因为与政府组织互动频繁,并且多为垄断性行业中的企业,更需为和谐社会的发展贡献力量以维护公司形象,所以大股东性质为国有控股的公司对于社会一般问题项目的关注度比较高。而重视度较低的外资控股和民营控股子项加总均值仅达到1.25和1.29,这说明外资控股和民营控股的社会责任意识还不够高,不能很好地承担起自己应负的社会责任。

表7-29 按照大股东性质分组的对社会的责任项目描述性统计

	终极控制人性质	公司数	均值	标准差	最小值	最大值
0	国有控股	391	1.40	0.76	0	3
1	民营控股	206	1.29	0.72	0	3
2	外资控股	12	1.25	0.62	0	2
3	集体控股	4	1.50	0.58	1	2
5	职工持股会控股	2	1.50	0.71	1	2
6	其他	39	1.62	0.67	0	3
总计		654	1.37	0.74	0	3

3.4.4 分地区评价分析

表7-30展示了不同地区对于社会一般问题责任项目的不同披露程度。样本公司按照注册地的不同分为31个省(直辖市、自治区)的分组样本,比较分析上市公司是否披露对社会一般问题项目的地区差异。从统计结果可看出,甘肃、广西、贵州、海南、黑龙江、江西、内蒙古、宁夏、青海、陕西、西藏和重庆的样本过少为小样本,其数据不予分析。其余省(直辖市、自治区)中,社会一般问题披露指数大于1.5的只有北京、上海和新疆,分别为1.69、1.56和1.6,即北京、上海和新疆在3类社会一般问题中披露较多,接近2项。对社会一般问题关注度最低的省份为西部地区的云南,指数仅为0.92,即在3类社会一般问题中披露了不到1项。其他省份的一般社会问题关注指数均在1.0到1.5之间。其中相对较高的有广东、山东、四川和浙江,其指数均值分别为1.43、1.44、1.44和1.40。分析结果可知,无论是相对值还是绝对值,北京都居于首位,其次是上海。由此结果可看出,发达直辖市和东部沿海省份上市公司较多,样本较大,对于社会一般问题项目的重视度较高,社会责任履行情况整体较好。而西部地区整体样本较小,说明上市公司数量较少,整体发展水平较低,所以可能企业对于社会一般问题的关注程度较低。

表 7-30 按照地区分组的对社会的责任项目描述性统计

地区	公司数	平均值	标准差	最小值	最大值
安徽	23	1.35	0.83	0	3
北京	86	1.69	0.84	0	3
福建	60	1.17	0.76	0	3
甘肃	3	1.00	0.00	1	1
广东	76	1.43	0.55	0	3
广西	6	1.17	0.75	0	2
贵州	7	1.14	0.90	0	2
海南	3	1.67	1.15	1	3
河北	10	1.20	0.63	0	2
河南	34	1.29	0.84	0	3
黑龙江	7	1.14	0.69	0	2
湖北	17	1.24	0.66	0	2
湖南	13	1.23	0.73	0	3
吉林	10	1.10	0.57	0	2
江苏	36	1.33	0.68	0	3
江西	7	1.43	0.53	1	2
辽宁	14	1.14	0.66	0	2
内蒙古	5	1.20	0.84	0	2
宁夏	3	0.67	0.58	0	1
青海	4	1.00	0.00	1	1
山东	32	1.44	0.67	0	2
山西	12	1.33	0.89	0	3
陕西	8	1.38	1.06	0	3
上海	62	1.56	0.72	0	3
四川	18	1.44	0.70	0	3
天津	14	1.07	1.00	0	3
西藏	3	1.33	0.58	1	2
新疆	10	1.60	0.70	1	3
云南	12	0.92	0.67	0	2
浙江	53	1.40	0.66	0	3
重庆	6	1.17	0.98	0	2
总计	654	1.37	0.74	0	3

3.4.5 子项目评价分析

表7-31是对于全样本公司每项一般社会问题的描述性统计结果。从中可以看出,3类一般社会问题中披露最多的是公益或其他捐赠子项,指数达到0.84,上分位数、中位数和下分位数均为1,表明在全样本公司中多数上市公司都披露了该社会问题并给予了关注。其次是考虑弱势群体利益子项,其指数均值为0.45,上分位数、中位数均为0,下分位数为1,表明仅仅有少数上市公司关注了该社会问题。3类社会一般问题中披露最少,同时受关注最少的社会问题是关注犯罪事业与公共安全问题。其指数均值仅为0.08,上分位数、中位数、下分位数均为0,表明仅有极少数上市公司关注了这一问题。综合以上分析结果可知,多数上市公司都较为关注社会公益事业,参与社会捐赠等活动,并给予了足够的重视。而对于弱势群体利益和犯罪事业与公共安全问题关注较少,需要进一步引起重视。

表7-31 对员工的责任项目各子项目描述性统计

子项目	公司数	平均值	标准差	上分位数	中位数	下分位数	最小值	最大值
考虑弱势群体的利益	654	0.45	0.50	0	0	1	0	1
关注犯罪事业与公共安全	654	0.08	0.28	0	0	0	0	1
公益或其他捐赠	654	0.84	0.36	1	1	1	0	1

3.4.6 履行成本评价分析

表7-32是样本公司各项一般社会问题履行成本的描述性统计结果。从中可以看到,平均履行成本最高的是公益或其他捐赠这一子项目,平均履行成本为13 500 000元,考虑弱势群体利益的平均履行成本为3 598 261元,平均履行成本最低的是关注犯罪事业与公共安全,为226 641.9元。从履行成本来看,企业最为关注的仍然是公益或其他捐赠项目。分析其原因,可能是该类一般社会问题目前已经在社会上受到了广泛的关注,履行该项社会责任对企业的发展能起到积极的正面影响,为企业树立良好的社会形象。其他两项社会问题目前还没有受到社会的普遍关注,其社会影响有待于进一步提高。

3.5 消费者类评价

消费者是为企业创造持续价值的来源,与客户共同成长,也是企业存在和发展的长期追求。具体来说,企业对消费者的责任包括为客户提供卓越的产品和服务,满足客户的多样化需求,帮助客户获得更高的产品价值,塑造自身成为顾客信赖的品牌。因此,企业对消费者的责任是企业社会责任的重要组成部分。在社会

表 7-32　对员工的责任项目各子项目履行成本描述性统计

单位:元

子项目	公司数	平均值	标准差	上分位数	中位数	下分位数	最小值	最大值
考虑弱势群体的利益	57	3 598 261	18 200 000	179 000	500 000	1 727 000	3 000	138 000 000
关注犯罪事业与公共安全	5	226 641.9	432 823.5	20 000	30 000	68 209.7	15 000	1 000 000
公益或其他捐赠	297	13 500 000	73 300 000	478 700	1 400 000	5 240 000	6 800	872 000 000

责任报告中,企业对消费者的责任项目披露在一定程度上代表了企业对消费者的负责程度。由于行业、股权性质以及区域的不同,企业对于消费者责任项目的披露情况也有所差异。

3.5.1 总体状况描述

消费者是企业产品和服务的最终购买者,企业对消费者的社会责任主要体现在对产品安全的重视和产品质量的提高上。通过分析654家企业的社会责任报告,将披露有关消费者社会责任的企业赋值为1,未披露的赋值为0的方式进行统计分析。从表7-33的描述性统计结果来看,654家企业中,有92%的企业都对消费者责任进行了披露,环比上年有了显著的提升。这说明在企业社会责任报告的披露中,消费者责任的地位有了显著的提高,提高产品质量,重视产品的安全生产,对消费者负责越来越受到企业的重视。但是从描述性统计结果看,上分位数、中位数和下分位数均为1,相比上年均为0的统计结果,已有了明显改善,这表明当前企业已将对消费者的社会责任作为核心披露内容之一。

表7-33 对消费者的责任项目总体描述性统计

指标	对消费者的责任
公司数	654
平均值	0.92
标准差	0.28
上分位数	1
中位数	1
下分位数	1
最小值	0
最大值	1

3.5.2 分行业评价分析

表7-34按照不同的行业对企业的消费者责任的披露情况进行了分析。从行业整体分布状况来看,所占企业数量最多的制造业对消费者责任的披露情况整体都较高,均达九成以上。究其原因,很大程度在于产品的生产是制造业企业的立足之本,而消费者对产品品质的感知最为直接,因此这些企业在更大程度上意识到对于消费者的责任的重要性。其中,食品、饮料业、金属、非金属业以及医药、生物制品业的披露情况在整体披露情况中处于领先地位,金属、非金属业以及医药、生物制品业这些行业对行业内全部企业都进行了披露。原因可能在于金属、非金属业以及医药、生物制品业这些行业的消费者主要是企业,在交易过程中,消费者直接对产品进行验收,在一定程度上迫使企业注重产品质量和安全。而食品、饮

料行业是由于该行业直接关系到消费者身体健康以及国家对于食品安全的重视所致。木材家具行业的企业对于消费者责任披露程度也是100%，但是属于该行业的企业数仅为1家，属于小样本，也无法由此说明该行业对于消费者责任重视程度的高低。电力、煤气及水的生产和供应业以及建筑业对消费者责任的披露从披露比例来看相对较低，很大程度上是由于这类行业的产品生产不直接涉及与消费者的产品感知程度，难以使得顾客对这些行业所含企业进行直接监督，从而忽视对消费者责任的重视程度。

表 7-34　按照行业分组的对消费者的责任项目描述性统计

CSRC	行业名称	公司数	平均值	标准差	最小值	最大值
A	农、林、牧、渔业	11	0.91	0.30	0	1
B	采掘业	31	0.94	0.25	0	1
C0	食品、饮料	27	1.00	0.00	1	1
C1	纺织、服装、皮毛	21	0.90	0.30	0	1
C2	木材、家具	1	1.00	—	1	1
C3	造纸、印刷	15	0.93	0.26	0	1
C4	石油、化学、塑胶、塑料	51	0.94	0.24	0	1
C5	电子	30	0.97	0.18	0	1
C6	金属、非金属	58	1.00	0.00	1	1
C7	机械、设备、仪表	100	0.95	0.22	0	1
C8	医药、生物制品	29	1.00	0.00	1	1
C9	其他制造业	10	0.9	0.32	0	1
D	电力、煤气及水的生产和供应业	31	0.77	0.43	0	1
E	建筑业	20	0.75	0.44	0	1
F	交通运输、仓储业	35	0.83	0.38	0	1
G	信息技术业	43	0.86	0.35	0	1
H	批发和零售贸易	27	1.00	0.00	1	1
I	金融、保险业	41	0.85	0.36	0	1
J	房地产业	30	0.90	0.31	0	1
K	社会服务业	13	0.85	0.38	0	1
L	传播与文化产业	8	0.88	0.35	0	1
M	综合类	22	0.86	0.35	0	1
合计		654	0.92	0.28	0	1

3.5.3 分大股东性质评价分析

表7-35是按照不同类型的大股东性质分组后，企业对消费者责任的披露情况的统计描述。由描述性统计结果可知，国有控股的391家企业中有近九成的企业都对消费者责任项目进行了披露，而民营控股的206家企业中超过九成的企业都对消费者责任项目进行了披露。这两类企业在绝对数和相对数上都是对消费者责任披露程度较高，且披露比例较上一年有了明显的提升。这种统计结果说明关系到国计民生行业的较大规模国有控股企业所涉及的很多行业都是国家控制的，因此对于产品质量和安全的重视程度较高。而民营控股企业多为涉及日常消费必需品的行业，对产品质量和安全的把控也较为严格。此外，其他股权性质的企业对于消费者责任的披露程度都达到七成以上，但这些企业在样本总体中所占数量不多。

表7-35 按照大股东性质分组的对消费者的责任项目描述性统计

	终极控制人性质	公司数	平均值	标准差	最小值	最大值
0	国有控股	391	0.90	0.30	0	1
1	民营控股	206	0.96	0.19	0	1
2	外资控股	12	0.92	0.29	0	1
3	集体控股	4	0.75	0.50	0	1
5	职工持股会控股	2	1.00	0.00	1	1
6	其他	39	0.87	0.34	0	1
总计		654	0.92	0.28	0	1

3.5.4 分地区评价分析

表7-36是企业按照地区分布进行分类的对消费者责任披露的统计结果。从分布状况上来看，在654家上市公司样本中，企业对于消费者责任的披露情况比上年有了显著的提升，各省份对消费者责任进行披露的企业均超半数以上。其中广西、河南、湖南、湖北等省份披露情况达100%。北京、上海及东南沿海一些企业高密度地区披露消费者责任的企业比例均超90%，这说明在这些经济发达地区的企业对于消费者责任项目的披露程度是很高的。中部地区的城市如河南、河北、湖南、湖北、山西、陕西等地的企业对消费者责任的披露比例情况整体来看高于东南沿海地区，但是从企业样本的绝对数目来看远低于东部地区。我国西部地区如陕西、新疆、西藏等披露比例较高，甚至高达100%，但是整体企业数目相对其他地区则极少。

表 7-36　按照地区分组的对消费者的责任项目描述性统计

地区	公司数	平均值	标准差	最小值	最大值
安徽	23	0.91	0.29	0	1
北京	86	0.88	0.32	0	1
福建	60	0.93	0.25	0	1
甘肃	3	0.67	0.58	0	1
广东	76	0.95	0.22	0	1
广西	6	1.00	0.00	1	1
贵州	7	0.71	0.49	0	1
海南	3	0.67	0.58	0	1
河北	10	0.90	0.32	0	1
河南	34	1.00	0.00	1	1
黑龙江	7	0.86	0.38	0	1
湖北	17	1.00	0.00	1	1
湖南	13	1.00	0.00	1	1
吉林	10	1.00	0.00	1	1
江苏	36	0.78	0.42	0	1
江西	7	1.00	0.00	1	1
辽宁	14	0.86	0.36	0	1
内蒙古	5	1.00	0.00	1	1
宁夏	3	1.00	0.00	1	1
青海	4	0.50	0.58	0	1
山东	32	0.94	0.25	0	1
山西	12	0.92	0.29	0	1
陕西	8	1.00	0.00	1	1
上海	62	0.90	0.30	0	1
四川	18	0.94	0.24	0	1
天津	14	0.93	0.27	0	1
西藏	3	1.00	0.00	1	1
新疆	10	1.00	0.00	1	1
云南	12	0.92	0.29	0	1
浙江	53	0.91	0.30	0	1
重庆	6	1.00	0.00	1	1
总计	654	0.92	0.28	0	1

3.5.5 履行成本评价分析

表7-37是企业对消费者责任的履行成本评价的描述统计结果。由统计结果可见，在654家上市公司的样本中，仅有5家公司进行了具体的履行成本的披露，其中最小值为536 000元，最大值为3 000 000元，相差较大可能表明进行披露的企业规模也存在较大差别，而上下分位数及中位数与均值较接近，证明除少数履行成本较低的公司，其余进行履行成本披露的公司基本在同一数量级上。但总体来说样本太少，不能说明太大问题，未来企业在进行对消费者社会责任的披露时，需要提高对履行成本方面披露的重视程度。

表7-37　对消费者的责任项目履行成本分析描述性统计

指标	对消费者的责任履行成本分析
公司数	5
平均值	2 133 200
标准差	961 182.2
上分位数	2 000 000
中位数	2 530 000
下分位数	2 600 000
最小值	536 000
最大值	3 000 000

3.6　其他利益相关者类评价

本部分分析企业对包括债权人、银行、供应商在内的其他利益相关者的责任履行状况。企业履行社会责任，不仅要履行对环境、员工、社区、公益以及消费者的责任，还要给予债权人、银行、供应商、媒体等利益相关者足够的重视，充分履行对它们的社会责任。

3.6.1　总体状况描述

表7-38是样本公司对其他利益相关者责任履行情况的描述性统计结果。从中可以看出，88%的样本公司都对至少一类其他的利益相关者履行了社会责任，同时上分位数为1也说明了绝大多数的公司除了履行对环境、社区、公益、员工以及消费者的社会责任外，还较为重视对债权人、银行、供应商、媒体等利益相关者的社会责任。

表 7-38　对其他利益相关者的责任项目总体描述性统计

指标	对其他利益相关者的责任
公司数	654
平均值	0.88
标准差	0.33
上分位数	1
中位数	1
下分位数	1
最小值	0
最大值	1

3.6.2　分行业评价分析

表 7-39 是按照行业划分的样本公司对其他利益相关者的责任项目的描述性统计结果。从中可以看出,对其他利益相关者责任履行状况最好的是食品、饮料行业,有 96% 的企业履行了对其他利益相关者的责任。虽然木材、家具行业披露对其他利益相关者的责任的企业比例达到了 100%,但是由于该行业的样本公司只有 1 家,因此仍然无法就此判定木材、家具行业对其他利益相关者的责任履行状况最好。制造业涉及的其他行业、建筑业以及信息技术行业的其他利益相关者责任履行状况也都较好,行业中 90% 以上的企业都履行了对其他利益相关者的责任。对其他利益相关者的责任履行最少的行业是电力、煤气及水的生产和供应行业,社会服务业,行业中仅有不足 70% 的企业履行了对其他利益相关者的责任。传播与文化产业,金融、保险行业以及医药、生物制品行业中不足 80% 的企业履行了对其他利益相关者的责任,也属于履行对其他利益相关者的责任较少的行业。分析的原因,可能在食品、饮料行业的上市公司在生产运营中对供应商等利益相关者的依赖性较强,因此相对于其他行业的企业更为重视对供应商等利益相关者的责任。而电力、煤气及水的生产和供应行业的上市公司由于其所在行业具有垄断性,通常没有足够重视对供应商、银行等利益相关者责任的履行和关系的维护。社会服务业,金融、保险行业以及医药、生物制品行业的上市公司由于其产品通常是服务,因此相对于供应商、银行、债权人可能更为重视对消费者的责任。但是,实际上,即使是服务类行业中的企业也应加强履行对银行、债权人的责任,因为这些利益相关者关系着企业的资金融通以及持续性发展,充分重视对债权人、银行、供应商等利益相关者的责任有利于企业长期稳定发展。

表 7-39　对其他利益相关者的责任项目分行业描述性统计

CSRC	行业名称	公司数	平均值	标准差	最小值	最大值
A	农、林、牧、渔业	11	0.91	0.30	0	1
B	采掘业	31	0.90	0.30	0	1
C0	食品、饮料	27	0.96	0.19	0	1
C1	纺织、服装、皮毛	21	0.90	0.30	0	1
C2	木材、家具	1	1.00	—	1	1
C3	造纸、印刷	15	0.93	0.26	0	1
C4	石油、化学、塑胶、塑料	51	0.90	0.30	0	1
C5	电子	30	0.87	0.35	0	1
C6	金属、非金属	58	0.93	0.26	0	1
C7	机械、设备、仪表	100	0.9	0.30	0	1
C8	医药、生物制品	29	0.79	0.41	0	1
C9	其他制造业	10	1.00	0.00	1	1
D	电力、煤气及水的生产和供应业	31	0.68	0.48	0	1
E	建筑业	20	0.90	0.31	0	1
F	交通运输、仓储业	35	0.89	0.32	0	1
G	信息技术业	43	0.93	0.26	0	1
H	批发和零售贸易	27	0.89	0.32	0	1
I	金融、保险业	41	0.78	0.42	0	1
J	房地产业	30	0.87	0.35	0	1
K	社会服务业	13	0.69	0.48	0	1
L	传播与文化产业	8	0.75	0.46	0	1
M	综合类	22	0.86	0.35	0	1
合计		654	0.88	0.33	0	1

3.6.3　分大股东性质评价分析

表 7-40 是按照大股东性质划分的企业对其他利益相关者的责任履行情况的描述性统计结果。结果表明 95% 的民营控股公司和 92% 的外资控股公司都履行了对债权人、银行、供应商等其他利益相关者的责任，而只有 84% 的国有控股公司履行了对债权人、银行、供应商等其他利益相关者的责任。分析其原因，在于国有控股的企业通常规模较大，资本充足且具有政府支持，相对于民营企业和外资企业具备一定的资源优势，因此对于债权人、银行以及供应商的重视程度不足。相反，民营企业和外资企业由于不具备政府支持，没有国有企业资源充足，因此需要

更好地维护与债权人、银行、供应商等其他利益相关者的关系以谋求更多的资源，所以相对于国有企业而言，民营企业和外资企业更为注重履行对债权人等其他利益相关者的责任。

表 7-40　按照大股东性质分组的对其他利益相关者的责任项目描述性统计

	终极控制人性质	公司数	平均值	标准差	最小值	最大值
0	国有控股	391	0.84	0.36	0	1
1	民营控股	206	0.95	0.23	0	1
2	外资控股	12	0.92	0.29	0	1
3	集体控股	4	1.00	0.00	1	1
5	职工持股会控股	2	0.50	0.71	0	1
6	其他	39	0.82	0.39	0	1
总计		654	0.88	0.33	0	1

3.6.4　分地区评价分析

表 7-41 是按照地区划分的样本公司对其他利益相关者责任履行状况的描述性统计结果，行业划分依据来自证监会的行业代码。结果表明，654 家样本公司中，安徽、福建、广东、云南、湖北、湖南等我国东南沿海地区 90% 左右的公司都履行了对债权人、银行、供应商等利益相关者的责任。其中，福建省的样本公司 100% 都履行了对债权人等其他利益相关者的责任。青海、贵州、重庆等中西部地区的公司对债权人等其他利益相关者的责任履行情况相对较差，平均仅有 60% 左右的公司履行了对债权人等其他利益相关者的社会责任。黑龙江、吉林、辽宁这些东北地区省份中，吉林和辽宁对债权人等其他利益相关者的社会责任履行状况较好，平均都有 90% 以上的样本公司履行了对其他利益相关者的社会责任，黑龙江对债权人等其他利益相关者的社会责任履行状况相对较差，仅有71% 的样本公司履行了对其他利益相关者的社会责任。北京、河北、天津、山东、山西等华北地区的省份对其他利益相关者的社会责任的履行状况较为一般，平均有约 80% 左右的样本公司履行了对债权人等利益相关者的社会责任。从中可以看出，不同省份之间对于其他利益相关者的责任履行状况差异较大，东南沿海地区的省份对债权人等其他利益相关者的责任履行状况相对较好，中西部地区较差，这可能与东南沿海地区企业多，竞争激烈，通过维护与债权人、银行、供应商等利益相关者的关系来获取竞争优势有关，而中西部地区的企业较少，竞争相对较小，相对没有足够重视履行对债权人等利益相关者的责任。

表 7-41 按照地区分组的对其他利益相关者的责任项目描述性统计

地区	公司数	平均值	标准差	最小值	最大值
安徽	23	0.91	0.29	0	1
北京	86	0.85	0.36	0	1
福建	60	1.00	0.00	1	1
甘肃	3	1.00	0.00	1	1
广东	76	0.92	0.27	0	1
广西	6	0.50	0.55	0	1
贵州	7	0.57	0.53	0	1
海南	3	0.67	0.58	0	1
河北	10	0.80	0.42	0	1
河南	34	0.91	0.29	0	1
黑龙江	7	0.71	0.49	0	1
湖北	17	0.94	0.24	0	1
湖南	13	1.00	0.00	1	1
吉林	10	1.00	0.00	1	1
江苏	36	0.81	0.40	0	1
江西	7	0.86	0.38	0	1
辽宁	14	0.93	0.27	0	1
内蒙古	5	1.00	0.00	1	1
宁夏	3	1.00	0.00	1	1
青海	4	0.50	0.58	0	1
山东	32	0.84	0.37	0	1
山西	12	0.92	0.29	0	1
陕西	8	0.88	0.35	0	1
上海	62	0.84	0.37	0	1
四川	18	0.83	0.38	0	1
天津	14	0.79	0.43	0	1
西藏	3	1.00	0.00	1	1
新疆	10	0.80	0.42	0	1
云南	12	0.92	0.29	0	1
浙江	53	0.89	0.32	0	1
重庆	6	0.67	0.52	0	1
总计	654	0.88	0.33	0	1

4 我国社会责任履行存在的问题与政策建议

4.1 CSR^{NK}总体评价问题与建议

本文以上海证券交易所和深圳证券交易所公布的公司2013年度社会责任发展报告为分析对象,从总体上考察了2013年度样本公司社会责任承担状况,主要结论表现为以下几个方面:

(1) 654家样本公司的社会责任指数的平均值为9,即平均关注9项社会责任活动,最少关注3项社会责任活动。

(2) 对于那些社会关注度高以及公众生活依赖性强的行业而言,在社会期望的压力下,其可以更为主动地承担社会责任活动。

(3) 对于那些依赖于有形产品的行业而言,利益相关者更加关注产品本身,而忽视了对企业生产与管理过程的评价,从而导致企业社会责任承担意识不足。

(4) 由于行业监管机制不完善,一些新兴服务行业的企业社会责任意识较弱。

(5) 由于国有控股企业承载着一定的“政府”职能,在社会期望的压力下,其承担着更多的社会责任活动,而当前伦理消费机制的缺失,诱发了那些以营利为目的的民营企业对社会责任承担不足的问题。

(6) 经济发展水平与社会责任综合指数之间没有存在明显的直接相关关系。

4.2 CSR^{NK}分项评价问题与建议

(1) 环境问题类评价。以企业环境责任履行状况来看,上市公司还没有将环境责任作为企业社会责任的核心要素给予足够的重视。从行业划分来看,采掘业相对于信息技术业,传播与文化产业更好地履行了企业的环境责任。从大股东性质来看,国有控股公司相对于外资控股公司和民营控股公司对于企业环境责任的履行情况更好。从地区划分来看,广东、广西、海南、江苏等东南沿海城市以及内蒙古、山西、陕西等华北地区城市企业环境责任履行情况较好,而甘肃、宁夏、青海、西藏等西部地区以及黑龙江、辽宁等东北地区企业的环境责任履行状况不佳。从环境责任的具体活动来看,企业中采用最多的是开展节约能源或废旧原料回收活动,污染控制活动,研发有利于环保的产品活动由于其高成本和高风险采用的企业较少。环境恢复活动的公司较少是因为环境恢复耗时耗力,不符合企业经济性原则。从环境责任活动的履行成本来看,企业可以结合自身特质开展更多的污染控制、环境恢复活动,节约能源或废旧原料回收活动虽然履行成本高,但是这项环境责任活动可以贯穿于企业日常运营活动中,便于企业开展。研发有利于环保的产品虽然成本和风险都较高,但是成功后可以达到企业经济效益和社会效益的双赢。

(2) 员工问题类评价。员工是创造企业价值的核心所在,也是企业价值成长的基石,企业对员工负责,员工为企业负责,才能实现员工价值与公司价值共同发展。当今社会,人才作为企业的重要资产,是企业社会责任的主要承受者、重要传递者,也是企业履行社会责任的重要方面。企业的社会责任问题,首先是对职工负责,是对职工负什么样的责任和造就什么样的职工的问题。搭建并完善有效的员工关系沟通平台,加强员工关怀,设计更合理的员工福利,实现公司、客户、员工利益的共同增长,进而实现企业可持续的科学发展。

(3) 社区问题类评价。企业的生存与发展依赖于社区的支持和理解,社区既是企业赖以生存发展的基本环境,也是企业的劳动力等重要资源的来源。公司应注重企业的社会形象和价值观的体现,把建设社区、创造繁荣和谐环境作为承担社会责任的一种承诺。在过去的很长时间里,社区公共关系在我国许多企业未能得到足够的重视。而当前随着社区建设的不断加强和人们文明意识的持续提高,企业与社区的关系已经成为一种重要社会关系,这种关系的好坏已经影响到企业的发展与未来。企业应充分意识到社区关系的重要性,主动承担对社区的责任,搞好企业的社区形象建设,从而为企业和社区的良性互动打下坚实的基础。

(4) 一般问题类评价。以企业对一般社会问题关注情况来看,多数上市公司还没有将一般社会问题作为企业社会责任的核心要素给予足够的重视。从行业划分来看,金融保险业、批发和零售贸易行业、房地产业更多地关注一般社会问题,农、林、牧、渔行业则关注较少。从大股东性质来看,国有控股公司相对于外资控股公司和民营控股公司对于一般社会问题给予了更多的重视。从地区划分来看,广东、浙江、山东等东南沿海省份以及北京、上海等发达城市对一般社会问题较为关注,而甘肃、宁夏、青海、西藏等西部地区以及吉林、辽宁等东北地区对一般社会问题关注较少。从具体的社会问题来看,企业最为关注及重视的是公益或其他捐赠项目,该社会问题普遍受到社会及相关政府部门的重视,积极参与公益事业及慈善活动有利于为企业树立良好的、积极的社会形象,进一步有助于企业长期发展。一般社会问题中最不受重视的是关注犯罪事业与公共安全问题,导致这一现象的可能因素是多数企业未能充分意识到犯罪事业与公共安全对社会及企业自身发展的重要性。

(5) 消费者类评价。企业突破传统经营理念的局限,摆脱片面强调股东利益最大化的理念制度,就应落实相应的公司的社会责任。从长远来看,对消费者承担责任有利于公司的可持续发展,企业只有为消费者提供安全可靠的高质量的产品和服务,取得消费者的信赖,才能树立良好的品牌形象,提升品牌价值,打造品牌声誉,实现企业价值与基业长青。企业社会责任行为与消费者响应之间有着密切的关系,诚信经营对投资者来说具有极大的吸引力,投资者的主动投资也降低了企业的筹资成本,自觉承担消费者责任的企业能够赢得消费者的心,有利于吸引投资,拥有更多现实的和潜在的市场份额。由此可见,公司承担对消费者的社会责任有利于公司长远利益的实现。

(6) 其他问题类评价。87.61%的样本公司履行了对债权人、银行、供应商等至少一类利益相关者的社会责任。从行业划分情况来看,对债权人等利益相关者责任履行状况最好的是食品、饮料行业,对其他利益相关者的责任履行最差的是电力、煤气及水的生产和供应行业,社会服务业。究其原因,可能是食品、饮料行业的上市公司在生产运营中对供应商等利益相关者的依赖性较强,因此相对于其他行业的企业更为重视对供应商等利益相关者的责任。而电力、煤气及水的生产和供应行业的上市公司由于其所在行业具有垄断性,通常没有足够重视对供应商、银行等利益相关者责任的履行和关系的维护。从大股东性质划分情况来看,相对于国有企业而言,民营企业和外资企业更为注重履行对债权人等其他利益相关者的责任。从地区划分情况来看,东南沿海地区的省份对债权人等其他利益相关者的责任履行状况相对较好,而中西部地区较差。

附　　录

附表一　2013 年沪、深 1 281 家样本公司内部控制状况排序

股票代码	股票简称	排名	内部控制指数	战略目标分指数	财务报告可靠目标分指数	资产、效率效果目标分指数	法律法规遵循目标分指数
000651	格力电器	1	89.71	88.76	89.81	92.04	87.45
000543	皖能电力	2	87.47	88.63	85.98	90.32	83.24
600887	伊利股份	3	86.90	86.51	85.44	89.44	85.68
000550	江铃汽车	4	86.54	85.56	85.77	91.11	82.07
601006	大秦铁路	5	86.50	87.80	86.28	87.19	83.61
600583	海油工程	6	85.92	86.20	85.46	86.43	85.32
000895	双汇发展	7	85.84	84.19	86.27	89.91	81.57
600690	青岛海尔	8	85.83	89.20	84.05	83.04	87.24
600741	华域汽车	9	85.49	85.92	84.04	85.86	86.30
600104	上海汽车	10	85.31	86.05	85.82	83.54	86.15
601111	中国国航	11	83.49	88.53	82.03	75.44	89.96
600519	贵州茅台	12	83.29	82.61	75.16	91.81	82.72
600309	烟台万华	13	83.19	77.78	84.25	88.42	82.29
601088	中国神华	14	83.16	81.36	79.11	88.79	83.09
600600	青岛啤酒	15	83.11	82.99	79.26	84.94	85.95
000568	泸州老窖	16	82.94	81.87	75.37	89.50	85.26
600547	山东黄金	17	82.93	82.98	78.90	83.96	87.03
000538	云南白药	18	82.82	81.18	82.20	83.86	84.75
600971	恒源煤电	19	82.81	84.02	81.84	79.64	87.22
000937	冀中能源	20	82.43	82.38	81.45	81.85	84.83
600489	中金黄金	21	82.11	80.59	78.06	86.58	83.40
601857	中国石油	22	81.87	83.99	77.42	84.34	80.95
600028	中国石化	23	81.77	79.83	81.73	84.88	80.11
000157	中联重科	24	81.65	82.58	78.03	84.47	80.93
600585	海螺水泥	25	81.47	82.37	78.80	83.93	79.95

（续表）

股票代码	股票简称	排名	内部控制指数	战略目标分指数	财务报告可靠目标分指数	资产、效率效果目标分指数	法律法规遵循目标分指数
600809	山西汾酒	26	81.45	80.13	75.62	87.16	83.00
000527	美的电器	27	81.30	82.46	78.84	80.66	83.92
600348	国阳新能	28	81.18	83.25	78.02	82.50	80.23
600271	航天信息	29	80.76	83.08	79.26	80.54	79.48
601666	平煤股份	30	80.56	81.55	78.81	78.80	84.22
000877	天山股份	31	80.49	80.49	81.66	77.43	83.62
000581	威孚高科	32	80.43	81.88	78.75	77.81	84.60
000780	平庄能源	33	80.40	80.09	82.11	78.40	81.60
600188	兖州煤业	34	80.34	83.88	77.35	76.23	85.29
600115	东方航空	35	80.20	83.02	76.44	77.07	85.89
000002	万科 A	36	80.16	81.18	79.70	81.21	77.48
000417	合肥百货	37	80.01	79.75	78.38	78.46	85.19
000425	徐工机械	38	79.93	85.40	75.51	74.48	85.92
000655	金岭矿业	39	79.86	81.89	78.69	77.99	81.18
600563	法拉电子	40	79.83	82.22	80.41	74.83	82.96
600508	上海能源	41	79.76	80.82	77.08	79.81	81.82
000858	五粮液	42	79.71	82.90	75.98	88.23	66.51
000423	东阿阿胶	43	79.66	80.54	77.49	80.14	80.56
000786	北新建材	44	79.58	75.42	83.00	81.41	78.59
601001	大同煤业	45	79.55	80.86	77.07	77.44	84.25
000596	古井贡酒	46	79.51	76.82	80.08	81.15	80.53
000671	阳光城	47	79.47	82.52	81.79	71.48	83.69
000888	峨眉山 A	48	79.39	77.07	79.10	81.84	79.75
000778	新兴铸管	49	79.38	78.57	81.76	76.36	82.05
600763	通策医疗	50	79.37	79.88	78.75	80.25	78.04
600582	天地科技	51	79.31	78.22	78.36	78.80	83.24
600897	厦门空港	52	79.24	77.87	79.44	79.87	80.23
600315	上海家化	53	79.22	76.76	79.88	80.46	80.34
000012	南玻 A	54	79.20	84.55	75.90	72.38	85.89
600395	盘江股份	55	79.18	80.05	76.32	81.29	78.58
600970	中材国际	56	79.12	82.70	78.00	71.82	86.31

（续表）

股票代码	股票简称	排名	内部控制指数	战略目标分指数	财务报告可靠目标分指数	资产、效率效果目标分指数	法律法规遵循目标分指数
600754	锦江股份	57	79.06	79.68	82.12	71.77	85.09
000933	神火股份	58	79.02	79.98	78.47	76.20	82.65
600031	三一重工	59	78.89	81.18	83.61	73.92	76.18
000536	华映科技	60	78.74	83.51	77.39	70.33	86.10
600863	内蒙华电	61	78.58	78.31	79.07	78.44	78.57
600166	福田汽车	62	78.47	84.39	80.41	67.23	83.63
000625	长安汽车	63	78.38	82.37	78.82	68.62	86.51
600535	天士力	64	78.31	77.21	77.95	76.86	82.90
000039	中集集团	65	78.30	79.23	79.66	73.13	82.93
600195	中牧股份	66	78.29	77.79	79.27	74.94	82.96
600350	山东高速	67	78.28	76.72	77.69	77.52	82.87
000708	大冶特钢	68	78.24	79.46	77.06	75.16	82.80
600436	片仔癀	69	78.23	77.45	78.54	74.46	84.95
600406	国电南瑞	70	78.16	77.27	77.31	78.15	80.85
000639	西王食品	71	78.16	81.22	78.77	72.27	81.51
600750	江中药业	72	77.97	80.06	77.70	74.92	79.72
600375	星马汽车	73	77.95	79.00	79.54	72.06	83.17
600383	金地集团	74	77.92	77.83	77.10	75.48	83.06
600418	江淮汽车	75	77.92	81.38	80.06	68.17	84.45
600880	博瑞传播	76	77.89	78.15	76.17	77.33	80.81
601898	中煤能源	77	77.88	75.10	79.62	76.75	81.68
601699	潞安环能	78	77.84	80.34	78.07	72.57	81.68
600362	江西铜业	79	77.81	79.56	75.83	81.48	72.05
600160	巨化股份	80	77.80	80.25	74.10	76.83	80.62
000069	华侨城 A	81	77.80	79.45	77.18	80.30	72.07
600612	老凤祥	82	77.74	77.00	77.13	74.62	84.71
600859	王府井	83	77.72	76.49	78.86	76.78	79.59
601918	国投新集	84	77.70	76.37	78.91	76.75	79.63
600085	同仁堂	85	77.69	72.82	79.58	80.10	79.18
000401	冀东水泥	86	77.62	78.80	76.99	74.38	81.67
000869	张裕 A	87	77.61	77.83	76.89	78.33	77.16

（续表）

股票代码	股票简称	排名	内部控制指数	战略目标分指数	财务报告可靠目标分指数	资产、效率效果目标分指数	法律法规遵循目标分指数
000887	中鼎股份	88	77.58	79.22	79.82	69.85	83.83
000789	江西水泥	89	77.57	75.46	80.02	76.11	79.77
600900	长江电力	90	77.55	77.78	74.33	77.64	81.68
600377	宁沪高速	91	77.55	75.54	80.84	73.75	82.07
600742	一汽富维	92	77.54	79.17	78.22	73.67	79.97
600125	铁龙物流	93	77.51	77.72	74.45	77.93	80.90
600561	江西长运	94	77.51	76.59	78.80	74.74	81.49
000999	华润三九	95	77.50	75.60	74.24	80.57	80.48
000650	仁和药业	96	77.50	77.09	78.47	76.92	77.67
600060	海信电器	97	77.46	72.87	77.62	81.31	78.69
600048	保利地产	98	77.38	74.71	75.52	79.11	81.71
600123	兰花科创	99	77.38	75.03	76.51	79.65	78.89
000338	潍柴动力	100	77.34	82.51	78.45	68.65	80.93
600794	保税科技	101	77.32	78.19	78.21	75.26	77.84
000880	潍柴重机	102	77.31	80.50	77.88	69.54	83.43
601808	中海油服	103	77.25	76.61	81.08	74.06	77.83
000528	柳工	104	77.25	83.41	74.55	68.32	85.04
000422	湖北宜化	105	77.24	75.44	75.09	79.05	80.45
600216	浙江医药	106	77.23	78.30	74.85	76.70	79.71
000680	山推股份	107	77.21	81.84	80.19	65.02	84.52
600761	安徽合力	108	77.17	78.31	77.36	72.54	82.29
600199	金种子酒	109	77.16	76.05	72.98	80.14	80.27
601607	上海医药	110	77.15	77.96	77.78	74.42	79.23
600660	福耀玻璃	111	77.15	77.66	75.71	74.43	82.66
000876	新希望	112	77.02	72.85	75.90	82.10	77.46
600658	电子城	113	76.91	77.02	75.94	73.60	83.33
000552	靖远煤电	114	76.82	76.55	78.16	74.16	79.51
000987	广州友谊	115	76.79	76.26	76.27	75.21	80.90
600004	白云机场	116	76.78	71.33	79.42	77.64	80.59
600873	梅花集团	117	76.76	80.27	74.99	70.88	82.77
600066	宇通客车	118	76.73	73.30	73.28	85.82	73.04

（续表）

股票代码	股票简称	排名	内部控制指数	战略目标分指数	财务报告可靠目标分指数	资产、效率效果目标分指数	法律法规遵循目标分指数
600276	恒瑞医药	119	76.54	73.15	74.84	81.53	76.66
600785	新华百货	120	76.47	73.84	81.40	74.01	77.53
600153	建发股份	121	76.32	76.24	75.61	74.67	80.07
600815	厦工股份	122	76.30	79.31	78.95	67.22	81.82
600039	四川路桥	123	76.22	77.22	76.59	76.61	73.45
600029	南方航空	124	76.19	80.82	74.91	71.60	77.66
000792	盐湖钾肥	125	76.18	77.09	74.64	75.57	77.89
000726	鲁泰 A	126	76.12	75.67	77.62	76.12	74.73
600111	包钢稀土	127	76.02	75.71	78.36	73.74	76.73
000666	经纬纺机	128	75.99	73.84	75.88	75.20	80.88
600829	三精制药	129	75.93	74.08	81.48	69.40	81.23
600505	西昌电力	130	75.92	74.09	80.09	70.37	81.62
600150	中国船舶	131	75.89	77.97	77.44	68.03	82.60
000826	桑德环境	132	75.83	73.68	79.89	72.50	78.76
600425	青松建化	133	75.80	75.71	79.12	69.47	81.13
000598	兴蓉投资	134	75.76	71.76	78.80	75.61	78.21
600684	珠江实业	135	75.69	67.76	78.92	80.99	75.72
601333	广深铁路	136	75.64	73.69	75.01	73.99	82.34
600983	合肥三洋	137	75.64	77.23	74.55	71.25	81.47
600054	黄山旅游	138	75.61	75.38	75.11	72.78	81.19
000848	承德露露	139	75.42	77.11	76.40	73.59	74.10
600098	广州控股	140	75.40	72.39	76.37	75.08	79.46
600637	广电信息	141	75.35	69.17	74.70	79.58	79.78
600636	三爱富	142	75.28	71.60	77.71	72.95	81.48
600138	中青旅	143	75.22	71.96	77.14	73.61	80.34
600594	益佰制药	144	75.22	74.32	73.06	75.57	79.23
600795	国电电力	145	75.19	74.18	77.35	70.97	80.34
600987	航民股份	146	75.17	75.56	73.39	73.63	79.52
600784	鲁银投资	147	75.16	71.62	80.92	71.21	78.90
600295	鄂尔多斯	148	75.15	75.80	77.08	68.53	81.73
000861	海印股份	149	75.13	72.36	78.84	72.13	79.04

（续表）

股票代码	股票简称	排名	内部控制指数	战略目标分指数	财务报告可靠目标分指数	资产、效率效果目标分指数	法律法规遵循目标分指数
000501	鄂武商 A	150	75.12	72.52	77.37	73.88	78.11
000513	丽珠集团	151	75.10	76.01	77.09	68.66	80.88
000883	湖北能源	152	75.10	79.70	80.24	62.81	79.46
600310	桂东电力	153	75.08	77.56	76.25	67.30	81.58
600835	上海电气	154	75.08	74.79	76.03	70.36	81.61
600373	中文传媒	155	75.06	77.19	75.19	70.37	78.73
600997	开滦股份	156	75.04	74.69	77.39	70.17	79.87
000043	中航地产	157	75.02	74.54	75.53	71.08	81.26
600546	山煤国际	158	75.02	75.41	75.82	76.31	71.19
000885	同力水泥	159	75.00	71.48	77.70	72.56	80.72
601899	紫金矿业	160	74.95	72.81	72.24	84.46	67.40
600340	华夏幸福	161	74.88	71.29	75.01	78.93	74.21
600688	S 上石化	162	74.85	75.65	78.53	68.28	78.58
600221	海南航空	163	74.84	76.99	74.17	69.77	80.27
600739	辽宁成大	164	74.83	71.96	77.04	72.42	80.17
600875	东方电气	165	74.79	74.77	76.64	69.03	81.23
000006	深振业 A	166	74.70	72.21	74.12	79.03	72.84
000983	西山煤电	167	74.62	75.64	77.84	76.56	65.28
600578	京能热电	168	74.59	68.54	74.79	79.44	76.63
600233	大杨创世	169	74.59	75.79	76.36	68.31	79.93
600518	康美药业	170	74.49	73.35	73.16	73.14	80.38
600170	上海建工	171	74.44	76.14	74.01	68.35	81.82
600141	兴发集团	172	74.41	72.95	76.68	70.63	79.46
600642	申能股份	173	74.40	71.79	77.86	71.48	78.28
600805	悦达投资	174	74.40	72.17	77.94	70.95	78.37
600502	安徽水利	175	74.38	72.27	77.14	72.17	77.35
000539	粤电力 A	176	74.36	71.92	76.03	73.61	77.12
600012	皖通高速	177	74.33	72.69	75.81	71.61	79.18
000917	电广传媒	178	74.30	76.75	76.88	66.66	78.60
600686	金龙汽车	179	74.30	73.87	78.70	67.04	80.06
600759	正和股份	180	74.29	72.49	79.73	66.06	82.33

（续表）

股票代码	股票简称	排名	内部控制指数	战略目标分指数	财务报告可靠目标分指数	资产、效率效果目标分指数	法律法规遵循目标分指数
000060	中金岭南	181	74.28	73.17	78.01	68.91	79.17
600650	锦江投资	182	74.28	72.44	76.70	71.24	78.57
600697	欧亚集团	183	74.23	71.64	79.31	70.57	76.92
600780	通宝能源	184	74.21	70.80	79.33	72.05	75.83
600801	华新水泥	185	74.09	70.84	76.77	74.18	75.43
000042	深长城	186	74.03	74.04	75.78	73.85	71.78
600458	时代新材	187	74.00	76.31	77.16	65.22	79.50
000900	现代投资	188	73.98	74.16	75.96	69.58	77.74
600256	广汇股份	189	73.97	75.42	71.47	73.47	75.96
600831	广电网络	190	73.88	72.92	75.45	69.54	79.99
000961	中南建设	191	73.81	71.88	79.83	64.73	82.59
600779	水井坊	192	73.81	69.28	79.47	68.46	81.49
601766	中国南车	193	73.79	73.95	75.62	67.68	80.48
600018	上港集团	194	73.70	71.42	78.33	69.30	77.69
600664	哈药股份	195	73.70	76.52	79.56	60.65	81.14
600729	重庆百货	196	73.68	69.81	77.85	72.03	76.64
600587	新华医疗	197	73.67	71.35	77.21	69.40	79.09
600068	葛洲坝	198	73.67	72.99	79.04	64.97	80.72
600009	上海机场	199	73.67	70.18	76.52	71.61	78.50
600067	冠城大通	200	73.64	71.27	77.79	69.97	77.34
600062	双鹤药业	201	73.61	74.21	73.34	68.58	80.88
600113	浙江东日	202	73.58	74.62	73.90	67.31	81.27
600101	明星电力	203	73.55	71.43	79.48	65.37	81.34
600449	赛马置业	204	73.53	75.20	78.77	62.39	80.78
600507	放大特钢	205	73.46	71.40	74.58	69.89	80.84
600081	东风科技	206	73.46	73.53	77.00	66.51	79.16
600386	北巴传媒	207	73.45	69.92	74.80	71.99	79.59
600197	伊力特	208	73.35	72.63	77.00	66.80	79.57
000963	华东医药	209	73.33	70.29	78.36	68.28	79.01
600403	大有能源	210	73.33	60.37	73.90	86.98	72.30
000089	深圳机场	211	73.31	72.14	77.15	68.04	77.99

（续表）

股票代码	股票简称	排名	内部控制指数	战略目标分指数	财务报告可靠目标分指数	资产、效率效果目标分指数	法律法规遵循目标分指数
600969	郴电国际	212	73.31	70.10	79.01	66.98	80.28
000630	铜陵有色	213	73.30	72.30	76.44	69.28	76.74
600298	安琪酵母	214	73.29	73.80	73.71	69.15	78.34
600121	郑州煤电	215	73.28	70.76	75.25	68.20	82.57
600143	金发科技	216	73.28	70.15	75.73	70.96	78.52
600409	三友化工	217	73.27	69.75	75.21	72.75	77.07
600985	雷鸣科技	218	73.26	74.57	78.05	68.08	72.36
000970	中科三环	219	73.26	69.85	74.84	71.87	78.74
600827	友谊股份	220	73.15	70.40	72.52	74.21	76.92
600461	洪城水业	221	73.14	74.43	75.01	66.08	79.43
000537	广宇发展	222	73.12	71.78	72.56	75.19	72.88
600327	大东方	223	73.10	73.16	78.84	63.45	79.90
600323	南海发展	224	73.05	73.17	77.93	64.78	78.79
600266	北京城建	225	73.04	71.74	73.96	68.31	81.28
000793	华闻传媒	226	73.03	68.05	82.46	68.25	75.13
600720	祁连山	227	73.02	74.89	79.11	62.79	77.26
600522	中天科技	228	72.99	72.65	79.93	62.85	79.48
600167	联美控股	229	72.96	70.98	77.14	65.06	82.61
600079	人福医药	230	72.89	70.04	76.23	70.42	76.61
600588	用友软件	231	72.87	68.27	76.21	71.85	77.17
600710	常林股份	232	72.82	74.58	78.30	60.74	81.04
000915	山大华特	233	72.81	71.31	77.04	66.76	78.71
600597	光明乳业	234	72.80	70.67	78.73	64.15	81.33
600869	三普药业	235	72.77	73.90	78.60	66.22	72.86
600993	马应龙	236	72.72	69.88	78.39	67.99	76.64
601007	金陵饭店	237	72.68	70.72	74.43	64.98	85.44
600258	首旅股份	238	72.66	75.26	73.31	65.41	78.86
600581	八一钢铁	239	72.66	71.77	76.94	65.30	79.51
600667	太极实业	240	72.65	73.07	77.90	62.74	79.98
000559	万向钱潮	241	72.64	73.42	77.51	63.12	79.30
600525	长园集团	242	72.62	72.89	76.69	64.13	79.68

（续表）

股票代码	股票简称	排名	内部控制指数	战略目标分指数	财务报告可靠目标分指数	资产、效率效果目标分指数	法律法规遵循目标分指数
000979	中弘地产	243	72.60	75.27	71.84	74.41	66.50
600888	新疆众和	244	72.60	72.46	75.71	66.48	77.97
000418	小天鹅 A	245	72.55	79.44	70.80	67.69	71.41
000799	酒鬼酒	246	72.46	66.74	78.28	71.42	75.12
600871	S 仪化	247	72.44	75.05	74.54	68.43	71.44
000022	深赤湾 A	248	72.42	73.39	76.51	67.39	72.83
000729	燕京啤酒	249	72.35	72.12	74.87	66.34	78.54
000759	武汉中百	250	72.31	71.15	77.99	64.60	78.13
600183	生益科技	251	72.28	72.80	73.24	67.04	78.29
000881	大连国际	252	72.24	72.04	77.49	61.24	82.29
600139	西部资源	253	72.20	72.69	75.83	66.32	75.44
600982	宁波热电	254	72.14	71.09	73.67	68.35	77.60
600668	尖峰集团	255	72.13	68.48	79.30	67.37	75.25
600778	友好集团	256	72.12	69.61	80.36	63.15	78.49
600480	凌云股份	257	72.11	75.18	72.92	63.04	80.15
600548	深高速	258	72.10	69.65	75.99	67.24	78.17
600517	置信电气	259	71.97	71.45	79.23	61.88	78.22
600126	杭钢股份	260	71.96	69.72	77.78	65.03	78.16
600712	南宁百货	261	71.96	71.24	75.53	65.86	77.61
600019	宝钢股份	262	71.88	73.27	71.11	67.22	78.01
000529	广弘控股	263	71.86	69.44	77.11	68.93	72.87
000028	一致药业	264	71.84	69.95	77.99	64.54	77.53
600841	上柴股份	265	71.82	70.52	77.24	65.59	75.93
600248	延长化建	266	71.81	72.33	73.30	65.88	78.14
000623	吉林敖东	267	71.76	69.18	75.26	67.71	77.35
000989	九芝堂	268	71.75	69.92	75.31	67.52	76.29
600500	中化国际	269	71.64	71.01	76.20	62.36	80.68
000905	厦门港务	270	71.62	68.99	77.27	62.25	82.53
600329	中新药业	271	71.57	70.15	77.52	62.48	79.61
600318	巢东股份	272	71.56	66.55	73.92	70.92	77.38
600823	世茂股份	273	71.54	70.66	78.68	62.51	76.90

（续表）

股票代码	股票简称	排名	内部控制指数	战略目标分指数	财务报告可靠目标分指数	资产、效率效果目标分指数	法律法规遵循目标分指数
600498	烽火通讯	274	71.54	69.21	78.11	64.96	76.23
600828	成商集团	275	71.51	70.69	73.85	66.19	77.84
600845	宝信软件	276	71.50	71.17	72.02	66.91	78.50
600089	特变电工	277	71.50	73.92	71.89	64.15	78.51
600694	大商股份	278	71.49	71.32	67.86	75.34	70.92
600380	健康元	279	71.48	74.31	72.06	62.87	79.54
600017	日照港	280	71.45	69.16	75.01	66.10	78.50
600270	外运发展	281	71.43	71.80	75.39	63.34	77.84
600267	海正药业	282	71.41	69.44	75.01	70.32	71.19
600088	中视传媒	283	71.40	69.96	73.02	67.97	76.83
600693	东百集团	284	71.40	70.70	74.22	66.02	76.90
000544	中原环保	285	71.37	70.99	73.48	64.98	78.98
600516	方大碳素	286	71.36	68.19	75.04	67.46	77.40
600770	综艺股份	287	71.33	71.70	76.37	62.45	77.39
600246	万通地产	288	71.31	68.91	75.89	64.55	79.25
000698	沈阳化工	289	71.30	72.54	76.39	62.13	76.34
000811	烟台冰轮	290	71.29	70.23	71.01	69.08	76.93
601991	大唐发电	291	71.29	68.73	78.48	63.86	76.84
600570	恒生电子	292	71.28	70.28	73.24	67.20	76.49
600639	浦东金桥	293	71.21	69.02	70.65	66.23	83.42
600685	广船国际	294	71.21	74.62	73.41	62.57	76.04
600551	时代出版	295	71.19	69.88	71.54	69.32	75.75
600557	康缘药业	296	71.19	70.60	73.66	65.44	77.61
600655	豫园商城	297	71.18	70.30	73.67	65.77	77.51
600303	曙光股份	298	71.15	72.28	73.12	63.61	78.30
600529	山东药玻	299	71.14	70.43	75.89	62.16	79.55
600307	酒钢宏兴	300	71.13	65.39	77.21	67.26	77.87
600995	文山电力	301	71.09	70.35	74.83	64.71	76.94
600422	昆明制药	302	71.08	67.62	76.70	67.80	73.83
600496	精工钢构	303	71.07	68.98	76.01	64.07	78.39
000059	辽通化工	304	71.07	69.77	70.30	69.14	77.31

（续表）

股票代码	股票简称	排名	内部控制指数	战略目标分指数	财务报告可靠目标分指数	资产、效率效果目标分指数	法律法规遵循目标分指数
600511	国药股份	305	71.07	71.83	76.56	60.59	78.37
000661	长春高新	306	71.03	75.17	70.87	67.45	70.11
600717	天津港	307	71.02	68.04	76.30	66.10	76.05
600011	华能国际	308	71.02	69.91	76.57	61.74	79.45
000985	大庆华科	309	71.01	68.96	74.03	66.35	77.33
000828	东莞控股	310	70.98	68.82	76.18	61.95	81.22
600586	金晶科技	311	70.93	69.49	73.67	62.41	82.73
600662	强生控股	312	70.92	66.63	81.20	65.63	71.47
600372	中航电子	313	70.92	68.24	75.55	67.54	73.95
600723	西单商场	314	70.90	66.54	76.26	66.62	77.06
000782	美达股份	315	70.88	72.22	72.87	65.93	73.62
600648	外高桥	316	70.86	70.86	76.38	61.87	77.07
000572	海马股份	317	70.83	75.23	71.61	63.06	74.72
600252	中恒集团	318	70.80	76.70	71.85	62.08	73.34
600676	交运股份	319	70.80	71.01	73.61	63.13	78.45
600006	东风汽车	320	70.79	70.92	74.06	61.56	80.37
600619	海立股份	321	70.78	68.98	75.50	62.83	79.42
600626	申达股份	322	70.77	69.37	73.64	66.12	76.25
600269	赣粤高速	323	70.77	69.28	72.63	64.11	80.96
600787	中储股份	324	70.74	69.61	73.12	66.82	75.32
000878	云南铜业	325	70.73	67.83	77.31	61.05	81.21
000939	凯迪电力	326	70.69	71.50	74.81	60.96	78.75
600814	杭州解百	327	70.69	68.93	77.95	64.00	73.63
000998	隆平高科	328	70.66	67.58	75.16	66.78	75.33
600975	新五丰	329	70.65	72.38	74.26	65.12	71.33
000582	北海港	330	70.62	74.02	73.04	65.60	69.47
600219	南山铝业	331	70.60	67.93	75.41	68.18	71.86
000920	南方汇通	332	70.60	68.27	77.55	61.30	79.00
000863	三湘股份	333	70.58	65.56	74.87	75.95	64.20
000819	岳阳兴长	334	70.50	72.50	76.13	65.70	66.70
600703	三安光电	335	70.47	76.57	74.51	62.08	67.84

（续表）

股票代码	股票简称	排名	内部控制指数	战略目标分指数	财务报告可靠目标分指数	资产、效率效果目标分指数	法律法规遵循目标分指数
000566	海南海药	336	70.44	66.47	81.03	61.74	75.37
600783	鲁信创投	337	70.41	69.35	73.86	64.60	76.32
000011	深物业 A	338	70.35	65.62	71.26	79.91	61.76
000919	金陵药业	339	70.33	69.69	72.25	64.11	78.41
600857	工大首创	340	70.32	71.38	74.55	66.25	68.92
600339	天利高新	341	70.32	71.65	74.19	60.83	77.48
601727	上海电气	342	70.26	68.27	76.91	62.18	76.65
000810	华润锦华	343	70.20	72.48	70.32	65.47	73.73
600118	中国卫星	344	70.19	68.73	71.13	66.48	77.06
600035	楚天高速	345	70.19	71.26	73.61	60.80	78.26
600572	康恩贝	346	70.19	70.83	71.55	64.55	76.02
000721	西安饮食	347	70.16	66.86	79.11	63.00	73.97
600366	宁波韵升	348	70.12	68.01	64.67	73.28	76.44
600644	乐山电力	349	70.10	68.62	74.39	60.89	80.84
600131	岷江水电	350	70.09	69.44	72.77	61.96	80.09
600527	江南高纤	351	70.09	68.61	74.51	70.41	65.65
600874	创业环保	352	70.07	66.71	76.78	61.30	79.73
600261	阳光照明	353	70.07	68.14	73.53	63.33	78.83
000791	甘肃电投	354	70.06	68.89	77.75	64.68	69.38
600337	美克股份	355	70.01	67.30	74.76	61.00	81.76
000541	佛山照明	356	70.00	69.21	78.00	65.26	67.25
000800	一汽轿车	357	75.79	81.61	81.15	59.99	83.37
600208	新湖中宝	358	73.37	77.15	77.98	59.84	81.77
601866	中海集运	359	72.81	79.22	81.58	51.60	83.00
000540	中天城投	360	71.98	75.04	75.67	59.27	81.62
600231	凌钢股份	361	71.95	72.78	79.01	59.92	79.31
600460	士兰微	362	71.89	75.40	76.65	58.37	80.54
000713	丰乐种业	363	71.88	73.39	79.46	59.57	77.86
600173	卧龙地产	364	71.45	78.40	75.67	54.27	80.96
000926	福星股份	365	71.15	74.03	78.39	55.79	80.14
000906	南方建材	366	70.97	69.59	78.26	58.64	82.09

（续表）

股票代码	股票简称	排名	内部控制指数	战略目标分指数	财务报告可靠目标分指数	资产、效率效果目标分指数	法律法规遵循目标分指数
600807	天业股份	367	70.96	72.60	78.97	56.56	79.39
600071	凤凰光学	368	70.85	72.67	78.35	55.99	80.44
000850	华茂股份	369	70.71	70.70	78.88	58.73	77.78
000798	中水渔业	370	70.62	71.11	81.51	56.45	76.44
600026	中海发展	371	70.59	68.51	76.28	59.99	82.46
000636	风华高科	372	70.58	72.69	75.81	58.02	79.35
600673	东阳光铝	373	70.53	71.26	74.95	58.95	81.18
000608	阳光股份	374	70.50	76.40	75.22	53.42	80.89
600976	武汉健民	375	70.46	70.93	76.10	58.62	80.19
600122	宏图高科	376	70.43	70.35	76.72	58.65	80.02
000951	中国重汽	377	70.28	74.07	73.37	57.32	79.97
600169	太原重工	378	70.11	72.31	76.73	56.20	78.82
000558	莱茵置业	379	70.00	75.58	77.00	50.09	82.05
600277	亿利能源	380	69.94	68.06	73.49	63.46	78.07
600433	冠豪高新	381	69.92	66.50	75.88	61.77	79.73
000901	航天科技	382	69.92	74.77	72.16	64.14	67.83
600467	好当家	383	69.90	68.17	74.48	64.16	75.15
000522	白云山 A	384	69.87	68.04	73.15	65.77	74.57
600960	渤海活塞	385	69.82	73.50	74.19	63.09	68.07
000825	太钢不锈	386	69.79	66.50	79.67	60.88	74.97
600161	天坛生物	387	69.78	68.43	71.48	65.45	76.36
000830	鲁西化工	388	69.76	65.95	76.23	66.68	71.55
600187	国中水务	389	69.76	69.40	72.14	63.96	76.06
000969	安泰科技	390	69.76	66.74	74.71	64.10	76.46
600613	永生投资	391	69.71	65.89	76.66	60.80	79.99
000027	深圳能源	392	69.71	67.74	72.38	66.27	74.50
600352	浙江龙盛	393	69.70	71.72	74.73	60.53	73.58
600470	六国化工	394	69.68	67.60	75.08	62.09	77.25
600791	京能置业	395	69.59	66.73	71.82	69.08	71.89
000049	德赛电池	396	69.57	68.32	69.56	73.15	66.03
600196	复星医药	397	69.56	67.81	70.69	67.55	73.94

（续表）

股票代码	股票简称	排名	内部控制指数	战略目标分指数	财务报告可靠目标分指数	资产、效率效果目标分指数	法律法规遵循目标分指数
600618	氯碱化工	398	69.55	65.88	77.07	61.79	76.96
600499	科达机电	399	69.51	69.74	71.00	63.17	76.92
600486	扬农化工	400	69.50	67.31	74.75	62.72	76.17
000516	开元控股	401	69.49	67.87	72.33	65.11	74.95
600410	华胜天成	402	69.44	67.19	75.93	61.98	75.50
600446	金证股份	403	69.39	65.40	77.16	63.34	74.27
000960	锡业股份	404	69.37	66.98	72.93	65.04	74.94
600967	北方创业	405	69.33	66.84	72.31	66.42	73.68
600479	千金药业	406	69.30	66.30	75.38	62.45	76.26
000683	远兴能源	407	69.28	65.21	79.66	62.38	71.89
600549	厦门钨业	408	69.20	64.78	73.36	66.44	74.79
600521	华海药业	409	69.15	65.06	73.95	66.21	73.59
600704	中大股份	410	69.11	66.25	73.42	62.13	78.56
000860	顺鑫农业	411	69.11	67.62	75.01	61.23	75.43
000758	中色股份	412	69.09	66.66	77.50	61.19	73.38
000788	西南合成	413	69.08	72.17	69.06	64.58	71.11
600674	川投能源	414	69.07	67.09	74.45	62.46	74.96
000988	华工科技	415	69.07	68.32	73.12	60.79	77.46
600746	江苏索普	416	69.01	66.64	75.34	61.70	75.28
000761	本钢板材	417	68.99	68.52	73.86	60.52	76.05
600559	老白干酒	418	68.95	66.34	75.98	63.28	72.04
600491	龙元建设	419	68.95	65.53	76.00	61.66	75.85
000822	山东海化	420	68.92	64.71	80.22	61.04	71.95
600616	金枫酒业	421	68.91	66.23	73.93	63.78	74.17
000957	中通客车	422	68.91	65.37	73.67	60.92	80.43
600891	秋林集团	423	68.85	67.85	72.20	65.80	70.49
000063	中兴通讯	424	68.77	69.19	74.99	62.65	68.75
000008	宝利来	425	68.76	68.83	76.12	61.70	69.15
000665	武汉塑料	426	68.64	67.25	73.91	61.93	73.91
600152	维科精华	427	68.60	66.46	70.89	63.81	76.35
600575	芜湖港	428	68.59	64.96	72.19	66.63	72.44

（续表）

股票代码	股票简称	排名	内部控制指数	战略目标分指数	财务报告可靠目标分指数	资产、效率效果目标分指数	法律法规遵循目标分指数
000159	国际实业	429	68.56	67.61	73.81	60.97	74.49
600120	浙江东方	430	68.51	69.09	74.66	63.55	66.53
600157	永泰能源	431	68.51	71.06	68.12	67.79	66.00
600571	信雅达	432	68.45	66.28	74.60	60.86	75.09
000638	万房地产	433	68.44	67.25	75.11	60.14	73.81
600738	兰州民百	434	68.41	66.29	74.76	61.14	74.15
600728	佳都新太	435	68.40	69.77	71.61	62.73	70.43
600881	亚泰集团	436	68.32	66.12	74.60	62.46	72.07
600210	资金企业	437	68.31	67.53	68.55	64.59	75.05
000852	江钻股份	438	68.29	66.20	74.58	61.12	73.96
000732	泰禾集团	439	68.25	69.02	68.34	64.84	72.20
000833	贵糖股份	440	68.24	70.69	71.60	61.94	69.31
600635	大众公用	441	68.22	64.99	73.03	61.96	76.43
600426	华鲁恒升	442	68.22	65.05	73.81	62.01	75.10
600005	武钢股份	443	68.19	66.74	71.44	61.52	76.36
000731	四川美丰	444	68.17	65.31	74.24	68.54	63.55
600487	亨通光电	445	68.02	65.00	74.82	61.24	73.84
600469	风神股份	446	68.02	64.55	75.62	60.71	74.28
600059	古越龙山	447	68.00	66.43	71.83	61.96	74.53
600201	金宇集团	448	67.99	65.63	71.85	61.17	77.04
600007	中国国贸	449	67.97	64.79	73.15	63.94	72.06
600757	长江传媒	450	67.95	65.17	70.12	69.85	66.40
600090	啤酒花	451	67.86	66.61	70.81	62.61	73.89
000685	中山公用	452	67.74	68.10	71.16	63.63	68.69
600051	宁波联合	453	67.71	65.60	71.85	60.95	75.80
600804	鹏博士	454	67.70	66.74	73.36	60.15	73.04
600077	宋都股份	455	67.66	65.60	75.26	67.03	61.13
000868	安凯客车	456	67.64	66.41	70.00	62.47	74.39
000715	中兴商业	457	67.60	66.61	73.29	61.35	70.87
600398	凯诺科技	458	67.59	65.63	69.89	61.63	76.87
600898	三联商社	459	67.48	66.45	71.55	64.32	68.27

（续表）

股票代码	股票简称	排名	内部控制指数	战略目标分指数	财务报告可靠目标分指数	资产、效率效果目标分指数	法律法规遵循目标分指数
600979	广安爱众	460	67.48	67.75	70.49	60.11	74.25
600117	西宁特钢	461	67.41	66.45	70.26	62.73	72.26
000571	新大洲 A	462	67.26	65.85	69.16	64.10	71.82
600172	黄河旋风	463	67.24	65.51	71.14	61.11	74.06
600371	万向德农	464	67.04	63.54	71.44	62.50	73.60
000701	厦门信达	465	66.99	68.84	68.82	64.19	65.70
000669	领先科技	466	66.97	66.42	75.50	60.25	66.18
000935	四川双马	467	66.93	64.51	70.67	64.69	69.04
600259	广晟有色	468	66.87	65.34	69.24	60.43	76.05
000507	珠海港	469	66.84	66.03	69.81	62.40	70.86
600056	中国医药	470	66.74	63.61	70.17	62.65	73.36
600552	方兴科技	471	66.61	63.81	70.50	62.37	72.26
000411	英特集团	472	66.29	65.13	66.65	64.57	70.38
000703	恒逸石化	473	66.22	66.34	68.96	66.96	60.93
000930	丰原生化	474	66.12	65.11	67.77	60.99	73.45
600577	精达股份	475	66.10	65.81	66.37	61.89	72.79
600070	浙江富润	476	66.07	65.99	66.89	60.14	74.32
600278	东方创业	477	65.87	63.60	69.38	60.90	72.35
600633	浙报传媒	478	65.76	62.82	70.02	66.56	63.18
000419	通程控股	479	65.59	67.45	66.39	61.37	68.02
600094	大名城	480	65.36	61.39	67.41	65.42	68.80
600598	北大荒	481	65.02	65.10	66.78	60.25	69.84
000656	ST 东源	482	64.66	60.76	71.92	63.58	62.29
000602	金马集团	483	64.64	61.28	66.91	64.90	66.47
000719	大地传媒	484	64.48	60.46	67.81	67.31	61.85
000620	新华联	485	64.44	61.40	66.07	66.45	63.92
600080	金花股份	486	64.26	62.24	63.70	62.72	70.77
000612	焦作万方	487	63.58	63.65	64.32	60.80	66.78
000709	河北钢铁	488	63.00	61.56	68.30	60.47	61.69
000024	招商地产	489	62.61	60.28	66.11	62.49	61.59
000968	煤气化	490	69.97	68.44	74.99	57.99	84.08

（续表）

股票代码	股票简称	排名	内部控制指数	战略目标分指数	财务报告可靠目标分指数	资产、效率效果目标分指数	法律法规遵循目标分指数
000936	华西村	491	69.91	71.64	72.87	59.96	78.44
000679	大连友谊	492	69.89	72.48	75.12	56.87	78.59
600592	龙溪股份	493	69.82	69.09	76.04	59.96	77.56
601958	金钼股份	494	69.60	71.44	73.09	58.68	78.73
601003	柳钢股份	495	69.55	65.97	76.74	59.14	81.44
600325	华发股份	496	69.48	69.96	73.47	59.77	78.22
000823	超声电子	497	69.45	69.35	75.08	59.49	77.18
600806	昆明机床	498	69.43	69.19	80.87	53.39	78.60
600718	东软集团	499	69.41	69.54	76.71	57.70	77.07
600620	天寰股份	500	69.35	77.01	72.91	50.63	81.08
000637	茂华实业	501	69.13	72.78	76.57	56.55	72.24
000916	华北高速	502	69.13	67.44	77.33	55.69	81.18
600708	海博股份	503	69.11	68.47	77.19	58.52	75.18
600528	中铁二局	504	69.06	71.58	72.70	58.08	76.97
600883	博闻科技	505	69.05	66.07	74.40	59.46	81.28
000021	长城开发	506	68.97	72.44	78.58	51.20	77.37
600651	飞乐音响	507	68.96	71.86	76.03	58.16	70.99
000690	宝新能源	508	68.94	69.32	78.02	56.47	74.82
000066	长城电脑	509	68.89	71.31	77.10	53.26	77.65
600388	龙净环保	510	68.81	66.34	73.77	59.09	80.98
601168	西部矿业	511	68.80	68.70	75.62	57.31	77.23
601186	中国铁建	512	68.80	66.09	74.74	58.10	81.49
600137	浪莎股份	513	68.73	66.25	75.06	59.02	78.95
600483	福建南纺	514	68.70	66.18	76.51	57.99	78.45
600760	中航黑豹	515	68.63	71.87	78.68	46.57	83.51
000816	江淮动力	516	68.45	65.88	74.36	58.15	80.31
600966	博汇纸业	517	68.41	65.90	78.69	57.11	75.46
600743	华远地产	518	68.39	66.61	76.49	58.70	74.89
600148	长春一东	519	68.36	67.28	72.17	58.60	79.99
600647	同达创业	520	68.35	68.80	72.92	59.22	75.40
600606	金丰投资	521	68.28	70.37	74.69	53.58	78.76

（续表）

股票代码	股票简称	排名	内部控制指数	战略目标分指数	财务报告可靠目标分指数	资产、效率效果目标分指数	法律法规遵循目标分指数
000973	佛塑科技	522	68.28	67.80	71.85	58.34	79.52
600867	通化东宝	523	68.28	72.38	74.49	57.71	69.23
600116	三峡水利	524	68.24	67.56	72.92	58.47	77.97
600893	航空动力	525	68.21	66.54	71.48	59.33	80.18
000564	西安民生	526	68.21	67.84	75.50	57.24	75.54
600523	贵航股份	527	68.13	67.90	74.65	55.31	79.27
600268	国电南自	528	68.06	66.32	73.65	57.75	79.07
600850	华东电脑	529	68.02	65.72	76.39	56.98	77.10
000652	泰达股份	530	68.00	72.32	78.15	46.41	80.26
600653	申华控股	531	67.96	64.88	75.92	57.94	77.32
000567	海德股份	532	67.93	76.92	68.24	49.31	81.98
601919	中国远洋	533	67.91	73.19	79.45	44.52	79.43
601390	中国中铁	534	67.87	67.47	72.70	55.99	80.27
000796	易食股份	535	67.81	66.47	79.32	57.27	70.00
600114	东睦股份	536	67.80	65.89	73.54	59.30	76.02
600226	升华拜克	537	67.77	66.12	74.28	57.04	77.97
000911	南宁糖业	538	67.77	67.23	77.63	50.87	81.03
000756	新华职业	539	67.75	65.27	78.82	57.12	72.58
600509	天富热电	540	67.74	65.43	74.77	57.20	77.94
600428	中远航运	541	67.72	68.55	73.03	53.24	81.48
000801	四川九州	542	67.70	71.23	69.24	56.16	77.80
601008	连云港	543	67.69	65.22	74.07	59.71	75.08
600824	益民集团	544	67.69	64.99	77.54	56.75	75.12
600820	隧道股份	545	67.68	66.37	76.92	56.69	73.78
600973	宝胜股份	546	67.67	67.25	77.32	52.98	77.53
000521	美菱电器	547	67.65	70.73	74.19	52.36	77.22
600100	同方股份	548	67.65	67.52	72.74	55.61	79.44
600497	驰宏锌锗	549	67.62	65.48	76.10	57.04	75.54
600021	上海电力	550	67.55	65.51	71.38	57.97	80.43
600990	四创电子	551	67.55	66.45	73.77	54.27	81.25
600580	卧龙电气	552	67.53	70.15	73.45	53.60	76.63

（续表）

股票代码	股票简称	排名	内部控制指数	战略目标分指数	财务报告可靠目标分指数	资产、效率效果目标分指数	法律法规遵循目标分指数
600354	敦煌种业	553	67.51	68.95	74.14	57.73	71.00
600808	马钢股份	554	67.51	65.63	78.09	54.67	75.56
000910	大亚科技	555	67.50	65.83	77.46	52.86	78.89
000886	海南高速	556	67.42	67.73	76.69	50.57	80.04
000790	华神集团	557	67.39	65.06	75.21	53.48	81.84
600378	天科股份	558	67.37	66.30	72.17	58.83	75.67
000723	美锦能源	559	67.37	64.41	78.79	58.51	69.71
600701	工大高新	560	67.37	66.59	74.20	57.39	74.49
000026	飞亚达 A	561	67.37	65.95	76.26	58.17	71.36
600866	星湖科技	562	67.33	72.18	78.49	48.61	72.76
600345	长江通信	563	67.28	65.94	73.40	57.18	76.54
600584	长电国际	564	67.27	69.74	73.60	52.21	77.80
000551	创元科技	565	67.26	68.14	73.11	56.20	74.76
600242	中昌海运	566	67.26	66.74	73.78	55.29	77.52
600531	豫光金铅	567	67.26	67.38	74.81	54.21	76.69
600513	联环药业	568	67.24	66.25	72.63	57.49	76.38
600132	重庆啤酒	569	67.23	68.36	69.60	59.98	73.37
601002	晋亿实业	570	67.20	72.62	77.19	48.41	73.49
600475	华光股份	571	67.19	66.58	74.02	54.86	77.71
600765	中航重机	572	67.15	67.64	76.93	52.12	75.90
600415	小商品城	573	67.13	65.79	77.25	54.52	74.57
600652	爱使股份	574	67.11	65.27	73.59	55.81	78.55
600503	华丽家族	575	67.10	66.23	71.71	58.62	75.24
600858	银座股份	576	67.08	66.54	72.20	58.23	74.49
600193	创兴置业	577	67.08	74.86	70.02	51.76	74.15
600105	永鼎股份	578	67.03	70.71	73.73	48.54	80.39
000635	英力特	579	67.03	66.28	73.81	58.87	71.30
600862	南通科技	580	67.02	66.21	74.19	56.87	73.99
600158	中体产业	581	67.02	65.11	73.58	58.03	74.81
600240	华业地产	582	67.01	66.71	71.05	59.15	74.05
600543	莫高股份	583	67.00	65.12	72.25	57.43	77.57

（续表）

股票代码	股票简称	排名	内部控制指数	战略目标分指数	财务报告可靠目标分指数	资产、效率效果目标分指数	法律法规遵循目标分指数
600755	厦门国贸	584	66.96	66.18	74.16	57.26	73.15
600370	三房巷	585	66.94	65.11	70.89	59.74	75.57
600601	方正科技	586	66.94	67.24	71.94	55.05	77.94
000812	陕西金叶	587	66.92	64.93	71.86	59.69	74.43
600008	首创股份	588	66.91	65.52	73.74	58.45	72.63
600050	中国联通	589	66.89	63.59	73.34	57.11	78.40
600382	广东明珠	590	66.85	66.60	70.52	56.26	78.59
000978	桂林旅游	591	66.82	68.92	69.67	56.38	75.70
600282	南钢股份	592	66.78	67.36	69.37	59.04	74.26
600758	红阳能源	593	66.77	65.81	75.76	58.73	68.09
600682	南京新百	594	66.77	70.79	74.61	51.44	73.02
600439	瑞贝卡	595	66.72	66.67	72.38	56.55	74.62
000982	中银绒业	596	66.71	64.68	70.82	59.94	74.74
000429	粤高速 A	597	66.69	66.23	71.52	58.82	72.87
600333	长春燃气	598	66.69	65.43	71.07	55.85	79.47
600621	上海金陵	599	66.68	66.68	74.10	53.61	76.52
600317	营口港	600	66.65	65.10	70.48	59.71	74.59
000837	秦川发展	601	66.64	68.47	72.68	59.42	66.31
600711	雄震矿业	602	66.64	65.83	75.63	56.30	71.26
000918	嘉凯城	603	66.62	72.58	75.62	45.70	76.82
600468	百利电气	604	66.60	65.39	75.37	51.63	79.46
600725	云维股份	605	66.56	66.28	74.81	52.88	76.65
600833	第一医药	606	66.54	66.05	71.93	57.70	73.50
600033	福建高速	607	66.52	70.42	71.76	59.58	63.52
600734	实达集团	608	66.51	70.00	73.47	55.87	67.50
600666	西南药业	609	66.48	66.46	73.42	56.05	72.93
000045	深纺织 A	610	66.48	67.36	71.20	56.16	74.46
600702	沱牌曲酒	611	66.47	62.48	77.19	57.66	71.44
000893	东凌粮油	612	66.47	69.52	78.55	44.63	78.40
000785	武汉中商	613	66.45	66.46	72.37	56.85	73.03
600481	双良节能	614	66.44	65.68	74.49	52.92	77.36

（续表）

股票代码	股票简称	排名	内部控制指数	战略目标分指数	财务报告可靠目标分指数	资产、效率效果目标分指数	法律法规遵循目标分指数
600387	海越股份	615	66.42	65.03	69.34	57.97	77.74
600628	新世界	616	66.38	66.15	70.07	56.46	77.03
600595	中孚实业	617	66.38	65.86	76.58	54.73	70.87
600459	贵研铂业	618	66.35	65.18	76.49	55.12	71.31
000099	中信海直	619	66.35	66.50	70.64	58.34	72.49
600190	锦州港	620	66.34	64.59	69.78	59.38	75.19
600463	空港股份	621	66.34	64.76	74.64	55.28	74.33
000712	锦龙股份	622	66.28	66.48	78.59	52.46	69.97
600495	晋西车轴	623	66.25	64.72	73.32	57.05	73.04
600558	大西洋	624	66.22	66.86	71.01	54.16	77.26
600615	丰华股份	625	66.22	70.70	73.48	47.55	77.78
600332	广州药业	626	66.22	67.99	65.44	58.31	76.86
600736	苏州高新	627	66.21	65.55	75.16	50.06	79.77
000938	紫光股份	628	66.20	64.70	69.84	58.93	74.83
000716	南方食品	629	66.20	70.13	71.05	56.52	68.00
600756	浪潮软件	630	66.19	70.86	75.79	50.34	69.64
600810	神马股份	631	66.17	65.83	75.37	53.60	73.23
000050	深天马 A	632	66.15	65.45	76.54	53.40	72.39
600096	云天化	633	66.11	65.28	74.34	54.08	74.54
600288	大恒科技	634	66.11	66.08	70.19	55.07	77.60
600861	北京城乡	635	66.10	66.21	75.24	53.12	73.14
000829	天音控股	636	66.09	72.26	76.48	48.44	68.78
600136	道博股份	637	66.08	65.51	73.19	53.92	75.90
000428	华天酒店	638	66.07	71.19	70.67	56.40	66.27
600176	中国玻纤	639	66.07	66.36	69.60	55.83	76.58
600533	栖霞建设	640	66.06	69.18	71.20	50.29	78.34
600834	申通地铁	641	66.05	65.79	72.07	56.86	72.25
000616	亿城股份	642	65.99	68.18	71.49	52.78	75.24
600782	新钢股份	643	65.98	64.61	72.01	56.85	73.87
600075	新疆天业	644	65.96	65.93	71.74	56.79	72.12
600992	贵绳股份	645	65.96	65.45	75.59	52.75	73.71

（续表）

股票代码	股票简称	排名	内部控制指数	战略目标分指数	财务报告可靠目标分指数	资产、效率效果目标分指数	法律法规遵循目标分指数
000927	一汽夏利	646	65.94	65.12	71.78	55.82	74.76
600466	迪康药业	647	65.91	65.81	73.42	55.62	71.48
000898	鞍钢股份	648	65.91	66.24	80.06	44.04	79.38
000965	天保基建	649	65.90	65.10	74.13	54.22	73.75
600573	惠泉啤酒	650	65.87	67.61	70.75	55.66	72.08
600789	鲁抗医药	651	65.87	66.75	74.82	51.04	74.86
000859	国风塑业	652	65.86	65.67	78.28	49.83	73.52
600063	皖维高新	653	65.85	62.08	77.06	56.49	70.62
600832	东方明珠	654	65.84	64.56	76.72	53.90	71.08
000659	珠海中富	655	65.84	66.30	73.90	53.91	72.22
600010	宝钢股份	656	65.84	61.67	75.72	52.22	79.83
000584	友利控股	657	65.83	68.82	74.06	48.75	75.95
600819	耀皮玻璃	658	65.83	65.09	73.80	49.95	80.51
000949	新乡化纤	659	65.82	65.22	75.43	51.20	75.98
600360	华微电子	660	65.82	65.68	74.72	50.83	76.80
600501	航天晨光	661	65.78	65.13	73.26	52.70	76.63
000400	许继电气	662	65.70	65.56	68.19	58.83	73.17
600038	哈飞股份	663	65.70	71.81	70.46	55.54	64.83
000488	晨鸣纸业	664	65.68	65.72	73.71	54.17	72.13
600477	杭萧钢构	665	65.67	65.04	74.21	53.07	74.24
600811	东方集团	666	65.67	61.06	76.50	57.69	70.17
600886	国投电力	667	65.66	62.98	74.66	56.47	71.53
600397	安源股份	668	65.59	66.16	68.13	56.48	75.30
000959	首钢股份	669	65.57	65.57	78.59	43.66	81.24
600773	西藏城投	670	65.50	62.67	73.33	58.46	69.94
000678	襄阳轴承	671	65.43	72.42	72.23	50.16	68.21
000506	中润投资	672	65.43	65.99	73.02	54.24	71.18
600963	岳阳纸业	673	65.43	65.94	78.09	48.98	72.24
600812	华北制药	674	65.41	66.54	76.92	47.34	75.42
600255	鑫科材料	675	65.41	66.17	65.90	57.63	75.68
600623	双钱股份	676	65.40	64.62	75.33	52.51	72.65

（续表）

股票代码	股票简称	排名	内部控制指数	战略目标分指数	财务报告可靠目标分指数	资产、效率效果目标分指数	法律法规遵循目标分指数
000967	上风高科	677	65.39	63.11	73.26	56.34	72.04
600058	五矿发展	678	65.39	64.35	72.18	53.30	76.31
600211	西藏药业	679	65.38	65.85	73.18	52.47	73.69
600776	东方通讯	680	65.35	65.17	70.47	58.95	68.34
000962	东方钽业	681	65.35	64.35	71.85	59.14	67.40
000531	穗恒运 A	682	65.34	65.14	76.33	51.67	71.34
600218	全柴动力	683	65.31	67.02	68.41	52.52	78.13
600846	同济科技	684	65.29	65.21	69.84	55.05	74.93
600279	重庆港九	685	65.28	66.03	67.60	56.43	74.62
000626	如意集团	686	65.27	66.02	70.60	56.01	70.91
600238	海南椰岛	687	65.25	69.88	73.21	48.72	72.21
600724	宁波富达	688	65.25	66.64	70.21	57.48	68.06
000835	四川圣达	689	65.23	66.37	78.32	49.95	68.55
600560	金自天正	690	65.20	63.06	70.29	59.14	70.87
600978	宜华木业	691	65.16	66.17	70.55	55.44	71.05
601872	招商轮船	692	65.11	64.99	74.58	49.12	76.84
600545	新疆城建	693	65.09	65.55	75.67	51.45	70.56
600230	沧州大化	694	65.01	65.25	70.89	51.78	76.96
600223	鲁商置业	695	64.96	65.94	73.33	49.24	75.99
600714	金瑞矿业	696	64.94	63.98	72.65	58.95	64.86
000153	丰原药业	697	64.93	65.17	73.87	52.52	71.17
000523	广州浪奇	698	64.89	65.28	67.30	58.60	70.67
600367	红星发展	699	64.88	63.98	66.50	58.82	73.51
600175	美都控股	700	64.87	65.52	69.40	54.31	73.89
000530	大冷股份	701	64.85	65.32	71.17	55.70	69.38
600803	威远生化	702	64.83	58.19	76.15	59.24	68.23
600830	香溢融通	703	64.81	61.47	74.79	55.69	70.22
000722	湖南发展	704	64.78	64.83	67.87	59.50	68.54
000948	南天信息	705	64.78	65.55	69.79	54.61	72.29
600988	赤峰黄金	706	64.72	65.26	69.72	56.27	69.91
600119	长江投资	707	64.65	60.74	75.08	50.61	78.12

（续表）

股票代码	股票简称	排名	内部控制指数	战略目标分指数	财务报告可靠目标分指数	资产、效率效果目标分指数	法律法规遵循目标分指数
600889	南京化纤	708	64.64	63.28	75.00	51.53	72.58
600061	中纺投资	709	64.62	65.99	72.28	52.27	70.75
600864	哈投股份	710	64.60	64.90	71.97	59.20	62.02
600435	中兵光电	711	64.52	67.02	73.03	44.88	79.05
600981	江苏开元	712	64.50	63.39	74.23	50.02	75.06
600236	桂冠电力	713	64.46	68.97	70.11	51.14	69.89
600796	钱江生化	714	64.43	64.83	73.58	49.14	74.60
000738	中航动控	715	64.42	62.22	75.05	55.84	66.21
600614	鼎立股份	716	64.40	64.11	71.37	53.14	72.55
000976	春晖股份	717	64.40	66.54	73.51	49.48	71.25
600872	中矩高新	718	64.39	65.17	72.69	57.22	62.48
600826	兰生股份	719	64.38	67.98	77.13	45.97	69.05
600550	天威保变	720	64.36	66.01	73.79	46.42	76.28
600420	*ST 现代	721	64.34	67.88	68.54	54.26	68.34
600781	上海辅仁	722	64.33	61.85	73.54	54.85	70.01
601999	出版传媒	723	64.32	65.08	68.20	55.11	71.94
600351	亚宝药业	724	64.31	64.90	64.38	59.70	70.47
600748	上实发展	725	64.26	63.11	76.15	52.43	67.59
000821	京山轻机	726	64.25	64.94	79.34	44.01	73.26
600721	百花村	727	64.22	65.17	71.29	56.00	65.40
000007	零七股份	728	64.20	69.69	66.64	56.74	63.43
600037	歌华有线	729	64.16	65.43	68.85	51.61	75.06
600567	山鹰纸业	730	64.15	65.43	70.82	51.60	72.19
000753	漳州发展	731	64.15	62.48	76.74	55.00	63.16
600336	澳柯玛	732	64.15	66.20	65.96	52.18	76.96
601600	中国铝业	733	64.14	63.38	71.66	53.86	70.70
600326	西藏天路	734	64.13	63.84	66.76	55.89	73.76
600086	东方金珏	735	64.11	63.26	71.10	52.74	73.34
600237	铜峰电子	736	64.10	64.61	67.14	53.76	75.15
600740	山西焦化	737	64.06	62.05	68.64	58.27	69.88
000004	国农科技	738	64.05	66.95	69.43	58.81	59.82

（续表）

股票代码	股票简称	排名	内部控制指数	战略目标分指数	财务报告可靠目标分指数	资产、效率效果目标分指数	法律法规遵循目标分指数
600290	华仪电气	739	64.05	65.80	67.74	53.57	72.34
600825	新华传媒	740	64.01	62.97	75.19	50.53	70.83
000797	中国武夷	741	64.01	64.17	79.39	44.84	71.75
600376	首开股份	742	64.00	63.51	67.45	55.65	72.96
600108	亚盛集团	743	63.98	61.27	72.37	52.14	74.97
600488	天药股份	744	63.94	65.00	68.30	53.30	72.66
600133	东湖高新	745	63.93	64.97	70.57	49.16	75.88
600184	光电股份	746	63.93	67.22	66.72	52.48	72.49
600677	航天通讯	747	63.91	62.93	71.45	58.57	63.07
600589	广东榕泰	748	63.91	64.74	72.10	52.26	69.05
000058	深赛格	749	63.89	61.59	71.79	58.88	64.19
000752	西藏发展	750	63.87	62.68	71.23	59.25	62.52
600722	金牛化工	751	63.87	65.69	69.33	53.66	69.07
600510	黑牡丹	752	63.87	65.27	68.25	50.91	75.62
600645	中源协和	753	63.84	64.63	66.57	57.19	69.05
000619	海螺型材	754	63.73	65.27	69.63	53.42	68.90
600879	航天电子	755	63.72	62.72	72.79	52.59	69.80
000629	攀钢钒钛	756	63.71	66.79	66.00	51.29	74.85
600629	棱光实业	757	63.66	65.17	71.55	45.02	79.10
600622	嘉宝集团	758	63.61	62.75	70.33	50.97	75.18
000777	中核科技	759	63.59	65.57	70.72	50.45	70.76
600452	涪陵电力	760	63.56	59.05	74.23	50.14	76.70
600356	恒丰纸业	761	63.52	65.90	62.22	57.06	71.65
600177	雅戈尔	762	63.52	66.11	65.37	52.85	73.37
600020	中原高速	763	63.52	63.95	69.48	52.78	71.08
000038	深大通	764	63.50	65.39	74.36	46.34	71.75
600576	万好万家	765	63.48	61.84	73.92	45.69	79.11
600624	复旦复华	766	63.47	62.72	69.56	52.53	73.12
000601	韶能股份	767	63.47	62.29	73.77	49.65	72.26
600530	交大昂立	768	63.46	63.80	69.16	51.20	73.98
000931	中关村	769	63.44	65.48	76.98	44.96	69.68

（续表）

股票代码	股票简称	排名	内部控制指数	战略目标分指数	财务报告可靠目标分指数	资产、效率效果目标分指数	法律法规遵循目标分指数
600716	凤凰股份	770	63.43	59.02	71.72	55.30	71.49
600055	万东医疗	771	63.43	63.05	71.30	52.36	70.12
600416	湘电股份	772	63.43	67.01	73.81	42.80	75.02
600839	四川长虹	773	63.42	61.73	75.72	50.84	68.24
600797	浙大网新	774	63.40	63.56	66.55	54.54	72.52
600657	信达地产	775	63.36	61.68	75.62	47.43	73.51
000977	浪潮信息	776	63.32	62.05	69.13	56.75	67.40
600649	城投控股	777	63.26	60.66	73.02	50.87	72.94
600482	风帆股份	778	63.25	63.34	71.28	50.68	71.28
600097	开创国际	779	63.21	61.13	67.44	56.66	70.86
600822	上海物贸	780	63.21	61.43	75.12	50.22	69.43
000889	渤海物流	781	63.20	65.25	69.09	50.88	70.70
600884	杉杉股份	782	63.16	64.28	72.70	47.82	71.75
000430	张家界	783	63.16	66.30	56.41	67.11	61.54
000672	上峰水泥	784	63.12	63.84	68.43	57.12	63.74
600683	京投银泰	785	63.10	64.41	77.60	43.23	71.33
600241	时代万恒	786	63.08	62.83	69.24	50.64	74.15
000610	西安旅游	787	63.07	63.10	66.39	57.99	66.21
600335	国机汽车	788	63.06	58.73	62.60	68.59	62.14
600130	波导股份	789	63.05	62.47	66.51	56.60	69.14
600602	广电电子	790	63.03	59.68	73.70	47.33	77.83
600273	华芳纺织	791	63.03	66.29	73.26	45.42	70.63
600353	旭光股份	792	62.97	65.21	64.95	51.09	75.12
600423	柳化股份	793	62.93	62.81	73.31	54.28	61.83
600313	中农资源	794	62.92	64.16	64.15	62.71	59.44
000818	方大化工	795	62.91	66.18	66.90	61.01	54.81
600611	大众交通	796	62.89	62.85	70.88	51.27	69.72
600478	科力远	797	62.88	62.74	73.29	48.80	70.24
000603	盛达矿业	798	62.86	60.44	66.33	68.49	53.02
600330	天通股份	799	62.85	65.90	70.23	44.26	76.46
600300	维维股份	800	62.85	62.66	63.01	56.98	72.12

（续表）

股票代码	股票简称	排名	内部控制指数	战略目标分指数	财务报告可靠目标分指数	资产、效率效果目标分指数	法律法规遵循目标分指数
600112	长征电器	801	62.83	66.31	71.92	46.50	69.73
000903	云内动力	802	62.79	62.69	81.67	39.32	72.67
000682	东方电子	803	62.77	62.04	75.70	47.10	70.02
000705	浙江震元	804	62.77	61.72	74.73	53.78	61.41
600343	航天动力	805	62.77	63.44	66.88	51.56	73.35
000802	北京旅游	806	62.74	59.46	76.40	48.79	70.38
600229	青岛碱业	807	62.71	59.69	75.12	47.80	73.21
600749	西藏旅游	808	62.70	61.67	68.54	54.35	69.08
600681	万鸿集团	809	62.66	61.54	68.18	59.49	61.54
600609	金杯汽车	810	62.65	64.73	65.82	56.89	63.76
600536	中国软件	811	62.65	63.18	67.26	52.91	70.46
600280	南京中商	812	62.65	59.31	70.75	52.73	72.03
600699	均胜电子	813	62.63	64.80	64.11	62.03	57.88
000748	长城信息	814	62.61	61.42	71.82	51.63	68.56
000718	苏宁环球	815	62.57	63.31	67.70	56.40	63.66
000700	模塑科技	816	62.56	59.93	75.07	51.58	66.11
600540	新赛股份	817	62.54	64.69	73.32	42.69	74.73
600520	三佳科技	818	62.54	61.58	75.48	47.30	69.43
000600	建投能源	819	62.54	61.83	71.26	49.07	72.30
600798	宁波海运	820	62.50	60.23	76.50	48.57	67.95
600106	重庆路桥	821	62.48	59.49	68.85	55.15	69.72
000862	银星能源	822	62.47	60.19	75.90	49.15	67.85
600293	三峡新材	823	62.47	64.97	64.55	49.98	75.01
600569	安阳钢铁	824	62.47	57.96	73.69	48.15	76.18
600590	泰豪科技	825	62.46	63.25	72.12	45.50	73.91
000737	南风化工	826	62.40	59.32	70.73	58.27	61.93
600182	S 佳通	827	62.39	61.31	65.70	59.31	64.24
600802	福建水泥	828	62.39	55.65	75.96	53.34	68.12
600485	中创信测	829	62.37	65.15	69.98	46.47	71.86
000929	兰州黄河	830	62.35	65.02	70.29	45.13	73.61
600774	汉商集团	831	62.34	60.32	75.01	47.79	70.29

（续表）

股票代码	股票简称	排名	内部控制指数	战略目标分指数	财务报告可靠目标分指数	资产、效率效果目标分指数	法律法规遵循目标分指数
600253	天方药业	832	62.33	60.84	71.53	49.89	71.10
600292	九龙电力	833	62.32	59.71	69.66	50.97	73.86
600608	上海科技	834	62.31	64.89	66.36	54.60	64.38
000707	双环科技	835	62.29	58.51	69.93	59.34	62.10
000407	胜利股份	836	62.26	70.05	66.14	50.59	62.25
600251	冠农股份	837	62.22	59.40	66.90	52.18	75.85
600792	云煤能源	838	62.21	56.71	64.71	64.34	64.27
600689	上海三毛	839	62.21	61.62	72.89	46.91	71.86
600168	武汉控股	840	62.20	61.94	73.24	47.00	70.62
000809	中汇医药	841	62.19	53.77	72.92	62.43	60.21
000587	金叶珠宝	842	62.17	63.26	67.21	58.66	58.66
600289	亿阳信通	843	62.16	64.02	60.64	54.90	72.73
600322	天房发展	844	62.11	60.05	71.16	50.69	70.38
000034	深信泰丰	845	62.08	63.62	67.47	55.88	61.56
000762	西藏矿业	846	62.05	65.60	69.76	48.47	66.49
600027	华电国际	847	62.05	57.66	74.41	47.20	74.77
000156	华数传媒	848	62.03	60.89	67.82	58.26	61.52
600506	香梨股份	849	62.03	60.55	69.23	51.84	70.11
000851	高鸿股份	850	62.03	61.25	70.99	49.58	69.98
600262	北方股份	851	61.99	59.98	66.03	55.17	70.18
600630	龙头股份	852	61.99	59.33	70.41	47.90	76.35
000088	盐田港	853	61.97	61.86	66.69	56.21	64.43
000609	绵世股份	854	61.87	59.04	70.97	50.13	71.87
600490	中科合臣	855	61.83	63.20	66.04	55.25	63.86
600868	梅雁吉祥	856	61.79	63.84	68.85	49.36	67.82
000950	建峰化工	857	61.77	59.49	68.75	51.06	72.28
000710	天兴仪表	858	61.74	63.12	77.30	44.50	64.21
600493	凤竹纺织	859	61.73	72.49	67.93	46.31	59.43
000020	深华发 A	860	61.71	61.40	70.30	52.85	63.82
000590	紫光古汉	861	61.66	63.52	59.30	63.23	59.56
600285	羚锐制药	862	61.64	60.65	68.18	48.98	73.74

（续表）

股票代码	股票简称	排名	内部控制指数	战略目标分指数	财务报告可靠目标分指数	资产、效率效果目标分指数	法律法规遵循目标分指数
600235	民丰特纸	863	61.59	63.85	65.59	47.69	73.98
000416	民生投资	864	61.56	60.54	67.72	56.56	62.21
000090	深天健	865	61.55	62.62	69.57	50.26	65.97
000897	津滨发展	866	61.53	67.39	72.71	38.31	72.34
600171	上海贝岭	867	61.52	61.22	72.03	43.89	74.58
600192	长城电工	868	61.50	59.65	71.50	48.37	70.76
600843	上工申贝	869	61.49	59.09	77.81	44.85	68.07
600391	成发科技	870	61.43	61.70	65.56	55.63	64.16
600073	上海梅林	871	61.38	54.95	68.83	51.63	76.49
600604	市北高新	872	61.38	61.11	70.67	49.20	67.59
000040	深鸿基	873	61.37	60.40	65.36	60.42	58.72
600099	林海股份	874	61.37	61.55	73.79	44.04	70.45
600368	五洲交通	875	61.37	60.01	62.65	57.05	68.53
000158	常山股份	876	61.35	61.29	72.93	46.86	67.54
600855	航天长峰	877	61.31	58.39	71.12	50.94	68.30
000981	银亿股份	878	61.31	50.92	69.05	63.95	63.07
600865	百大集团	879	61.29	59.70	76.05	44.54	69.01
000032	深桑达 A	880	61.28	63.46	62.34	54.28	67.15
600151	航天机电	881	61.25	63.02	73.92	36.28	79.39
000611	时代科技	882	61.23	65.87	66.95	45.06	70.80
600316	洪都航空	883	61.22	62.90	70.68	42.58	74.12
600057	象屿股份	884	61.20	59.04	67.03	55.54	65.22
600448	华纺股份	885	61.19	61.62	72.70	44.74	69.76
600818	中路股份	886	61.18	59.21	75.19	45.04	69.63
000980	金马股份	887	61.17	61.72	64.72	50.40	72.07
000921	海信科龙	888	61.15	62.71	61.78	54.99	67.34
600438	通威股份	889	61.11	61.45	67.61	52.77	64.29
600222	太龙药业	890	61.10	61.86	66.43	49.56	70.33
000014	沙河股份	891	61.08	65.62	66.15	45.91	70.19
000510	金路集团	892	61.08	63.17	73.04	44.77	66.06
600405	动力源	893	61.07	64.97	68.10	41.91	74.67

（续表）

股票代码	股票简称	排名	内部控制指数	战略目标分指数	财务报告可靠目标分指数	资产、效率效果目标分指数	法律法规遵循目标分指数
600200	江苏吴中	894	61.06	61.40	67.60	48.79	70.37
600361	华联综超	895	61.04	60.38	65.32	49.90	73.48
000702	正虹科技	896	61.00	61.89	70.72	50.21	62.55
600069	银鸽投资	897	60.95	60.86	74.76	39.93	74.28
600189	吉林森工	898	60.95	61.19	64.49	51.77	69.87
000570	苏常柴 A	899	60.94	62.30	75.03	45.82	62.19
600128	弘业股份	900	60.92	58.82	66.33	51.38	71.58
600284	浦东建设	901	60.92	63.74	64.32	47.47	72.53
000070	特发信息	902	60.90	62.13	64.57	53.98	64.49
600526	菲达环保	903	60.89	57.46	74.76	43.28	74.21
600853	龙建股份	904	60.88	58.42	75.01	45.32	69.05
000768	西飞国际	905	60.88	63.25	75.15	43.35	64.02
000736	重庆实业	906	60.88	60.64	72.88	46.49	66.60
000036	华联控股	907	60.87	65.25	67.55	48.49	63.51
000586	汇源通讯	908	60.85	65.82	60.51	53.90	64.15
000547	闽福发 A	909	60.83	60.75	69.60	51.92	62.33
600429	三元股份	910	60.80	59.56	72.13	44.01	72.91
000402	金融街	911	60.80	60.54	63.86	57.24	62.40
600895	张江高科	912	60.76	58.14	70.61	48.27	70.51
000415	渤海租赁	913	60.74	57.50	64.56	60.70	60.61
000573	粤宏远 A	914	60.74	53.30	74.24	56.69	59.87
600022	济南钢铁	915	60.72	56.53	72.78	42.72	78.50
600220	江苏阳光	916	60.72	61.49	65.95	48.11	71.70
600103	青山纸业	917	60.68	61.48	68.09	45.79	72.10
000009	中国宝安	918	60.67	62.95	63.33	54.70	62.47
600206	有研硅股	919	60.66	59.11	73.59	42.52	73.12
600072	中船股份	920	60.64	58.75	67.05	50.67	70.19
600691	阳煤化工	921	60.61	61.70	67.11	52.04	62.96
600876	洛阳玻璃	922	60.58	64.37	71.27	41.40	69.13
600272	开开实业	923	60.57	61.59	63.50	50.82	70.04
000593	大通燃气	924	60.55	58.28	66.24	59.00	58.56

（续表）

股票代码	股票简称	排名	内部控制指数	战略目标分指数	财务报告可靠目标分指数	资产、效率效果目标分指数	法律法规遵循目标分指数
600135	乐凯胶片	925	60.52	59.12	70.49	40.85	79.34
600605	汇通能源	926	60.48	61.53	67.15	47.33	69.79
600400	红豆股份	927	60.46	62.38	69.38	44.22	70.01
600082	海泰发展	928	60.40	57.27	64.47	54.18	69.45
600379	宝光股份	929	60.38	62.00	63.21	49.02	71.51
600212	江泉实业	930	60.36	58.91	67.08	48.91	71.04
600283	钱江水利	931	60.34	61.97	66.18	47.18	69.94
600308	华泰股份	932	60.31	55.12	72.69	45.83	73.74
600663	陆家嘴	933	60.30	57.59	70.72	51.94	62.89
000739	普洛股份	934	60.29	61.68	67.76	48.72	65.46
600562	高淳陶瓷	935	60.27	60.06	65.03	52.08	66.61
600299	蓝星新材	936	60.24	61.03	64.92	52.75	63.99
000971	蓝鼎控股	937	60.22	58.74	70.86	47.43	67.43
600515	海岛建设	938	60.21	58.93	69.65	46.55	70.20
000692	惠天热电	939	60.21	60.98	71.70	47.86	61.85
600227	赤天化	940	60.21	58.79	68.82	45.74	72.91
000913	钱江摩托	941	60.20	66.62	73.73	40.08	61.83
000632	三木集团	942	60.16	61.61	73.52	45.56	61.53
600064	南京高科	943	60.13	58.41	73.27	39.29	76.79
600675	中华企业	944	60.12	57.84	71.53	47.46	67.35
600396	金山股份	945	60.12	53.91	68.54	53.91	67.91
600217	秦岭水泥	946	60.11	66.03	66.76	45.92	63.16
600568	中珠控股	947	60.06	54.05	72.92	49.01	68.78
000633	合金投资	948	59.97	60.84	67.93	53.37	57.50
000421	南京中北	949	59.96	60.01	68.92	52.61	58.56
600156	华升股份	950	59.95	57.44	70.13	42.67	76.57
600771	东盛科技	951	59.94	63.62	61.68	53.84	61.00
000599	青岛双星	952	59.93	55.58	75.58	44.14	69.39
000902	中国服装	953	59.91	62.73	72.06	43.54	63.52
000622	岳阳恒力	954	59.88	62.48	65.46	53.20	58.12
000514	渝开发	955	59.88	59.85	71.86	45.02	66.05

（续表）

股票代码	股票简称	排名	内部控制指数	战略目标分指数	财务报告可靠目标分指数	资产、效率效果目标分指数	法律法规遵循目标分指数
600727	鲁北化工	956	59.87	63.42	66.01	51.91	57.77
600661	新南洋	957	59.87	59.19	73.51	48.10	59.86
600078	澄星股份	958	59.86	59.93	63.75	48.84	71.45
600302	标准股份	959	59.83	60.85	66.30	46.61	69.60
600817	*ST宏盛	960	59.82	62.40	68.91	48.20	60.78
000055	方大集团	961	59.77	61.68	63.49	51.85	63.74
600328	兰太实业	962	59.77	59.60	64.54	49.38	69.50
600355	精伦电子	963	59.74	59.65	64.41	51.26	66.51
600399	抚顺特钢	964	59.74	59.08	67.57	44.54	73.42
600363	联创光电	965	59.73	59.59	67.30	47.57	68.18
000997	新大陆	966	59.69	59.48	72.56	48.15	59.65
000524	东方宾馆	967	59.64	59.23	61.06	58.59	59.92
600775	南京熊猫	968	59.63	57.20	67.05	49.83	68.32
000890	法尔胜	969	59.62	59.94	73.89	39.49	70.21
000533	万家乐	970	59.60	66.72	70.05	41.07	62.05
000733	振华科技	971	59.56	57.70	73.40	47.32	61.92
600207	安彩高科	972	59.55	63.17	64.92	47.33	65.08
000627	天茂集团	973	59.54	61.78	76.12	40.22	62.41
000096	广聚能源	974	59.54	60.72	62.86	53.90	61.72
000831	五矿稀土	975	59.46	58.39	62.40	58.54	58.41
600731	湖南海利	976	59.45	60.50	69.27	42.68	69.98
600198	大唐电信	977	59.45	62.32	67.38	40.11	73.73
600596	新安股份	978	59.44	60.80	71.35	40.11	70.46
000628	高新发展	979	59.41	65.59	72.11	40.47	60.81
600851	海欣股份	980	59.37	55.87	74.72	38.66	75.57
000565	渝三峡A	981	59.36	59.22	67.88	45.47	69.19
000301	东方市场	982	59.35	56.13	73.02	48.75	61.64
000711	天伦置业	983	59.32	65.65	72.53	40.62	59.34
600641	万业企业	984	59.30	60.35	71.92	38.42	72.25
000996	中国中期	985	59.30	63.49	70.38	40.69	65.74
000993	闽东电力	986	59.30	62.04	66.53	41.63	72.16

（续表）

股票代码	股票简称	排名	内部控制指数	战略目标分指数	财务报告可靠目标分指数	资产、效率效果目标分指数	法律法规遵循目标分指数
600705	ST 中航	987	59.27	62.16	65.98	45.67	66.24
600110	中科英华	988	59.26	62.17	70.42	34.72	77.00
600634	ST 澄海	989	59.25	60.08	64.58	53.09	59.89
600565	迪马股份	990	59.23	58.92	67.37	45.14	70.16
000410	沈阳机床	991	59.22	63.33	66.28	46.98	61.54
600980	北矿磁材	992	59.21	61.17	73.40	37.98	68.91
000560	昆百大 A	993	59.21	56.36	69.50	50.79	62.28
600679	金山开发	994	59.20	60.63	73.17	37.29	71.18
600537	海通科技	995	59.19	52.21	68.40	48.38	74.36
000667	名流置业	996	59.19	60.33	65.81	42.76	73.63
000925	众合机电	997	59.18	59.31	69.77	42.85	69.40
600744	华银电力	998	59.12	56.56	76.70	40.53	67.24
600225	天津松江	999	59.11	57.03	67.01	49.73	65.91
600476	湘邮科技	1 000	59.11	57.40	70.63	39.37	76.35
600257	大湖股份	1 001	59.09	60.63	65.58	52.23	58.00
600093	禾嘉股份	1 002	59.05	58.08	68.82	48.74	62.76
000670	S 舜元	1 003	59.03	61.15	67.85	46.24	62.98
600419	新疆天宏	1 004	59.01	58.69	64.20	50.13	66.04
000760	博盈投资	1 005	58.98	60.39	67.76	44.77	66.39
000592	中福实业	1 006	58.96	62.75	69.16	44.65	60.62
000807	云铝股份	1 007	58.95	55.74	75.90	46.69	59.09
000882	华联股份	1 008	58.95	56.46	75.59	40.51	68.06
600107	美尔雅	1 009	58.90	55.63	72.62	42.82	69.76
600593	大连圣亚	1 010	58.88	56.85	72.75	37.18	76.33
600599	熊猫烟花	1 011	58.83	60.16	70.12	41.36	67.86
600163	福建南纸	1 012	58.83	60.59	74.95	35.26	69.80
600260	凯乐科技	1 013	58.82	59.34	63.00	47.95	69.03
600687	刚泰控股	1 014	58.77	47.58	73.37	59.11	55.55
000687	保定天鹅	1 015	58.69	55.03	73.88	47.31	60.74
600209	罗顿发展	1 016	58.69	57.14	66.28	49.68	64.47
600084	中葡股份	1 017	58.69	58.44	63.94	46.74	70.31

（续表）

股票代码	股票简称	排名	内部控制指数	战略目标分指数	财务报告可靠目标分指数	资产、效率效果目标分指数	法律法规遵循目标分指数
000029	深深房 A	1 018	58.68	58.09	67.38	48.51	63.12
600768	宁波富邦	1 019	58.68	63.46	67.37	42.11	64.39
000498	山东路桥	1 020	58.65	62.19	66.82	49.47	55.53
600821	津劝业	1 021	58.64	59.60	69.11	40.61	70.35
600870	厦华电子	1 022	58.64	58.25	64.44	51.33	62.43
600566	洪都股份	1 023	58.64	57.78	69.27	42.38	70.30
600311	荣华实业	1 024	58.60	60.16	64.28	46.06	67.56
600401	ST 海润	1 025	58.59	50.47	65.18	61.05	58.53
600232	金鹰股份	1 026	58.57	54.24	67.60	44.94	74.09
600665	天地源	1 027	58.56	56.24	69.25	49.54	61.18
600145	国创能源	1 028	58.55	64.26	67.08	44.90	58.37
600745	中茵股份	1 029	58.52	58.40	67.42	46.79	64.37
600432	吉恩镍业	1 030	58.52	59.48	72.15	36.82	71.45
600390	金瑞科技	1 031	58.52	63.40	64.46	38.52	73.36
000631	顺发恒业	1 032	58.52	57.88	62.21	52.96	62.96
600178	东安动力	1 033	58.50	60.81	66.85	41.45	69.50
600365	通葡股份	1 034	58.50	56.70	63.42	53.09	62.85
000100	TCL 集团	1 035	58.48	52.99	70.27	53.14	58.93
600885	宏发股份	1 036	58.48	56.35	67.87	52.07	58.52
000995	皇台酒业	1 037	58.45	55.33	67.62	46.63	68.94
600896	中海海盛	1 038	58.44	59.27	68.77	39.32	72.26
600854	春兰股份	1 039	58.43	57.79	66.67	48.45	63.31
600730	中国高科	1 040	58.37	60.41	72.90	36.66	68.21
000695	滨海能源	1 041	58.32	58.01	71.59	40.76	67.34
000010	SST 华新	1 042	58.31	61.49	64.90	53.18	51.70
000048	康达尔	1 043	58.29	54.84	64.77	54.62	60.40
600678	四川金顶	1 044	58.28	59.64	65.13	53.49	53.77
600965	福成五丰	1 045	58.26	51.87	74.69	47.54	61.92
600462	石岘纸业	1 046	58.20	55.95	68.32	46.14	66.28
600155	*ST 宝硕	1 047	58.20	55.09	64.68	52.21	63.36
600247	成城股份	1 048	58.19	57.65	67.70	40.67	72.93

（续表）

股票代码	股票简称	排名	内部控制指数	战略目标分指数	财务报告可靠目标分指数	资产、效率效果目标分指数	法律法规遵循目标分指数
000553	沙隆达 A	1 049	58.17	58.25	62.05	52.87	60.79
000555	＊ST 太光	1 050	58.16	59.73	62.82	49.20	62.98
000839	中信国安	1 051	58.15	57.14	73.88	42.48	61.80
600185	格力地产	1 052	58.13	58.73	69.13	49.15	55.46
000404	华意压缩	1 053	58.12	63.16	61.33	48.28	60.73
601588	北辰实业	1 054	58.08	53.49	72.94	40.35	72.08
600706	曲江文旅	1 055	58.08	59.61	66.40	44.52	64.91
600305	恒顺醋业	1 056	58.08	59.35	70.00	36.75	72.35
000548	湖南投资	1 057	58.00	57.78	71.17	43.83	61.70
600638	新黄浦	1 058	58.00	58.34	67.35	46.30	62.34
600695	大江股份	1 059	57.99	53.50	74.84	45.13	61.34
000613	大东海 A	1 060	57.98	57.13	70.79	44.03	62.87
600656	博元投资	1 061	57.92	62.52	65.07	45.22	60.07
000795	太原刚玉	1 062	57.91	51.97	75.15	47.87	58.65
600165	宁夏恒力	1 063	57.87	51.27	73.35	42.75	70.17
000591	桐君阁	1 064	57.84	66.19	66.97	39.95	59.14
600984	建设机械	1 065	57.81	60.12	56.64	55.24	59.73
000589	黔轮胎 A	1 066	57.80	57.77	63.60	50.62	60.79
600838	上海九百	1 067	57.78	52.63	76.42	41.78	64.56
000856	冀东装备	1 068	57.78	49.25	69.42	59.40	52.49
600654	飞乐股份	1 069	57.77	57.09	60.41	50.95	65.78
600856	长百集团	1 070	57.75	51.37	74.44	39.15	73.41
600962	国投中鲁	1 071	57.73	51.49	74.96	44.49	63.99
600456	宝钛股份	1 072	57.73	52.74	70.48	45.90	66.15
600961	株冶集团	1 073	57.67	62.87	74.51	32.01	65.24
000518	四环生物	1 074	57.66	59.06	67.80	43.53	62.98
000966	长源电力	1 075	57.64	53.13	72.88	37.50	74.75
600512	腾达建设	1 076	57.63	60.67	70.73	36.71	66.69
000975	科学城	1 077	57.60	52.06	65.79	46.91	71.67
600393	东华实业	1 078	57.57	60.86	66.84	38.80	68.30
000923	河北宣工	1 079	57.54	64.17	68.08	37.28	63.35

（续表）

股票代码	股票简称	排名	内部控制指数	战略目标分指数	财务报告可靠目标分指数	资产、效率效果目标分指数	法律法规遵循目标分指数
600213	亚星客车	1 080	57.54	57.62	75.33	32.85	70.59
600159	大龙地产	1 081	57.47	57.02	71.56	42.01	62.24
600179	黑化股份	1 082	57.42	60.17	63.21	45.30	63.65
600713	南京医药	1 083	57.41	58.18	71.10	36.00	70.10
600719	大连热电	1 084	57.41	57.74	72.40	36.66	67.91
600052	浙江广厦	1 085	57.41	51.52	73.77	38.24	73.61
600321	国栋建设	1 086	57.38	61.18	72.60	36.96	61.35
000525	红太阳	1 087	57.37	50.14	72.31	52.03	56.10
000836	鑫茂科技	1 088	57.34	64.08	72.94	35.12	58.81
600726	华电能源	1 089	57.27	52.79	75.19	43.70	60.16
000673	当代东方	1 090	57.26	59.59	64.46	45.20	62.06
600243	青海华鼎	1 091	57.24	60.82	69.51	40.51	60.05
000403	*ST 生化	1 092	57.22	57.25	64.33	51.28	56.27
000928	中钢吉炭	1 093	57.19	57.87	69.63	39.63	65.76
000668	荣丰控股	1 094	57.19	58.89	66.51	37.66	71.66
000078	海王生物	1 095	57.14	57.03	66.57	47.83	58.42
000151	中成股份	1 096	57.12	56.73	68.01	44.11	62.55
000595	西北轴承	1 097	57.12	59.14	65.71	44.37	61.48
600389	江山股份	1 098	57.10	52.27	75.06	37.92	69.33
600127	金健米业	1 099	57.06	56.21	67.28	36.41	76.20
000955	欣龙控股	1 100	57.06	56.27	64.78	49.61	58.95
000757	浩物股份	1 101	57.02	56.50	65.07	53.80	51.37
600202	哈空调	1 102	56.98	59.24	69.21	32.27	74.52
000990	诚志股份	1 103	56.98	60.22	65.19	38.29	69.23
600297	美罗药业	1 104	56.98	55.24	66.87	37.46	76.24
601005	重庆钢铁	1 105	56.91	52.62	74.09	35.24	73.27
000691	亚太实业	1 106	56.88	57.53	59.50	55.75	53.81
000922	佳电股份	1 107	56.84	56.72	65.36	43.14	66.32
600892	*ST 宝城	1 108	56.83	60.03	62.69	47.29	58.16
000952	广济药业	1 109	56.79	56.23	67.68	38.13	71.35
600836	界龙实业	1 110	56.77	63.35	72.78	32.84	60.61

（续表）

股票代码	股票简称	排名	内部控制指数	战略目标分指数	财务报告可靠目标分指数	资产、效率效果目标分指数	法律法规遵循目标分指数
000657	*ST 中钨	1 111	56.74	55.55	62.47	54.00	54.78
000755	山西三维	1 112	56.69	59.56	59.84	46.15	64.03
600203	ST 福日	1 113	56.64	53.03	63.88	51.09	60.86
000607	华智控股	1 114	56.58	51.83	69.21	50.15	56.31
600767	运盛实业	1 115	56.58	48.96	70.70	47.13	63.60
600265	ST 景谷	1 116	56.51	57.27	65.23	42.95	64.02
000932	华凌钢铁	1 117	56.27	56.74	68.93	35.95	69.22
000023	深天地 A	1 118	56.23	58.50	60.39	46.96	61.07
600455	ST 博通	1 119	56.19	52.08	64.46	50.06	60.67
600556	*ST 北生	1 120	56.17	53.45	66.25	42.01	68.40
600848	自仪股份	1 121	56.16	62.49	66.67	30.38	71.17
600338	ST 珠峰	1 122	56.10	54.79	62.42	45.80	65.33
000065	北方国际	1 123	56.06	58.06	48.39	58.66	59.73
000517	荣安地产	1 124	56.05	51.76	67.03	48.55	59.08
000766	通化金马	1 125	56.01	53.71	70.85	39.24	64.81
600149	ST 廊坊	1 126	55.98	54.38	65.93	48.56	55.93
600053	中江地产	1 127	55.96	51.96	67.59	37.92	74.13
000554	泰山石油	1 128	55.91	59.17	49.65	54.42	61.91
600275	武昌鱼	1 129	55.87	57.70	63.60	42.29	63.06
600539	狮头股份	1 130	55.86	56.60	69.89	32.00	71.95
600847	万里股份	1 131	55.82	51.49	66.52	50.56	55.79
000735	罗牛山	1 132	55.79	52.52	62.23	51.74	58.25
000409	ST 泰复	1 133	55.78	60.63	62.84	47.97	49.96
000019	深深宝 A	1 134	55.74	53.02	67.72	46.16	58.02
600671	ST 天目	1 135	55.73	55.49	65.45	43.01	62.14
600617	*ST 联华	1 136	55.67	54.34	62.09	43.76	67.32
000546	光华控股	1 137	55.66	51.32	67.16	49.09	56.53
000688	建新矿业	1 138	55.55	55.35	60.82	52.75	52.68
600162	香江控股	1 139	55.41	58.13	66.76	38.69	60.88
000606	青海明胶	1 140	55.33	55.26	72.98	36.26	60.03
600215	长春经开	1 141	55.33	53.79	67.06	33.19	75.73

（续表）

股票代码	股票简称	排名	内部控制指数	战略目标分指数	财务报告可靠目标分指数	资产、效率效果目标分指数	法律法规遵循目标分指数
000018	ST 中冠	1 142	55.29	57.98	61.35	41.96	63.12
600381	＊ST 贤成	1 143	55.25	60.34	55.38	51.45	52.72
600751	天津海运	1 144	55.20	56.79	66.30	43.03	55.79
600735	新华锦	1 145	55.13	50.55	67.60	42.26	64.91
600764	中电广通	1 146	55.06	51.07	72.84	41.28	57.70
600228	ST 昌九	1 147	55.04	50.58	63.09	45.00	66.57
600408	安泰集团	1 148	54.99	53.23	69.26	36.46	66.46
000532	＊ST 力合	1 149	54.98	53.58	62.36	45.91	60.89
600603	＊ST 兴业	1 150	54.94	54.79	68.53	38.53	61.42
000697	炼石有色	1 151	54.92	58.44	61.76	44.58	55.60
000062	深圳华强	1 152	54.91	55.93	62.69	42.75	61.15
000519	江南红箭	1 153	54.83	54.68	71.92	36.31	59.63
000031	中粮地产	1 154	54.81	51.86	67.43	44.84	57.18
000030	富奥股份	1 155	54.81	56.26	64.47	42.22	58.34
600249	两面针	1 156	54.81	57.24	68.41	32.61	66.14
600986	科达股份	1 157	54.81	60.87	65.17	36.23	59.19
600234	ST 天龙	1 158	54.81	51.11	66.08	43.27	62.77
000875	吉电股份	1 159	54.76	50.87	69.80	43.78	56.79
000909	数源科技	1 160	54.76	50.54	71.32	42.37	57.35
600753	东方银星	1 161	54.69	57.21	68.86	33.08	64.14
000594	国恒铁路	1 162	54.65	55.71	69.39	36.78	59.81
600129	太极集团	1 163	54.63	51.52	70.85	35.56	66.36
600860	北人股份	1 164	54.61	52.09	63.30	46.33	59.23
000779	三毛派神	1 165	54.58	52.30	70.02	40.25	58.63
000813	天山纺织	1 166	54.56	52.57	73.16	36.74	59.08
000820	金城股份	1 167	54.50	57.91	64.24	43.48	52.26
600312	平高电气	1 168	54.47	50.50	68.59	35.74	70.11
600610	S 中纺机	1 169	54.33	56.85	62.39	34.83	69.26
600793	ST 宜纸	1 170	54.30	55.48	64.17	41.60	58.10
600894	广钢股份	1 171	54.24	51.80	73.81	31.54	65.78
000803	金宇车城	1 172	54.24	51.22	67.82	43.40	56.67

（续表）

股票代码	股票简称	排名	内部控制指数	战略目标分指数	财务报告可靠目标分指数	资产、效率效果目标分指数	法律法规遵循目标分指数
000016	深康佳 A	1 173	54.22	54.49	68.10	36.64	61.44
000426	富龙热电	1 174	54.22	51.31	72.71	36.82	59.73
600281	ST 太化	1 175	54.18	50.25	65.19	40.02	67.05
600640	中卫国脉	1 176	54.11	51.19	73.93	31.02	66.66
000033	新都酒店	1 177	54.08	57.52	64.97	35.72	61.66
600239	云南城投	1 178	54.03	53.04	67.03	33.47	69.24
600555	九龙山	1 179	54.01	52.34	62.49	43.87	60.50
000526	旭飞投资	1 180	53.98	58.95	63.52	41.47	51.78
000068	华控赛格	1 181	53.86	55.09	63.01	42.07	57.23
600180	瑞茂通	1 182	53.79	51.05	63.73	42.44	61.78
600680	上海普天	1 183	53.69	50.04	73.36	36.86	57.86
600890	中房股份	1 184	53.59	51.29	64.13	47.44	51.91
000061	农产品	1 185	53.58	57.30	58.84	46.84	50.53
600538	*ST 国发	1 186	53.52	54.13	63.27	38.57	61.97
000727	华东科技	1 187	53.51	57.24	69.00	32.89	57.55
600191	华资实业	1 188	53.49	50.28	72.06	32.23	65.44
600291	西水股份	1 189	53.48	54.43	62.43	34.45	68.93
000597	东北制药	1 190	53.30	52.67	73.04	31.91	59.57
000958	*ST 东热	1 191	53.27	52.91	64.54	40.26	58.13
000413	宝石 A	1 192	53.27	57.53	63.54	43.89	46.30
000505	*ST 珠江	1 193	53.16	54.88	63.51	37.27	60.41
000534	万泽股份	1 194	53.15	52.27	70.24	35.08	58.39
600083	ST 博信	1 195	53.12	50.90	64.83	37.60	64.27
600777	新潮实业	1 196	53.09	55.81	70.25	29.09	61.66
600444	*ST 国通	1 197	53.06	56.43	65.28	32.09	62.92
600319	亚星化学	1 198	53.03	58.34	60.87	36.31	59.35
600095	哈高科	1 199	52.87	52.08	68.29	29.73	68.36
000155	*ST 川化	1 200	52.78	54.64	70.77	32.37	55.93
600250	*ST 南纺	1 201	52.75	57.26	66.76	30.49	60.17
000717	韶钢松山	1 202	52.66	51.99	67.44	35.48	59.51
600421	*ST 国药	1 203	52.64	54.05	65.47	33.82	61.44

（续表）

股票代码	股票简称	排名	内部控制指数	战略目标分指数	财务报告可靠目标分指数	资产、效率效果目标分指数	法律法规遵循目标分指数
000502	绿景地产	1 204	52.63	45.01	65.27	47.52	54.98
600359	*ST 新农	1 205	52.63	54.62	64.74	32.63	63.36
600306	商业城	1 206	52.62	51.35	63.60	35.76	65.40
600707	彩虹股份	1 207	52.49	55.78	66.26	30.96	61.15
000912	泸天化	1 208	52.41	51.12	66.38	39.35	54.95
600877	*ST 嘉陵	1 209	52.34	47.70	71.11	32.90	63.49
000025	特力 A	1 210	52.28	51.35	68.46	35.93	56.23
600358	国旅联合	1 211	52.24	50.45	66.49	32.88	65.09
000520	长航凤凰	1 212	52.22	51.14	68.97	34.33	58.04
000787	*ST 创智	1 213	52.02	49.86	59.58	46.35	53.57
000892	星美联合	1 214	51.99	43.62	57.27	57.67	49.18
000420	吉林化纤	1 215	51.98	51.41	73.81	28.36	58.63
600074	ST 中达	1 216	51.93	49.74	62.71	36.03	65.00
600331	宏达股份	1 217	51.92	53.86	63.42	31.02	65.07
600800	天津磁卡	1 218	51.92	47.58	68.69	39.88	53.85
600790	轻纺城	1 219	51.91	49.95	60.96	41.68	58.20
600579	*ST 黄海	1 220	51.89	49.64	67.18	33.88	61.88
600737	中粮屯河	1 221	51.83	46.68	73.38	34.74	56.13
600346	大橡塑	1 222	51.72	49.90	69.45	33.12	58.45
600769	*ST 祥龙	1 223	51.72	54.39	62.12	34.19	59.92
600715	ST 松辽	1 224	51.71	53.09	66.82	30.44	61.15
600186	莲花味精	1 225	51.62	55.91	64.50	32.82	55.63
600733	*ST 前锋	1 226	51.62	46.98	67.44	39.56	55.40
600532	华阳科技	1 227	51.47	48.45	68.56	30.18	65.32
600844	丹化科技	1 228	51.39	49.33	70.03	33.20	56.57
000677	*ST 海龙	1 229	51.33	59.81	59.59	34.12	52.62
600087	*ST 长航	1 230	51.29	50.27	64.46	32.63	63.33
600882	*ST 大成	1 231	50.98	57.95	67.85	25.12	55.92
600287	江苏舜天	1 232	50.95	50.19	61.66	32.77	65.38
000503	海虹控股	1 233	50.80	54.00	65.15	30.07	57.49
000408	金谷源	1 234	50.75	57.18	57.38	34.96	55.50

（续表）

股票代码	股票简称	排名	内部控制指数	战略目标分指数	财务报告可靠目标分指数	资产、效率效果目标分指数	法律法规遵循目标分指数
000511	银基发展	1 235	50.65	46.07	72.93	31.18	56.69
600696	多伦股份	1 236	50.58	50.25	57.58	40.90	56.26
600385	*ST 金泰	1 237	50.58	50.25	64.74	28.63	65.23
000509	S*ST 华塑	1 238	50.50	54.18	57.71	39.37	51.58
600091	ST 明科	1 239	50.45	50.83	58.08	32.83	66.53
000150	宜华地产	1 240	50.43	45.81	71.68	32.07	56.30
600766	*ST 园城	1 241	50.34	51.76	64.32	34.45	52.90
000720	*ST 能山	1 242	50.31	51.16	66.02	30.78	57.05
000662	*ST 索芙特	1 243	50.22	50.97	66.06	30.17	57.72
600146	大元股份	1 244	50.13	50.02	65.60	29.89	59.90
600732	上海新梅	1 245	50.12	45.71	68.80	33.93	55.90
600320	振华重工	1 246	50.08	47.10	61.96	31.42	67.20
600301	*ST 南化	1 247	50.08	50.54	63.44	29.30	62.78
000545	*ST 吉药	1 248	50.08	55.35	59.11	32.97	55.33
000972	*ST 新中基	1 249	50.08	52.53	65.89	26.87	59.78
000504	ST 传媒	1 250	50.07	51.00	66.03	29.37	58.16
000751	*ST 锌业	1 251	49.62	50.67	64.88	29.38	57.76
000767	*ST 漳泽	1 252	49.55	50.96	66.48	29.39	54.55
600392	*ST 太工	1 253	49.51	47.04	65.01	30.81	60.66
000681	*ST 远东	1 254	49.50	52.75	57.71	38.50	49.66
000806	*ST 银河	1 255	49.43	55.66	60.68	30.93	52.10
000037	深南电 A	1 256	49.38	44.34	66.99	35.68	53.86
600747	大连控股	1 257	49.34	44.54	69.66	32.69	54.17
000056	*ST 国商	1 258	49.11	52.07	62.55	31.54	52.53
000953	*ST 河北	1 259	49.03	49.89	59.27	30.68	61.72
000805	*ST 炎黄	1 260	49.01	48.45	57.57	41.49	49.47
000576	*ST 甘化	1 261	48.91	48.57	64.29	30.37	56.47
600692	亚通股份	1 262	48.90	44.95	70.33	29.57	54.92
000676	*ST 思达	1 263	48.90	50.81	63.20	32.56	50.86
000693	S*ST 聚友	1 264	48.83	53.30	58.99	33.57	50.87
000838	*ST 国兴	1 265	48.79	44.49	69.29	31.11	54.14

（续表）

股票代码	股票简称	排名	内部控制指数	战略目标分指数	财务报告可靠目标分指数	资产、效率效果目标分指数	法律法规遵循目标分指数
000046	泛海建设	1 266	48.77	44.38	63.63	36.47	53.92
000725	京东方 A	1 267	48.67	45.92	63.73	34.51	53.78
000815	*ST 美利	1 268	48.56	46.30	64.32	32.04	55.59
000908	*ST 天一	1 269	48.28	56.93	56.77	27.28	54.89
000017	*ST 中华 A	1 270	48.12	49.38	54.43	37.23	54.11
000035	*ST 科健	1 271	48.03	46.85	62.24	32.94	53.21
000899	*ST 赣能	1 272	47.93	47.99	61.03	30.65	56.13
000663	永安林业	1 273	47.14	44.82	61.68	31.80	54.13
000585	*ST 东北	1 274	46.93	48.98	59.93	28.74	53.46
000617	石油济柴	1 275	46.67	46.86	60.92	28.29	54.77
000615	湖北金环	1 276	46.36	44.87	62.79	27.88	54.22
600076	*ST 青鸟	1 277	46.25	48.09	56.38	26.65	59.47
000005	世纪星源	1 278	46.10	49.09	58.01	33.36	44.13
000557	*ST 广夏	1 279	46.08	52.31	56.26	29.45	47.38
000605	*ST 四环	1 280	45.52	47.78	61.28	28.40	46.09
600698	ST 轻骑	1 281	45.12	42.60	62.07	27.11	53.19

附表二　2013 年国有控股上市公司内部控制状况排序

股票代码	股票简称	排名	内部控制指数	战略目标分指数	财务报告可靠目标分指数	资产、效率效果目标分指数	法律法规遵循目标分指数
000651	格力电器	1	89.71	88.76	89.81	92.04	87.45
000543	皖能电力	2	87.47	88.63	85.98	90.32	83.24
000550	江铃汽车	3	86.54	85.56	85.77	91.11	82.07
601006	大秦铁路	4	86.50	87.80	86.28	87.19	83.61
600583	海油工程	5	85.92	86.20	85.46	86.43	85.32
600690	青岛海尔	6	85.83	89.20	84.05	83.04	87.24
600741	华域汽车	7	85.49	85.92	84.04	85.86	86.30
600104	上海汽车	8	85.31	86.05	85.82	83.54	86.15
601111	中国国航	9	83.49	88.53	82.03	75.44	89.96
600519	贵州茅台	10	83.29	82.61	75.16	91.81	82.72
600309	烟台万华	11	83.19	77.78	84.25	88.42	82.29

（续表）

股票代码	股票简称	排名	内部控制指数	战略目标分指数	财务报告可靠目标分指数	资产、效率效果目标分指数	法律法规遵循目标分指数
601088	中国神华	12	83.16	81.36	79.11	88.79	83.09
600600	青岛啤酒	13	83.11	82.99	79.26	84.94	85.95
000568	泸州老窖	14	82.94	81.87	75.37	89.50	85.26
600547	山东黄金	15	82.93	82.98	78.90	83.96	87.03
000538	云南白药	16	82.82	81.18	82.20	83.86	84.75
600971	恒源煤电	17	82.81	84.02	81.84	79.64	87.22
000937	冀中能源	18	82.43	82.38	81.45	81.85	84.83
600489	中金黄金	19	82.11	80.59	78.06	86.58	83.40
601857	中国石油	20	81.87	83.99	77.42	84.34	80.95
600028	中国石化	21	81.77	79.83	81.73	84.88	80.11
000157	中联重科	22	81.65	82.58	78.03	84.47	80.93
600585	海螺水泥	23	81.47	82.37	78.80	83.93	79.95
600809	山西汾酒	24	81.45	80.13	75.62	87.16	83.00
600348	国阳新能	25	81.18	83.25	78.02	82.50	80.23
600271	航天信息	26	80.76	83.08	79.26	80.54	79.48
601666	平煤股份	27	80.56	81.55	78.81	78.80	84.22
000877	天山股份	28	80.49	80.49	81.66	77.43	83.62
000581	威孚高科	29	80.43	81.88	78.75	77.81	84.60
000780	平庄能源	30	80.40	80.09	82.11	78.40	81.60
600188	兖州煤业	31	80.34	83.88	77.35	76.23	85.29
600115	东方航空	32	80.20	83.02	76.44	77.07	85.89
000002	万科 A	33	80.16	81.18	79.70	81.21	77.48
000417	合肥百货	34	80.01	79.75	78.38	78.46	85.19
000425	徐工机械	35	79.93	85.40	75.51	74.48	85.92
000655	金岭矿业	36	79.86	81.89	78.69	77.99	81.18
600563	法拉电子	37	79.83	82.22	80.41	74.83	82.96
600508	上海能源	38	79.76	80.82	77.08	79.81	81.82
000858	五粮液	39	79.71	82.90	75.98	88.23	66.51
000423	东阿阿胶	40	79.66	80.54	77.49	80.14	80.56
000786	北新建材	41	79.58	75.42	83.00	81.41	78.59
601001	大同煤业	42	79.55	80.86	77.07	77.44	84.25

（续表）

股票代码	股票简称	排名	内部控制指数	战略目标分指数	财务报告可靠目标分指数	资产、效率效果目标分指数	法律法规遵循目标分指数
000596	古井贡酒	43	79.51	76.82	80.08	81.15	80.53
000888	峨眉山 A	44	79.39	77.07	79.10	81.84	79.75
000778	新兴铸管	45	79.38	78.57	81.76	76.36	82.05
600582	天地科技	46	79.31	78.22	78.36	78.80	83.24
600897	厦门空港	47	79.24	77.87	79.44	79.87	80.23
600315	上海家化	48	79.22	76.76	79.88	80.46	80.34
000012	南玻 A	49	79.20	84.55	75.90	72.38	85.89
600395	盘江股份	50	79.18	80.05	76.32	81.29	78.58
600970	中材国际	51	79.12	82.70	78.00	71.82	86.31
600754	锦江股份	52	79.06	79.68	82.12	71.77	85.09
000933	神火股份	53	79.02	79.98	78.47	76.20	82.65
600863	内蒙华电	54	78.58	78.31	79.07	78.44	78.57
600166	福田汽车	55	78.47	84.39	80.41	67.23	83.63
000625	长安汽车	56	78.38	82.37	78.82	68.62	86.51
000039	中集集团	57	78.30	79.23	79.66	73.13	82.93
600195	中牧股份	58	78.29	77.79	79.27	74.94	82.96
600350	山东高速	59	78.28	76.72	77.69	77.52	82.87
000708	大冶特钢	60	78.24	79.46	77.06	75.16	82.80
600436	片仔癀	61	78.23	77.45	78.54	74.46	84.95
600406	国电南瑞	62	78.16	77.27	77.31	78.15	80.85
600750	江中药业	63	77.97	80.06	77.70	74.92	79.72
600375	星马汽车	64	77.95	79.00	79.54	72.06	83.17
600418	江淮汽车	65	77.92	81.38	80.06	68.17	84.45
600880	博瑞传播	66	77.89	78.15	76.17	77.33	80.81
601898	中煤能源	67	77.88	75.10	79.62	76.75	81.68
601699	潞安环能	68	77.84	80.34	78.07	72.57	81.68
600362	江西铜业	69	77.81	79.56	75.83	81.48	72.05
600160	巨化股份	70	77.80	80.25	74.10	76.83	80.62
000069	华侨城 A	71	77.80	79.45	77.18	80.30	72.07
600612	老凤祥	72	77.74	77.00	77.13	74.62	84.71
600859	王府井	73	77.72	76.49	78.86	76.78	79.59

（续表）

股票代码	股票简称	排名	内部控制指数	战略目标分指数	财务报告可靠目标分指数	资产、效率效果目标分指数	法律法规遵循目标分指数
601918	国投新集	74	77.70	76.37	78.91	76.75	79.63
600085	同仁堂	75	77.69	72.82	79.58	80.10	79.18
000401	冀东水泥	76	77.62	78.80	76.99	74.38	81.67
000789	江西水泥	77	77.57	75.46	80.02	76.11	79.77
600900	长江电力	78	77.55	77.78	74.33	77.64	81.68
600377	宁沪高速	79	77.55	75.54	80.84	73.75	82.07
600742	一汽富维	80	77.54	79.17	78.22	73.67	79.97
600125	铁龙物流	81	77.51	77.72	74.45	77.93	80.90
600561	江西长运	82	77.51	76.59	78.80	74.74	81.49
000999	华润三九	83	77.50	75.60	74.24	80.57	80.48
600060	海信电器	84	77.46	72.87	77.62	81.31	78.69
600048	保利地产	85	77.38	74.71	75.52	79.11	81.71
600123	兰花科创	86	77.38	75.03	76.51	79.65	78.89
000338	潍柴动力	87	77.34	82.51	78.45	68.65	80.93
600794	保税科技	88	77.32	78.19	78.21	75.26	77.84
000880	潍柴重机	89	77.31	80.50	77.88	69.54	83.43
601808	中海油服	90	77.25	76.61	81.08	74.06	77.83
000528	柳工	91	77.25	83.41	74.55	68.32	85.04
000422	湖北宜化	92	77.24	75.44	75.09	79.05	80.45
000680	山推股份	93	77.21	81.84	80.19	65.02	84.52
600761	安徽合力	94	77.17	78.31	77.36	72.54	82.29
600199	金种子酒	95	77.16	76.05	72.98	80.14	80.27
601607	上海医药	96	77.15	77.96	77.78	74.42	79.23
600658	电子城	97	76.91	77.02	75.94	73.60	83.33
000552	靖远煤电	98	76.82	76.55	78.16	74.16	79.51
000987	广州友谊	99	76.79	76.26	76.27	75.21	80.90
600004	白云机场	100	76.78	71.33	79.42	77.64	80.59
600153	建发股份	101	76.32	76.24	75.61	74.67	80.07
600815	厦工股份	102	76.30	79.31	78.95	67.22	81.82
600039	四川路桥	103	76.22	77.22	76.59	76.61	73.45
600029	南方航空	104	76.19	80.82	74.91	71.60	77.66

（续表）

股票代码	股票简称	排名	内部控制指数	战略目标分指数	财务报告可靠目标分指数	资产、效率效果目标分指数	法律法规遵循目标分指数
000792	盐湖钾肥	105	76.18	77.09	74.64	75.57	77.89
600111	包钢稀土	106	76.02	75.71	78.36	73.74	76.73
000666	经纬纺机	107	75.99	73.84	75.88	75.20	80.88
600829	三精制药	108	75.93	74.08	81.48	69.40	81.23
600505	西昌电力	109	75.92	74.09	80.09	70.37	81.62
600150	中国船舶	110	75.89	77.97	77.44	68.03	82.60
600425	青松建化	111	75.80	75.71	79.12	69.47	81.13
000598	兴蓉投资	112	75.76	71.76	78.80	75.61	78.21
600684	珠江实业	113	75.69	67.76	78.92	80.99	75.72
601333	广深铁路	114	75.64	73.69	75.01	73.99	82.34
600983	合肥三洋	115	75.64	77.23	74.55	71.25	81.47
600054	黄山旅游	116	75.61	75.38	75.11	72.78	81.19
600098	广州控股	117	75.40	72.39	76.37	75.08	79.46
600637	广电信息	118	75.35	69.17	74.70	79.58	79.78
600636	三爱富	119	75.28	71.60	77.71	72.95	81.48
600138	中青旅	120	75.22	71.96	77.14	73.61	80.34
600795	国电电力	121	75.19	74.18	77.35	70.97	80.34
600987	航民股份	122	75.17	75.56	73.39	73.63	79.52
600784	鲁银投资	123	75.16	71.62	80.92	71.21	78.90
000501	鄂武商 A	124	75.12	72.52	77.37	73.88	78.11
000883	湖北能源	125	75.10	79.70	80.24	62.81	79.46
600310	桂东电力	126	75.08	77.56	76.25	67.30	81.58
600835	上海电气	127	75.08	74.79	76.03	70.36	81.61
600373	中文传媒	128	75.06	77.19	75.19	70.37	78.73
600997	开滦股份	129	75.04	74.69	77.39	70.17	79.87
000043	中航地产	130	75.02	74.54	75.53	71.08	81.26
600546	山煤国际	131	75.02	75.41	75.82	76.31	71.19
000885	同力水泥	132	75.00	71.48	77.70	72.56	80.72
601899	紫金矿业	133	74.95	72.81	72.24	84.46	67.40
600688	S 上石化	134	74.85	75.65	78.53	68.28	78.58
600221	海南航空	135	74.84	76.99	74.17	69.77	80.27

（续表）

股票代码	股票简称	排名	内部控制指数	战略目标分指数	财务报告可靠目标分指数	资产、效率效果目标分指数	法律法规遵循目标分指数
600739	辽宁成大	136	74.83	71.96	77.04	72.42	80.17
600875	东方电气	137	74.79	74.77	76.64	69.03	81.23
000006	深振业 A	138	74.70	72.21	74.12	79.03	72.84
000983	西山煤电	139	74.62	75.64	77.84	76.56	65.28
600578	京能热电	140	74.59	68.54	74.79	79.44	76.63
600170	上海建工	141	74.44	76.14	74.01	68.35	81.82
600141	兴发集团	142	74.41	72.95	76.68	70.63	79.46
600642	申能股份	143	74.40	71.79	77.86	71.48	78.28
600805	悦达投资	144	74.40	72.17	77.94	70.95	78.37
600502	安徽水利	145	74.38	72.27	77.14	72.17	77.35
000539	粤电力 A	146	74.36	71.92	76.03	73.61	77.12
600012	皖通高速	147	74.33	72.69	75.81	71.61	79.18
000917	电广传媒	148	74.30	76.75	76.88	66.66	78.60
600686	金龙汽车	149	74.30	73.87	78.70	67.04	80.06
000060	中金岭南	150	74.28	73.17	78.01	68.91	79.17
600650	锦江投资	151	74.28	72.44	76.70	71.24	78.57
600697	欧亚集团	152	74.23	71.64	79.31	70.57	76.92
600780	通宝能源	153	74.21	70.80	79.33	72.05	75.83
000042	深长城	154	74.03	74.04	75.78	73.85	71.78
600458	时代新材	155	74.00	76.31	77.16	65.22	79.50
000900	现代投资	156	73.98	74.16	75.96	69.58	77.74
600831	广电网络	157	73.88	72.92	75.45	69.54	79.99
601766	中国南车	158	73.79	73.95	75.62	67.68	80.48
600018	上港集团	159	73.70	71.42	78.33	69.30	77.69
600664	哈药股份	160	73.70	76.52	79.56	60.65	81.14
600729	重庆百货	161	73.68	69.81	77.85	72.03	76.64
600587	新华医疗	162	73.67	71.35	77.21	69.40	79.09
600068	葛洲坝	163	73.67	72.99	79.04	64.97	80.72
600009	上海机场	164	73.67	70.18	76.52	71.61	78.50
600062	双鹤药业	165	73.61	74.21	73.34	68.58	80.88
600113	浙江东日	166	73.58	74.62	73.90	67.31	81.27

（续表）

股票代码	股票简称	排名	内部控制指数	战略目标分指数	财务报告可靠目标分指数	资产、效率效果目标分指数	法律法规遵循目标分指数
600101	明星电力	167	73.55	71.43	79.48	65.37	81.34
600449	赛马置业	168	73.53	75.20	78.77	62.39	80.78
600081	东风科技	169	73.46	73.53	77.00	66.51	79.16
600386	北巴传媒	170	73.45	69.92	74.80	71.99	79.59
600197	伊力特	171	73.35	72.63	77.00	66.80	79.57
600403	大有能源	172	73.33	60.37	73.90	86.98	72.30
000089	深圳机场	173	73.31	72.14	77.15	68.04	77.99
600969	郴电国际	174	73.31	70.10	79.01	66.98	80.28
000630	铜陵有色	175	73.30	72.30	76.44	69.28	76.74
600298	安琪酵母	176	73.29	73.80	73.71	69.15	78.34
600121	郑州煤电	177	73.28	70.76	75.25	68.20	82.57
600409	三友化工	178	73.27	69.75	75.21	72.75	77.07
600985	雷鸣科技	179	73.26	74.57	78.05	68.08	72.36
000970	中科三环	180	73.26	69.85	74.84	71.87	78.74
600827	友谊股份	181	73.15	70.40	72.52	74.21	76.92
600461	洪城水业	182	73.14	74.43	75.01	66.08	79.43
000537	广宇发展	183	73.12	71.78	72.56	75.19	72.88
600323	南海发展	184	73.05	73.17	77.93	64.78	78.79
600266	北京城建	185	73.04	71.74	73.96	68.31	81.28
000793	华闻传媒	186	73.03	68.05	82.46	68.25	75.13
600720	祁连山	187	73.02	74.89	79.11	62.79	77.26
600710	常林股份	188	72.82	74.58	78.30	60.74	81.04
000915	山大华特	189	72.81	71.31	77.04	66.76	78.71
600597	光明乳业	190	72.80	70.67	78.73	64.15	81.33
601007	金陵饭店	191	72.68	70.72	74.43	64.98	85.44
600258	首旅股份	192	72.66	75.26	73.31	65.41	78.86
600581	八一钢铁	193	72.66	71.77	76.94	65.30	79.51
600667	太极实业	194	72.65	73.07	77.90	62.74	79.98
600871	S 仪化	195	72.44	75.05	74.54	68.43	71.44
000022	深赤湾 A	196	72.42	73.39	76.51	67.39	72.83
000729	燕京啤酒	197	72.35	72.12	74.87	66.34	78.54

（续表）

股票代码	股票简称	排名	内部控制指数	战略目标分指数	财务报告可靠目标分指数	资产、效率效果目标分指数	法律法规遵循目标分指数
000759	武汉中百	198	72.31	71.15	77.99	64.60	78.13
600183	生益科技	199	72.28	72.80	73.24	67.04	78.29
000881	大连国际	200	72.24	72.04	77.49	61.24	82.29
600982	宁波热电	201	72.14	71.09	73.67	68.35	77.60
600668	尖峰集团	202	72.13	68.48	79.30	67.37	75.25
600778	友好集团	203	72.12	69.61	80.36	63.15	78.49
600480	凌云股份	204	72.11	75.18	72.92	63.04	80.15
600548	深高速	205	72.10	69.65	75.99	67.24	78.17
600126	杭钢股份	206	71.96	69.72	77.78	65.03	78.16
600712	南宁百货	207	71.96	71.24	75.53	65.86	77.61
600019	宝钢股份	208	71.88	73.27	71.11	67.22	78.01
000529	广弘控股	209	71.86	69.44	77.11	68.93	72.87
000028	一致药业	210	71.84	69.95	77.99	64.54	77.53
600841	上柴股份	211	71.82	70.52	77.24	65.59	75.93
600248	延长化建	212	71.81	72.33	73.30	65.88	78.14
600500	中化国际	213	71.64	71.01	76.20	62.36	80.68
000905	厦门港务	214	71.62	68.99	77.27	62.25	82.53
600329	中新药业	215	71.57	70.15	77.52	62.48	79.61
600498	烽火通讯	216	71.54	69.21	78.11	64.96	76.23
600845	宝信软件	217	71.50	71.17	72.02	66.91	78.50
600017	日照港	218	71.45	69.16	75.01	66.10	78.50
600270	外运发展	219	71.43	71.80	75.39	63.34	77.84
600267	海正药业	220	71.41	69.44	75.01	70.32	71.19
600088	中视传媒	221	71.40	69.96	73.02	67.97	76.83
000544	中原环保	222	71.37	70.99	73.48	64.98	78.98
000698	沈阳化工	223	71.30	72.54	76.39	62.13	76.34
000811	烟台冰轮	224	71.29	70.23	71.01	69.08	76.93
601991	大唐发电	225	71.29	68.73	78.48	63.86	76.84
600639	浦东金桥	226	71.21	69.02	70.65	66.23	83.42
600685	广船国际	227	71.21	74.62	73.41	62.57	76.04
600551	时代出版	228	71.19	69.88	71.54	69.32	75.75

（续表）

股票代码	股票简称	排名	内部控制指数	战略目标分指数	财务报告可靠目标分指数	资产、效率效果目标分指数	法律法规遵循目标分指数
600529	山东药玻	229	71.14	70.43	75.89	62.16	79.55
600307	酒钢宏兴	230	71.13	65.39	77.21	67.26	77.87
600995	文山电力	231	71.09	70.35	74.83	64.71	76.94
000059	辽通化工	232	71.07	69.77	70.30	69.14	77.31
600511	国药股份	233	71.07	71.83	76.56	60.59	78.37
000661	长春高新	234	71.03	75.17	70.87	67.45	70.11
600717	天津港	235	71.02	68.04	76.30	66.10	76.05
600011	华能国际	236	71.02	69.91	76.57	61.74	79.45
000985	大庆华科	237	71.01	68.96	74.03	66.35	77.33
000828	东莞控股	238	70.98	68.82	76.18	61.95	81.22
600662	强生控股	239	70.92	66.63	81.20	65.63	71.47
600372	中航电子	240	70.92	68.24	75.55	67.54	73.95
600723	西单商场	241	70.90	66.54	76.26	66.62	77.06
600648	外高桥	242	70.86	70.86	76.38	61.87	77.07
600676	交运股份	243	70.80	71.01	73.61	63.13	78.45
600006	东风汽车	244	70.79	70.92	74.06	61.56	80.37
600619	海立股份	245	70.78	68.98	75.50	62.83	79.42
600626	申达股份	246	70.77	69.37	73.64	66.12	76.25
600269	赣粤高速	247	70.77	69.28	72.63	64.11	80.96
600787	中储股份	248	70.74	69.61	73.12	66.82	75.32
000878	云南铜业	249	70.73	67.83	77.31	61.05	81.21
600814	杭州解百	250	70.69	68.93	77.95	64.00	73.63
600975	新五丰	251	70.65	72.38	74.26	65.12	71.33
000582	北海港	252	70.62	74.02	73.04	65.60	69.47
000920	南方汇通	253	70.60	68.27	77.55	61.30	79.00
000819	岳阳兴长	254	70.50	72.50	76.13	65.70	66.70
600783	鲁信创投	255	70.41	69.35	73.86	64.60	76.32
000011	深物业 A	256	70.35	65.62	71.26	79.91	61.76
000919	金陵药业	257	70.33	69.69	72.25	64.11	78.41
600339	天利高新	258	70.32	71.65	74.19	60.83	77.48
601727	上海电气	259	70.26	68.27	76.91	62.18	76.65

（续表）

股票代码	股票简称	排名	内部控制指数	战略目标分指数	财务报告可靠目标分指数	资产、效率效果目标分指数	法律法规遵循目标分指数
000810	华润锦华	260	70.20	72.48	70.32	65.47	73.73
600118	中国卫星	261	70.19	68.73	71.13	66.48	77.06
600035	楚天高速	262	70.19	71.26	73.61	60.80	78.26
000721	西安饮食	263	70.16	66.86	79.11	63.00	73.97
600644	乐山电力	264	70.10	68.62	74.39	60.89	80.84
600131	岷江水电	265	70.09	69.44	72.77	61.96	80.09
600874	创业环保	266	70.07	66.71	76.78	61.30	79.73
000791	甘肃电投	267	70.06	68.89	77.75	64.68	69.38
000800	一汽轿车	268	75.79	81.61	81.15	59.99	83.37
601866	中海集运	269	72.81	79.22	81.58	51.60	83.00
600231	凌钢股份	270	71.95	72.78	79.01	59.92	79.31
000713	丰乐种业	271	71.88	73.39	79.46	59.57	77.86
000926	福星股份	272	71.15	74.03	78.39	55.79	80.14
000906	南方建材	273	70.97	69.59	78.26	58.64	82.09
600071	凤凰光学	274	70.85	72.67	78.35	55.99	80.44
000850	华茂股份	275	70.71	70.70	78.88	58.73	77.78
000798	中水渔业	276	70.62	71.11	81.51	56.45	76.44
600026	中海发展	277	70.59	68.51	76.28	59.99	82.46
000636	风华高科	278	70.58	72.69	75.81	58.02	79.35
000951	中国重汽	279	70.28	74.07	73.37	57.32	79.97
600169	太原重工	280	70.11	72.31	76.73	56.20	78.82
600433	冠豪高新	281	69.92	66.50	75.88	61.77	79.73
000901	航天科技	282	69.92	74.77	72.16	64.14	67.83
000522	白云山 A	283	69.87	68.04	73.15	65.77	74.57
600960	渤海活塞	284	69.82	73.50	74.19	63.09	68.07
000825	太钢不锈	285	69.79	66.50	79.67	60.88	74.97
600161	天坛生物	286	69.78	68.43	71.48	65.45	76.36
000830	鲁西化工	287	69.76	65.95	76.23	66.68	71.55
000969	安泰科技	288	69.76	66.74	74.71	64.10	76.46
000027	深圳能源	289	69.71	67.74	72.38	66.27	74.50
600470	六国化工	290	69.68	67.60	75.08	62.09	77.25

（续表）

股票代码	股票简称	排名	内部控制指数	战略目标分指数	财务报告可靠目标分指数	资产、效率效果目标分指数	法律法规遵循目标分指数
600791	京能置业	291	69.59	66.73	71.82	69.08	71.89
000049	德赛电池	292	69.57	68.32	69.56	73.15	66.03
600618	氯碱化工	293	69.55	65.88	77.07	61.79	76.96
600486	扬农化工	294	69.50	67.31	74.75	62.72	76.17
000960	锡业股份	295	69.37	66.98	72.93	65.04	74.94
600967	北方创业	296	69.33	66.84	72.31	66.42	73.68
600479	千金药业	297	69.30	66.30	75.38	62.45	76.26
600549	厦门钨业	298	69.20	64.78	73.36	66.44	74.79
600704	中大股份	299	69.11	66.25	73.42	62.13	78.56
000860	顺鑫农业	300	69.11	67.62	75.01	61.23	75.43
000758	中色股份	301	69.09	66.66	77.50	61.19	73.38
000788	西南合成	302	69.08	72.17	69.06	64.58	71.11
600674	川投能源	303	69.07	67.09	74.45	62.46	74.96
000988	华工科技	304	69.07	68.32	73.12	60.79	77.46
600746	江苏索普	305	69.01	66.64	75.34	61.70	75.28
000761	本钢板材	306	68.99	68.52	73.86	60.52	76.05
600559	老白干酒	307	68.95	66.34	75.98	63.28	72.04
000822	山东海化	308	68.92	64.71	80.22	61.04	71.95
600616	金枫酒业	309	68.91	66.23	73.93	63.78	74.17
000957	中通客车	310	68.91	65.37	73.67	60.92	80.43
000665	武汉塑料	311	68.64	67.25	73.91	61.93	73.91
600575	芜湖港	312	68.59	64.96	72.19	66.63	72.44
600120	浙江东方	313	68.51	69.09	74.66	63.55	66.53
600881	亚泰集团	314	68.32	66.12	74.60	62.46	72.07
000852	江钻股份	315	68.29	66.20	74.58	61.12	73.96
000833	贵糖股份	316	68.24	70.69	71.60	61.94	69.31
600426	华鲁恒升	317	68.22	65.05	73.81	62.01	75.10
600005	武钢股份	318	68.19	66.74	71.44	61.52	76.36
000731	四川美丰	319	68.17	65.31	74.24	68.54	63.55
600469	风神股份	320	68.02	64.55	75.62	60.71	74.28
600059	古越龙山	321	68.00	66.43	71.83	61.96	74.53

（续表）

股票代码	股票简称	排名	内部控制指数	战略目标分指数	财务报告可靠目标分指数	资产、效率效果目标分指数	法律法规遵循目标分指数
600007	中国国贸	322	67.97	64.79	73.15	63.94	72.06
600757	长江传媒	323	67.95	65.17	70.12	69.85	66.40
600090	啤酒花	324	67.86	66.61	70.81	62.61	73.89
000685	中山公用	325	67.74	68.10	71.16	63.63	68.69
000868	安凯客车	326	67.64	66.41	70.00	62.47	74.39
000715	中兴商业	327	67.60	66.61	73.29	61.35	70.87
600398	凯诺科技	328	67.59	65.63	69.89	61.63	76.87
600979	广安爱众	329	67.48	67.75	70.49	60.11	74.25
600117	西宁特钢	330	67.41	66.45	70.26	62.73	72.26
000701	厦门信达	331	66.99	68.84	68.82	64.19	65.70
600259	广晟有色	332	66.87	65.34	69.24	60.43	76.05
000507	珠海港	333	66.84	66.03	69.81	62.40	70.86
600056	中国医药	334	66.74	63.61	70.17	62.65	73.36
600552	方兴科技	335	66.61	63.81	70.50	62.37	72.26
000411	英特集团	336	66.29	65.13	66.65	64.57	70.38
000930	丰原生化	337	66.12	65.11	67.77	60.99	73.45
600278	东方创业	338	65.87	63.60	69.38	60.90	72.35
600633	浙报传媒	339	65.76	62.82	70.02	66.56	63.18
000419	通程控股	340	65.59	67.45	66.39	61.37	68.02
600598	北大荒	341	65.02	65.10	66.78	60.25	69.84
000602	金马集团	342	64.64	61.28	66.91	64.90	66.47
000719	大地传媒	343	64.48	60.46	67.81	67.31	61.85
000612	焦作万方	344	63.58	63.65	64.32	60.80	66.78
000709	河北钢铁	345	63.00	61.56	68.30	60.47	61.69
000024	招商地产	346	62.61	60.28	66.11	62.49	61.59
000968	煤气化	347	69.97	68.44	74.99	57.99	84.08
600592	龙溪股份	348	69.82	69.09	76.04	59.96	77.56
601958	金钼股份	349	69.60	71.44	73.09	58.68	78.73
601003	柳钢股份	350	69.55	65.97	76.74	59.14	81.44
600325	华发股份	351	69.48	69.96	73.47	59.77	78.22
000823	超声电子	352	69.45	69.35	75.08	59.49	77.18

（续表）

股票代码	股票简称	排名	内部控制指数	战略目标分指数	财务报告可靠目标分指数	资产、效率效果目标分指数	法律法规遵循目标分指数
600806	昆明机床	353	69.43	69.19	80.87	53.39	78.60
600718	东软集团	354	69.41	69.54	76.71	57.70	77.07
000916	华北高速	355	69.13	67.44	77.33	55.69	81.18
600708	海博股份	356	69.11	68.47	77.19	58.52	75.18
600528	中铁二局	357	69.06	71.58	72.70	58.08	76.97
000021	长城开发	358	68.97	72.44	78.58	51.20	77.37
600651	飞乐音响	359	68.96	71.86	76.03	58.16	70.99
000066	长城电脑	360	68.89	71.31	77.10	53.26	77.65
601168	西部矿业	361	68.80	68.70	75.62	57.31	77.23
601186	中国铁建	362	68.80	66.09	74.74	58.10	81.49
600483	福建南纺	363	68.70	66.18	76.51	57.99	78.45
600760	中航黑豹	364	68.63	71.87	78.68	46.57	83.51
600743	华远地产	365	68.39	66.61	76.49	58.70	74.89
600148	长春一东	366	68.36	67.28	72.17	58.60	79.99
600647	同达创业	367	68.35	68.80	72.92	59.22	75.40
600606	金丰投资	368	68.28	70.37	74.69	53.58	78.76
000973	佛塑科技	369	68.28	67.80	71.85	58.34	79.52
600116	三峡水利	370	68.24	67.56	72.92	58.47	77.97
600893	航空动力	371	68.21	66.54	71.48	59.33	80.18
600523	贵航股份	372	68.13	67.90	74.65	55.31	79.27
600268	国电南自	373	68.06	66.32	73.65	57.75	79.07
600850	华东电脑	374	68.02	65.72	76.39	56.98	77.10
000652	泰达股份	375	68.00	72.32	78.15	46.41	80.26
600653	申华控股	376	67.96	64.88	75.92	57.94	77.32
601919	中国远洋	377	67.91	73.19	79.45	44.52	79.43
601390	中国中铁	378	67.87	67.47	72.70	55.99	80.27
600226	升华拜克	379	67.77	66.12	74.28	57.04	77.97
000911	南宁糖业	380	67.77	67.23	77.63	50.87	81.03
000756	新华职业	381	67.75	65.27	78.82	57.12	72.58
600509	天富热电	382	67.74	65.43	74.77	57.20	77.94
600428	中远航运	383	67.72	68.55	73.03	53.24	81.48

（续表）

股票代码	股票简称	排名	内部控制指数	战略目标分指数	财务报告可靠目标分指数	资产、效率效果目标分指数	法律法规遵循目标分指数
000801	四川九州	384	67.70	71.23	69.24	56.16	77.80
601008	连云港	385	67.69	65.22	74.07	59.71	75.08
600824	益民集团	386	67.69	64.99	77.54	56.75	75.12
600820	隧道股份	387	67.68	66.37	76.92	56.69	73.78
600973	宝胜股份	388	67.67	67.25	77.32	52.98	77.53
000521	美菱电器	389	67.65	70.73	74.19	52.36	77.22
600100	同方股份	390	67.65	67.52	72.74	55.61	79.44
600497	驰宏锌锗	391	67.62	65.48	76.10	57.04	75.54
600021	上海电力	392	67.55	65.51	71.38	57.97	80.43
600990	四创电子	393	67.55	66.45	73.77	54.27	81.25
600354	敦煌种业	394	67.51	68.95	74.14	57.73	71.00
600808	马钢股份	395	67.51	65.63	78.09	54.67	75.56
000886	海南高速	396	67.42	67.73	76.69	50.57	80.04
600378	天科股份	397	67.37	66.30	72.17	58.83	75.67
600701	工大高新	398	67.37	66.59	74.20	57.39	74.49
000026	飞亚达 A	399	67.37	65.95	76.26	58.17	71.36
600866	星湖科技	400	67.33	72.18	78.49	48.61	72.76
600345	长江通信	401	67.28	65.94	73.40	57.18	76.54
000551	创元科技	402	67.26	68.14	73.11	56.20	74.76
600531	豫光金铅	403	67.26	67.38	74.81	54.21	76.69
600513	联环药业	404	67.24	66.25	72.63	57.49	76.38
600475	华光股份	405	67.19	66.58	74.02	54.86	77.71
600765	中航重机	406	67.15	67.64	76.93	52.12	75.90
600415	小商品城	407	67.13	65.79	77.25	54.52	74.57
600858	银座股份	408	67.08	66.54	72.20	58.23	74.49
000635	英力特	409	67.03	66.28	73.81	58.87	71.30
600862	南通科技	410	67.02	66.21	74.19	56.87	73.99
600158	中体产业	411	67.02	65.11	73.58	58.03	74.81
600543	莫高股份	412	67.00	65.12	72.25	57.43	77.57
600755	厦门国贸	413	66.96	66.18	74.16	57.26	73.15
600601	方正科技	414	66.94	67.24	71.94	55.05	77.94

（续表）

股票代码	股票简称	排名	内部控制指数	战略目标分指数	财务报告可靠目标分指数	资产、效率效果目标分指数	法律法规遵循目标分指数
600008	首创股份	415	66.91	65.52	73.74	58.45	72.63
600050	中国联通	416	66.89	63.59	73.34	57.11	78.40
000978	桂林旅游	417	66.82	68.92	69.67	56.38	75.70
600758	红阳能源	418	66.77	65.81	75.76	58.73	68.09
000429	粤高速 A	419	66.69	66.23	71.52	58.82	72.87
600333	长春燃气	420	66.69	65.43	71.07	55.85	79.47
600621	上海金陵	421	66.68	66.68	74.10	53.61	76.52
600317	营口港	422	66.65	65.10	70.48	59.71	74.59
000837	秦川发展	423	66.64	68.47	72.68	59.42	66.31
000918	嘉凯城	424	66.62	72.58	75.62	45.70	76.82
600468	百利电气	425	66.60	65.39	75.37	51.63	79.46
600725	云维股份	426	66.56	66.28	74.81	52.88	76.65
600833	第一医药	427	66.54	66.05	71.93	57.70	73.50
600033	福建高速	428	66.52	70.42	71.76	59.58	63.52
600666	西南药业	429	66.48	66.46	73.42	56.05	72.93
000045	深纺织 A	430	66.48	67.36	71.20	56.16	74.46
600702	沱牌曲酒	431	66.47	62.48	77.19	57.66	71.44
000785	武汉中商	432	66.45	66.46	72.37	56.85	73.03
600628	新世界	433	66.38	66.15	70.07	56.46	77.03
600459	贵研铂业	434	66.35	65.18	76.49	55.12	71.31
000099	中信海直	435	66.35	66.50	70.64	58.34	72.49
600463	空港股份	436	66.34	64.76	74.64	55.28	74.33
600495	晋西车轴	437	66.25	64.72	73.32	57.05	73.04
600558	大西洋	438	66.22	66.86	71.01	54.16	77.26
600332	广州药业	439	66.22	67.99	65.44	58.31	76.86
600736	苏州高新	440	66.21	65.55	75.16	50.06	79.77
000938	紫光股份	441	66.20	64.70	69.84	58.93	74.83
600756	浪潮软件	442	66.19	70.86	75.79	50.34	69.64
600810	神马股份	443	66.17	65.83	75.37	53.60	73.23
000050	深天马 A	444	66.15	65.45	76.54	53.40	72.39
600096	云天化	445	66.11	65.28	74.34	54.08	74.54

（续表）

股票代码	股票简称	排名	内部控制指数	战略目标分指数	财务报告可靠目标分指数	资产、效率效果目标分指数	法律法规遵循目标分指数
600861	北京城乡	446	66.10	66.21	75.24	53.12	73.14
000829	天音控股	447	66.09	72.26	76.48	48.44	68.78
000428	华天酒店	448	66.07	71.19	70.67	56.40	66.27
600176	中国玻纤	449	66.07	66.36	69.60	55.83	76.58
600533	栖霞建设	450	66.06	69.18	71.20	50.29	78.34
600834	申通地铁	451	66.05	65.79	72.07	56.86	72.25
600782	新钢股份	452	65.98	64.61	72.01	56.85	73.87
600075	新疆天业	453	65.96	65.93	71.74	56.79	72.12
600992	贵绳股份	454	65.96	65.45	75.59	52.75	73.71
000927	一汽夏利	455	65.94	65.12	71.78	55.82	74.76
000898	鞍钢股份	456	65.91	66.24	80.06	44.04	79.38
000965	天保基建	457	65.90	65.10	74.13	54.22	73.75
600573	惠泉啤酒	458	65.87	67.61	70.75	55.66	72.08
600789	鲁抗医药	459	65.87	66.75	74.82	51.04	74.86
000859	国风塑业	460	65.86	65.67	78.28	49.83	73.52
600063	皖维高新	461	65.85	62.08	77.06	56.49	70.62
600832	东方明珠	462	65.84	64.56	76.72	53.90	71.08
600010	宝钢股份	463	65.84	61.67	75.72	52.22	79.83
600819	耀皮玻璃	464	65.83	65.09	73.80	49.95	80.51
000949	新乡化纤	465	65.82	65.22	75.43	51.20	75.98
600501	航天晨光	466	65.78	65.13	73.26	52.70	76.63
000400	许继电气	467	65.70	65.56	68.19	58.83	73.17
600038	哈飞股份	468	65.70	71.81	70.46	55.54	64.83
000488	晨鸣纸业	469	65.68	65.72	73.71	54.17	72.13
600886	国投电力	470	65.66	62.98	74.66	56.47	71.53
600397	安源股份	471	65.59	66.16	68.13	56.48	75.30
000959	首钢股份	472	65.57	65.57	78.59	43.66	81.24
600773	西藏城投	473	65.50	62.67	73.33	58.46	69.94
000678	襄阳轴承	474	65.43	72.42	72.23	50.16	68.21
600963	岳阳纸业	475	65.43	65.94	78.09	48.98	72.24
600812	华北制药	476	65.41	66.54	76.92	47.34	75.42

（续表）

股票代码	股票简称	排名	内部控制指数	战略目标分指数	财务报告可靠目标分指数	资产、效率效果目标分指数	法律法规遵循目标分指数
600623	双钱股份	477	65.40	64.62	75.33	52.51	72.65
600058	五矿发展	478	65.39	64.35	72.18	53.30	76.31
600776	东方通讯	479	65.35	65.17	70.47	58.95	68.34
000962	东方钽业	480	65.35	64.35	71.85	59.14	67.40
000531	穗恒运 A	481	65.34	65.14	76.33	51.67	71.34
600218	全柴动力	482	65.31	67.02	68.41	52.52	78.13
600846	同济科技	483	65.29	65.21	69.84	55.05	74.93
600279	重庆港九	484	65.28	66.03	67.60	56.43	74.62
600238	海南椰岛	485	65.25	69.88	73.21	48.72	72.21
600724	宁波富达	486	65.25	66.64	70.21	57.48	68.06
600560	金自天正	487	65.20	63.06	70.29	59.14	70.87
601872	招商轮船	488	65.11	64.99	74.58	49.12	76.84
600545	新疆城建	489	65.09	65.55	75.67	51.45	70.56
600230	沧州大化	490	65.01	65.25	70.89	51.78	76.96
600223	鲁商置业	491	64.96	65.94	73.33	49.24	75.99
600714	金瑞矿业	492	64.94	63.98	72.65	58.95	64.86
000523	广州浪奇	493	64.89	65.28	67.30	58.60	70.67
600367	红星发展	494	64.88	63.98	66.50	58.82	73.51
000530	大冷股份	495	64.85	65.32	71.17	55.70	69.38
600830	香溢融通	496	64.81	61.47	74.79	55.69	70.22
000722	湖南发展	497	64.78	64.83	67.87	59.50	68.54
000948	南天信息	498	64.78	65.55	69.79	54.61	72.29
600119	长江投资	499	64.65	60.74	75.08	50.61	78.12
600889	南京化纤	500	64.64	63.28	75.00	51.53	72.58
600061	中纺投资	501	64.62	65.99	72.28	52.27	70.75
600864	哈投股份	502	64.60	64.90	71.97	59.20	62.02
600435	中兵光电	503	64.52	67.02	73.03	44.88	79.05
600981	江苏开元	504	64.50	63.39	74.23	50.02	75.06
600236	桂冠电力	505	64.46	68.97	70.11	51.14	69.89
600796	钱江生化	506	64.43	64.83	73.58	49.14	74.60
000738	中航动控	507	64.42	62.22	75.05	55.84	66.21

（续表）

股票代码	股票简称	排名	内部控制指数	战略目标分指数	财务报告可靠目标分指数	资产、效率效果目标分指数	法律法规遵循目标分指数
000976	春晖股份	508	64.40	66.54	73.51	49.48	71.25
600872	中矩高新	509	64.39	65.17	72.69	57.22	62.48
600826	兰生股份	510	64.38	67.98	77.13	45.97	69.05
600550	天威保变	511	64.36	66.01	73.79	46.42	76.28
600420	*ST 现代	512	64.34	67.88	68.54	54.26	68.34
601999	出版传媒	513	64.32	65.08	68.20	55.11	71.94
600351	亚宝药业	514	64.31	64.90	64.38	59.70	70.47
600748	上实发展	515	64.26	63.11	76.15	52.43	67.59
600721	百花村	516	64.22	65.17	71.29	56.00	65.40
600037	歌华有线	517	64.16	65.43	68.85	51.61	75.06
600567	山鹰纸业	518	64.15	65.43	70.82	51.60	72.19
000753	漳州发展	519	64.15	62.48	76.74	55.00	63.16
600336	澳柯玛	520	64.15	66.20	65.96	52.18	76.96
601600	中国铝业	521	64.14	63.38	71.66	53.86	70.70
600326	西藏天路	522	64.13	63.84	66.76	55.89	73.76
600740	山西焦化	523	64.06	62.05	68.64	58.27	69.88
600825	新华传媒	524	64.01	62.97	75.19	50.53	70.83
000797	中国武夷	525	64.01	64.17	79.39	44.84	71.75
600376	首开股份	526	64.00	63.51	67.45	55.65	72.96
600108	亚盛集团	527	63.98	61.27	72.37	52.14	74.97
600488	天药股份	528	63.94	65.00	68.30	53.30	72.66
600133	东湖高新	529	63.93	64.97	70.57	49.16	75.88
600184	光电股份	530	63.93	67.22	66.72	52.48	72.49
600677	航天通讯	531	63.91	62.93	71.45	58.57	63.07
000058	深赛格	532	63.89	61.59	71.79	58.88	64.19
600722	金牛化工	533	63.87	65.69	69.33	53.66	69.07
600510	黑牡丹	534	63.87	65.27	68.25	50.91	75.62
000619	海螺型材	535	63.73	65.27	69.63	53.42	68.90
600879	航天电子	536	63.72	62.72	72.79	52.59	69.80
000629	攀钢钒钛	537	63.71	66.79	66.00	51.29	74.85
600629	棱光实业	538	63.66	65.17	71.55	45.02	79.10

（续表）

股票代码	股票简称	排名	内部控制指数	战略目标分指数	财务报告可靠目标分指数	资产、效率效果目标分指数	法律法规遵循目标分指数
600622	嘉宝集团	539	63.61	62.75	70.33	50.97	75.18
000777	中核科技	540	63.59	65.57	70.72	50.45	70.76
600452	涪陵电力	541	63.56	59.05	74.23	50.14	76.70
600356	恒丰纸业	542	63.52	65.90	62.22	57.06	71.65
600020	中原高速	543	63.52	63.95	69.48	52.78	71.08
600624	复旦复华	544	63.47	62.72	69.56	52.53	73.12
000601	韶能股份	545	63.47	62.29	73.77	49.65	72.26
600530	交大昂立	546	63.46	63.80	69.16	51.20	73.98
600716	凤凰股份	547	63.43	59.02	71.72	55.30	71.49
600055	万东医疗	548	63.43	63.05	71.30	52.36	70.12
600416	湘电股份	549	63.43	67.01	73.81	42.80	75.02
600839	四川长虹	550	63.42	61.73	75.72	50.84	68.24
600797	浙大网新	551	63.40	63.56	66.55	54.54	72.52
600657	信达地产	552	63.36	61.68	75.62	47.43	73.51
000977	浪潮信息	553	63.32	62.05	69.13	56.75	67.40
600649	城投控股	554	63.26	60.66	73.02	50.87	72.94
600482	风帆股份	555	63.25	63.34	71.28	50.68	71.28
600097	开创国际	556	63.21	61.13	67.44	56.66	70.86
600822	上海物贸	557	63.21	61.43	75.12	50.22	69.43
000430	张家界	558	63.16	66.30	56.41	67.11	61.54
600683	京投银泰	559	63.10	64.41	77.60	43.23	71.33
600241	时代万恒	560	63.08	62.83	69.24	50.64	74.15
000610	西安旅游	561	63.07	63.10	66.39	57.99	66.21
600335	国机汽车	562	63.06	58.73	62.60	68.59	62.14
600602	广电电子	563	63.03	59.68	73.70	47.33	77.83
600423	柳化股份	564	62.93	62.81	73.31	54.28	61.83
600313	中农资源	565	62.92	64.16	64.15	62.71	59.44
000903	云内动力	566	62.79	62.69	81.67	39.32	72.67
000682	东方电子	567	62.77	62.04	75.70	47.10	70.02
000705	浙江震元	568	62.77	61.72	74.73	53.78	61.41
600343	航天动力	569	62.77	63.44	66.88	51.56	73.35

（续表）

股票代码	股票简称	排名	内部控制指数	战略目标分指数	财务报告可靠目标分指数	资产、效率效果目标分指数	法律法规遵循目标分指数
600229	青岛碱业	570	62.71	59.69	75.12	47.80	73.21
600609	金杯汽车	571	62.65	64.73	65.82	56.89	63.76
600536	中国软件	572	62.65	63.18	67.26	52.91	70.46
000748	长城信息	573	62.61	61.42	71.82	51.63	68.56
600540	新赛股份	574	62.54	64.69	73.32	42.69	74.73
000600	建投能源	575	62.54	61.83	71.26	49.07	72.30
600798	宁波海运	576	62.50	60.23	76.50	48.57	67.95
600106	重庆路桥	577	62.48	59.49	68.85	55.15	69.72
000862	银星能源	578	62.47	60.19	75.90	49.15	67.85
600569	安阳钢铁	579	62.47	57.96	73.69	48.15	76.18
600590	泰豪科技	580	62.46	63.25	72.12	45.50	73.91
000737	南风化工	581	62.40	59.32	70.73	58.27	61.93
600802	福建水泥	582	62.39	55.65	75.96	53.34	68.12
600774	汉商集团	583	62.34	60.32	75.01	47.79	70.29
600253	天方药业	584	62.33	60.84	71.53	49.89	71.10
600292	九龙电力	585	62.32	59.71	69.66	50.97	73.86
000707	双环科技	586	62.29	58.51	69.93	59.34	62.10
600251	冠农股份	587	62.22	59.40	66.90	52.18	75.85
600792	云煤能源	588	62.21	56.71	64.71	64.34	64.27
600689	上海三毛	589	62.21	61.62	72.89	46.91	71.86
600168	武汉控股	590	62.20	61.94	73.24	47.00	70.62
000809	中汇医药	591	62.19	53.77	72.92	62.43	60.21
600322	天房发展	592	62.11	60.05	71.16	50.69	70.38
000762	西藏矿业	593	62.05	65.60	69.76	48.47	66.49
600027	华电国际	594	62.05	57.66	74.41	47.20	74.77
600506	香梨股份	595	62.03	60.55	69.23	51.84	70.11
000851	高鸿股份	596	62.03	61.25	70.99	49.58	69.98
600262	北方股份	597	61.99	59.98	66.03	55.17	70.18
600630	龙头股份	598	61.99	59.33	70.41	47.90	76.35
000088	盐田港	599	61.97	61.86	66.69	56.21	64.43
000950	建峰化工	600	61.77	59.49	68.75	51.06	72.28

（续表）

股票代码	股票简称	排名	内部控制指数	战略目标分指数	财务报告可靠目标分指数	资产、效率效果目标分指数	法律法规遵循目标分指数
000710	天兴仪表	601	61.74	63.12	77.30	44.50	64.21
000590	紫光古汉	602	61.66	63.52	59.30	63.23	59.56
600235	民丰特纸	603	61.59	63.85	65.59	47.69	73.98
000090	深天健	604	61.55	62.62	69.57	50.26	65.97
000897	津滨发展	605	61.53	67.39	72.71	38.31	72.34
600171	上海贝岭	606	61.52	61.22	72.03	43.89	74.58
600192	长城电工	607	61.50	59.65	71.50	48.37	70.76
600843	上工申贝	608	61.49	59.09	77.81	44.85	68.07
600391	成发科技	609	61.43	61.70	65.56	55.63	64.16
600073	上海梅林	610	61.38	54.95	68.83	51.63	76.49
600604	市北高新	611	61.38	61.11	70.67	49.20	67.59
600099	林海股份	612	61.37	61.55	73.79	44.04	70.45
600368	五洲交通	613	61.37	60.01	62.65	57.05	68.53
000158	常山股份	614	61.35	61.29	72.93	46.86	67.54
600855	航天长峰	615	61.31	58.39	71.12	50.94	68.30
000032	深桑达 A	616	61.28	63.46	62.34	54.28	67.15
600151	航天机电	617	61.25	63.02	73.92	36.28	79.39
600316	洪都航空	618	61.22	62.90	70.68	42.58	74.12
600057	象屿股份	619	61.20	59.04	67.03	55.54	65.22
600448	华纺股份	620	61.19	61.62	72.70	44.74	69.76
000921	海信科龙	621	61.15	62.71	61.78	54.99	67.34
600222	太龙药业	622	61.10	61.86	66.43	49.56	70.33
000014	沙河股份	623	61.08	65.62	66.15	45.91	70.19
600361	华联综超	624	61.04	60.38	65.32	49.90	73.48
000702	正虹科技	625	61.00	61.89	70.72	50.21	62.55
600069	银鸽投资	626	60.95	60.86	74.76	39.93	74.28
600189	吉林森工	627	60.95	61.19	64.49	51.77	69.87
000570	苏常柴 A	628	60.94	62.30	75.03	45.82	62.19
600128	弘业股份	629	60.92	58.82	66.33	51.38	71.58
600284	浦东建设	630	60.92	63.74	64.32	47.47	72.53
000070	特发信息	631	60.90	62.13	64.57	53.98	64.49

（续表）

股票代码	股票简称	排名	内部控制指数	战略目标分指数	财务报告可靠目标分指数	资产、效率效果目标分指数	法律法规遵循目标分指数
600526	菲达环保	632	60.89	57.46	74.76	43.28	74.21
600853	龙建股份	633	60.88	58.42	75.01	45.32	69.05
000768	西飞国际	634	60.88	63.25	75.15	43.35	64.02
000736	重庆实业	635	60.88	60.64	72.88	46.49	66.60
600429	三元股份	636	60.80	59.56	72.13	44.01	72.91
000402	金融街	637	60.80	60.54	63.86	57.24	62.40
600895	张江高科	638	60.76	58.14	70.61	48.27	70.51
600022	济南钢铁	639	60.72	56.53	72.78	42.72	78.50
600103	青山纸业	640	60.68	61.48	68.09	45.79	72.10
600206	有研硅股	641	60.66	59.11	73.59	42.52	73.12
600072	中船股份	642	60.64	58.75	67.05	50.67	70.19
600876	洛阳玻璃	643	60.58	64.37	71.27	41.40	69.13
600272	开开实业	644	60.57	61.59	63.50	50.82	70.04
600135	乐凯胶片	645	60.52	59.12	70.49	40.85	79.34
600082	海泰发展	646	60.40	57.27	64.47	54.18	69.45
600379	宝光股份	647	60.38	62.00	63.21	49.02	71.51
600283	钱江水利	648	60.34	61.97	66.18	47.18	69.94
600663	陆家嘴	649	60.30	57.59	70.72	51.94	62.89
600562	高淳陶瓷	650	60.27	60.06	65.03	52.08	66.61
600299	蓝星新材	651	60.24	61.03	64.92	52.75	63.99
000692	惠天热电	652	60.21	60.98	71.70	47.86	61.85
600227	赤天化	653	60.21	58.79	68.82	45.74	72.91
000913	钱江摩托	654	60.20	66.62	73.73	40.08	61.83
000632	三木集团	655	60.16	61.61	73.52	45.56	61.53
600064	南京高科	656	60.13	58.41	73.27	39.29	76.79
600675	中华企业	657	60.12	57.84	71.53	47.46	67.35
600396	金山股份	658	60.12	53.91	68.54	53.91	67.91
600217	秦岭水泥	659	60.11	66.03	66.76	45.92	63.16
000421	南京中北	660	59.96	60.01	68.92	52.61	58.56
600156	华升股份	661	59.95	57.44	70.13	42.67	76.57
000599	青岛双星	662	59.93	55.58	75.58	44.14	69.39

（续表）

股票代码	股票简称	排名	内部控制指数	战略目标分指数	财务报告可靠目标分指数	资产、效率效果目标分指数	法律法规遵循目标分指数
000902	中国服装	663	59.91	62.73	72.06	43.54	63.52
000514	渝开发	664	59.88	59.85	71.86	45.02	66.05
600727	鲁北化工	665	59.87	63.42	66.01	51.91	57.77
600661	新南洋	666	59.87	59.19	73.51	48.10	59.86
600302	标准股份	667	59.83	60.85	66.30	46.61	69.60
600328	兰太实业	668	59.77	59.60	64.54	49.38	69.50
600399	抚顺特钢	669	59.74	59.08	67.57	44.54	73.42
000524	东方宾馆	670	59.64	59.23	61.06	58.59	59.92
600775	南京熊猫	671	59.63	57.20	67.05	49.83	68.32
000733	振华科技	672	59.56	57.70	73.40	47.32	61.92
600207	安彩高科	673	59.55	63.17	64.92	47.33	65.08
000096	广聚能源	674	59.54	60.72	62.86	53.90	61.72
000831	五矿稀土	675	59.46	58.39	62.40	58.54	58.41
600731	湖南海利	676	59.45	60.50	69.27	42.68	69.98
600198	大唐电信	677	59.45	62.32	67.38	40.11	73.73
000628	高新发展	678	59.41	65.59	72.11	40.47	60.81
600851	海欣股份	679	59.37	55.87	74.72	38.66	75.57
000565	渝三峡 A	680	59.36	59.22	67.88	45.47	69.19
000301	东方市场	681	59.35	56.13	73.02	48.75	61.64
000993	闽东电力	682	59.30	62.04	66.53	41.63	72.16
600705	ST 中航	683	59.27	62.16	65.98	45.67	66.24
000410	沈阳机床	684	59.22	63.33	66.28	46.98	61.54
600980	北矿磁材	685	59.21	61.17	73.40	37.98	68.91
600679	金山开发	686	59.20	60.63	73.17	37.29	71.18
000925	众合机电	687	59.18	59.31	69.77	42.85	69.40
600744	华银电力	688	59.12	56.56	76.70	40.53	67.24
600225	天津松江	689	59.11	57.03	67.01	49.73	65.91
600476	湘邮科技	690	59.11	57.40	70.63	39.37	76.35
600419	新疆天宏	691	59.01	58.69	64.20	50.13	66.04
000807	云铝股份	692	58.95	55.74	75.90	46.69	59.09
000882	华联股份	693	58.95	56.46	75.59	40.51	68.06

（续表）

股票代码	股票简称	排名	内部控制指数	战略目标分指数	财务报告可靠目标分指数	资产、效率效果目标分指数	法律法规遵循目标分指数
600107	美尔雅	694	58.90	55.63	72.62	42.82	69.76
600593	大连圣亚	695	58.88	56.85	72.75	37.18	76.33
600163	福建南纸	696	58.83	60.59	74.95	35.26	69.80
000687	保定天鹅	697	58.69	55.03	73.88	47.31	60.74
600084	中葡股份	698	58.69	58.44	63.94	46.74	70.31
000029	深深房 A	699	58.68	58.09	67.38	48.51	63.12
600821	津劝业	700	58.64	59.60	69.11	40.61	70.35
600665	天地源	701	58.56	56.24	69.25	49.54	61.18
600432	吉恩镍业	702	58.52	59.48	72.15	36.82	71.45
600390	金瑞科技	703	58.52	63.40	64.46	38.52	73.36
600178	东安动力	704	58.50	60.81	66.85	41.45	69.50
000100	TCL 集团	705	58.48	52.99	70.27	53.14	58.93
600896	中海海盛	706	58.44	59.27	68.77	39.32	72.26
600854	春兰股份	707	58.43	57.79	66.67	48.45	63.31
600730	中国高科	708	58.37	60.41	72.90	36.66	68.21
000695	滨海能源	709	58.32	58.01	71.59	40.76	67.34
600462	石岘纸业	710	58.20	55.95	68.32	46.14	66.28
000553	沙隆达 A	711	58.17	58.25	62.05	52.87	60.79
000555	*ST 太光	712	58.16	59.73	62.82	49.20	62.98
000839	中信国安	713	58.15	57.14	73.88	42.48	61.80
600185	格力地产	714	58.13	58.73	69.13	49.15	55.46
000404	华意压缩	715	58.12	63.16	61.33	48.28	60.73
601588	北辰实业	716	58.08	53.49	72.94	40.35	72.08
600305	恒顺醋业	717	58.08	59.35	70.00	36.75	72.35
000548	湖南投资	718	58.00	57.78	71.17	43.83	61.70
600638	新黄浦	719	58.00	58.34	67.35	46.30	62.34
000591	桐君阁	720	57.84	66.19	66.97	39.95	59.14
600984	建设机械	721	57.81	60.12	56.64	55.24	59.73
000589	黔轮胎 A	722	57.80	57.77	63.60	50.62	60.79
600838	上海九百	723	57.78	52.63	76.42	41.78	64.56
000856	冀东装备	724	57.78	49.25	69.42	59.40	52.49

（续表）

股票代码	股票简称	排名	内部控制指数	战略目标分指数	财务报告可靠目标分指数	资产、效率效果目标分指数	法律法规遵循目标分指数
600654	飞乐股份	725	57.77	57.09	60.41	50.95	65.78
600962	国投中鲁	726	57.73	51.49	74.96	44.49	63.99
600456	宝钛股份	727	57.73	52.74	70.48	45.90	66.15
600961	株冶集团	728	57.67	62.87	74.51	32.01	65.24
000966	长源电力	729	57.64	53.13	72.88	37.50	74.75
000923	河北宣工	730	57.54	64.17	68.08	37.28	63.35
600213	亚星客车	731	57.54	57.62	75.33	32.85	70.59
600159	大龙地产	732	57.47	57.02	71.56	42.01	62.24
600179	黑化股份	733	57.42	60.17	63.21	45.30	63.65
600713	南京医药	734	57.41	58.18	71.10	36.00	70.10
600719	大连热电	735	57.41	57.74	72.40	36.66	67.91
600726	华电能源	736	57.27	52.79	75.19	43.70	60.16
600243	青海华鼎	737	57.24	60.82	69.51	40.51	60.05
000928	中钢吉炭	738	57.19	57.87	69.63	39.63	65.76
000151	中成股份	739	57.12	56.73	68.01	44.11	62.55
600389	江山股份	740	57.10	52.27	75.06	37.92	69.33
600127	金健米业	741	57.06	56.21	67.28	36.41	76.20
000757	浩物股份	742	57.02	56.50	65.07	53.80	51.37
600202	哈空调	743	56.98	59.24	69.21	32.27	74.52
000990	诚志股份	744	56.98	60.22	65.19	38.29	69.23
601005	重庆钢铁	745	56.91	52.62	74.09	35.24	73.27
000922	佳电股份	746	56.84	56.72	65.36	43.14	66.32
000952	广济药业	747	56.79	56.23	67.68	38.13	71.35
000657	*ST 中钨	748	56.74	55.55	62.47	54.00	54.78
000755	山西三维	749	56.69	59.56	59.84	46.15	64.03
600203	ST 福日	750	56.64	53.03	63.88	51.09	60.86
600265	ST 景谷	751	56.51	57.27	65.23	42.95	64.02
000932	华凌钢铁	752	56.27	56.74	68.93	35.95	69.22
600455	ST 博通	753	56.19	52.08	64.46	50.06	60.67
600848	自仪股份	754	56.16	62.49	66.67	30.38	71.17
000065	北方国际	755	56.06	58.06	48.39	58.66	59.73

（续表）

股票代码	股票简称	排名	内部控制指数	战略目标分指数	财务报告可靠目标分指数	资产、效率效果目标分指数	法律法规遵循目标分指数
000766	通化金马	756	56.01	53.71	70.85	39.24	64.81
600149	ST 廊坊	757	55.98	54.38	65.93	48.56	55.93
600053	中江地产	758	55.96	51.96	67.59	37.92	74.13
000554	泰山石油	759	55.91	59.17	49.65	54.42	61.91
600539	狮头股份	760	55.86	56.60	69.89	32.00	71.95
000409	ST 泰复	761	55.78	60.63	62.84	47.97	49.96
000019	深深宝 A	762	55.74	53.02	67.72	46.16	58.02
000546	光华控股	763	55.66	51.32	67.16	49.09	56.53
000606	青海明胶	764	55.33	55.26	72.98	36.26	60.03
600215	长春经开	765	55.33	53.79	67.06	33.19	75.73
600751	天津海运	766	55.20	56.79	66.30	43.03	55.79
600764	中电广通	767	55.06	51.07	72.84	41.28	57.70
600228	ST 昌九	768	55.04	50.58	63.09	45.00	66.57
000532	*ST 力合	769	54.98	53.58	62.36	45.91	60.89
000697	炼石有色	770	54.92	58.44	61.76	44.58	55.60
000519	江南红箭	771	54.83	54.68	71.92	36.31	59.63
000031	中粮地产	772	54.81	51.86	67.43	44.84	57.18
600249	两面针	773	54.81	57.24	68.41	32.61	66.14
000875	吉电股份	774	54.76	50.87	69.80	43.78	56.79
000909	数源科技	775	54.76	50.54	71.32	42.37	57.35
600129	太极集团	776	54.63	51.52	70.85	35.56	66.36
600860	北人股份	777	54.61	52.09	63.30	46.33	59.23
000779	三毛派神	778	54.58	52.30	70.02	40.25	58.63
000813	天山纺织	779	54.56	52.57	73.16	36.74	59.08
600312	平高电气	780	54.47	50.50	68.59	35.74	70.11
600610	S 中纺机	781	54.33	56.85	62.39	34.83	69.26
600793	ST 宜纸	782	54.30	55.48	64.17	41.60	58.10
600894	广钢股份	783	54.24	51.80	73.81	31.54	65.78
000016	深康佳 A	784	54.22	54.49	68.10	36.64	61.44
600281	ST 太化	785	54.18	50.25	65.19	40.02	67.05
600640	中卫国脉	786	54.11	51.19	73.93	31.02	66.66

（续表）

股票代码	股票简称	排名	内部控制指数	战略目标分指数	财务报告可靠目标分指数	资产、效率效果目标分指数	法律法规遵循目标分指数
600239	云南城投	787	54.03	53.04	67.03	33.47	69.24
000068	华控赛格	788	53.86	55.09	63.01	42.07	57.23
600680	上海普天	789	53.69	50.04	73.36	36.86	57.86
600890	中房股份	790	53.59	51.29	64.13	47.44	51.91
000061	农产品	791	53.58	57.30	58.84	46.84	50.53
000727	华东科技	792	53.51	57.24	69.00	32.89	57.55
600191	华资实业	793	53.49	50.28	72.06	32.23	65.44
600291	西水股份	794	53.48	54.43	62.43	34.45	68.93
000597	东北制药	795	53.30	52.67	73.04	31.91	59.57
000958	*ST 东热	796	53.27	52.91	64.54	40.26	58.13
000505	*ST 珠江	797	53.16	54.88	63.51	37.27	60.41
600444	*ST 国通	798	53.06	56.43	65.28	32.09	62.92
600319	亚星化学	799	53.03	58.34	60.87	36.31	59.35
000155	*ST 川化	800	52.78	54.64	70.77	32.37	55.93
600250	*ST 南纺	801	52.75	57.26	66.76	30.49	60.17
000717	韶钢松山	802	52.66	51.99	67.44	35.48	59.51
600359	*ST 新农	803	52.63	54.62	64.74	32.63	63.36
600707	彩虹股份	804	52.49	55.78	66.26	30.96	61.15
000912	泸天化	805	52.41	51.12	66.38	39.35	54.95
600877	*ST 嘉陵	806	52.34	47.70	71.11	32.90	63.49
000025	特力 A	807	52.28	51.35	68.46	35.93	56.23
600358	国旅联合	808	52.24	50.45	66.49	32.88	65.09
000520	长航凤凰	809	52.22	51.14	68.97	34.33	58.04
000420	吉林化纤	810	51.98	51.41	73.81	28.36	58.63
600800	天津磁卡	811	51.92	47.58	68.69	39.88	53.85
600790	轻纺城	812	51.91	49.95	60.96	41.68	58.20
600579	*ST 黄海	813	51.89	49.64	67.18	33.88	61.88
600737	中粮屯河	814	51.83	46.68	73.38	34.74	56.13
600346	大橡塑	815	51.72	49.90	69.45	33.12	58.45
600769	*ST 祥龙	816	51.72	54.39	62.12	34.19	59.92
600715	ST 松辽	817	51.71	53.09	66.82	30.44	61.15

（续表）

股票代码	股票简称	排名	内部控制指数	战略目标分指数	财务报告可靠目标分指数	资产、效率效果目标分指数	法律法规遵循目标分指数
600186	莲花味精	818	51.62	55.91	64.50	32.82	55.63
600733	*ST 前锋	819	51.62	46.98	67.44	39.56	55.40
600844	丹化科技	820	51.39	49.33	70.03	33.20	56.57
000677	*ST 海龙	821	51.33	59.81	59.59	34.12	52.62
600087	*ST 长航	822	51.29	50.27	64.46	32.63	63.33
600882	*ST 大成	823	50.98	57.95	67.85	25.12	55.92
600287	江苏舜天	824	50.95	50.19	61.66	32.77	65.38
000509	S*ST 华塑	825	50.50	54.18	57.71	39.37	51.58
600091	ST 明科	826	50.45	50.83	58.08	32.83	66.53
000720	*ST 能山	827	50.31	51.16	66.02	30.78	57.05
600320	振华重工	828	50.08	47.10	61.96	31.42	67.20
600301	*ST 南化	829	50.08	50.54	63.44	29.30	62.78
000545	*ST 吉药	830	50.08	55.35	59.11	32.97	55.33
000972	*ST 新中基	831	50.08	52.53	65.89	26.87	59.78
000504	ST 传媒	832	50.07	51.00	66.03	29.37	58.16
000751	*ST 锌业	833	49.62	50.67	64.88	29.38	57.76
000767	*ST 漳泽	834	49.55	50.96	66.48	29.39	54.55
600392	*ST 太工	835	49.51	47.04	65.01	30.81	60.66
000037	深南电 A	836	49.38	44.34	66.99	35.68	53.86
000953	*ST 河北	837	49.03	49.89	59.27	30.68	61.72
600692	亚通股份	838	48.90	44.95	70.33	29.57	54.92
000838	*ST 国兴	839	48.79	44.49	69.29	31.11	54.14
000725	京东方 A	840	48.67	45.92	63.73	34.51	53.78
000815	*ST 美利	841	48.56	46.30	64.32	32.04	55.59
000908	*ST 天一	842	48.28	56.93	56.77	27.28	54.89
000899	*ST 赣能	843	47.93	47.99	61.03	30.65	56.13
000663	永安林业	844	47.14	44.82	61.68	31.80	54.13
000617	石油济柴	845	46.67	46.86	60.92	28.29	54.77
000605	*ST 四环	846	45.52	47.78	61.28	28.40	46.09
600698	ST 轻骑	847	45.12	42.60	62.07	27.11	53.19

附表三　2013 年民营控股上市公司内部控制状况排序

股票代码	股票简称	排名	内部控制指数	战略目标分指数	财务报告可靠目标分指数	资产、效率效果目标分指数	法律法规遵循目标分指数
000527	美的电器	1	81.30	82.46	78.84	80.66	83.92
000671	阳光城	2	79.47	82.52	81.79	71.48	83.69
600763	通策医疗	3	79.37	79.88	78.75	80.25	78.04
600031	三一重工	4	78.89	81.18	83.61	73.92	76.18
600535	天士力	5	78.31	77.21	77.95	76.86	82.90
000639	西王食品	6	78.16	81.22	78.77	72.27	81.51
000869	张裕 A	7	77.61	77.83	76.89	78.33	77.16
000887	中鼎股份	8	77.58	79.22	79.82	69.85	83.83
000650	仁和药业	9	77.50	77.09	78.47	76.92	77.67
600216	浙江医药	10	77.23	78.30	74.85	76.70	79.71
600660	福耀玻璃	11	77.15	77.66	75.71	74.43	82.66
000876	新希望	12	77.02	72.85	75.90	82.10	77.46
600873	梅花集团	13	76.76	80.27	74.99	70.88	82.77
600066	宇通客车	14	76.73	73.30	73.28	85.82	73.04
600276	恒瑞医药	15	76.54	73.15	74.84	81.53	76.66
600785	新华百货	16	76.47	73.84	81.40	74.01	77.53
000726	鲁泰 A	17	76.12	75.67	77.62	76.12	74.73
000826	桑德环境	18	75.83	73.68	79.89	72.50	78.76
000848	承德露露	19	75.42	77.11	76.40	73.59	74.10
600594	益佰制药	20	75.22	74.32	73.06	75.57	79.23
600295	鄂尔多斯	21	75.15	75.80	77.08	68.53	81.73
000861	海印股份	22	75.13	72.36	78.84	72.13	79.04
000513	丽珠集团	23	75.10	76.01	77.09	68.66	80.88
600340	华夏幸福	24	74.88	71.29	75.01	78.93	74.21
600233	大杨创世	25	74.59	75.79	76.36	68.31	79.93
600518	康美药业	26	74.49	73.35	73.16	73.14	80.38
600759	正和股份	27	74.29	72.49	79.73	66.06	82.33
600256	广汇股份	28	73.97	75.42	71.47	73.47	75.96
000961	中南建设	29	73.81	71.88	79.83	64.73	82.59
600067	冠城大通	30	73.64	71.27	77.79	69.97	77.34
600507	放大特钢	31	73.46	71.40	74.58	69.89	80.84

（续表）

股票代码	股票简称	排名	内部控制指数	战略目标分指数	财务报告可靠目标分指数	资产、效率效果目标分指数	法律法规遵循目标分指数
000963	华东医药	32	73.33	70.29	78.36	68.28	79.01
600143	金发科技	33	73.28	70.15	75.73	70.96	78.52
600327	大东方	34	73.10	73.16	78.84	63.45	79.90
600522	中天科技	35	72.99	72.65	79.93	62.85	79.48
600167	联美控股	36	72.96	70.98	77.14	65.06	82.61
600079	人福医药	37	72.89	70.04	76.23	70.42	76.61
600588	用友软件	38	72.87	68.27	76.21	71.85	77.17
600869	三普药业	39	72.77	73.90	78.60	66.22	72.86
600993	马应龙	40	72.72	69.88	78.39	67.99	76.64
000559	万向钱潮	41	72.64	73.42	77.51	63.12	79.30
600525	长园集团	42	72.62	72.89	76.69	64.13	79.68
000979	中弘地产	43	72.60	75.27	71.84	74.41	66.50
600888	新疆众和	44	72.60	72.46	75.71	66.48	77.97
000418	小天鹅 A	45	72.55	79.44	70.80	67.69	71.41
000799	酒鬼酒	46	72.46	66.74	78.28	71.42	75.12
600139	西部资源	47	72.20	72.69	75.83	66.32	75.44
600517	置信电气	48	71.97	71.45	79.23	61.88	78.22
000623	吉林敖东	49	71.76	69.18	75.26	67.71	77.35
000989	九芝堂	50	71.75	69.92	75.31	67.52	76.29
600318	巢东股份	51	71.56	66.55	73.92	70.92	77.38
600823	世茂股份	52	71.54	70.66	78.68	62.51	76.90
600089	特变电工	53	71.50	73.92	71.89	64.15	78.51
600380	健康元	54	71.48	74.31	72.06	62.87	79.54
600693	东百集团	55	71.40	70.70	74.22	66.02	76.90
600516	方大碳素	56	71.36	68.19	75.04	67.46	77.40
600770	综艺股份	57	71.33	71.70	76.37	62.45	77.39
600246	万通地产	58	71.31	68.91	75.89	64.55	79.25
600570	恒生电子	59	71.28	70.28	73.24	67.20	76.49
600557	康缘药业	60	71.19	70.60	73.66	65.44	77.61
600655	豫园商城	61	71.18	70.30	73.67	65.77	77.51
600303	曙光股份	62	71.15	72.28	73.12	63.61	78.30

（续表）

股票代码	股票简称	排名	内部控制指数	战略目标分指数	财务报告可靠目标分指数	资产、效率效果目标分指数	法律法规遵循目标分指数
600422	昆明制药	63	71.08	67.62	76.70	67.80	73.83
600496	精工钢构	64	71.07	68.98	76.01	64.07	78.39
600586	金晶科技	65	70.93	69.49	73.67	62.41	82.73
000782	美达股份	66	70.88	72.22	72.87	65.93	73.62
000572	海马股份	67	70.83	75.23	71.61	63.06	74.72
600252	中恒集团	68	70.80	76.70	71.85	62.08	73.34
000939	凯迪电力	69	70.69	71.50	74.81	60.96	78.75
000998	隆平高科	70	70.66	67.58	75.16	66.78	75.33
600219	南山铝业	71	70.60	67.93	75.41	68.18	71.86
000863	三湘股份	72	70.58	65.56	74.87	75.95	64.20
600703	三安光电	73	70.47	76.57	74.51	62.08	67.84
000566	海南海药	74	70.44	66.47	81.03	61.74	75.37
600857	工大首创	75	70.32	71.38	74.55	66.25	68.92
600572	康恩贝	76	70.19	70.83	71.55	64.55	76.02
600366	宁波韵升	77	70.12	68.01	64.67	73.28	76.44
600527	江南高纤	78	70.09	68.61	74.51	70.41	65.65
600261	阳光照明	79	70.07	68.14	73.53	63.33	78.83
600337	美克股份	80	70.01	67.30	74.76	61.00	81.76
600208	新湖中宝	81	73.37	77.15	77.98	59.84	81.77
000540	中天城投	82	71.98	75.04	75.67	59.27	81.62
600460	士兰微	83	71.89	75.40	76.65	58.37	80.54
600173	卧龙地产	84	71.45	78.40	75.67	54.27	80.96
600807	天业股份	85	70.96	72.60	78.97	56.56	79.39
600673	东阳光铝	86	70.53	71.26	74.95	58.95	81.18
600976	武汉健民	87	70.46	70.93	76.10	58.62	80.19
600122	宏图高科	88	70.43	70.35	76.72	58.65	80.02
000558	莱茵置业	89	70.00	75.58	77.00	50.09	82.05
600277	亿利能源	90	69.94	68.06	73.49	63.46	78.07
600467	好当家	91	69.90	68.17	74.48	64.16	75.15
600187	国中水务	92	69.76	69.40	72.14	63.96	76.06
600613	永生投资	93	69.71	65.89	76.66	60.80	79.99

（续表）

股票代码	股票简称	排名	内部控制指数	战略目标分指数	财务报告可靠目标分指数	资产、效率效果目标分指数	法律法规遵循目标分指数
600352	浙江龙盛	94	69.70	71.72	74.73	60.53	73.58
600196	复星医药	95	69.56	67.81	70.69	67.55	73.94
600499	科达机电	96	69.51	69.74	71.00	63.17	76.92
000516	开元控股	97	69.49	67.87	72.33	65.11	74.95
600410	华胜天成	98	69.44	67.19	75.93	61.98	75.50
600446	金证股份	99	69.39	65.40	77.16	63.34	74.27
000683	远兴能源	100	69.28	65.21	79.66	62.38	71.89
600521	华海药业	101	69.15	65.06	73.95	66.21	73.59
600491	龙元建设	102	68.95	65.53	76.00	61.66	75.85
600891	秋林集团	103	68.85	67.85	72.20	65.80	70.49
000063	中兴通讯	104	68.77	69.19	74.99	62.65	68.75
000008	宝利来	105	68.76	68.83	76.12	61.70	69.15
600152	维科精华	106	68.60	66.46	70.89	63.81	76.35
000159	国际实业	107	68.56	67.61	73.81	60.97	74.49
600157	永泰能源	108	68.51	71.06	68.12	67.79	66.00
600571	信雅达	109	68.45	66.28	74.60	60.86	75.09
000638	万房地产	110	68.44	67.25	75.11	60.14	73.81
600738	兰州民百	111	68.41	66.29	74.76	61.14	74.15
600728	佳都新太	112	68.40	69.77	71.61	62.73	70.43
600210	资金企业	113	68.31	67.53	68.55	64.59	75.05
000732	泰禾集团	114	68.25	69.02	68.34	64.84	72.20
600635	大众公用	115	68.22	64.99	73.03	61.96	76.43
600487	亨通光电	116	68.02	65.00	74.82	61.24	73.84
600201	金宇集团	117	67.99	65.63	71.85	61.17	77.04
600051	宁波联合	118	67.71	65.60	71.85	60.95	75.80
600804	鹏博士	119	67.70	66.74	73.36	60.15	73.04
600077	宋都股份	120	67.66	65.60	75.26	67.03	61.13
600898	三联商社	121	67.48	66.45	71.55	64.32	68.27
000571	新大洲 A	122	67.26	65.85	69.16	64.10	71.82
600172	黄河旋风	123	67.24	65.51	71.14	61.11	74.06
600371	万向德农	124	67.04	63.54	71.44	62.50	73.60

（续表）

股票代码	股票简称	排名	内部控制指数	战略目标分指数	财务报告可靠目标分指数	资产、效率效果目标分指数	法律法规遵循目标分指数
000669	领先科技	125	66.97	66.42	75.50	60.25	66.18
000703	恒逸石化	126	66.22	66.34	68.96	66.96	60.93
600577	精达股份	127	66.10	65.81	66.37	61.89	72.79
600070	浙江富润	128	66.07	65.99	66.89	60.14	74.32
600094	大名城	129	65.36	61.39	67.41	65.42	68.80
000656	ST 东源	130	64.66	60.76	71.92	63.58	62.29
000620	新华联	131	64.44	61.40	66.07	66.45	63.92
600080	金花股份	132	64.26	62.24	63.70	62.72	70.77
000936	华西村	133	69.91	71.64	72.87	59.96	78.44
000679	大连友谊	134	69.89	72.48	75.12	56.87	78.59
000637	茂华实业	135	69.13	72.78	76.57	56.55	72.24
600883	博闻科技	136	69.05	66.07	74.40	59.46	81.28
000690	宝新能源	137	68.94	69.32	78.02	56.47	74.82
600388	龙净环保	138	68.81	66.34	73.77	59.09	80.98
600137	浪莎股份	139	68.73	66.25	75.06	59.02	78.95
000816	江淮动力	140	68.45	65.88	74.36	58.15	80.31
600966	博汇纸业	141	68.41	65.90	78.69	57.11	75.46
600867	通化东宝	142	68.28	72.38	74.49	57.71	69.23
000564	西安民生	143	68.21	67.84	75.50	57.24	75.54
000567	海德股份	144	67.93	76.92	68.24	49.31	81.98
000796	易食股份	145	67.81	66.47	79.32	57.27	70.00
600580	卧龙电气	146	67.53	70.15	73.45	53.60	76.63
000910	大亚科技	147	67.50	65.83	77.46	52.86	78.89
000790	华神集团	148	67.39	65.06	75.21	53.48	81.84
000723	美锦能源	149	67.37	64.41	78.79	58.51	69.71
600584	长电国际	150	67.27	69.74	73.60	52.21	77.80
600242	中昌海运	151	67.26	66.74	73.78	55.29	77.52
601002	晋亿实业	152	67.20	72.62	77.19	48.41	73.49
600652	爱使股份	153	67.11	65.27	73.59	55.81	78.55
600503	华丽家族	154	67.10	66.23	71.71	58.62	75.24
600105	永鼎股份	155	67.03	70.71	73.73	48.54	80.39

（续表）

股票代码	股票简称	排名	内部控制指数	战略目标分指数	财务报告可靠目标分指数	资产、效率效果目标分指数	法律法规遵循目标分指数
600370	三房巷	156	66.94	65.11	70.89	59.74	75.57
000812	陕西金叶	157	66.92	64.93	71.86	59.69	74.43
600382	广东明珠	158	66.85	66.60	70.52	56.26	78.59
600282	南钢股份	159	66.78	67.36	69.37	59.04	74.26
600682	南京新百	160	66.77	70.79	74.61	51.44	73.02
600439	瑞贝卡	161	66.72	66.67	72.38	56.55	74.62
000982	中银绒业	162	66.71	64.68	70.82	59.94	74.74
600711	雄震矿业	163	66.64	65.83	75.63	56.30	71.26
600734	实达集团	164	66.51	70.00	73.47	55.87	67.50
000893	东凌粮油	165	66.47	69.52	78.55	44.63	78.40
600481	双良节能	166	66.44	65.68	74.49	52.92	77.36
600387	海越股份	167	66.42	65.03	69.34	57.97	77.74
600190	锦州港	168	66.34	64.59	69.78	59.38	75.19
000712	锦龙股份	169	66.28	66.48	78.59	52.46	69.97
600615	丰华股份	170	66.22	70.70	73.48	47.55	77.78
000716	南方食品	171	66.20	70.13	71.05	56.52	68.00
600288	大恒科技	172	66.11	66.08	70.19	55.07	77.60
600136	道博股份	173	66.08	65.51	73.19	53.92	75.90
000616	亿城股份	174	65.99	68.18	71.49	52.78	75.24
600466	迪康药业	175	65.91	65.81	73.42	55.62	71.48
000584	友利控股	176	65.83	68.82	74.06	48.75	75.95
600360	华微电子	177	65.82	65.68	74.72	50.83	76.80
600477	杭萧钢构	178	65.67	65.04	74.21	53.07	74.24
600811	东方集团	179	65.67	61.06	76.50	57.69	70.17
000506	中润投资	180	65.43	65.99	73.02	54.24	71.18
600255	鑫科材料	181	65.41	66.17	65.90	57.63	75.68
000967	上风高科	182	65.39	63.11	73.26	56.34	72.04
600211	西藏药业	183	65.38	65.85	73.18	52.47	73.69
000626	如意集团	184	65.27	66.02	70.60	56.01	70.91
000835	四川圣达	185	65.23	66.37	78.32	49.95	68.55
600978	宜华木业	186	65.16	66.17	70.55	55.44	71.05

（续表）

股票代码	股票简称	排名	内部控制指数	战略目标分指数	财务报告可靠目标分指数	资产、效率效果目标分指数	法律法规遵循目标分指数
000153	丰原药业	187	64.93	65.17	73.87	52.52	71.17
600175	美都控股	188	64.87	65.52	69.40	54.31	73.89
600803	威远生化	189	64.83	58.19	76.15	59.24	68.23
600988	赤峰黄金	190	64.72	65.26	69.72	56.27	69.91
600614	鼎立股份	191	64.40	64.11	71.37	53.14	72.55
600781	上海辅仁	192	64.33	61.85	73.54	54.85	70.01
000821	京山轻机	193	64.25	64.94	79.34	44.01	73.26
000007	零七股份	194	64.20	69.69	66.64	56.74	63.43
600086	东方金珏	195	64.11	63.26	71.10	52.74	73.34
600237	铜峰电子	196	64.10	64.61	67.14	53.76	75.15
000004	国农科技	197	64.05	66.95	69.43	58.81	59.82
600290	华仪电气	198	64.05	65.80	67.74	53.57	72.34
600589	广东榕泰	199	63.91	64.74	72.10	52.26	69.05
000752	西藏发展	200	63.87	62.68	71.23	59.25	62.52
600645	中源协和	201	63.84	64.63	66.57	57.19	69.05
600177	雅戈尔	202	63.52	66.11	65.37	52.85	73.37
000038	深大通	203	63.50	65.39	74.36	46.34	71.75
600576	万好万家	204	63.48	61.84	73.92	45.69	79.11
000931	中关村	205	63.44	65.48	76.98	44.96	69.68
600884	杉杉股份	206	63.16	64.28	72.70	47.82	71.75
000672	上峰水泥	207	63.12	63.84	68.43	57.12	63.74
600130	波导股份	208	63.05	62.47	66.51	56.60	69.14
600273	华芳纺织	209	63.03	66.29	73.26	45.42	70.63
600353	旭光股份	210	62.97	65.21	64.95	51.09	75.12
000818	方大化工	211	62.91	66.18	66.90	61.01	54.81
600611	大众交通	212	62.89	62.85	70.88	51.27	69.72
600478	科力远	213	62.88	62.74	73.29	48.80	70.24
000603	盛达矿业	214	62.86	60.44	66.33	68.49	53.02
600330	天通股份	215	62.85	65.90	70.23	44.26	76.46
600300	维维股份	216	62.85	62.66	63.01	56.98	72.12
600112	长征电器	217	62.83	66.31	71.92	46.50	69.73

（续表）

股票代码	股票简称	排名	内部控制指数	战略目标分指数	财务报告可靠目标分指数	资产、效率效果目标分指数	法律法规遵循目标分指数
000802	北京旅游	218	62.74	59.46	76.40	48.79	70.38
600749	西藏旅游	219	62.70	61.67	68.54	54.35	69.08
600681	万鸿集团	220	62.66	61.54	68.18	59.49	61.54
600280	南京中商	221	62.65	59.31	70.75	52.73	72.03
600699	均胜电子	222	62.63	64.80	64.11	62.03	57.88
000718	苏宁环球	223	62.57	63.31	67.70	56.40	63.66
000700	模塑科技	224	62.56	59.93	75.07	51.58	66.11
600520	三佳科技	225	62.54	61.58	75.48	47.30	69.43
600293	三峡新材	226	62.47	64.97	64.55	49.98	75.01
600485	中创信测	227	62.37	65.15	69.98	46.47	71.86
000929	兰州黄河	228	62.35	65.02	70.29	45.13	73.61
600608	上海科技	229	62.31	64.89	66.36	54.60	64.38
000407	胜利股份	230	62.26	70.05	66.14	50.59	62.25
000587	金叶珠宝	231	62.17	63.26	67.21	58.66	58.66
600289	亿阳信通	232	62.16	64.02	60.64	54.90	72.73
000034	深信泰丰	233	62.08	63.62	67.47	55.88	61.56
000156	华数传媒	234	62.03	60.89	67.82	58.26	61.52
000609	绵世股份	235	61.87	59.04	70.97	50.13	71.87
600490	中科合臣	236	61.83	63.20	66.04	55.25	63.86
600868	梅雁吉祥	237	61.79	63.84	68.85	49.36	67.82
600493	凤竹纺织	238	61.73	72.49	67.93	46.31	59.43
000020	深华发 A	239	61.71	61.40	70.30	52.85	63.82
600285	羚锐制药	240	61.64	60.65	68.18	48.98	73.74
000416	民生投资	241	61.56	60.54	67.72	56.56	62.21
000040	深鸿基	242	61.37	60.40	65.36	60.42	58.72
000981	银亿股份	243	61.31	50.92	69.05	63.95	63.07
600865	百大集团	244	61.29	59.70	76.05	44.54	69.01
000611	时代科技	245	61.23	65.87	66.95	45.06	70.80
600818	中路股份	246	61.18	59.21	75.19	45.04	69.63
000980	金马股份	247	61.17	61.72	64.72	50.40	72.07
600438	通威股份	248	61.11	61.45	67.61	52.77	64.29

（续表）

股票代码	股票简称	排名	内部控制指数	战略目标分指数	财务报告可靠目标分指数	资产、效率效果目标分指数	法律法规遵循目标分指数
000510	金路集团	249	61.08	63.17	73.04	44.77	66.06
600405	动力源	250	61.07	64.97	68.10	41.91	74.67
600200	江苏吴中	251	61.06	61.40	67.60	48.79	70.37
000036	华联控股	252	60.87	65.25	67.55	48.49	63.51
000586	汇源通讯	253	60.85	65.82	60.51	53.90	64.15
000547	闽福发 A	254	60.83	60.75	69.60	51.92	62.33
000415	渤海租赁	255	60.74	57.50	64.56	60.70	60.61
000573	粤宏远 A	256	60.74	53.30	74.24	56.69	59.87
600220	江苏阳光	257	60.72	61.49	65.95	48.11	71.70
000009	中国宝安	258	60.67	62.95	63.33	54.70	62.47
600691	阳煤化工	259	60.61	61.70	67.11	52.04	62.96
000593	大通燃气	260	60.55	58.28	66.24	59.00	58.56
600605	汇通能源	261	60.48	61.53	67.15	47.33	69.79
600400	红豆股份	262	60.46	62.38	69.38	44.22	70.01
600212	江泉实业	263	60.36	58.91	67.08	48.91	71.04
600308	华泰股份	264	60.31	55.12	72.69	45.83	73.74
000739	普洛股份	265	60.29	61.68	67.76	48.72	65.46
000971	蓝鼎控股	266	60.22	58.74	70.86	47.43	67.43
600515	海岛建设	267	60.21	58.93	69.65	46.55	70.20
600568	中珠控股	268	60.06	54.05	72.92	49.01	68.78
000633	合金投资	269	59.97	60.84	67.93	53.37	57.50
600771	东盛科技	270	59.94	63.62	61.68	53.84	61.00
000622	岳阳恒力	271	59.88	62.48	65.46	53.20	58.12
600078	澄星股份	272	59.86	59.93	63.75	48.84	71.45
600817	*ST 宏盛	273	59.82	62.40	68.91	48.20	60.78
000055	方大集团	274	59.77	61.68	63.49	51.85	63.74
600355	精伦电子	275	59.74	59.65	64.41	51.26	66.51
600363	联创光电	276	59.73	59.59	67.30	47.57	68.18
000997	新大陆	277	59.69	59.48	72.56	48.15	59.65
000890	法尔胜	278	59.62	59.94	73.89	39.49	70.21
000533	万家乐	279	59.60	66.72	70.05	41.07	62.05

（续表）

股票代码	股票简称	排名	内部控制指数	战略目标分指数	财务报告可靠目标分指数	资产、效率效果目标分指数	法律法规遵循目标分指数
000627	天茂集团	280	59.54	61.78	76.12	40.22	62.41
600596	新安股份	281	59.44	60.80	71.35	40.11	70.46
000711	天伦置业	282	59.32	65.65	72.53	40.62	59.34
000996	中国中期	283	59.30	63.49	70.38	40.69	65.74
600110	中科英华	284	59.26	62.17	70.42	34.72	77.00
600634	ST 澄海	285	59.25	60.08	64.58	53.09	59.89
600565	迪马股份	286	59.23	58.92	67.37	45.14	70.16
000560	昆百大 A	287	59.21	56.36	69.50	50.79	62.28
600537	海通科技	288	59.19	52.21	68.40	48.38	74.36
000667	名流置业	289	59.19	60.33	65.81	42.76	73.63
600257	大湖股份	290	59.09	60.63	65.58	52.23	58.00
600093	禾嘉股份	291	59.05	58.08	68.82	48.74	62.76
000670	S 舜元	292	59.03	61.15	67.85	46.24	62.98
000760	博盈投资	293	58.98	60.39	67.76	44.77	66.39
000592	中福实业	294	58.96	62.75	69.16	44.65	60.62
600599	熊猫烟花	295	58.83	60.16	70.12	41.36	67.86
600260	凯乐科技	296	58.82	59.34	63.00	47.95	69.03
600687	刚泰控股	297	58.77	47.58	73.37	59.11	55.55
600209	罗顿发展	298	58.69	57.14	66.28	49.68	64.47
600768	宁波富邦	299	58.68	63.46	67.37	42.11	64.39
000498	山东路桥	300	58.65	62.19	66.82	49.47	55.53
600566	洪都股份	301	58.64	57.78	69.27	42.38	70.30
600311	荣华实业	302	58.60	60.16	64.28	46.06	67.56
600401	ST 海润	303	58.59	50.47	65.18	61.05	58.53
600232	金鹰股份	304	58.57	54.24	67.60	44.94	74.09
600145	国创能源	305	58.55	64.26	67.08	44.90	58.37
600745	中茵股份	306	58.52	58.40	67.42	46.79	64.37
000631	顺发恒业	307	58.52	57.88	62.21	52.96	62.96
600365	通葡股份	308	58.50	56.70	63.42	53.09	62.85
600885	宏发股份	309	58.48	56.35	67.87	52.07	58.52
000995	皇台酒业	310	58.45	55.33	67.62	46.63	68.94

(续表)

股票代码	股票简称	排名	内部控制指数	战略目标分指数	财务报告可靠目标分指数	资产、效率效果目标分指数	法律法规遵循目标分指数
000010	SST 华新	311	58.31	61.49	64.90	53.18	51.70
000048	康达尔	312	58.29	54.84	64.77	54.62	60.40
600678	四川金顶	313	58.28	59.64	65.13	53.49	53.77
600965	福成五丰	314	58.26	51.87	74.69	47.54	61.92
600155	*ST 宝硕	315	58.20	55.09	64.68	52.21	63.36
600247	成城股份	316	58.19	57.65	67.70	40.67	72.93
600706	曲江文旅	317	58.08	59.61	66.40	44.52	64.91
000613	大东海 A	318	57.98	57.13	70.79	44.03	62.87
600656	博元投资	319	57.92	62.52	65.07	45.22	60.07
000795	太原刚玉	320	57.91	51.97	75.15	47.87	58.65
600165	宁夏恒力	321	57.87	51.27	73.35	42.75	70.17
600856	长百集团	322	57.75	51.37	74.44	39.15	73.41
000518	四环生物	323	57.66	59.06	67.80	43.53	62.98
600512	腾达建设	324	57.63	60.67	70.73	36.71	66.69
000975	科学城	325	57.60	52.06	65.79	46.91	71.67
600393	东华实业	326	57.57	60.86	66.84	38.80	68.30
600052	浙江广厦	327	57.41	51.52	73.77	38.24	73.61
600321	国栋建设	328	57.38	61.18	72.60	36.96	61.35
000525	红太阳	329	57.37	50.14	72.31	52.03	56.10
000836	鑫茂科技	330	57.34	64.08	72.94	35.12	58.81
000673	当代东方	331	57.26	59.59	64.46	45.20	62.06
000403	*ST 生化	332	57.22	57.25	64.33	51.28	56.27
000668	荣丰控股	333	57.19	58.89	66.51	37.66	71.66
000595	西北轴承	334	57.12	59.14	65.71	44.37	61.48
000955	欣龙控股	335	57.06	56.27	64.78	49.61	58.95
600297	美罗药业	336	56.98	55.24	66.87	37.46	76.24
000691	亚太实业	337	56.88	57.53	59.50	55.75	53.81
600892	*ST 宝城	338	56.83	60.03	62.69	47.29	58.16
600836	界龙实业	339	56.77	63.35	72.78	32.84	60.61
000607	华智控股	340	56.58	51.83	69.21	50.15	56.31
600767	运盛实业	341	56.58	48.96	70.70	47.13	63.60

（续表）

股票代码	股票简称	排名	内部控制指数	战略目标分指数	财务报告可靠目标分指数	资产、效率效果目标分指数	法律法规遵循目标分指数
000023	深天地 A	342	56.23	58.50	60.39	46.96	61.07
600556	*ST 北生	343	56.17	53.45	66.25	42.01	68.40
600338	ST 珠峰	344	56.10	54.79	62.42	45.80	65.33
000517	荣安地产	345	56.05	51.76	67.03	48.55	59.08
600275	武昌鱼	346	55.87	57.70	63.60	42.29	63.06
600847	万里股份	347	55.82	51.49	66.52	50.56	55.79
000735	罗牛山	348	55.79	52.52	62.23	51.74	58.25
600671	ST 天目	349	55.73	55.49	65.45	43.01	62.14
600617	*ST 联华	350	55.67	54.34	62.09	43.76	67.32
000688	建新矿业	351	55.55	55.35	60.82	52.75	52.68
600162	香江控股	352	55.41	58.13	66.76	38.69	60.88
000018	ST 中冠	353	55.29	57.98	61.35	41.96	63.12
600381	*ST 贤成	354	55.25	60.34	55.38	51.45	52.72
600735	新华锦	355	55.13	50.55	67.60	42.26	64.91
600408	安泰集团	356	54.99	53.23	69.26	36.46	66.46
600603	*ST 兴业	357	54.94	54.79	68.53	38.53	61.42
000062	深圳华强	358	54.91	55.93	62.69	42.75	61.15
000030	富奥股份	359	54.81	56.26	64.47	42.22	58.34
600986	科达股份	360	54.81	60.87	65.17	36.23	59.19
600234	ST 天龙	361	54.81	51.11	66.08	43.27	62.77
600753	东方银星	362	54.69	57.21	68.86	33.08	64.14
000594	国恒铁路	363	54.65	55.71	69.39	36.78	59.81
000820	金城股份	364	54.50	57.91	64.24	43.48	52.26
000803	金宇车城	365	54.24	51.22	67.82	43.40	56.67
000426	富龙热电	366	54.22	51.31	72.71	36.82	59.73
000033	新都酒店	367	54.08	57.52	64.97	35.72	61.66
600555	九龙山	368	54.01	52.34	62.49	43.87	60.50
000526	旭飞投资	369	53.98	58.95	63.52	41.47	51.78
600180	瑞茂通	370	53.79	51.05	63.73	42.44	61.78
600538	*ST 国发	371	53.52	54.13	63.27	38.57	61.97
000413	宝石 A	372	53.27	57.53	63.54	43.89	46.30

(续表)

股票代码	股票简称	排名	内部控制指数	战略目标分指数	财务报告可靠目标分指数	资产、效率效果目标分指数	法律法规遵循目标分指数
000534	万泽股份	373	53.15	52.27	70.24	35.08	58.39
600083	ST 博信	374	53.12	50.90	64.83	37.60	64.27
600095	哈高科	375	52.87	52.08	68.29	29.73	68.36
600421	*ST 国药	376	52.64	54.05	65.47	33.82	61.44
000502	绿景地产	377	52.63	45.01	65.27	47.52	54.98
600306	商业城	378	52.62	51.35	63.60	35.76	65.40
000787	*ST 创智	379	52.02	49.86	59.58	46.35	53.57
000892	星美联合	380	51.99	43.62	57.27	57.67	49.18
600074	ST 中达	381	51.93	49.74	62.71	36.03	65.00
600331	宏达股份	382	51.92	53.86	63.42	31.02	65.07
600532	华阳科技	383	51.47	48.45	68.56	30.18	65.32
000503	海虹控股	384	50.80	54.00	65.15	30.07	57.49
000408	金谷源	385	50.75	57.18	57.38	34.96	55.50
000511	银基发展	386	50.65	46.07	72.93	31.18	56.69
600696	多伦股份	387	50.58	50.25	57.58	40.90	56.26
600385	*ST 金泰	388	50.58	50.25	64.74	28.63	65.23
000150	宜华地产	389	50.43	45.81	71.68	32.07	56.30
600766	*ST 园城	390	50.34	51.76	64.32	34.45	52.90
000662	*ST 索芙特	391	50.22	50.97	66.06	30.17	57.72
600146	大元股份	392	50.13	50.02	65.60	29.89	59.90
600732	上海新梅	393	50.12	45.71	68.80	33.93	55.90
000806	*ST 银河	394	49.43	55.66	60.68	30.93	52.10
600747	大连控股	395	49.34	44.54	69.66	32.69	54.17
000056	*ST 国商	396	49.11	52.07	62.55	31.54	52.53
000805	*ST 炎黄	397	49.01	48.45	57.57	41.49	49.47
000576	*ST 甘化	398	48.91	48.57	64.29	30.37	56.47
000676	*ST 思达	399	48.90	50.81	63.20	32.56	50.86
000693	S*ST 聚友	400	48.83	53.30	58.99	33.57	50.87
000046	泛海建设	401	48.77	44.38	63.63	36.47	53.92
000017	*ST 中华 A	402	48.12	49.38	54.43	37.23	54.11
000035	*ST 科健	403	48.03	46.85	62.24	32.94	53.21

（续表）

股票代码	股票简称	排名	内部控制指数	战略目标分指数	财务报告可靠目标分指数	资产、效率效果目标分指数	法律法规遵循目标分指数
000585	*ST 东北	404	46.93	48.98	59.93	28.74	53.46
000615	湖北金环	405	46.36	44.87	62.79	27.88	54.22
600076	*ST 青鸟	406	46.25	48.09	56.38	26.65	59.47
000005	世纪星源	407	46.10	49.09	58.01	33.36	44.13
000557	*ST 广夏	408	46.08	52.31	56.26	29.45	47.38

附表四　2013 年外商控股上市公司内部控制状况排序

股票代码	股票简称	排名	内部控制指数	战略目标分指数	财务报告可靠目标分指数	资产、效率效果目标分指数	法律法规遵循目标分指数
000895	双汇发展	1	85.84	84.19	86.27	89.91	81.57
000536	华映科技	2	78.74	83.51	77.39	70.33	86.10
600801	华新水泥	3	74.09	70.84	76.77	74.18	75.43
600779	水井坊	4	73.81	69.28	79.47	68.46	81.49
600828	成商集团	5	71.51	70.69	73.85	66.19	77.84
000541	佛山照明	6	70.00	69.21	78.00	65.26	67.25
000608	阳光股份	7	70.50	76.40	75.22	53.42	80.89
000935	四川双马	8	66.93	64.51	70.67	64.69	69.04
600620	天寰股份	9	69.35	77.01	72.91	50.63	81.08
600114	东睦股份	10	67.80	65.89	73.54	59.30	76.02
600132	重庆啤酒	11	67.23	68.36	69.60	59.98	73.37
600193	创兴置业	12	67.08	74.86	70.02	51.76	74.15
600240	华业地产	13	67.01	66.71	71.05	59.15	74.05
600595	中孚实业	14	66.38	65.86	76.58	54.73	70.87
000659	珠海中富	15	65.84	66.30	73.90	53.91	72.22
000889	渤海物流	16	63.20	65.25	69.09	50.88	70.70
600182	S 佳通	17	62.39	61.31	65.70	59.31	64.24
600641	万业企业	18	59.30	60.35	71.92	38.42	72.25
600870	厦华电子	19	58.64	58.25	64.44	51.33	62.43
600695	大江股份	20	57.99	53.50	74.84	45.13	61.34
000078	海王生物	21	57.14	57.03	66.57	47.83	58.42
600777	新潮实业	22	53.09	55.81	70.25	29.09	61.66
000681	*ST 远东	23	49.50	52.75	57.71	38.50	49.66

附表五　目标层各目标相对重要性判断矩阵及权重

X	X1	X2	X3	X4	Wi
X1	1	3	2	4	0.4500
X2	1/3	1	1/3	3	0.1545
X3	1/2	3	1	4	0.3182
X4	1/4	1/3	1/4	1	0.0773
合计					1.0000

注：CR = 0.0483 < 0.1，通过一致性检验。

附表六　盈利能力、营运能力等评价指标相对重要性判断矩阵及权重

X	X31	X32	X33	X34	Wi
X31	1	2	2	2	0.3924
X32	1/2	1	1	1/2	0.1650
X33	1/2	1	1	1/2	0.1650
X34	1/2	2	2	1	0.2776
合计					1.0000

注：CR = 0.022 < 0.1，通过一致性检验。

附表七　监管者监督评价指标相对重要性判断矩阵及权重

X	X411	X412	X413
X411	1	3	5
X412	1/3	1	3
X413	1/5	1/3	1
合计			

注：CR = 0.0708 < 0.1，通过一致性检验。

附表八　企业总体层面控制评价指标相对重要性判断矩阵及权重

	X211	X212	X213	X214	X215	X216	X217	X218	X219	Wi
X211	1	3	5	2	7	6	7	4	4	0.3029
X212	1/3	1	3	1	4	3	5	2	2	0.1491
X213	1/5	1/3	1	1/3	3	2	4	1	1	0.0756
X214	1/2	1	3	1	7	5	7	2	2	0.1824
X215	1/7	1/4	1/3	1/7	1	1	1	1/5	1/5	0.0280
X216	1/6	1/3	1/2	1/5	1	1	3	1/3	1/3	0.0403
X217	1/7	1/5	1/4	1/7	1	1/3	1	1/7	1/7	0.0217
X218	1/4	1/2	1	1/2	5	3	7	1	1	0.1000
X219	1/4	1/2	1	1/2	5	3	7	1	1	0.1000
合计										1.0000

注：CR = 0.0438 < 0.1，通过一致性检验。

附表九　业务活动层面控制评价指标相对重要性判断矩阵及权重

	X221	X222	X223	X224	X225	X226	X227	X228	X229	X230	X231	X232	Wi
X221	1	1/3	1/3	1/3	1/3	1	1/3	1/3	1/3	1/2	1	1/2	0.0352
X222	3	1	1	1	1	3	1	1	1	2	3	2	0.1108
X223	3	1	1	1	1	3	1	1	1	2	3	2	0.1108
X224	3	1	1	1	1	3	1	1	1	2	3	2	0.1108
X225	3	1	1	1	1	3	1	1	1	2	3	2	0.1108
X226	1	1/3	1/3	1/3	1/3	1	1/3	1/3	1/3	1/2	1	1/2	0.0352
X227	3	1	1	1	1	3	1	1	1	2	3	2	0.1108
X228	3	1	1	1	1	3	1	1	1	2	3	2	0.1108
X229	3	1	1	1	1	3	1	1	1	2	3	2	0.1108
X230	2	1/2	1/2	1/2	1/2	2	1/2	1/2	1/2	1	2	1	0.0595
X231	1	1/3	1/3	1/3	1/3	1	1/3	1/3	1/3	1/2	1	1/2	0.0352
X232	2	1/2	1/2	1/2	1/2	2	1/2	1/2	1/2	1	2	1	0.0593
合计													1.0000

注：CR = 0.0602 < 0.1，通过一致性检验。

附表十　盈利能力评价指标相对重要性判断矩阵及权重

	B1	B2	B3	B4	Wi
B1	1	2	3	2	0.4133
B2	1/2	1	3	2	0.2922
B3	1/3	1/3	1	1/2	0.1078
B4	1/2	1/2	2	1	0.1867
合计					1.0000

注：CR = 0.0263 < 0.1，通过一致性检验。

附表十一　营运能力评价指标相对重要性判断矩阵及权重

	B5	B6	B7	Wi
B5	1	1/2	2	0.3108
B6	2	1	2	0.4934
B7	1/2	1/2	1	0.1958
合计				1.0000

注：CR = 0.046 < 0.1，通过一致性检验。

附表十二　偿债能力评价指标相对重要性判断矩阵及权重

	B8	B9	B10	Wi
B8	1	3	1	0.4434
B9	1/3	1	1/2	0.1692
B10	1	2	1	0.3874
合计				1.0000

注：CR =0.016 <0.1,通过一致性检验。

附表十三　发展能力评价指标相对重要性判断矩阵及权重

	B11	B12	B13	B14	B15	Wi
B11	1	3	1	3	2	0.3164
B12	1/3	1	1/3	2	1/3	0.1055
B13	1	3	1	2	2	0.2917
B14	1/3	1/2	1/2	1	1/2	0.0939
B15	1/2	3	1/2	2	1	0.1925
合计						1.0000

注：CR =0.042 <0.1,通过一致性检验。

附表十四　二级指标层指标评价内容

二级指标层指标	评价维度
战略目标制定准备	(1) 企业战略机构的设立、职权、议事规则和办事程序 (2) 企业战略成员的素质、经验、任职资格和选任程序 (3) 战略经费保障程度与战略委员会主任的重视程度
战略目标制定过程	(1) 企业制定战略时对内外环境所做的调查研究及分析 (2) 企业对目标实现与现有资源状况之间的匹配程度进行的评估 (3) 战略目标设定后的沟通情况
战略目标实施准备	(1) 对实现企业战略目标来说较重要目标的识别以及完成每个阶段的目标和任务的路径、方式和方法 (2) 根据战略目标,企业管理层年度工作计划、年度经营预算、绩效考核等方面的制定 (3) 企业高层管理人员在战略制定和实施中的作用发挥以及通过内部会议、培训、讲座等方式把企业战略及分解落实内容传递到内部各管理层级及全体员工的情况 (4) 与战略实施相配套的资源的充足程度、组织机构、人员、流程等方面的情况

（续表）

二级指标层指标	评价维度
战略目标实施过程	(1) 企业对影响发展战略实施的各种因素所进行的识别和评估 (2) 企业对影响企业战略实施的各项重要风险因素进行的控制活动 (3) 企业战略委员会及战略管理部门对发展战略实施进行的持续监控 (4) 企业收集和沟通内外环境信息对战略计划所做的调整 (5) 企业将发展战略作为评价内部控制有效性标准判断内控缺陷情况 (6) 企业战略管理机构(或指定的相关管理机构)的职责履行
公司内部治理有效性	(1) 公司章程对股东会、董事会、监事会及公司规章对审计委员会的地位、职能和责任的明晰及制衡情况 (2) 股东大会、董事会及审计委员会的规范、有效运作 (3) 董事会及下属的审计委员会成员公司治理及管理经验、声望、胜任能力、勤勉态度 (4) 董事会及下属审计委员会对经理层经营管理活动、财务收支等活动的监督 (5) 董事会及下属审计委员会、监事会对道德指南及独立性规则的公开承诺及遵守情况 (6) 董事会成员及经理人员相互兼任及在关联企业的兼职 (7) 董事会独立于经理层、大股东的情况 (8) 监事会人员组成及充分的独立性情况 (9) 监事会的规范、有效运作及职责履行 (10) 独立董事在董事会、审计委员会中所占比例、成员构成及作用发挥 (11) 企业与控股股东在资产、财务、人员方面的独立情况 (12) 与控股股东相关的信息根据规定及时完整地披露情况
企业组织机构及权责履行	(1) 公司组织结构与公司发展战略、经营规模、业务性质的相匹配情况 (2) 公司组织机构设置的合理性和完整性 (3) 公司通过组织结构图、业务流程图或岗位说明书和权限指引所进行的岗位职责描述及所具有的权利规定及履行 (4) 公司根据不相容职务相分离、权责对等、职责赋予与绩效考核相配套等原则赋予员工完成职责所需的充分职权 (5) 决策的责任与其授权和职责的对应情况 (6) 根据公司目标、经营职能和监管要求分配职责和授权 (7) 公司组织结构设置对信息的上传、下达及在各业务活动间的流动中所起作用 (8) 子公司发展战略、年度财务预决算、重大投融资、重大担保等重要事项向总公司所作的报告情况及总公司的审核和批准

（续表）

二级指标层指标	评价维度
管理层的经营理念经营风格	（1）管理层承担风险的态度、方式以及为防范风险制定的内部措施 （2）依靠文件化的政策、业绩指标以及报告体系等与关键经理人员的沟通 （3）管理层对信息流程以及会计职能部门和人员的重视程度 （4）管理层在选择会计政策和作出会计估计时的稳健性 （5）管理层对待内部控制建设的关注程度 （6）对于重大的内部控制事项，管理层征询注册会计师的意见情况
管理层的诚信道德和价值观念	（1）董事、监事、经理及其他高级管理人员对诚信与道德价值观的遵守及表现情况 （2）管理层对道德价值观的明确、清晰表达程度，以使组织中所有层级的人员所了解 （3）管理层对坚持良好的诚信和道德价值观情况进行的控制活动 （4）管理层对违反良好的诚信和道德价值观的行为进行的处理和纠正
企业内部审计	（1）内部审计机构的职权、独立性及职责履行 （2）内部审计人员的数量、资质及职业能力 （3）内部审计人员的地位及董事会、审计委员会的沟通 （4）内部审计组织结构以及经费预算方面的保障
企业文化建设	（1）企业高级管理人员在积极向上的价值观、诚实守信的经营理念以及开拓创新的企业精神等方面发挥作用和垂范情况 （2）企业文化建设的目标和内容转化为企业文化规范、组织成员遵守员工行为守则情况 （3）企业通过宣传、培训、会议、奖励、惩罚等措施维护和强化企业文化情况 （4）企业文化与经营管理行为的一致性及企业员工对企业核心价值观的理解和认同感 （5）公司管理层之间、员工之间以及管理者和员工之间的交流
企业人力资源政策	（1）保证员工具有良好道德价值观和充分胜任能力的标准和制度的建立和不断完善 （2）企业采用的招聘标准、招聘程序、录用培训等方式和内容的合规性、有效性 （3）公司招聘、培训、考核、晋升、薪酬、奖惩等政策、制度与程序合理性、执行力 （4）企业定期进行培训需求分析、制订培训计划、保证培训效果情况 （5）企业定期对员工的品德和胜任能力进行考核，并以此作为员工薪酬、晋升、聘用、培训、奖惩、辞退等重要依据情况

（续表）

二级指标层指标	评价维度
企业风险评估	(1) 参与评估的人员、机构和专业能力满足相关要求情况 (2) 与公司员工会谈,定期对企业存在的风险进行的分析和评估 (3) 风险识别技术及过程对目标导向原则的遵循 (4) 风险分析所需要的资料、信息、流程等资源的获得及风险分析方法的运用 (5) 风险应对策略建立的合理性、可行性 (6) 企业未进行控制风险的存在及所导致后果的评估情况
内部监督和自我评价	(1) 董事会内部控制有效性自我评价的恰当性 (2) 董事会及其审计委员督促经理层对内部控制有效性进行的监督和评价 (3) 监事会对董事会及其审计委员、管理层履行内部控制职责所进行的监督 (4) 总经理和最高管理层对建设和运行有效内部控制系统的职责履行
货币资金控制	(1) 职责分工与授权批准控制 (2) 现金和银行存款的控制 (3) 票据和有关印章的管理
采购和付款控制	(1) 职责分工与授权批准控制 (2) 请购和审批控制 (3) 采购和验收控制 (4) 付款控制
存货与仓储控制	(1) 岗位分工及授权批准控制 (2) 请购与采购控制 (3) 验收与保管控制 (4) 领用与发出控制
成本费用控制	(1) 岗位分工及授权批准控制 (2) 成本费用预测、决策与预算控制 (3) 成本费用执行控制 (4) 成本费用核算控制 (5) 成本费用分析与考核
销售与收款控制	(1) 职责分工与授权批准控制 (2) 销售与发货控制 (3) 收款控制
固定资产控制	(1) 职责分工与授权批准控制 (2) 取得及验收控制 (3) 使用与维护控制 (4) 处置与转移控制

（续表）

二级指标层指标	评价维度
关联方交易控制	(1) 关联方的界定情况 (2) 关联交易分级授权审批制度的建立与执行 (3) 关联交易事项回避审议制度的建立与执行 (4) 独立董事对重大关联交易的审核制度的建立与执行 (5) 关联交易定价的合理性
对外担保控制	(1) 职责分工与授权批准控制 (2) 担保评估与审批控制 (3) 担保执行控制
企业投资控制	(1) 职责分工与授权批准控制 (2) 投资可行性研究、评估与决策控制 (3) 投资执行控制 (4) 投资处置控制
企业融资控制	(1) 岗位分工与授权批准控制 (2) 筹资决策控制 (3) 筹资执行控制 (4) 筹资偿付控制
对子公司的控制	(1) 对子公司的组织及人员控制 (2) 对子公司业务层面的控制 (3) 母子公司合并财务报表及其控制
企业信息披露控制	(1) 岗位分工与职责安排控制 (2) 财务报告编制准备及其控制 (3) 财务报告编制及其控制 (4) 财务报告的报送与披露及控制
证、财、审或交易所监督	(1) 企业违规类型的种类和严重程度 (2) 企业受到处罚的对象和种类 (3) 企业受到处罚的类型和严重程度
环保等部门的监督	(1) 企业社会责任的履行 (2) 企业法律法规责任的履行
检察院等部门的监督	(1) 企业涉及的重大诉讼案件受到的处罚 (2) 企业涉及的重大未决案件和或有责任
企业财务报告监督	(1) 注册会计师对财务报告的审计意见 (2) 会计师事务所的变更情况
企业内部控制监督	(1) 注册会计师对财务报告内部控制审计意见 (2) 注册会计师注意到的非财务报告内部控制缺陷

参考文献

[1] 奥茨,刘承礼. 财政联邦制述评[J]. 经济社会体制比较,2011,5:13—27.

[2] 白重恩,陆倘,陆洲等. 中国上市公司治理结构的实证研究[J]. 经济研究,2005,2:81—91.

[3] 白俊红,江可申,李婧,林雷芳. 企业技术创新能力测度与评价的因子分析模型及其应用[J]. 中国软科学,2008,3:108—114.

[4] 毕克新,高岩. 美日公司治理模式对技术创新的影响及对我国的启示[J]. 科技进步与对策,2008,6:185—189.

[5] 曹洪军,赵翔,黄少坚. 企业自主创新能力评价体系研究[J]. 中国工业经济,2009,9:105—114.

[6] 常修泽,高明华. 现代企业创新论[M]. 天津:天津人民出版社,1994.

[7] 常玉,刘显东. 层次分析、模糊评价在企业技术创新能力评估中的应用[J]. 科技进步与对策,2002,9:125—127.

[8] 陈关亭. 我国上市公司财务的有效性因素的实证分析[J]. 审计研究,2007,5:91—96.

[9] 陈国欣,吕占甲,何峰. 财务报告舞弊识别的实证研究[J]. 审计研究,2007,3:88—93.

[10] 陈汉文,张宜霞. 企业内部控制的有效性及其评价方法[J]. 审计研究,2008,3:48—54.

[11] 陈汉文. 中国上市公司内部控制指数(2009):制定,分析与评价[N]. 上海证券报,2010,6.

[12] 陈劲,陈钰芬. 企业技术创新绩效评价指标体系研究[J]. 科学学与科学技术管理,2006,3:86—91.

[13] 陈隆,张宗益,杨雪松. 上市企业公司治理结构对技术创新的影响[J]. 科技管理研究,2005,9:137—141.

[14] 池仁勇. 企业技术创新效率及其影响因素研究[J]. 数量经济技术经济研究,2003,6:105—108.

[15] 陈小林,孔东民. 机构投资者信息搜寻、公开信息透明度与私有信息套利[J]. 南开管理评论,2012,15(1):113—122.

[16] 戴亦一,潘越,冯舒. 中国企业的慈善捐赠是一种“政治献金”吗? ——来自市委书记更替的证据[J]. 经济研究,2014,2:74—86.
[17] 戴文涛. 内部控制学科体系构建[J]. 审计与经济研究,2010,2:80—86.
[18] 戴文涛. 中国企业内部控制评价指标体系和评价指数研究[C]. 全国博士生学术论坛论文集. 清华大学编,2011.
[19] 戴彦. 企业内部控制评价体系的构建——基于 A 省电网公司的案例研究[J]. 会计研究,2006,1:69—76.
[20] 丁方飞,张宇青. 基于佣金收入动机的机构投资者盈利预测偏离与股票交易量研究[J]. 金融研究,2012,2:196—206.
[21] 董红星. 公司治理与技术创新:一个文献综述[J]. 科学进步与对策,2010,12:157—160.
[22] 方红星,王宏. 企业风险管理整合框架[M]. 大连:东北财经大学出版社,2007.
[23] 费显政,李陈微,周舒华. 一损俱损还是因祸得福? ——企业社会责任声誉溢出效应研究[J]. 管理世界,2010(4):74—82.
[24] 冯根福,温军. 中国上市公司治理与企业技术创新关系的实证分析[J]. 中国工业经济,2008,7:91—101.
[25] 弗里曼. 工业创新经济学[M]. 北京:北京大学出版社,2004.
[26] 傅家骥. 技术创新学[M]. 北京:清华大学出版社,1995.
[27] 高勇强,陈亚静,张云均. “红领巾”还是“绿领巾”:民营企业慈善捐赠动机研究[J]. 管理世界,2012(8):106—114,146.
[28] 高敬忠,周晓苏,王英允. 机构投资者持股对信息披露的治理作用研究——以管理层盈余预告为例[J]. 南开管理评论,2011,14(5):129—140.
[29] 葛家澍,陈朝琳. 财务报告概念框架的新篇章[J]. 会计研究,2011,3:3—8.
[30] 顾龙生. 民企的市场准入问题[J]. 江苏社会科学,2005,6:210—212.
[31] 国务院发展研究中心课题组. 创新能力提升路径与前景的行业比较[J]. 中国发展观察,2012,8:27—29.
[32] 韩传模,汪士果. 基于 AHP 的企业内部控制模糊综合评价模型[J]. 会计研究,2009,4:55—61.
[33] 何杰,曾朝夕. 企业利益相关者理论与传统企业理论的冲突与整合——一个企业社会责任基本分析框架的建立[J]. 管理世界,2010,2:176—177.
[34] 胡汝银. 中国资本市场的发展与变迁[M]. 上海:格致出版社,2008:50—160.
[35] 胡新欣. 当前我国企业管理创新的基本趋势[J]. 企业管理,2010,19(4):1—3.

[36] 贾明,张喆. 高管的政治关联影响公司慈善行为吗? [J]. 管理世界,2010,4:99—112,187.

[37] 雷光勇,王文,金鑫. 盈余质量、投资者信心与投资增长[J]. 中国软科学,2011,9:144—155.

[38] 李华案,吴家曦,李京文. 浙江省中小企业社会责任调查报告[J]. 管理世界,2011,9:1—7.

[39] 李桓,汪应洛. 企业技术创新动力机制构成要素的探讨[J]. 科学管理研究,1994,4:19—22.

[40] 李明辉. 内部公司治理与内部控制[J]. 中国注册会计师,2003,11:22—23.

[41] 李铁映. 中国企业改革与发展[J]. 管理世界,1995,1:2—3.

[42] 李万福,林斌,宋璐. 内部控制在公司投资中的角色:效率促进还是抑制[J]. 管理世界,2011,2:81—99.

[43] 李维安. 公司治理学(第二版)[M]. 北京:高等教育出版社,2009.

[44] 李维安. 中国公司治理:从"违规"到"合规"[J]. 南开管理评论,2006,2:1.

[45] 李维安. 公司治理新阶段:合规、创新和发展[J]. 南开管理评论,2007,10:1.

[46] 李维安. 金融机构的治理改革:需配套顶层设计[J]. 南开管理评论,2012,3:1.

[47] 李维安. 完善官员治理:地方金融机构健康发展的关键[J]. 南开管理评论,2012,5:1.

[48] 李维安. 中国公司治理指数十年:瓶颈在于治理有效性[J]. 南开管理评论,2012,6:1.

[49] 李维安. 移动互联网时代的公司治理变革[J]. 南开管理评论,2014,4:1.

[50] 李维安. 现代治理突围传统管理:避免陷入误区[J]. 南开管理评论,2014,1:1.

[51] 李维安. 网络治理催生治理流程再造[J]. 南开管理评论,2014,6:1.

[52] 李维安. 移动互联网时代的公司治理变革[J]. 南开管理评论,2014,4:1.

[53] 李维安. 依靠治理创新释放制度红利[J]. 南开管理评论,2013,6:1.

[54] 李维安. 自组织时代的真正到来[J]. 南开管理评论,2015,1:1.

[55] 李维安. 深化国企改革与发展混合所有制[J]. 南开管理评论,2014,3:1.

[56] 李维安. 分类治理:国企深化改革之基础[J]. 南开管理评论,2014,17(5):1.

[57] 李维安. 监督模式改革和治理的有效性[J]. 南开管理评论,2013,1:1.

[58] 李维安等. 公司治理评价与指数研究[M]. 北京:高等教育出版社,2005 年.

[59] 李维安,陈小洪,袁庆宏. 中国公司治理:转型与完善之路[M]. 北京:机械工业出版社,2013.
[60] 李维安,程新生等. 中国上市公司治理状况评价研究[J]. 管理世界,2010,1:142—151.
[61] 李维安. 企业履责,制度建设是关键[J]. 南开管理评论,2008,12:1.
[62] 李维安,郝臣. 中国公司治理转型:从行政型到经济型[J]. 资本市场,2009,9:112—114.
[63] 李维安,刘绪光,陈靖涵. 经理才能、公司治理与契约参照点——中国上市公司高管薪酬决定因素的理论与实证分析[J]. 南开管理评论,2010,4:4—15.
[64] 李维安,唐跃军. 上市公司利益相关者治理机制、指数治理与企业业绩[J]. 管理世界,2005,9:127—136.
[65] 李小燕,田也壮. 持续改进的企业内部财务控制有效性标准的研究[J]. 会计研究,2008,5:46—52.
[66] 李心合. 论公司财务概念框架[J]. 会计研究,2010,7:32—39.
[67] 李小晗,朱红军. 投资者有限关注与信息解读[J]. 金融研究,2011,8:128—142.
[68] 李焰,王琳. 媒体监督、声誉共同体与投资者保护[J]. 管理世界,2013,11:131—144.
[69] 李正,企业社会责任与企业价值的相关性研究——来自沪市上市公司的经验证据,中国工业经济,2006,2:77—83.
[70] 李志辉. 国际金融业风险管理发展的新趋势一综合风险管理[J]. 南开经济研究,2002,1:62—66.
[71] 李志斌. 内部控制、股权集中度与投资者关系管理——来自 A 股上市公司投资者关系调查的证据[J]. 会计研究,2013,12:72—79.
[72] 厉以宁. 打破“玻璃门”[N]. 人民日报,2006-4-17.
[73] 厉以宁. 论民营经济[M]. 北京大学出版社,2007:22—24.
[74] 梁建,陈爽英,盖庆恩. 民营企业的政治参与、治理结构与慈善捐赠[J]. 管理世界,2010,7:109—118.
[75] 林毅夫,李志赟. 中国的国有企业与金融体制改革[J]. 经济学(季刊),2005,11:913—935.
[76] 刘明辉. 内部控制鉴证:作用与选择[J]. 会计研究,2010(9):43—50.
诺斯. 制度、制度变迁与经济绩效[M]. 上海:三联书店出版社,1996:1—22.
[77] 刘玉廷.《企业内部控制基本轨规范》导读[J]. 会计研究,2010,5:3—16.

[78] 骆良彬,王河流. 基于 AHP 的上市公司内部控制质量模糊评价[J]. 审计研究,2008,6:84—96.

[79] 陆菊春,韩国文. 企业技术创新能力评价的密切值法模型[J]. 科研管理,2003,23(1):54—57.

[80] 马克思. 马克思恩格斯选集[M]. 北京:人民出版社,2012.

[81] 马连福,沈小秀,王元芳. 中国上市公司投资者关系互动指数及其应用研究[J]. 预测,2014,33(1):39—44.

[82] 马龙龙. 企业社会责任对消费者购买意愿的影响机制研究[J]. 管理世界,2011,5:120—126.

[83] 马胜杰. 企业技术创新能力及其评价指标体系[J]. 数量经济技术经济研究,2002,12:5—8.

[84] 孟庆伟. 制度创新在民营科技型企业技术创新中的作用及其对国有企业的借鉴意义[J]. 科研管理,2001,1:58—63.

[85] 诺斯. 西方世界的兴起[M]. 北京:华夏出版社,1999.

[86] 青木昌彦,钱颖一. 转轨经济中的公司治理结构:内部人控制和银行的作用[M]. 北京:中国经济出版社,1995.

[87] 任锦鸾,吕永波,郭晓林. 提高我国创新政策水平的综合思考[J]. 科技进步与对策,2007,24(2):1—4.

[88] 芮明杰. 管理创新[M]. 上海:上海译文出版社,1997.

[89] 山立威,甘犁,郑涛. 公司捐款与经济动机——汶川地震后中国上市公司捐款的实证研究[J]. 经济研究,2008,11:51—60.

[90] 单红梅. 企业技术创新绩效的综合模糊评价及其应用[J]. 科研管理,2002,23(6):120—124.

[91] 沈红波,谢越,陈峥嵘. 企业的环境保护、社会责任及其市场效应——基于紫金矿业环境污染事件的案例研究[J]. 中国工业经济,2012,1:141—150.

[92] 施莱佛,维什尼. 掠夺之手:政府病及其治疗[M]. 北京:中信出版社,2004:1—39.

[93] 施涛等. 企业内部控制自我评估研究[J]. 审计研究,2009(6):34—40.

[94] 石军伟,胡立君,付海艳. 企业社吕责任、献吕资本与组织竞争优抖:一个战略互动视角——基于中国转型期经验的实证研究[J]. 中国工业经济,2009,11:87—98.

[95] 史世鹏. 高技术产品创新与流通[M]. 北京:经济管理出版社,1999.

[96] 宋军,吴冲锋. 中国股评家预测行为的实证研究[J]. 数理统计与管理,2003,5:3—27.

[97] 孙冰,刘希宋. 企业产品创新状况评价指标体系的构建[J]. 科研管理,2002,23(4):47—51.

[98] 孙凯,鞠晓峰. 基于改进 DEA 模型的工业企业技术创新能力评价[J]. 系统管理学报,2008,17(2):134—137.

[99] 孙元. 基于 AHP 和多级模糊综合评价的企业资源计划项目应用评价研究[J]. 技术经济,2007,2:10—12.

[100] 谭跃,夏芳. 股价与中国上市公司投资——盈余管理与投资者情绪的交叉研究[J]. 会计研究,2011,8:30—95.

[101] 唐艳. 利益相关者导向下企业承担社会责任经济动因分析的实证研究综述[J]. 管理世界,2011,8:184—185.

[102] 唐晓华,唐要家,苏梅梅. 技术创新的资源与激励的不匹配性及其治理[J]. 中国工业经济,2004,11:25—31.

[103] 唐跃军,左晶晶,李汇东. 制度环境变迁对公司慈善行为的影响机制研究[J]. 经济研究,2014,2:61—73.

[104] 王娟,丁森林. 我国企业自主创新的现状、分析及评价[J]. 经营管理,2007,12:123—159.

[105] 王世权. 监事会的本原性质、作用机理与中国上市公司治理创新[J]. 管理科学,2011,23(4):47—53.

[106] 王小鲁,樊纲,马光荣. 中国市场化进程对经济增长的贡献[J]. 经济研究,2011,9:4—16.

[107] 王海林. 内部控制能力评价的 IC-CMM 模型研究[J]. 会计研究,2009,10:53—59.

[108] 王宏, 蒋占华等. 中国上市公司内部控制指数研究[M]. 北京:人民出版社,2011.

[109] 王立勇. 内部控制系统评价的定量分析模型[J]. 财经研究,2004,9:93—102.

[110] 王素莲. 企业内部控制评价指标体系研究[J]. 山西大学学报,2005,11:10—14.

[111] 王兴华. 试论我国企业技术创新的现状与对策[J]. 科技与企业,2012,13:284.

[112] 王煜宇,温涛. 企业内部控制评价模型及运用[J]. 统计与决策,2005,2:131—132.

[113] 魏锋,刘星. 国有企业内部治理机制对企业技术创新的影响[J]. 重庆大学学报(自然科学版),2004,27(3):143—147.

[114] 魏江. 完善企业技术创新动力机制的对策研究[J]. 科学管理研究,1998,6:1—3.

[115] 吴秋生,杨瑞平. 内部控制评价整合研究[J]. 会计研究,2011,9:55—60.

[116] 吴晓求. 中国资本市场:全球视野与跨越式发展[M]. 北京:中国人民大学出版社,2008:266—307.

[117] 刁宇凡. 企业社会责任标准的形成机理研究——基于综合社会契约视阈[J]. 管理世界,2013,7:180—181.

[118] 向刚,汪应洛. 企业持续创新能力:要素构成与评价模型[J]. 中国管理科学,2004,12(6):137—142.

[119] 熊彼特. 经济发展理论[M]. 北京:中国社会科学出版社,2009.

[120] 熊彼特. 资本主义、社会主义与民主[M]. 北京:商务印书馆,1999.

[121] 徐金发,刘翌. 企业治理结构与技术创新[J]. 科研管理,2002,4:11—15.

[122] 徐宁,王帅. 高管激励与技术创新关系研究前沿探析与未来展望[J]. 外国经济与管理,2013(6):23—32.

[123] 徐宁,徐向艺. 控制权激励双重性与技术创新动态能力——基于高科技上市公司面板数据的实证研究[J]. 中国工业经济,2012,10:109—121.

[124] 徐莉萍,辛宇,祝继高. 媒体关注与上市公司社会责任之履行——基于汶川地震捐款的实证研究[J]. 管理世界,2011(3):135—143.

[125] 许年行,江轩宇,伊志宏,徐信忠. 分析师利益冲突、乐观偏差与股价崩盘风险[J]. 经济研究,2012,7:127—140.

[126] 亚当·斯密. 国民财富的性质与原因的研究[M]. 北京:商务印书馆,1972.

[127] 亚当·斯密. 道德情操论[M]. 北京:商务印书馆,1997.

[128] 杨海燕,韦德洪,孙健. 机构投资者持股能提高上市公司会计信息质量吗?——兼论不同类型机构投资者的差异[J]. 会计研究,2012,9:16—24.

[129] 杨建君,李垣,薛琦. 基于公司治理的企业家技术创新行为特征分析[J]. 中国软科学,2002,12:124—127.

[130] 杨清香. 试论内部控制概念框架的构建[J]. 会计研究,2010,11:29—32.

[131] 杨雄胜,李翔,邱冠华. 中国内部控制的社会认同度研究[J]. 会计研究,2007,8:60—67.

[132] 杨雄胜. 论中国企业内部控制评价制度的现实模式[J]. 会计研究,2010,6:51—61.

[133] 杨有红,李宇立. 内部控制缺陷的识别、认定与报告[J]. 会计研究,2010,3:76—80.

[134] 杨有红,陈凌云. 2007 年沪市公司内部控制自我评价研究——数据分析与政策建议[J]. 会计研究,2009(6):58—64.
[135] 杨忠敏. 企业技术创新能力评价的理论与方法综述[J]. 科技进步与对策,2004,3:138—140.
[136] 于东智. 公司治理[M]. 北京:中国人民大学出版社,2005.
[137] 于增彪,王竞达. 企业内部控制评价体系的构建——基于亚新科工业技术有限公司的案例研究[J]. 审计研究,2007,3:47—52.
[138] 张建君. 竞争—承诺—服从:中国企业慈善捐款的动机[J]. 管理世界,2013,9:118—129.
[139] 张天兵. 双刃多元化:董事会的挑战[J]. 董事会,2012,7:54—57.
[140] 张继勋,张丽霞. 会计估计的准确性、行业共识信息与个体投资者的决策[J]. 南开管理评论,2012,15(3):101—109.
[141] 张继勋,周冉,孙鹏. 内部控制披露、审计意见、投资者的风险感知和投资决策:一项实验证据[J]. 会计研究,2011,9:66—72.
[142] 张维迎. 企业的企业家——契约理论[M]. 上海:上海三联出版社,2004:264—313.
[143] 张龙平,陈作习,宋浩. 美国内部控制审计的制度变迁及其启示[J]. 会计研究,2009,2:75—80.
[144] 张树良,马建华. 中国创新政策述评(Ⅰ)[J]. 科学观察,2009,4(1):1—27.
[145] 张先治,戴文涛. 中国企业内部控制评价系统研究[J]. 审计研究,2011,1:69—78.
[146] 张先治,戴文涛. 公司治理结构对内部控制影响程度的实证分析[J]. 财经问题研究,2010,7:89—95.
[147] 张先治. 内部管理控制论[M]. 北京:中国财政经济出版社,2004.
[148] 张泽一. 我国企业自主创新的现状及问题分析[J]. 现代管理科学,2012,4:106—108.
[149] 张兆国,尹开国,刘永丽. 试论现代财务学的学科性质、分析框架和研究方法[J]. 会计研究,2010,9:66—72.
[150] 张兆国,张旺锋等. 目标导向下的内部控制评价体系构建及实证检验[J]. 南开管理评论,2011,1:148—155.
[151] 张宗新,王海亮. 投资者情绪、主观信念调整与市场波动[J]. 金融研究,2013,4:142—155.
[152] 赵立新. 上市公司内部控制实务[M]. 北京:电子工业出版社,2010.

[153] 郑友敬. 技术进步跟踪系统研究[M]. 北京:社会科学文献出版社,1994.

[154] 中国证券监督管理委员会. 中国上市公司治理发展报告[M]. 北京:中国金融出版社,2008:4.

[155] 中国企业家调查系统. 企业家对企业社会责任的认识与评价——2007 年中国企业经营者成长与发展专题调查报告[J]. 经济研究,2007,6:75—85.

[156] 钟宏武. 中国企业 2009 年社会责任发展指数报告[M]. 北京:经济管理出版社,2009:1—217.

[157] 周杰,薛有志. 公司内部治理机制对 R&D 投入的影响——基于总经理持股与董事会结构的实证研究[J]. 研究与发展管理,2008,3:1—9.

[158] 周黎安. 转型中的地方政府:官员激励与治理[M]. 上海:格致出版社,2008:1—64.

[159] 周天勇. 中国行政体制改革 30 年[M]. 上海:格致出版社,2008:1—52.

[160] 朱光华,李维安. 股份经济与国有制功能的耦合[C]. 全国高校社会主义经济理论与实践研讨会第 2 次会议,北京,1987.

[161] 朱利民. 企业技术创新能力的 E_V 模型评价[J]. 科学进步与对策,2004,6:86—88.

[162] 朱荣恩. 企业内部控制规范与案例[M]. 北京:中国时代经济出版社,2009.

[163] Abdolmohammadi M. Discussion Of Modeling internal controls and their evaluation [J]. Auditing: A Journal Of Practice & Theory, 1993, 12(2):130.

[164] Alchian A. A., Demsetz H. Production, information costs, and economic organization [J]. The American Economic Review, 1972(62): 777—795.

[165] Allen F., Qian J., Qian M. Law, finance, and economic growth in China [J]. Journal of Financial Economics, 2005, 77(1): 57—116.

[166] Altamuro J., Beatty A. Do internal control reforms improve earnings quality [J]. The Ohio State Univer-sity Working paper, 2006.

[167] Ashton R. H., Brown P. R. Descriptive modeling of auditors' internal control judgments: replication and extension [J]. Journal of Accounting Research, 1980: 269—277.

[168] Ashton R. H. An experimental study of internal control judgements [J]. Journal of Accounting Research, 1974: 143—157.

[169] Ashton R. H., Kramer S. S. Students as surrogates in behavioral accounting research: Some evidence [J]. Journal of Accounting Research, 1980: 1—15.

[170] Botosan C. A. Disclosure level and the cost of equity capital [J]. Accounting Review, 1997: 323—349.

[171] Cohen W. M. , Levinthal D. A. Absorptive capacity: a new perspective on learning and innovation [J]. Administrative Science Quarterly, 1990: 128—152.

[172] Coles J. L. , Daniel N. D. , Naveen L. Managerial incentives and risk-taking [J]. Journal of Financial Economics, 2006, 79(2): 431—468.

[173] Colquitt L. L. , Hoyt R. E. Determinants of corporate hedging behavior: Evidence from the life insurance industry [J]. Journal of Risk and Insurance, 1997: 649—671.

[174] Core J. E. , Guay W. , Larcker D. F. The power of the pen and executive compensation [J]. Journal of Financial Economics, 2008, 88(1): 1—25.

[175] Cummins J. D. Risk Management and the Theory of the Firm [J]. Journal of Risk and Insurance, 1976: 587—609.

[176] Doyle J. T. , Ge W. , McVay S. Accruals quality and internal control over financial reporting [J]. The Accounting Review, 2007, 82(5): 1141—1170.

[177] Doyle J. , Ge W. , McVay S. Determinants of weaknesses in internal control over financial reporting and the implications for earnings quality [J]. Ann Arbor, 2005, 1001: 48109.

[178] FASB. Concepts Statements No. 8,2010.

[179] McMullen D. A. , Ragahunandan, K. Interal control reports and financial reporting problem [J]. Accounting Horizons, 1996, 10:67—75.

[180] Franklin M. Sarbanes Oxley Section 404: Can material weakness be predicted and modeled? An examination of the variables of the ZETA model in prediction of material weakness [M]. Walden University, 2007.

[181] Gervais S. , Gervais S. , Odean T. , Odean T. Learning to be overconfident [J]. Review Of Financial Studies. 2001,14(1): 1—27.

[182] Glaeser E. , Shleifer A. Legal origins [J]. Quartly Journal of Economics, 2002, 117(4): 1193—1229.

[183] Guerrera F. , Thal-Larsen P. Gone by the Board: Why the directors of big banks failed to spot credit risks [J]. Financial Times, 2008, 26.

[184] Hamel G. , Prahalad C. K. Competing for the future, 1994 [J]. Boston: Harvard Business School Press, 1994.

[185] Hamilton R. E. , Wright W. F. Internal control judgments and effects of experience: Replications and extensions [J]. Journal of Accounting Research, 1982: 756—765.

[186] Hashagen J., Harman N., Conover M. Never again? Risk management in banking beyond the credit crisis [R]. KPMG International, 2009.

[187] Huang S. M., Hsieh P. G., Tsao H. H., et al. A structural study of internal control for ERP system environments: a perspective from the Sarbanes-Oxley Act [J]. International Journal of Management and Enterprise Development, 2008, 5(1): 102—121.

[188] Hwang S. S., Shin T., Han I. CRAS CBR: Internal control risk assessment system using case-based reasoning [J]. Expert Systems, 2004, 21 (1): 22—33.

[189] Kelley T. P. The COSO report: challenge and counterchallenge [J]. Journal of Accountancy, 1993, 175(2): 10—18.

[190] Koch T., MacDonald S. Bank management [M]. Cengage Learning, 2009.

[191] Kirkpatrick G. Corporate governance lessons from the financial crisis [M]. Financial Market Trends: OECD, 2009.

[192] Krishnan J. Audit committee quality and internal control: An empirical analysis [J]. The Accounting Review, 2005, 80(2): 649—675.

[193] Lo A. W. The three P's of total risk management [J]. Financial Analysts Journal, 1999: 13—26.

[194] López de Silanes F., La Porta R., Shleifer A., et al. Law and finance [J]. Journal of Political Economy, 1998, 106: 1113—1155.

[195] McMullen D., Raghunandan K., Rama D. Internal Control Reports and Financial Reporting Problems [J]. Accounting Horizons, 1996, 10(4): 67—75.

[196] Meservy R. D., Bailey A. D., Johnson P. E. Internal control evaluation: A computational model of the review process [M]. Division of Research, College of Administrative Science, Ohio State University, 1986.

[197] Moerland L. Incentives for reporting on internal control—A study of internal control reporting practices in Finland, Norway, Sweden, The Netherlands and United Kingdom [D]. Maastricht University, 2007.

[198] Mole V., Elliott D. Enterprising innovation: an alternative approach [M]. London: Frances Pinter, 1987.

[199] Nichols D. R. A model of auditors' preliminary evaluations of internal control from audit data [J]. Accounting Review, 1987: 183—190.

[200] Paso E. I. Internal control assessment survey [J]. ⅡA. Research Foundtion, 2002.

[201] Pfeffer J., Nowak P. Joint ventures and interorganizational interdependence [J]. Administrative Science Quarterly, 1976, 21: 398—418.

[202] Sapra H., Subramanian A., Subramanian K. Corporate governance and innovation: theory and evidence [J]. SSRN eLibrary, 2008.

[203] Saunders A., Allen L. Credit risk measurement [J]. 2nd John Wiley & Sons Inc. New York, 2002.

[204] Smith C. W., Wilford D. S., Smithson C. W., et al. Managing financial risk: a guide to derivative products, financial engineering, and value maximization [J]. 1994.

[205] Srivastava R. P. A note on internal control systems with control components in series [J]. Accounting Review, 1985: 504—507.

[206] Utterback J. M. Mastering the dynamics of innovation [M]. Cambridge: Harvard Business Press, 1996.